Martin Andersen Nexö
PELLE DER EROBERER
Ein neues Leben

Martin Andersen Nexö
wurde 1869 in Kopenhagen geboren. Wie sein Held Pelle war er als Kind Hütejunge und Knecht, dann Schuhmacher und Gelegenheitsarbeiter, Lehrer und Journalist. Zwischen 1906 und 1911 erschienen die vier Bände seines großen Romans »Pelle der Eroberer«.
Andersen Nexö unterstützte alle wichtigen internationalen Aktionen gegen Faschismus und Krieg und floh 1943 aus dem besetzten Dänemark nach Schweden. Nach einem Aufenthalt in der Sowjetunion übersiedelte er 1951 nach Dresden, wo er 1954 starb.

Martin Andersen Nexö

Pelle der Eroberer
Ein neues Leben

Erster Band

Aus dem Dänischen
von Mathilde Mann

Dem Meister Henrik Pontoppidan

Lizenzausgabe des Aufbau-Verlags, Berlin
Copyright © Aufbau-Verlag Berlin und Weimar, 1965
Titel der dänischen Originalausgabe: *Pelle Erobreren*

In neuer Rechtschreibung

1. Auflage 2002
© 2002 by Arena Verlag GmbH, Würzburg
Alle Rechte vorbehalten
Aus dem Dänischen von Mathilde Mann
Umschlagfotos: Rolf Konow und privat
Gesamtherstellung: Westermann Druck Zwickau GmbH
ISBN 3-401-05469-4

Erstes Buch
Kindheit

1

Es war der 1. Mai 1877, früh in der Morgendämmerung. Von der See kam der Nebel dahergefegt mit einer grauen Schleppe, die schwer auf dem Wasser lag. Hier und da zuckte es darin; er wollte sich lichten, schloss sich aber wieder und ließ nur eben ein Stückchen Strand mit zwei alten Booten darauf zurück, die mit dem Boden nach oben lagen; der Steven eines dritten Bootes und ein Stück Mole ragten ein paar Schritte seitwärts aus der trüben Luft empor. In regelmäßigen Zwischenräumen glitt eine flache Welle graublank aus dem Nebel hervor, leckte über den rasselnden Strandkies hin und zog sich wieder zurück; es machte den Eindruck, als liege ein großes Tier da drinnen in der Nebelmasse verborgen und lechze nach Land.

Ein paar hungrige Krähen hatten sich auf einem schwarzen, aufgeblähten Gegenstand da unten niedergelassen – vielleicht dem Aas eines Hundes. Jedes Mal, wenn die leckenden Wellen darüber hinglitten, flogen sie hoch und hielten sich ein paar Ellen in der Luft schwebend, die Beine senkrecht zur Beute ausgestreckt, als hingen sie unsichtbar daran fest. Wenn dann die See wieder zurückrollte, ließen sie sich herabfallen und bohrten den Kopf tief in das Aas; die Flügel aber hielten sie ausgebreitet, bereit, beim nächsten Anprall der Wellen aufzufliegen. Das funktionierte mit der Regelmäßigkeit eines Zeitmessers.

Ein Ruf zitterte über den Hafen hin und nach einer kleinen Weile hörte man das dumpfe Geräusch von Rudern, die über einem Bootsrand arbeiteten. Das Geräusch entfernte sich seewärts und entschwand schließlich ganz. Doch dann begann eine eherne Glocke zu läuten; das musste auf der äußersten Mole sein. Und aus der Ferne, in der die Ruderschläge verschwunden waren, antwortete ein Nebelhorn. Sie fuhren fort einander zu antworten, in Abständen von ein paar Minuten.

Die Stadt war nicht zu sehen, hin und wieder aber wurde die Stille da oben von den Eisen an den Holzschuhen eines Stein- oder Kaolinarbeiters auf dem Steinpflaster zerrissen. Der scharfe Takt war lange zu hören, bis der Mann plötzlich um irgendeine Ecke verschwand. Dann wurde eine Tür geöffnet und man vernahm ein kräftiges Morgengähnen; jemand machte sich daran, den Bürgersteig zu fegen. Fenster wurden hier und da aufgerissen und verschiedene Geräusche zogen hinaus als Gruß in den grauen Tag. »Du Schwein, hast du dich wieder nass gemacht!«, schrie eine scharfe Frauenstimme. Man hörte kurze, durchdringende Klapse und das Weinen eines Kindes. Ein Schuster fing an Leder zu klopfen, nach einer Weile fiel er mit einem frommen Lied in den Takt der Arbeit ein:

»Nur eins hat Wert auf Erden, liebe Brüder:
Das Lamm, das aller Welten Sünden trug.«

Die Melodie war einem von Mendelssohns »Liedern ohne Worte« entnommen.

Auf der Bank unter der Kirchenmauer saß die Mannschaft eines Bootes und starrte weitsichtig auf die See hinaus. Vornübergebeugt saßen sie da, die gefalteten Hände hingen zwischen den Knien herab, sie rauchten aus ihren kurzen Pfeifen. Alle drei hatten Ringe in den Ohren gegen Erkältung und andere Krankheiten und alle nahmen dieselbe Haltung ein – als fürchte sich jeder von ihnen davor, sich auch nur im Geringsten von den anderen zu unterscheiden.

Ein Reisender kam vom Hotel herabgeschlendert und ging zu den Fischern hin. Er hatte den Kragen über die Ohren geschlagen und schauderte in der Morgenkälte.

»Ist da was los?«, fragte er höflich und nahm die Mütze ab. Seine Stimme klang morgenheiser.

Einer der Fischer, der Vormann der Bootsbesatzung, bewegte die Faust ein wenig in Richtung auf die Kopfbedeckung. Die anderen starrten mit verschlossenen Mienen unbewegt geradeaus.

»Ich meine nur, weil es läutet und das Lotsenboot da draußen liegt und tutet«, wiederholte der Fremde. »Wird vielleicht ein Schiff erwartet?«

»Das kann wohl sein; das kann man ja nie wissen!«, antwortete der Bootsführer unzugänglich.

Der Fremde machte ein Gesicht, als betrachte er die Antwort als grobe Unverschämtheit, aber dann besann er sich. Es war nichts weiter als die gewöhnliche Geheimniskrämerei – eingewurzeltes Misstrauen gegen alles, was nicht ihren eigenen Dialekt sprach und genauso aussah wie sie selber. Sie saßen da und waren innerlich unruhig, trotz des hölzernen Äußern, schielten verstohlen zu ihm hin und wünschten ihn weit weg. Er bekam Lust, sie ein wenig zu peinigen.

»Herrgott, ist es vielleicht ein Geheimnis?«, fragte er lachend.

»Nein, nicht dass ich wüsste«, antwortete der Fischer mürrisch.

»Ich verlange natürlich nichts umsonst! Das Maulwerk wird ja auch abgenutzt, wenn man es auf- und zumacht. Wie viel pflegen Sie zu bekommen?« Er griff nach dem Geldbeutel, jetzt wollte er beleidigen.

Die anderen Fischer warfen dem Bootsführer verstohlene Blicke zu – dass er sie bloß nicht auf Grund steuerte!

Der Bootsführer nahm die Pfeife aus den Zähnen und wandte sich an seine Kameraden. »Ja, wie ich schon vorhin sagte, was das anbetrifft, so können manche Leute rumreisen und mit allem schachern, was es auch ist.« Er zwinkerte ihnen zu, sein Gesicht hatte einen verschlagenen Ausdruck. Die Kameraden nickten, sie freuten sich; der Handelsreisende konnte es ihren törichten Mienen ansehen.

Es machte ihn rasend: Hier stand er, wurde wie Luft behandelt und war ihnen überdies zum Gespött. »Zum Teufel auch, habt ihr denn nicht so viel gelernt, dass man auf eine höfliche Frage höflich antwortet?«, sagte er empört.

Die Fischer sahen ihn an, sie hielten eine stumme Beratung ab.

»Nein, aber ich will Ihnen sagen, einmal muss er ja doch kommen, sollt ich meinen«, sagte der Steuermann endlich.

»Was für ein Er, zum Kuckuck?«

»Der Dampfer, sollt ich meinen. Und das pflegt gewöhnlich so um diese Zeit zu sein.«

»Natürlich – das versteht sich«, höhnte der Reisende. »Aber ist es nun auch ratsam, so laut davon zu reden?«

Die Fischer hatten ihm den Rücken zugekehrt; sie saßen da und sogen an ihren Pfeifen.

»Hier bei uns sind wir nicht so redselig wie gewisse andere Leute und darum verdienen wir unser Brot doch«, sagte der Bootsführer zu den anderen. Sie brummten etwas Beifälliges.

Der Fremde schlenderte den Hafenhügel hinab, die Fischer sahen ihm erleichtert nach. »So 'n Kerl!«, sagte der eine. »Der wollte sich mausig machen. Aber du hast es ihm gründlich gegeben, da kann er lange dran schlucken!«

»Ja, das sitzt!«, entgegnete der Bootsführer mit Selbstgefühl. »Der feine Dreck, da muss man sich am meisten vor hüten.«

Mitten auf dem Hafenhügel stand ein Gastwirt vor seiner Tür und gähnte. Der Morgenwanderer wiederholte seine Frage und erhielt sofort Antwort – der Mann war Kopenhagener.

»Ja, sehen Sie, wir warten auf dem Dampfer, der heut mit 'ner gewaltigen Ladung Sklaven aus Ystad kommt. Billiges schwedisches

Arbeitsvieh, wissen Sie, das von Schwarzbrot und Salzheringen lebt und für drei schuftet. Sie sollten mit'n glühenden Eiszapfen auf'n Nabel gepeitscht werden, das sollten sie – und die Bauernbiester ebenfalls – 'n kleiner Bitterer auf'n nüchternen Magen gefällig?«

»Nein, ich danke, lieber nicht – so früh.«

»Na, nichts für ungut. Aber auf so wenig kann ich wirklich nich rausgeben.«

Auf dem Hafenplatz hielt schon eine Menge Bauernwagen und jeden Augenblick kamen neue in voller Fahrt den Berg heruntergerollt. Die Neuangekommenen lenkten ihr Gespann so weit nach vorn wie möglich, prüften mit kritischem Blick die Pferde ihres Nebenmannes und setzten sich zurecht, um noch ein wenig zu nicken, zusammengesunken, den Pelzkragen hochgeschlagen und einen großen, klaren Tropfen unter der Nase. Zöllner in Uniform und Lotsen, die ungeheuren Pinguinen glichen, schlenderten unruhig umher, spähten über die See und lauschten. Jeden Augenblick wurde auf der äußersten Mole die Glocke geläutet und das Tuthorn des Lotsenbootes antwortete irgendwo aus dem Nebel, der über der See lag, mit einem lang gezogenen, hässlichen Heulen wie ein krankes Tier.

»Was zum Teufel war denn das?«, fragte ein Bauer, der eben gekommen war, und griff erschrocken in die Zügel. Seine Furcht teilte sich den Pferden mit; sie standen zitternd da, den Kopf hoch erhoben, und lauschten angespannt, fragende Angst in den Augen, auf die See hinaus.

»Ach, das war bloß die Seeschlange, die sich ein bisschen erleichtert«, sagte ein Zollbeamter. »Die leidet bei diesem nebligen Wetter immer an Blähungen – sie ist ein Windschlucker, müssen Sie wissen.«

Die Zöllner steckten die Köpfe zusammen und grinsten.

Muntere junge Seeleute in blauen Anzügen und weißen Halstüchern gingen umher und streichelten die Pferde oder kitzelten sie mit einem Strohhalm in der Nase, damit sie sich bäumen sollten. Wenn die Bauern aufwachten und schalten, lachten sie vergnügt und sangen:

»Dem Seemann ist beschieden
Viel mehr Pein als Glück, Glück, Glück!«

Ein großer Lotse in isländischer Jacke und Fausthandschuhen rannte unruhig umher, ein Sprachrohr in der Hand, und brummte wie ein erregter Bär. Von Zeit zu Zeit kroch er auf den Molenkopf hinaus, setzte das Sprachrohr an den Mund und brüllte über das Wasser hin: »Hört – ihr – was?« Das Brüllen ritt lange auf den Dünungen auf und nieder; hier drinnen hinterließ es eine drückende Stille. Und plötzlich kam es von oben her von der Stadt zurück als unartikuliertes Lallen, das die Leute zum Lachen brachte.

»Nei-n«, erklang es nach einer kleinen Weile dünn und lang gezogen aus der Tiefe. Und man hörte von neuem das Horn tuten, einen langen, heiseren Laut, der sich mit den Dünungen ans Ufer wiegte und gurgelnd in dem Wellengeplätscher an dem Bollwerk und den Pfählen barst.

Die Bauern ging das alles im Grunde nichts an; sie schliefen oder saßen da und wippten mit der Peitsche, um die Zeit hinzubringen. Aber alle anderen waren gespannt. Allmählich hatte sich eine ganze Menge Menschen am Hafen versammelt: Fischer, Seeleute, die noch keine Heuer hatten, und kleine Handwerksmeister, die die Unruhe aus der Werkstatt getrieben hatte. Sie kamen mit ihren Schurzfellen herbeigerannt, um atemlos die Lage zu bereden; sie gebrauchten seemännische Ausdrücke, die meisten von ihnen waren in ihren jungen Jahren zur See gefahren. Die Ankunft des Dampfers war immer ein Ereignis, das die Menschen in den Hafen lockte; aber heute hatte er die vielen Menschen an Bord und es war schon eine Stunde über die Zeit hinaus vergangen. Der gefährliche Nebel ließ die Spannung ansteigen, aber je mehr Zeit verging, umso mehr wich sie einer dumpfen, gedrückten Stimmung. Der Nebel ist der ärgste Feind des Seemanns und es gab viele unheimliche Möglichkeiten. Bestenfalls war das Schiff wohl zu weit nordwärts oder südwärts auf Land gestoßen und lag nun irgendwo da draußen auf See, brüllte und lotete und wagte nicht sich zu rühren. Dann glich der Kapitän einem Unwetter, dann sprangen die Matrosen wie die Katzen. Stopp! – Langsam voraus! – Stopp! – Langsam zurück! Der erste Ingenieur stand selber an der Maschine und war grau vor nervöser Spannung. Unten im Maschinenraum, wo sie gar nichts wussten, strengten sie nutzlos ihre Ohren an; oben auf Deck aber war jeder Mann um sein Leben besorgt. Der Rudergast beobachtete die lenkende Handbewegung des Kapitäns, dass ihm der Schweiß aus den Poren brach, der Mann am Ausguck der Back starrte und lauschte in den Nebel hinein, bis er sein eigenes Herz schlagen hörte, jeder Mann auf Deck zappelte förmlich. Und die Dampfpfeife tutete warnend. – Aber vielleicht lag das Schiff schon längst auf dem Grunde des Meeres.

Alle kannten das, jeder Mann hatte auf irgendeine Weise diese überhitzte Spannung erlebt – als Schiffsjunge, Heizer, Kapitän, Koch – und nun wurde die Erinnerung daran wieder wach. Nur die Bauern spürten nichts, sie schliefen, fuhren zuweilen mit einem Ruck in die Höhe und gähnten hörbar.

Die Seeleute und die Bauern konnten sich nie so recht vertragen, sie waren so verschieden wie die Erde und das Meer. Aber heute blickte man geradezu wütend auf die Bauern und ihre gleichgültige Haltung. Der dicke Lotse war schon mehrmals mit ihnen in Streit geraten, weil sie ihm den Weg versperrten; und als sich einer von ihnen eine Blöße gab, fiel er sogleich über ihn her. Es war ein älterer Bauer, der aufwachte, als ihm der Kopf vornüberfiel; er sah ungeduldig nach der Uhr und sagte:»Na, das zieht sich ja reichlich in die Länge, der Käptn kann heut woll nich in die Stalltür reinfinden.«

»Er ist wohl eher unterwegs in einem Wirtshaus kleben geblieben«, sagte der Lotse und seine Augen funkelten vor Wut.

»Ja, das kann wohl sein!«, sagte der Bauer, ohne zu begreifen.

Die Zuhörer stimmten ein Hohngelächter an und verbreiteten die Geschichte über den Hafenplatz. Man scharte sich um den Unglücksraben. »Wie viele Wirtshäuser gibt es von hier bis nach Schweden rüber?«, rief man.

»Ja, da draußen kann man zu leicht zu dem Nassen kommen, das ist das Unglück!«, fuhr der Lotse fort. »Sonst könnte jeder Grützeesser ein Schiff führen. Man braucht ja bloß nach rechts zu halten, um Hansens Hof herum, dann liegt die Landstraße gerade vor einem. Und was für eine Landstraße! Telegrafendrähte und Gräben und 'ne Reihe Pappeln an jeder Seite – gerade von der Gemeindeverwaltung gründlich ausgebessert. Die Grütze aus dem Bart, der Alten einen Schmatz und rauf auf die Kommandobrücke. Is die Maschine geschmiert, Hans? Na, denn man los in Gottes Namen – lang mir mal die Staatspeitsche her!« Er ahmte die Redensweise der Bauern nach. »Nimm dich vor den Schenkern in Acht, Vater!«, fügte er mit keifender Frauenstimme hinzu. Gewaltiges Lachen folgte, es klang unheimlich, weil man die gedrückte Stimmung dahinter spürte.

Der Bauer saß ganz ruhig da und ließ das Lachen über sich ergehen; er duckte nur den Kopf ein wenig. Dann zeigte er mit der Peitsche auf den Lotsen und sagte zu den Umherstehenden:»Ein mordsmäßiger Kopf, der da auf so 'nem Kind sitzt! Wen sein Vater bist du, mein Junge?«, wandte er sich dann an den Lotsen.

Es lachten mehrere und der dickhalsige Lotse bekam einen roten Kopf vor Wut. Er griff in den Wagenkorb und rüttelte ihn, sodass der Bauer Mühe hatte, sitzen zu bleiben. »Du jammervoller Klutentramper, du Schweinezüchter, du Mistfahrer!«, brüllte er rasend. »Kommst hierher und willst erwachsene Leute duzen und sie Junge nennen! Und noch dazu über Schifffahrt räsonieren, hä – so 'n Lausepelz, der dick voll Schulden sitzt! – Nee, wenn dich je die Lust ankommt, deine fettige Nachtmütze vor anderen als vor dem Küster zu Haus abzunehmen, dann nimm sie vor dem Schiffsführer ab, der bei so einem Nebel wie diesem in den Hafen findet! Grüß man vielmals und sag, das hätte ich gesagt.« Er ließ den Wagen so plötzlich los, dass er fast nach der anderen Seite umschlug.

»Ich werde sie lieber vor dir abnehmen, denn es scheint ja so, als wenn der andere uns heute nicht finden kann«, sagte der Bauer grinsend und nahm die Pelzmütze vom Kopf, sodass ein großer, kahler Schädel sichtbar wurde.

»Deck mal schnell den Kinderarsch zu oder, weiß Gott, ich versohl ihn dir!«, rief der Lotse, blind vor Wut, und wollte auf den Wagen hinauf.

Im selben Moment ertönte wie aus einem Telefon ein fernes, schwaches Quäken aus der Tiefe: »Wir – hören – eine – Dampfpfeife!«

Der Lotse rannte zur Mole hinüber und versetzte im Vorbeilaufen den Pferden des Bauern einen Schlag, dass sie sich aufbäumten; Männer stellten sich bei den Pollern auf, andere kamen in wilder Fahrt mit der Landungsbrücke herbeigeschurrt; die Wagen, in denen hinten Stroh lag, als wenn sie Vieh holen wollten, fuhren an, obwohl sie nirgends hinfahren konnten, sie mahlten rundherum auf einem Fleck. Alles war in Bewegung. Vermieter mit roten Nasen und schlauen Augen kamen aus der Schifferkneipe gestürzt, wo sie sich aufgewärmt hatten.

Und als habe eine mächtige Faust plötzlich in die Bewegung eingegriffen, stand auf einmal alles wieder still und lauschte angespannt – eine brüllende Dampfpfeife klagte wie ein Neugeborenes irgendwo in der Ferne. Man scharte sich zusammen, lauschte wie versteinert und sandte den unruhigen Fuhrwerken böse Blicke zu: War es Wirklichkeit oder nur eine Ausgeburt der heftigen Wünsche so vieler – vielleicht eine Vorbedeutung für jedermann, dass das Schiff in diesem Augenblick unterging? Das Meer schickt immer Botschaft von seinen bösen Taten; die Hinterbliebenen hören eine Luke knarren, wenn der Versorger versinkt, oder es wird dreimal an die Fenster geklopft, die nach der See hinausliegen – es gibt so viele Arten.

Aber dann erklang es wieder und diesmal lief der Laut in feinen Tonrillen über das Wasser, dasselbe zitternde Halbpfeifen, wie wenn Vögel auffliegen – es lebte. Und das Nebelhorn draußen in der Einfahrt antwortete ihm und drinnen auf dem Molenkopf die eherne Glocke; dann wieder das Tuthorn – und die Dampfpfeife in der Ferne. Und so ging es fort, ein Leitseil aus Lauten wurde zwischen dem Ufer und dem undurchdringlichen Grau da draußen geknüpft, hin und her. Man konnte hier auf dem festen Land deutlich spüren, wie man sich da draußen an den Lauten vorwärts tastete – das heisere Brüllen nahm an Stärke langsam zu, wich ein wenig nach Süden oder Norden ab, kam ständig näher. Und andere Leute brachen sich Bahn, schweres Scheuern von Eisen auf Eisen, der Lärm der Schraube, wenn sie rückwärts ging oder wieder auf Vorwärtsgang ansprang.

Das Lotsenboot glitt langsam aus dem Nebel hervor. Es hielt sich mitten in der Fahrrinne, bewegte sich besonnen dem Ufer zu und tutete unaufhörlich. Mittels des Lautes schleppte es eine unsichtbare Welt nach sich, wo sich hunderte von Stimmen mit Rufen, Klängen und schallenden Fußtritten mischten – eine Welt, die blind hier ganz in der Nähe im Raum schwamm. Dann bildete sich ein Schatten im Nebel, wo ihn niemand erwartet hatte, und der kleine Dampfer brach hervor – ein Koloss im ersten Augenblick der Überraschung – und legte sich mitten in die Einfahrt.

Jetzt löste sich die Spannung, jeder Einzelne musste etwas unternehmen. Sie packten die Pferde der Bauern bei den Köpfen und drängten sie zurück, klatschten in die Hände, versuchten einen Witz zu machen oder lachten nur lärmend und stampfend auf das Pflaster. »Gute Reise?«, fragte ein Dutzend Stimmen auf einmal. »All right!«, antwortete der Kapitän munter. Und nun ist auch er die Spannung los; die Kommandorufe entrollen seinem Munde, die Schraube läuft kochend rückwärts, Trossen fliegen durch die Luft, die Dampfwinde bewegt sich mit singendem Metallklang. Und mit der Breitseite arbeitet sich das Schiff an das Bollwerk heran.

Auf dem Vorderdeck zwischen Back und Brücke, unter dem Bootsdeck und achtern – überall wimmelt es. Es ist ein wunderlich unsinniges Gewimmel, wie von Schafen, die einander auf den Rücken klettern und die Mäuler aufsperren. »Nee, was für 'ne Ladung Vieh!«, ruft der dicke Lotse dem Kapitän zu und stampft entzückt mit seinem Holzschuh auf die Mole. Da sind Schaffellmützen, alte Soldatenmützen, fuchsrote abgeschabte Hüte und die kleidsamen schwarzen Kopftücher der Frauen. Die Gesichter sind so verschieden voneinander wie eingeschrumpftes, altes Schweineleder und junge, reifende Frucht, aber Entbehrungen und Erwartungen und eine gewisse Lebensgier leuchten aus ihnen allen. Und die Ungewöhnlichkeit des Augenblicks gibt ihnen einen Anschein von Dummheit, wie sie sich da vordrängen oder übereinander hinwegklettern und mit offenen Mündern das Land anstarren, wo die Löhne so hoch sein sollen und wo der Branntwein so mörderisch stark ist.

Sie sehen die dicken, pelzgekleideten Bauern und die angezechten Vermittler. Sie wissen nicht, was sie mit sich anfangen sollen, und stehen überall im Wege, die Matrosen jagen sie fluchend von einer Seite des Schiffes zur anderen oder werfen ihnen ohne einen Warnungsruf Lukendeckel und Stückgüter auf die Beine. »Weg da, schwedischer Deubel!«, ruft ein Matrose, der die eisernen Türen aufmachen soll. Der Schwede springt verwirrt beiseite, aber die

Hand fährt in die Tasche und fingert nervös an dem großen Klappmesser herum.

Die Landungsbrücke ist klar und die dreihundertfünfzig Passagiere strömen von Bord – Steinhauer, Hafenarbeiter, Dienstmädchen, männliche und weibliche Tagelöhner, Knechte, Melker, hin und wieder ein einsamer kleiner Hütejunge und elegante Schneider, die sich von den anderen fern halten. Da sind junge Leute, so kerzengerade und gut gebaut, wie sie die Insel hier nicht hervorbringt, und arme Teufel, so mitgenommen von Arbeit und Entbehrungen, wie das hier nie der Fall ist. Es sind auch Gesichter darunter, aus denen die offenkundige Bosheit leuchtet – und andere, die vor Energie sprühen oder durch große Narben entstellt sind.

Die meisten sind in Arbeitskleidung und haben nur das mit, worin sie gehen und stehen. Hin und wieder hat einer ein Arbeitsgerät über der Schulter – eine Schaufel oder eine Brechstange. Diejenigen, die Gepäck haben, müssen sich eine gründliche Untersuchung durch den Zoll gefallen lassen – Stoffe sind billig in Schweden. Hin und wieder muss sich ein Mädchen, das ein wenig stark ist, mit den groben Scherzen der Zöllner abfinden, so zum Beispiel die hübsche Sara aus Cimrishamn, die alle kennen. Jeden Herbst reist sie nach Hause und kommt jeden Frühling wieder – in den gesegnetsten Umständen. »Das ist Schmuggelware!«, sagen die Zöllner und zeigen mit den Fingern auf sie. Sie machen jedes Jahr denselben Witz und haben sich schon darauf gefreut. Aber Sara, die sonst so hitzig und schlagfertig mit dem Mundwerk ist, starrt verschämt zu Boden – sie hat zwanzig Ellen Tuch unter die Röcke gewickelt.

Die Bauern sind jetzt ganz wach geworden. Wer die Pferde verlassen kann, mischt sich unter die Menge, die anderen wählen sich ihre Arbeitskräfte mit den Augen aus und rufen die Betreffenden an. Jeder legt seinen Maßstab an – Schulterbreite, bescheidene Haltung, Erbärmlichkeit; aber vor den narbigen und boshaften Gesichtern haben sie Angst, die überlassen sie den Verwaltern auf den großen Gütern. Es wird geboten und gefeilscht, jeden Augenblick kriechen ein oder zwei Schweden in das Stroh hinten im Wagen und rollen davon.

Ein wenig abseits stand ein älteres, gebeugtes Männchen mit einem Sack auf dem Rücken und einem acht- oder neunjährigen Jungen an der Hand; vor ihnen stand eine grüne Kiste. Sie folgten aufmerksam den Vorgängen und jedes Mal, wenn ein Wagen mit einigen ihrer Landsleute davonrollte, zupfte der Knabe ungeduldig den Alten am Ärmel, der ihm dann beruhigend zuredete. Der alte Mann betrachtete die Bauern einen nach dem andern prüfend, mit bekümmerter Miene, und bewegte die Lippen dabei – er überlegte. Ständig liefen ihm die roten, wimpernlosen Augen infolge des Starrens über und er trocknete sie mit dem groben, schmutzigen Sacktuch.

»Siehst du den da?«, sagte er plötzlich zu dem Jungen und zeigte auf einen kleinen, dicken Bauern mit Apfelwangen. »Was meinst du? Der is gewiss gut zu Kindern. Wollen wir es mal versuchen, Junge?«

Der Kleine nickte ernsthaft und sie steuerten auf den Bauern zu. Als er aber hörte, dass sie zusammenbleiben mussten, wollte er sie nicht haben – der Junge sei zu klein, um sich sein Brot zu verdienen. Und so erging es ihnen jedes Mal.

Es waren Lasse Karlsson aus Tommelilla in der Ystader Gegend und sein Sohn Pelle.

Ganz fremd war Lasse hier nicht; er war schon einmal auf der Insel gewesen – vor ungefähr zehn Jahren. Aber damals war er jünger, sozusagen in seiner besten Arbeitskraft, und hatte nicht den kleinen Jungen an der Hand, von dem er sich um alles in der Welt nicht trennen wollte – das war der Unterschied. Es war in dem Jahr, als die Kuh in der Mergelgrube ertrank und Bengta ihrem Wochenbett entgegensah. Lasse setzte damals alles auf eine Karte und benutzte ein paar Kronen, die er für die Haut der Kuh bekam, um dafür nach Bornholm zu fahren. Als er im Herbst nach Hause zurückkehrte, waren sie drei Mäuler, aber da hatte er auch hundert Kronen, mit denen er dem Winter entgegensehen konnte.

Lasse war damals Manns genug gewesen, die Situation zu retten; und noch heute konnte sich seine alte Gestalt straff aufrichten, wenn er an diese Heldentat dachte. Später, wenn Schmalhans regierte, sprach er jedes Mal davon, den ganzen Plunder zu verkaufen und für immer nach Bornholm zu ziehen. Aber Bengta kränkelte nach dem späten Wochenbett und es wurde nichts daraus – nicht eher, als bis sie nach achtjährigem Elend starb, jetzt kürzlich, im Frühling. Da verkaufte Lasse die Reste seiner Habe unter der Hand und erhielt knapp hundert Kronen dafür; die gingen drauf für die Schulden; die lange Krankheit hatte gezehrt. Das Haus und der Boden gehörten dem Gutsbesitzer. Eine grüne Kiste, die zu Bengtas Aussteuer gehört hatte, war das einzige Stück, das er behielt. Dahinein packte er ihre Sachen und einige von Bengtas Kleinigkeiten und schickte sie mit einem Rosskamm, der Pferd und Wagen hatte, voraus in die Hafenstadt. Allerlei altes Gerümpel, worauf niemand bieten wollte, stopfte er in einen Sack; den Sack über dem Nacken und den Knaben an der Hand, wanderte er zu Fuß nach Ystad, wo der Dampfer von Rönne anlegte. Das Geld reichte gerade zur Überfahrt.

Unterwegs war er seiner Sache sicher gewesen und hatte Pelle begeistert von diesem Land erzählt, wo die Löhne so unfassbar hoch waren und wo man in manchen Stellungen Belag aufs Brot bekam und immer Bier dazu, sodass während der Ernte der Wasserwagen nicht bei den Arbeitern herumfuhr, sondern nur für das Vieh da war. Und – ja, wer wollte, der konnte Branntwein wie Wasser trinken, so billig war der, aber er war so stark, dass er einen schon nach dem dritten Glas umwarf. Sie brannten ihn aus richtigem Korn und nicht aus faulen Kartoffeln und sie tranken ihn zu jeder Mahlzeit. Und nie brauchte der Junge zu frieren, denn dort trug man Wolle auf dem bloßen Leib und nicht diese ungebleichte Leinwand, durch die es so kalt hindurchblies; aber ein Arbeiter, der sich selbst beköstigte, bekam leicht seine zwei Kronen den Tag. Das war was ganz anderes als die lausigen achtzig Öre des Gutsbesitzers bei eigener Beköstigung.

Pelle hatte das schon viele Male gehört – vom Vater, von Ole und Anders, von Karna und hundert anderen, die auch hier gewesen waren. Im Winter, wenn die Luft schwer war von Kälte und Schneegestöber und der Not der armen Leute, redeten alle davon in den kleinen Orten daheim. Und bei denen, die nicht selber auf der Insel gewesen waren, sondern nur davon hatten erzählen hören, trieb die Phantasie wundersame Blüten um die Wette mit dem Frost an den Fensterscheiben.

Pelle wusste ganz genau, dass hier selbst die ärmsten Jungen immer in ihren besten Anzügen gingen und Schmalzbrot mit Zucker drauf aßen, sooft sie nur wollten. Hier floss das Geld wie Dreck die Straßen entlang und die Bornholmer machten sich nicht einmal die Mühe, sich zu bücken und es aufzuheben. Aber Pelle wollte es aufsammeln, sodass Vater Lasse das alte Gerümpel aus dem Sack schütten und die grüne Kiste ausräumen müsste, um Platz zu schaffen. Wenn sie jetzt nur bald wegkämen – er zupfte den Vater ungeduldig am Ärmel.

»Ja, ja«, sagte Lasse, dem das Weinen im Hals steckte, »ja, ja, du musst dich gedulden!« Er sah sich unschlüssig um. Hier stand er nun mitten in all der Herrlichkeit und konnte nicht einmal einen bescheidenen Platz für sich und seinen Jungen finden. Er begriff das nicht. Hatte sich denn die ganze Welt seit damals verändert? Er zitterte bis in seine rauen Hände, als der letzte Wagen von dannen rollte. Eine Weile starrte er ihm hilflos nach; dann schleppten er und der Junge die grüne Kiste an eine Mauer und Hand in Hand wanderten sie der Stadt zu.

Lasse bewegte die Lippen beim Gehen – er dachte nach. Für gewöhnlich dachte er am besten, indem er laut mit sich selbst redete, aber heute waren alle seine Fähigkeiten wach und er konnte sich damit begnügen, die Lippen zu bewegen.

Und während er so dahintrabte, verdichteten sich seine entschuldigenden Gedanken zu entschuldigenden Worten. »Zum Teufel auch«, rief er und stieß mit dem Rücken den Sack weiter über den Nacken, »man soll auch nicht gleich das erste Beste nehmen, was sich bietet; das is nich mal klug! Lasse hat ja Verantwortung für zwei, sollt ich meinen, und er weiß, was er will! Bin doch schon früher im fremden Land gewesen, weiß Gott. Und das Beste kommt immer zuletzt, dass du dir das merkst, Junge!«

Pelle hörte zur halb zu. Er hatte sich bereits getröstet und die Worte des Vaters, dass ihnen das Beste noch vorbehalten sei, waren ihm nur ein schwacher Ausdruck einer mächtigen Wahrheit – dass nämlich die ganze Welt ihnen gehören würde, mit allem, was sie an Wunderbarem enthielt. Er war schon dabei, sie mit weit geöffnetem Mund in Besitz zu nehmen.

Er ging mit einer Miene einher, als wolle er den ganzen Hafen verschlingen, mit all seinen Schiffen und Booten und den großen Bretterstapeln, die so aussahen, als seien sie inwendig hohl. Ja, das war ein Spielplatz – aber ohne Jungen! Ob die Jungen hier wohl auch so waren wie zu Hause? Er hatte noch keine gesehen. Am Ende hatten sie eine ganz andere Art, sich zu prügeln, aber er würde schon mit ihnen fertig werden – wenn sie nur nicht alle auf einmal kommen wollten. Da stand ja ein großes Schiff ganz oben an Land und man war wohl im Begriff, ihm die Haut abzuziehen. Sieh mal an, Schiffe hatten also Rippen, genau wie Kühe!

Bei dem großen Holzschuppen mitten auf dem Hafenplatz setzte Lasse den Sack nieder. Er gab dem Jungen ein Stück Brot und sagte ihm, er solle hier bleiben und auf den Sack achten; dann ging er weiter und verschwand. Pelle war hungrig, er fasste das Brot mit beiden Händen und hieb gierig ein.

Als er die letzten Krumen von seiner Jacke aufgepickt hatte, fing er an sich mit seiner Umgebung zu beschäftigen. Das Schwarze in dem mächtigen Kessel da war Teer, den kannte er recht gut, er hatte aber noch nie so viel auf einmal gesehen. Pfui, Teufel, wenn man da hineinfiel, während es kochte – das war gewiss noch schlimmer als der Schwefelpfuhl in der Hölle. Und da lagen ein paar gewaltige Angelhaken, genau solche, wie sie an dicken, eisernen Ketten dem Schiff aus den Nasenlöchern herausgehangen hatten! Ob es wohl noch Riesen gab, die mit solchen Angelhaken fischen konnten? Der starke Johann ließ sie bestimmt auch lieber liegen!

Er stellte aus eigener Anschauung fest, dass die Bretterstapel wirklich hohl waren und dass er mit Leichtigkeit auf ihren Boden hinabgelangen konnte – wenn er nur nicht den Sack zu schleppen hätte. Der Vater hatte gesagt, er solle auf ihn Acht geben, und er ließ ihn keinen Augenblick aus den Händen; da er zu schwer zum Tragen war, musste er ihn hinter sich herschleifen.

Er entdeckte ein kleines Schiff, gerade so groß, dass ein Mann ausgestreckt darin liegen konnte, und voll von Bohrlöchern im Boden und an den Seiten; er forschte sich vorwärts bis zu dem großen Schleifstein der Schiffszimmerleute, der fast so hoch war wie ein Mann. Hier lagen krumme Planken, in denen Nägel saßen, so groß wie des Dorfschulzen neue Spannpflöcke daheim, und das Schiff war daran vertäut; war das nicht eine richtige Kanone, die sie da aufgepflanzt hatten?

Pelle sah das alles und untersuchte jeden einzelnen Gegenstand aufmerksam – bald nur, indem er ihn abschätzend anspie, bald, indem er mit dem Fuß dagegenstieß oder mit seinem Taschenmesser daran kratzte. Traf er auf irgendein seltsames Ding, das auf anderem Wege nicht in sein kleines Gehirn hineinwollte, so setzte er sich rittlings darauf.

Dies war eine ganz neue Welt und Pelle war dabei, sie zu erobern. Kein Stück von ihr wollte er übrig lassen. Hätte er jetzt nur die Kameraden aus Tommelilla hier gehabt, so würde er ihnen alles erklären und sie mit allem vertraut gemacht haben. Herrje, was die glotzen würden! Aber wenn er wieder nach Schweden zurückkam, wollte er davon erzählen; dann würden sie wohl Lügenpeter zu ihm sagen, das hoffte er wenigstens.

Pelle saß da und ritt auf einem ungeheuren Mast, der auf einigen Eichenböcken auf dem Zimmerplatz ausgestreckt lag. Er kreuzte die Füße unter dem Mast, wie er gehört hatte, dass es die Ritter in alten Zeiten bei ihren Pferden getan hatten, und stellte sich vor, dass er in einen Ring hineingriff und sich selbst in die Höhe höbe, das Pferd und alles andere. Er saß mitten in seiner neu entdeckten Welt zu Pferde und strotzte vor Eroberstolz, schlug mit der flachen Hand dem Pferd aufs Kreuz und hieb ihm die Absätze in die Seite, während der aus vollem Hals ein Lied sang. Den Sack hatte er loslassen müssen, um hier heraufzukommen.

»Mit geladener Pistole und gespanntem Gewehr
Tanzten in Smaaland die Teufel klein,
Der alte Teufel, der spielte die Fiedel,
Eia, wie tanzten die Kleinen so fein!«

Mitten in seiner lärmenden Freude warf er einen Blick nach oben, fing laut zu brüllen an und ließ sich in die Hobelspäne hineinfallen. Oben auf dem Schuppen, neben dem ihn der Vater abgesetzt hatte, stand ein schwarzer Mann mit zwei schwarzen, kläffenden Höllenhunden; der Mann streckte den Oberkörper vor und drohte ihm. Es war eine alte Galionsfigur, aber Pelle glaubte, es sei der Satan selber, der komme, um ihn für das unverschämte Lied zu strafen, und in heller Angst rannte er die Straße hinunter. Als er ein Stück gelaufen war, fiel ihm der Sack ein und er blieb stehen. Er machte sich nichts aus dem Sack – und Prügel bekam er auch nicht, wenn er ihn liegen ließ, denn Vater Lasse schlug ihn nie; der böse Teufel würde ihn auffressen, wenn er sich wieder hinunterwagte – mindestens; er sah ganz deutlich, wie es ihm und den Hunden rot aus den Nasenlöchern leuchtete.

Aber Pelle besann sich trotzdem. Der Vater war so besorgt um den Sack, er würde ganz sicher betrübt sein, wenn er ihn verlor – vielleicht würde er gar weinen wie damals, als er Mutter Bengta begrub.

Zum ersten Mal stand der Knabe einer der ernsten Prüfungen des Lebens gegenüber, war – wie das so vielen Menschen vor ihm ergangen ist – vor die Wahl gestellt, sich selbst zu opfern oder das Eigentum anderer zu opfern. Liebe zum Vater, Knabenstolz, die Pflichttreue, die die Wiegengabe der bürgerlichen Gesellschaft an den Armen ist – eins kam zum anderen und entschied die Wahl. Er bestand die Prüfung – freilich nicht tapfer; er heulte die ganze Zeit, während er, die Augen starr auf den Bösen und seine Höllenhunde gerichtet, zu dem Sack zurückschlich und ihn in schnellem Lauf hinter sich her die Straße hinaufschleppte.

Niemand ist ein Held, ehe die Gefahr überstanden ist. Aber auch dann fand Pelle keine Gelegenheit, über seinen eigenen Mut zu schaudern; denn als er aus dem Bereich des schwarzen Mannes heraus war und der Schrecken ihn nun hätte loslassen sollen, nahm er eine neue Form an: Wo blieb denn der Vater? Er hatte gesagt, dass er gleich wiederkommen würde! Wenn er nun gar nicht wiederkam? Vielleicht war er weggegangen, um seinen kleinen Jungen loszuwerden, der ihm nur eine Last war und es ihm erschwerte, einen Dienst zu finden.

Pelle war sich klar darüber, dass es so kommen musste, während er brüllend mit dem Sack abzog. So war es ja auch anderen Kindern seiner Bekanntschaft ergangen. Aber sie kamen an das Pfefferkuchenhaus und es ging ihnen gut und Pelle selbst wollte schon

– vielleicht suchte er den König in eigener Person auf und wurde in den Palast aufgenommen und bekam die jungen Prinzen zu Spielgefährten und sein eigenes kleines Schloss, worin er wohnen konnte. Aber Vater Lasse sollte gar nichts abbekommen, denn jetzt war Pelle böse und rachsüchtig, obwohl er noch immer aus vollem Halse brüllte. Drei Tage sollte er vor der Tür stehen und anklopfen und betteln, und erst wenn er ganz jämmerlich weinte – nein, er wollte ihm doch lieber gleich erlauben hereinzukommen, denn Vater Lasses Weinen war das Schlimmste in der ganzen Welt. Aber er sollte auch nicht einen einzigen von den Nägeln haben, mit denen Pelle seine Taschen unten auf dem Zimmerplatz gefüllt hatte; und wenn die Frau des Königs ihnen den Kaffee ans Bett brachte ...

Pelle hielt inne in seinem verzweifelten Weinen und in seinen glücklichen Phantasien – aus einer Wirtschaft ganz oben an der Straße kam Vater Lasse leibhaftig heraus. Er sah seelenvergnügt aus und hatte eine Flasche in der Hand.

»Dänischer Branntwein, Junge!«, rief er und winkte mit der Flasche. »Die Mütze ab vor dem dänischen Branntwein! – Aber warum hast du geweint? – So, du warst bange. Und wovor warst du bange? Heißt dein Vater nicht Lasse – Lasse Karlsson aus Kungstorp? Und mit dem ist nicht gut Kirschen essen, er schlägt hart zu, wenn er gereizt wird! Wer wird wohl kleine gute Jungs Bange machen! Pfui Deubel! Die solln ihre Eingeweide in Acht nehmen! Und wenn die ganze Welt voll brennender Teufel wär, Lasse is hier, du, und du brauchst nich bange zu sein!«

Während er so aufgebracht schalt, trocknete er zärtlich Wangen und Nase des Jungen, die vom Weinen nass waren, mit seinem rauen Handballen ab und nahm den Sack wieder auf den Nacken. Seine gebeugte Gestalt hatte etwas rührend Gebrechliches, während er prahlend und tröstend, den Jungen an der Hand, wieder nach dem Hafen hinuntertrabte. Er stolperte in den großen Schmierstiefeln, deren Strippen an der Seite heraussahen. Aus den klaffenden Taschen des alten Winterüberziehers guckte an der einen Seite das rote Taschentuch, an der anderen die Flasche heraus. Die Knie schlotterten ihm ein wenig und der Sack drohte ihn jeden Augenblick zu Boden zu drücken. Ermattet sah er aus, vielleicht trugen die großen Worte das Ihre dazu bei. Aber die Augen leuchteten zuversichtlich und er lächelte zu dem Knaben hinunter, der an seiner Hand lief.

Sie näherten sich dem Schuppen und Pelle wurde ganz kalt vor Schreck – der Mann stand noch immer da. Er floh an die andere Seite des Vaters und wollte ihn in einem großen Bogen über den Hafenplatz ziehen. »Da is er wieder!«, sagte er jammernd.

»Also der war es, der hinter dir her war?«, sagte Lasse und lachte laut. »Und dabei is er doch aus Holz. Na, du bist mir aber der tapferste Junge, der mir je vorgekommen is! Es fehlt nicht mehr viel, dann können wir dich gegen einen toten Hahn schicken, wenn du einen Stock in die Hand kriegst.« Lasse fuhr fort zu lachen und schüttelte den Jungen vergnügt.

Aber Pelle wäre am liebsten in die Erde versunken vor Scham.

Unten an der Zollbude trafen sie einen Verwalter, der zu spät zum Dampfer gekommen war und keine Leute mehr bekommen hatte. Er hielt sein Gefährt an und fragte Lasse, ob er einen Dienst suche.

»Ja, wir suchen alle beide«, antwortete Lasse übermütig. »Wir wolln auf demselben Hof dienen – wie der Fuchs zur Gans sagt.«

Der Verwalter war ein großer, kräftiger Mann und Pelle schauderte vor Bewunderung über den Vater, der so kühn mit ihm zu reden wagte.

Aber der große Mann lachte gutmütig. »Dann soll der da wohl Großknecht sein?«, sagte er und schwippte mit der Peitsche nach Pelle hin.

»Ja, das wird er sicher mal«, antwortete Lasse mit starker Überzeugung.

»Na, erst wird er wohl ein paar Scheffel Salz verzehren müssen. Aber ich brauche einen Kuhpfleger und will dir hundert Kronen das Jahr geben – wenn es dir auch verteufelt schwer werden mag, sie zu verdienen, soviel ich sehe. Für den Jungen wird wohl ein Stück Brot übrig sein, aber er muss natürlich das bisschen tun, was er kann. Du bist wohl sein Großvater?«

»Ich bin sein Vater – vor Gottes und jedermanns Angesicht«, entgegnete Lasse stolz.

»Sieh, sieh, dann muss ja doch noch ein bisschen was an dir sein – wenn du auf ehrliche Weise zu dem Jungen gekommen bist. Aber dann kriech nur herauf, wenn du deinem eigenen Wohl nicht im Weg stehen willst, ich habe keine Zeit, hier lange zu halten. So ein Angebot kriegst du nicht jeden Tag.«

Pelle fand, dass hundert Kronen eine sündhafte Masse Geld sei; Lasse, als der Ältere und Vernünftigere, hatte hingegen das Gefühl, dass es viel zu wenig wäre. Aber obwohl er sich noch nicht recht klar darüber war, hatten die Erfahrungen des Morgens seinen lichten Blick in die Zukunft arg getrübt, der Schnaps wiederum hatte ihn gleichgültig und willfährig gemacht. »Na, meinetwegen!«, sagte er mit einer großen Handbewegung. »Aber der Herr soll wissen, dass wir nicht dreimal am Tage Salzhering und Salzkartoffeln haben wollen. Eine ordentliche Kammer wolln wir auch haben und am Sonntag frei.« Er hob den Sack und den Jungen auf den Wagen und kroch selbst hintendrein.

Der Verwalter lachte. »Du bist sicher schon früher mal hier gewesen, Alter? Aber das werden wir schon schaffen; du sollst Schweinebraten mit Rosinen und Rhabarbergrütze mit Pfeffer darüber haben, sooft du nur den Mund aufsperrst.«

Sie fuhren zum Dampfer hinunter, um die Kiste zu holen, und rollten dann landeinwärts dahin. Lasse, der bald dieses, bald jenes wieder erkannte, erklärte dem Jungen alles ringsum. Von Zeit zu Zeit nahm er verstohlen einen Schluck aus der Flasche. Der Verwalter durfte es nicht sehen. Pelle fror und verkroch sich unter dem Stroh; er kroch ganz unter den Vater.

»Nimm auch 'n Schluck!«, flüsterte Lasse und hielt ihm heimlich die Flasche hin. »Aber pass auf, dass er es nich sieht, denn er is bös. Er is 'n Jude.«

Pelle wollte keinen Schnaps haben. »Was ist denn ein Jude?«, fragte er flüsternd.

»Ein Jude – herrjemine, Junge, weißt du das denn nicht? Die Juden haben doch Christus gekreuzigt. Und darum müssen sie nu über die ganze Welt wandern und Wollkram und Nadeln und so was verkaufen; und betrügen tun sie überall, wo sie hinkommen. Weißt du nich, wie einer Mutter Bengta um ihr schönes Haar betrog? Ach nee, das war wohl vor deiner Zeit – das war auch ein Jude. Er kam einen Tag, als ich nich zu Hause war, und packte seinen feinen Kram aus. Da waren Kämme und Nadeln mit blauen Glasknöpfen und die feinsten Kopftücher. Und die Weibsleute können ja gegen solchen feinen Kram nich an, sie werden so wie, ich will mal sagen, wie einer von uns, wenn uns einer 'ne Flasche Branntwein vor die Nase hält. Mutter Bengta hatte ja kein Geld, aber der verfluchte Teufel wollte ihr das feinste Kopftuch geben, wenn er ihr 'n Ende von ihrem Zopf abschneiden dürfte. Und da schneidet er ihn ganz oben im Nacken ab. Herr, du meines Lebens, sie war wie Stahl und Feuerstein, wenn sie wütend wurde – sie prügelte ihn mit dem Feuerhaken aus dem Haus raus. Aber den Zopf, den nahm er mit, und das Tuch war der reine Schund, wie's zu erwarten war. Denn die Juden, das sind Teufel, die haben unsern Herrn Jesus . . .« Lasse fing wieder von vorne an.

Pelle hörte gerade noch des Vaters leise Stimme. Er sprach von Mutter Bengta, aber die war ja tot und lag in der schwarzen Erde – sie knöpfte ihm sein Leibchen nicht mehr im Rücken zu und wärmte seine Hände nicht mehr, wenn ihn fror. – So, also Rosinen taten die hier in den Schweinebraten; die mussten ja Geld wie Heu haben. Auf den Wegen lag nun zwar kein Geld herum und sonderlich fein sahen die Häuser und Gehöfte auch gerade nicht aus. Aber das Sonderbarste war, dass der Erdboden hier dieselbe Farbe hatte wie zu Hause, obwohl es ein fremdes Land war. In Tommelilla hatte er eine Landkarte gesehen, auf der jedes Land seine eigene Farbe hatte. Aber das war dann ja gelogen!

Lasses Mundwerk war schon längst stehen geblieben, er schlief, den Kopf auf dem Rücken des Jungen. Die Flasche zu verstecken hatte er vergessen.

Pelle wollte sie gerade ins Stroh schieben, als der Verwalter – der übrigens kein Jüte, sondern Seeländer war – sich umdrehte und sie erblickte. Er befahl dem Knaben sie in den Graben zu werfen.

Zur Mittagszeit erreichten sie ihren Bestimmungsort. Lasse erwachte, als sie auf das Pflaster des großen Hofplatzes rollten, und tastete mechanisch im Stroh herum. Aber plötzlich besann er sich darauf, wo er war, und wurde mit einem Ruck nüchtern. Dies also war ihr neues Heim! Das Einzige, woran sie sich halten konnten, wovon sie auf dieser Welt etwas zu erwarten hatten. Und als er sich auf dem großen Hof umsah, wo gerade die Mittagsglocke läutete und Knechte und Mägde und Tagelöhner aus allen Türen rief, da schwand sein Selbstvertrauen. Ein verzweifeltes Gefühl der Wehrlosigkeit überwältigte ihn und ließ sein Gesicht in ohnmächtiger Sorge um den Sohn erzittern.

Seine Hände bebten, als er aus dem Wagen kroch; er stand unschlüssig da, all den forschenden Blicken vom Eingang zu dem mächtigen Keller des Wohnhauses her preisgegeben. Sie machten Bemerkungen über ihn und den Jungen und lachten bereits. In seiner Verwirrung beschloss er gleich von vornherein einen so günstigen Eindruck wie möglich zu machen und fing an vor jedem Einzelnen die Mütze abzunehmen; der Knabe stand daneben und tat es dem Vater nach. Das erinnerte an die Clowns auf dem Jahrmarkt und vor dem Keller lachten sie laut und verbeugten sich nachäffend, sie fingen auch an laut zu rufen. Aber dann kam der Verwalter wieder zum Wagen zurück und sie verschwanden schnell in den Keller. Oben vom Wohnhaus her kam ein eintöniges Geräusch, das nicht aufhören wollte und dazu beitrug, die beiden zu entmutigen.

»Steht doch nicht da und stellt euch an«, sagte der Verwalter streng,»macht, dass ihr zu den andern hinunterkommt und was in den Bauch kriegt. Ihr werdet noch Zeit genug haben, ihnen Affenkomödie vorzuspielen.«

Bei diesen ermunternden Worten ergriff der Alte die Hand des Knaben und trottete langsam auf den Keller zu. In seinem Innern weinte es aus allen Quellen nach Tommelilla und Kungstorp. Pelle drängte sich ängstlich an ihn. Das Unerwartete war in beider Phantasie plötzlich zu einem bösen Untier geworden.

Unten im Kellergang klang der merkwürdig lang gezogene Laut verstärkt und es ging ihnen beiden auf, dass es das Weinen einer Frau war.

2

Der Steinhof, der in Zukunft Lasses und Pelles Heim sein sollte, war einer der größten Gutshöfe auf der Insel. Aber alte Leute erinnern sich, dass, als ihre Großeltern Kinder waren, dort nur eine Büdnerstelle mit zwei Pferden gewesen war; die hatte einem Vevest Köller, einem Enkel von Jens Kofoed, dem Befreier Bornholms, gehört. Unter ihm wurde aus der Stelle ein Bauernhof – er arbeitete sich zu Tode, gönnte weder sich noch anderen das Essen. Und die beiden Dinge vererbten sich in der Familie von einer Generation auf die andere – das schlechte Essen und das Bedürfnis, sich auszubreiten.

Die Felder in dieser Gegend waren vor nicht gar zu vielen Generationen Steine und Heidekraut gewesen; die kleinen Leute hatten die Erde gebrochen und einer nach dem anderen hatte sich totgearbeitet, um sie in gutem Stand zu halten. Rings um den Steinhof wohnten lauter Häusler und Büdner, die nur zwei Pferde hielten, Leute, die mit Schweiß und Hunger gekauft hatten und von denen man ebenso gut denken konnte, dass sie das Grab ihrer Eltern verkaufen würden wie ihren eigenen Besitz; sie hingen daran, bis sie davongingen oder bis ein Unglück über sie kam.

Aber die Familie auf dem Steinhof wollte kaufen – ständig kaufen und sich ausbreiten, und das konnte sie nur durch das Unglück anderer erreichen. Überall, wo Misswuchs, Krankheit und Unglück mit dem Vieh einen Mann schlugen, sodass er schwankte, kauften die Köller. So wuchs der Steinhof, bekam viele Gebäude und viel Gewicht; er wurde ein so gefährlicher Nachbar, wie das Meer es ist, wo es von der Erde des Landmannes zehrt, Feld für Feld, und nichts dagegen zu machen ist. So wurde einer aufgefressen und dann der Nächste; jeder wusste, dass die Reihe auch an ihn kommen würde, früher oder später. Niemand rechtet mit dem Meer; aber alles, was an Bösem und Unheimlichem über dem Leben der Armen brütete, schwebte von dort oben her. Dort hausten die Mächte der Finsternis, ängstliche Gemüter zeigten immer zum Steinhof hin. »Es ist gut gedüngter Boden«, pflegten die Leute in der Umgegend mit einem sonderbaren Tonfall zu sagen, der einen Fluch in sich schloss; weiter aber wagten sie sich nicht.

Das Geschlecht der Köller war nicht sentimental, es gedieh vortrefflich in dem trüben Licht, das so viele ängstliche Gemüter über den Hof verbreiteten – und empfand das als Macht. Die Männer liebten Trunk und Kartenspiel, aber sie tranken immer nur so viel, dass sie noch sehen und ihren Verstand gebrauchen konnten, und verspielten sie zu Anfang des Abends ein Pferd, so pflegten sie im Laufe der Nacht zwei zu gewinnen.

Als Lasse und Pelle auf den Steinhof kamen, erinnerten sich ältere Häusler noch des Bauern aus ihrer Kindheit, des Janus Köller, der mehr als alle andern Schwung in das Gut gebracht hatte. In seiner Jugend kämpfte er eines Nachts um zwölf Uhr oben im Kirchturm mit dem Bösen und überwand ihn – und von da an gelang ihm alles. Wie sich das nun verhalten haben mochte, jedenfalls ging zu seiner Zeit ein Nachbar nach dem anderen zu Grunde und Janus ging umher und übernahm deren Besitz. Brauchte er ein Pferd, so gewann er es im Dreikart – und so war es auf allen Gebieten; der Teufel legte alles für ihn zurecht. Sein größtes Vergnügen war es, wilde Pferde einzufahren, und wer zufällig in der Christnacht um zwölf geboren war, konnte ganz deutlich den Bösen bei ihm auf dem Kutschbock sitzen und die Zügel halten sehen. Ihm selber wurde ein übler Tod zuteil, wie das zu erwarten war. Eines Morgens in der Frühe kamen die Pferde allein auf den Hof gelaufen und er selber lag am Straßenrand. Er hatte sich den Kopf an einem Baum zerschmettert.

Sein Sohn wiederum wurde der letzte Steinhofbauer des Geschlechts. Er war ein toller Bursche, in dem viel Gutes steckte; wenn jemand anderer Meinung war als er, so schlug er ihn nieder, aber er half stets denen, die im Unglück waren. Auf diese Weise kam es, dass niemals jemand von Haus und Hof musste; und da es nun doch einmal in ihm lag, dass auch er das Gehöft vergrößern musste, so kaufte er Land in der Heide und zwischen den Klippen; aber er ließ es klugerweise in dem wüsten Zustand, in dem es war. Er band viele durch seine Hilfe an den Hof und machte sie so abhängig, dass sie sich nie wieder lösen konnten; die Häusler mussten ihre eigene Arbeit liegen lassen, wenn er nach ihnen schickte, und er war nie in Verlegenheit um billige Arbeitskräfte. Was der Mann bot, war kaum Armeleuteessen, aber er aß immer selber aus einer Schüssel mit den anderen. Und der Pfarrer war in seinem letzten Stündlein bei ihm, es war nichts über seinen Heimgang zu sagen.

Er hatte zwei kerngesunde Frauen totgelegen, und alles, was er davon hatte, war eine Tochter von der letzten und die war nicht ganz richtig. Schon als sie elf Jahre alt war, kam das Blut über sie – sie rannte den Männern nach und drängte sich an alle heran. Aber niemand wagte auch nur sie anzusehen, denn sie fürchteten sich vor dem Zorn des Steinhofbauern. Später verfiel sie ins strikte Gegenteil, staffierte sich mit einem Stock aus wie ein Mann und trieb sich allein draußen in den Klippen herum, statt sich mit häuslichen Arbeiten zu beschäftigen. Sie ließ niemand an sich herankommen.

Kongstrup, der gegenwärtige Steinhofbauer, war ein Fremder. Er war vor ungefähr zwanzig Jahren von anderswoher nach der Insel gekommen und bis jetzt war noch niemand aus ihm klug geworden. Er hatte damals die Gewohnheit, sich in der Heide herumzutreiben und nichts zu tun, genauso wie sie, und da war es nicht verwunderlich, dass er mit ihr zusammengeriet und sich mit ihr verheiraten musste. Aber schrecklich war es.

Er war ein seltsamer Kauz, aber vielleicht waren dort, woher er kam, die Leute so? Er hatte bald diesen Einfall, bald jenen, erhöhte den Tagelohn, ohne dass ihn jemand darum gebeten hatte, und errichtete einen Steinbruch mit Akkordarbeit. So verübte er gleich zu Anfang allerlei Narrenstreiche, überließ es den Häuslern, ob sie freiwillig zur Arbeit auf den Hof kommen wollten; es kam so weit mit ihm, dass er sie bei Regenwetter nach Hause schickte, damit sie ihr Korn bergen sollten – während das seine dastand und verfaulte. Aber die Sache ging natürlich schief und allmählich musste er seine Narrheiten wieder aufgeben.

Die Leute dort in der Gegend fanden sich in die Abhängigkeit, ohne zu murren. Vom Vater auf den Sohn waren sie es gewohnt, durch die Tore des Steinhofs ein- und auszugehen und zu verrichten, was von ihnen verlangt wurde, als seien sie Fronbauern. Dafür ließen sie die ganze Angst ihres Lebens, die finstere Mystik über den Steinhof los. Sie ließen den Teufel da oben hausen, Dreikart mit den Männern um ihre Seelen spielen – und bei den Frauen liegen; und sie nahmen die Mützen vor den Leuten vom Steinhof tiefer ab als vor anderen.

Dies alles hatte sich wohl im Laufe der Jahre ein wenig geändert, der ärgste Stachel war dem Aberglauben ausgebrochen. Aber die böse Luft, die über Herrensitzen liegt – über allen großen Anhäufungen von dem, was vielen gehören sollte –, lag auch schwer über dem Steinhof. Das war das Urteil des kleinen Mannes, seine einzige Rache für sich und die Seinen.

Lasse und Pelle witterten schnell die drückende Luft und sahen mit den furchtsamen Augen der anderen, noch ehe sie selbst etwas gehört hatten. Namentlich Lasse hatte ein Gefühl, als würde er hier nie recht froh werden, so schwer lastete es hier beständig auf einem.

Und dann das Weinen, das man sich nicht erklären konnte.

Den ganzen langen lichten Tag war das Weinen aus dem Stuben des Steinhofs herausgesickert wie der Refrain eines traurigen Volksliedes. Jetzt war endlich eine Pause eingetreten. Lasse machte sich auf dem unteren Hof zu schaffen – ihm lag noch immer der Klang im Ohr. Trübselig, ach so trübselig war dieses ewige Frauenweinen, als sei ein Kind gestorben oder als sitze eine mit ihrer Schande da. Und was konnte da schon zu weinen sein, wenn man einen Hof von mehreren hundert Tonnen Land hatte und in einem großen Haus mit zwanzig Fenstern wohnte?

>»Reichtum, das ist eine Gabe von Gott,
Doch Armut, das ist eine Belohnung.
Wer den Reichtum hat,
Hat das Leben oft satt,
Der Arme, der ist immer zufrieden!«

Karna sang das drüben in der Milchstube, und, weiß Gott, das stimmte! Wenn Lasse bloß gewusst hätte, woher er das Geld für einen neuen Kittel für den Jungen nehmen sollte, hätte er keinen Menschen auf der Welt beneidet. Obwohl es ganz angenehm sein konnte, Geld für Tabak und für einen Schnaps zu haben, wenn man anderen deswegen nicht zu nahe zu treten brauchte.

Lasse glättete den Misthaufen; er war mit der Mittagsarbeit im Stall fertig und ließ sich Zeit. Dies war nun etwas, was er dazwischenschob. Hin und wieder sah er zu den hohen Fenstern empor, gab sich einen Ruck und packte zu, aber die Müdigkeit war doch stärker; eine kleine Nachmittagsruhe hätte ihm gut getan, aber er wagte es nicht. Es war still auf dem Hof, Pelle war zum Kaufmann gelaufen, um für die in der Küche etwas zu holen, alle Mannsleute waren auf dem Feld, um die letzte Sommersaat einzueggen. Man war weit zurück auf dem Steinhof.

Da kam der Landwirtschaftseleve schnuppernd aus dem Stall; er war anders herumgegangen, um Lasse von hinten zu überraschen, der Verwalter hatte ihn geschickt. »Bist du da, du fauler Polizeispion«, murmelte Lasse, als er den Eleven sah, »eines schönen Tages schlag ich dich noch tot!« Aber er zog die Mütze tief vor ihm. Der lange Eleve ging über den Hof, ohne ihn anzusehen, und fing an mit den Mädchen unten im Brauhaus zu schäkern. Das ließ er hübsch bleiben, wenn die Knechte zu Hause waren – das Gespenst!

Kongstrup trat oben auf die Treppe hinaus, er blieb eine Weile dort stehen und sah nach dem Wetter, dann ging er auf den Kuhstall zu. Herrgott, was für eine Gestalt – er füllte die ganze Stalltür aus. Lasse stellte die Mistgabel weg und eilte ihm nach, um zur Hand zu sein.

»Na, wie geht's, Alter?«, fragte der Gutsbesitzer freundlich. »Wirst du mit deiner Arbeit fertig?«

»Ach ja, das geht woll«, sagte Lasse. »Aber viel kann man ja nich machen. Es ist 'n großer Viehbestand für einen Mann.«

Kongstrup blieb stehen und befühlte das Hinterteil einer Kuh.
»Du hast ja den Jungen zur Hilfe, Lasse. Wo ist der übrigens? Ich sehe ihn nicht.«
»Er ist für die Frauenzimmer zum Kaufmann.«
»So – wer hat ihn denn geschickt?«
»Die Frau selber, glaub ich.«
»Hm – ist er schon lange weg?«
»Ach ja, er muss wohl bald wieder hier sein.«
»Halt ihn an, wenn er kommt, und schick ihn mit den Einkäufen zu mir herauf – hörst du?«

Pelle war nicht wohl zu Mute, als er zum Arbeitszimmer des Gutsherrn ging; die Frau hatte ihm außerdem befohlen die Flasche gut unter der Bluse zu verstecken. Das Zimmer war sehr hoch, an den Wänden hingen feine Jagdgewehre und oben auf einem Bord standen Zigarrenkisten, eine über der anderen, bis an die Decke – als wenn es ein Tabakladen wäre. Aber das Sonderbarste war doch, dass sie eingeheizt hatten, jetzt mitten im Mai – und die Fenster offen standen. Sie wussten wohl nicht, wo sie all ihr Geld lassen sollten! Wo wohl die Geldkisten standen?

Dies alles und noch viel mehr beobachtete Pelle, während er auf seinen nackten Füßen an der Tür stand und vor lauter Verlegenheit die Augen nicht aufzuschlagen wagte.

Da drehte sich der Großbauer auf seinem Stuhl herum und zog ihn am Kragen zu sich heran. »Lass doch mal sehen, was du da unter der Bluse hast, kleiner Kerl«, sagte er freundlich.

»Das ist Kognak!«, sagte Pelle und holte die Flasche heraus. »Die Frau hat gesagt, ich soll sie keinem zeigen.«

»Du bist ein tüchtiger Junge«, sagte Kongstrup und streichelte ihm die Wange, »aus dir wird schon was werden. Gib du mir jetzt die Flasche, dann will ich sie meiner Frau hinbringen, damit niemand sie zu sehen bekommt.« Er lachte herzlich.

Pelle reichte ihm die Flasche – dort auf dem Schreibtisch stand

Geld in einem ganzen Stapel, dicke runde Zweikronenstücke, eins über dem anderen. Warum bekam denn Vater Lasse nicht den Vorschuss, um den er so sehr gebeten hatte?

Jetzt kam die Frau herein und Kongstrup ging gleich hin und schloss das Fenster. Pelle wollte gehen, aber sie hielt ihn zurück.

»Du hast doch etwas für mich geholt?«, sagte sie.

»Ich habe das Geholte bereits in Empfang genommen«, sagte Kongstrup. »Du sollst es haben – sobald der Junge gegangen ist.«

Aber sie hielt die Tür zu. Der Junge sollte bleiben und Zeuge sein, dass ihr Mann ihr die Waren vorenthielt, die sie in der Küche brauchte – alle sollten es wissen.

Kongstrup ging auf und nieder und sagte nichts. Pelle erwartete, dass er sie schlagen würde; denn sie nahm böse Worte in den Mund, viel schlimmere als Mutter Bengta, wenn Lasse aus Tommelilla nach Hause kam und angeheitert war. Aber er lachte nur.

»Jetzt dürfte es genug sein«, sagte er, führte sie von der Tür fort und ließ den Knaben hinaus.

Lasse war gar nicht wohl bei der Sache. Er hatte geglaubt, der Herr mische sich da ein, um zu verhindern, dass alle den Jungen einkaufen schickten – wo er seine Hilfe bei dem Vieh doch so nötig hatte. Und nun nahm es eine solche Wendung!

»Ach so, es war Kognak«, wiederholte er, »ja, dann kann ich es verstehen. Aber dass sie so frei herumgehen darf, wo sie mit so'n Laster behaftet is – er muss ein gutmütiger Bär sein.«

»Er mag ja selber auch gern was Starkes«, meinte Pelle, der allerlei über die Gewohnheiten des Gutsbesitzers gehört hatte.

»Ja, aber 'n Frauenzimmer, du, das is doch ganz was anders. Bedenk doch, das sind feine Leute. – Ja, ja, es kommt uns woll nich zu, über die Herrschaft zu räsonieren, wir haben genug mit uns selbst zu tun. Aber ich würde viel dafür geben, wenn sie dich nicht wieder ausschicken wollte! Wir können da leicht zu sitzen kommen wie die Laus zwischen zwei Daumen.«

Lasse ging an seine Arbeit. Er seufzte und schüttelte den Kopf, während er Futter heranschleppte; er war gar nicht froh.

3

Es war belebend im Sonnenschein, der den Raum von allen Seiten füllte, ohne von Hitze begleitet zu sein. Die Dämpfe des Frühlings waren aus der Luft verschwunden und der warme Dunst des Sommers war noch nicht gekommen. Es lag nur Licht über den grünen Äckern und dem Meer draußen, Licht, das die Linien der Landschaft klar in der blauen Luft abzeichnete und eine milde, angenehme Wärme verbreitete.

Es war einer der ersten Tage des Juni, der erste richtige Sommertag. Und es war Sonntag.

Der Steinhof lag da und schwelgte in Sonne. Überall durfte sie eindringen mit ihren hellen, goldigen Strahlen; und wo sie nicht hineingelangen konnte, da zitterten dunkle Farbtöne gleich einem heißen, verstohlenen Atem in den Tag hinaus. Luken- und Türöffnungen standen gleich verschleierten Augen mitten im Licht, und wo das Dach im Schatten lag, sah es aus wie Samt. Oben im Wohnhaus war es heute still, auch der Streit schien Sonntag zu feiern.

Der große Hofplatz war durch ein Staket mittendurch geteilt. Die untere Hälfte bestand hauptsächlich aus einer großen, dampfenden Mistgrube, mit kreuzweise gelegten Gangbrettern und einigen umgestürzten Schubkarren zuoberst. Ein paar Schweine lagen im Dung und schliefen, bis zum halben Leib in Jauche; eine geschäftige Hühnerschar zerstreute eifrig die viereckigen Haufen Pferdedung, die vom Ausmisten des letzten Morgens übriggeblieben waren. Ein großer Hahn stand wie ein Inspektor mitten in der Schar und leitete die Arbeit.

Auf dem oberen Hof war eine Schar weißer Tauben damit beschäftigt, Körner von dem reinen Pflaster aufzupicken. Vor dem offenen Wagentor ging ein Knecht hin und her und sah den Jagdwagen nach; ein anderer Knecht stand im Tor und putzte das Staatsgeschirr.

Der Knecht bei dem Wagen war in Hemdsärmeln und trug frisch geschmierte Kniestiefel; sein Körper war jung und elastisch und nahm bei der Arbeit hübsche Stellungen ein. Er hatte die Mütze tief in den Nacken geschoben und pfiff gedämpft, während er die Räder innen und außen reinigte und verstohlene Blicke nach der Braustube hinübersandte. Da unten, unter dem Fenster, stand eine der Mägde und hielt Sonntagswäsche mit nackten Schultern und Armen, das Hemd bis unter die Brüste heruntergestreift.

Das dicke Melkmädchen Karna ging mit zwei großen Eimern an ihm vorüber, zur Pumpe hin. Als sie zurückkam, platschte sie einen Guss Wasser über seinen einen Stiefel und er sah mit einem Fluch hoch. Sie fasste es als Aufforderung auf, die Eimer niederzusetzen, wobei sie vorsichtig nach den Fenstern des Wohnhauses hinüberschielte.

»Du hast woll schlecht geschlafen, Gustav!«, sagte sie und lachte spöttisch.

»Na, deine Schuld ist das jedenfalls nich«, entgegnete er kurz angebunden. »Kannst du mir heut meine Arbeitshosen flicken?«

»Nee! Ich flick nich, wo 'ne andre streichelt!«

»Dann scher dich wieder in deine Mutter rein. Es gibt genug, die mir die lumpigen Flicken aufsetzen, wenn du nich willst.« Er beugte sich wieder über seine Arbeit.

»Ich will mal sehn, ob ich Zeit hab«, sagte das große Frauenzimmer zahm. »Aber ich hab heute Nachmittag sowieso alle Arbeit allein auf 'm Hals, all die andern wollen aus!«

»Ja, ich seh, dass sich Bodil die Titten wäscht!« Er spie einen Strahl Kautabak nach dem Fenster des Brauhauses hinüber. »Sie soll woll zur Musterung, sie macht es ja so gründlich.«

Karna setzte eine mürrische Miene auf. »Sie hat sich freigebeten, weil sie in die Kirche will – die und in die Kirche gehn! Das mach mir einer weis! Nee, die will zu Schneiders im Dorf; da trifft sie sich mit Malmberg – die sind aus einer Stadt. Dass sie sich nich für zu gut hält, sich mit 'n verheirateten Mann einzulassen.«

»Meinetwegen kann sie sich einlassen, mit wem sie will«, entgegnete Gustav und stieß das letzte Rad mit dem Fuß an seinen Platz. Die große Karna stand da und sah ihn freundlich an. Aber da entdeckte sie ein Gesicht oben hinter den Gardinen und lief mit ihren Eimern schleunigst davon. Gustav spie verächtlich hinter ihr drein – sie war zu alt für seine siebzehn Jahre; vierzig musste sie doch wohl wenigstens sein. Er warf noch einen langen Blick zu Bodil hinüber und ging dann mit Schmierdose und Schlüssel zum Wagentor.

Das hohe weiße Wohnhaus, welches das obere Ende des Hofes abschloss, war nicht mit den übrigen Gebäuden zusammengebaut, sondern hielt sich vornehm zurück, ein Bretterzaun bildete die Verbindung. Es hatte eine Mansarde nach beiden Seiten und ein hohes Kellergeschoss, in dem sich Gesindestube, Mägdestube, Braustube, Mangelstube und die großen Vorratsräume befanden; die Mansarde, die nach dem Hof zu lag, hatte eine Uhr, die nicht ging. Pelle nannte das Gebäude Schloss und war nicht wenig stolz darauf, dass er die Erlaubnis hatte, den Keller zu betreten. Die anderen Leute auf dem Hof hatten keine so schöne Bezeichnung dafür.

Er war der Einzige, dessen Ehrfurcht vor dem Hauptgebäude mit keinem unguten Gefühl vermischt war; auf die anderen wirkte es wie eine feindliche Schanze. Jeder, der über das Pflaster des oberen Hofes ging, schielte unwillkürlich zu den hohen, verschleierten Fenstern hinauf, hinter denen man alles hier draußen beobachten konnte. Es war ungefähr so, als wenn man eine Reihe Kanonenmündungen passierte – es machte unsicher in den Beinen und niemand ging über das reine Pflaster, ohne dazu gezwungen zu sein. Hingegen bewegten sie sich auf dem anderen Teil des Hofes, der vom Wohnhaus ebenso leicht zu übersehen war, ganz unbefangen.

Dort unten liefen ein paar von den jüngeren Knechten und spielten. Der eine hatte die Mütze des anderen erobert und lief mit ihr davon und es ging in wilder Jagd aus der einen Scheunentür hinaus und zur anderen herein, den ganzen Hof herum, unter Keuchen und ausgelassenem Gelächter und abgebrochenen Ausrufen. Der Kettenhund kläffte vor Wonne und zerrte wie wild an seiner Kette: Er wollte mitspielen. Oben am Staket wurde der Räuber eingeholt und zur Erde geworfen, aber es gelang ihm, die Mütze in die Luft zu schleudern, sie fiel gerade vor der hohen Steintreppe des Wohnhauses nieder.

»Ach, du hinterlistige Kreatur!«, rief der Besitzer mit einer Stimme, in der ein verzweifelter Vorwurf klang, in dem er den anderen mit seinen Stiefelspitzen bearbeitete. »Oh, du schändlicher Bengel!« Er hielt plötzlich inne und maß abschätzend die Entfernung. »Spendierst du 'n Pegel, wenn ich hingeh und die Mütze hole?«, fragte er flüsternd. Der andere nickte und richtete sich schnell auf, um zu sehen, wie die Sache ablaufen würde.

»Schwörst du es? Drückst du dich auch hinterher nich?« Er hob beschwörend die Hand. Der Kamerad machte eine feierliche Bewegung über die Kehle hin, als wolle er sie durchschneiden; der Schwur war abgelegt. Der, der die Mütze verloren hatte, zog die Hosen in die Höhe, blieb eine Weile stehen und raffte sich zusammen, seine ganze Gestalt wurde straff vor Entschlossenheit. Er legte die Hände auf das Staket und sprang hinüber, ging gesenkten Kopfes und festen Schrittes über den Hof – wie einer, der alles auf eine Karte gesetzt hat. Als er die Mütze aufgehoben hatte und den Rücken dem Hauptgebäude zuwandte, schnitt er seinem Kameraden auf dem unteren Hofplatz eine schreckliche Grimasse.

Da kam Bodil in ihrem feinsten Sonntagsstaat, ein schwarzseidenes Tuch um den Kopf und ein Gesangbuch in der Hand, aus dem Keller. Herr du meines Lebens, wie war sie hübsch! Und mutig – sie ging an dem Wohnhaus in seiner ganzen Länge vorüber. Aber sie konnte wohl auch von dem Gutsbesitzer selbst getätschelt werden, sobald sie nur wollte.

Um den eigentlichen Hof herum lagen die vielen kleinen und großen Wirtschaftsgebäude: Kälber- und Schweinestall, Geräteschuppen, Wagenremise, eine Schmiede, die nicht mehr benutzt wurde. Sie lagen da wie eine Menge Mysterien, mit Luken, die zu pechschwarzen, unterirdischen Rüben- und Kartoffelkellern führten, von wo aus man natürlich auf geheimen Gängen zu den sonderbarsten Stellen unter der Erde gelangen konnte – und mit anderen Luken, die zu dunklen Bodenräumen hinaufführten, wo die wunderbarsten Schätze in Form von altem Gerümpel aufbewahrt wurden. Aber Pelle hatte leider nicht viel Zeit, dies alles zu durchforschen. Jeden Tag musste er dem Vater beim Vieh helfen und die Arbeit mit dem großen Bestand überstieg fast ihre Kräfte. Sobald er sich ein wenig verschnaufen wollte, waren die anderen gleich hinter ihm her. Er musste für die Küchenmädchen Wasser tragen, dem Wirtschaftseleven die Stiefel schmieren und für die Knechte zum Kaufmann laufen, um Branntwein oder Kautabak zu holen. Da war genug, womit er hätte spielen können, aber niemand konnte es ertragen, ihn spielen zu sehen; immer pfiffen sie nach ihm wie nach einem Hund.

Er schaffte sich Ersatz, indem er die Arbeit selbst in Spiel verwandelte, und das ließ sich in vielen Fällen machen. Die Kühe zu tränken war zum Beispiel ergötzlicher als irgendein wirkliches Spiel, wenn der Vater draußen auf dem Hof stand und pumpte und der Junge das Wasser nur von einer Krippe in die andere zu leiten brauchte. Er kam sich bei dieser Arbeit immer vor wie ein großer Ingenieur. Aber viele andere Arbeit war zu schwer, um amüsant zu sein.

In diesem Augenblick schlenderte der Junge draußen bei den Wirtschaftsgebäuden umher, wo niemand war, der ihn hätte hetzen können. Die Tür zum Kuhstall stand offen und er konnte das anhaltende Kauen der Kühe hören, das hin und wieder von gemütlichem Schnaufen unterbrochen wurde oder von dem regelmäßigen Auf- und Niederscheuern der Kette, wenn sich eine Kuh den Hals an dem Pfahl scheuerte. Die Holzschuhe des Vaters klapperten im Futtergang beruhigend hin und her.

Aus den geöffneten Halbtüren der kleinen Ställe stieg warmer Dampf, der angenehm nach Kälbern und Schweinen roch. Bei den Schweinen herrschte unendlicher Fleiß; den ganzen, langen Steg entlang war ein Knurpeln und Schmatzen, hin und wieder schlurfte eine alte Sau das Nasse mit den Mundwinkeln auf oder blies mit dem Rüssel am Boden des Troges entlang, um unter der Flüssigkeit die verfaulten Kartoffeln zu finden. Hier und da zankten sich ein paar um den Trog und stießen gellende Schreie aus. Aber die Kälber steckten ihre sabbernden Mäuler durch die Türöffnungen, glotzten in das schöne Wetter hinaus und brüllten laut. Einer von den kleinen Kerlen sog die Luft drüben vom Kuhstall her auf eigene, umständliche Weise ein und verzog dann das Maul zu einem törichten Grinsen – das war ein Stierkalb. Es legte das Kinn auf die Halbtür und versuchte hinüberzuspringen. Pelle jagte es wieder hinunter. Dann schlug es nach hinten aus, sah ihn von der Seite an, stand mit krummem Rücken da und stampfte auf den Boden wie ein Schaukelpferd. Die Sonne hatte es verwirrt.

Unten im Teich standen Enten und Gänse Kopf im Wasser und fochten mit den roten Beinen in der Luft. Und plötzlich konnte die ganze Entenschar einen Anfall von toller Sonnenfreude bekommen und schreiend von einem Ufer zum anderen flattern; das letzte Stück Weges rutschten sie auf dem Wasser und wackelten lächerlich mit dem Hintern.

Pelle hatte sich viel von diesen paar Stunden versprochen, die ihm ganz allein gehörten, da ihm der Vater freigegeben hatte, bis die Mittagsarbeit anfing. Aber nun stand er da und wusste weder ein noch aus, der Reichtum überwältigte ihn. Ob es wohl amüsant war, auf zwei gekreuzten Wagenbrettern über den Teich zu fahren? – Da draußen lag gerade ein Mistwagen zum Abwaschen. Oder sollte er hineingehen und mit den kleinen Kälbern spielen oder mit dem alten Blasebalg in der Schmiede schießen? Wenn er das Luftloch mit nasser Erde füllte und tüchtig anzog, konnte es einen guten Schuss geben.

Pelle zuckte zusammen und versuchte sich unsichtbar zu machen – der Bauer selbst war um die Ecke gekommen; er stand jetzt, die Hand über die Augen gelegt und spähte über das abfallende Land auf das Meer hinaus. Als er Pelle erblickte, nickte er ausdruckslos und sagte: »Guten Tag, mein Junge, na, was machst du denn?« Er starrte noch immer hinaus und wusste wohl kaum, dass er das gesagt hatte, und fuchtelte dem Jungen mit dem Ende seines Stockes auf der Schulter herum – der Steinhofbauer ging oft wie im Halbschlaf umher.

Aber Pelle empfand es als eine Liebkosung göttlicher Art und lief gleich in den Stall hinüber, um dem Vater zu erzählen, was ihm begegnet war. Er hatte ein erhebendes Gefühl in der Schulter, als habe er den Ritterschlag bekommen, er fühlte den Stock noch immer. Eine berauschende Wärme strömte von der Stelle in seinen kleinen Körper, ließ ihm das Erlebnis zu Kopf steigen und blies ihn auf. Er erhob wahrhaftig die Flügel, stieg in die Luft empor und träumte, dass ihn der Steinhofbauer als Sohn annehmen würde.

Er kam schnell wieder auf die Erde zurück, denn da drinnen im Stall lief er gerade in die gründliche Sonntagswäsche hinein. Die Sonntagswäsche war das Einzige, was er ernstlich gegen das Dasein einzuwenden hatte; alles andere kam und wurde wieder vergessen, diese Wäsche aber kam immer wieder von neuem. Er verabscheute sie und namentlich den Teil, der sich um das Innere der

Ohren drehte. Aber da half kein Bitten, Lasse stand mit einem Eimer kalten Wassers und einer Schale mit grüner Seife parat und der Junge musste sich ausziehen. Als wenn das Abscheuern nicht genügte, musste er hinterher auch noch in ein reines Hemd kriechen – glücklicherweise nur jeden zweiten Sonntag. Wenn man hinterher darauf zurückblickte, war das Ganze höchst angenehm – etwas, das überstanden war und fürs Erste nicht wiederkehrte.

Pelle stand in der Stalltür und protzte mit zu Berge stehendem Haar und reinen Hemdsärmeln; die Hände hatte er in den Seitentaschen begraben. Mitten über der Stirn bildete das Haar einen Wirbel, den so genannten »Kuhschleck«, der Glück bedeuten soll; und das Gesicht, das sich in dem grellen Licht zusammenzog, bildete das putzigste Kunterbunt, wo nicht ein einziges Ding an seinem Platz war. Pelle bog die Waden nach hinten durch, stand da und wiegte sich leicht in den Beinen, so wie er es Gustav oben an der Haupttreppe tun sah, der dastand und die Zügel hielt und auf die Herrschaft wartete.

Jetzt kam Frau Kongstrup heraus und der Herr ebenfalls; ein Mädchen lief mit einem kleinen Tritt zum Wagen und half der Frau hinauf; der Gutsbesitzer blieb oben auf der Treppe stehen, bis sie Platz genommen hatten. Sie war schlecht zu Fuß. Aber was für ein Paar Augen ihr im Kopf saßen! Pelle beeilte sich nach der anderen Seite zu sehen, als sie das Gesicht dem Hof zuwandte – die Leute munkelten, sie könne einen Menschen nur durch ihren Blick ins Unglück bringen, wenn sie es wollte. Jetzt ließ Gustav den Hund los, der vor den Pferden hertanzte und kläffte, als sie vom Hof herunterfuhren.

So schien die Sonne doch nicht an einem Werktag. Es blendete, wenn die weißen Tauben in einem Schwarm über den Hof flogen und so regelmäßig wendeten, als drehte sich ein großes weißes Laken im Sonnenschein herum; der Schimmer ihrer Flügel huschte blitzschnell über den Dunghaufen und veranlasste die Schweine mit einem fragenden Grunzen den Kopf zu heben. Drüben in den Kammern saßen die Knechte und spielten Sechsundsechzig oder beschlugen ihre Holzschuhe; Gustav fing an auf einer Handharmonika zu spielen: »Als Noah aus der Arche kam, als Noah aus der Arche kam ...«

Pelle schlenderte vorsichtig auf den oberen Hofplatz, zur großen Hundehütte hinüber, die man nach dem Winde drehen konnte; er setzte sich auf den Rand des Daches und fuhr Karussell, indem er sich jedes Mal, wenn er an dem Staket vorüberkam, mit den Füßen abstieß. Auf einmal kam ihm der Gedanke, dass er selbst aller Hund sei und sich eigentlich verkriechen müsse. Er ließ sich hinabfallen, kroch in die Hundehütte und legte sich in das Stroh, den Kopf zwischen den Armen. Da lag er eine Weile, starrte auf das Staket und ließ die Zunge, nach Luft schnappend, aus dem Mund hängen. Plötzlich hatte er einen Einfall, der ihn überkam wie ein Niesen und ihn alle Vorsicht vergessen ließ. Im nächsten Augenblick rutschte er bereits das Treppengeländer des Haupthauses herunter.

Er war schon siebzehnmal gerutscht und hoffte es auf fünfzigmal zu bringen, als er ein scharfes Pfeifen drüben von dem großen Wagentor her vernahm. Dort stand der Landwirtschaftseleve und winkte ihm zu. Pelle schlenderte wie ein begossener Pudel zu ihm hin, er bereute seine Gedankenlosigkeit bitter. Nun sollte er wohl wieder Transtiefel schmieren, vielleicht für sie alle zusammen.

Der Eleve zog ihn in das Tor hinein und schob es zu. Es war dunkel. Der Junge, der aus dem grellen Tageslicht kam, konnte am Anfang nichts unterscheiden, und das, was er allmählich unterschied, nahm unheimliche Umrisse an. Stimmen lachten und brummten undeutlich vor seinen Ohren, und Hände, die ihm schrecklich groß erschienen, nahmen ihn zwischen sich. Ein Entsetzen beschlich ihn, begleitet von verrückten, sich jagenden Vorstellungen von Räubern und Mord, und er fing an laut zu schreien vor Angst. Eine gewaltige, grobe Hand legte sich ihm über das Gesicht und in der Stille, die auf seinen erstickten Schrei folgte, hörte er draußen im Hof eine Stimme den Mädchen zurufen, sie sollten kommen und sich etwas Ergötzliches ansehen.

Er war zu sehr vom Schreck gelähmt, um zu fassen, was mit ihm geschah, und verwunderte sich nur schwach darüber, was da draußen im Sonnenschein wohl so Ergötzliches sein könnte. Ob er wohl jemals die Sonne wieder sehen würde?

Als Antwort auf seine Gedanken wurde der Torweg auf einmal aufgerissen. Das Licht strömte herein, er erkannte die Gesichter um sich her und stand mit nacktem Leib mitten im Sonnenlicht, die Hosen auf die Fersen herabgezogen, das Hemd unter der Weste in die Höhe geschoben. Neben ihm stand der Eleve mit einer Fahrpeitsche und schlug nach seinem nackten Leib.

»Lauf!«, rief eine befehlende Stimme und außer sich vor Schreck und Verwirrung sprang Pelle auf den Hof hinaus. Da draußen standen die Mägde, sie lachten und kreischten bei diesem Anblick, er wirbelte herum und wollte wieder in den Torweg hineinfliehen. Aber die Peitsche traf ihn und er musste wieder hinaus in das Tageslicht, er hüpfte wie ein Känguru und rief neuen Jubel hervor. Da draußen stand er still, stellte sich aufrecht hin und weinte hilflos, während rohe Reden auf ihn herabhagelten, namentlich von Seiten der Mägde. Er kümmerte sich nicht mehr um die Peitsche, sondern kroch nur in sich zusammen, wie ein Bündel auf dem Steinpflaster niedersank.

Die starkknochige Karna kam aus dem Keller gestürzt und drängte sich scheltend vor. Sie war dunkelrot vor Zorn, auf ihrem sommersprossigen Hals und den dicken Armen saßen braune Flecken von den Kuhschwänzen vom letzten Melken her, sie glichen plumpen Tätowierungen. Sie schleuderte ihren Pantoffel dem langen Eleven gerade ins Gesicht, hüllte Pelle in ihre Schürze aus Sackleinen und trug ihn in den Keller.

Als Lasse hörte, was dem Jungen zugestoßen war, nahm er einen Hammer und lief herbei, um den Landwirtschaftseleven totzuschlagen. Der alte Mann blickte so, dass niemand wagte sich ihm in den Weg zu stellen. Der Eleve hatte es für geraten gehalten, zu verschwinden; und da Lasse für seinen Zorn kein Ventil fand, überfiel ihn ein zitterndes Weinen und ein Frostschauer. Er wurde ganz krank, sodass ihm die Knechte mit einem Schluck Branntwein aufhelfen mussten. Das heilte mit einem Schlag das kalte Fieber und Lasse kam wieder zu sich und konnte dem eingeschüchterten, schluchzenden Pelle ermunternd zunicken.

»Nur immer ruhig, Junge«, sagte er tröstend, »nur ruhig, du! Noch niemals is ein Mensch seiner Strafe entgangen und Lasse wird dem langen Satan den Schädel spalten, dass ihm das Gehirn aus der Schnauze spritzt, verlass dich drauf!«

Bei der Aussicht auf diese kräftige Bestrafung seines Peinigers klärte sich Pelles Gesicht auf und er kroch auf den Heuboden hinauf, um Heu für die Mittagsmahlzeit der Kühe hinunterzuwerfen. Lasse, der nicht hinaufkriechen mochte, ging in den Futtergängen umher und verteilte das Heu. Während er so ging, arbeitete es in ihm, Pelle hörte ihn fortwährend laut vor sich hin reden. Als sie fertig waren, ging Lasse an die grüne Kiste und holte ein schwarzes seidenes Tuch heraus, das Mutter Bengtas Staatstuch gewesen war; er sah ganz feierlich aus, als er Pelle heranrief: »Pelle, lauf damit zu Karna hinüber und sag ihr, sie soll es nich verschmähen! Denn so arm sind wir auch nich, dass wir die Güte mit leeren Händen gehen lassen. Aber du darfst es keinem Menschen sehen lassen, damit sie nich neidisch werden. Mutter Bengta wird es sicher nich übel nehmen in ihrem Grab; sie hätte es selber vorgeschlagen – wenn sie sprechen könnte. Aber nu hat sie ja Erde im Mund, die Ärmste!« Lasse seufzte tief.

Er stand eine Weile da und wog das Tuch in der Hand, ehe er es Pelle gab, der damit weglief. Er war sich in Bezug auf Bengta gar nicht so sicher; der alte Mann wollte gern ihr Andenken sich selbst und dem Jungen gegenüber hochhalten. Es ließ sich wohl nicht leugnen, dass sie sich in einem Fall wie diesem widersetzt haben würde, eifersüchtig, wie sie war; und am Ende kam sie noch auf den Einfall, wegen dieses Tuches zu spuken. Aber Herz hatte sie doch gehabt, für ihn und für den Jungen, und gewöhnlich saß es auch da, wo es sitzen sollte – das musste man ihr lassen. Deshalb musste Gott der Herr so milde richten, wie er konnte.

Am Nachmittag war es still auf dem Hof. Die Leute waren fast alle ausgegangen, wohin auch immer – wohl nach dem Krug oder zu den Steinhauern im Steinbruch. Auch die Herrschaft war aus, gleich nach Tisch ließ der Gutsbesitzer anspannen und fuhr zur Stadt und eine halbe Stunde später rollte seine Frau im Ponywagen hinter ihm her – sie musste auf ihn aufpassen, sagten die Leute.

Der alte Lasse saß oben in einem leeren Stand und flickte Pelles Kleider, der Junge lief im Futtergang umher und spielte. Er hatte in der Schweizerstube einen alten Stiefelknecht gefunden, den klemmte er sich unters Knie und tat, als ginge er auf einem Holzbein. Währenddessen plauderte er mit dem Vater. Aber er war nicht so laut wie sonst, das Erlebnis vom Vormittag saß ihm noch in den Knochen und wirkte dämpfend; es saß da als Heldentat, die er vollbracht hatte und über die er jetzt beschämt war. Noch ein anderer Umstand stimmte ihn feierlich – der Verwalter war da gewesen und hatte gesagt, die Kühe sollten am nächsten Tag hinaus. Pelle sollte das Jungvieh hüten und dies war also vielleicht der letzte freie Tag des ganzen Sommers.

Er blieb vor dem Vater stehen. »Womit schlägst du ihn tot, Vater?«

»Mit dem Hammer, sollte ich meinen.«

»Schlägst du ihn mausetot – so tot wie einen Hund?«

Lasse nickte Unheil verkündend. »Ja, mausetot!«

»Aber wer soll uns denn dann die Namen vorlesen?«

Der Alte schüttelte bedenklich den Kopf. »Da hast du mal 'n wahres Wort gesagt!«, rief er und kraute sich erst an einer Stelle, dann an einer anderen. Der Name jeder Kuh war mit Kreide über ihrem Stand geschrieben, aber keiner von ihnen konnte lesen. Der Verwalter war freilich einmal die Namen mit ihnen durchgegangen, aber es war unmöglich, die fünfzig Namen mit einem Mal zu behalten – nicht mal der Junge konnte das und der hatte doch sonst ein verteufelt gutes Gedächtnis. Wenn nun Lasse den Eleven totschlug, ja, wer sollte ihnen dann wohl helfen die Namen zu deuten? Es ging doch nicht an, dass man zu dem Verwalter ging und ihn noch einmal fragte!

»Ja, denn müssen wir es wohl dabei bewenden lassen, dass wir ihn durchpeitschen«, sagte Lasse grübelnd.

Der Junge spielte eine Weile, dann kam er wieder zu Lasse. »Glaubst du nicht, dass die Schweden alle Leute in der Welt verprügeln können, Vater?«

Der Alte sah nachdenklich drein. »Ja – hm, hm, das mag woll so sein!«

»Ja, denn Schweden is viel größer als die ganze Welt, das is es, du!«

»Ja, groß is es«, sagte Lasse und versuchte sich Schwedens Ausdehnung vorzustellen. Da waren vierundzwanzig Provinzen, davon war Malmöhus nur eine und der Ystader Bezirk wiederum ein kleiner Teil davon. In der einen Ecke des Ystader Bezirks aber lag Tommelilla und ein sehr kleiner Teil von Tommelilla war sein Hof, der ihm einstmals so gewaltig vorgekommen war mit seinen vier Tonnen Land! Ach ja – Schweden war groß – nicht größer als die ganze Welt natürlich, das war ja nur Kinderschnack, aber doch größer als die ganze übrige Welt zusammengenommen. »Ja, groß is es! – Aber was machst du da Junge?«

»Ich bin doch ein Krieger, dem sie das eine Bein abgeschossen haben, das siehst du doch!«

»Ach so, du bist Invalide. Aber das darfst du nich tun, denn so was mag der liebe Gott nich leiden; du könntest leicht ein richtiger Krüppel werden, und das wäre doch ein Jammer!«

»Ach, er sieht es ja nich, denn heute is er in all den Kirchen!«, entgegnete der Junge, war aber doch vorsichtig genug innezuhalten. Er stellte sich in die Stalltür und pfiff, kam aber plötzlich aufgeregt herbeigestürzt.

»Vater, nu is die Landwirtschaft da, soll ich schnell die Peitsche holen?«

»Na, wir müssen es wohl lieber bleiben lassen. Er könnte uns unter den Händen totbleiben, so 'n feiner Dreck hält nich, wenn man darauf losprügelt. Er könnte allein vor Schrecken sterben.« Lasse schielte bedenklich zu dem Jungen hinüber.

Pelle sah enttäuscht aus. »Und wenn er es nu wieder tut?«

»Ach, ohne einen Schrecken kommt er nich davon. Ich will ihn mit den steifen Armen packen und in die Höhe heben, sodass er in der Luft hängt und baumelt und jämmerlich um sein liebes Leben bittet; und denn will ich ihn ebenso ruhig wieder auf die Erde setzen. Denn Lasse kann nich böse sein, Lasse is 'n gutmütiges Schaf.«

»Denn sollst du so tun, als wenn du ihn fallen lässt, wenn du ihn ganz hoch in die Luft hebst. Denn schreit er gewiss und denkt, dass er sterben muss, und die anderen kommen und lachen ihn aus.«

»Nee, nee, du musst deinen Vater nich in Versuchung führen! Dann könnte ich am Ende in Versuchung kommen und ihn fallen lassen, und das ist Mord und darauf steht lebenslänglich Zuchthaus! Nee, ich muss ihn lieber gehörig ausschelten, das ärgert solchen feinen Halunken am meisten.«

»Ja, und denn musst du ihn einen dünnschenkeligen Klütentramper nennen, das tut der Verwalter, wenn er böse auf ihn is.«

»Nee, du, das geht auch woll nich. Aber ich will schon ein ernstes Wort mit ihm reden, das er nich so bald wieder vergisst.«

Pelle war befriedigt. Es war doch keiner wie der Vater – auch nicht, wenn es sich darum handelte, eine Donnerrede zu halten, natürlich. Er hatte das noch nie gehört und freute sich mächtig darauf, während er mit dem Stiefelknecht umherging. Er benutzte ihn nicht mehr als hölzernes Bein, um nicht Gottes Strafgericht heraufzubeschwören, sondern hielt ihn unter der Achselhöhle wie eine Krücke und stützte ihn auf die Kante der Sockelmauer, denn sonst war er zu kurz. Wer auf zwei Krücken ging, wie des Pfarrers Sohn daheim in Schweden, der konnte über die breitesten Pfützen springen!

Licht und Schatten wurden plötzlich lebhaft unter der Decke, und als sich Pelle umwandte, stand da ein fremder Junge in der Tür, die zu den Äckern hinausführte. Er war ebenso groß wie Pelle, aber der Kopf war fast wie der eines erwachsenen Mannes. Im ersten Augenblick sah es so aus, als sei er kahl; aber dann drehte er sich in der Sonne und der bloße Kopf schimmerte, als sei er aus lauter Silberschuppen. Er war mit kurzem, dünnem, weißlichem Haar bedeckt. Die Haut war rosig und das Weiße im Auge auch. Das faltige Gesicht verzog sich im Licht; der Hinterkopf ragte stark hervor und sah aus, als sei er viel zu schwer.

Pelle steckte die Hände in die Seitentaschen und ging zu ihm hin. »Wie heißt du?«, fragte er und spritzte einen Strahl Spucke zwischen den Vorderzähnen hindurch, wie er es bei Gustav gesehen hatte. Das Kunststück misslang leider, die Spucke flog nicht hinaus, sondern trief ihm am Kinn herunter.

Der fremde Junge grinste. »Rud«, sagte er undeutlich. Seine Zunge war dick und schwer beweglich. Neidisch starrte er Pelles Seitentaschen an. »Is das dein Vater?«, fragte er und zeigte auf Lasse.

»Das is doch wohl klar«, sagte Pelle wichtig, »und er kann alle Menschen verprügeln!«

»Aber mein Vater kann alle Menschen kaufen, denn er wohnt da oben.« Rud zeigte nach dem Wohnhaus hinüber.

»So-o, kann er das?«, fragte Pelle ungläubig. »Warum wohnst du denn nicht auch da?«

»Ich bin doch ein Hurenjunge – das sagt Mutter selbst.«

»Zum Teufel auch, sagt sie das?« Pelle schielte wegen des kleinen Fluchs zum Vater hinüber.

»Ja, wenn sie wütend is – und dann haut sie mich. Aber dann reiß ich ihr aus.«

»So-o, tust du das?«, fiel eine Stimme von außen herein. Die Jungen zuckten zusammen und zogen sich tiefer in den Stall zurück. Eine große, fette Frauensperson kam in der Stalltür zum Vorschein und jagte ihre wütenden Augen in das Halbdunkel hinein; als sie Rud erblickte, schimpfte sie weiter; ihr Tonfall war schwedisch: »Also du reißt aus – du Weißkohlkopf, was? Wenn du denn doch mal gleich so weit laufen wolltest, dass du nich wieder zurückfindest, dann wär man dich los und brauchte sich nicht die Puste auszudreschen auf so 'ner greuliche Kreatur! In die Hölle kommst du, weiß Gott, doch da brauchst du nich drüber zu weinen! – Denn ist das wohl dem Jungen sein Vater?«, unterbrach sie sich selbst, als sie Lasse erblickte.

»Ja, das wird woll so sein«, antwortete Lasse ruhig, »und das sollte doch nich dem Schullehrer Johann Pihl seine Johanne aus Tommelilla sein – die vor bald zwanzig Jahren weggereist is?«

»Und das sollte doch nich dem Schmied sein Kater aus Sulitjelma sein, der das vorvorige Jahr Zwillinge und einen alten Holzschuh gekriegt hat?«, sagte die große Frauenperson ihn nachäffend.

»Na ja, Sie können meinetwegen sein, wer Sie wollen«, sagte Lasse gekränkt. »Ich bin kein Polizeispion.«

»Glauben sollte man es, wenn Sie solch Verhör anstelln. Wissen sie, wann die Kühe raussolln?«

»Morgen, wenn alles gut geht. Ihr Junge da soll Pelle am Ende den Platz zeigen? Der Verwalter sagte von einem, der mit raussoll und ihm den Weideplatz zeigen.«

»Ja, das is der da, Sören Dreckhas – komm her und lass dich angucken, du Lattich! Na, der Bursche is weg – ja, ja. – Kriegt euer Junge viel Prügel?«

»Hm, ja, ab und zu kriegt er welche«, antwortete Lasse, der sich schämte einzugestehen, dass er den Jungen niemals schlug.

»Ich bin auch nicht bange davor! Das gehört dazu, wenn aus dem zusammengekratzten Lumpenkram ein Mensch werden soll. Prügel sind das halbe Leben. Na, denn jag ich den Windhund morgen früh hier rauf – aber passen Sie gut auf, dass ihn keiner auf 'n Hof zu sehen kriegt, denn dann is der Teufel los.«

»Die Frau kann ihn wohl nich sehen, denk ich mir?«, sagte Lasse.

»Nee, bewahre – sie hat ja auch nichts dazu getan, das halb verrückte Weibstück. Gott mag wissen, viel Grund, einen zu beneiden, haben sonst die Leute nich. Aber ich hätt heut und diesen Tag Bauersfrau sein können und 'n netten Mann hätt ich auch noch dazu gekriegt, wenn nich der stolze Heinrich da oben mir nachgestellt hätte. Willst du das wohl glauben, du zerrissenes, altes Oberleder?« Sie klatschte ihm auf die Hüfte und lachte.

»Das will ich gern glauben«, sagte Lasse. »Denn du warst das schönste Mädchen damals, als du von Hause weggingst.«

»Ach – du mit deinem ›Von-Hause-weg‹«, äffte sie ihn nach.

»Na ja, ich kann natürlich sehen und auch verstehen, dass du am liebsten alle Spuren hinter dir verwischen willst. Und ich kann auch gern fremd tun, wiewohl ich dich mehr als einmal auf meinem Schoß gehabt habe, als du noch 'ne kleine Dirn warst. – Aber weißt du wohl, dass deine Mutter im Sterben liegt?«

»Ach nee! Ach nee!«, rief sie und sah ihn mit einem Gesicht an, das sich mehr und mehr verzerrte.

»Ich sagte ihr ja adjö, eh ich vor gut'n Monat von Hause wegging – sie war sehr elend. Adjö, Lasse, sagte sie – und ich dank dir auch für die gute Nachbarschaft all die vielen Jahre. Und wenn du Johanne triffst, denn grüß sie – sagte sie. Sie is ja ganz schrecklich runtergekommen, nach allem, was ich gehört hab – aber grüß sie darum doch von ihrer Mutter. Die kleine Johanne, mein Kind! Sie war ihrer Mutter Herzen am nächsten, darum hat sie auch draufgetreten. Am Ende waren wir selber schuld dran. Willst du ihr das von ihrer Mutter sagen, Lasse? Das waren die Worte, die sie sagte – und nu is sie gewiss tot, so elend, wie sie war.«

Johanne Pihl hatte die Gewalt über sich verloren. Es war offenbar nicht ihre Gewohnheit, zu weinen, so wie es in ihr zerrte und riss. Tränen kamen nicht und sie quälte sich, als erdulde sie Geburtswehen. »Mutter, liebe, liebe Mutter!«, sagte sie ein Mal über das andre. Sie saß auf dem Krippenrand und wiegte sich hin und her.

»So, so, so!«, sagte Lasse und streichelte ihr den Kopf. »Ich hab ja immer gesagt, sie wären zu hart gegen dich gewesen. Aber wozu brauchtest du auch in das Fenster zu kriechen – so 'n Kind von sechzehn Jahr, wie du warst, und bei nachtschlafender Zeit! Man kann sich ja nich wundern, wenn sie sich da ein bisschen vergaßen. Und umso mehr, als er für Kleider und Essen diente und ein böser Gesell war, der immer außer Stellung war.«

»Ich hatte ihn doch lieb!«, sagte Johanne und weinte. »Er war der Einzige, den ich jemals geliebt hab. Und ich glaubte, er hätt mich auch lieb, wenn er mich auch nie angesehen hatte – so dumm war ich.«

»Ach ja, du warst ein Kind – das hab ich deinen Eltern auch gesagt. Aber dass du auf so was Unanständiges verfallen könntest!«

»Es war nichts Böses dabei, ich meinte bloß, wir beide müssten zusammenhalten, so lieb, wie wir uns hatten. Nein, ich dachte das nicht einmal, ich kroch nur zu ihm rein – ohne mir weiter Gedanken zu machen. Willst du woll glauben, dass ich damals rein war? Es geschah auch nichts Schlimmes.«

»Da is nich mal was geschehen?«, sagte Lasse. »Aber es is ja schrecklich, zu denken, wie traurig das gegangen is. Und daran ist dein Vater gestorben.«

Die dicke Frauensperson fing bitterlich an zu weinen; sie kam Lasse vor wie ein Lappen und er war nahe daran, auch zu weinen.

»Ach ja, ich hätte es woll nich sagen sollen, aber ich dachte ja, du hättst es gehört!«, sagte er verzweifelt. »Er meinte woll, er als Schulmeister hätte Verantwortung für so viele, und darum fraß es sich in ihn rein, dass du dich so weggeworfen hattest – noch dazu an so einen armen Knecht. Denn wenn er auch mit uns armen Leuten wie mit seinesgleichen verkehren tat, so hatte er ja doch seine Ehre; und es ging ihm sehr nah, als die feinen Leute nich mehr mit ihm verkehren wollten. – Und dann war das Ganze bloß loses Gerede, da is nichts geschehen? Aber warum hast du das denn nich gesagt?«

Johanne weinte nicht mehr, sie saß da und sah vergrämt zur Seite, ihr Gesicht zitterte ununterbrochen. »Ich hab es ja gesagt, aber sie wollten nich hören. Sie haben mich da ja angetroffen! Ich schrie um Hilfe, als mir klar wurde, dass er mich gar nich kannte, dass er sich bloß was einbildete, weil ich zu ihm kam, und als er mich zu sich nehmen wollt! Und da kamen die andern gelaufen und fanden mich da. Sie lachten und weißt du, was sie zueinander sagten? Ich hätte geschrien, weil meine Unschuld gesprungen wäre! Meine Eltern glaubten das auch, das hörte ich heraus; wenn die nich mal glauben wollten, dass da nichts geschehen war, konnte man sich doch über das andere Pack nich wundern! – Und dann gaben sie ihm Geld, dass er hierher reisen sollte, und mich schickten sie zu Verwandten.«

»Ja, und da tatst du ihnen das Leid an und liefst weg.«

»Ich reiste ihm nach, ich dachte, er müsste mich doch lieb haben, wenn ich nur in seiner Nähe war. Er hatte hier auf dem Steinhof Dienst angenommen und da nahm ich hier auch eine Stelle als Stubenmädchen an. Aber er wollte bloß das eine von mir, und das wollte ich nich, wenn er mich nich lieb hatte! Und da ging er herum und prahlte damit, dass ich um ihn von zu Hause weggelaufen wär – und auch das andere erzählte er, was doch eine Lüge war; und da glaubten sie alle, dass ich zu haben wäre, wenn sie bloß wollten. Kongstrup war damals jung verheiratet, aber er war nich anders als die andern. Ich bekam den Platz außer der Zeit, weil das andere Stubenmädchen fortmusste und ablegen, so nahm ich mich denn woll in Acht. Er hatte sie dann nachher mit einem Steinhauer im Steinbruch verheiratet.«

»Also so eine Art Mann is er!«, rief Lasse aus. »Ja, ich hab so ja meine Zweifel gehabt. Aber was is denn aus dem anderen Halunken geworden?«

»Der ging in den Steinbruch und arbeitete da, als wir ein paar Jahre zusammen gedient hatten und er mir all den Schabernack angetan hatte, den er nur konnte. Er hat zu trinken angefangen und immer und ewig Prügeleien gehabt. Ich hab ihn oft aufgesucht, denn er wollte mir nich aus dem Kopf – und betrunken war er immer. Schließlich konnt er da nich mehr bleiben und rannte weg und dann hörten wir, er treibt sich am Nordstrand in den Klippen bei Blaaholt herum. Er nahm, was er nötig hatte und wo er es kriegen konnte, und schlug die Leute mir nichts, dir nichts nieder. Und eines Tages erzählten sie, die Obrigkeit hätte ihn für vogelfrei erklärt und wer wollte, könnte ihn totschlagen. Ich hatte großes Vertrauen zu dem Herrn, der doch der Einzige war, der es gut mit mir meinte; und er tröstete mich damit, dass es woll nich so schlimm werden würde; Knud würde sich schon vorsehn.«

»Knud – war es Knud Engström?«, fragte Lasse. »Ei, ei, von dem hab ich gehört. Er trieb es wie der Teufel, als ich damals hierzulande war, und griff die Leute am helllichten Tag mitten auf der Landstraße an. Einen Mann schlug er mit dem Hammer tot, und als sie ihn fingen, hatte er sich 'n Riss vom Nacken bis ans Auge geschnitten. Das hätte der andre getan, sagte er – er selbst hätte sich bloß gewehrt. Da konnten sie ihm nichts anhaben. – Also der war es! Aber was für eine war es denn, mit der er da zusammenlebte? – Sie sagten, er wohnte den Sommer in einem Schuppen oben auf der Heide und hätte ein Frauenzimmer bei sich.«

»Ich lief hier aus dem Dienst und erzählte den anderen, ich reise nach Haus – ich hatte gehört, wie elend es um ihn stand; sein ganzer Kopf wäre gespalten, sagten sie. Da ging ich hin und pflegte ihn.«

»Und da hast du ihm denn doch woll schließlich den Willen getan?«, sagte Lasse und blinzelte schelmisch.

»Er hat mich jeden Tag geprügelt«, antwortete sie heiser. »Und als er keine Gewalt über mich kriegen konnte, jagte er mich schließlich weg. Ich hatte mir ja nu in den Kopf gesetzt, dass er mich erst lieb haben sollte.« Ihre Stimme war wieder grob und hart geworden.

»Dann hast du auch Prügel auf den bloßen Hintern verdient, dass du dich in solchen harten Henkersknecht verlieben konntest. Und sei froh, dass deine Mutter nichts davon zu wissen gekriegt hat – sie hätte es am Ende nich überlebt!«

Bei dem Wort Mutter zuckte Johanne zusammen. »Jeder muss aushalten, was er aushalten kann!«, sagte sie schroff. »Ich hab mehr ausgehalten als Mutter und sieh bloß, wie dick und fett ich geworden bin.«

Lasse schüttelte den Kopf. »Mit dir is woll nich mehr gut anbinden. Aber wie is es dir denn nachher ergangen?«

»Ich ging zum Ziehtag wieder auf den Steinhof. Frau Kongstrup wollte mich nich wieder mieten, denn sie sah lieber meine Ferse als meine Zehe, aber der Herr setzte es durch und ich blieb als Melkmädchen hier. Er war noch immer ebenso freundlich gegen mich, obwohl ich ihm nu neun Jahre widerstanden hatte.

Aber da war es, dass die Obrigkeit es satt hatte, Knud länger so frei herumlaufen zu lassen, er machte zu viel Unruh; und sie machten Jagd auf ihn da oben im Heidekraut. Sie kriegten ihn nich, aber er muss hier nach dem Steinbruch geflüchtet sein, um sich da zu verstecken, als er nich weiterwusste; denn eines Tages, als sie da oben sprengten, kam eine Leiche zwischen den Klippenstücken zum Vorschein – ganz zerschmettert. Sie brachten die Überreste hier auf den Hof und ich wurde so krank, als ich ihn hier auf diese Weise zu mir kommen sah, dass ich ins Bett kriechen musste. Ich lag und zitterte Tag und Nacht in meinem Bett, denn es war mir, als hätte er seine Zuflucht bei mir gesucht, als es ihm am schlimmsten ging. Kongstrup saß unten bei mir und tröstete mich, wenn die andern auf dem Feld waren, und er missbrauchte mein Elend, um seinen Willen zu kriegen.

Da war ein jüngerer Bruder vom Hügelbauern, der mochte mich gern, er war in seinen jungen Jahren in Amerika gewesen und hatte Geld genug. Er machte sich den Kuckuck draus, was die Leute sagten, und jedes Jahr freite er um mich – immer am Neujahrstag. Er kam auch das Jahr wieder und nu, wo Knud tot war, konnte ich ja nichts Besseres tun, als ihn nehmen und Frau auf einem Bauernhof werden. Aber ich musste doch Nein sagen und du kannst mir glauben, es war bitter, als ich die Entdeckung machte. Kongstrup wollte mich außerdem weghaben, als ich ihm die Sache erklärte; aber dagegen lehnte ich mich auf. Ich wollte bleiben und mein Kind hier auf dem Hof zur Welt bringen, wo es hingehört. Er machte sich nichts mehr aus mir, die Frau verfolgte mich den ganzen Tag mit bösen Augen und kein Mensch war gut zu mir. Damals hatte ich noch nich den bösen Sinn wie jetzt, ich musste mich hart machen, wenn ich nich immer weinen wollte.

Und ich bin auch hart geworden. Wenn was los war, biss ich die Zähne zusammen, damit mich niemand verhöhnen sollte. Ich war auch an dem Tag, als es geschah, auf dem Feld. Ich hab den Jungen mitten in einer Rübenfurche geboren und ihn selbst in meiner Schürze auf den Hof getragen. Er war schon damals so missglückt. Die bösen Augen der Frau hatten ihn verhext. ›Dann solln sie den Wechselbalg auch für alle Zeiten vor Augen haben!‹, sagte ich mir und weigerte mich wegzureisen. Mich geradezu rauszuschmeißen, dazu konnte sich Kongstrup woll nich entschließen und da hat er mich schließlich hier unten in dem Haus am Strand untergebracht.«

»Dann gehst du, wenn's heiß hergeht, auch woll hier auf dem Hof auf Arbeit?«, fragte Lasse.

Höhnisch erwiderte sie: »Auf Arbeit gehn – findest du, dass ich das nötig hab? Kongstrup muss mir doch woll was dafür bezahlen, dass ich seinen Sohn erziehe, und außerdem krieg ich auch Besuch von guten Freunden, bald kommt der eine, bald der andre und bringt mir was mit – wenn sie es nich schon alles versoffen haben. Du kannst ja heut Abend kommen und mich besuchen, ich will auch recht freundlich gegen dich sein.«

»Nee, danke!«, sagte Lasse ernsthaft. »Woll bin ich auch 'n Mensch, aber ich hab nichts mit der zu schaffen, die auf meine Knie geritten hat und mein eigenes Kind sein könnt.«

»Hast du denn Branntwein?«, sagte sie und puffte ihn derb.

Lasse glaubte nicht, dass noch welcher da sei, ging aber doch hin, um nachzusehen. »Nee, du, auch nich einen Tropfen!«, sagte er und kam mit der Flasche. »Aber hier sollst du sehen, was ich für dich hab, deine Mutter bat mich es dir als Andenken zu geben – es war doch gut, dass es mir einfiel.« Er reichte ein Paket und sah ihr ganz glücklich zu, während sie auspackte, er freute sich. Es war ein Gesangbuch. »Ist das nich fein, du?«, sagte er. »Ein goldenes Kreuz und eine echte Spange – und dann hat es ja deiner Mutter gehört.«

»Was soll ich denn damit?«, fragte Johanne. »Ich singe doch keine Choräle.«

»Also nich?«, entgegnete Lasse verletzt. »Aber deine Mutter hat es woll nich besser gewusst, als dass du noch an deinem Kinderglauben hängst – dann musst du ihr woll dies eine Mal vergeben.«

»Ist das alles, was du für mich hast?« Sie stieß gegen das Buch, sodass es zu Boden fiel.

»Ja«, sagte Lasse zornbebend und hob es auf.

»Wer soll das Übrige haben?«

»Ja, das Haus war man bloß gemietet und an Sachen war da nich mehr viel, es is schon lange her, seit dein Vater starb – das musst du bedenken. Da, wo du hättst sein solln, haben andre an Kindes Statt gehn müssen; und die, die sie gepflegt haben, kriegen woll das, was noch da is, soweit ich weiß. Aber am Ende wär noch Zeit, wenn du mit dem ersten Dampfer fährst.«

»Nee, ich bedank mich! Nach Hause kommen und sich anglotzen lassen und die Reuige spielen – nee, ich danke! Dann können meinetwegen lieber Fremde mit dem Rest abziehn. Und Mutter – wenn sie ohne meine Hilfe gelebt hat, kann sie auch woll ohne mich krepiern. Na, ich muss woll machen, dass ich nach Haus komm! – Wo is nu der zukünftige Steinhofbauer geblieben?« Sie lachte aus vollem Halse.

Lasse wollte seine Seligkeit dafür verpfänden, dass ihr nach dieser Richtung hin nichts fehlte, und doch schwankte sie, als sie um den Kälberstall herumging, um nach dem Jungen zu suchen. Er hatte es auf der Zunge, sie zu fragen, ob sie nich doch das Gesangbuch mitnehmen wolle, gab es aber auf. Sie war so aufgewühlt; sie konnte leicht darauf verfallen, Gott zu verspotten. So packte er denn das Buch sorgfältig wieder ein und verwahrte es in der grünen Kiste.

In einer Ecke des Kuhstalls war ein Raum mit Brettern abgetrennt, der hatte keine Tür, und zwischen jedem Brett war eine zollbreite Öffnung, sodass er einem Lattenbauer glich. Das war die Kammer des Schweizers.

Eine breite Bettstatt nahm den größten Teil des Raumes ein; sie war aus rohen Brettern zusammengezimmert und der steinerne Fußboden der Kammer gab den Boden der Bettstatt ab. Auf einer dicken Schicht Roggenstroh lagen einige Betten, holterdiepolter, die dicken, gestreiften wollenen Bezüge waren steif von angetrocknetem Kuhmist, aus dem Stroh und Federn aufragten.

Pelle lag zusammengerollt im Bett, er hatte das Federbett bis über den Nacken gezogen und tat sich gütlich. Auf dem Bettrand saß Lasse und wühlte in der grünen Kiste, während er halblaut vor sich hin sprach.

Er war bei seiner Sonntagsandacht. Stück für Stück nahm er langsam die Kleinigkeiten heraus, die er aus dem aufgelösten Hausstand mitgebracht hatte. Es waren lauter Gebrauchsgegenstände: Garnknäule, Zeuglappen und dergleichen, was allmählich aufgebraucht wurde, um seine und des Jungen Kleider in Ordnung zu halten. Aber für ihn war jedes Stück eine Reliquie, mit der sorgsam umgegangen werden musste, und das Herz blutete ihm jedes Mal, wenn irgendetwas davon zur Neige ging. Bei jedem Gegenstand, den er zur Seite legte, wiederholte er langsam, was Bengta über seine Bestimmung gesagt hatte, als sie im Sterben lag und alles aufs Beste für ihn und den Jungen ordnete: »Garn für die grauen Socken von dem Kleinen! – Flicken zu seiner Sonntagsjacke, die bald an den Ärmeln ausgelassen werden muss! – Daran denken, dass nicht zu lange in den Strümpfen gegangen wird, ehe sie gestopft werden!« Das war der letzte Wille der Sterbenden und danach wurde in allem gehandelt. Lasse bewahrte ihn wortgetreu trotz seines schlechten Gedächtnisses.

Und dann waren da Kleinigkeiten, die Bengta selbst gehört hatten, billiger Staat, wo sich an jedes Stück eine fröhliche Geschichte von Jahrmarktsbesuchen und Festen knüpfte, die er murmelnd auffrischte.

Der Knabe liebte dies gedämpfte Brummen, dem er nicht zu lauschen und das er nicht zu beantworten brauchte und in dem man so angenehm dahingleiten konnte. Er lag da und duselte und sah zu dem hellen Himmel empor, satt und müde und mit einem leisen Gefühl von etwas Unheimlichem, das überstanden war.

Er zuckte zusammen. Er hatte die Tür nach dem Kuhstall gehen hören und nun ertönten Stiefeltritte auf dem langen Futtergang. Das war der Eleve, er erkannte die verhassten Schritte sogleich wieder.

Er zitterte vor Freude. Jetzt sollte der Bursche fühlen, dass man kleinen Jungen nichts tun durfte, wenn sie einen Vater haben, der einen Mann mit steifem Arm in die Höhe heben und ausschelten konnte – und viel ärger als der Verwalter. Jetzt sollte – er richtete sich auf und starrte gespannt den Vater an.

»Lasse!«, wurde unten aus dem Kuhstall gerufen.

Der Alte brummte mürrisch. Er blieb sitzen, rückte aber unruhig hin und her.

»Las-se!«, ertönte es nach einer Weile von neuem, unverschämt und ungeduldig.

»Ja-a!« Lasse erhob sich und ging hinaus.

»Kannst du nicht antworten, wenn man dich ruft, du schwedischer Halunke? Bist du vielleicht taub?«

»Ja, antworten kann ich woll«, sagte Lasse mit bebender Stimme. »Aber Herr Eleve sollten nicht . . . ich bin Vater, will ich Ihnen sagen . . . und das Vaterherz . . . «

»Meinetwegen kannst du Hebamme sein, aber antworten sollst du, wenn man dich ruft! Sonst will ich mal sehen, dass der Verwalter mit dir redet – hast du mich verstanden?«

»Ach, ja, ja – Herr Eleve müssen entschuldigen, aber ich hab es nich gehört.«

»Na so, aber dann vergiss auch nicht, dass Aspasia morgen nicht mit auf die Weide kommt.«

»Soll sie kalben?«

»Ja natürlich! Hast du vielleicht geglaubt, dass sie ein Füllen kriegen soll?«

Lasse lachte pflichtschuldigst und begleitete den Eleven durch den Stall zurück. Jetzt musste es wohl kommen! Pelle saß da, starrte ihm nach und lauschte. Aber er hörte den Vater nur noch eine Entschuldigung stammeln, die Halbtür schließen und mit langsamen, stolpernden Schritten zurückkommen. Da brach er in Schluchzen aus und verkroch sich tief unter das Federbett.

Lasse ging eine Weile umher und brummte irgendetwas vor sich hin. Dann trat er an das Bett und zog vorsichtig das Kissen von dem Kopf des Jungen weg. Aber Pelle bohrte sein Gesicht in die Betten, und als der Vater es zu sich herumdrehte, begegnete er einem verzweifelten, verständnislosen Blick.

»Ja«, sagte er mit gespielter Verdrossenheit, »du kannst woll heulen. Aber wenn man nu nich weiß, wo Aspasia steht, da soll man woll höflich sein, sollte ich meinen.«

»Ich kenne Aspasia sehr gut, die dritte hier von der Tür!«, schluchzte der Junge.

Lasse wollte eine mürrische Antwort geben, brach aber zusammen, ergriffen und entwaffnet von der Verzweiflung des Knaben. Er ergab sich auf Gnade und Ungnade, beugte sich hinab, stützte seine Stirn gegen die des Knaben und sagte hilflos: »Lasse ist arm, alt und arm! Ein Strolch kann ihm auf der Nase herumtanzen. Vor Zorn sprühen kann er nich mehr und in der Faust hat er auch keine Kraft mehr – was nutzt es da, dass man sie ballt! Alles muss er hinnehmen – und sich hierhin und dahin stoßen lassen und sich noch obendrein bedanken! So steht es mit dem alten Lasse. Aber dann musst du auch bedenken, dass er sich um deinetwillen anspucken lässt; sonst nähm Lasse-Vater seinen ganzen Kram und ging weg – so alt, wie er is. Aber du kannst in der Erde wachsen, zu der dein Vater wird. Und nu lass das Weinen sein!« Er trocknete die nassen Augen des Jungen mit dem Oberbett ab.

Pelle verstand die Worte des Vaters nicht, aber sie beruhigten ihn trotzdem und nach einer kleinen Weile schlief er ein. Aber noch lange schluchzte er im Schlaf.

Lasse saß regungslos auf dem Bettrand und lauschte dem Schlaf des Knaben, und als er einigermaßen ruhig geworden war, schlich er durch den Stall und hinaus. Es war ein trübseliger Sonntag gewesen und nun wollte er doch einmal sehen, ob einer der Knechte zu Hause war und Besuch hatte – denn dann gab es Branntwein. Lasse konnte es nicht übers Herz bringen, etwas von seinem Lohn zu nehmen, um Schnaps dafür zu kaufen; das Geld hatte sowieso genug zu tun, wenn es für das Notwendigste reichen sollte.

Auf einem der Betten lag ein Knecht und schlief, völlig angekleidet und in Stiefeln – sinnlos betrunken. Sonst waren sie alle aus. So gab denn Lasse den Gedanken an Schnaps auf und stolperte nach dem Keller hinüber, um zu sehen, ob bei den Mägden ein wenig Kurzweil zu finden wäre. Er war zu allerlei aufgelegt – jetzt, wo er ledig und sein eigener Herr war wie im Lenz der Jugend.

Oben bei der Milchkammer standen die drei Häuslerfrauen, die am Sonntagabend für die Mägde zu melken pflegten. Sie waren dick vermummt, klein und gekrümmt von der Arbeit, der Mund stand ihnen allen dreien nicht still, sie sprachen in klagendem Ton von Krankheit und anderem Elend. Lasse empfand ein momentanes Verlangen, sich ihnen zuzugesellen, das Gesprächsthema klang in ihm wider wie die Töne einer bekannten Melodie, er konnte in den Refrain einfallen mit all seiner Lebenserfahrung. Aber er kämpfte dagegen an und ging an ihnen vorüber, die Kellertreppe hinab. »Ach ja, der Tod ist uns allen gewiss!«, sagte die eine der Frauen und Lasse sprach ihr die Worte nach, als er hinunterging.

Unten in der Kammer saß Karna und stopfte Gustavs Hose aus englischem Leder. Gustav lag auf der Bank und schlief, die Mütze über dem Gesicht. Er hatte seine dreckigen Füße auf Karnas Schoß gelegt – ohne auch nur die Schuhe auszuziehen! Und sie saß da und spreizte die Schenkel, damit seine Beine nicht hinunterglitten.

Lasse setzte sich neben sie und versuchte sich angenehm zu machen, er hatte ein solches Bedürfnis nach ein wenig Gesellschaft. Aber Karna blieb unzugänglich – die dreckigen Knöchel des Bengels verdrehten ihr den Kopf. Und Lasse hatte das vergessen oder aber es fehlte ihm an Sicherheit – jedes Mal, wenn er eine freundliche Annäherung versuchte, wies sie ihn ab.

»Wir könnten es so gemütlich zusammen haben, wir beiden älteren Menschen«, sagte er hoffnungslos.

»Ja, und ich könnte woll einen Ausgleich für das schaffen, was da fehlt«, sagte Gustav und guckte unter der Mütze hervor.

Der Bengel lag da und protzte mit seinen siebzehn Jahren! – Lasse hatte die größte Lust, sich auf ihn zu stürzen und seine Kräfte mit ihm zu messen. Aber er begnügte sich damit, dazusitzen und ihn anzusehen, bis ihm die wimperlosen roten Augen überliefen. Dann stand er auf.

»Ja, ja, du hast heut Abend Lust auf Jugend, du«, sagte er bitter zu Karna, »aber deinen Jahren kannst du nich weglaufen, du auch nicht! Am Ende leckst du man bloß den Löffel hinter den andern ab.«

Er ging in den Kuhstall hinüber und ließ sich mit den drei Häuslerfrauen in ein Gespräch ein, die über nichts weiter sprachen als über Krankheit und Elend und Tod, als gäbe es nichts anderes auf der Welt. Lasse nickte und sagte: »Ja, ja, so is es!« Er konnte das aus vollem Herzen unterschreiben und er konnte noch gar vieles zu dem hinzufügen, was die andern erzählten. Das goss Wärme in den alten Körper; ihm wurde ganz behaglich zu Mute, richtig wohlig.

Aber als er auf dem Rücken im Bett lag, kehrte das Bedrückende wieder und er konnte nicht einschlafen. Für gewöhnlich schlief er wie ein Stein, sobald er sich hingelegt hatte, aber heute war Sonntag und er hatte ein quälendes, nagendes Gefühl, dass das Dasein ihn übergangen hatte. So viel hatte er sich von der Insel hier versprochen und nun gab es nichts weiter als Arbeit und Mühe und Sorge – auch nicht die Bohne mehr.

»Lasse is alt, ja!«, sagte er plötzlich laut und er fuhr fort die Worte zu wiederholen, indem er sie immerwährend ein wenig variierte, bis er einschlief: »Alt is er, der Ärmste – kann nich mehr mitspielen! – Ach, so alt!«
Er erwachte wieder von Gesang und Gekreische drüben auf der Landstraße.

>»Und der Junge, den ich geboren,
>Mit pechschwarzem, lockigem Haar,
>Ja, der ist jetzt groß geworden.
>Groß geworden, groß geworden.
>Ist ein schmucker Bursche gar!«

Es waren einige von den Knechten und Mägden vom Hof, die von einer Lustbarkeit heimkehrten. Als sie in den Fahrweg zum Hof einbogen, verstummten sie.
Es hatte eben angefangen, zu dämmern. Die Uhr mochte zwei sein.

4

Um vier Uhr waren Lasse und Pelle in den Kleidern und zogen die Tür vom Kuhstall nach dem Feld hin auf. Da draußen rollte sich die Welt aus ihrem weißen Nachtatem und der Morgen erhob sich verheißungsvoll. Lasse stellte sich gähnend in die Stalltür und bestimmte das Wetter für den Tag; aber Pelle ließ die verschleierten Töne der Luft und den Lerchengesang – alles das, was aufstieg – gegen sein kleines Herz schlagen. Mit offenem Mund und unsicheren Augen sah er in das Unfassliche hinein, das jeder neue Tag mit allen seinen undenklichen Möglichkeiten war. »Heut musst du deinen Rock mitnehmen, denn zu Mittag kriegen wir Regen«, sagte

Lasse dann wohl. Und Pelle guckte in die Luft, um dahinterzukommen, woher der Vater das nun wohl wissen mochte. Denn seine Voraussagen pflegten einzutreffen.

Dann fingen sie an den Kuhstall auszumisten. Pelle kratzte den Mist unter den Kühen heraus und fegte den Fußboden und Lasse belud die Schubkarre und fuhr hinaus. Um sechs Uhr aßen sie ihre Morgenmahlzeit – Salzhering und Suppe.

Dann trieb Pelle das Jungvieh hinaus, den Esskorb am Arm und die Peitsche mehrmals um den Hals geschlungen. Der Vater hatte ihm einen kurzen, dicken Ringstock gemacht, mit dem man warnend rasseln und den man nach dem Vieh werfen konnte; aber Pelle zog die Peitsche vor, weil er noch nicht Kraft genug hatte, sie zu gebrauchen.

Klein war er und es hielt zu Anfang schwer, Eindruck auf die großen Tiere zu machen, die er unter sich hatte. Er konnte seine Stimme nicht Schreck einflößend genug klingen lassen und das Austreiben war eine harte Arbeit, namentlich oben am Hof, wo zu beiden Seiten des Feldweges die Saat hoch stand. Das Vieh hatte Morgenappetit und die großen Ochsen hatten nicht die geringste Lust, sich vom Fleck zu rühren, wenn sie erst das Maul im Korn hatten und er dastand und mit dem stumpfen Schaft der Peitsche auf sie losprügelte. Die sechs Ellen lange Peitschenschnur, die in einer geübten Hand den Tieren die Haut in kleinen dreieckigen Löchern herausschnitt, konnte er nicht schwingen, und trat er den Ochsen mit seinem Holzschuh an den Kopf, so schloss der nur gutmütig die Augen und graste ruhig weiter, den Hintern ihm zugekehrt. Dann brach er in verzweifeltes Gebrüll aus oder hatte kleine Wutanfälle, bei denen er blindlings angriff und es auf die Augen der Tiere abgesehen hatte – aber es half nichts. Die Kälber konnte er immer dazu kriegen, dass sie weitergingen, indem er ihnen den Schwanz umdrehte, aber die Schwänze der Ochsen waren zu kräftig.

Doch er weinte nie lange über seine schwachen Kräfte. Eines Abends ließ er sich von dem Vater einen Stachel in die Spitze des einen Holzschuhs schlagen; von da an wurde sein Tritt respektiert.

Teils von selbst, teils durch Rud lernte er auch die Stellen an den Tieren finden, wo sie empfindlich waren. Die Färsen hatten ihren wunden Punkt in den Eutern und den Leisten, die beiden Stierkälber in den Hoden; ein wohlgezielter Schlag gegen ein Horn konnte die großen Ochsen dazu bringen, dass sie vor Schmerz brüllten.

Das Austreiben war eine saure Arbeit, aber das Hüten selbst war ein Herrenleben. Wenn das Vieh erst auf der Weide zur Ruhe gekommen war, fühlte er sich wie ein General und ließ seine Stimme unaufhörlich über die Wiese schallen, während sich sein kleiner Körper vor Stolz und Machtgefühl dehnte.

Es fiel ihm schwer, vom Vater getrennt zu sein. Er kam nicht zum Mittagessen nach Hause, und während er mitten im schönsten Spielen war, konnte ihn die Verzweiflung überkommen; dann bildete er sich ein, dass der große Stier ihn auf die Hörner gespießt habe oder dergleichen. Dann ließ er alles im Stich und rannte brüllend nach Hause, dachte aber noch rechtzeitig an die Peitsche des Verwalters und trabte wieder zurück. Er suchte der Sehnsucht abzuhelfen, indem er seinen Standpunkt so wählte, dass er die Felder oben im Auge behielt und den Vater sehen konnte, wenn der hinausging, um die Milchkühe umzusetzen.

Er lernte schnitzen: Schiffe und kleine Ackergeräte und Handstöcke mit gemusterter Rinde – er hatte eine geschickte Hand für das Messer und er gebrauchte es fleißig. Stundenlang konnte er auch auf der Spitze eines Bautasteines stehen – er glaubte, es sei ein Zaunpfahl – und das schussähnliche Knallen mit der Peitsche üben. Er musste hoch hinaufklettern, damit die Peitsche nicht die Erde berührte.

Wenn sich das Vieh am späten Vormittag lagerte, war er in der Regel auch müde. Dann setzte er sich auf die Stirn eines der großen Ochsen und hielt sich an den Spitzen der Hörner fest. Und während der Ochse dalag und kaute, leise bebend wie eine Maschine, saß er auf dessen Kopf und brüllte aus vollem Halse Lieder von unglücklicher Liebe und grauenvollen Massenmorden.

Gegen Mittag kam Rud gelaufen und brachte den größten Hunger mit; die Mutter jagte ihn stets von zu Hause weg, wenn die Essensstunde heranrückte. Pelle teilte jedes Mal seinen Esskorb mit ihm, verlangte aber, dass er für jedes Butterbrot eine gewisse Anzahl von Malen die Kühe zusammentreiben sollte.

Die beiden Jungen konnten keinen Tag ohne einander auskommen. Sie tummelten sich auf der Wiese wie zwei junge Hunde, prügelten sich und vertrugen sich wohl zwanzigmal am Tag, stießen die fürchterlichsten Racheschwüre aus, die in Gestalt dieses oder jenes Erwachsenen in Erfüllung gehen sollten, und saßen im nächsten Augenblick eng umschlungen da.

Ein Dünenkranz von einer halben Viertelmeile Breite trennte die Felder des Steinhofs vom Meer. Innerhalb der Dünen war der Boden steinig und lag als magere Weide da; aber zu beiden Seiten des Baches ragte ein Streifen saftigen Wiesenlandes zwischen die Dünen, die mit Zwergkiefern und Riedgras bepflanzt waren, um den Sand festzuhalten. Hier auf der Wiese war die beste Weide, aber es war beschwerlich, auf beiden Seiten zu hüten, da der Bach mittendurch lief. Und es war dem Jungen unter Drohungen eingeschärft worden, dass keines der Tiere einen Fuß auf die Dünen setzen dürfe, da der kleinste Riss Sandflug hervorrufen könnte. Pelle fasste alles ganz buchstäblich auf, den ganzen Sommer stellte er sich eine Art von Explosion vor, die alles in die Luft fliegen ließ, sobald eine Kuh den gefährlichen Boden betrat. Und diese Möglichkeit hing wie ein drohendes Schicksal über allem, wenn er hier hütete. Wenn Rud kam und sie spielen wollten, trieb er das Vieh auf die magere Weide hinauf, wo Platz genug war.

Sobald die Sonne schien, liefen sie nackend umher. An das Meer wagten sie sich nicht hinab aus Angst vor dem Verwalter, der sicherlich oben auf dem Boden des Wohnhauses stand und Pelle beständig mit seinem Fernrohr beobachtete. Aber im Bach badeten sie – aus dem Wasser heraus und wieder ins Wasser hinein, ungezählte Male. Nach einem starken Regen schwoll er an und war dann ganz milchweiß von Kaolin, das er von den Abhängen tiefer im Land spülte. Die Knaben glaubten, es sei Milch von einem ungeheuer großen Gehöft. Bei Hochwasser floss das Meer herein und füllte den Bach mit Tang, der verfaulte und das Wasser purpurrot färbte. Das war das Blut von allen den Ertrunkenen draußen in der See.

Nach dem Baden lagen sie unter den Dünen und ließen sich von der Sonne trocknen. Sie untersuchten ihre Körper eingehend und tauschten ihre Ansichten über den Gebrauch und die Bedeutung der verschiedenen Körperteile aus; in diesem Punkt war Rud der Überlegene und belehrte Pelle. Oft gerieten sie in Streit darüber, wer in Bezug auf dieses oder jenes am besten ausgestattet sei, das Größte habe. So zum Beispiel beneidete Pelle Rud um seinen unverhältnismäßig großen Kopf.

Pelle war ein kleiner, harmonisch gebauter Bursche, er hatte sich eine gewisse Rundlichkeit zugelegt, seit er auf den Steinhof gekommen war. Die Haut saß prall über dem Körper und hatte eine warme, sonnenbraune Farbe. Rud hatte einen dünnen Hals im Verhältnis zu dem Kopf, die Stirn war eckig und vom vielen Fallen voller Narben. Es fehlte ihm die feste Herrschaft über seine Glieder, er hatte ein seltsames Talent, sich zu stoßen und zu verletzen; an seinem ganzen Leib wimmelte es von blau unterlaufenen Stellen, die gar nicht wieder weggehen wollten – er hatte schlechte Heilhaut. Aber er war nicht so redlich in seinem Neid wie Pelle; er prahlte mit seinen Gebrechen, bis sie wie lauter Vorzüge erschienen, sodass ihn Pelle schließlich aus ehrlichem Herzen beneidete.

Rud besaß nicht Pelles offenen Sinn für die Welt, aber er hatte mehr Instinkt und in gewissen Punkten ein fast geniales Talent, das zu erfassen, was Pelle erst durch Erfahrungen lernen musste. Er war bereits geizig und misstrauisch, ohne bestimmte Gedanken damit zu verbinden. Er verzehrte den Löwenanteil des Essens und fand immer Ausreden, um sich vor der Arbeit zu drücken.

Ihr Spiel war, in die kindlichsten Formen gekleidet, ein Kampf um die Macht und Pelle war bis auf weiteres derjenige, der den Kürzeren zog; im schlimmsten Fall verstand Rud es immer, an das Gute in ihm zu appellieren.

Und bei alledem waren sie die besten Freunde von der Welt und konnten einander nicht entbehren. Pelle sah, wenn er allein war, sehnsüchtig nach der Hütte der »Sau« hinüber und Rud riss von zu Hause aus, sobald es ihm nur möglich war.

Es hatte trotz Lasse am Morgen stark geregnet und Pelle war bis auf die Haut durchnässt. Jetzt zog der blauschwarze Schauer da draußen über das Meer hin und die Boote standen mitten darin; alle hatten die roten Segel gehisst und kamen doch nicht vom Fleck. Die Sonne stach und glitzerte auf all dem Nassen, sodass alles wunderschön aussah; und Pelle hängte seine Kleider zum Trocknen an einer Zwergkiefer auf.

Es fror ihn und er kroch unter Paer, den größten der Ochsen, der dalag und kaute. Die Ochsen dampften förmlich, aber Pelles Glieder, in denen sich die Kälte festgesetzt hatte, wollten nicht wieder geschmeidig werden. Auch die Wangen fielen ein und das Zwerchfell zitterte.

Und dann wollte die eine der Gelten ihm nicht mal Ruhe gönnen. Jedes Mal, wenn er sich an den Ochsen geschmiegt hatte und ein wenig Wärme sammeln wollte, strebte sie von dannen, über die Grenzscheide hinweg nach Norden zu. Da war nichts weiter als Sand, aber zu der Zeit, als sie noch Kalb gewesen war, hatte da Mischkorn gestanden – das wusste sie noch.

Die Gelten waren zwei Kühe, die ihrer Unfruchtbarkeit wegen

aus dem Milchbestand ausgeschieden worden waren. Es waren zwei mürrische Viecher, immer unzufrieden und auf Schabernack bedacht; und Pelle hasste sie gründlich. Zwei richtige Pulverhexen waren sie, auf die nicht einmal Prügel Eindruck machten. Die eine war eine Brummelkuh, die mitten im friedlichen Gras anfing auf den Boden zu stampfen und zu brummen wie ein wilder Stier; und wenn Pelle auf sie losging, wollte sie ihn mit den Hörern aufspießen; kalben konnte sie nicht, aber sie wollte auf den anderen reiten und setzte den gutartigen Rindern Grillen in den Kopf; und sobald sie Gelegenheit dazu fand, fraß sie Pelles Vorratsbündel auf. Die andere Gelte war alt und hatte Kringelhörner, die nach ihren Augen zeigten, von denen das eine einen weißen Augapfel hatte.

Jetzt trieb die Brummelkuh ihr Spiel. Jeden Augenblick musste Pelle von seinem Lager aufstehen und schelten: »Heda, Blakka, du niederträchtiges Vieh, willst du wohl machen, dass du da wegkommst!« Er war heiser vor Wut. Endlich riss ihm die Geduld, er griff nach einem Spannpflock und schickte sich an die Kuh einzufangen. Sobald sie die Absicht bemerkte, lief sie in weiten Sprüngen dem Hof zu. Pelle musste einen großen Bogen machen, um sie wieder der Herde zuzutreiben. Dann ging es in gestrecktem Galopp zwischen die anderen Kühe hinein und wieder heraus, die Herde geriet in Verwirrung und rannte hierhin und dahin. Pelle musste für eine Weile die Verfolgung aufgeben, bis er sie wieder zusammengetrieben hatte. Aber sofort begann er von neuem. Die Erbitterung kochte in ihm und ließ ihn springen wie einen Ball, sein nackter Körper zeichnete leuchtende Schleifen auf der grünen Wiese. Er war nur ein paar Klafter von der Kuh entfernt, aber der Abstand verringerte sich nicht, er konnte sie heute beim besten Willen nicht einholen.

Oben beim Roggen blieb er stehen und im selben Augenblick blieb auch die Kuh stehen; sie rupfte ein paar Büschel Korn ab und streckte den Kopf lang aus, um die Richtung zu wählen. Mit zwei

Katzensprüngen war Pelle da und fasste sie beim Schwanz. Er schlug ihr den Spannpfahl über das Maul, sodass sie aus dem Acker heraussprang, und nun ging es in fliegender Eile zu den anderen hinab, während die Schläge auf sie herabhagelten. Von den Dünen her klang jeder Schlag zurück wie ein Hieb gegen einen Baumstamm, das machte Pelle Mut; die Kuh versuchte ihn während des Laufens abzuschütteln, aber er ließ nicht locker. Sie setzte in langen Sprüngen über den Bach, hin und her. Pelle hing nur noch so und schwebte in der Luft; aber die Schläge hagelten weiter auf sie herab. Sie wurde müde und langsamer; schließlich stand sie ganz still, hustete und ließ sich prügeln.

Pelle warf sich platt auf den Bauch und keuchte. Haha, das hatte ihn doch endlich warm gemacht! Nun wollte er sie schon kriegen, das Biest! – Plötzlich drehte er sich mit einem Ruck zur Seite – der Verwalter! Ein fremder, bärtiger Mann stand über ihn gebeugt und sah ihn ernst an, lange, ohne etwas zu sagen, und Pelle konnte sich vor seinen Blicken nicht verbergen; und dann hatte er auch die Sonne gerade im Gesicht, wenn er den Mann wieder ansehen wollte – und die Kuh stand noch immer da und hustete.

»Was meinst du, was der Verwalter jetzt sagen wird?«, fragte der Mann endlich sehr ruhig.

»Ach, der sieht es wohl nicht«, flüsterte Pelle und sah sich scheu um.

»Aber der liebe Gott hat es gesehen, denn der sieht alles. Und er führte mich auf deinen Weg, um dem Bösen in dir Einhalt zu gebieten, solange es noch Zeit ist. Möchtest du nicht gern Gottes Kind sein?« Der Mann setzte sich neben ihn und ergriff seine Hand.

Pelle saß da und rupfte Gras ab und wünschte, dass er seine Kleider angehabt hätte; er nickte.

»Und dann musst du auch nicht vergessen, dass Gott der Vater alles sieht, was du tust – selbst in der dunkelsten Nacht. Wir wandeln immer vor Gottes Antlitz. Aber komm jetzt; es schickt sich nicht, nackend herumzulaufen!« Der Mann nahm ihn bei der Hand und führte ihn zu seinen Kleidern; dann ging er auf die Nordseite hinüber und trieb das Vieh zusammen, während Pelle sich ankleidete – die Gelte war schon wieder da drüben und ein paar andere waren ihr gefolgt. Pelle sah ihm erstaunt nach; er trieb ganz ruhig das Vieh zurück, brauchte weder Steine noch Rufe. Ehe er zurückkam, hatte Blakka die Grenzscheide schon wieder überschritten; er kehrte zurück und trieb sie weg, ebenso sanftmütig wie vorhin.

»Das ist keine bequeme Kuh«, sagte er milde, als er zurückkam, »aber du hast ja junge Beine. Wollen wir den da nicht verbrennen«, er nahm den dicken Knüppel vom Boden auf, »und unsere Arbeit mit bloßen Händen verrichten? Gott wird dir stets beistehen, wenn Not am Mann ist! Und wenn du ein wahres Kind Gottes sein willst, so musst du dem Verwalter heute Abend erzählen, wie du dich aufgeführt hast – und deine Strafe hinnehmen.« Er legte Pelle seine Hand auf den Kopf und sah ihn eine Weile mit seinem unerträglichen Blick an. Dann ging er, den Knüppel aber nahm er mit.

Pelle sah ihm lange nach. So also sah einer aus, der von Gott gesandt war, um ihn zu warnen! Jetzt wusste er es und es sollte lange dauern, bis er wieder eine Kuh zu Schanden hetzte! Aber zum Verwalter gehen und sich selber anzeigen und die Peitsche auf den bloßen Beinen fühlen – das sollte ihm denn doch nicht einfallen! Dann mochte Gott der Herr lieber böse auf ihn werden – ob der nun wirklich alles sehen konnte? Schlimmer als der Zorn des Verwalters konnte seiner auch nicht sein.

Den ganzen Vormittag ging er bedrückt umher. Die Augen des Mannes ruhten auf ihm bei allem, was er unternahm, raubten ihm seine Unbefangenheit. Er tastete sich schweigend vorwärts und griff alles von einer neuen Seite an; es war nicht ratsam, Lärm zu schlagen, wenn man beständig vor dem Antlitz Gottes des Vaters wandelte. Er knallte nicht mit der Peitsche, sondern überlegte im Stillen, ob er nicht auch die verbrennen sollte.

Aber kurz vor Mittag kam Rud und alles war vergessen. Er rauchte auf einem Stück spanischen Rohrs, das er von dem Ofenreiniger seiner Mutter abgeschnitten hatte, und Pelle tauschte ein paar Züge gegen ein Stück Butterbrot ein. Zuerst setzten sie sich hin und ritten auf dem Ochsen Amor, der dalag und wiederkäute. Er kaute ruhig mit geschlossenen Augen weiter, bis Rud ihm das brennende Stück spanischen Rohrs gegen die Schwanzwurzel drückte, da sprang er hastig auf, und die Jungen trudelten über seinen Kopf hinunter. Sie lachten und prahlten gegenseitig mit ihren Purzelbäumen, während sie zum Feldrain hinaufliefen, um Brombeeren zu suchen. Von da ging es zu einigen Vogelnestern in den kleinen Tannen und endlich machten sie sich an ihr bestes Spiel – Mäusenester auszugraben.

Pelle kannte jedes Mauseloch in der Gegend; sie lagen auf dem Bauch und untersuchten sie sorgfältig. »Hier ist eins, das bewohnt ist«, sagte Rud, »sieh nur, da ist der Misthaufen.«

»Ja, hier riecht es nach Mäusen«, bekräftigte Pelle und steckte seine Nase in das Loch. »Und die Strohhalme gehen nach außen, die Alten sind offenbar nicht zu Hause!«

Mit Pelles Messer schnitten sie den Rasen weg und fingen mit zwei Topfscherben eifrig zu graben an. Die Erde flog ihnen um die Ohren, während sie schwatzten und lachten.

»Na, zum Kuckuck auch, das geht ja fix!«

»Ja, so schnell kann Ström nicht arbeiten.« Ström war ein berühmter Schnellarbeiter, der fünfundzwanzig Öre mehr am Tag bekam als die anderen Schnitter und benutzt wurde, um das Arbeitstempo zu steigern.

»Wir kommen gleich in den Bauch der Erde.«

»Ja, aber da ist es glühend heiß.«

»Ach was. Unsinn, nicht?« Pelle hielt bedenklich mit dem Graben inne.

»Der Lehrer sagt es.«

Die Knaben zögerten und steckten eine Hand in das Loch hinein – ja, warm war es da unten, so warm, dass Pelle meinte, er müsse die Hand zurückziehen und »Au, Teufel!« sagen. Sie überlegten eine Weile und fingen dann von neuem an unten in dem Loch zu scharren, so vorsichtig, als gelte es das Leben. Aber nach einer Weile kamen da unten im Gang Strohhalme zum Vorschein und die innere Hitze der Erde war mit einem Schlag vergessen. Schnell hatten sie das Nest abgedeckt und die neugeborenen rosenroten Jungen wurden auf das Gras gelegt – sie glichen halb ausgebrüteten jungen Vögeln.

»Sie sind hässlich«, sagte Pelle, der sich nicht traute sie anzufassen, sich aber schämte es einzugestehen. »Sie sind viel ekliger anzurühren als 'ne Kröte – ich glaube wirklich, sie sind giftig.«

Rud lag da und klemmte sie zwischen die Finger. »Giftig – du bist verrückt, sie haben ja keine Zähne! – Und Knochen haben sie auch nich, man kann sie sicher essen.«

»Pfui Deubel!« Pelle spie aus.

»Ich trau mich in eine reinzubeißen. Traust du dich auch?« Rud näherte eine junge Maus seinem Munde.

»Natürlich trau ich mich – aber . . . « Pelle zögerte.

»Nee, du hast nicht den Mut, du bist ein Schlappschwanz.«

Pelle wollte das Schimpfwort nicht auf sich sitzen lassen; er ergriff schnell eine junge Maus und führte sie genauso nahe an die Lippen wie Rud die seine. »Da siehst du!«, rief er gekränkt.

Rud schwatzte mit vielen Gebärden. »Du bist bange, weil du ein Schwede bist. Aber wenn man bange is, soll man bloß die Augen zumachen – so, und den Mund weit aufreißen. Dann tut man so, wie wenn man die junge Maus gerade in den Rachen rutschen lässt, und dann . . . « Rud riss den Mund weit auf und hielt die Hand davor; Pelle ahmte alle seine Bewegungen nach. »Und dann . . . « Auf einmal bekam Pelle einen Stoß, sodass ihm die junge Maus in den Hals hineinflog. Er würgte und spie; die Hände tasteten in das

Gras hinein und bekamen einen Stein zu fassen; aber als er wieder auf die Beine kam und ihn werfen wollte, war Rud schon weit oben auf dem Feld. »Nu muss ich nach Haus!«, rief er ganz unschuldig. »Ich soll Mutter bei was helfen.«

Pelle liebte die Einsamkeit nicht und die Aussicht, allein gelassen zu werden, stimmte ihn gleich versöhnlich. Er schmiss den Stein weg, um seine Bereitschaft zu einem Vergleich zu zeigen, und musste hoch und heilig schwören, dass er nichts nachtragen wollte. Dann kam Rud endlich kichernd zurück.

»Ich wollte dir was Lustiges mit der Maus zeigen«, sagte er ablenkend, »aber du hieltest sie ja wie ein Klotz.« Er wagte sich nicht dicht an Pelle heran, sondern stand da und verfolgte seine Bewegungen.

Pelle kannte die kleine Notlüge, wenn Gefahr drohte, Prügel zu bekommen, aber die Lüge als Angriff war ihm noch fremd. Wenn Rud jetzt, wo das Ganze vergessen war, sagte, dass er ihm was Lustiges hatte zeigen wollen, so musste es wohl wahr sein. Aber warum war er dann so misstrauisch? Wie schon so oft versuchte Pelle hinter die Gedanken des Kameraden zu kommen, vermochte es jedoch nicht.

»Du kannst ebenso gut herankommen«, sagte er von oben herab. »Denn wenn ich wollte, könnte ich dich bequem einholen.«

Rud kam. »Nu wollen wir große Mäuse fangen!«, sagte er. »Das macht viel mehr Spaß.«

Sie leerten Pelles Milchflasche und suchten sich ein Mauseloch aus, das nur zwei Ausgänge zu haben schien – den einen oben auf der Wiese, den anderen unten in der Mitte des Bachabhanges. Hier unten streckten sie den Flaschenhals hinein, das Loch oben auf der Wiese wurde zu einem Trichter erweitert und abwechselnd beobachteten sie die Flasche und trugen mit ihren Mützen Wasser oben in das Loch hinein. Es dauerte nicht lange, bis eine Maus in die Flasche hineinschlüpfte, und sie steckten den Korken fest darauf.

Was sollten sie nun mit ihr anfangen? Pelle machte den Vorschlag, sie zu zähmen und zu dressieren, sodass sie ihre kleinen Ackergerätschaften ziehen könne, aber Rud setzte wie gewöhnlich seinen Willen durch – sie sollte segeln!

Dort, wo der Bach eine Biegung machte und sein Bett zu einem Kessel ausgehöhlt hatte, machten sie eine schräge Bahn und ließen die Flasche, mit dem Hals voran, ins Wasser rutschen wie ein Schiff, das vom Stapel läuft. Sie konnten ihren Weg unter dem Wasser verfolgen, bis sie mit einem schrägen Stoß auftauchte und sich wie eine Boje auf dem Wasser wiegte, den Hals nach oben. Die Maus machte die drolligsten Sprünge nach dem Kork zu, um hinauszugelangen; die Jungen hüpften vor Wonne im Gras.

»Sie weiß recht gut, wie sie reingekommen is – das weiß sie recht gut!« Sie ahmten die Sprünge nach, warfen sich auf den Bauch und wälzten sich ausgelassen im Gras. Aber allmählich wurde das langweilig.

»Wollen wir den Korken herausziehen?«, schlug Rud vor.

»Ja – ach ja!« Pelle watete in den Bach, holte die Flasche und wollte der Maus die Freiheit schenken.

»So warte doch, du Rindvieh!« Rud riss ihm die Flasche aus der Hand. Er hielt die Mündung zu und legte sie ins Wasser. »Nu wird's aber Spaß geben«, rief er und eilte ans Ufer.

Es dauerte eine Weile, bis die Maus entdeckte, dass die Bahn frei war, da fing sie an zu springen. Es misslang und die Flasche geriet in eine schaukelnde Bewegung, sodass der zweite Sprung schräg ausfiel und an der Glaswand abprallte. Aber dann folgte eine Reihe von Sprüngen blitzschnell aufeinander, ein ganzes Bombardement; und plötzlich flog die Maus aus dem Flaschenhals heraus und kopfüber ins Wasser.

»Das war ein Sprung!«, rief Pelle und sprang oben im Gras kerzengerade in die Höhe, die Arme fest an den Körper gepresst. »Sie kam gerade so durch, nur gerade eben so!« Er sprang noch einmal in die Höhe.

Die Maus schwamm an Land, aber Rud stieß sie mit dem Fuß wieder ins Wasser zurück. »Sie schwimmt gut«, sagte er und lachte. Da steuerte sie zum anderen Ufer hinüber.

»Pass auf, zum Deubel auch!«, schrie Rud. Und Pelle sprang hinzu und stieß sie mit einem kräftigen Stoß vom Ufer zurück. Sie schwamm unschlüssig hin und her, mitten im Kessel, sah die beiden tanzenden Gestalten, sobald sie sich einem Ufer näherte, und kehrte immer wieder um. Sie sank tiefer und tiefer – ihr Fell wurde nass und zog sie nach unten; schließlich schwamm sie ganz unter Wasser. Plötzlich zuckte sie und versank, alle vier Glieder ausgestreckt wie offene Arme.

Pelle hatte im Nu das Unschlüssige, Hilflose erfasst – es vielleicht wieder erkannt. Bei dem Zappeln des Tieres brach er in Tränen aus und laut brüllend rannte er über die Wiese, auf die Kiefernpflanzung zu. Nach einer Weile kehrte er zurück. »Ich glaubte, verflucht noch mal, Amor wäre weggerannt«, sagte er ein Mal über das andere und vermied es geflissentlich, Rud in die Augen zu sehen. Schweigend watete er hinaus und fischte mit dem Fuß die tote Maus heraus.

Sie hatten sie auf einen Stein in die Sonne gelegt, damit sie wieder zum Leben erwachte. Als das nicht geschah, entsann sich Pelle einer Geschichte von einigen Leuten, die daheim in einem See ertrunken waren und die wieder zu sich kamen, als man Kanonen über sie abschoss. Sie schlugen die hohlen Hände über der Maus zusammen, und als auch das zu nichts führte, beschlossen sie, sie zu begraben.

Rud fiel ein, dass seine Großmutter in Schweden in diesen Tagen beerdigt wurde, und das veranlasste sie, mit einer gewissen Feierlichkeit vorzugehen. Sie machten einen Sarg aus einer Streichholzschachtel und schmückten ihn mit Moos; sie lagen auf dem Bauch und ließen den Sarg mit Bindfaden in die Gruft hinab – mit großer Umständlichkeit, damit er nicht auf dem Kopf zu stehen kam. Ein Tau konnte ja reißen, das geschah zuweilen; und die Illusion erlaubte nicht, dass sie hinterher mit den Händen die Stellung des Sarges veränderten. Dann sah Pelle in seine Mütze hinein, während Rud über der Leiche ein Gebet sprach und Erde auf den Sarg warf. Und dann schaufelten sie das Grab zu.

»Wenn sie nun aber scheintot is und wieder aufwacht!«, rief Pelle plötzlich. Sie hatten beide viele unheimliche Geschichten von Scheintoten gehört und besprachen nun alle Möglichkeiten: Wie man aufwachte und keine Luft bekam, an den Deckel klopfte und anfing seine eigenen Hände zu essen – bis Pelle deutlich hören konnte, dass es da unten gegen den Deckel klopfte. In fliegender Eile öffneten sie den Sarg und untersuchten die Maus; ihre Vorderpfoten hatte sie nicht angenagt, aber sie hatte sich ganz bestimmt auf die Seite gedreht. Sie begruben sie abermals; der Sicherheit halber gaben sie ihr einen toten Mistkäfer mit in den Sarg und steckten einen Strohhalm zwecks Luftzufuhr in das Grab. Dann schmückten sie den Hügel und setzten einen Gedenkstein.

»Nu is sie tot, du!«, bestimmte Pelle sehr ernsthaft.

»Ja, das is sie, weiß Gott – so tot wie 'n Hering.«

Rud hatte das Ohr an den Strohhalm gelegt und lauschte.

»Nu is sie woll oben bei Gott in all seiner Herrlichkeit, ganz hoch, hoch oben.«

Rud pfiff verächtlich. »Ach, du Schaf, glaubst du, dass sie da raufklettern kann?«

»Mäuse können doch sehr gut klettern!« Pelle war verstimmt.

»Ja, aber nich durch die Luft – das können bloß Vögel!«

Pelle fühlte sich gedemütigt und dürstete nach Rache. »Denn is deine Großmutter auch nich im Himmel!«, erklärte er sehr bestimmt. Es war doch noch Groll in ihm zurückgeblieben von der Geschichte mit der jungen Maus her.

Aber das war mehr, als Rud auf sich sitzen lassen konnte. Sein Familiengefühl war getroffen; er versetzte Pelle einen Knuff mit dem Ellbogen in die Seite; und im nächsten Augenblick rollten sie beide durch das Gras, rissen einander an den Haaren und machten ungeschickte Versuche, die Nase des anderen mit der geballten Faust zu treffen. Sie wälzten sich herum, wobei bald der eine, bald der andere oben war, fauchten, stöhnten und machten gewaltige Bewegungen. »Ich will dich schon dazu kriegen, dass du rot niest«, sagte Pelle verbissen und hob sich über dem Gegner in die Höhe. Aber im nächsten Augenblick war er wieder unten; und Rud lag über ihm und stieß die fürchterlichsten Drohungen aus. Ihre Stimmen waren heiser vor Leidenschaft.

Und plötzlich saßen sie einander im Gras gegenüber und überlegten, ob sie nicht zu brüllen anfangen sollten. Da steckte Rud die Zunge aus und Pelle fing an zu lachen; sie waren wieder die besten Freunde von der Welt.

Sie richteten den Gedenkstein wieder auf, den sie in der Hitze des Kampfes umgestoßen hatten, und saßen dann Hand in Hand da und ruhten sich nach dem Sturm aus – ein wenig stiller als gewöhnlich.

Nicht dass Pelle noch gegrollt hätte; aber das Problem hatte Bedeutung für ihn bekommen, es musste Sinn in der Sache sein. Ein grübelnder Ausdruck trat in seine Augen und er rief nachdenklich: »Ja, aber du hast mir doch selbst erzählt, dass sie lahm war.«

»Ja, und?«

»Dann konnte sie doch nich gut in den Himmel raufklettern.«

»Ach, du Dussel – das is doch ihr Geist!«

»Dann kann der Geist der Maus aber doch auch gut da oben sein.«

»Ach was! 'ne Maus hat doch keinen Geist!«

»So? – Sonst könnte sie doch woll nich atmen!«

Da stand nun Rud! Und das Fatale war, dass er die Sonntagsschule besuchte. Die Fäuste wären jetzt wieder am Platz gewesen, aber sein Instinkt sagte ihm, dass Pelle früher oder später die Übermacht gewinnen würde. Und die Großmutter war ja gerettet.

»Ja«, sagte er nachgebend, »atmen, das konnte sie. Aber dann is ihr Geist aufgefahren und hat den Stein umgestoßen – da, ja, das hat er getan!«

Ein Laut drang von ferne zu ihm her; in weiter Entfernung sah man die Hütte und davor eine dicke Frauengestalt; sie stand da und winkte drohend.

»Die Sau ruft dich!«, sagte Pelle. Die beiden Jungen nannten sie niemals anders.

Da musste Rud fort. Er erhielt die Erlaubnis, den größten Teil vom Inhalt des Esskorbes mitzunehmen, und aß im Laufen; sie waren zu beschäftigt gewesen, um zu essen.

Pelle setzte sich in die Dünen und aß seine Mahlzeit. Wie gewöhnlich, wenn Rud bei ihm gewesen war, begriff er nicht, wo der Tag geblieben war. Der Vogelgesang war verstummt und nicht eine einzige Kuh lagerte mehr, folglich musste es mindestens fünf sein.

Oben beim Hof waren sie dabei, einzufahren. Im Trab ging es hinaus und heimwärts. Die Knechte standen aufrecht auf dem Wagen und prügelten mit dem Ende des Zügels auf die Pferde los. Und die hoch beladenen Fuder fuhren auf dem Feldweg entlang; sie glichen spreizbeinigem kleinem, Gewürm, das überrascht worden war und in ein Versteck eilte.

Ein Einspänner fuhr vom Hof herunter und sauste in schnellem Trab die Landstraße hinab, der Stadt zu. Es war der Steinhofbauer; er wollte sich offenbar in der Stadt einen lustigen Abend machen. Dann stand es schlecht zu Hause und zur Nacht würde das Weinen wieder über den Hof schallen.

Ja, ja, jetzt fuhr Vater Lasse mit dem Wasserwagen hinaus, dann war die Uhr halb sechs. Das merkte man auch daran, dass die Vögel ihr Abendgezwitscher anstimmten.

Drinnen über dem Steinbruch, wo sich die Krane vom Himmel

abhoben, stieg hin und wieder eine Rauchwolke auf und barst in einer Fontäne aus Felsstücken. Zuallerletzt kam der Knall heruntergegurgelt, in Splittern und Stücken; es klang, als laufe jemand und schläge sich dabei mit Fausthandschuhen auf die Schenkel.

Die letzten Stunden waren immer lang – die Sonne wurde so langsam. Und die Zeit hatte auch keinen Inhalt mehr; Pelle war müde und die Abendstille erlaubte keine lauten Ausbrüche. Aber nun fuhren sie da oben zum Melken aus und das Vieh fing an sich nach der Ecke der Wiese, die dem Hof zu lag, hinaufzufressen; dann war es Zeit.

Und endlich fingen die Hütejungen drüben auf den Nachbarhöfen an zu jodeln, erst einer, dann fielen mehrere ein:

»Haho, treib heim, ah – ho, ah – ah – ho!
Ah – ho, ah – ho!
Ah – ho, ah – ho!
Haho, treib heim, ah – ah – ho!
Ah – ho!«

Von allen Seiten zitterte der Gesang über das abfallende Land; gleich einem glückseligen Weinen floss er hinaus in die schimmernde Luft und Pelles Vieh wurde ganz langsam in seinen Bewegungen. Aber noch wagte er nicht heimzutreiben; es setzte Püffe von dem Verwalter oder dem Eleven, wenn er zu früh kam.

Er stand am oberen Ende der Wiese, an der Spitze seiner harrenden Herde. Und als die letzten Töne des Heimtreibegesangs erstorben waren, stimmte er ihn selbst an und trat zur Seite. Die Kühe trippelten und streckten die Köpfe vor; die Schatten des Grases lagen in langen, feinen Streifen über der Erde; die Schatten der Tiere waren riesengroß. Hin und wieder stießen die Kälber ein lang gezogenes Gebrüll aus und gingen in Galopp über. Sie sehnten sich – und Pelle sehnte sich.

Die Sonne schoss lange Strahlen hinter einer Wolke hervor, als habe sie alle ihre Kräfte vor der Nacht gesammelt.

In der Seele des Kindes war nichts mehr von da draußen; alles war in ihm heimgekehrt und streckte sich vorwärts in einer fast krankhaften Sehnsucht nach dem Vater. Und als er dann endlich mit der Herde um die Ecke bog und der alte Lasse dastand, glücklich lächelnd mit seinen entzündeten Augen, und das Gatter der Hürde öffnete, brach er zusammen und warf sich weinend an die Brust des Vaters.

»Was hast du, Junge, was hast du?«, fragte der Alte mit besorgter Stimme und strich mit zitternder Hand über die Wange des Kindes. »Hat dir jemand was getan? Also nich – na, das is ja gut! Sie sollen sich auch in Acht nehmen – denn frohe Kinder stehen in des lieben Gottes eigner Hut. Und mit Lasse is auch nich gut anbinden, wenn's darauf ankommt. – So, du hast dich gesehnt? Ja, es is schön, in deinem kleinen Herzen zu wohnen, und Lasse kann sich bloß freuen. – Aber nu geh rein und iss – und nich weinen, hörst du, Pelle?« Er schnäuzte dem Jungen mit seinen harten, gekrümmten Fingern die Nase und schob ihn sanft von sich.

5

Über den Mann, der von Gott gesandt war und der so ernste und vorwurfsvolle Augen hatte, war Pelle sich sehr bald klar geworden. Er entpuppte sich als ein Handwerksmeister unten aus dem Dorf, der des Sonntags im Versammlungshaus redete; es hieß obendrein, seine Frau trinke. Rud ging bei ihm in die Sonntagsschule, und er lebte in kümmerlichen Verhältnissen – er war etwas ganz Gewöhnliches.

Außerdem hatte Gustav eine Mütze bekommen, deren Kopfstück drei verschiedene Seiten herauskehren konnte – eine aus blauem

Düffel, eine aus wasserdichtem Wachstuch und eine aus weißer Leinwand zur Benutzung bei Sonnenschein. Das war ein großes Ereignis, das alles andere verdrängte und ihn viele Tage lang aufregte; die Wundermütze schien ihm der Inbegriff alles Großen und Begehrenswerten, bis er eines Tages einen hübsch geschnitzten Handstock für die Erlaubnis hingab, das Kunststück mit dem Umkrempeln des Kopfstücks selber auszuführen. Dann hatte er endlich Ruhe und auch die Mütze wurde etwas ganz Alltägliches.

Aber wie sah es denn in Gutsbesitzer Kongstrups großen Sälen aus? Da lag wohl das Geld auf dem kahlen Fußboden, das Gold für sich und das Silber für sich; und mitten in jedem Haufen stand ein Scheffelmaß! Was bedeutete das Wort »zweckdienlich«, das der Verwalter benutzte, wenn er mit dem Großbauern sprach? Und warum gebrauchten die Knechte das Wort »schwedisch« als Schimpfwort füreinander – sie waren ja doch alle Schweden? – Hinter dem Felsenkranz, wo der Steinbruch lag, was war da? – Ja, das war die Grenze des Gehöfts nach der einen Seite! Er war noch nicht dort gewesen, sollte aber mit dem Vater dahin, sobald sich eine Gelegenheit fand; ganz zufällig hatten sie erfahren, dass Lasse einen Bruder hatte, der dort ein Haus besaß. Da war es also verhältnismäßig bekannt.

Da unten lag das Meer, darauf war er selbst gefahren!

Da draußen glitten Schiffe aus Eisen und aus Holz dahin, aber wie konnte Eisen schwimmen, wo es doch so schwer war? Das Wasser in der See musste stark sein, denn im Teich sank das Eisen sofort auf dem Grund. Ganz in der Mitte war der Teich grundlos, da sank man dann also weiter bis in alle Ewigkeit. Der alte Dachdecker hatte in seiner Jugend über hundert Klafter Tau mit einem Anker daran hinabgesenkt, um einen Eimer herauszuholen, aber es gelangte niemals bis auf den Grund. Und als er den Strick wieder in die Höhe ziehen wollte, war da tief unten etwas, das den Anker packte und ihn hinabziehen wollte, sodass er das Ganze fahren lassen musste.

Gott der Herr – ja, der hatte einen großen weißen Bart, so wie der Neuendorfer Bauer; aber wer führte ihm in seinen alten Tagen die Wirtschaft? Sankt Peter war wohl sein Verwalter! – Wie konnten die alten, dürren Kühe ebenso junge Kälber zur Welt bringen wie die Färsen?

Es gab eine große Selbstverständlichkeit, an die man seine Fragen richtete, über die man in diesem Sinne überhaupt nicht nachdachte, weil sie die Grundlage allen Daseins war – Vater Lasse. Er war ganz einfach da, stand wie eine feste Mauer hinter allem, was man unternahm. Er war die eigentliche Vorsehung, die letzte große Zuflucht im Guten wie im Bösen; er konnte alles, was er wollte – Vater Lasse war allmächtig.

Und dann war da ein natürlicher Mittelpunkt in der Welt: Pelle selber. Um ihn musste sich alles scharen, jedes Ding war um seinetwillen da – damit er damit spielen, sich davor fürchten oder es für eine große Zukunft beiseite legen konnte. Selbst die fernen Bäume, Häuser und Steine in der Landschaft, denen er nie nahe gekommen war, nahmen ihm gegenüber eine freundliche oder feindliche Haltung ein, und das galt für jeden neuen Gegenstand, der in seine Sphäre gelangte.

Klein war seine Welt, er hatte gerade erst angefangen sie sich zu erschaffen. Eine gute Armlänge nach allen Seiten hin war einigermaßen festes Land, jenseits dieses Bereichs trieb die rohe Materie, das Chaos. Aber Pelle fand seine Welt schon ungeheuer und hatte den besten Willen, sie ins Unendliche auszuweiten. Seine Sinne zogen gierig alles an sich, was in ihren Bereich kam; sie waren wie ein Maschinenschlund, in den sich die Materie unablässig in wirbelnden Einzelteilen hineinstürzte. Und hinter ihnen gerieten andere und wieder andere in den Strudel – das ganze Weltall war auf der Wanderung zu ihm hin begriffen.

Zwanzig neue Dinge in der Sekunde formte Pelle und schob sie von sich weg. Die Erde wuchs unter ihm zu einer Welt, die reich war an Spannung und grotesken Formen, Unheimlichem und den alltäglichsten Dingen. Er bewegte sich unsicher darin, denn es gab ständig etwas, das sich vorschob und umgewertet und umgeschaffen werden musste; die selbstverständlichsten Dinge verwandelten sich und wurden auf einmal zu etwas unglaublich Wunderbarem – oder umgekehrt. Er ging in einer beständigen Verwunderung umher und verhielt sich selbst den unbekanntesten Dingen gegenüber abwartend. Denn wer wusste, welche Überraschungen sie bereiten würden?

So hatte er sein ganzes Leben lang Gelegenheit gehabt, festzustellen, dass Hosenknöpfe aus Knochen gedrechselt waren und fünf Löcher hatten, ein größeres in der Mitte und vier kleinere ringsherum. Und da kommt eines Tages einer der Knechte mit einem Paar neuer Hosen aus der Stadt nach Hause, an denen Knöpfe sitzen, die aus glänzendem Metall sind und nicht größer als ein Fünfundzwanzigörestück. Sie haben nur vier Löcher und der Faden soll kreuzweise darüber liegen, nicht von der Mitte ausgehen wie bei den alten.

Oder die große Sonnenfinsternis, auf die er den ganzen Sommer gespannt gewesen war und die, wie alle alten Leute sagten, den Untergang der Welt nach sich ziehen würde. Er hatte sich so darauf gefreut – namentlich auf den Untergang; das würde doch so eine Art Erlebnis sein und irgendwo in ihm saß eine ganze kleine Zuversicht, dass er für sein Teil wohl bestehen würde. Die Sonnenfinsternis kam auch, wie sie kommen sollte, es wurde wahrhaftig Nacht wie am Jüngsten Tag, die Vögel wurden still und das Vieh brüllte und wollte nach Hause laufen. Aber dann wurde es wieder ebenso hell wie vorher und nichts war geschehen.

Und dann waren da ungeheure Schrecken, die sich mit einem Schlag als winzig kleine Dinge entpuppten – Gott sei Dank! Aber da waren auch Freuden, die heftiges Herzklopfen verursachten –

und sich in Langeweile verwandelten, wenn man bis zu ihnen gelangte.

Weit draußen in der nebelhaften Masse trieben unsichtbare Welten vorüber, die mit der seinen nichts zu schaffen hatten; ein Laut von dem Unbekannten da draußen schuf sie ganz und gar im selben Augenblick. Sie entstanden auf dieselbe Weise wie das Land hier an dem Morgen, als er auf dem offenen Zwischendeck des Dampfers stand und Stimmen und Geräusche durch den Nebel hörte; zusammengeballt und mächtig, mit Formen, die wie ungeheure Fausthandschuhe wirkten.

Und inwendig in einem waren das Blut und das Herz und die Seele. Das Herz, das hatte Pelle selbst ausfindig gemacht, war ein kleiner Vogel, der eingeschlossen war; aber die Seele bohrte sich wie ein Wurm an die Stelle im Körper, wo die Begierde saß. Der alte Dachdecker Holm hatte einem, der an Stehlsucht litt, die Seele wie einen dünnen Faden aus dem Daumen gezogen. Pelles eigene Seele war gut, sie saß ihm in beiden Augäpfeln und spiegelte Vater Lasses Bild, sooft der da hineinsah.

Das Blut war das Schlimmste, deshalb ließ sich Vater Lasse immer die Adern öffnen, wenn ihm etwas fehlte – die bösen Säfte sollten heraus. Gustav dachte viel über das Blut nach und konnte die wunderlichsten Dinge davon erzählen; er schnitt sich in die Finger, nur um zu sehen, ob es reif wäre. Eines Abends kam er zum Kuhstall herüber und zeigte einen blutenden Finger; das Blut war ganz schwarz. »Jetzt bin ich ein Mann!«, sagte er und fluchte ganz gewaltig. Aber die Mägde machten sich nur lustig über ihn; er hatte noch nicht seine Tonne Erbsen auf den Boden getragen.

Und dann gab es ja die Hölle und den Himmel – und den Steinbruch, wo sie mit schweren Hämmern aufeinander losschlugen, wenn sie betrunken waren. Die Leute im Steinbruch, das waren die größten Riesen auf der Welt, einer von ihnen hatte zehn Spiegeleier auf einmal gegessen, ohne krank zu werden. Und Eier waren doch die Kraft selber.

Unten auf der Wiese hüpften in den tiefen Sommernächten suchend Irrlichter umher: Eins hielt sich immer auf dem Gipfel eines kleinen Steinhaufens, der da mitten in der fetten Wiese lag. Vor ein paar Jahren hatte ein Mädchen eines Nachts ein Kind hier draußen in den Dünen geboren, und da sie sich nicht zu helfen und zu raten wusste, ertränkte sie es in einem der Löcher, die der Bach bildete, wo er eine Biegung machte. Gute Menschen errichteten den kleinen Steinhaufen, damit die Stelle nicht in Vergessenheit geraten sollte; und über dem Steinhaufen brannte nun die Seele des Kindes in den Nächten um die Jahreszeit, in der das Mädchen geboren hatte. Pelle glaubte, das Kind selber sei unter den Steinen begraben, und schmückte von Zeit zu Zeit den Haufen mit einem Kiefernzweig; aber an dieser Stelle des Baches spielte er niemals. Das Mädchen kam ja übers Wasser ins Zuchthaus, auf viele Jahre, und die Leute wunderten sich über den Vater. Sie hatte keinen angegeben, aber Gott und jedermann wussten dennoch, wer es war. Es war ein junger, wohlhabender Fischer unten aus dem Dorf und das Mädchen gehörte zu den allerärmsten Leuten, sodass es ja doch nie zu einer Heirat der beiden hätte kommen können. Das Mädchen hatte dann wohl dies vorgezogen, statt ihm das Haus einzurennen und um Hilfe für das Kind zu bitten – und als Webermädchen mit einem unehelichen Kind zum Spott und zur Schande im Dorf zu sitzen. Und das musste man sagen, er hielt die Ohren gehörig steif, wo sich gar manch einer geschämt hätte und zur See gegangen wäre.

Jetzt im Sommer, zwei Jahre, nachdem das Mädchen eingesperrt worden war, ging der Fischer eines Nachts mit Fischernetzen auf dem Rücken den Strand entlang, dem Dorf zu. Er war ein hartgesottener Bursche und sann sich keinen Augenblick, den kürzeren Weg einzuschlagen und über die Wiese zu gehen; aber als er schon in den Dünen war, verfolgte ein Irrlicht seine Spur und er bekam Angst und fing an zu laufen. Es kam ihm immer näher, und als er über den Bach sprang, um Wasser zwischen sich und den Geist zu legen, griff es nach den Netzen. Da rief er den Namen Gottes und rannte in Panik weg, alles im Stich lassend. Am nächsten Morgen bei Sonnenaufgang holten er und der Vater die Netze, die sich in dem Steinhaufen verfangen hatten und quer über dem Bach lagen.

Da schloss sich der Bursche den Betern an und der Vater ließ das Trinken sein und folgte seinem Beispiel. Früh und spät konnte man den jungen Fischer bei ihren Versammlungen treffen und im Übrigen ging er wie ein Missetäter umher, ließ den Kopf hängen und wartete nur darauf, dass das Mädchen aus dem Zuchthaus kam, damit er es heiraten könnte.

Pelle wusste darüber Bescheid. Die Mägde erzählten schaudernd davon, wenn sie an den langen Sommerabenden den Knechten auf dem Schoß saßen, und ein liebeskranker Bursche aus dem Innern der Insel hatte ein Lied darüber gedichtet, das Gustav zu seiner Handharmonika sang. Dann weinten sämtliche Mägde des Gehöfts, selbst der kecken Sara wurden die Augen nass und sie fing an mit Mons über Verlobungsringe zu reden.

Eines Tages, als Pelle auf dem Bauch lag, eine Melodie vor sich hin trällerte und mit den nackten Füßen in der blanken Luft strampelte, sah er einen jungen Mann unten am Steinhaufen stehen und Steine darauflegen, die er aus seinen Taschen nahm. Dann kniete er nieder. Pelle ging zu ihm hin.

»Was machst du da?«, fragte er kühn – er fühlte sich auf seinem eigenen Gebiet. »Betest du dein Abendgebet?«

Der Mann antwortete nicht, sondern blieb gebeugt liegen. Endlich erhob er sich und spie Priemsoße aus. »Ich bete zu ihm, der uns alle richten wird«, sagte er und sah Pelle fest an.

Pelle erkannte den Blick wieder, es war derselbe Ausdruck wie bei dem Mann neulich, der von Gott gesandt war, nur dass kein Vorwurf darin lag.

»Hast du vielleicht kein Bett, worin du schlafen kannst?«, fragte Pelle. »Ich bete mein Abendgebet immer unter dem Oberbett. Er hört es doch! Gott der Herr weiß alles!«

Der Mann nickte und fing an sich mit den Steinen des Haufens zu schaffen machen.

»Den musst du nicht in Unordnung bringen«, sagte Pelle sehr bestimmt. »Denn darunter liegt ein kleines Kind begraben.«

Der Bursche sah ihn mit einem wunderlichen Gesicht an. »Das ist nicht wahr«, sagte er mit erstickter Stimme. »Denn das Kind liegt oben auf dem Friedhof in richtig geweihter Erde.«

»So-o?«, sagte Pelle mit dem lang gezogenen Tonfall des Vaters. »Die Eltern haben es doch ertränkt, soviel ich weiß – und es hier begraben.«

Er war zu stolz auf sein Wissen, um es so ohne weiteres preiszugeben.

Der Mann sah aus, als wenn er ihn schlagen wollte, und Pelle zog sich ein wenig zurück. Da stand er und lachte ganz unverhohlen, er war seiner Beine ja sicher. Aber der andere achtete nicht mehr auf ihn, er stand grübelnd da und sah an dem Steinhaufen vorbei. Da ging Pelle wieder zu ihm hin.

Der Mann fuhr zusammen, als er seinen Schatten sah, atmete tief auf und seufzte. »Bist du noch da?«, fragte er tonlos, ohne Pelle anzusehen. »Warum kannst du mich nicht in Frieden lassen?«

»Dies ist meine Wiese«, sagte Pelle, »denn ich hüte hier. Aber du kannst gern hier bleiben, wenn du mich nicht schlagen willst. Und den Steinhaufen musst du in Ruhe lassen, denn darunter liegt ein kleines Kind begraben.«

Der junge Mann sah Pelle ernsthaft an. »Es ist nicht wahr, was du da sagst, wie kannst du nur so lügen? Gott mag keine Lügner. Aber du bist nur ein argloses Kind und ich will dir erzählen, wie es zuging, ohne dir etwas zu verbergen – so wahr ich keinen anderen Wunsch habe, als vor Gottes Antlitz zu wandeln.«

Pelle sah ihn verständnislos an. »Wie es zugegangen ist, weiß ich sehr gut selber, ich kann ja das ganze Lied auswendig. Ich kann es dir gern vorsingen, wenn du es hören willst; es geht so! Und Pelle begann zu singen, mit vor Verlegenheit ein wenig unsicherer Stimme:

»So glücklich fließt unserer Kindheit dahin,
Wir kennen nicht Sünde noch Not;
Wir spielen und ahnen nicht, dass unser Weg
Uns führt ins Gefängnis und Tod.

Wohl mancher gedenkt mit klagender Stimm',
Wie einstmals das Glück ihm geblüht.
Die Zeit wird so lang im Gefängnis mir hier,
Drum will ich euch singen mein Lied.

Ich spielte mit Vater, mit Mutter ich spielte,
Und die Kindheit verging – ich ward groß.
So hell schien die Sonne, mein Schatz küsste mich
Und hob mich zu sich auf den Schoß.

Meinen Tag gab ich ihm, meine Nacht ich ihm gab,
Dachte nicht an Verrat und an Reu,
Doch als ich ihm sagte, wie's mit mir bewendt,
Da war's mit dem Spielen vorbei.

›Ich liebte dich nie‹, sagt er höhnisch zu mir,
›Was kommt dir nur in den Sinn!‹
Er dreht mir den Rücken, ging zornig davon –
Da ward ich zur Mörderin.«

Pelle hielt verwundert inne, der erwachsene Mann war vornübergesunken und saß da und schluchzte: »Ja, das war schlecht«, sagte er, »denn da tötete sie ihr Kind und kam ins Zuchthaus.« Er sprach mit einer gewissen Geringschätzung, er konnte weinende Männer nicht leiden. »Aber darüber brauchst du doch nicht zu weinen«, warf er nach einer Weile hin.

»Ja, denn sie hat doch eigentlich gar nichts getan, der Vater des Kindes hat es ja doch umgebracht. Ich habe das Schreckliche getan; ja, ich gestehe es, ich bin ein Mörder. Gebe ich denn nicht ganz offen meine Schuld zu?« Er hob sein Gesicht, als rede er mit Gott.

»Ach so, du bist es!«, sagte Pelle und zog sich ein wenig von ihm zurück. »Hast du dein eigenes Kind totgemacht? Das hätte Vater Lasse nie fertig gebracht. Warum sitzt du dann nicht im Zuchthaus? Hast du am Ende gelogen und die Schuld auf sie abgewälzt?«

Diese Worte hatten eine sonderbare Wirkung auf den Fischer. Pelle stand eine Weile da und beobachtete ihn, dann rief er: »Du sprichst so sonderbar: blop – blop – blop, als wenn du aus einem andern Land wärst! Und warum fährst du so mit den Fingern in der Luft herum und weinst? Kriegst du am Ende Prügel, wenn du nach Hause kommst?«

Bei dem Wort »weinst« brach der Mann in lautes Schluchzen aus. Pelle hatte niemals einen Menschen so unbeherrscht weinen sehen; das Gesicht war ganz nass.

»Willst du ein Butterbrot?«, fragte er, um ihn zu trösten. »Ich hab noch eins mit Wurst drauf.«

Der Fischer schüttelte den Kopf.

Pelle sah nach dem Steinhaufen hinüber; er war eigensinnig und wollte nicht lockerlassen.

»Es liegt aber doch da begraben«, sagte er. »Ich habe selber die Seele des Nachts oben auf den Steinen brennen sehen. Das tut sie, weil sie nich in den Himmel kommen kann.«

Aus dem offenen Munde des Fischers drang ein unheimlicher Laut, ein dumpfes Brüllen, das Pelles kleines Herz im Leibe springen ließ. Er tat selber ein paar Sprünge vor Angst, und als er sich besann und wieder stillhielt, sah er den Fischer vornübergebeugt die Wiese hinablaufen und in den Dünen verschwinden.

Pelle starrte ihm verwundert nach und näherte sich langsam seinem Esskorb – sein Erlebnis war vorläufig Enttäuschung. Er hatte einem wildfremden Mann etwas vorgesungen, das war zweifelsohne eine Heldentat – so schwer, wie es einem wurde, auch nur Ja oder Nein zu jemand zu sagen, den man noch nie gesehen hatte. Aber er hatte die meisten Verse ausgelassen und die große Hauptsache war ja doch, dass er das ganze Lied auswendig wusste. Jetzt sang er es für sich von Anfang bis zu Ende, indem er die Zahl der Verse an den Fingern abzählte. Und er schaffte sich die glänzendste Genugtuung, indem er so laut brüllte, dass man es weit und breit hören konnte.

Am Abend besprach er wie gewöhnlich die Erlebnisse des Tages mit dem Vater und da verstand er dieses und jenes, was für eine Weile sein Gemüt und Grauen erfüllt hatte; Vater Lasses Stimme war bisher noch die einzige menschliche Stimme, die der Knabe ganz verstand. Schon allein ein Seufzer oder ein Kopfschütteln des Alten machten einen Eindruck auf ihn wie keine andere Rede.

»Ach ja«, sagte Lasse ein Mal über das andre. »Böses und nichts als Böses, wohin man sieht, Kummer und Not überall! Er gäbe woll gern sein Leben hin, um an ihrer Stelle die Zuchthausketten zu schleppen – nun, wo es zu spät is! – Also lief er weg, als du das zu ihm sagtest? Ja, ja, Gottes Wort in einem Kindermund, da kann man nich gut gegen an, wenn das Gewissen einen Knacks gekriegt hat. Und es is ein schlechtes Brot, mit andern Leuten ihrem Glück zu handeln. – Aber mach du man, dass du deine Füße gewaschen kriegst, Junge.«

Das Leben gab genug zu tun, da war genug, womit man sich herumschlagen musste, genug, wovor man sich ängstigen konnte. Aber schlimmer fast als alles das, was Pelle selbst an den Leib wollte, waren die Blitze, die zuweilen aus der Menschentiefe zu ihm aufstiegen; denen gegenüber war sein Kindergemüt machtlos. Warum weinte Frau Kongstrup so viel und warum trank sie im Geheimen? Was ging dort hinter den Fensterscheiben in dem hohen Wohnhaus vor? Er begriff es nicht und jedes Mal, wenn er sich seinen kleinen Kopf darüber zerbrach, starrte ihn nur das Grauen aus allen Fensterscheiben an und zuweilen umschloss es ihn mit dem ganzen Schrecken des Unfasslichen.

Aber die Sonne wanderte hoch am Himmel dahin, die Nächte waren hell, die Finsternis lag zusammengekrochen unter der Erde und hatte keine Macht. Und er besaß die glückliche Fähigkeit des Kindes, auf einmal und – spurlos zu vergessen.

6

Pelle hatte einen schnellen Puls und viel Unternehmungsgeist; da war immer etwas, was sein rastloses Streben einzuholen versuchte – wenn es nichts weiter war, dann die Zeit selbst. Jetzt war der Roggen unter Dach, jetzt verschwand die letzte Hocke vom Feld, die Schatten wurden mit jedem Tag länger. Aber eines Abends überraschte ihn die Dunkelheit vor seiner Schlafenszeit und es kamen ihm Bedenken. Er trieb die Zeit nicht mehr zur Eile an, sondern suchte sie durch allerlei kleine Sonnenzeichen festzuhalten.

Eines Tages beendeten die Leute gerade ihre Mittagspause; sie spannten wieder an, sobald sie das Mittagessen heruntherhatten, und das Häckselschneiden wurde auf den Abend verlegt.

Der Göpel lag auf der äußeren Seite des Stallgebäudes und keiner der Knechte hatte Lust, da draußen in der Finsternis herumzutraben und die Maschine zu fahren. Da musste Pelle es denn tun.

Lasse widersetzte sich und drohte zu dem Großbauern zu gehen, aber es half nichts; jeden Abend musste Pelle ein paar Stunden da hinaus. Es waren seine besten Stunden, die man ihm nahm: die Stunden, in denen er und Vater Lasse im Stall herumpusselten und sich durch alle Widerwärtigkeiten des Tages hindurch in eine gemeinsame Zukunft hineinplauderten – und Pelle weinte. Wenn der Mond die Wolken jagte und er alles deutlich um sich her sehen konnte, ließ er seinen Tränen freien Lauf. Aber an den dunklen Abenden schwieg er und hielt den Atem an. Wenn der Regen herabströmte, konnte es so finster sein, dass der Hof und alles verschwunden war, und da sah er hunderte von Wesen, die das Licht sonst verbarg. Sie traten aus der Finsternis hervor, entsetzlich groß, oder kamen auf ihrem Bauch zu ihm herangekrochen. Er erstarrte und konnte den Blick nicht von ihnen losreißen; unter der Mauer suchte er Schutz und saß da und trieb von dort aus die Pferde an und eines Abends lief er hinein. Sie jagten ihn wieder hinaus und er ließ sich jagen; er hatte, wenn es darauf ankam, mehr Angst vor denen da drinnen als vor denen hier draußen. Aber an einem pechschwarzen Abend war ihm besonders unheimlich zu Mute, und als er dann entdeckte, dass das Pferd, sein einziger Trost, ebenfalls bange war, da ließ er alles liegen und rannte zum zweiten Mal hinein. Keine Drohung vermochte ihn wieder hinauszutreiben, ebenso wenig Püffe. Da nahm ihn einer der Knechte auf den Arm und trug ihn hinaus. Aber da vergaß Pelle alles und schrie, dass es im Hof widerhallte.

Während sie mit ihm rangen, kam der Gutsbesitzer herzu. Er wurde sehr böse, als er hörte, was los sei, und schimpfte den Großknecht gehörig aus. Dann nahm er Pelle bei der Hand und brachte ihn nach dem Kuhstall hinüber. »So ein Mann, der vor ein bisschen Dunkelheit bange ist!«, sagte er scherzend. »Das musst du dir aber abgewöhnen. Und wenn die Knechte dir was tun, so komm du nur zu mir.«

Der Pflug ging den ganzen Tag über die Felder. Das Laub wurde bunt und es gab viele Regentage. Die Kühe wurden langhaarig und zottig auf dem Rücken; Pelle hatte viel auszustehen und das ganze Dasein wurde um vieles ernsthafter. Seine Kleider wurden nicht dichter und wärmer mit der Kälte, wie das bei den Kühen der Fall war; aber er konnte mit der Peitsche knallen, was günstigen Falles wie kleine Schüsse klang, er konnte Rud durchprügeln, wenn es ganz ehrlich zuging, und über den Bach springen, wo er am schmalsten war. Das alles gab dem Körper Wärme.

Er hütete nun über den Bereich des Hofes hinaus überall dort, wo Vieh gepflöckt gewesen war; die Milchkühe standen im Stall. Oder er war auf dem Moor, wo jedes Gehöft sein Stück Weideland hatte. Hier machte er Bekanntschaft mit den Hütejungen von den anderen Höfen und sah in eine ganz andere Welt hinein, wo nicht mit Verwalter und Landwirtschaftseleven und Prügeln regiert wurde, sondern wo alle am selben Tisch aßen und wo die Hausfrau selber am Spinnrad saß und Garn zu Strümpfen für die Hütejungen spann. Aber dahin konnte er niemals kommen, denn auf diesen kleinen Höfen nahmen sie keine Schweden, ebenso wenig wollten die Einheimischen mit ihnen zusammen dienen. Das tat ihm Leid.

Sobald das Herbstpflügen oben auf den Äckern im Gange war, legten die Jungen nach alter Sitte die Grenzscheiden nieder und ließen alles Vieh gemeinsam weiden. Das nannten sie »Über-die-Grenze-Hüten«. An den ersten Tagen gab das mehr Arbeit, die Tiere kämpften, ehe sie vertraut miteinander wurden. Und ganz vermischten sie sich nie; sie weideten immer in Herden, die Tiere jedes Hofes für sich. Auch die Esskörbe wurden zusammengeschlagen und der Reihe nach musste immer einer der Jungen die ganze Herde hüten. Die anderen spielten oben in den Felsklippen Räuber oder trieben sich in den Gehölzen oder am Strand herum. Wenn es gehörig kalt war, zündeten sie ein Feuer an, bauten Feuerstätten aus flachen Steinen und brieten Äpfel und Eier, die sie auf den Höfen stahlen.

Das war ein herrliches Leben und Pelle war glücklich. Freilich war er der Kleinste in der Schar und es haftete ihm an, dass er ein Schwede war; mitten im schönsten Spiel konnten die anderen auf den Einfall kommen, seine Sprache nachzuäffen, und wenn er wütend wurde, fragten sie, warum er nicht das Messer ziehe. Aber andererseits war er von dem größten Hof – der Einzige, der Ochsen in seiner Herde hatte; er stand an körperlicher Gewandtheit nicht hinter ihnen zurück und keiner von ihnen konnte so gut schnitzen wie er. Und wenn er erst groß sein würde, wollte er sie alle miteinander durchprügeln.

Vorläufig musste er sich ducken, sich bei den Großen einschmeicheln, wenn er entdeckte, dass ein Riss in ihrem Verhältnis war, und diensteifrig sein. Er musste das Hüten häufiger übernehmen als die anderen und wurde bei den Mahlzeiten übervorteilt. Er nahm das als etwas Unvermeidliches hin und gab sich Mühe, das Bestmögliche aus den Verhältnissen zu machen. Aber er gelobte sich, wie gesagt, eine ungeheure Genugtuung, wenn er erst groß wäre.

Ein paar Mal wurde es ihm zu heiß und er verließ die Gemeinschaft und hielt sich für sich. Aber er kehrte schnell wieder zu den anderen zurück. Sein kleiner Körper war zum Platzen voll von Mut und Leben und gestattete ihm nicht sich zu drücken; er musste seine Chance nutzen – sich durchbeißen.

Eines Tages kamen zwei neue Jungen hinzu, die das Vieh von ein paar Gehöften auf der anderen Seite des Steinbruchs hüteten; sie waren Zwillinge und hießen Alfred und Albinus. Es waren zwei lange, dünne Burschen, die aussahen, als hätten sie als kleine Kinder gehungert; ihre Haut schimmerte bläulich und sie konnten schlecht die Kälte vertragen. Flink zu Fuß und geschmeidig waren sie, sie konnten das schnellste Kalb einholen, konnten auf den Händen gehen und dabei Tabak rauchen und Luftsprünge machen, ohne die Hände zu Hilfe zu nehmen. Zum Prügeln eigneten sie sich nicht recht; es fehlte ihnen an Mut, draufloszugehen, und ihre körperliche Geschicklichkeit ließ sie im Stich, wenn Gefahr im Anzug war.

Die beiden Brüder hatten etwas Komisches an sich. »Da kommen die Zwillinge, die Zwölflinge!«, rief ihnen die ganze Schar am ersten Morgen, als sie sich blicken ließen, entgegen. »Na, wie viel Mal habt ihr denn seit vorigem Herbst zu Hause Kinder gekriegt?« Sie waren zwölf Geschwister, darunter zweimal Zwillinge, das allein war eine unerschöpfliche Quelle des Spotts – außerdem waren sie Halbschweden. Sie mussten den Schaden mit Pelle teilen.

Aber nichts machte Eindruck auf sie, sie grinsten über alles und gaben noch mehr preis. Pelle konnte aus allem heraushören, dass über ihrem Heim ein lächerlicher Schein lag, aber das machte ihnen nichts aus. Namentlich die Fruchtbarkeit der Eltern erregte den allgemeinen Spott und die beiden Jungen lieferten mit frohen Mienen die Eltern aus und fingen an von den geheimsten Verhältnissen zu Hause zu erzählen. Eines Tages, als die Schar wieder fortwährend »Zwölflinge!« rief, erzählten sie grinsend, die Mutter erwarte das Dreizehnte. Sie waren unverwundbar.

Jedes Mal, wenn sie ihre Eltern auslieferten, gab es Pelle einen Stich; das verletzte seine heiligsten Gefühle. Sosehr er sich auch den Kopf zerbrach, sie waren ihm unverständlich; er musste eines Abends dem Vater darüber berichten.

»So, also sie machen ihre eigenen Eltern zum Gespött und Gelächter?«, sagte Lasse. »Da wird es ihnen hier auf Erden niemals gut gehen, denn man soll seinen Vater und seine Mutter ehren. Brave Eltern, die sie mit Schmerzen in die Welt gesetzt haben und hart arbeiten müssen, vielleicht selbst hungern und Not leiden, um ihnen Nahrung und Kleidung zu schaffen – ach, wie sündhaft ist das! – Und sie heißen Karlsson mit Nachnamen, so wie wir, sagst du? – Und wohnen in der Heide hinter dem Steinbruch? Aber dann müssen es ja Bruder Kalles Söhne sein! Ja, bei meiner Seele Seligkeit, ich glaub, dass es so is! Frag du sie doch morgen mal, ob ihr Vater nich 'n Riss im rechten Ohr hat. Ich habe ihm den Riss selber mit 'm Stück von einem Hufeisen gehauen, als wir noch kleine Jungen waren – einen Tag war ich wütend auf ihn, weil er mich vor den anderen lächerlich machte. Er war ganz akkurat so wie die beiden; aber er dachte sich nichts dabei, es war nichts Böses in ihm.«

Der Vater der Knaben hatte wirklich einen Riss im rechten Ohr. Pelle und sie waren also Geschwisterkinder, und das war zum Lachen und zum Weinen, da sie und ihre Eltern ein Gegenstand des Spotts waren. Das traf ja gewissermaßen auch Vater Lasse und der Gedanke war beinahe nicht zum Aushalten.

Die anderen Jungen entdeckten bald diese Verletzbarkeit und machten sie sich zu Nutze und Pelle musste ablenken und sich in allerlei finden, um den Vater außerhalb der Sache zu halten. Trotzdem gelang ihm das nicht immer. Wenn sie in der richtigen Stimmung waren, erzählten sie alles Mögliche über ihre gegenseitigen Familien; es sollte nicht für mehr genommen werden, als es war, aber Pelle verstand in diesem Punkt keinen Scherz. Eines Tages sagte einer der größeren Jungen zu Pelle: »Dein Vater hat ja seine eigene Mutter schwanger gemacht!« Pelle verstand nicht, was er meinte, aber er hörte das Gelächter der anderen und wurde blind vor Wut. Er ging auf den großen Burschen los und trat ihn dermaßen in den Unterleib, dass er mehrere Tage zu Hause liegen musste.

Während der folgenden Tage hatte Pelle ganz heiße Ohren. Er wagte nicht dem Vater zu erzählen, was geschehen war, da er dann gezwungen sein würde auch die abscheuliche Beschuldigung des Jungen zu wiederholen; und so ging er denn umher und hatte Angst vor den verhängnisvollen Folgen. Die anderen Jungen hatten sich von ihm zurückgezogen, um keine Schuld zu haben, wenn etwas Schlimmes dabei herauskam; der Junge war ein Bauernsohn, der einzige in der Schar – und sie vermuteten die

Obrigkeit hinter der Geschichte, vielleicht Rutenschläge auf dem Rathaus. So blieb Pelle mit seinen Kühen für sich und hatte Zeit genug, sich mit dem Ereignis zu beschäftigen; es nahm in seiner lebhaften Einbildungskraft einen immer größeren Raum ein und drohte ihn schließlich vor Grauen zu zersprengen. Bei jedem Wagen, den er auf der Landstraße fahren sah, schauderte ihm, und bog er nach dem Steinhof ein, so konnte er deutlich die Polizei wahrnehmen, die drei Mann hoch mit festen Handeisen anrückten – genau wie damals, als Erik Erikson abgeholt wurde, weil er seine Frau misshandelt hatte. Am Abend wagte er kaum nach Hause zu treiben.

Und dann kam eines Vormittags der Junge mit seinen Kühen an und ein erwachsener Mann begleitete ihn. Nach den Kleidern zu urteilen, musste es ein Bauer sein – sicher der Vater des Jungen! Eine Weile standen sie da drüben und redeten mit den Hütejungen, dann kamen sie mit der ganzen Schar hinter sich drein herüber, der Vater hielt seinen Sohn an der Hand.

Pelle brach der Schweiß aus; er fühlte sich versucht davonzulaufen, zwang sich aber stehen zu bleiben, Vater und Sohn bewegten gleichzeitig die Hand und Pelle hob beide Ellenbogen in die Höhe, um zwei Ohrfeigen abzuwehren.

Aber sie streckten nur die Hände aus. »Verzeih mir«, sagte der Junge und ergriff Pelles Hand. »Verzeih ihm!«, wiederholte der Vater und umschloss Pelles andere Hand mit der seinen. Und Pelle stand verwirrt da und sah bald den einen, bald den anderen an. Im ersten Augenblick glaubte er, der Mann hier sei derselbe wie der, der von Gott gesandt war; aber es waren doch nur die Augen – diese sonderbaren Augen. Dann brach er plötzlich in Tränen aus, die schreckliche Spannung löste sich und die beiden sagten ihm ein paar gute Worte und gingen davon.

Von da an wurden er und Peter Kure gute Freunde, und als Pelle ihn näher kennen lernte, entdeckte er, dass der Junge zuzeiten den gleichen Ausdruck in den Augen hatte wie der Vater, der junge Fischer und der Mann, der von Gott gesandt war. Der sonderbare Verlauf der Begebenheit beschäftigte ihn lange. Eines Tages entdeckte er den Zusammenhang zwischen diesem rätselhaften Augenausdruck und den sonderbaren Handlungen; alle drei, die ihn mit diesen Augen angesehen hatten, hatten überraschend gehandelt. Und eines Tages wurde es ihm klar, dass diese Leute Heilige waren; die Jungen hatten sich an dem Tag mit Peter Kure gezankt und gebrauchten es als Schimpfwort gegen seine Eltern.

Eins aber blieb stehen und ragte über alles hinaus – der Sieg selber. Er hatte mit einem Jungen angebunden, der größer und stärker war als er, und er war mit ihm fertig geworden – weil er zum ersten Mal in seinem Leben rücksichtslos zugeschlagen hatte. Wollte man sich schlagen, so musste man da treffen, wo es am wehesten tat. Wenn man das tat und im Übrigen das Recht auf seiner Seite hatte, so konnte man sehr gut sogar mit einem Bauernsohn anbinden. Das waren zwei beruhigende Entdeckungen, an denen bis auf weiteres nicht zu rütteln war.

Und dann hatte er den Vater verteidigt; das war etwas ganz Neues und Bedeutungsvolles in seinem Leben. Er forderte fortan mehr Platz.

Um Michaelis wurden die Kühe hereingetrieben und die letzten Tagelöhner gingen fort. Im Laufe des Sommers waren allerlei Veränderungen unter dem festen Gesinde des Hofes vor sich gegangen, aber jetzt zum Ziehtag veränderte sich niemand; auf dem Steinhof wechselte man in der Regel nicht zu den bestimmten Terminen.

Nun half Pelle dem Vater wieder bei der Stallfütterung. Eigentlich hätte er mit dem Schulunterricht beginnen sollen und die Schulbehörden ließen dem Gutsbesitzer eine sanfte Mahnung zukommen. Aber es war gute Verwendung für den Jungen auf dem Hof, da ein Mann die Wartung der Kühe nicht allein bewältigen konnte, und so wurde denn das Problem gar nicht erörtert. Pelle war froh, dass die Sache hinausgeschoben wurde; er hatte im Laufe des Sommers viel über die Schule nachgedacht und sie mit so viel Fremdartigem und Großem ausgeschmückt, dass ihm jetzt ganz bange davor war.

7

Der Weihnachtsabend brachte eine große Enttäuschung. Es war Sitte, dass die Hütejungen das Weihnachtsfest auf dem Hof verbrachten, wo sie im Sommer gedient hatten, und Pelles Kameraden hatten ihm von all den Weihnachtsherrlichkeiten erzählt: Braten und süße Getränke, Weihnachtsspiele und Pfeffernüsse und Backwerk – es war ein endloses Essen und Trinken und Weihnachtsspielespielen vom Tage vor dem Heiligen Abend bis zu dem Tag, da »Knud das Weihnachtsfest hinaustrug«. So ging es auf all den kleinen Höfen zu; der einzige Unterschied war, dass man bei den Heiligen nicht Karten spielte, sondern stattdessen geistliche Lieder sang. Aber das Essen war ebenso gut.

Die letzten Tage vor Weihnachten musste er um zwei, halb drei aufstehen, den Mägden beim Rupfen des Geflügels helfen und zusammen mit dem alten Dachdecker Holm den Backofen feuern. Damit war sein Anteil an der Vorbereitung des Weihnachtsfestes erschöpft. Am Heiligen Abend gab es Stockfisch und Reisbrei und das schmeckte ganz gut, aber alles andere fehlte. Es standen ein paar Flaschen Branntwein für die Mannsleute auf dem Tisch – das war das Ganze. Die Knechte waren unzufrieden und schimpften, sie schütteten Reisbrei und Milch in den Schaft von Karnas Strickstrumpf, sodass sie den ganzen Abend wütend war; im Übrigen hatten sie jeder ihr Mädchen auf dem Schoß und lästerten über alles. Die alten Häusler und ihre Frauen, die eingeladen waren, um an der Weihnachtsmahlzeit teilzunehmen, redeten über Tod und alles Elend in der Welt.

Oben war ein großes Fest; alle Verwandten von Frau Kongstrup waren eingeladen und man hieb tüchtig in den Gänsebraten ein. Der Hof stand voller Fuhrwerke und der Einzige, der guter Laune war, war der Großknecht, er bekam alle Trinkgelder. Gustav war sehr schlechter Laune, denn Bodil war oben und wartete auf. Er hatte seine Handharmonika mitgebracht und spielte Liebeslieder; die Gemüter beruhigten sich dabei und das Böse schwand aus den Augen. Einer nach dem anderen fing an mitzusingen und beinahe wäre es ganz gemütlich geworden; aber da kam Bescheid von oben herunter, sie sollten ein wenig still sein. Da löste sich das Ganze auf, die Alten gingen nach Hause und die Jungen zerstreuten sich paarweise, so wie sie im Augenblick miteinander befreundet waren.

Lasse und Pelle gingen zu Bett.

»Warum ist eigentlich Weihnachten?«, fragte Pelle.

Lasse kratzte sich bedenklich an der Hüfte. »Es soll nu mal so sein«, antwortete er zögernd. »Ja, und denn is es ja das, dass sich das Jahr wendet und nu wieder bergan geht, siehst du! – Und in dieser Nacht is ja auch das Christuskind geboren, weißt du!« Es dauerte lange, bis er das Letztere herausbrachte, aber es kam dafür auch ganz sicher heraus. – »Das eine mit dem andern, siehst du woll«, fügte er nach einer Weile, alles zusammenfassend, hinzu.

Am zweiten Weihnachtstag gab es ein Fest auf allgemeine Kosten bei einem unternehmungslustigen Häusler unten im Dorf; es kostete zwei und eine halbe Krone das Paar für Musik, Butterbrote und Branntwein in der Nacht und Kaffee gegen Morgen. Gustav und Bodil sollten mit dabei sein. Es war doch immerhin ein wenig vom Weihnachtsfest, was da vorüberzog; Pelle war so davon in Anspruch genommen, als gehe es ihn selber etwas an. Lasse hatte an diesem Tag gar keine Ruhe vor seinen Fragen. Dann war Bodil Gustav also doch gut!

Am Morgen, als sie hinauskamen, lag Gustav draußen auf dem

Feld neben der Tür zum Kuhstall und konnte sich nicht selber helfen; sein guter Anzug war in trauriger Verfassung. Bodil war nicht bei ihm. »Denn is sie ihm treulos geworden!«, sagte Lasse, als sie ihm hineinhalfen. »Der arme Junge! Erst siebzehn Jahre und schon eine Herzenswunde! Die Frauenzimmer, die werden noch mal sein Unglück, das erleben wir noch!«

Als zu Mittag die Häuslerfrauen zum Melken kamen, bestätigte sich Lasses Vermutung; Bodil hatte sich an einen Schneidergesellen aus dem Dorf gehängt und war mitten in der Nacht mit ihm gemeinsam aufgebrochen. Man lachte mitleidig über Gustav und es wurde in der nächsten Zeit allerlei über sein entschwundenes Glück gestichelt; über Bodil aber gab es nur ein Urteil. Sie hatte ja ihre Freiheit, zu kommen und zu gehen, mit wem sie wollte; aber solange sie sich von Gustavs Geld amüsierte, musste sie zu ihm halten. Wer wollte wohl seine Hand über Hühnern halten, die ihr Korn daheim aßen und die Eier beim Nachbarn legten?

Es hatte sich noch keine Gelegenheit geboten, Lasses Bruder hinter dem Steinbruch zu besuchen, aber am zweiten Neujahrstag sollte das nachgeholt werden. Zwischen Weihnachten und Neujahr taten die Knechte nach Einbruch der Dunkelheit nichts mehr und es war überall Sitte, dass sie dem Schweizer bei der Abendarbeit halfen. Daraus wurde nun für täglich nichts; Lasse war zu alt, um sich geltend zu machen, und Pelle war zu klein; sie mussten froh sein, dass sie nicht auch noch für die Knechte, die ausgingen, zu füttern brauchten.

Heute aber sollte Ernst daraus werden – Gustav und der lange Ole hatten die Abendarbeit übernommen. Pelle freute sich schon vom frühen Morgen an – er war jeden Tag um vier Uhr auf. Aber wie Lasse zu sagen pflegte, wer mit nüchternem Magen singt, muss noch vor Abend weinen.

Nach dem Essen standen Gustav und Ole unten auf dem Hof und schliffen Häckselmesser. Der Trog war leck und Pelle sollte Wasser aus einem alten Kessel auf den Stein gießen. Er war so vergnügt, dass es ihm jeder ansehen musste.

»Warum bist du so vergnügt?«, fragte Gustav. »Deine Augen schimmern ja wie Katzendreck bei Mondschein!«

Pelle erzählte es.

»Ja, ich bin bange, dass ihr gar nich wegkommt!«, sagte Ole und blinzelte Gustav zu. »Wir kriegen den Häckerling nich so früh geschnitten, dass wir das Vieh besorgen können – Teufel, wie schwer der Schleifstein zu drehen is, wenn bloß der Selbstdreher nich kaputtgegangen wär!«

Pelle spitzte die Ohren. »Der Selbstdreher? Was ist das?«, fragte er.

Gustav sprang um den Schleifstein herum und schlug sich vor lauter Vergnügen auf die Lende. »Herrgott, Herrgott! Wie dumm du doch bist, du Gör! Kennst nich mal 'n Selbstdreher! Das is 'ne Einrichtung, die man bloß auf den Schleifstein loszulassen braucht, dann dreht sich das Ganze von selbst. – Drüben in Neuendorf haben sie übrigens einen«, wandte er sich an Ole, »wenn das bloß nich so weit wär!«

»Is er schwer?«, fragte Pelle mit leiser Stimme. Alles hing von der Antwort ab. »Kann ich ihn tragen?« Seine Stimme bebte.

»Na, so gewaltig schwer is er grad nich – du kannst ihn woll tragen! Aber es is ganz was Feines!«

»Ich kann hinlaufen und ihn holen – ich will ihn auch ganz vorsichtig tragen.« Pelle sah sie mit einem Gesicht an, das Vertrauen einflößen musste.

»Na ja, meinetwegen! Aber dann nimm einen Sack mit, wo du ihn hineintun kannst – und verteufelt vorsichtig musst du sein, hörst du? Es is ganz was Feines.«

Pelle holte sich einen Sack und lief über die Felder dahin. Er war entzückt wie ein junges Zicklein. Er zwickte sich selbst, zupfte an allem, was ihm in den Weg kam, und sprang dann plötzlich zur Seite, um die Krähen aufzuscheuchen – das Glück stand ihm in den Augen. Nun rettete er doch den Abend für sich und Vater Lasse! Gustav und Ole waren gute Menschen! Er wollte ganz schnell wieder zurück sein, dass sie den Schleifstein nicht länger zu drehen brauchten. »Hallo, bist du schon wieder da?«, würden sie zu ihm sagen und große Augen machen. »Du hast doch den teuren Mechanismus nich unterwegs kaputtgemacht?« Und dann nahmen sie ihn vorsichtig aus dem Sack und er war ganz heil. »Dieser Junge, das is doch wirklich ein Wunder Gottes! Ein wahrer Prinz!«

Drüben in Neuendorf wollten sie ihn durchaus zum Weihnachtsschmaus einladen, während sie die Einrichtung in den Sack steckten; aber Pelle sagte Nein und blieb auch standhaft – er hatte keine Zeit. Dann bekam er draußen auf der Treppe einen kalten Apfelkuchen, damit er ihnen nicht das Fest aus dem Haus trug. Sie sahen alle so freundlich aus und kamen alle zusammen herzu, als er sich den Sack auf den Nacken lud. Auch sie empfahlen ihm große Vorsicht und taten sehr besorgt – als wisse er nicht, was er da in den Händen hatte.

Es lag eine gute Viertelstunde zwischen den Höfen, aber es währte anderthalb Stunden, bis Pelle nach Hause kam, und da war er zum Umfallen erschöpft. Er wagte nicht den Sack niederzusetzen, um auszuruhen, sondern schlingerte vorwärts, Schritt für Schritt; nur einmal ruhte er sich aus, indem er sich an eine steinerne Umzäunung lehnte. Als er endlich auf den Hof schwankte, kamen alle Leute herbei, um des Nachbars neuen Selbstdreher zu sehen; und Pelle war sich seiner Bedeutung wohl bewusst, als Ole ihm vorsichtig den Sack von der Schulter hob. Er fiel einen Augenblick gegen die Mauer, ehe er sein Gleichgewicht wiedergewann – es war so merkwürdig, aufzutreten; jetzt, wo er von seiner Last befreit war, schob ihn die Erde förmlich von sich. Aber sein Gesicht strahlte.

Gustav öffnete den Sack, der sorgfältig geschlossen war, und schüttete seinen Inhalt auf das Steinpflaster – es waren Mauersteine, ein paar alte Pflugschare und dergleichen. Pelle starrte verwirrt auf all das Gerümpel, er sah aus, als sei er eben von einem anderen Erdball auf die Erde herabgeplumpst.

Aber als das Gelächter von allen Seiten losbrach, begriff er den Zusammenhang; er rollte sich zusammen und verbarg sein Gesicht. Er wollte nicht weinen, um keinen Preis – das Vergnügen sollten sie doch nicht haben! In seinem Innern schluchzte es, aber er presste den Mund zusammen. Es zuckte in ihm; er war krank vor Wut. Die Teufel – die vermaledeiten Satane, die! – Plötzlich trat er Gustav gegen das Bein.

»Hallo! Er tritt!«, rief Gustav und hob ihn in die Luft empor. »Wollt ihr den alten Satan auf Smaaland sehen? Bei ihm is eben Ziehtag gewesen, er hat den Hintern in das Gesicht raufgerückt!« – Er zeigte auf Pelles dicke Wangen. Pelle bemühte sich sein Gesicht mit den Armen zu verdecken und stieß mit den Füßen, um herunterzukommen; er machte auch einen Versuch, zu beißen. »Na, er will beißen, der Teufelsjunge!« Gustav musste ihn hart anpacken, um mit ihm fertig zu werden. Er hielt ihn am Kragen fest und drückte ihm die Knöchel in die Kehle hinein, sodass Pelle nach Luft schnappte; währenddessen sprach Gustav mit höhnischer Milde: »Schneidiger Junge! Noch nich trocken hinter den Ohren und will sich schon prügeln!« Er fuhr fort, ihn in die Höhe zu halten, es sah so aus, als wolle er mit seinen überlegenen Kräften prahlen.

»Ja, nu haben wir wirklich gesehen, dass du der Stärkere bist!«, sagte der Großknecht endlich. »Lass ihn laufen!« Und als Gustav nich gleich hörte, sauste ihm eine geballte Faust zwischen die Schulterblätter. Da ließ er den Jungen los und der lief in den Stall zu Lasse hinüber, der das Ganze gesehen, aber nicht gewagt hatte, sich zu nähern. Er konnte doch nichts ausrichten und seine Anwesenheit hätte nur geschadet.

»Ja, und denn unser Ausgang heut Abend, du«, erklärte er entschuldigend, während er den Knaben tröstete. »Solchen Windhund wie Gustav sollte ich woll durchprügeln können, aber dann wären wir ja heut Abend nich weggekommen, denn er hätte ja das Vieh nich für uns besorgt. Und auch keiner von den anderen, denn die hängen zusammen wie Wickenstroh. – Aber du kannst dich ja selbst wehren! Hast den Satan ganz schön auf seinen Klumpfuß getreten! Ja, ja, das war ja ganz gut, aber vorsichtig muss man sein, nich zum Vergnügen scharf schießen! Das zahlt sich nich aus.«

Der Junge war nicht mehr so leicht zu trösten. Tief in ihm saß es und tat weh, weil er in gutem Glauben gehandelt hatte; sie hatten ihn in seinem offenen, fröhlichen Vertrauen getroffen. Das Geschehene hatte auch sein Selbstgefühl verletzt; er war in eine Falle gegangen, hatte sich von ihnen zum Narren halten lassen. Das Erlebnis brannte sich tief in ihn ein und gewann großen Einfluss auf seine weitere Entwicklung. Er hatte schon früher erlebt, dass man auf Menschenwort nicht bauen konnte und er hatte unbeholfene Versuche gemacht, zu ergründen, warum das so war. Jetzt traute er keinem mehr ohne weiteres; und er hatte entdeckt, wie man hinter das Geheimnis kam – man brauchte nur den Leuten in die Augen zu sehen, wenn sie etwas sagten. Sie hatten so sonderbar ausgesehen, hier wie auch in Neuendorf, als lachten sie inwendig. Und der Verwalter hatte damals gelacht, als er ihnen täglich Schweinebraten und Rhabarbergrütze versprach; sie bekamen eigentlich niemals was anderes als Hering und Suppe.

Die Leute sprachen mit zwei Zungen, Vater Lasse war der Einzige, der das nicht tat.

Pelle lernte auf sein eigenes Gesicht achten. Das Gesicht sprach; daher erging es ihm stets übel, wenn er sich mit einer Notlüge ausreden wollte, um einer Tracht Prügel zu entgehen. Und sein Gesicht war an dem heutigen Unglück schuld – wenn man sich freute, musste man es nicht zeigen. Er hatte die Gefahr entdeckt, die darin lag, dass man andere in sein Inneres blicken ließ; und sein kleiner Organismus machte sich rastlos daran, harte Haut über die verletzbaren Stellen zu ziehen.

Nach dem Abendessen trabten sie über die Felder von dannen, Hand in Hand wie immer. Sonst ging Pelle der Mund unaufhörlich, wenn sie allein waren, aber heute Abend war er stiller; die Ereignisse des Nachmittags saßen ihm noch in den Gliedern und der Besuch erfüllte ihn mit feierlicher Spannung. Lasse hatte ein rotes Bündel in der Hand, darin war eine Flasche mit Likör aus schwarzen Johannisbeeren, die ihnen Per Olsen gestern in der Stadt gekauft hatte, als er dort war, um sich loszuschwören. Sechsundsechzig Öre hatte sie gekostet und Pelle ging in Gedanken versunken einher und überlegte, ob es wohl anginge oder nicht.

»Vater, darf ich sie nich mal tragen?«, fragte er endlich.

»Bist du verrückt, Junge? Ich glaube, du träumst – das is teure Ware! Du könntest die Flasche fallen lassen.«

»Ich lass sie nich fallen – kann ich denn nich wenigstens ein bisschen anfassen? Ach, bitte, Vater! Vater!«

»Was für Einfälle du auch immer hast! Du kannst gut werden, wenn man dir nich beizeiten einen Riegel vorschiebt! Ich glaube, weiß Gott, du bist krank, so unvernünftig, wie du bist!« Lasse murmelte noch eine Weile allerlei vor sich hin, aber dann blieb er stehen und beugte sich über den Jungen. »Na, denn fass sie mal an, du dummer Junge, aber vorsichtig, hörst du! Und dass du mir keinen Schritt damit machst!«

Pelle klemmte die Flasche mit den Armen gegen den Körper, er wagte nicht sich auf seine Hände zu verlassen; der Magen schob sich weit vor, um mit zu tragen. Lasse stand da und hielt die Hände unter der Flasche, bereit, sie aufzufangen, wenn sie fiel.

»So, nu is es genug«, sagte er fieberhaft erregt und nahm die Flasche.

»Sie is schwer!«, sagte Pelle bewundernd und ging befriedigt weiter an der Hand des Vaters. »Aber warum musste er sich denn losschwören?«, fragte er.

»Weil man ihn beschuldigte, er hätte einem Mädchen ein Kind gemacht. Hast du das nich gehört?«

Pelle nickte. »Hat er es denn nich getan? Alle sagen es doch?«

»Das kann man doch woll nich gut glauben; das würde ja die sichere Hölle für Per Olsen bedeuten. Aber das Mädchen sagt ja, dass *er* es is und kein anderer, weißt du. Ach ja, die Mädchen, das is 'n gefährliches Spielzeug – du musst aufpassen, wenn deine Zeit kommt. Denn die können den besten Menschen ins Unglück bringen.«

»Wie schwört man denn? Sagt man: Hol mich der Deubel?«

Lasse musste lachen. »Nee, es is woll nich so ganz leicht für jemand, der falsch schwört. Ach nee! Denn da auf dem Gericht, da sitzt die ganze hohe Obrigkeit Gottes um einen Tisch, der ganz so is wie ein Hufeisen und darin steht ein Altar mit dem gekreuzigten Christus leibhaftig. Auf dem Altar liegt ein großes, großes Buch, das mit 'ner eisernen Kette an der Wand festgemacht ist, damit der Böse es nich bei nachtschlafender Zeit wegholt – und das is Gottes Heilige Schrift. Wer schwört, muss seine linke Hand auf das Buch legen und die rechte soll er in die Höhe halten, die drei Finger ganz frei – das sind Gott der Vater und der Sohn und der Heilige Geist. Aber wenn er falsch schwört, kann der Landeshauptmann es gleich sehen, denn dann sind da rote Blutflecke auf den Blättern der Schrift.«

»Und was dann?«, fragte Pelle gespannt.

»Dann verdorren ihm die drei Finger und es frisst sich weiter in seinen Körper rein. Solche Leute leiden schrecklich, sie verfaulen bei lebendigem Leibe.«

»Kommen sie denn nich in die Hölle?«

»Ja, da kommen sie auch hin, wenn sie sich nich selbst melden und ihre Strafe hinnehmen; damit können sie sich für das andere Leben loskaufen. Aber bei lebendigem Leibe verfaulen tun sie doch, da kommen sie nich drum herum.«

»Warum bestraft sie denn der Landeshauptmann nich gleich selbst, wenn er es doch in seinem Buch sehen kann, dass sie falsch geschworen haben?«

»Nee, dann kämen sie ja um die Hölle drum rum. Und das is 'ne abgemachte Sache mit dem Satan, dass er alle die haben soll, die sich nich selber angeben, verstehst du!«

Pelle schauderte. Eine Weile ging er schweigend an des Vaters Hand dahin, aber dann hatte er das Ganze vergessen.

»Der Onkel Kalle is woll reich?«, fragte er.

»Reich is er woll nich, aber er is doch Grundbesitzer. Und das is keine Kleinigkeit!« Lasse selbst hatte Grund und Boden immer nur pachten können.

»Wenn ich groß bin, will ich einen mächtigen Hof haben«, erklärte Pelle bestimmt.

»Ja, den wirst du schon kriegen«, sagte Lasse und lachte.

Nicht dass er sich nicht Großes von dem Jungen erhoffte – wenn auch nicht gerade, dass er Hofbesitzer werden würde. Doch wer konnte es wissen, vielleicht wollte es der Zufall, dass sich eine Bauerntochter in ihn versah – die Frauen waren wie wild hinter den Männern der Familie her, dafür gab es viele Beispiele, und des Vaters Bruder hatte sogar dem Pfarrer Hörner aufgesetzt. Dann kam es für Pelle bloß darauf an, zuzugreifen, sodass sich die Familie nicht widersetzen konnte, der Schande halber. Und Pelle war gar nicht so ohne. Er hatte diesen Kuhschleck in der Stirn und feine Haare hinten im Nacken und ein Muttermal auf der Lende – das bedeutete alles Glück. Lasse redete mit sich selber im Gehen; er stellte die Zukunft des Jungen mit großen, runden Zahlen auf – und ein klein bisschen fiel auch für ihn dabei ab. Denn was jetzt auch Großes kommen mochte, es kam doch immer rechtzeitig genug, dass Lasse mit dabei sein und sich auf seine ganz alten Tage darüber freuen konnte.

Sie gingen querfeldein, auf den Steinbruch zu, an steinernen Einfriedungen und verschneiten Gräben entlang und arbeiteten sich vorwärts durch das mit Schlehen und Wacholder bestandene Gelände, hinter dem die Felsklippen und die Heide lagen. Sie kamen um die tiefen Steinbrüche herum und suchten in der Finsternis, wo der Abfall hingeworfen wurde; dort musste die Schotterbahn sein.

Von oben her ertönten Hammerschläge und sie entdeckten Licht auf mehreren Plätzen. Unter einem schrägen Strohschirm, von dem eine Laterne herabhing, saß ein kleiner, breiter Mann und hämmerte auf die Trümmer los. Er arbeitete in einem eigenartigen Takt, schlug drei Schläge und strich den Schotter zur Seite, wieder drei Schläge und zur Seite damit. Und während die eine Hand den Schotter beiseite schob, legte die andere einen frischen Brocken auf den Stein – das ging so gleichmäßig wie das Ticken einer Uhr.

»Weiß Gott, das is Bruder Kalle, der da sitzt!«, sagte Lasse mit einer Stimme, als sei dies Zusammentreffen ein Wunder des Himmels. »Guten Abend, Kalle Karlsson, wie geht es denn?«

Der Steinklopfer sah auf. »Herrje, ja, da haben wir unsern Bruder!«, sagte er und erhob sich schwerfällig. Die beiden begrüßten sich, als hätten sie sich gestern zuletzt gesehen. Kalle packte das Werkzeug zusammen und legte den Schirm darüber, während sie schwatzten.

»Du klopfst auch Steine? Verdienst du denn was damit?«, fragte Lasse.

»Na, so weit her is es ja gerade nich damit, wir kriegen zwölf Kronen für den Klafter, und wenn ich morgens und abends bei der Laterne arbeite, kann ich die Woche einen halben Klafter schlagen. Zum Bier reicht es ja nich, aber wir leben noch. Aber eine schandbar schwere Arbeit is es – unmöglich, dabei warm zu werden. Und steif im Schritt wird man, wenn man so fünfzehn Stunden auf dem kalten Stein sitzt, so steif, als wenn man als alleiniger Mann Vater von der ganzen Welt wär.« Er schritt mühselig vor den andern her über die Heide, auf ein niedriges Bauernhaus zu. »Ja, nu kommt der Mond, wo man ihn nich mehr braucht!«, sagte er und bekam allmählich gute Laune. »Herrjemine, wie sieht er aus, dieser verschlafene Rüssel – Dreckskleckse in den Augenwinkeln und den Mund voll zusammengelaufenem Wasser! Der is gewiss zum Neujahrsschmaus beim lieben Gott gewesen!«

Die Wand des Hauses schob sich auf der einen Seite in einem großen Buckel heraus; Pelle musste hin und das befühlen. Es war ganz geheimnisvoll. Was wohl darin sein mochte? Am Ende ein geheimer Raum? Er zupfte fragend am Rock des Vaters.

»Das da is der Ofen, wo sie ihr Brot drin backen«, sagte Lasse, »der liegt so, um Platz zu schaffen.«

»Ja, und das da is die Bank, wo wir unterbringen, was wir übrig haben«, meinte Kalle und zeigte Pelle ein kleines, baufälliges Haus. »Hast du Lust, eine Einzahlung zu machen, so genier dich nich.«

Lasse lachte. »Du bist noch derselbe fröhliche Teufel wie in alten Zeiten«, sagte er.

»Ja, weiß Gott, der Humor is bald das Einzige, was man noch gratis kriegt. Aber tretet gefälligst näher.« Kalle steckte den Kopf durch eine Tür, die von der Küche nach dem Kuhstall führte. »Hallo, Marie, du musst das lange Bein vorsetzen«, rief er gedämpft. »Die Hebamme is hier!«

»Was will die denn? Du lügst, du alter Schelm.« Man hörte die Milch wieder in den Eimer strullen.

»Ich lüge – also das meinst du! Nee, aber du musst reingehn und dich hinlegen; sie sagt, es wär die höchste Zeit. Dies Jahr gehst du zu lange damit! – Nimm dein Mundwerk in Acht«, flüsterte er in den Stall hinein, »denn sie is wirklich hier! Und spute dich ein bisschen.«

Sie gingen in die Stube und Kalle tastete vor sich hin, um Licht anzuzünden. Zweimal hatte er die Schwefelhölzer in der Hand und warf sie wieder hin, um das Licht am Ofen anzuzünden, aber es war kein rechtes Feuer im Torf. »Schiet!«, sagte er darauf und strich resolut ein Streichholz an. »Man hat ja nich jeden Tag Besuch!«

»Du hast woll 'ne dänische Frau«, sagte Lasse bewundernd. »Und 'ne Kuh hast du auch!«

»Ja, ihr seid hier nich bei armen Leuten«, erwiderte Kalle und brüstete sich. »Die Katze gehört auch mit zum Viehstand – und Ratten so viele, wie sie fressen mag.«

Jetzt kam die Frau atemlos herein und sah erstaunt die Fremden an.

»Ja, die Hebamme is wieder weg«. sagte Kalle. »Sie hatte keine Zeit, wir müssten es auf ein andermal verschieben. Aber das da sind vornehme Gäste, du musst dir die Nase mit den Fingern ausschnauben, ehe du ihnen die Hand gibst.«

»Ach, du Possenreißer, ich bin doch kein Kind mehr! Das is Lasse, das kann ich mir denken, und Pelle!« Sie gab ihnen die Hand. Sie war klein wie ihr Mann, lächelte ständig und hatte krumme Arme und Beine so wie er. Die schwere Arbeit und der freundliche Sinn gaben ihnen beiden ein rundliches Aussehen.

»Na, hier is ja ein Segen Gottes an Kindern!«, sagte Lasse, indem er sich umsah.

Da lagen drei auf der Bettbank unterm Fenster, zwei kleinere an dem einen Ende und ein langer zwölfjähriger Junge an dem anderen; seine schwarzen Füße guckten zwischen den Köpfen der kleinen Mädchen hervor. Außerdem waren Lagerstätten auf Stühlen, in einem alten Backtrog und auf dem bloßen Fußboden zurechtgemacht.

»Hm, ja, ein paar Gören haben wir zusammengeschrapt«, sagte Kalle und lief vergebens herum, um den Gästen eine Sitzgelegenheit zu verschaffen – alles war von den schlafenden Kindern in Anspruch genommen. »Ihr müsst einen Klecks spucken und euch darauf setzen«, sagte er lachend.

Aber jetzt kam die Frau mit einer Waschbank und einem leeren Bierfass herein. »Bitte schön, setzt euch!«, sagte sie und stellte die Sitze um den Tisch herum. »Ihr müsst schon entschuldigen, aber die Kinder müssen ja auch irgendwo bleiben.«

Kalle setzte sich auf den Rand der Bettbank. »Ja, ein paar haben wir zusammengeschrapt«, wiederholte er, »man muss an seine alten Tage denken, solange die Kräfte noch ausreichen. Das Dutzend haben wir voll und der Anfang zum zweiten is gelegt. Das war nu eigentlich nich die Absicht, aber Mutter hat uns angeführt.« Er kraulte sich im Nacken und sah ungeheuer verzweifelt aus.

Die Frau stand mitten in der Stube, die Hände ruhten auf dem Bauch, die Röcke waren vorn beträchtlich kürzer als hinten. »Wenn es bloß diesmal nich auch wieder Zwillinge werden«, sagte sie lachend.

»Das würde allerdings eine große Ersparnis sein, wenn wir die Madam doch holen lassen müssen«, meinte Kalle. »Die Leute sagen ja von Muttern, dass sie die Kinder immer zählen muss, wenn sie sie zu Bett gebracht hat, damit sie weiß, ob sie auch alle da sind. Aber das sind Lügen, denn sie kann gar nich weiter zählen als bis zehn.«

Im Alkoven fing eins der Kleinen an zu weinen. Die Mutter zog es heraus und setzte es auf den Rand der Bettbank, um ihm die Brust zu geben. Sie saß mit der entblößten Brust ihnen zugekehrt und kitzelte das Kleine mit der Brustwarze an der Nase, um es zum Lachen zu bringen. Kalle sah sie verliebt an.

»Marie hat immer so 'ne feine Haut gehabt wie 'ne Pastorstochter«, sagte er und sah die anderen stolz an.

»Das is die Kleinste!«, sagte die Mutter und hielt sie Lasse hin.

Er pikte mit einem krummen Finger nach ihrem Hals. »So ein

Dicksack!«, sagte er mit verschleierter Stimme. Er hatte Kinder gern. »Und wie heißt sie denn?«

»Sie heißt Dutzine Schlussine – denn damals meinten wir ja, dass es ein Ende haben sollte. Und sie ist außerdem die Zwölfte.«

»Dutzine Schlussine! Das ist doch ein verdammt feiner Name!«, rief Lasse. »Das klingt wahrhaftig, als könnte es 'ne Prinzessin sein.«

»Ja, und die, die davor kommt, heißt Elfriede – von elf hergeleitet, verstehst du –, die liegt da im Backtrog«, sagte Kalle. »Und der davor heißt Zensius und dann kommt Neunauge und dann Achnes. Die, die dann kommen, heißen nich nach Zahlen, denn dazumal dachte ja kein Mensch daran, dass es so viele werden würden. Aber da is Mutter schuld dran, so wie sie bloß 'n Flicken auf meine Arbeitshose setzen soll, gleich ist das Malheur da.«

»Du sollst dich wirklich schämen, dass du dich auf diese Weise drum rumdrücken willst«, sagte die Frau und drohte ihm. »Aber was die Namen anbetrifft«, wandte sie sich an Lasse, »so können sich die andren auch wirklich nich beklagen. Albert, Anna, Alfred, Albinus, Anton, Alma und Alvida – wart mal, ja, das sind sie alle –, sie können nich sagen, dass sie übervorteilt worden sind. Vater hatte es damals mit A, es musste sich alles auf A reimen. Das Dichten is ihm immer leicht gefallen.« Sie sah ihn bewundernd an.

Kalle zwinkerte verschämt mit den Augen. »Nee, aber das is doch der erste Buchstabe, soviel ich weiß – und schön klingt es ja«, sagte er bescheiden.

»Ja, er is ja so klug so was rauszufinden – er hätte studieren sollen. Mein Kopf hätte nie zu so was getaugt. Er wollte eigentlich, dass die Namen alle mit A anfangen und enden sollten, aber bei den Jungs ging das nich; da musste er sich denn doch ergeben. Aber er hat ja auch weiter keine Büchergelehrsamkeit.«

»Nee, weißt du, was, Mutter, ergeben hab ich mich gar nich. Für den ersten Jungen hatte ich auch 'n Namen gemacht, der vorn und hinten ein A hatte. Aber da machten der Pastor und der Küster Schwierigkeiten und ich musste es aufgeben. Sie hatten ja auch bei Neunauge was einzuwenden, aber da schlug ich auf den Tisch – denn Kalle kann auch wütend werden, wenn er zu toll gereizt wird. – Ich hab immer 'ne Vorliebe dafür gehabt, dass in allem Sinn und Zusammenhang is, und es is gar nich so übel, wenn da auch für die, die tiefer suchen, was ausfindig zu machen is. – Is dir woll bei dem zweiten Namen was Besonderes aufgefallen, Bruder Lasse?«

»Nee«, antwortete Lasse unsicher, »nich dass ich wüsste. Aber ich hab auch keinen Kopf für so was.«

»Ja, sieh mal, Anna, das bleibt sich genau dasselbe, ob man es von hinten oder von vorne liest – ganz akkurat dasselbe. Das sollst du gleich mal sehen.« Er nahm eine Schiefertafel, die an der Wand hing, mit einem Stück Griffel daran, und fing mühsam an den Namen zu schreiben. »Guck mal her, Bruder!«

»Ich kann ja nich lesen«, sagte Lasse und schüttelte verzagt den Kopf. »Also das bleibt sich ganz gleich von vorne und von hinten? Das is doch des Deubels – nee, wie sonderbar das is!« Er konnte sich gar nicht von seiner Verwunderung erholen.

»Aber nu kommt noch was Merkwürdigeres!«, sagte Kalle und sah den Bruder über die Tafel hinweg an. »Sieh, dies is doch 'ne Acht, und wenn ich die nun auf den Kopf stelle, so bleibt es doch dasselbe. Sieh bloß mal, du!« Er schrieb eine Acht.

Lasse drehte die Tafel hin und her und starrte. »Ja, bei Gott im Himmel, das bleibt sich ganz egal, guck bloß mal, Pelle! Das is so wie die Katz, die immer auf ihre vier Beine zu stehen kommt, wie man sie auch runterschmeißt. Herr du meines Lebens, muss das fein sein, buchstabieren zu können! Wo hast du das bloß gelernt, Bruder?«

»Ach«, sagte Kalle überlegen, »ich hab doch dabeigesessen und ein bisschen zugeguckt, wenn Mutter den Kleinen das Abc beigebracht hat. Wenn man bloß seinen Grips in Ordnung hat.«

»Nu soll Pelle ja bald in die Schule«, sagte Lasse sinnend, »dann könnt ich am Ende auch noch – denn es wär ja gar zu schön. Aber ich hab woll keinen Kopf dazu. Nee, ich hab woll keinen Kopf dazu.« Das klang ganz verzagt.

Kalle widersprach ihm nicht. Aber Pelle nahm sich vor, dass er dem Vater einmal Lesen und Schreiben beibringen wollte – und zwar viel besser, als Oheim Kalle es konnte.

»Aber wir vergessen ja ganz, dass wir einen Weihnachtstrunk mitgebracht haben!«, sagte Lasse und knüpfte das Tuch auf.

»Nee, so 'n Prachtkerl!«, rief Kalle und ging entzückt um den Tisch herum, wo die Flasche stand. »Das is wirklich das Beste, was du uns mitbringen konntest, Bruder – das passt sich gut für das Kindelbier. ›Likör von schwarzen Johannisbeeren‹ – und mit Vergoldung rundherum – das macht sich fein!« Er hielt die Flasche gegen das Licht und sah mit strahlenden Augen um sich. Dann öffnete er zögernd den Wandschrank.

»Der Besuch muss doch mal davon probieren!«, sagte die Frau.

»Ja, da zerbrech ich mir gerade den Kopf über«, sagte Kalle und lachte verlegen. »Natürlich müsstet ihr das. Aber wird sie erst mal aufgemacht, dann schleicht es sich so pöh um pöh weg. Das kennt man!« Er langte langsam nach dem Korkenzieher an der Wand.

Lasse streckte abwehrend die Hände aus; er wollte um keinen Preis probieren. Das war nichts für so 'n armen Schlucker wie ihn, feinen Likör trinken und noch dazu an einem gewöhnlichen Alltag! Nee, das ging nich an!

»Ja, und zur Kindstaufe kommt ihr ja sowieso!«, sagte Kalle erleichtert und stellte die Flasche in den Schrank. »Aber 'n Kaffeepunsch wolln wir uns doch machen, denn hier is noch 'n Schluck Branntwein von Heiligabend her und Mutter kocht uns 'ne gute Tasse Kaffee.«

»Ich hab schon Wasser aufgesetzt!«, antwortete die Frau verschmitzt.

»Nee, hat nu woll einer je so 'ne Frau gesehen? Nie kann man sich was wünschen, immer is es schon da!«

Pelle vermisste seine beiden Kameraden von der Weide, Alfred und Albinus; sie waren auf ihren Sommerstellen, um bei dem guten Festessen mitzuhalten, und kamen nicht vor St. Knud nach Hause. »Aber der da is auch nich zu verachten!«, sagte Kalle und zeigte auf den langen Burschen auf der Bettbank. »Wolln wir uns den mal ansehn?« Er zog einen Strohhalm heraus und kitzelte den Jungen damit in der Nase. »Na, mein lieber Anton, nu mach man, dass du rauskommst, und spann dich vor die Schubkarre, wir wolln ausfahren!«

Der Junge fuhr in die Höhe und fing an sich die Augen zu reiben – zu Kalles großem Vergnügen. Endlich entdeckte er, dass Besuch da war, und zog die Kleider an, die ihm als Kopfkissen gedient hatten. Pelle und er wurden gleich gute Freunde und begannen miteinander zu spielen und da kam Kalle auf den Einfall, dass die anderen Kinder auch an dem Fest teilhaben sollten; er und die beiden Jungen gingen herum und kitzelten sie alle zusammen wach. Die Frau erhob Einspruch, aber es war nicht weit her damit; sie lachte fortwährend und war ihnen selbst beim Ankleiden behilflich, während sie wiederholte: »Nee, so 'n Unsinn! So was hab ich doch mein Lebtag nich gekannt! Aber dann soll die hier auch nicht zurückstehn!«, sagte sie plötzlich und zog die Kleinste aus dem Alkoven heraus.

»Das wären die acht!«, sagte Kalle und zeigte auf die Schar. »Sie füllen die Stube ganz gut! Alma und Alvida da, das sind Zwillinge, das kannst du woll sehen, und Alfred und Albinus, die nu zum Fest aus sind, auch; sie sollen zum Sommer zum Paster, denn haben wir sie vom Hals!«

»Wo sind denn die beiden Ältesten?«, fragte Lasse.

»Anna dient nach Norden zu und Albert fährt zur See – er is mit 'n Walfischfänger draußen. Das is ein Staatskerl, vorigen Herbst haben wir sein Bild gekriegt. Hol das doch mal raus, Marie!«

Die Frau begann zögernd danach zu suchen, konnte es aber nicht finden.

»Ich glaub, ich weiß, wo es is, Mutter«, sagte eins der kleinen Mädchen ein Mal über das andere, ohne dass die Mutter hinhörte. Da kletterte sie selbst auf die Bank und holte eine alte Bibel vom Bord herunter, darin lag es.

»Weiß Gott, das is 'n Staatskerl!«, sagte Lasse. »Is das 'ne Gestalt! Der schlägt nich nach uns, Kalle; die Haltung muss er von deiner Familie haben, Marie.«

»Er is ein Kongstrup!«, sagte Kalle gedämpft.

»So, is er das?«, fragte Lasse unsicher. Er musste an Johanne Pihls Erzählung denken.

»Marie hat da auf 'm Hof als Stubenmädchen gedient und da hat er sie beschwatzt – wie er das mit so vielen getan hat. Das war ja vor meine Zeit – und er hat bezahlt, was er bezahlen musste!«

Die Frau sah bald den einen, bald den andern mit unsicherem Lächeln an; sie war ein wenig rot über der Stirn geworden.

»Da is Herrenblut in dem Jung«, sagte Kalle bewundernd, »er trägt seinen Kopf anders als die andern. Und gut is er – unmanierlich gut.« Da kam sie langsam heran, legte den Arm auf die Schulter des Mannes und sah auch das Bild an. »Er is gut so, wie er is, Mutter!«, sagte Kalle und strich ihr über das Gesicht.

»Und gut in Zeug is er auch!«, rief Lasse.

»Ja, er passt auch auf sein Geld auf – is nich wie sein Vater, der Saufbruder. Und dabei is er gar nich ängstlich mit 'n Zehnkronenschein, wenn er hier zu Hause zu Besuch is.«

Jemand pusselte an der Stubentür und ein kleines, runzliges, altes Mütterchen kam über die Schwelle geschlichen; sie tastete mit den Füßen vor sich hin und hielt die Hände schützend vor das Gesicht. »Sind da Tote?«, fragte sie in die Stube hinein.

»Da haben wir ja Großmutter!«, sagte Kalle. »Ich glaubte, Ihr wärt zu Bett?«

»Das war ich auch, aber da hörte ich, dass hier Besuch is, und da wollte ich gern fragen, ob was Neues passiert is. – Sind da Tote im Dorf?«

»Nee, Großmutter, da sind keine; die Leute haben was anderes zu tun, als zu sterben. Hier is 'n Freier für Euch, das is viel was Besseres. – Das is Schwiegermutter«, wandte er sich dann an die anderen, »dann könnt ihr euch wohl denken, was für eine das is.«

»Ja, komm du man bloß hierher, ich will dich was schwiegermuttern«, sagte die Alte mit einem matten Versuch, auf den Spaß einzugehen. »Ja, ja, willkommen hier bei uns!«, sagte sie und streckte die Hand aus.

Kalle hielt ihr erst die seine hin, aber sobald sie sie berührte, schlug sie sie zur Seite. »Meinst du, dass ich die nich kenne, du Narr!« Lasses und Pelles Hände befühlte sie lange mit ihren weichen Fingern, ehe sie sie wieder losließ. »Nein, euch kenn ich nich!«, sagte sie.

»Das is Bruder Lasse und sein Sohn unten vom Steinhof!«, erklärte Kalle endlich.

»Ach, seid ihr das – herrje, ja, nu hab ich es! Ihr seid gekommen. Und ihr seid auch übers Meer gekommen! Ja, hier wank ich alte Frau nu so allein herum – und sehen kann ich auch nich mehr!«

»Ganz allein seid Ihr doch wirklich nich, Großmutter«, sagte Kalle lachend. »Wir sind für täglich zwei Erwachsene und beinah ein Dutzend Kinder um Euch rum.«

»Ja, du hast gut reden, du! Aber alle die, mit denen ich jung war, die sind gestorben – und noch viele dazu, die ich hab aufwachsen sehen. Jede Woche sterben welche die ich kenne, und ich Ärmste muss hier herumgehen und andern zur Last fallen!«

Kalle holte den Lehnstuhl der Alten aus ihrer Stube und setzte sie hinein. »Was sind das für Reden!«, sagte er vorwurfsvoll. »Ihr bezahlt ja für Euch.«

»Bezahlen, mein Gott, sie kriegen im Jahr zwanzig Kronen dafür, dass sie mich hier haben«, sagte die Alte.

Der Kaffee kam und Kalle schenkte für alle Erwachsenen Branntwein in die Tassen. »Nu muss Großmutter vergnügt sein«, sagte er und stieß mit ihr an. »Wo der Kochtopf für zwölf kocht, kocht er auch für dreizehn. Prost, Großmutter, wir wünschen Euch, dass Ihr uns noch viele Jahre zur Last fallen mögt – wie Ihr es nennt!«

»Ja, das weiß ich ja, das weiß ich ja«, sagte die Alte und wiegte sich hin und her, »ihr meint es alle so gut mit mir. Aber bei aller Lust, zu leben, die ich hab, is es schwer, andern den Belag vom Butterbrot wegzunehmen. Die Kuh frisst, die Katze frisst, die Kinder fressen – wir fressen alle zusammen. Wo willst du Ärmster das bloß hernehmen?«

»Nenn den einen Armen, der kein Hinterteil hat, und bedaure den, der zwei hat«, sagte Kalle munter.

»Wie viel Boden hast du?«, fragte Lasse.

»Vier Tonnen Land. Aber das meiste sind ja Steine.«

»Kannst du denn die Kuh davon satt kriegen?«

»Voriges Jahr war es knapp genug. Wir mussten letzten Winter das Dach vom Schuppen reißen und sie damit füttern – das hat uns mächtig zurückgebracht. Aber umso höher wurde es bis zur Decke!« Kalle lachte. »Nu kommen ja auch die Kinder allmählich so weit, dass sie sich selbst ernähren können.«

»Die, die erwachsen sind, reichen doch sicher mal was rüber?«, fragte Lasse.

»Wie sollen sie das woll können? Wenn man jung is, braucht man sein Eigenes nötig genug. Die müssen sehen, dass sie sich amüsieren, solange es noch Zeit is; in den Kinderjahren hat's nich viel Lustbarkeiten gegeben, und sind sie erst mal verheiratet und ansässig, denn is genug anderes zu bedenken. Albert is großzügig, wenn er auf Besuch zu Haus is; das letzte Mal gab er uns zehn Kronen und eine Krone für jedes von den Kindern. Aber wenn sie erst aus dem Haus sind, weiß man ja, wo das Geld bleibt, wenn sie sich nich vor den Kameraden lumpen lassen wollen. Anna is nu von der Art, die alles für sich selbst für Kleider gebrauchen kann; sie hat den besten Willen, was abzugeben, aber sie hat nie eine Öre. Und Zeug hat sie kaum auf 'm Leibe, wo sie doch immerzu kauft und kauft.«

»Nee, sie is das schnurrigste Geschöpf!«, sagte die Frau. »Nichts will bei ihr verschlagen.«

Die Bettbank wurde zugeklappt, um Sitzplätze am Tisch zu schaffen, und ein altes Spiel Karten kam zum Vorschein. Alle sollten mitspielen bis auf die beiden Allerkleinsten, die wirklich zu klein waren, die Karten zu halten; Kalle wollte sie eigentlich auch mit dabei haben, aber das ging nicht. Man spielte Armer Schäfer und Schwarzer Peter. Großmutter musste sich ihre Karten aufrufen lassen. »Wir spielen mit einem Blinden«, rief Kalle und schüttelte sich vor Wonne, »das soll ja das Allerfeinste sein.« Und Großmutter lachte am lautesten über den Witz.

Zwischendurch schwatzten die Erwachsenen miteinander.

»Wie gefällt dir denn der Dienst bei dem Steinhöfer?«, fragte Kalle.

»Von ihm selbst sehen wir ja nich viel – er is eigentlich immer unterwegs oder er schläft seinen Brummschädel aus. Er is sonst woll gutmütig und das Essen is auch ganz gut.«

»Ja, da sind woll Höfe, wo das Essen noch schlechter iss«, meinte Kalle, »aber viele sind das woll grad nich! Auf den meisten is es woll besser.«

»So, meinst du das?«, fragte Lasse verwundert. »Ja, ich will nu nich klagen, was die Kost anbetrifft. Aber reichlich viel zu tun is da für uns beide; und dann is es ja nich grad pläsierlich, das Frauenzimmer beinah immer weinen zu hören. Ob er sie woll misshandelt? Sie sagen ja, er tut es nich.«

»Das tut er sicher nich«, sagte Kalle, »selbst wenn er manchmal

Lust dazu hätte – was einer gut verstehen kann. Aber er hat nich die Courage. Er is bange vor ihr. Denn sie is vom Teufel besessen, will ich dir sagen.«

»Sie sagen, des Nachts wär sie ein Werwolf«, sagte Lasse mit einem Gesicht, als erwarte er, dass in einer Ecke ein Gespenst erscheine.

»Das is nichts als dummes Zeug und Aberglaube«, rief Kalle aus. »Nee, aber sie is von einem unreinen Geist besessen, den wir auch aus der Bibel kennen. Frag Marie, die hat ja da gedient.«

»Sie is 'n armes Wurm, das sein gut Teil zu tragen hat«, sagte die Frau. »Jedes Weibsbild weiß davon zu erzählen, was das heißt. Und der Steinhöfer is nu auch nich lauter Güte, wenn er sie auch nich gerade prügelt. Seine Treulosigkeit macht ihr mehr Kummer als sonst irgendwas.«

»Ja, ihr Frauen haltet ja immer zusammen«, sagte Kalle. »Aber unsereins hat doch auch Augen und kann auch sehen. Was meint Ihr dazu, Großmutter? Ihr kennt Euch doch besser aus als all die andern!«

»Ja, ein bisschen kenn ich woll davon«, antwortete die Alte. »Ich weiß noch ganz deutlich, als wenn es gestern gewesen wär, wie Kongstrup nach der Insel kam. Er hatte, weiß Gott, nichts als das Zeug, worin er ging und stand; aber den Feinen spielte er darum doch und er kam ja auch aus der Hauptstadt.«

»Was wollte er eigentlich hier?«

»Was er wollte? Jagd auf ein Mädchen mit Geld machen, denk ich mir. Er lief hier in der Heide rum und trieb sich mit seiner Flinte rum, aber auf den Fuchs hatte er es nich abgesehn. Sie lief ja auch in der Heide rum wie 'ne Verrückte, die Steinhoftochter; sie schwärmte für die wilde Natur und all so 'n Blödsinn und stellte sich an wie 'ne Mannsperson, statt dass sie sie zu Haus behalten und ihr das Spinnen und Grützekochen beigebracht hätten; aber sie war ja die einzige Tochter und konnte tun und lassen, was sie wollte. Und da trifft sie denn diesen Krämer und sie wurden gute Freunde. Er war, glaub ich, Kandidat oder Papst oder irgend so 'n feiner Dreckkram und denn kann man ja nichts dazu sagen, wenn so 'ne dumme Dirn nich weiß, was sie tut.«

»Nee, das is woll so!«, sagte Lasse.

»Das Blut hat immer schlimm regiert bei den Frauen in der Familie!«, fuhr die Alte fort. »Und einmal soll sogar eine von ihnen Umgang mit dem Teufel gehabt haben. Seitdem hat er ja Macht über sie und geht fürchterlich mit ihnen um, jedes Mal, wenn der Mond im Abnehmen is – ob sie nu wolln oder nich. Über die Reinen hat er keine Gewalt, versteht sich; aber als die beiden sich erst gekannt hatten, sah es mit ihr auch schlimm aus. Das hat er denn woll gemerkt – und hat sich zurückziehen wollen; denn sie erzählten, der alte Steinhofbauer hätte ihn mit seiner Flinte gezwungen sie zur Frau zu nehmen. Und er war ein Satanskerl, der Alte, der konnte seinen Mann ruhig niederschießen, wenn es darauf ankam. Aber ein Bauer war er durch und durch, er trug selbst gewebte Kleider und war nich bange einen ganzen Tag mit zuzugreifen, von Sonnenaufgang bis Sonnenuntergang. Das war nich so wie jetzt, mit Schulden und Kartenspielen und Saufgelagen, darum hatten die Leute damals auch was.«

»Ja, nu soll die Saat am liebsten schon gedroschen werden, wenn sie noch auf dem Halm steht, und die Kälber verkaufen sie im Mutterleib«, sagte Kalle. »Aber nu bist du, weiß Gott, Schwarzer Peter geworden, Großmutter!«

»Großmutter soll schwarz gemacht werden!«, riefen die Kinder. Die Alte bat und flehte, sie hätte sich gerade erst für die Nacht gewaschen. Aber die Kinder machten einen Kork im Ofen schwarz und umringten sie; sie kriegte ihren schwarzen Strich auf die Nase. Sie lachten alle, Groß und Klein.

»Ein Glück, dass ich es selber nich sehen kann«, sagte Großmutter und lachte mit. »Nichts is so schlimm, dass es nich zu was gut is. Aber ich möchte doch gern meine Augen wiederhaben, bloß fünf Minuten, ehe ich sterbe. Es wär so schön, das Ganze noch einmal zu sehen, wo doch Kalle sagt, dass die Bäume und alles heranwächst – das ganze Land hat sich woll verändert? Und die kleinsten Kinder hab ich ja noch gar nicht gesehen.«

»Die Leute sagen, man könnte die Blindheit wegnehmen, da drüben in Kopenhagen«, sagte Kalle zu dem Bruder.

»Das kostet woll Geld, kann ich mir denken!«, meinte Lasse.

»Hundert Kronen kostet es woll allerwenigstens«, entgegnete Großmutter.

Kalle sah nachdenklich aus. »Wenn wir nu den ganzen Kram verkauften, müsste ich mich wundern, wenn da nich hundert Kronen bei rauskämen. Und denn hätte Großmutter ihre Augen wieder.«

»Der Herrgott soll uns bewahren!«, rief die Alte aus. »Haus und Hof verkaufen – du bist woll nich ganz richtig im Kopf, du! Große Kapitalien an ein altes, abgelebtes Ding wie mich verschwenden, wo ich doch schon mit einem Bein auf dem Kirchhof steh. Ich könnte es mir ja gar nich besser wünschen, als ich es hab!« Sie hatte Tränen in den Augen. »Gott soll mich bewahren, auf meine alten Tage solch Unglück anzurichten.«

»Ach was, wir sind ja noch jung!«, sagte Kalle. »Wir könnten woll noch was Neues anfangen, Marie und ich.«

»Hat keiner von euch gehört, was Jakob Kristians Witwe macht?«, fragte die Alte ablenkend. »Ich hab es so im Gefühl, dass sie zuerst drankommt und dann ich. Ich hab vorige Nacht die Krähen da drüben rufen hören.«

»Das ist unser nächster Nachbar drüben auf der Heide«, sagte Kalle erklärend. »So, soll es mit ihr zu Ende gehn? Ihr hat doch den ganzen Winter nichts gefehlt, soviel ich weiß.«

»Du kannst mir glauben, es is so«, sagte die Alte sehr bestimmt. »Lass doch morgen mal eins von den Kindern rüberlaufen.«

»Ja, wenn Großmutter Ahnungen hat . . . Jakob Kristian selbst hat sich auch deutlich gemeldet, als er hinging und starb. Wir sind ja auch all die Jahre so gute Freunde gewesen, er und ich.«

»Hat er sich gezeigt?«, fragte Lasse feierlich.

»Nee, aber eine Nacht – wir hatten so 'n recht böses Oktoberwetter –, da wach ich davon auf, dass es an die Tür klopft; das sind nu gut drei Jahre her. Marie hat es auch gehört und wir lagen da und sprachen davon, ob ich aufstehen sollte. Es blieb beim Schnacken und wir waren grad dabei, wieder einzuschlafen, als es wieder klopft. Ich spring auf, fahr in meine Hosen und mach die Tür ein ganz klein bisschen auf, aber da war keiner. ›Das is doch schnurrig‹, sag ich zu Marie und kriech wieder ins Bett; aber ich bin noch nich mal unter das Oberbett gekommen, als es zum dritten Mal klopft. Da wurde ich ärgerlich, ich steckte die Laterne an und ging rund um das Haus rum; da war nichts zu sehen und zu hören. Aber am Morgen kam Bescheid, dass Jakob Kristian in der Nacht gestorben war, grad um die Zeit.«

Pelle saß da und lauschte der Unterhaltung, er drängte sich dicht an den Vater heran aus Furcht. Aber Lasse selbst sah auch nicht gerade tapfer aus. »Mit den Toten is nich immer gut fertig werden«, sagte er.

»Ach was, wenn man keinem Menschen was getan hat und wenn man immer jedem gegeben hat, was ihm zukommt, was können sie einem da woll tun?«, sagte Kalle.

Großmutter sagte nichts, sondern saß da und wiegte viel sagend den Kopf hin und her.

Jetzt kam die Frau herein und stellte eine Kruke mit Schmalz und ein großes Schwarzbrot auf den Tisch.

»Das is die Gans«, sagte Kalle und stach ausgelassen mit seinem Dolchmesser in das Brot. »Wir haben sie noch nich angeschnitten – sie is mit Zwetschen gefüllt. Und das da is das Gänseschmalz. Langt zu, bitte sehr!«

Lasse und Pelle mussten jetzt daran denken, nach Hause zu kommen; sie fingen an ihre Tücher um den Hals zu binden. Die anderen wollten sie noch nicht weglassen; sie redeten hin und her und Kalle machte Witze, um sie noch eine Weile zurückzuhalten. Aber auf einmal wurde er grabesernst – man hörte Jammern draußen in dem kleinen Gang, jemand fasste an die Tür und gab es wieder auf. »Wahrhaftig Gott, das is Spuk!«, rief er aus und sah ängstlich von einem zum andern.

Da jammert es wieder und die Frau schlug die Hände zusammen. »Das is ja Anna!«, rief sie und öffnete schnell die Tür.

Anna trat weinend ein. Sie fielen von allen Seiten mit verwunderten Fragen über sie her, aber sie antwortete nicht, sondern weinte nur.

»Und du hast Zeit, uns Weihnachten zu besuchen – und kommst weinend nach Haus? Du bist mir die Rechte«, sagte Kalle. »Nee, so 'n Gör – du musst ihr einen Schnuller machen, Mutter!«

»Man hat mich weggejagt!«, brachte das Mädchen endlich schluchzend heraus.

»Das doch woll nich!«, rief Kalle in ganz verändertem Ton aus. »Aber warum denn? Hast du gestohlen? Oder bist du frech gewesen?«

»Nee, aber der Bauer sagt, ich hätte 'ne Liebschaft mit dem Sohn vom Hof.«

Wie ein Blitzstrahl glitten die Augen der Mutter an der Gestalt des Mädchens hinab – dann brach auch sie in Tränen aus.

Kalle konnte nichts entdecken, sah die Gebärde seiner Frau und begriff. »Ach so«, sagte er leise, »ach so!« Der kleine Mann glich einem großen Kind, sein Ausdruck wechselte, es zitterte in seinem gutmütigen Gesicht. Dann siegte das Lächeln wieder. »Na, dann is ja alles gut!«, rief er und lachte laut. »Gute Kinder sollen ja auch den Eltern die Mühe abnehmen, wenn sie heranwachsen und es können. Zieh dich aus, Anna, und setz dich hin, du bist woll hungrig. Es konnte gar nicht besser passen, wir müssen die Madam ja sowieso holen lassen!«

Lasse und Pelle zogen die Halstücher über den Mund, nachdem sie sich in der Stube von allen verabschiedet hatten. Kalle umkreiste sie und schwatzte eifrig, er hatte keine Ruhe. »Kommt bald wieder, ihr beide, und vielen Dank für den Besuch und die Flasche, Bruder Lasse!« – »Ja«, sagte er dann plötzlich draußen in der Haustür und lachte ganz ausgelassen, »und das wird ja ganz vornehm, du, mit dem Bauern verschwägert, gewissermaßen! Zum Deubel auch, Kalle Karlsson! Du und ich, wir werden in Zukunft die Nase woll hoch tragen!« Er gab ihnen eine kleine Strecke Wegs das Geleit, beständig schwatzend; Lasse wurde ganz traurig dabei zu Mute.

Pelle wusste recht gut, dass das mit Anna als große Schande betrachtet wurde, und begriff nicht, dass der Oheim Kalle die Sache so vergnügt nehmen konnte. »Jaja«, sagte Lasse, als sie stolpernd ihren Weg zwischen den geschlagenen Steinen hindurch suchten. »Kalle is genauso wie er immer gewesen is! Er lacht da, wo andere weinen.«

Es war zu dunkel, um querfeldein zu gehen; sie schlugen den Fahrweg nach Süden ein, um an die Landstraße zu gelangen. Hier am Kreuzweg, dessen vierter Arm nach dem Dorf hinunterführte, lag der Kaufmannsladen, der gleichzeitig eine geheime Schänke war.

Als sie an der Schänke vorüberkamen, hörten sie drinnen heftigen Lärm. Die Tür sprang auf und einige Männer wälzten einen Männerkörper vor sich her auf den Weg. »Nu hat die Polizei sie woll bei ihre heimliche Trinkerei überrascht!«, sagte Lasse und ging mit dem Jungen auf den gepflügten Acker, um ungesehen vorbeizukommen. Aber im selben Augenblick wurde drinnen eine Lampe an das Fenster gestellt und man sah sie.

»Da geht ja der Schweizer vom Steinhof!«, rief eine Stimme. »Hallo, Lasse, komm mal her!«

Sie gingen heran und sahen einen Mann auf der Erde liegen und mit den Füßen schlagen, das Gesicht nach unten; die Hände waren ihm auf dem Rücken zusammengebunden; er konnte das Gesicht nicht aus dem Schmutz befreien.

»Aber das is ja Per Olsen!«, rief Lasse.

»Jawoll is er das!«, antwortete der Kaufmann. »Könnt ihr ihn nich mit nach Haus nehmen? Er is nich ganz richtig im Kopf.«

Lasse sah bedenklich zu dem Jungen hinüber. »Ein wütender Mann – das können wir beide nich.«

»Ach, die Hände sind ihm ja gebunden. Ihr haltet bloß das Ende vom Strick, dann geht er ganz ruhig mit«, sagte einer der Männer. Es waren Steinarbeiter oben vom Bruch. »Nich wahr, du gehst ganz ruhig mit?«, fragte er und stieß Per Olsen mit der Spitze des Holzschuhs in die Seite.

»Ach Jesus, Jesus!«, stöhnte Per Olsen nur.

»Was hat er bloß getan?«, fragte Lasse. »Warum habt ihr ihn zu Schanden geprügelt?«

»Wir mussten ihn prügeln, weil er sich seinen einen Daumen abhacken wollte! Er versuchte es mehrmals, das Schwein, und kriegte ihn auch halb ab – wir mussten ihn prügeln, damit er aufhört.« Sie zeigten auf seinen Daumen, der war ganz blutig. »So 'n Vieh fängt an an sich selber rumzuhauen und zu schneiden, weil er ein paar Pegel Branntwein intus hat! Wenn er sich prügeln wollte, waren hier doch Mannsleute genug!«

»Wir müssen ihm woll einen Lappen umbinden, er verblutet sich ja sonst, der Bursche«, sagte Lasse und holte zögernd sein rotes Taschentuch heraus. Es war sein Sonntagstaschentuch und er hatte es gerade frisch genommen. Der Kaufmann kam mit einer Flasche und goss Branntwein über den Finger – damit keine Kälte hinzukommen sollte. Der Verwundete schrie laut und schlug seine Wange gegen den Erdboden.

»Will nich einer von euch mitkommen?«, fragte Lasse. Aber niemand antwortete, sie wollten sich drücken, für den Fall, dass die

Sache vor die Obrigkeit käme. »Na ja, denn müssen wir beide es in Gottes Namen tun«, sagte er, zu Pelle gewendet. Seine Stimme zitterte. »Aber aufhelfen könnt ihr ihm doch woll – so wie ihr ihn da hingeschmissen habt!«

Sie richteten ihn auf. Sein Gesicht war zerschlagen und blutig. In ihrem Eifer, seinen Finger zu retten, hatten sie ihn so misshandelt, dass er kaum auf den Beinen stehen konnte.

»Das sind Lasse und Pelle«, sagte der Alte und versuchte ihm das Gesicht abzuwischen, »du kennst uns doch woll, Per Olsen? Wir wollen dich nach Hause bringen, wenn du gut sein und uns nichts tun willst – wir meinen es gut mit dir, wir beide.«

Per Olsen stand da, knirschte mit den Zähnen und zitterte am ganzen Leibe. »Ach, Jesus, ach!«, war das Einzige, was er sagte. Weißer Schaum stand ihm vor dem Mund.

Lasse gab dem Jungen das Ende des Stricks zu halten. »Er knirscht mit den Zähnen. Der Teufel is woll schon bei ihm am Werk«, flüsterte er. »Aber wenn er uns was tun will, ziehst du mit aller Macht am Strick. Und wenn es ganz schlimm kommt, müssen wir über die Gräben springen.«

Und dann machten sie sich auf den Heimweg. Lasse musste Per Olsen unter den Arm fassen, er schwankte und war jeden Augenblick im Begriff, zu fallen; beständig murmelte er etwas vor sich hin oder knirschte mit den Zähnen.

Pelle trottete hinterher und hielt den Strick; es durchschauerte ihn kalt – vor Furcht und geheimer Befriedigung. So hatte er doch einen gesehen, von dem er wusste, dass er auf ewig verdammt war! So wie Per Olsen sahen also die aus, die im Jenseits Teufel wurden. Aber schlecht war er nicht! Er war von allen Knechten auf dem Hof am freundlichsten zu Pelle, er hatte ihnen die Flasche gekauft – ja, er hatte das Geld aus seiner eigenen Tasche ausgelegt bis zum Löhnungstag am ersten Mai!

8

Herrje! Herrje! Wie das ging! Der Steinhofbauer ließ den grauen Hengst ausgreifen und sah so aufmerksam über die Felder hin, als ahne er nicht, dass ihm jemand auf den Fersen war – aber Frau Kongstrup genierte sich weiß Gott nicht. Sie peitschte aus allen Kräften auf die rote Stute los und ließ Gott und alle Welt sehen, was sie vorhatte!

Und bei hellem, lichtem Tage fuhren sie so auf der Landstraße dahin, anstatt ihren Zwist innerhalb ihrer vier Mauern auszutragen wie andere, ordentliche Leute! Das musste man sagen, feine Leute hatten kein Schamgefühl!

Und dann schrie sie und stellte sich aufrecht im Wagen hin und prügelte auf das Pferd los – mit dem Schaft, so arg sie nur konnte!

Warum konnte sie ihn denn nicht zu seiner Liebsten fahren lassen, wer das auch immer sein mochte, und ihm gehörig die Hölle heiß machen, wenn er nach Hause kam. Du großer Gott, dass sie es noch nicht satt hatte, nach zwanzig Jahren, immer und ewig dasselbe! – Die Frauenzimmer hatten wahrhaftig Ausdauer!

Und dass er das aushielt! Zu Hause in ewigem Unfrieden leben um so einer Schenkmadam oder eines anderen Frauenzimmers willen, das wohl im Grunde auch nicht viel anders war als seine eigene Frau! Es gehörte wahrhaftig ein langmütiger Sinn dazu, um auf diese Weise Don Juan zu spielen – aber bei Licht besehen war das wohl das, was man Liebe nannte!

Die Dreschmaschine stand still, die Leute auf dem Steinhof hingen aus allen Luken und amüsierten sich königlich. Das war ein Wettlauf! Ein Anblick für Götter war es, zu sehen, wie die rote Stute hinter dem Hengst her war, als habe der vergessen, die Rechnung zu bezahlen. Hu, ha! Das waren zwei Sonntage in einer Woche! Lasse war um die Ecke gekommen und verfolgte die wilde Fahrt mit der Hand über den Augen – so ein Weibsbild war ihm noch nie vorgekommen, dagegen war ja Bengta ein reines Lamm Gottes gewesen! Der Neuendorfer, der in der Tür stand, als die wilde Jagd vorübersauste, dachte in seinem stillen Sinn dasselbe und auf allen Feldern hielten sie mit der Arbeit inne, starrten und bekreuzigten sich. Die waren, weiß Gott, vom Trieb besessen, die beiden! Der Teufel ritt sie alle beide!

Schließlich musste er anstandshalber anhalten und umkehren. Sie kroch zu ihm in den Wagen hinüber und die Rote ging hübsch artig mit ihrem leeren Fuhrwerk hinterher. Sie hatte den Arm um seinen Rücken geschlungen und sah glücklich, siegesselig aus, genau wie der Landespolizeidiener, wenn er einen guten Fang gemacht hatte; aber er sah aus wie ein Verbrecher schlimmster Art. So kamen sie wieder auf den Hof gefahren.

Eines Tages kam Kalle, um sich zehn Kronen zu leihen und Lasse und Pelle für nächsten Sonntag zur Kindstaufe einzuladen. Das Geld bekam Lasse nach einigen Schwierigkeiten vom Verwalter auf dem Kontor, aber die Einladung mussten sie dankend ablehnen, so schwer es ihnen auch wurde; es war keine Rede davon, dass sie wieder freibekommen würden. An einem andern Tag war der Großknecht weg. Er war in der Nacht verschwunden und hatte seine große Kiste mitgenommen, folglich musste ihm jemand behilflich gewesen sein. Aber die andern Knechte in der Kammer schwuren hoch und heilig, dass sie nichts gemerkt hätten, und der Verwalter musste es aufgeben, der Sache auf den Grund zu gehen, so wütend er auch war.

So geschah hin und wieder das eine oder das andere, was das Blut für einen oder zwei Tage in Bewegung brachte; im Übrigen aber war es schwer, durch den Winter zu kommen. Die Finsternis hatte den größten Teil des Tages die Oberherrschaft und in den Winkeln wurde es eigentlich nie so recht hell. Auch die Kälte bedrückte einen, wenn man sich nicht gerade in dem gemütlichen Stall befand; da war es immer warm und Pelle fürchtete sich nicht sich dort in der tiefsten Dunkelheit zu bewegen. In der Gesindestube saßen sie die langen Abende und dösten, ohne sich irgendetwas vorzunehmen. Sie machten sich nicht viel aus den Mädchen, sondern saßen da und spielten Karten um Branntwein – oder sie erzählten so grausige Geschichten, dass man sich fast zu Tode fürchtete, wenn man über den Hof in den Stall hinübermusste, um zu Bett zu gehen.

Per Olsen war wegen seiner Ordentlichkeit zum Großknecht aufgerückt, nachdem der andere ausgerissen war. Lasse und Pelle freuten sich darüber, denn er stand auf ihrer Seite, wenn ihnen jemand einen Streich spielen wollte. Er war nach jeder Richtung hin ein ordentlicher Mensch geworden, rührte den Branntwein kaum mehr an und hielt seine Sachen gut in Ordnung. Ein wenig zu still war er selbst den alten Tagelöhnern und Frauen auf dem Hof, aber sie wussten, warum er so war, und hatten ihn gern – weil er auf der Seite der Schwachen stand und um des Schicksals willen, das über ihm schwebte. »Er geht herum und horcht«, sagen sie, und wenn er so gleichsam nach innen lauschte, nach dem Unbekannten, vermieden sie es so weit wie möglich, ihn zu stören.

»Ihr sollt sehen, er befreit sich, der Böse kriegt keine Macht über ihn«, meinten Lasse und die Häuslerfrauen, wenn sie beim Sonntagsmelken Per Olsens Aussichten erwogen. »Es gibt solche, an denen selbst der liebe Gott nichts auszusetzen finden kann.«

Pelle hörte zu und sah jeden Tag nach der Narbe von Per Olsens Daumen; wenn Gott sein Strafgericht von ihm nahm, musste die doch verschwinden!

Den größten Teil des Winters fuhr er die Dreschmaschine. Den ganzen Tag trabte er in dem Göpel draußen vor dem Hof herum, in zertretenem Schnee und Dünger bis über die Holzschuhe. Das war das Scheußlichste, was ihm das Dasein bisher zugemutet hatte; er konnte nicht einmal schnitzen – die Finger waren zu kalt – und fühlte sich so allein! Als Hütejunge war er sein eigener Herr, tausend Dinge riefen ihn, aber hier musste er rundherum gehen, hinter dem Baum her, beständig rundherum. Die einzige Beschäftigung war, die Male zu zählen, die er herumfuhr, aber das war noch stumpfsinniger als das endlose Herumwandern selber und man konnte nicht wieder damit aufhören! – Die Zeit bekam keinen Inhalt, der Tag wollte nie ein Ende nehmen, so kurz er auch war.

Sonst erwachte Pelle vergnügt, aber jetzt erwachte er jeden Morgen mit einem Gefühl des Überdrusses; das machte das ewige Traben hinter dem Baum her. Allmählich wurde es so, dass er halb schlief, wenn er eine Stunde gegangen war. Der Zustand trat ganz von selbst ein und er sehnte sich im Voraus danach. Es war eine Art Stumpfsinn, in dem er nichts wünschte und sich für nichts interessierte, sondern nur mechanisch hinter dem Baum herstolperte. Die Maschine brummte unaufhörlich und sorgte dafür, dass der Zustand anhielt; der Staub stob unaufhörlich aus der Luke; die Zeit glitt unmerklich dahin. In der Regel überraschte ihn jetzt das Mittagessen oder der Abend; zuweilen hatte er das Gefühl, es sei eben erst vorgespannt, wenn sie kamen, um ihm zu helfen die Pferde in den Stall zu bringen. Er hatte sich in jenen Zustand singenden Stumpfsinns hineingefunden, der die einzige Barmherzigkeit des Daseins gegen lebenslänglich Gefangene und Leute ist, die ihr Leben als Sklaven einer Maschine zubringen. Aber es kam etwas Schläfriges über ihn, auch wenn er frei war, er war nicht mehr so lebhaft und erpicht darauf, Bescheid über alles zu erhalten. Vater Lasse vermisste seine unzähligen Fragen und Einfälle.

Hin und wieder wurde er für einen Augenblick dadurch aus seinem Zustand gerissen, dass ein schwarzes, schweißbedecktes Gesicht in der Luke zum Vorschein kam und fluchte, weil er nicht gleichmäßig genug fuhr; dann wusste er, dass der lange Ole Per Olsen abgelöst hatte, dem es sonst oblag, in die Maschine hineinzustecken. Es geschah auch wohl, dass sich die Peitschenschnur um die Achse wickelte, sodass das Ganze zum Stillstand gebracht und rückwärts gezogen werden musste; und an dem Tag verfiel er dann nicht wieder in seinen Dämmerzustand.

Ende März kamen die Lerchen und brachten neues Leben; noch lag Schnee in den Niederungen, aber ihr Tirilieren erinnerte an den Sommer und an weidendes Vieh. Und eines Tages erwachte er auf seinem Rundgang dadurch, dass ein Star oben auf dem Dachrücken saß und schrie und wie verrückt die Federn sträubte. An dem Tag schien die Sonne hell und alle Schwere war aus der Luft verschwunden; aber das Meer lag noch blassgrau da.

Pelle fing wieder an Mensch zu werden – das machte der Frühling und dann der Umstand, dass man in ein paar Tagen mit dem Dreschen fertig sein würde. Hauptsächlich aber war es die Westentasche – die konnte einen Mann schon zum Leben erwecken. Er lief im Zuckeltrab hinter dem Baum her; es musste jetzt schnell gefahren werden, wenn man fertig werden wollte, alle anderen waren schon mitten in der Frühjahrsbestellung. Wenn er die Hand gegen die Brust drückte, konnte er deutlich das Papier fühlen, worin es stak. Denn es war doch wohl noch da? Es ging nicht an, auszupacken und nachzusehen, man musste sich durch Drücken vergewissern.

Pelle war Besitzer von fünfzig Öre geworden – von einem funkelnagelneuen Fünfzigörestück. Außer Zwei- und Einörestücken war dies das erste Geld, das er jemals besessen hatte, und er hatte es sich durch seine eigene Tüchtigkeit erworben.

Es war an einem Sonntag, die Knechte hatten Besuch vom Steinbruch, und da kam einer von ihnen auf den Einfall, dass sie Haselfett zum Schnaps haben wollten. Pelle sollte zum Kaufmann laufen und es holen. Er bekam eine halbe Krone und die Mahnung hintenherum zu gehen, da Sonntag sei. Pelle hatte sein Erlebnis von Weihnachten nicht vergessen und gab Acht auf ihre Gesichter; sie waren so geschäftig sie zu glätten und irgendetwas vorzunehmen; Gustav, der ihm das Geld gab, wandte sich dauernd ab und sah nach irgendetwas draußen auf dem Hof.

Die Frau des Kaufmanns lachte laut auf, als er sein Anliegen vorbrachte. »Nein, sieh mal einer an, bist du so ein Held!«, rief sie aus. »Wie war das doch noch gleich – hast du nicht auch den Selbstdreher geholt? Davon habt ihr wohl großen Nutzen gehabt?«

Pelle wurde dunkelrot. »Ich hab mir ja gleich gedacht, dass sie mich wieder zum Besten haben wollen, mochte aber nich Nein sagen«, antwortete er kleinlaut.

»Was is denn Haselfett?«, fragte Pelle.

»Herrjemine – das hast du gewiss manch liebes Mal geschmeckt, du Wurm! Das muss man oft hinnehmen, ohne den Namen davon zu kennen.«

Da ging ihm ein Licht auf. »Das is woll Prügel mit 'n Haselstecken?«

»Ja, dacht ich mir's doch, dass du es kennen müsstest!«

»Nee, ich habe bloß die Peitsche gekriegt – über die Beine.«

»Na ja, das lass dir man nich Leid tun – das eine is ebenso gut wie das andere. Aber nu sollst du einen Schluck Kaffee haben und inzwischen will ich dir die Waren einpacken.« Sie schob ihm eine Tasse Kaffee mit braunem Zucker hin und machte sich daran, grüne Seife in eine Papiertüte zu füllen. »Siehst du, das gibst du ihnen, das is das beste Haselfett. Das Geld kannst du selbst behalten.«

Pelle war es nicht ganz geheuer bei der Regelung.

»Ja, dann behalte ich das Geld so lange«, sagte sie, »uns beide sollen sie nich zum Narren haben. Und denn sieh du zu, wie du damit fertig wirst. Aber die Ohren musst du steif halten.«

Er hielt sie auch wirklich steif, aber sie brannten ihm tüchtig. Die Knechte fluchten über den Verlust der fünfzig Öre und nannten ihn den größten Idioten auf Gottes Erdboden; aber er hatte die Genugtuung, dass das nur geschah, weil er nicht dumm genug war. Und die fünfzig Öre gehörten ihm!

Hundertmal am Tage befühlte er das Geldstück, ohne dass es dadurch abgenutzt wurde, hier war endlich etwas, das seinen Glanz nicht durch den Besitz einbüßte. Er kaufte immerfort ein dafür – bald für Lasse, bald für sich selbst, die kostbarsten Dinge erwarb er, und wenn er hinreichend lange bei einem Kauf verweilt hatte und des Besitzes überdrüssig wurde, kaufte er etwas anderes. Das Geld behielt er darum doch. Manchmal ergriff ihn die wahnsinnige Furcht, dass das Geld weg sei; wenn er danach fühlte, war er doppelt froh.

Pelle war mit einem Schlag Kapitalist geworden – durch eigne Tüchtigkeit, und er wucherte gut mit seinem Kapital. Er hatte sich schon alles gekauft, was er für begehrenswert hielt – er hatte wenigstens alles an der Hand; und wenn etwas Neues innerhalb seiner Welt auftauchte, sicherte er sich das Vorkaufsrecht darauf. Lasse war der Einzige, der um seinen Reichtum wusste, und er musste sich widerstrebend in die wildesten Spekulationen hineinziehen lassen.

Er hörte an dem Klang, dass die Maschine in Unordnung geraten war; die Pferde hörten es auch, sie blieben stehen, ehe noch Halt! gerufen wurde. Dann ging es Schlag auf Schlag: Halt! Vorwärts! Halt! Stopp! Komm! Prr! Und Pelle zog den Baum rückwärts, fuhr weiter und hielt an, bis das Ganze wieder schnurrte. Dann wusste er, dass der lange Ole in die Maschine hineinstopfte, während Per Olsen Futter abmaß – Ole war ein Tölpel, so schlecht wie der stopfte!

Er war wieder gut in Gang gekommen und ging nun ruhig weiter, ohne die Ecke dort am Kuhstall aus den Augen zu lassen. Wenn Lasse da zum Vorschein kam und sich auf den Bauch klopfte, so bedeutete das, dass es bald Mittagszeit war.

Irgendetwas hinderte den Baum, die Pferde mussten alle Kraft anspannen, da sprang er mit einem Ruck über das unsichtbare Hindernis hinweg. Aus der Dreschscheune ertönte ein Schrei und ein vielstimmiges Halt! Die Pferde standen plötzlich still und Pelle musste den Baum packen, damit er ihnen nicht auf die Beine fiel. Es dauerte eine Weile, bis man herauskam und die Pferde holte, sodass Pelle in die Scheune eintreten und sehen konnte, was los war.

Da drinnen wand sich der lange Ole über seiner einen Hand; die Bluse war darumgewickelt, aber das Blut tropfte durch den Stoff auf den Boden der Scheune. Er beugte sich weit vor und humpelte herum, warf den Körper zur Seite und redete unverständliches Zeug. Die Mägde standen bleich da und starrten ihn an. Die Knechten zankten sich, welches Hausmittel das beste zum Blutstillen sei – einer von ihnen kam mit einer Hand voll Spinnengewebe vom Heuboden heruntergerutscht.

Pelle sah in die Maschine hinein, um sich Klarheit darüber zu verschaffen, wo das Hindernis steckte. Zwischen zwei Treibrädern saß so etwas wie ein Nagel; als er an der Walze rührte, fiel der größte Teil eines Fingers auf den Scheunenboden. Er nahm ihn mit ein wenig Spreu auf und trug ihn zu den anderen hin – es war ein Daumen. Als der lange Ole den Finger sah, wurde er ohnmächtig; man konnte nichts dazu sagen, er war ja nun zeitlebens ein Krüppel. – Aber Per Olsen musste zugeben, dass er zur guten Stunde von der Maschine weggekommen war.

An dem Tage wurde nicht mehr gedroschen. Des Nachmittags ging Pelle im Stall herum und spielte, er hatte gar nichts zu tun. Während des Spielens entwarf er mit dem Vater Zukunftspläne, sie waren ganz davon in Anspruch genommen.

»Und dann ziehen wir nach Amerika – und werden Goldgräber!«

»Hm – ja, das wäre nich das Schlechteste. Aber da gehören viele halbe Kronen zu, um die Reise zu machen.«

»Dann können wir ja auch Steinhauer werden.«

Lasse blieb mitten im Futtergang stehen und überlegte mit gesenktem Kopf. Er war herzlich unzufrieden mit der Stellung, sie arbeiteten sich zu zweien für hundert Kronen ab und damit konnten sie nicht einmal auskommen; von Freiheit war auch nie die Rede, man war ganz einfach ein Sklave. – Aus eigener Kraft brachte er es nie weiter, als unzufrieden und enttäuscht über alles zu sein, er war zu alt. Schon allein das Suchen nach etwas Neuem war eine nicht zu bewältigende Arbeit und alles sah so hoffnungslos aus. Aber Pelle war rastlos, jedes Mal, wenn er mit irgendetwas unzufrieden war, entwarf er dutzende Pläne, wilde und einigermaßen vernünftige bunt durcheinander. Und er riss den Alten mit.

»Wir könnten ja auch in die Stadt gehen und arbeiten«, sagte Lasse grübelnd, »da verdienen sie eine blanke Krone nach der andern. Aber was sollen wir denn mit dir anfangen? – Du bist zu klein, um mit Werkzeug zu hantieren.«

Diese harte Tatsache setzte Pelles Plänen für einen Augenblick ein Ende; aber dann wuchs sein Mut wieder. »Ich kann gut mit in die Stadt kommen«, sagte er, »denn ich will schon . . . « Er nickte geheimnisvoll.

»Na, was willst du denn?«, fragte Lasse gespannt.

»Ja, vielleicht geh ich unten im Hafen spazieren und hab nichts zu tun und da fällt ein kleines Mädchen ins Wasser und ich rette es. Aber das kleine Mädchen is die Tochter von einem feinen Mann und da . . . « Pelle überließ den Rest Lasses Phantasie.

»Dann müsstest du aber erst schwimmen lernen«, sagte Lasse ernst, »denn sonst würdest du ertrinken.«

Aus der Knechtkammer ertönte Geschrei, das war der lange Ole. Der Arzt war gekommen und war mit seiner verstümmelten Hand beschäftigt. »Ach, lauf mal rüber und sieh, was daraus wird!«, sagte Lasse. »In solchem Augenblick beachtet dich niemand, wenn du dich klein machst.«

Nach einer Weile kehrte Pelle zurück und berichtete: »Die drei Finger waren ganz zerquetscht und hingen wie Lappen herunter, nun hat der Doktor alles weggeschnitten.«

»Waren es diese drei?«, fragte Lasse gespannt und zeigte den Daumen, den Zeigefinger und den Mittelfinger. Wenn er der

Wahrheit die Ehre geben wollte, so hatte Pelle nichts gesehen, aber seine Phantasie ging sofort mit ihm durch.

»Ja, es waren die Schwurfinger!«, sagte er und nickte bestimmt.

»Dann is Per Olsen erlöst«, sagte Lasse und seufzte tief auf. »Wie schön is das – eine Gnade Gottes!«

Derselben Ansicht war Pelle.

Der Steinhofbauer fuhr den Doktor selbst in die Stadt und nach einer Weile schickte Frau Kongstrup nach Pelle. Er sollte etwas für sie vom Kaufmann holen.

9

Pelle machte sich nichts daraus; wurde er an einem Punkt niedergeschlagen, erhob er sich gleich an zwei anderen – er war unüberwindlich. Und er besaß die Fähigkeit des Kindes, zu verzeihen; sonst hätte er alle Erwachsenen mit Ausnahme von Vater Lasse hassen müssen. Aber enttäuscht war er!

Es war schwer, zu sagen, wer sich mehr versprochen hatte: der Junge, die Kinderphantasie sich aus allen Erzählungen das Unglaublichste aufgebaut hatte, oder der Alte, der selbst schon einmal hier gewesen war.

Aber Pelle vermochte selber dem Dasein einen reichen Inhalt zu verleihen und war nach allen Seiten hin so sehr in Anspruch genommen, dass er nur eben Zeit hatte, die Enttäuschung im Vorübergehen festzustellen. Seine Welt war übersinnlich wie die des Fakirs; ein kleines Samenkorn konnte im Laufe von Minuten aufsprießen und zu einem mächtigen Baum werden, der alles andere überschattete. Die Ursache entsprach niemals der Wirkung und hier galt ein anderes Schweregesetz – die Ereignisse trugen ihn stets empor.

Die Wirklichkeit konnte ihn so hart bedrängen, wie sie wollte, immer kam er aus der Klemme heraus, an irgendeinem Punkt bereichert. Und die Gefahr konnte niemals drohend groß werden, solange Vater Lasse beruhigend und mächtig hinter allem aufragte.

Aber – Lasse hatte mehr als einmal im entscheidenden Augenblick versagt und jedes Mal, wenn Pelle ihm drohte, wurde er nur ausgelacht. Die Allmacht des Alten konnte bei seiner zunehmenden Hinfälligkeit nicht bestehen, Tag für Tag bröckelte ein wenig davon ab. Pelle musste, so ungern er es tat, den rettenden Ausweg bei sich selber suchen. Das war reichlich früh, aber er passte sich den Verhältnissen auf seine Weise an. Misstrauen hatte er sich schon zugelegt – und Scheu ebenfalls. Er machte täglich unbeholfene Versuche, dahinter zu kommen, was die Worte der Leute und die Dinge bedeuteten. Es steckte hinter allem etwas! Oft geriet er in Verwirrung, zuweilen aber war das Ergebnis auffallend gut.

Es gab Prügel, vor denen man weglaufen konnte, weil der Zorn währenddessen verrauchte, und andere Prügel, bei denen es darauf ankam, so viel wie möglich zu weinen. Die meisten schlugen nur, bis Tränen kamen, aber der Verwalter konnte das Flennen nicht ausstehen, da galt es denn, die Zähne zusammenzubeißen und sich hart zu machen. Die Leute redeten beständig davon, dass man die Wahrheit sagen sollte, aber um die meisten Prügel konnte man sich durch eine Notlüge herumdrücken – wenn sie nur gut ausgedacht war und man sein Gesicht gehörig in der Gewalt hatte. Sagte man die Wahrheit, so saß die Hand immer sehr lose.

Die Prügel hatten noch einen anderen Aspekt. Rud konnte er hauen, wann er wollte, aber größeren Knaben gegenüber hatte man am besten das Recht auf seiner Seite, ebenso, wenn der Vater angegriffen wurde! Dann half der liebe Gott. Hier war ein Punkt, wo der Junge geradezu die Allmacht beiseite schob und sich als Beschützer des Alten fühlte.

Lasse und Pelle zogen Hand in Hand durchs Leben und doch ging jeder seiner Wege – Lasse fühlte das selber. »Wir fassen jeder an seinem Ende an!«, pflegte er missmutig zu sagen, wenn der Unterschied zu deutlich ins Auge sprang. »Er ist im Aufstieg begriffen, der Junge!«

Das sah man am besten an den anderen. Auf die Dauer musste man den Jungen gern haben, es konnte nicht anders sein. Die Knechte kamen hin und wieder auf den Gedanken, ihm irgendetwas zu schenken, und die Mägde waren herzensgut zu ihm. Pelle war die allerlichteste, werdende Jugend – sie konnten ihn auf einmal, wenn er so ging, auf den Schoß nehmen und abküssen. Die personifizierte kindliche Unschuld konnten sie in den Arm nehmen und es jeden sehen lassen.

»Ja, er is bei den Frauen beliebt!«, sagte Lasse dann. »Das hat er von seinem Vater!« Dann lachten sie.

Immer wurde gelacht, wenn Lasse an dem Treiben der anderen teilnehmen wollte. Früher – ja, da war er gut genug gewesen. »Wo is Lasse?«, hieß es damals stets, wenn Branntwein spendiert wurde oder wenn es sich um einen Scherz oder eine Demonstration handelte. »Ruft doch Lasse Karlsson!« Er brauchte sich nicht aufzudrängen, er gehörte von selber mit dazu. Die Mädchen hatten zu allen Zeiten ein Auge auf ihn, obgleich er ein verheirateter Mann war, und er trieb Kurzweil mit ihnen. In allen Ehren natürlich, denn mit Bengta war nicht gut Kirschen essen, wenn ihr etwas zu Ohren kam.

Aber jetzt! Jaja – jaja! – Er durfte Branntwein für die anderen holen und ihre Arbeit verrichten, wenn sie freihatten, ohne dass sie ihrerseits etwas für ihn getan hätten. »Lasse – wo is Lasse? Kannst du heut Abend für mich füttern? Kannst du morgen Abend für mich Häcksel schneiden?«

Es war ein Unterschied zwischen damals und jetzt und Lasse hatte selbst die Erklärung dafür gefunden – er war im Begriff, alt zu werden. Die Entdeckung gab ihm den Rest. Sie machte ihn noch hinfälliger, nahm seinem Sinn die Spannung und seinem Körper die letzte Widerstandskraft. Am härtesten traf es ihn, als er entdeckte, dass er nichts mehr bei den Mädchen galt, gar nicht mehr in Betracht kam bei ihren Gedanken an Mannsleute.

In Lasses Welt wog kein Wort so schwer wie das Wort Mann – schließlich entscheiden die Mädchen, ob man es war oder nicht. Lasse war es nicht – er war nicht gefährlich! Er war nichts als das elende Überbleibsel eines Mannes, ein komischer Rest von etwas Vergangenem – sie lachten laut über ihn, wenn er schöntun wollte.

Das Gelächter zermalmte ihn und er zog sich zurück und richtete sich niedergeschlagen in seiner Welt des alten Mannes ein. Das Einzige, was ihn am Leben erhielt, war die Sorge um den Jungen und er klammerte sich verzweifelter an seine Stellung als an sein Schicksal. Wenig nur konnte er für ihn tun, umso öfter warf er mit großen Worten um sich; und wenn dem Jungen etwas geschah, so stieß er noch wildere Drohungen gegen die Welt aus als sonst. Er fühlte auch, dass der Junge im Begriff war, sich selbstständig zu machen, und kämpfte einen verzweifelten Kampf, um den letzten Scheinrest seiner Machtstellung zu bewahren.

Aber Pelle war nicht in der Lage, ihm in diesem Punkt zu helfen – dazu besaß er wohl auch nicht genug Verstand. Er wuchs tüchtig und hatte Verwendung für alles. Jetzt, wo der Vater nicht mehr hinter ihm stand, glich er einer kleinen Pflanze, die ins freie Land hinausgepflanzt wurde und die einen harten Kampf kämpfte, um die Natur ihrer Umgebung zu erkennen und sich ihr anzupassen. Mit jeder Wurzelfaser, die Fühlung mit dem Erdboden bekam, sank eines der zarten Blätter zur Erde und zwei kräftige sprossen dafür auf. Ein Gefühl nach dem andern, die Wehrlosigkeit des Kindes sanken dahin und machten härteren Gefühlen Platz – denen des Ichs.

Der Junge war im Begriff, sich selber aufzubauen – nach unsichtbaren Gesetzen. Er betrachtete kritisch das Verhalten seiner Mitmenschen; er ahmte sie nicht nach. Die Leute auf dem Hof waren zum Beispiel nicht gut zu Tieren. Die Knechte peitschten oft auf die Pferde los, nur um ihrer schlechten Laune Luft zu machen, und die Mägde machten es ebenso mit dem Kleinvieh und den Milchkühen. Pelle lernte das Mitleid. Er konnte keine Tierquälerei leiden und prügelte Rud zum ersten Mal, als dieser eines Tages ein Vogelnest ausgenommen hatte.

Pelle war wie ein junges Kätzchen, das alles vor sich hin rollt. In sein Spiel nahm er, ohne es zu ahnen, viele von den ernsthaften Geschehnissen des Lebens auf und tummelte sich damit in ausgelassenen Sprüngen. Er übte seinen Geist, wie er seinen Körper übte; drängte sich in alles hinein und wieder heraus; ahmte Arbeiten und Scherze und das Sich-um-die-Arbeit-Drücken nach; lernte sich zu einem gewaltigen Kerl aufzublasen, wenn die Umgebung es erlaubte, und sich fast unsichtbar vor Bescheidenheit zu machen, wenn sie ihn zu hart anfasste. Er bildete sich zu dem kleinen Tausendkünstler, dem Menschen, aus.

Und es wurde immer schwerer, ihn unvorbereitet zu treffen. Wenn er sich mit etwas abgeben sollte, war ihm der Begriff in der Regel bereits geläufig; er war so schwer zu überrumpeln wie eine Katze.

Es war wieder Sommer. Die Wärme stand still und spielte über der Erde, glitzernd, mit träger Wollust und weichen Gebärden wie die Fische im Bach. Tief drinnen im Land schimmerte der Saum der Felsen in einem unruhigen Flimmer von Weißblau; darunter erstreckten sich die Felder unter der sengenden Sonne, es trieb über sie dahin wie Pulverrauch, wenn der Roggen blühte. In den Kleefeldern standen die Kühe vom Steinhof in langen Reihen, sie ließen die Köpfe schwer hängen und hielten die Mäuler in regelmäßig schwingender Bewegung. Lasse ging zwischen den Reihen hin und her und suchte nach der Tüderkeule, ab und zu sah er bekümmert nach der Wiese und den Dünen hinüber; dann begann er das Jungvieh und die Ochsen zu zählen. Die meisten lagen am Boden, einige standen, die Köpfe einander zugewandt, und kauten mit geschlossenen Augen. Die Jungen waren nicht zu sehen.

Lasse stand da und überlegte, ob er Pelle nicht einen warnenden Ruf zukommen lassen sollte; es gab einen Höllenkrach, wenn der Verwalter jetzt kam. Aber da ertönten Stimmen zwischen den jungen Tannen in den Dünen, ein nackter Junge kam zum Vorschein und noch einer. Ihre Leiber hoben sich golden vom Himmel ab, als sie über das Riedgras dahinliefen, jeder hielt seine Mütze fest mit der Hand zu.

Sie ließen sich am Bachabhang nieder, die Füße im Wasser, und öffneten vorsichtig die Mützen, um ihren Fang herauszulassen – es waren Libellen. Sobald die Insekten durch die enge Öffnung gekrochen kamen, rissen die Jungen ihnen die Köpfe ab und legten sie in einer Reihe ins Gras. Neun hatten sie gefangen und neunmal fünfunddreißig – ja, das waren über drei Kronen. Die hohe Summe machte Pelle skeptisch.

»Wenn das man nich bloß Lügen sind!«, sagte er und leckte sich an der Schulter, wo er einen Mückenstich hatte. Es hieß, man bekäme für jede Libelle fünfunddreißig Öre in der Apotheke.

»Lügen?«, brauste Rud auf. »Ja, es mag woll sein«, fügte er zahm hinzu, »es werden woll Lügen sein, denn so was is immer Lüge. Dann kannst du mir deine auch geben, du!«

Aber das wollte Pelle nicht.

»Dann gib mir fünfzig Öre, dann will ich in die Stadt gehen und sie für dich verkaufen. Man kriegt wirklich fünfunddreißig Öre, das hat mir Karl erzählt und seine Mutter macht in 'ner Apotheke reine.«

Pelle stand auf, nicht um fünfzig Öre zu holen – denn die wollte er um alles in der Welt nicht weggeben –, sondern um sich zu vergewissern, dass sie noch in seiner Westentasche waren.

Als er sich entfernt hatte, hob Rud schnell eine Grassode am Abhang in die Höhe, schob etwas darunter und lief ins Wasser hinaus. Und als Pelle mit schwerem, Unheil verkündendem Gang zurückkam, kroch er auf das andere Ufer hinauf und lief in großen Sätzen davon.

Auch Pelle lief – in kurzen, hastigen Sprüngen. Er wusste, dass er der Schnellere war, und das machte ihn übermütig. Er klatschte während des Laufens auf seinen nackten Körper, als sei der gelenklos, wiegte sich wie ein Ballon, bäumte sich und stampfte auf den Boden – und stürzte weiter. Dann umfingen die kleinen Tannen sie wieder beide, die Bewegungen der Wipfel zeigten an, wo sie rannten, ferner und ferner, bis alles still wurde.

Auf den Wiesen kaute das Vieh mit geschlossenen Augen und wachsamen Ohren. Die Wärme stand über der Erde und spielte, flimmernd, nach Luft schnappend – wie ein Fisch im Wasser. Es summte schwer und betäubend; der Laut kam überall- und nirgendwoher.

Oberhalb der Felder lief ein großes, dickes Frauenzimmer. Sie war im Unterrock, Hemd und Kopftuch, sie legte die Hand über die Augen und spähte. Sie ging schräg über die Wiese hinab, fand Pelles Esskorb, nahm den Inhalt heraus und steckte ihn unter das Hemd, auf ihre nackte, schweißige Brust. Dann schlug sie die Richtung nach dem Meer ein.

Es knackte im Tannenwäldchen und heraus kam Rud, auf dessen Rücken Pelle hing. Ruds zu großer Kopf baumelte vornüber, seine Beine schlotterten, seine Stirn, die bei den Augen einfiel und oben an der Haarlinie stark hervorsprang, war voll blauer Flecken und alter Narben – sie wurden jetzt infolge der Anstrengung sehr deutlich sichtbar. Die beiden Jungen hatten den ganzen Körper voll roter Stellen von dem Gift der Tannennadeln. Pelle ließ sich auf die Wiese niederfallen und blieb auf dem Bauch liegen; Rud ging langsam hin, holte das Fünfzigörestück und reichte es zögernd dem

Besitzer. Er duckte sich überwunden, aber in seinem Blick lauerte der Gedanke an einen neuen Streich.

Pelle betrachtete die Münze zärtlich. Jetzt hatte er sie seit April, seit damals, als er das Haselfett kaufen sollte, alles Begehrenswerte hatte er sich dafür gekauft und zweimal hatte er sie verloren – er liebte das Geldstück. Es war wie ein Kribbeln in den Fingern – im ganzen Körper, immer forderte es ihn auf, es auszugeben, kam bald mit diesem, bald mit jenem Vorschlag. Rollen, rollen! Danach sehnte es sich offenbar; und das kam daher, weil es rund war, sagte Vater Lasse. Aber reich werden, das hieß: das Geld im Rollen aufhalten! Er, Pelle, würde schon reich werden! Und dann kribbelte es beständig in ihm, das Geldstück auszugeben, es so auszugeben, dass er alles dafür bekam – oder etwas, was er sein ganzes Leben lang haben würde.

Sie saßen an dem Abhang am Bach und zankten sich; Rud hatte es darauf abgesehen, zu imponieren; er saß da und prahlte. Er bog die Finger hintenüber und bewegte die Ohren, er konnte sie lauschend vornüber legen wie ein Pferd. Das alles ärgerte Pelle mächtig.

Plötzlich hielt Rud inne. »Krieg ich nun eigentlich die fünfzig Öre? Dann sollst du auch zehn Kronen haben, wenn ich erst groß bin.«

Rud sammelte Geld – er war bereits geizig und besaß eine ganze Schachtel voll Münzen, die er der Mutter weggenommen hatte.

Pelle besann sich eine Weile. »Na, du wirst ja doch nie groß – du bist ja ein Zwerg!« Der pure Neid klang aus seiner Stimme.

»Das sagt die Sau auch! Dann lass ich mich eben auf den Jahrmärkten und am Johannisabend im Wald für Geld sehn. Denn werd ich fürchterlich reich!«

Es tat Pelle weh. Sollte er ihm die fünfzig Öre geben für nichts? Das hatte noch nie einer getan, soviel er wusste. Aber später einmal, wenn Rud schrecklich reich wurde, kriegte er die Hälfte ab. »Willst du es haben?«, fragte er, bereute es aber gleich wieder.

Rud streckte begehrlich die Hand aus, aber Pelle spuckte hinein.

»Es hat woll Zeit, bis wir gegessen haben«, meinte er und ging zu dem Esskorb hinüber. Eine Weile standen sie beide da und starrten in den leeren Korb.

»Die Sau is hier gewesen!«, sagte Rud und streckte die Zunge aus. Pelle nickte. »Sie is der leibhaftige Satan.«

»Ein Diebesweib«, sagte Rud.

Sie sahen zu der Sonne hinauf, um die Zeit zu bestimmen. Rud behauptete, wenn man sie sehen könne, indem man sich vornüberbeugte und zwischen den Beinen hindurchspähte, dann sei die Uhr fünf. Pelle fing an sich wieder anzuziehen.

Rud umkreiste ihn. »Du«, sagte er plötzlich, »wenn ich es kriegen kann, denn darfst du mich mit Nesseln peitschen.«

»Auf 'n bloßen Leib?«, fragte Pelle.

Rud nickte.

Mit einem Sprung war Pelle wieder aus der Hose heraus und bei den Brennesseln. Er riss sie mit Hilfe eines Klettenblattes aus, so viele, wie er umklammern konnte, und kehrte zurück. Rud legte sich auf dem Bauch, über einen kleinen Hügel, und das Peitschen begann.

Die Verabredung lautete auf hundert Hiebe, aber als Rud zehn bekommen hatte, sprang er auf und wollte nicht mehr.

»Denn kriegst du auch das Geld nich«, sagte Pelle. »Willst du oder willst du nich?« Er war rot infolge der Spannung und Anstrengung. Der Schweiß stand schon in Perlen auf seinem schlanken Rücken – er hatte kräftig zugehauen. »Willst du oder willst du nich? Denn meinetwegen fünfundsiebzig Hiebe!« Pelles Stimme zitterte vor Eifer, er musste die Nasenlöcher blähen, um Luft genug zu bekommen, seine Glieder fingen an zu beben.

»Nee, sechzig – du schlägst so toll! Und denn will ich das Geld vorher haben, sonst betrügst du mich.«

»Ich betrüge nich«, sagte Pelle finster.

Aber Rud beharrte auf seinem Verlangen.

Pelle wand sich. Er war wie ein Wiesel, das Blut geleckt hat. Mit einem Ruck schleuderte er Rud die Münze hin und stieß ihn knurrend um. In ihm weinte es, weil er auf die vierzig Schläge verzichtet hatte, aber er gelobte sich, umso kräftiger zuzuschlagen.

Dann schlug er, langsam und mit ganzer Kraft, während Rud den Kopf ins Gras bohrte und das Geldstück fest umklammerte, um Kraft zu sammeln. Es lag Hass in jedem Schlag und die Hiebe gingen wie Stöße durch den Leib des Kameraden, aber der jammerte nicht. Nein, sein Jammern war nicht das richtige; die Münze, die er in der Hand hielt, nahm wohl die Schmerzen weg. Aber um Pelles Körper flammte die Luft wie Feuer, die Arme fingen an vor Müdigkeit zu versagen, mit jedem Schlag sank seine Lust – es war nur eine Arbeit, nichts als saure Arbeit. Und das Geldstück – die schönen fünfzig Öre – entglitten ihm mehr und mehr, fortan würde er wieder arm sein – und Rud weinte nicht einmal. Beim sechsundvierzigsten Schlag drehte er das Gesicht herum und steckte die Zunge heraus. Da fing Pelle auf einmal an laut zu brüllen. Er warf die faserigen Nesselstängel weg und lief auf die Tannen zu.

Da saß er den Rest des Tages unter einer Düne und trauerte über seinen Verlust, während Rud am Fuß des Abhangs am Bach lag und seinen blasigen Körper mit nassem Lehm kühlte.

10

Per Olsen war doch nicht der, für den sie ihn gehalten hatten. Jetzt, da er auf diese Weise erlöst war, wäre es wohl in der Ordnung gewesen, wenn er dem armen Kerl, dem langen Ole, ein hilfreiche Hand gereicht hätte – da der doch um seinetwillen ins Elend gekommen war. Aber das fiel ihm gar nicht ein! Nein, er fing an zu bummeln. Flatternde Weiberröcke und Schnapsflaschen umgaben ihn den ganzen Sommer und jetzt, zum Ziehtag, ging er weg und nahm Arbeit im Steinbruch an, um mehr sein eigener

Herr zu sein. Für ihn war nicht Freiheit genug auf dem Steinhof. Das Gute in ihm, dem er noch nicht den Garaus gemacht hatte, würde da oben schon Füße zum Davonlaufen bekommen.

Der lange Ole konnte ja nicht auf dem Steinhof bleiben, Krüppel, der er war. Der Bauer war großmütig, er bekam seinen halben Lohn ausbezahlt; das war mehr, als er beanspruchen konnte, und immerhin so viel, dass er nach Hause reisen und irgendetwas anfangen konnte. Manche Arbeit ließ sich zur Not mit einer Hand verrichten und jetzt, wo er Geld hatte, konnte er sich eine eiserne Klaue anschaffen; die wurde dann um das Handgelenk geschnallt und man konnte sehr wohl ein Gerät damit halten.

Aber Ole war willenlos geworden; es wurde ihm schwer, einen Entschluss zu fassen. Er trieb sich nach wie vor auf dem Hof herum, obwohl der Verwalter ihn herumstieß, um ihn wegzubekommen. Schließlich mussten sie seine Sachen hinter der Westgrenze des Hofes abstellen und da standen sie fast den ganzen Sommer. Er selbst lag in den Hocken und erbettelte sich Essen von den Leuten auf dem Feld. So konnte es nicht weitergehen, wenn sich erst die Kälte einstellte.

Aber dann waren eines Tages im Herbst die Sachen weg; Johanne Pihl – im täglichen Leben die Sau genannt – hatte ihn zu sich genommen. Sie spürte wohl trotz ihres Fettes auch die Kälte und zwei halten die Wärme besser als einer, wie es heißt. Aber aus welchem Grunde sie es auch tat – der lange Ole konnte seinem Schöpfer dafür danken. Es hing immer Speck in ihrem Schornstein.

Lasse und Pelle sahen dem Ziehtag mit Spannung entgegen. Was für Leute würde er diesmal bringen? Davon hing ja so viel ab! Außer dem Großknecht sollten sie einen neuen zweiten und dritten Knecht und ein paar neue Mägde bekommen – auf dem Steinhof wechselte, was wechseln konnte, Karna, das Wurm, war ja gezwungen zu bleiben, sie hatte in ihren vorgeschrittenen Jahren auf die Jugend gesetzt und wollte durchaus da sein, wo Gustav war! Gustav blieb, weil Bodil blieb – ganz unmenschlich liebte er das Mädchen, obwohl sie es nicht wert war. Und Bodil selbst wusste wohl, was sie tat! Es konnte nie im Leben mit natürlichen Dingen zugehen, wenn man sich wie sie in teure, fertig gekaufte Kleider kleidete.

Lasse und Pelle blieben ganz einfach, weil sie auf der ganzen Welt keinen anderen Ort hatten, wohin sie ihre Zuflucht nehmen konnten. Das ganze Jahr hindurch machten sie Pläne, wie sie eine Veränderung herbeiführen könnten. Aber wenn die Kündigungsfrist heranrückte, wurde Lasse still und ließ sie vorübergehen.

In der letzten Zeit hatte er häufig davon geträumt, sich wieder zu verheiraten. Für einen Mann seines Alters war das Alleinsein nicht gut; man wurde vor der Zeit alt und verbraucht, wenn man keine Frau und keinen Hausstand hatte, über die man Herr war. In der Heide, in der Natur von Bruder Kalle, lag ein Haus, das er ohne Anzahlung bekommen konnte. Er erwog das alles oft mit Pelle und der Junge war Feuer und Flamme für alles Neue.

Es musste eine Frau sein, die alles ausbessern und es innerhalb der vier Wände ein bisschen gemütlich machen konnte und ein Arbeitsmensch musste sie vor allen Dingen sein. Wenn sie ein klein wenig Geld hatte, so konnte das ja auch nicht schaden, aber darauf sollte es nicht ankommen, wenn nur die Gesinnung gut war. Karna hätte in jeder Beziehung gepasst. Lasse wie auch Pelle hatten immer viel für sie übrig gehabt seit damals, als sie Pelle aus den Klauen des Eleven rettete; aber es war ja nichts mit ihr anzufangen, solange sie den Koller hatte. Die Zeit würde es lehren; vielleicht kam sie wieder zur Vernunft – oder es bot sich etwas anderes.

»Dann gibt es sonntags Kaffee im Bett!«, sagte Pelle entzückt.

»Ja, und vielleicht schaffen wir uns ein kleines Pferd an und laden ab und zu Kalle und seine Familie zu 'ner kleinen Ausfahrt ein«, fügte Lasse feierlich hinzu.

Jetzt war endlich Ernst daraus geworden. Am Abend waren Lasse und Pelle beim Kaufmann gewesen und hatten Tafel und Griffel gekauft und nun stand Pelle mit pochendem Herzen in der Stalltür, die Tafel unterm Arm. Es war ein reifkalter Oktobermorgen, aber der Junge hatte einen ganz heißen Kopf nach dem Waschen; er hatte seine gute Jacke an und war mit Wasser gekämmt.

Lasse trippelte herum, bürstete hier und da mit seinem Ärmel und war noch verlegener als der Junge. Pelle war in kümmerlichen Verhältnissen geboren, war über die Taufe gehalten worden und musste von klein auf sein Brot verdienen – alles genau wie bei ihm selber. Insofern war kein Unterschied zu entdecken, Pelle hätte ebenso gut Lasse noch einmal sein können, von den Klappohren und dem Wirbel über der Stirn bis zu der Art und Weise, wie er die Knöchel gegeneinander scheuerte und seine Hose unten verschliss. Aber dies hier war etwas strahlend Neues. Niemals hatte Lasse oder einer der Seinen eine Schule besucht – das war etwas Neues in der Familie, eine Gnade des Himmels, die ihm selbst und dem Jungen widerfuhr. Er empfand es wie eine Verschiebung nach oben, das Unmögliche wurde möglich – was konnte nicht alles aus einem Menschen werden, der Büchergelehrsamkeit besaß! Man konnte Handwerksmeister, Schreiber, ja vielleicht sogar Lehrer werden.

»Pass nu aber auch gut auf die Tafel auf, damit sie nich entzweigeht!«, ermahnten ihn Lasse. »Und sieh zu, dass du den großen Jungs aus dem Weg gehst, bis du mit ihnen fertig werden kannst. Aber wenn einer dich durchaus nich in Frieden lassen will, dann sieh du zu, dass du zuerst losschlägst! Das nimmt den meisten die Lust, noch dazu, wenn du tüchtig zuhaust; wer zuerst schlägt, schlägt zweimal, sagt ein altes Sprichwort. Und dann musst du gut zuhören und dir alles, was der Lehrer sagt, gut hinters Ohr schreiben; und wenn dich jemand zu dummen Streichen verleiten will, dann lass dich nich darauf ein. Und vergiss auch nich, dass du ein Taschentuch hast, und brauch nich die Finger, denn das is nich fein. Aber wenn es keiner sieht, kannst du das Tuch gut sparen, versteht sich – umso länger hält es vor. Und nimm auch deine gute Jacke in Acht. Sollte dich die Madam von dem Lehrer zum Kaffee einladen, denn musst du nich mehr als ein Stück Kuchen nehmen, dass du das man weißt.« Lasses Hände zitterten, während er sprach.

»Das tut sie gewiss nich«, sagte Pelle überlegen.

»Ja, ja, denn geh man, dass du nich zu spät kommst – noch dazu den ersten Tag. Und sollte dir irgendein Werkzeug fehlen, dann sag es gleich, dass wir es anschaffen – so arm sind wir auch nich, dass wir uns lumpen lassen müssen.« Lasse schlug auf die Tasche; aber der Schlag hatte keinen rechten Klang. Pelle wusste recht gut, dass sie kein Geld hatten – sie hatten Tafel und Griffel auf Kredit gekauft.

Lasse stand da und sah dem Jungen nach, solange er ihn sehen konnte – dann ging er an seine Arbeit, die darin bestand, Rapskuchen zu zerstampfen. Er schüttete sie in ein Gefäß zum Weichen und goss Wasser darauf, während er leise vor sich hin sprach.

Es klopfte an die äußere Stalltür und Lasse ging hin, um zu öffnen – es war Bruder Kalle.

»Guten Tag, Bruder!«, sagte er mit seinem vergnügten Lächeln. »Guck hier, kommt der Makkedor aus Stenlöse.« Er wackelte auf seinen O-Beinen herum und sie begrüßten sich herzlich. Lasse war entzückt über den Besuch.

»Und ich danke für das letzte Mal!«, sagte er und fasste den Bruder ums Handgelenk.

»Das is eigentlich schon recht lange her. Aber nu kommt ihr woll bald mal einen Abend vorbei? Großmutter hat ein Auge auf euch beide geworfen.« Kalle stand da und blinzelte verschmitzt.

»Was macht denn die alte Frau, hat sie sich von der Geschichte mit dem Auge wieder erholt? Pelle kam neulich nach Hause und erzählte, die Kinder hätten aus Versehen einen Stock in Großmutters Auge gesteckt. Mir wurde ganz schlimm dabei – ihr habt ja woll einen Doktor holen müssen?«

»Ja, ein bisschen anders war die Sache denn doch«, sagte Kalle. »Ich hatte am Morgen, als ich Großmutters Stube zurechtmachte, ihren Spinnrocken woanders hingestellt – und nachher vergaß ich, ihn wieder an seinen Platz zu stellen. Als sie sich bücken will und was von der Erde aufnehmen, stößt sie sich die Spindel ins Auge – sie is ja daran gewöhnt, dass jedes Ding genau an seinem Platz steht. Darum kommt eigentlich mir die Ehre zu.« Er lachte über das ganze Gesicht.

Lasse wiegte mitfühlend den Kopf. »Und sie hat sich einigermaßen wieder erholt?«

»Nee, die Sache ging ganz schief – sie verlor die Sehkraft auf dem Auge.«

Lasse sah ihn missbilligend an.

Kalle verbesserte sich erschrocken. »I, was für Unsinn red ich da – sie verlor die Blindheit auf dem Auge, wollte ich sagen. Is das nu nich zu arg? Man sticht einem Menschen das Auge aus und denn kann er mit einem Mal wieder sehen. Ich glaube, ich werde darauf ausgehen, Blinde zu kurieren, denn das is ja eine Kleinigkeit.«

»Was sagst du – sie kann auf einmal wieder . . . Nee, nu wirst du mir denn doch zu lustig; man soll auch nich mit allem seinen Scherz treiben.«

»Ja, ja, Scherz beiseite, wie der Prophet sagte, als seine Frau ihn durchprügelte. Aber sie kann wirklich mit dem einen Auge sehen, du!«

Lasse sah ihn eine Weile misstrauisch an, ehe er sich ergab. »Das ist ja wie 'n Wunder!«, sagte er dann.

»Ja, dasselbe hat der Doktor auch gesagt – die feine Spitze hätte wie so 'ne Art Operation gewirkt. Aber es hätte ebenso gut schlimm werden können. Ja, wir haben wahrhaftig dreimal den Doktor für sie geholt – es konnte ja nich nützen, dabei zu knausern.« Kalle stand da und versuchte sich zu brüsten, er hatte die Daumen in die Westentasche gesteckt.

»Das hat wohl viel Geld gekostet, wie?«

»Das dachte ich ja auch und ich war nich gerade vergnügt, als ich den Doktor fragte, wie viel es macht. Fünfundzwanzig Kronen!, sagt er, und das klang nich anders, als wenn wir um ein Stück Schmalzbrot bitten. – Wenn Herr Doktor so gut sein will und ein paar Tage warten, dass ich die Kuh verkaufen kann, sag ich. – Was?, sagt er und glotzt mich über die Brille an. Sie wolln doch woll nich die Kuh verkaufen, um mich zu bezahlen? Das dürfen Sie auf keinen Fall tun; ich kann warten, bis die Zeiten besser werden. – Wir kommen doch leicht davon ab, wenn wir bloß die Kuh verkaufen müssen, sag ich. – Wieso?, fragt er, während wir zum Wagen gehen – der Neuendorfbauer hatte für mich gefahren. – Da erzählte ich ihm denn, dass Marie und ich daran gedacht hätten, den ganzen Krempel zu verkaufen, damit Großmutter nach Kopenhagen fahren könnte zum Operieren. Er sagte nichts dazu und kletterte auf den Wagen und ich stand da und knöpfte ihm den Fußsack zu. Aber auf einmal packt er mich beim Kragen und sagt: Wissen Sie, was Sie sind, Sie kleiner, o-beiniger Kerl?« (Kalle ahmte die Sprache des Arztes nach.) »Sie sind der beste Mensch, der mir je vorgekommen ist, und Sie schulden mir keinen roten Heller. Übrigens haben Sie die Operation ja selbst ausgeführt. – Dann müsste ich woll eigentlich noch Geld zukriegen, sage ich. Da lacht er und schlägt mich mit seiner Pelzmütze auf 'n Schädel. – Ein Staatskerl, der Doktor – und verdammt tüchtig; sie sagen von ihm, er hätte bloß eine Medizin, mit der kuriert er alle Krankheiten.«

Sie saßen in der Schweizerstube auf der grünen Kiste. Lasse hatte einen Rest Branntwein hervorgeholt. »Trink, Bruder!«, sagte er ein Mal über das andere. »Da gehört was zu, wenn man in diesem Oktoberwetter die Feuchtigkeit draußen halten will.«

»Danke vielmals, Lasse – aber trink doch selber! – Nee, was ich noch sagen wollte, du solltest bloß Großmutter mal sehen, sie geht rum und beguckt alles mit ihrem einen Auge, wenn es man bloß ein Knopf ist, so starrt sie ihn an. Ach, sagt sie, das sieht so aus, und das so? Sie hat ja vergessen, wie die Sachen aussehen. Und wenn sie ein Stück angesehen hat, denn befühlt sie es hinterher – denn sie muss wissen, was das is, sagt sie, weiß Gott! Uns wollte sie die ersten Tage gar nich kennen; wenn sie uns nich sprechen oder gehen hörte, dann glaubte sie, wir wären fremde Menschen – wenn sie uns auch mit ihrem Auge sah.«

»Und die Kinder?«, fragte Lasse.

»Ja, Anna ihre, die is ja dick und fett, aber unsere eigene, die is so, wie wenn sie stehen bleibt. Das bleibt doch 'n wahres Wort, dass man die jungen Säue zum Züchten nehmen soll. Aber das hätt ich ja beinah vergessen . . . « Kalle holte seinen Geldbeutel heraus. »Ja, eh ich es vergess, da sind die zehn Kronen, die du mir für die Wochenbetten geliehen hast.«

Lasse machte eine abwehrende Bewegung mit der Hand. »Lass das man, Bruder, es wird dir woll sowieso schwer genug, durchzukommen. Wie viele Mäuler seid ihr denn jetzt eigentlich? So vierzehn, fünfzehn Stück?«

»Ja, aber zwei davon werden von ihren Müttern gesäugt, so wie die Kücken der Pfarrersfrau, das is also die reine Ersparnis. Und wenn Not am Mann is, dann kann ich mir auch woll 'n paar Schillinge aus der Nase schnauben!« Er schnäuzte sich mit einer schnellen Handbewegung und streckte die Hand aus – es lag ein zusammengefalteter Zehnkronenschein darin.

Lasse lachte über das Kunststück, wollte aber nichts von dem Geld wissen. Eine Weile standen sie da und steckten sich gegenseitig das Papiergeld zu. »Na ja, ja, ja«, sagte Kalle schließlich und behielt den Schein, »denn bedank ich mich auch vielmals. – Und denn adjö, Bruder! Nu muss ich nach Haus.«

Lasse gab ihm das Geld und bat ihn alle zu grüßen. »Wir kommen bald mal hin und sehn nach euch«, rief er dem Bruder nach.

Als er nach einer Weile in die Kammer kam, lag der Zehnkronenschein auf dem Bett; Kalle musste einen unbewachten Augenblick benutzt haben, um ihn dahin zu legen, so ein Tausendkünstler, wie er war. Lasse legte ihn beiseite, um ihn bei nächster Gelegenheit Kalles Frau zuzustecken.

Schon lange vor der Zeit hielt Lasse Ausschau nach dem Jungen. Die Einsamkeit bedrückte ihn; jetzt war er daran gewöhnt, ihn vom Morgen bis zum Abend um sich zu haben. Endlich kam Pelle atemlos angerannt. Auch er hatte sich gesehnt.

Es war nichts geschehen in der Schule, weder etwas Furchtbares noch etwas Bemerkenswertes. Pelle musste umständlich erzählen, Punkt für Punkt. »Na, was kannst du denn?«, hatte der Lehrer gefragt und ihn beim Ohr genommen – ganz freundlich, versteht sich. »Ich kann den bösen Stier nach dem Wassertrog ziehen, ohne dass mir Vater Lasse dabei hilft«, hatte er geantwortet und da hatte die ganze Klasse laut gelacht. »Ja, ja, kannst du aber lesen?«

Nein, das konnte Pelle nicht. »Dann wäre ich woll nich hergekommen«, hätte ich beinah geantwortet.

»Ein Glück, dass du das nich geantwortet hast«, sagte Lasse. »Aber was denn weiter?«

Ja, dann war Pelle auf die unterste Bank gesetzt worden und sein Nachbar hatte ihm die Buchstaben beibringen müssen.

»Kannst du sie denn nu?«

Nein, Pelle konnte sie an dem Tag noch nicht. Aber als ein paar Wochen vergangen waren, konnte er die meisten und schrieb sie mit Kreide an die Pfosten. Er hatte noch nicht schreiben gelernt, aber seine Hand konnte alle Dinge wiedergeben, die er gesehen hatte, und er zeichnete die Buchstaben genau so, wie sie in der Fibel gedruckt standen.

Lasse guckte sie während der Arbeit an und ließ sie sich fortwährend wiederholen; er konnte sie sich nicht recht merken. »Was für einer is der da eigentlich?«, musste er immer wieder fragen.

Pelle spielte den Überlegenen. »Der – hast du den schon wieder vergessen? Den konnte ich, als ich ihn bloß einmal gesehen hatte! Das ist doch ein M!«

»Ja, das is es ja auch, ja natürlich! – Ich weiß nich, wo ich heute meinen Kopf hab. M, ja, das is ja natürlich ein M! Wo kann man das woll zu gebrauchen?«

»Das steht vorn bei dem Wort Empfehlen!«, sagte Pelle eingebildet.

»Ja, natürlich, du – aber das weißt du doch nich von selbst, das hat dir der Lehrer gesagt!«

»Nee, das hab ich ganz allein herausgefunden.«

»So, hast du das? Ja, klug bist du geworden – wenn du mir man nich zu klug wirst!« Lasse war verstimmt, aber bald besann er sich eines Besseren und bewunderte den Sohn rückhaltlos. Und der Unterricht wurde fortgesetzt, während sie arbeiteten. Es war ein Glück für Pelle, dass der Vater so langsam von Begriff war, denn mit ihm selber ging es nicht sehr schnell vorwärts, nachdem er sich erst alles das angeeignet hatte, was sich mit einem hellen Verstand unmittelbar erfassen ließ. Der Junge, der ihn unterrichten sollte – Sjäsk wurde er genannt –, war der Dümmste in der Klasse und hatte immer unten gesessen, bis ihn Pelle abgelöst hatte.

Zwei Wochen Schulbesuch rüttelten stark an Pelles Vorstellungen auf diesem Gebiet. In den ersten Tagen erschien er voll ängstlicher Erwartung; all sein Übermut hatte ihn verlassen, als er die Schwelle des Schulzimmers überschritt; zum ersten Mal in seinem Leben kam er sich ganz unmöglich vor. Zitternd erschloss er sich diesem Neuen, Unbekannten, das ihm alle Mysterien der Welt entschleiern wollte, wenn er nur seine Ohren spitzte – und das tat er. Aber da war kein Ehrfurcht einflößender Mann, der die Schulkinder liebevoll durch seine goldene Brille betrachtete, während er ihnen von Sonne und Mond und den Wundern der Welt erzählte. Den Mittelgang auf und nieder ging ein Mann in schmutzigem, leinenem Rock, graue Stoppeln wuchsen aus seiner Nase; er wippte im Gehen mit dem spanischen Rohr und rauchte Pfeife oder er saß oben auf dem Katheder und las seine Zeitung. Die Kinder lärmten und machten Unfug, und wenn der Lärm in Prügelei ausartete, sprang der Mann vom Katheder herunter und schlug mit seinem Stock drauflos. Und Pelle selbst war – wie ihm schien, für immer – an einen dreckigen Jungen gekoppelt, der voller Geschwüre war und ihn jedes Mal in den Arm kniff, wenn er sein b-a – ba, b-e – be nicht richtig las. Die einzige Abwechslung war täglich eine Stunde Überhören der schweren Erklärungen im Katechismus und dann die unverständlichen Gesangbuchverse am Sonnabend.

Eine Zeit lang nahm Pelle das Ganze hin, aber dann ermüdete er. Es lag ihm nicht, lange tatenlos zu bleiben, und eines schönen Tages hatte er alle Ermahnungen und Vorsätze vergessen und gehörte mit zu den Spaßmachern.

Fortan brachte er weniger zum Weiterlehren mit nach Hause, aber dafür waren da die tausenderlei dummen Streiche, von denen er erzählte. Und Vater Lasse schüttelte den Kopf und begriff nichts; aber er musste doch mitlachen.

11

»Ein feste Burg ist unser Gott,
Ein gute Wehr und Wa-af-fen;
Er hilft uns frei aus aller Not,
Die uns jetzt hat betro-of-fen.
Der alt böse Feind
Mit Ernst er's jetzt meint;
Groß Macht und viel List
Sein grausam Rüstung ist,
Auf Erd ist nicht seinsglei-chen.«

Die ganze Schule saß da, wiegte sich im Takt hin und her und leierte Choräle. Lehrer Fris ging im Mittelgang auf und nieder und rauchte seine Pfeife; er machte sich Bewegung, nachdem er eine Stunde in der »Berlingske« gelesen hatte. Der Rohrstock wippte wie ein Taktstock in der Luft; hin und wieder fiel er auf den Rücken eines Sünders nieder, aber stets nur, wenn ein Vers zu Ende war – als eine Art Ausrufungszeichen. Lehrer Fris wachte zärtlich darüber, dass der Rhythmus nicht unterbrochen wurde. – Die Kinder, die den Text nicht auswendig konnten, wurden von der Masse mit fortgetragen; einige begnügten sich damit, die Lippen zu bewegen, andere dichteten sich selber einen Text. Wenn die Sache zu arg wurde, lachten die Nachbarn und dann sauste der Rohrstock herunter.

Wenn eine Strophe zu Ende war, begann Fris schnell die nächste – die Mühle war schwer wieder in Gang zu bringen, wenn sie erst einmal stehen geblieben war. »Mit un-!« Und die fünfzig Kinder leierten weiter:

>»Mit unsrer Macht ist nichts getan,
>Wir sind gar bald verlo-o...«

Dann hatte Fris wieder einen Augenblick zum Verschnaufen, er konnte seine Pfeife genießen und sich von diesem Geplärr einlullen lassen, das von großem und fleißigem Wirken zeugte. Wenn es so ging wie jetzt, legte sich die Verbitterung für eine Weile, er konnte in Gedanken lächeln, während er auf und ab ging, und – so alt er war – das Leben in rosigem Licht erblicken. Dieser und jener kam vorüber und freute sich über den Fleiß hier drinnen und Fris schlug bekräftigend mit dem Rohrstock und fühlte, wie ein längst entschlummertes Ideal wieder in ihm erwachte; es war eine ganze Schar Jugend, die er für das Leben erzog, die nächste Generation, die zu formen er im Begriff war.

Als der Choral zu Ende war, gelang es ihm, ihn ohne Pause in

»Wer nur den lieben Gott lässt walten« überzuleiten. Und von da ging es weiter zu »Wir glauben all an einen Gott!«. Diese drei Gesänge waren das Pensum für den Winter und nun hatte er die Kinder nach ungeheurer Arbeit endlich so weit, dass sie sie einigermaßen im Chor singen konnten.

Das Gesangbuch war Lehrer Fris' Lebensziel; eine vierzigjährige Tätigkeit als Küster hatte es mit sich gebracht, dass er das ganze Buch auswendig wusste. Dazu kam dann noch die angeborene Anlage! Fris war von Kindheit an zum Geistlichen bestimmt gewesen und hatte in seiner Jugend die erforderlichen Studien absolviert. Gottes Wort entströmte gefällig seinem Mund und er hatte die besten Aussichten, als ein boshafter Vogel aus Pharaos Land geflogen kam, um ihn ins Unglück zu bringen. Fris fiel zwei Treppen hinunter, vom Seelsorger wurde er zum Küster und Büchsenspanner degradiert. Er fasste die Plage mit den Kindern als deutliche Strafe des Himmels auf und richtete die Schule als ein Pfarramt im Kleinen ein.

Das ganze Dorf trug die Spuren seiner Wirksamkeit; es sah bedenklich aus mit Lesen und Schreiben, sobald es sich aber um Gesangbuchverse und Bibelstellen handelte, waren diese Fischer und kleinen Handwerker nicht leicht aus dem Feld zu schlagen. Fris hielt es für sein Verdienst, dass die Erwachsenen in einigermaßen geregelten Verhältnissen lebten und die Jungen eine ordentliche Heuer bekamen. Sein Vaterauge wachte über jedem Einzelnen und er fand sie eigentlich alle wohlgelungen. Und er stand sich gut mit ihnen, wenn sie erst die Schule verlassen hatten; dann kamen sie zu dem alten Junggesellen und plauderten mit ihm oder erleichterten ihr Gewissen in Bezug auf dies oder jenes.

Mit der verdammten Brut, die gerade jetzt die Schulbänke drückte, war es hingegen eine ganz andere Sache; die wehrten sich mit Händen und Füßen gegen die Gelehrsamkeit und Fris prophezeite ihnen nichts Gutes für die Zukunft.

Fris hasste die Kinder. Aber er liebte diese schweren Gesänge, an denen sich die ganze Klasse zu verheben schien, während er selbst sie mit steifem Arm dirigieren konnte. Und wenn es so ging wie heute, konnte er ganz vergessen, dass es überhaupt Kinder gab, und sich diesem endlosen Aufmarsch hingeben, in dem eine Kolonne nach der anderen an ihm vorbeidefilierte – im Gleichschritt des Rhythmus. Es waren auch keine Choralverse, es war ein mächtiger Aufmarsch der Starken des Lebens; und darunter lag alles das, was Fris im Leben versagt geblieben war. Deswegen nickte er so glücklich und der kräftige Taktschritt umwogte ihn wie ein Dank des Heeres – ein Ave-Cäsar.

Er saß über der dritten Beilage der »Berlingske«, las aber nicht; die Augen hielt er geschlossen, der Kopf bewegte sich leise im Takt.

Die Kinder plapperten unaufhörlich drauflos, sie atmeten kaum, sie waren hypnotisiert von dem monotonen Wortstrom. Sie erinnerten an die Gänse, die von dem Fuchs Erlaubnis bekommen hatten, ein Gebet zu sprechen, ehe sie gefressen wurden, und die nun bis ins Unendliche beteten. Als alle drei Choräle zu Ende waren, fingen sie von selbst wieder von vorn an. Die Mühle ging immer lauter, sie traten den Rhythmus mit den Füßen, es hörte sich an wie mächtige Kolbenschläge, wurde zu einem förmlichen Gedröhn! Fris nickte mit, sodass ihm das lange Haarbüschel ins Gesicht schlug; er geriet in Ekstase, wurde mit fortgerissen, sodass er nicht ruhig auf dem Stuhl sitzen konnte.

> »Und wenn die Welt voll Teufel wär
> Und wollt uns gar verschlin-gen,
> So fürchten wir uns nicht so sehr,
> Es soll uns doch gelin-gen.«

Es klang wie eine Stampfmühle, einige schlugen mit den Tafeln auf die Tische, andere benutzten den Ellbogen und stießen damit auf die Platte. Fris hörte es nicht; er hörte nur den mächtigen Takt der heranrückenden Heerscharen.

»Der Fürst dieser Welt,
Wie saur er sich stellt ...«

»Pfui! Pfui!« – Das Ganze stand mit einem Schlage still, die ganze Schule saß da und hielt sich die Nase zu. »Pfui! Pfui!«

Fris sank von seiner Höhe herab, dass es ihn durchschauerte. Er öffnete die Augen und begriff schmerzlich, dass er sich wieder hatte überrumpeln lassen. »Ihr Satansjungen, ihr Höllengezücht!« Er stand brüllend mitten unter ihnen, den Rohrstock in der Hand. »Wer? Wer?«, fragte er wutentbrannt. »Warst du das, Morten?«

Morten fing an zu weinen, ganz echt, und murmelte etwas, dass er sich so was nicht bieten lasse – sein Vater würde wohl mit dem Herrn Lehrer reden.

»Peter, Marta!«, fauchte Fris. Ein Junge und ein Mädchen standen auf und fingen an die Reihen hinunterzugehen und die Rücken zu beschnüffeln, um den Schuldigen zu finden. Das Ganze war jetzt in Auflösung begriffen, überall brachen Schlägereien aus; die Mädchen waren die Ärgsten, die kreischten und klagten sich gegenseitig an. Fris war ratlos.

Er versuchte sie wieder in den Bann der Verse zu zwingen. »Wer nur den lieben Gott lässt walten!«, rief er, alles übertönend. Aber sie bissen nicht an – die Satansgören! Dann schlug er blindlings zwischen sie; er wusste, dass sie ungefähr alle gleich viel taugten, und nahm es nicht so genau damit, wen er traf. Die Langhaarigen packte er beim Schopf, zog sie über den Tisch und prügelte drauflos, bis der Rohrstock zerfaserte. Auf diesen Augenblick hatten die Jungen gewartet; sie hatten den Rohstock am Morgen mit Zwiebeln eingerieben und die herausforderndsten von ihnen hatten an diesem Tag mehrere Paar Hosen an.

Als der gebrochene Klang verriet, dass sich der Rohrstock in Auflösung befand, brach die ganze Schule in ohrenbetäubenden Jubel aus. Fris hatte die Flinte ins Korn geworfen und ließ sie toben. Er ging im Mittelgang auf und ab wie ein krankes Tier, die Galle brannte ihm bis in den Hals hinein. »Verdammte Gören!«, fauchte er. »Höllengezücht! – Ach, so setzt euch doch jetzt hin, Kinder!« Das kam so drollig rührend heraus, das musste nachgeäfft werden.

Pelle saß ganz unten in der Ecke; er war noch ziemlich unerfahren in Bezug auf das Ganze, tat aber sein Bestes. Plötzlich stand er oben auf dem Tisch und tanzte in Socken. Fris starrte ihn so sonderbar an – Pelle fand, er glich Vater Lasse, wenn ihm alles schief ging, und er kroch beschämt herunter. Übrigens hatte niemand seine Heldentat beachtet, sie war zu gewöhnlich.

Es herrschte ein ohrenbetäubender Lärm; und hin und wieder flog ein boshafter Ausruf durch den Raum. Sie trafen Fris alle so, dass er zusammenzuckte. Der Fehltritt der Jugend, der jenseits des Wassers vor fünfzig Jahren begangen worden war, stand hier wieder auf aus den Mündern dieser unwissenden Kinder, zugleich mit einigen seiner besten Handlungen, die so uneigennützig gewesen waren, dass die Leute ihnen unweigerlich eine schlimme Auslegung geben mussten. Und als wenn das nicht genug wäre – aber st! –, er schluchzte.

»St! St!« Henrik Bödker, der stärkste Junge der ganzen Schule, stand auf der Bank und zischte drohend. Die Mädchen vergötterten ihn und wurden sogleich ruhig, einige von den Jungen wollten nicht parieren, doch als Henrik die geballte Faust gegen das eine Auge hielt, beruhigten auch sie sich.

Fris ging im Mittelgang auf und ab wie ein Begnadigter; er wagte nicht aufzublicken, aber alle konnten sehen, dass er weinte. »Es ist unrecht!«, sagte eine Stimme halblaut. Aller Augen waren auf ihn gerichtet, es herrschte Totenstille in der Klasse. »Pause!«, sagte dann eine befehlende Knabenstimme – es war Nilen. Fris nickte schwach und sie stürmten hinaus.

Fris blieb eine Weile zurück, um sich zu sammeln, er ging auf und ab, die Hände auf dem Rücken und schluckte schwer; er war dabei, seinen Abschied zu nehmen. Jedes Mal, wenn die Sache ganz schief ging, nahm Fris seinen Abschied, und wenn er sich ein wenig beruhigt hatte, schob er es hinaus, bis das Frühlingsexamen überstanden sein würde. Er wollte nicht auf diese Weise abgehen, in einer Art Bankrott. Gerade diesen Winter hatte er gearbeitet wie nie zuvor, damit sein Abgang wie eine Bombe wirken müsste und sie den Verlust so recht empfinden sollten, wenn er erst abgegangen war. Wenn das Examen abgehalten wurde, wollte er das Gesangbuch von vorne an im Chor aufsagen lassen – ganz von vorne. Einige der Kinder würden schnell abfallen, aber es waren auch mehrere darunter, denen er im Laufe der Zeit fast alle Choräle eingepaukt hatte. Schon lange, ehe sie versagten, würde der Pfarrer abwehrend die Hand erheben und sagen: »Es ist genug, mein lieber Küster, es ist genug!«, und ihm bewegt danken, während die Schulkommission und die Eltern die Köpfe flüsternd zusammensteckten und sich vor Bewunderung bekreuzigten.

Und dann war der Zeitpunkt da, wo er abgehen konnte!

Die Schule lag am Ausgang des Fischerdorfes und der Spielplatz war der Strand. Wenn die Jungen nach einigen Stunden Schulunterricht hinausgelassen wurden, glichen sie dem Jungvieh, das nach dem langen Winter zum ersten Mal draußen ist. Sie stoben wie Schwalben nach allen Richtungen hin, stürzten sich über den frischen Wall aus Blasentang und schlugen einander mit den salzig-feuchten Pflanzen um die Ohren. Pelle war nicht entzückt von dem Spiel, die scharfen Stängel zogen gehörig und an einigen von ihnen hingen festgewachsene Steine. Aber man durfte sich nicht ausschließen, das lenkte sofort die Aufmerksamkeit auf einen. Es galt, mit dabei zu sein und doch nicht teilzunehmen, sich klein und groß zu machen, je nach den Bedürfnissen des Augenblicks, sodass man entweder nicht beachtet wurde oder aber Furcht einflößte. Er hatte genug damit zu tun, sich zu winden und ein- und auszuschlüpfen.

Die Mädchen hielten sich in der Nähe der Aborte auf. Dort hatten sie immer ihre Zuflucht. Sie standen da und schwatzten und verzehrten ihr Butterbrot; die Knaben aber kreisten über dem Platz wie Schwalben, in ziellosem Lauf. Dort an der Kletterstange stand ein großer Junge zusammengekauert, er hielt den Ärmel vor das Gesicht, stand da und kaute. Ihn umrundeten sie in schnellem Lauf, während bald der eine, bald der andere den Kreis um ihn enger zog. Per Kofod, der Heulpeter, sah aus, als segele die Welt unter ihm, er klammerte sich an die Kletterstange und verbarg das Gesicht. Wenn sie dicht an ihn herangekommen waren, stimmten sie ein Gebrüll an; dann schrie der Junge ängstlich, wandte das Gesicht nach oben und stieß lang gezogene Schreie aus. Hinterher kriegte er dann all das Butterbrot, das die anderen nicht essen mochten.

Der Heulpeter aß immer und brüllte immer. Er war ein Armenhauskind ohne Vater und Mutter; groß von Wuchs war er, aber er sah immer merkwürdig blau gefroren aus. Die vorstehenden Augen mit den dicken Tränensäcken blickten, als sei ihm bange vor dem Leben. Bei dem geringsten Geräusch zuckte er zusammen. Ständig hatte er Angst. Die Jungen taten ihm eigentlich niemals wirklich etwas, aber sie schrien und duckten sich, sobald sie an ihm vorüberkamen – es war zu verlockend. Dann schrie er auch und duckte sich erschrocken. Die Mädchen konnten auf den Einfall kommen, hinzulaufen und ihn zu zwicken, dann schrie er sinnlos und sie wussten, dass er vor Angst Wasser ließ. Hinterher bekam er Butterbrot von allen Kindern; er aß alles auf, brüllte und sah noch ebenso ängstlich aus.

Es war gar nicht zu begreifen, was ihm fehlte. Zweimal hatte er einen Versuch gemacht, sich zu erhängen, ohne dass jemand den Grund hätte nennen können – am allerwenigsten er selbst. Und ganz dumm war er doch auch nicht. Lasse meinte, er sei hellseherisch und könne Dinge sehen, die andere nicht sehen konnten, sodass ihn selbst das Leben und das Atmen ängstigten. Wie dem auch sein mochte, Pelle durfte ihm um keinen Preis etwas tun, nicht um alles in der Welt.

Der Knabenschwarm hatte sich nach dem Strand hin verzogen und plötzlich warf er sich mit dem kleinen Nilen an der Spitze über Henrik Bödker. Er wurde umgeworfen und ganz unter der Schar begraben, die in einem zappelnden Haufen über ihm lag und geballte Fäuste herunterbohrte, wo sich eine Öffnung blicken ließ. Aber dann fingen ein Paar Fäuste an, aufwärts zu stoßen, tju, tju, wie Maschinenkolben. Die Jungen rollten nach allen Seiten und hielten die Hände vors Gesicht; Henrik Bödker schoss aus dem Haufen heraus und schlug blindlings um sich. Nilen hing ihm noch wie ein Igel im Nacken, Henrik musste seine Bluse zerreißen, um ihn von sich zu schleudern. Pelle schien es, als werde er übermächtig groß, wie er so dastand, er keuchte nur ein wenig – und nun kamen die Mädchen; sie steckten seine Bluse mit Nadeln zusammen und gaben ihm Brustzucker. Zum Dank fasste er sie bei den Zöpfen und band sie zusammen, vier, fünf Mädchen, sodass sie nicht wieder auseinander kommen konnten. Sie standen still und fanden sich geduldig darein – sahen ihn nur mit hingebungsvollen Blicken an.

Pelle hatte sich an dem Kampf beteiligt und einen Fußtritt abgekriegt. Aber er trug es ihm nicht nach. Hätte er ein Stück Brustzucker gehabt, er würde es, ebenso wie die Mädchen, Henrik Bödker gegeben und eine unsanfte Behandlung von ihm hingenommen haben. Er vergötterte ihn. Er maß sich selber mit Nilen, dem kleinen, blutdürstigen Nilen, der keine Furcht kannte und so rücksichtslos beim Angriff war, dass die anderen ihm aus dem Weg gingen. Er war immer da, wo die Schar am dichtesten war, stürzte sich überall in die größte Gefahr und kam immer gut davon. Pelle untersuchte sich selber kritisch, um Ähnlichkeiten zwischen ihnen zu finden, und fand sie – in seinem Eintreten für Vater Lasse im ersten Sommer, wo er einem großen Jungen einen Bruch trat, und in seiner Haltung gegen den bösen Stier, vor dem er nicht die Spur bange war. Aber in anderen Punkten versagte er – er graulte sich im Dunkeln und hatte Angst vor einer Ohrfeige! Nilen dagegen nahm seine, die Hände in den Taschen, ungerührt hin. Es war dies Pelles erster Versuch, sich über sich selbst klar zu werden.

Fris war landeinwärts gegangen, wahrscheinlich zur Kirche; infolgedessen dauerte die Pause mehrere Stunden. Die Jungen fingen an sich nach einem anhaltenden Zeitvertreib umzusehen. Die »Ochsen« gingen in die Schulstube und begannen auf Tischen und Bänken Spektakel zu machen, die »Aalquappen« aber blieben am Strand. »Ochsen« und »Aalquappen«, das war das Land und die See im Kampf miteinander; der Gegensatz zwischen ihnen trat bei jeder ernsten Gelegenheit zu Tage, oft war er die Ursache ganzer Schlachten.

Pelle blieb bei den Jungen am Strand – Henrik Bödker und Nilen waren unter ihnen! Sie waren etwas Neues. Sie machten sich nichts aus der Erde und dem Vieh, aber das Meer, vor dem er bange war, war ihnen wie eine Wiege. Sie tummelten sich auf dem Wasser wie in ihrer Mutter Wohnstube und sie hatten nicht wenig von seiner leichten Beweglichkeit in sich. Sie waren schneller in ihren Bewegungen als Pelle, aber nicht so ausdauernd, und dann waren sie freier in ihrem Wesen und machten sich weniger aus dem Fleck, zu dem sie gehörten. Sie sprachen von England wie von der alleralltäglichsten Sache und brachten Gegenstände in die Schule mit, die Väter und Brüder von der anderen Seite der Erde mit nach Hause gebracht hatten, aus Afrika und aus China. Sie verbrachten ganze Nächte im offenen Boot auf der See, und wenn sie die Schule schwänzten, so geschah das immer, um zu fischen. Die Tüchtigsten unter ihnen hatten eigene Fischergerätschaften und kleine Prähme mit flachem Boden, die sie selbst zusammengezimmert und mit zerzupftem Tauwerk kalfatert hatten; sie fischten auf eigene Rechnung Hechte, Aale und Schleie, die sie an die besser gestellte Bevölkerung der Gegend verkauften.

Pelle hatte geglaubt, er kenne den Bach in- und auswendig, aber nun bekam er ihn von einer neuen Seite zu sehen. Hier waren Knaben, die im März und April – in der Laichzeit – um drei Uhr des Morgens aufstanden und barfuß in die Bachmündung hinauswateten, auf Jagd nach Hechten und Barschen, die in das Süßwasser hinaufschwammen, um zu laichen. Und niemand sagte den Jungen, dass sie es tun sollten – sie taten es, weil es ihnen Spaß machte.

Sonderbare Gelüste hatten sie! Jetzt standen sie »vor See« – in einer langen, übermütigen Reihe. Sie liefen mit dem Wellensog zu den größeren Steinen und hüpften, wenn das Wasser wiederkehrte, wie eine Schar von Strandvögeln in die Höhe. Die Kunst bestand darin, die Schuhe trocken zu halten, aber diejenigen, die am meisten nass wurden, waren doch die Schneidigsten. Es gab ja auch eine Grenze dafür, wie lange man sich auf den Steinen halten konnte. Wenn eine Welle der anderen Schlag auf Schlag folgte, musste man mittendrin hinunter und dann ging einem das Wasser zuweilen über den Kopf. Oder eine unberechenbare, große Welle kam und schlug mitten im Sprung gegen die an den Leib gezogenen Beine – dann drehte sich die Reihe und fiel, platsch, hinein ins Wasser. Und mit ohrenbetäubendem Lärm ging es zur Schulstube hinauf, um die Ochsen vom Ofen wegzujagen.

Am Strand pflegten einige Jungen mit einem Hammer und einem großen Nagel zu sitzen und Löcher in die Strandsteine zu bohren. Das waren die Söhne der Steinhauer hinter dem Steinbruch; Pelles

Vetter Anton war unter ihnen. Wenn die Löcher tief genug waren, wurde Pulver hineingestampft und die ganze Schule wohnte der Sprengung bei.

Am Morgen, wenn man auf den Lehrer wartete, standen die großen Jungen gegen die Mauer des Schulhauses gelehnt, die Hände in den Taschen, und redeten über die Handhabung der Segel und den Heimatort der Schiffe, die da draußen in weiter Ferne über das Meer fuhren. Pelle stand dabei und riss Mund und Augen auf – sie sprachen beständig vom Meer und von dem, was mit dem Meer zu schaffen hatte, und das meiste davon verstand er nicht. Alle diese Jungen wollten genau dasselbe, sobald sie nur erst konfirmiert waren – sie wollten zur See. Aber Pelle hatte an der Fahrt von Schweden herüber genug – er begriff sie nicht.

Wie sorgfältig hatte er immer die Augen geschlossen und den Zeigefinger in die Ohren gesteckt, damit sein Kopf nicht voll Wasser laufen sollte, wenn er im Bach untertauchte! Aber diese hier schwammen unter Wasser wie richtige Fische; und nach dem, was sie sagten, konnten sie in die Tiefe hinabtauchen und Steine vom Meeresgrund aufnehmen.

»Kann man denn da unten sehen?«, fragte er verwundert.

»Ja, natürlich! Wie könnten sich sonst wohl die Fische vor den Netzen in Acht nehmen? Sobald der Mond scheint, schwimmen sie in großem Bogen drum herum, der ganze Schwarm!«

»Und das Wasser läuft nicht in den Kopf, wenn ihr die Finger aus den Ohren nehmt?«

»Die Finger aus den Ohren . . .«

»Ja, um den Stein aufzunehmen.«

Ein Hohngelächter schlug ihm entgegen und sie fingen an ihn hinterlistig auszufragen – er war köstlich, ein echter Bauernbengel! Die drolligsten Vorstellungen hatte er von allem und es kam denn auch bald heraus, dass er noch nie im Meer gebadet hatte. Er hatte Angst vor dem Wasser – er war ein Blaubeutel; der Bach, der bedeutete gar nichts.

Seither hieß er Blaubeutel und es half nichts, dass er eines Tages die Peitsche mit in die Schule nahm und ihnen zeigte, wie er mit der langen Peitschenschnur dreieckige Löcher in eine Hose hineinschneiden, wie er einen kleinen Stein so treffen konnte, dass er in der Luft verschwand, und wie er einen mächtigen Knall erzeugen konnte. Das war alles ausgezeichnet, aber der Name hing ihm trotzdem an, das tat ihm weh.

Im Laufe des Winters kamen junge, starke Burschen ins Dorf nach Hause, sie trugen blaue Anzüge und eine weiße Halsbinde. Sie hatten »aufgelegt«, wie man es nannte, und einige von ihnen bezogen den ganzen Winter Heuer, ohne das Geringste zu tun. Sie kamen immer zur Schule herüber, um Guten Tag zu sagen; mitten während des Unterrichts erschienen sie; das machte nichts, Fris strahlte. Sie brachten ihm stets irgendetwas mit, eine Zigarre, die so fein war, dass sie in ein Glas eingeschlossen war, oder andere merkwürdige Sachen. Und sie sprachen mit Fris wie mit einem Kameraden, erzählten, was sie erlebt hatten, sodass die lauschenden Jungen sich vor Wonne schüttelten, und rauchten ganz ungeniert ihre Tonpfeife in der Klasse – die Öffnung flott nach unten gekehrt, ohne dass der Tabak herausgefallen wäre. Sie waren als Küchenjunge oder Jungmann in der spanischen See und auf dem Mittelmeer gefahren und an vielen anderen abenteuerlichen Orten gewesen; einer von ihnen war auf einem Esel einen Feuer speienden Berg hinaufgeritten. Und sie brachten Streichhölzer mit, die beinahe so groß waren wie pommersche Balken und die an den Zähnen angestrichen werden sollten.

Die Schuljungen vergötterten sie und sprachen von nichts anderem; es war eine große Ehre, wenn man sich in der Gesellschaft eines solchen Burschen sehen lassen konnte. Für Pelle war nicht daran zu denken. Es geschah wohl auch, dass das Dorf einen solchen Burschen zurückerwartete und dass er nicht kam. Und eines schönen Tages kam dann die Nachricht, die Bark soundso sei mit Mann und Maus untergegangen. – Das wären die Winterstürme, sagten die Schuljungen und spien in langem Bogen aus. Eine Woche lang kamen die Geschwister des Ertrunkenen nicht zur Schule, und wenn sie dann wieder erschienen, sah Pelle sie neugierig an – es musste sonderbar sein, einen Bruder zu haben, der in seiner blühenden Jugend auf dem Grunde des Meeres lag. »Denn wollt ihr wohl nich zu See?«; fragte er. Doch, sie wollten auch zu See!

Dann kam Fris eines Tages nach einer ungewöhnlich langen Pause und war schlechter Laune. Er putzte kräftig seine Nase und trocknete von Zeit zu Zeit die Augen hinter der Brille; die Jungen stießen sich gegenseitig an. Er räusperte sich geräuschvoll, vermochte sich jedoch kein Gehör zu verschaffen; da schlug er paar Mal mit dem Rohrstock auf das Pult.

»Habt ihr es gehört, Kinder?«; fragte er, als einigermaßen Ruhe herrschte.

»Nein! Ja! Ja! Was?«, riefen sie im Chor. »Dass die Sonne ins Meer gefallen is und es in Brand gesteckt hat!«, sagte einer.

Lehrer Fris nahm schweigend das Gesangbuch. »Wir wollen singen: ›Glückselig, glückselig, wenn die Seele fand Ruh!«, sagte er. Da wussten sie, dass etwas geschehen war, und sangen ernsthaft mit.

Aber bei der fünften Strophe hielt Fris inne, er konnte nicht mehr. »Peter Funk ist ertrunken!«, sagte er mit einer Stimme, die die letzte Silbe verschluckte. Es ging ein Flüstern des Entsetzens durch die Klasse und sie sahen sich mit großen, verständnislosen Augen an. Peter Funk war der schneidigste Junge aus dem Dorf, der beste Schwimmer, der größte Galgenstrick, den die Schule je gehabt hatte – und er war ertrunken.

Fris ging auf und nieder und rang nach Fassung, die Kinder begannen ein leises, flüsterndes Gespräch über Peter Funk; alle Gesichter waren alt geworden vor Ernst.

»Wo ist das geschehen?«; fragte ein großer Junge.

Fris erwachte mit einem Seufzer – er ging auf und nieder und dachte an diesen Jungen, der sich um alles herumgedrückt hatte und dann der tüchtigste Schiffsjunge des Dorfes geworden war; an alle die Prügel, die er ihm hatte zukommen lassen, und an die traulichen Winterstunden, die sie später zusammen verbracht hatten, wenn der Bursche von der langen Reise nach Hause kam und am Abend seinen alten Lehrer besuchte. Da war alles Mögliche gewesen, was Fris wieder hatte in Ordnung bringen müssen, mancherlei verhängnisvolle Geschichten, die er in aller Heimlichkeit für den Jungen wieder hatte einrenken müssen, damit er nicht einen Knacks fürs Leben davontrug, und ...

»Es war in der Nordsee«, sagte er, »sie waren in England gewesen, glaub ich.«

»In Spanien mit Stockfisch!«, sagte ein Junge. »Und von da gingen sie nach England mit Apfelsinen – und nahmen eine Kohlenladung für nach Hause ein.«

»Ja, so war es wohl«, sagte Fris. »Sie waren in der Nordsee und da wurden sie von einem Sturm überrascht. Peter sollte hinaufklettern.«

»Ja, denn die ›Trokkadej‹ ist so rank; sobald es ein bisschen weht, müssen sie rauf und die Segel reffen«, sagte ein anderer Junge.

»Und da ist er denn hinuntergefallen«, fuhr Fris fort, »und gegen die Reling geschlagen und ins Meer gestürzt. Da waren Spuren von seinen Seestiefeln an der Reling. Sie brassten, oder wie man es nun nennt, und wendeten; aber es dauerte eine halbe Stunde, bis sie an der Stelle waren. Und als sie endlich da waren, versank er gerade vor ihren Augen. Eine halbe Stunde hatte er in dem Eiswasser gekämpft – mit Seestiefeln und in Ölzeug –, und dann doch ...«

Ein langer Seufzer ging durch die Klasse. »Er war der beste Schwimmer am ganzen Strand!«, sagte Henrik. »Er ging rückwärts kopfüber von der Reling einer Bark, die hier auf der Reede lag und Wasser einnahm – und kam auf der anderen Seite des Schiffes wieder vor. Er kriegte zehn Schiffszwiebäcke von dem Kapitän dafür.«

»Er muss schrecklich gelitten haben«, sagte Fris. »Es wäre fast besser für ihn gewesen, wenn er nicht hätte schwimmen können.«

»Das findet mein Vater auch«, sagte ein kleiner Junge. »Er kann nich schwimmen, denn er sagt, es ist das Beste für einen Seemann, wenn er es nich kann – man quält sich bloß!«

»Mein Vater kann auch nich schwimmen«, rief ein anderer aus. – »Meiner auch nich! Er könnte es recht gut lernen, aber er will nich.« So fuhren sie fort und hielten die Hände in die Höhe. Sie selbst konnten alle schwimmen, aber es stellte sich heraus, dass fast keiner der Väter es konnte – ein Aberglaube hinderte sie daran. »Vater sagt, man soll Gott nich versuchen, wenn man Schiffbruch erleidet«, fügte ein Junge hinzu.

»Aber dann tut man ja nich sein Bestes!«, wandte eine unsichere Stimme ein. Fris drehte sich nach der Ecke um; da saß Pelle und wurde dunkelrot bis zu den Ohrenrändern.

»Sieh mir einer den kleinen Mann an!«, sagte Fris betroffen. »Und hat er nicht Recht gegen uns alle? Hilf dir selbst, dann hilft dir Gott!«

»Vielleicht!«, sagte eine Stimme. Es war Henrik Bödker.

»Ja, ja, ich weiß ja auch, dass er hier nicht geholfen hat – aber trotzdem; man soll nun einmal tun, was man kann, in allen Verhältnissen des Lebens. Peter Funk hat sein Bestes getan – und er war der tüchtigste Junge, den ich jemals gehabt habe.«

Die Kinder lachten einander zu, sie dachten an dies und jenes – Peter Funk hatte es einmal gar so weit getrieben, dass er mit dem Lehrer selbst gerungen hatte –, aber sie wagten nicht daran zu erinnern. »Er kam nie weiter als bis zum siebenundzwanzigsten Gesang!«, sagte einer von den Größeren – halb im Scherz.

»So, also weiter kam er nicht!«, höhnte Fris. »Weiter nicht! Du denkst wahrscheinlich, dass du tüchtiger bist? Dann lass uns mal sehen, ob *du* weitergekommen bist!«

Fris griff mit zitternder Hand nach dem Gesangbuch; er litt es nicht, dass etwas über die toten Knaben gesagt wurde.

Der Blaubeutel blieb hartnäckig an Pelle haften, nie hatte ihn etwas so gewurmt wie dieser Name. Und er war nicht abzuschütteln, eher der Sommer kam – und das war noch lange hin.

Eines Tages liefen die Fischerjungen in der Pause draußen auf der Mole herum. Ein Boot war gerade mit einer unheimlichen Last durch das Schraubeis gekommen – mit fünf steif gefrorenen Männern, von denen der eine tot war und im Spritzenhaus lag; die vier anderen waren in den Hütten ringsum untergebracht, wo man sie mit Eis rieb, um den Frost herauszutreiben. An all der Herrlichkeit hatten die Bauernjungen keinen Anteil; die Jungen aus dem Fischerdorf gingen aus und ein und sahen das Ganze, jagten sie weg, wenn sie sich näherten, und verkauften karge Nachrichten für teures Geld.

Das Boot hatte einen finnischen Schoner draußen auf der See treibend angetroffen, ganz übereist und mit festgefrorenem Ruder. Er hatte zu tief geladen, sodass die Wellen darüber hingingen und festfroren; das Eis hatte ihn dann noch tiefer gedrückt. Als sie ihn fanden, schwamm das Deck genau auf der Wasserfläche; fingerdicke Taue waren infolge von Übereisung armdick geworden; die Männer, die in dem Takelwerk festgebunden saßen, waren ganz unförmig durch die Eiskruste. Sie glitten Rittern in Rüstung mit geschlossenem Visier, als man sie herabnahm. Man musste ihnen die Kleider vom Leibe trennen. Jetzt waren drei Boote ausgefahren, um den Versuch zu machen, den Schoner zu bergen; da würde eine Unmasse Geld zur Verteilung kommen, wenn das gelang.

Pelle wollte sich nicht vom Schauplatz der Ereignisse vertreiben lassen, und wenn sie ihm auch die Schienbeine zertraten, er hielt sich lauschend in der Nähe. Die Jungen redeten feierlich und setzten eine finstere Miene auf – die Leute hatten was durchgemacht, vielleicht musste man ihnen Hände und Füße abnehmen. Jeder Bursche gab sich den Anschein, als trage er seinen Teil an den Leiden, sie sprachen männliche und mit vor Bewegung verschleierter Stimme. »Mach, dass du wegkommst, Ochs!«, riefen sie Pelle zu. Sie konnten keine Blaubeutel ertragen in diesem Augenblick.

Pelle hatte Tränen in den Augen, aber nachgeben wollte er nicht; er schlenderte an der Mole entlang.

»Mach, dass du wegkommst!«, riefen sie wieder und griffen drohend nach Steinen. »Scher dich zu den andern Bauern.« Sie kamen auf ihn zu und pufften ihn. »Was stehst du da und glotzt ins Wasser? Du kannst schwindlig werden und kopfüber reinfallen! Scher dich zu den andern Bauern, hörst du, du Blaubeutel!«

Pelle war wirklich schwindlig, so kräftig umklammerte ein Entschluss sein kleines Gehirn. »Ich bin nich mehr Blaubeutel als ihr«, sagte er. »Ihr habt ja nich mal den Mut, ins Wasser zu springen!«

»Hör einer den an! Er glaubt, dass man aus lauter Pläsier mitten im Winter ins Wasser springt und den Starrkrampf kriegt!«

Pelle hörte eben noch ihr höhnisches Gelächter, als er über die Mole setzte und das eisige Wasser über ihm zusammenschlug. Seine Haarspitzen tauchten wieder auf, er machte ein paar Bewegungen wie ein schwimmender Hund und versank.

Die Knaben liefen erregt hin und her und schrien. Einer von ihnen holte einen Bootshaken. Dann kam Henrik Bödker gelaufen, er sprang kopfüber ins Wasser und verschwand; ein Eisstück tanzte auf der Wasserfläche, er hatte es mit seiner Stirn getroffen. Zweimal stieß er den Kopf durch das Grützeis, um Luft zu schnappen, dann tauchte er mit Pelle auf. Sie zogen ihn auf die Mole und Henrik fing an wie wild auf ihn loszuprügeln.

Pelle hatte das Bewusstsein verloren, aber die Prügel wirkten belebend. Plötzlich schlug er die Augen auf, war mit einem Satz auf den Beinen und schoss landeinwärts von dannen gleich einem Strandläufer.

»Mach, dass du nach Hause kommst!«, brüllten die Jungen hinter ihm drein. »Renne, was du kannst, sonst wirst du krank! Sag deinem Vater, dass du reingefallen bist!« Und Pelle rannte, es bedurfte keiner Aufforderung. Als er den Steinhof erreichte, waren seine Kleider steif gefroren, die Hosen konnten allein stehen, als er aus ihnen herausschlüpfte. Er selbst aber war kuchenwarm.

Er wollte dem Vater nichts vorlügen und erzählte alles so, wie es sich abgespielt hatte. Lasse war wütend, so wütend, wie ihn der Junge noch nie gesehen hatte. – Lasse wusste, wie ein Pferd behandelt werden musste, damit es sich nicht erkältete, und machte sich nun daran, Pelles nackten Körper mit einem Strohwisch abzureiben, während der Junge auf dem Bett lag und sich unter den harten Griffen hin und her wälzte.

Lasse kehrte sich nicht an sein Stöhnen, sondern schimpfte: »Du verrückter Bengel – pardauz in den Hafen reinzuspringen, mitten im Winter, wie ein verliebtes Frauenzimmer –, du Halunke! Prügel verdienst du, eine gehörige Tracht. Aber diesmal will ich es dir noch schenken, wenn du zusiehst, dass du ganz schnell einschläfst und zum Schwitzen kommst, dass wir das abscheuliche Salzwasser wieder aus dem Leibe kriegen. Ob nich ein kleiner Aderlass ganz gut wäre?«

Pelle wollte nicht zur Ader gelassen werden; er lag da und fühlte sich jetzt, nachdem er sich erbrochen hatte, wieder ganz wohl. Aber er war in sehr ernster Stimmung. »Wenn ich nu ertrunken wär?«, sagte er nachdenklich.

»Ja, dann hätte ich dich halb totgeschlagen«, sagte Lasse wütend. Pelle lachte.

»Ja, du lachst, du Wortverdreher!«, höhnte Lasse. »Aber wenn man nu mal der Vater von so einem verdammten Windhund is!« Er ging erzürnt aus dem Stall. Aber alle Augenblicke lauschte er und kam herein, um nach Pelle zu sehen – ob sich Fieber oder anderer Teufelskram daraus entwickelte.

Aber Pelle schlief ganz fest, den Kopf unter dem Federbett. Er träumte, dass er Henrik Bödker sei.

Das Lesen lernte Pelle in diesem Winter nicht, aber er lernte einige zwanzig geistliche Lieder auswendig, nur indem er seine Ohren gebrauchte, und es gelang ihm, den Namen Blaubeutel ein für alle Mal abzustreifen. Er hatte Boden gewonnen und sicherte sich seine Stellung durch allerlei kühne Streiche – die Schule fing an mit ihm als einem fixen Jungen zu rechnen. Und Henrik, der sich sonst aus keinem etwas machte, nahm ihn mehrmals unter seine Fittiche.

Hin und wieder hatte er ein böses Gewissen, namentlich wenn der Vater in seiner frisch erweckten Wissbegier zu ihm kam, um die Lösung irgendeines Rätsel von ihm zu fordern. Dann stand er da und konnte nicht antworten.

»Du bist doch derjenige, der Gelehrsamkeit haben sollte«, sagte Lasse vorwurfsvoll.

Als der Winter zu Ende ging und das Examen sich näherte, wurde ihm der Kopf heiß. Es waren allerlei unheimliche Gerüchte über die Strenge des Examens unter den Knaben im Umlauf – sie erzählten von Zurückversetzung und vollständiger Ausweisung aus der Schule.

Pelle hatte das Pech, dass ihm kein einziger Gesang abgehört wurde. Er sollte von dem Sündenfall erzählen; mit dem Apfeldiebstahl kam er leicht zu Rande, aber die Verfluchung!

»Und Gott sagte zu der Schlange: ›Du sollst auf deinem Bauch kriechen, du sollst auf deinem Bauch kriechen, du sollst auf deinem Bauch kriechen!‹« Weiter kam er nicht.

»Tut sie das denn immer noch?«, fragte der Pfarrer gutmütig.

»Ja – denn sie hat keine Glieder.«

»Und kannst du mir erklären, was ein Glied ist?« Der Pfarrer war als der beste Examinator auf der ganzen Insel bekannt, er könne mit einem Rinnsal anfangen und im Himmel enden, pflegte man von ihm zu sagen.

»Ein Glied – das is – eine Hand.«

»Ja – unter anderem. Aber kannst du mir nicht etwas nennen, was allen Gliedern gemeinsam ist? Ein Glied ist – nun? Ein? – Ein Körperteil, der sich selbstständig bewegen kann. Zum Beispiel? Nun?«

»Die Ohren!«, sagte Pelle, wohl weil sie ihm brannten.

»So-o? Kannst du denn die Ohren bewegen?«

»Ja.« Pelle hatte sich diese Kunst mit großer Ausdauer im letzten Sommer zugelegt, um nicht hinter Rud zurückzustehen.

»Das möchte ich denn doch gern einmal sehen!«, rief der Pfarrer.

Da wackelte Pelle denn tüchtig mit den Ohren und Pfarrer, Schulrat und Eltern lachten. Pelle bekam »ausgezeichnet« in Religion.

»Dann haben dich die Ohren ja doch gerettet!«, meinte Lasse vergnügt. »Hab ich dir nich immer gesagt, du sollst sie gut gebrauchen! Die beste Nummer in Religion, bloß weil du mit den Ohren wackeln konntest – du könntest gewiss Paster werden, wenn du man bloß selbst wolltest!«

Und er blieb noch lange dabei. Aber war er nicht auch ein Satansjunge, dass er so antworten konnte!

12

»Komm, Kybbe, Kybbe, Kybbe! Komm, mein Hühnchen, du brauchst nich bange zu sein!« Pelle ging mit einer Hand voll grüner Getreidesaat und lockte sein Lieblingskalb, aber es traute ihm heute nicht. Es hatte Prügel bekommen, und das deshalb, weil es wieder boshaft gewesen war.

Pelle war ungefähr zu Mute wie einem Vater, dessen Kind ihm Kummer macht und ihn zwingt zu strengen Maßnahmen zu greifen. Und nun dies Missverständnis, dass das Kalb ihn nicht mehr kennen wollte, obwohl er es doch nur zu seinem eigenen Besten geprügelt hatte! Aber es half nichts, solange Pelle die Kühe hütete, mussten sie ihm gehorchen.

Endlich ließ es ihn ganz herankommen, sodass er es streicheln konnte. Es war noch eine Weile eigensinnig, dann aber gab es endlich nach, fraß das Grünfutter und schnüffelte zum Dank an seinem Gesicht.

»Willst du jetzt lieb sein?«, sagte Pelle, packte es bei den Hornstummeln und rüttelte es. »Willst du woll?« Es schüttelte ungezogen den Kopf. »Dann darfst du heute meine Jacke nich tragen.«

Das Sonderbare an dem Kalb war, dass er es vom ersten Tag an, als es draußen war, nicht von der Stelle hatte treiben können. Schließlich ließ Pelle es zurück, damit Lasse es wieder mit hineinnehmen konnte, aber sobald es hinter ihm war, folgte es ihm ganz von selbst, die Stirn dicht an seinem Rücken. Seither ging es immer hinter ihm, beim Austreiben wie beim Heimtreiben, und es trug seine dicke Jacke über dem Rücken, wenn es nach Regen aussah.

Pelle zählte noch nicht viele Jahre, aber seinen Kühen gegenüber war er ein Mann. Früher hatte er sich nur so weit Respekt zu verschaffen gemocht, dass sie ihm gehorchten, wenn er in der Nähe war. Aber in diesem Jahr konnte er eine Krähe aus einer Entfernung von hundert Schritt mit einem Stein treffen, und das gab ihm den Tieren gegenüber Macht – namentlich nachdem er herausgefunden hatte, dass er das Tier beim Namen rufen musste, wenn er es traf. Dadurch wurde es dem Vieh klar, dass der Schmerz von ihm kam, und es lernte sich allein seinem Ruf zu fügen.

Die Sache war die, dass die Strafe dem Vergehen auf dem Fuß folgen musste, um wirksam zu sein. Daher war auch keine Rede mehr davon, einer Kuh aufzulauern, die ungehorsam gewesen war, und von hinten über sie herzufallen, wenn sie danach friedlich weidete; das verwirrte nur. Ein Tier müde zu hetzen, sich ihm an den Schwanz zu hängen und es um die Wiese herumzuprügeln, nur um sich zu rächen, war ebenfalls dumm; die ganze Schar geriet in Unruhe dadurch und war für den Rest des Tages schwer zu lenken. Pelle wog Ziel und Mittel gegeneinander ab; er lernte seinen Rachedurst mit praktischen, wirksamen Mitteln zu löschen.

Pelle war ein Junge und er war nicht träge! Den ganzen Tag, von fünf Uhr morgens bis neun Uhr abends, war er auf den Beinen und trieb die zwecklosesten Dinge, übte sich stundenlang darin, auf den Händen zu gehen, Kopfsprünge zu machen und über den Bach zu springen – beständig war er in Bewegung. Stundenlang konnte er unermüdlich im Kreis wie ein angepflocktes Füllen auf der Wiese herumlaufen, sich beim Laufen nach innen neigen, sodass sein Hand das Gras berührte, hinten ausschlagen und wiehern und schnaufen; er vergeudete seine Kräfte verschwenderisch vom Morgen bis zum Abend.

Aber Viehhüten war *eine Arbeit*! Und dabei hielt er haus mit seinen Kräften. Jeder Schritt, der hier gespart werden konnte, war gleichsam ein erworbenes Kapital und Pelle beobachtete alles genau und verbesserte ständig seine Arbeitsweise. Er lernte, dass Strafe am besten wirkt, wenn sie nur als Drohung über dem Betreffenden hängt – zu viel Prügel machten ein Tier verstockt. Und er lernte einzugreifen, wenn es dringend notwendig war. Ließ es sich nicht einrichten, dass die Strafe unmittelbar auf die Tat folgte, so beherrschte er sich und versuchte genau dieselbe Sachlage wieder herzustellen – um dann vorbereitet zu sein. Der kleine Mensch war, ohne dass er es selber wusste, beständig dabei, seinem Wuchs eine Elle hinzuzufügen.

Er hatte gute Ergebnisse verzeichnet. Das Austreiben und die Heimkehr verursachten ihm nie mehr Schwierigkeiten; er hatte das Kunststücke fertig gebracht, die Herde eine Woche lang über einen schmalen Feldweg mit grüner Getreidesaat an beiden Seiten zu treiben, ohne dass auch nur ein Halm abgefressen worden wäre, und das noch größere Kunststück, an einem sehr heißen Tag, wo die Kühe geneigt sind auszubrechen, die Herrschaft über sie zu behalten – sie im raschen Lauf einzukreisen, sodass sie mitten auf der Wiese standen und mit erhobenen Schwänzen stampften, aus Angst vor den Bremsen. Und wenn er es wollte, konnte er am kältesten Oktobertag alle Tiere veranlassen die Schwänze in die Höhe zu stellen und in wilder Flucht heimwärts zum Stall zu stampfen – nur indem er sich ins Gras legte und das Summen der Bremsen nachahmte. Aber das war ein furchtbares Geheimnis, von dem nicht einmal Vater Lasse etwas wusste.

Das Lustigste bei der Sache aber war, dass Kälber, die das erste Jahr draußen waren und nie die Bekanntschaft einer Bremse gemacht hatten, den Schwanz in die Höhe schleuderten und rannten, sobald sie sein Summen hörten.

Pelle hatte ein Ideal: auf einer erhöhten Stelle zu liegen und die ganze Herde nur mit Hilfe der Stimme zu lenken – nie zu Prügeln seine Zuflucht nehmen zu müssen. Vater Lasse schlug ja auch niemals, wie arg es auch zugehen mochte.

Da waren Tage – ja, wo blieben sie? Ehe er sich's versah, war es Zeit, nach Hause zu treiben. Andere Tage waren lang, aber sie sangen sich gleichsam hin, im Klang der Sensen, im Brüllen des Viehs und in Menschenrufen aus weiter Ferne. Da ging der Tag selbst singend über die Erde hin, Pelle musste jeden Augenblick stehen bleiben und lauschen: Hör, es wird gespielt! Und er lief zu den Dünen hinauf und starrte über das Meer. Aber da war es nicht und landeinwärts war kein Fest, soviel er wusste, und in der Luft flogen keine Zugvögel um diese Jahreszeit. Da, wieder! Hör! Es wird gespielt! Wie Musik, weit weg, in der Ferne – eine Musik, deren Melodie man noch nicht zu unterscheiden, deren Instrumente man noch nicht zu erkennen vermag. War es am Ende die Sonne selbst?

Da durchströmten ihn Luft und Leben, singend, als sei er ein Quell: Und er ging wie in einem Traum aus Tönen und Glück einher.

Wenn der Regen herabrieselte, hängte er seinen Rock über einen Dornbusch und lag geschützt darunter, schnitzte oder zeichnete mit einem Bleiknopf auf Papier – Pferde und liegende Ochsen. Aber am liebsten Schiffe, Schiffe, die übers Meer fuhren nach ihrer eigenen weichen Melodie, weit weg nach fremden Ländern – nach dem Negerland und nach China, um seltene Dinge zu holen. Und wenn er gut aufgelegt war, suchte er ein zerbrochenes Messer und eine Schieferscherbe aus einem geheimen Versteck hervor und fing an zu arbeiten. Auf den Stein hatte er ein Bild geritzt und nun war er dabei, es als Relief auszuschneiden – den ganzen Sommer über hatte er hin und wieder daran gearbeitet. Und jetzt fing es an, hervorzutreten – eine Bark war es, die mit vollen Segeln über gekräuseltes Wasser fuhr. Nach Spanien, nach Spanien fuhr sie wohl – holte Trauben und Apfelsinen und alle die anderen Herrlichkeiten, die Pelle noch nicht geschmeckt hatte.

An Regentagen war es schwierig, sich Klarheit darüber zu verschaffen, wie spät es war, man musste sich bis zum Äußersten anstrengen. Sonst war es die leichteste Sache der Welt, Pelle hatte es fast schon im Gefühl. Da waren Zeichen daheim auf dem Hof, die verrieten, wie spät es sein konnte, und die Kühe gaben ihm durch ihre Gewohnheiten die anderen Stunden kund. Gegen neun Uhr legte sich die erste zum Morgenwiederkäuen hin und allmählich fiel eine nach der anderen ein – gegen zehn Uhr war da stets ein Augenblick, wo sie alle lagen und kauten; um elf Uhr waren die letzten wieder auf den Beinen. Das Gleiche spielte sich am Nachmittag zwischen drei und vier Uhr ab.

Wenn die Sonne schien, war es leicht, zu bestimmen, wann Mittag war – Pelle merkte es immer an sich selbst, wenn sie ihren Gipfel erreicht hatte. Und da waren hundert andere Dinge in der Natur, an denen man die Tageszeiten ablesen konnte, zum Beispiel die Gewohnheiten der Vögel und gewisse Erscheinungen bei den Tannen. Und eine Menge anderes, worauf er nicht den Finger legen und »da« sagen konnte, weil es eben nur eine Empfindung war. Den Zeitpunkt zum Heimtreiben gaben die Kühe selber. Wenn der nahte, grasten sie langsam, bis ihre Köpfe zum Hof zeigten; ihre Körper streckten sich – sie wollten heim.

Die ganze Woche hindurch hatte sich Rud nicht sehen lassen und heute war er kaum da, als ihn Pelle auch schon wegen einer Hinterlist ausschelten musste. Da lief er nach Hause, Pelle aber legte sich oben an den Kiefernsaum und sang, auf dem Bauch, die Fußsohlen in der Luft. Ringsherum sah man die Spuren seines Messers in den Stämmen der Bäume – bei den ältesten Schiffen sah man den Kiel und das Deck stand lotrecht auf dem Rumpf; die hatte er im ersten Sommer geschnitzt. Hier war auch eine Sammlung von Äckern am Wiesenrand, ordnungsgemäß gepflügt, geeggt und besät. Jeder Acker war eine Quadratelle groß.

Aber nun lag Pelle da, ruhte sich aus nach den Anstrengungen mit Rud und stieß in jubelndes Geheul aus, das die Luft beben ließ. Oben verließ ein Knecht den Hof, er ging mit einem Bündel unterm Arm die Landstraße entlang; es war Erik, der wegen Prügelei vor Gericht sollte. Jetzt kam der Gutsbesitzer gefahren; er wollte also zur Stadt und bummeln. Warum konnte der Knecht nicht mitfahren, wo sie doch denselben Weg hatten? Wie schnell er fuhr, obwohl sie ihn nie mehr verfolgte – sie tröstete sich jetzt zu Hause! Ob es wohl wahr war, dass er an einem Abend fünfhundert blanke Kronen durchgebracht hatte?

> »Wild raset der Krieg, es fließet das Blut,
> In den Bergen man Rufe hört!
> Mit Grauen und Schrecken der Türke naht
> Und manch treues Heim zerstört.
> Sie ziehn . . . «

»Ha!« Mit einem Satz war Pelle auf den Füßen und starrte zum Kleefeld hinauf. Die Milchkühe da oben hatten die letzte Viertelstunde jeden Augenblick nach dem Hof hingesehen; jetzt brüllte Aspasia, dann musste der Vater auf dem Wege hier heraus sein, um die Kühe umzupflöcken. Da kam er auch wirklich um die Ecke des Hofes gewatschelt. Es war nicht weit bis zur untersten Kuh; wenn der Vater da war, konnte Pelle es schon einrichten, dass er schnell hinüberrannte und ihm Guten Tag sagte.

Pelle sammelte die Kühe und schlenderte langsam zu der anderen Grenzscheide und über die Felder hinüber. Lasse hatte die obere Hälfte umgepflöckt, jetzt ging er zu dem Stier, der ein wenig abseits stand. Der Stier brummte und stampfte, dass die Erde aufspritzte; die Zunge hing ihm seitlich aus dem Maul und mit dem einen Horn stieß er in die Luft – er war wütend! Dann ging er mit kurzen Schritten und allerlei Hokuspokus vor – wie er stampfte! Pelle hatte die größte Lust, ihn über das Maul zu hauen, wie er es so oft getan hatte; das war doch keine Art, Lasse zu bedrohen, wenn er auch gar nichts damit meinte.

Vater Lasse achtete nicht weiter auf den Stier; er stand da und hämmerte auf den schweren Tüderpflock los. »Guten Tag!«, rief Pelle. Lasse wandte den Kopf und nickte, dann beugte er sich herab und schlug den Pfahl in die Erde. Der Stier stand unmittelbar hinter ihm und stampfte kurz. Das Maul stand ihm offen und die Zunge hing heraus, es sah aus, als wolle er sich erbrechen, und es hörte sich auch so an. Pelle lachte, während er seinen Lauf verlangsamte; es war nur noch ein kurzes Stück bis zu Lasse.

Aber plötzlich schoss Vater Lasse einen Purzelbaum, fiel und war wieder in der Luft – und fiel eine Strecke weiter nieder. Wieder wollte ihn der Stier aufspießen, aber Pelle stand gerade vor seinem Kopf; er hatte seine Holzschuhe nicht an, sondern stieß mit den bloßen Füßen, sodass ihm schwarz vor Augen wurde. Der Stier kannte ihn und wollte um ihn herumschleichen, aber Pelle sprang ihm vor den Kopf und schrie und stieß mit den Füßen und packte ihn, ganz außer sich, bei den Hörnern. Da schleuderte er ihn sanft beiseite und ging auf Lasse zu, der in einiger Entfernung dalag, er blies an der Erde entlang, sodass das Gras wogte.

Er packte den Alten bei der Bluse und rüttelte ihn ein wenig, fasste dann tastend mit beiden Hörnern unter ihn, um ihn hoch in die Luft zu schleudern. Aber Pelle war wieder auf den Beinen, wie ein Blitz zog er das Messer heraus und jagte es dem Stier zwischen die Hinterbeine. Der Stier stieß ein kurzes Gebrüll aus, warf Lasse beiseite und fuhr in Sprüngen über die Felder hin, er stieß im Laufen mit den Hörnern in die Luft und brummte. Drüben am Bach machte er sich daran, den Abhang aufzuwühlen, die Luft um ihn her war dick von Erde und Grassoden.

Lasse lag da und stöhnte mit geschlossenen Augen. Pelle zerrte vergebens an einem Arm, um ihm aufzuhelfen. »Vater, lieber Lassevater!«, rief er weinend.

Endlich setzte sich Lasse aufrecht hin. »Wer singt da?«, fragte er. »Ach, du bist es, Junge – und du weinst! Hat dir jemand was getan? – Ach so, ja, der Stier, der war kurz davor, Fandango mit mir zu spielen. Aber was hast du eigentlich getan, dass ihn der Teufel so schnell holte? Du hast ja deinem Vater das Leben gerettet, so klein du auch noch bist – pfui, Satan, ich glaube wahrhaftig, ich muss spucken.« Lasse erbrach sich. » Ach ja«, sagte er und trocknete den Schweiß von der Stirn, »wer jetzt 'n Schluck hätte! – Ja, ja, er kannte mich ja, der Bursche, sonst wäre ich nich so leicht davongekommen. Er wollte bloß ein bisschen mit mir spielen, weißt du – er war ein klein wenig nachtragend, weil ich ihn heut Morgen von einer Kuh weggejagt habe; ich merkte es ja recht gut. Aber wer hätte denn gedacht, dass er sich an einem vergreifen würde! Na, das hätte er nu auch nich getan, wenn ich nich so dumm gewesen wäre, in fremdem Zeug zu gehen; dies is nämlich Mons seine Bluse, die hab ich mir geliehen, weil ich meine gewaschen hab. Und den fremden Geruch kann Kalurius nich an mir vertragen. – Na, nu müssen wir ja sehen, was Mons zu diesem Riss sagt, er wird woll nich allzu sanft sein!« Lasse ließ den Mund noch eine Weile laufen, ehe er versuchte sich aufzurichten und mit Pelles Hilfe auf die Beine zu kommen. Er stand da, auf die Schulter des Jungen gestürzt, und schwankte hin und her. »Ich könnte ganz gut betrunken sein, wenn man bloß die Schmerzen nich wären!«, sagte er und lachte leise. »Ja, ja, ich muss woll Gott danken, dass ich dich hab, Junge, immer machst du mir das Herz froh und nu hast du mir auch das Leben gerettet.«

Lasse schwankte nach Hause und Pelle trieb den Rest der Kühe auf dem Weg zu den seinen hinunter. Er war stolz und zugleich erschüttert, hauptsächlich aber doch stolz. Er hatte Vater Lasse das Leben gerettet – und zwar hatte er ihn vor dem großen, wütenden Stier errettet, mit dem niemand sonst auf dem Hof zu schaffen haben wollte. Das nächste Mal, wenn Henrik Bödker hier herauskam, um ihn zu besuchen, sollte er alles zu wissen bekommen.

Ein wenig ärgerlich war er darüber, dass er das Messer gezogen hatte; hier auf dem Lande sahen alle darauf herab und sagten, das sei schwedisch. Es hätte ja auch gar nicht Not getan, wenn nur Zeit gewesen wäre – oder er seine Holzschuhe angehabt hätte, um den Stier damit ins Auge zu treten. Er war oft mit den Spitzen seiner Holzschuhe auf ihn losgegangen, wenn er nach einer Deckung wieder in den Stall hineingetrieben werden sollte, und er nahm sich wohl in Acht, ihm was zu tun. Vielleicht würde er ihm einen Finger ins Auge drücken und ihn blind machen – oder bei den Hörnern packen und herumdrehen, so wie in der Geschichte, bis er ihm den Hals abgedreht hatte.

Pelle wuchs und schwoll an, bis er alles überschattete; seine Kräfte waren unermesslich, als er herumlief und die Kühe wieder zusammentrieb. Er fegte wie der Sturmwind über das Ganze hin, schleuderte den starken Erik und den Verwalter hierhin und dorthin und hob – ja, hob den ganzen Steinhof in die Höhe, nur indem er eine Hand unter den Balkon stemmte. Er geriet in eine förmliche Berserkerwut.

Und plötzlich fiel ihm ein, was es für einen Skandal geben würde, wenn der Verwalter erfuhr, dass der Stier frei herumlief. Dann setzte es am Ende Prügel für Lasse und für ihn selber. Er musste hin und ihn suchen; der Sicherheit halber nahm er die Peitsche mit und zog die Holzschuhe an.

Unten am Bachabhang hatte der Stier fürchterlich gehaust. Ein ganzes Stück von der Wiese war aufgewühlt. Blutige Spuren liefen am Bach und über die Felder hin. Pelle folgte diesen Spuren zum Feldrain hin, dort fand er den Stier. Das große Tier hatte sich unter die Dornbüsche verkrochen und leckte seine Wunde. Als er Pelles Stimme hörte, kam er heraus. »Kehrt!«, rief Pelle und schlug ihn aufs Maul. Der Stier senkte den Kopf, machte eine Bewegung, als wolle er stoßen, und zog sich schwerfällig zurück; und Pelle fuhr fort ihn auf das Maul zu schlagen. Schritt für Schritt rückte er vor, unerbittlich ertönte seine Stimme: »Kehrt! Willst du wohl kehrtmachen!« Da drehte sich der Stier um und lief mit großen Sätzen davon; Pelle ergriff den Tüdenpflock und rannte hintendrein; mit der Peitsche hielt er den Stier in Atem, damit er keine Zeit hatte, Übles zu ersinnen.

Als das dann glücklich überstanden war, brach er vor Müdigkeit zusammen. Er lag zusammengekauert unter einer Tanne und dachte trübselig an Vater Lasse, der nun wohl krank zu Hause umherging und keinen hatte, der ihm eine Handreichung bei der Arbeit tun konnte. Schließlich wurde der Zustand unerträglich, er musste nach Hause.

»Ssss! Ssss!« Pelle kroch auf dem Bauch über die Wiese hinab und ahmte das Summen der Bremsen nach. Er stieß den Ton zwischen den Zähnen hervor, ließ ihn steigen und fallen, als fliege er hierhin und dahin über das Gras; die Kühe hörten auf zu weiden, sie standen totenstill, mit wachsamen Augen. Dann durchzuckte es sie nervös, sie schlugen mit den Beinen an den Bauch, drehten sich in kleinen Bogen zur Seite und zappelten, die Schwänze flogen in die Höhe. Er verstärkte den Ton, die ganze Herde lief im Kreis herum; die Tiere steckten einander an und stampften in wilder Panik. Ein paar Kälber brachen aus und schlugen den geraden Weg nach dem Hof ein und die ganze Schar folgte. Jetzt handelte es sich nur darum, mit viel Gezappel hinterherzulaufen und listig den Laut ununterbrochen nachzuahmen, bis sie zu Hause angelangt waren.

Der Verwalter kam selbst herausgelaufen und riss die Tür zu der Umfriedung auf, er half die Kühe hineinzutreiben. Pelle war auf eine Ohrfeige gefasst und blieb stehen, aber der Verwalter sah ihn nur mit einem sonderbaren Lächeln an. »Sie fangen wohl an dir über zu werden«, sagte er und sah Pelle in die Augen, »na ja, solang du noch mit dem Stier fertig werden kannst!« Er machte sich lustig über ihn – Pelle bekam einen brennend roten Kopf.

Vater Lasse war zu Bett gegangen. »Nur gut, dass du da bist!«, sagte er. »Ich lag hier gerade und dachte darüber nach, wie ich die Kühe umgepflöckt kriegen soll. Rühren kann ich mich so gut wie gar nich – und aufstehen erst recht nich.«

Es dauerte eine Woche, bis Lasse wieder auf die Beine kam; während der Zeit blieb das Jungvieh in der Umfriedung und Pelle blieb zu Hause und verrichtete die Arbeit des Vaters. Er aß mit den anderen und hielt seinen Mittagsschlaf in der Scheune, genau wie sie.

Eines Mittags kam die Sau auf den Hof und war betrunken. Sie postierte sich im oberen Hof, der ihr verboten war, und rief nach Kongstrup. Der Gutsbesitzer war zu Hause, ließ sich aber nicht blicken; nichts rührte sich hinter den hohen Fenstern. »Kongstrup! Kongstrup! Komm doch mal raus!«, rief sie und sah auf die Pflastersteine nieder, sie konnte den Kopf nicht heben. Der Verwalter war nicht anwesend und die Knechte hielten sich in der Scheune versteckt – sie freuten sich auf einen kleinen Skandal. »Du, Kongstrup, komm raus, ich will mit dir sprechen!«, sagte die Sau mit lallender Zunge. Dann ging sie die Treppe hinauf und fasste an die Tür. Sie donnerte ein paar Mal dagegen und sprach, das Gesicht an die Tür gepresst; als niemand kam, schwenkte sie hinunter und ging, vor sich hin murmelnd, ihrer Wege, ohne sich nach rechts oder links umzusehen.

Nach einer Weile begann das lange, heulende Weinen da oben; und gerade als die Leute auf das Feld wollten, kam Kongstrup herausgestürzt und befahl den Einspänner anzuspannen. Während das geschah, ging er nervös um den Wagen herum und jagte dann, was das Zeug halten wollte, vom Hof herunter. Als er um den Giebel bog, wurde ein Fenster geöffnet und eine Stimme rief flehend: »Kongstrup, Kongstrup!« Aber er fuhr schnell weiter. Dann schloss sich das Fenster wieder und das Weinen begann von neuem.

Am Nachmittag, als sich Pelle auf dem unteren Hof zu schaffen machte, kam Karna und sagte, er solle zu Frau Kongstrup hinaufkommen. Pelle ging zögernd, er hatte ein unheimliches Gefühl ihr gegenüber und alle Mannspersonen waren draußen auf dem Feld.

Frau Kongstrup lag in ihres Mannes Arbeitszimmer auf dem Sofa, dort hielt sie sich Tag und Nacht auf, wenn ihr Mann aus war. Sie hatte ein nasses Handtuch auf der Stirn und war ganz rot im Gesicht vor Weinen.

»Komm hierher«, sagte sie mit matter Stimme. »Du bist doch nich bange vor mir?«

Pelle musste sich neben sie auf den Stuhl setzen; er wusste nicht, wo er mit seinen Augen bleiben sollte. Und seine Nase fing infolge der Spannung an zu laufen und er hatte kein Taschentuch.

»Bist du bange vor mir?«, fragte sie wieder und um ihren Mund zuckte es bitter.

Er musste sie ansehen, um zu zeigen, dass er nicht bange war, und sie sah auch wirklich gar nicht aus wie eine Hexe, sondern nur wie ein Mensch, der weinte und unglücklich war.

»Komm her«, sagte sie, und dann trocknete sie seine Nase mit ihrem eigenen feinen Taschentuch ab und strich ihm über das Haar. »Du hast ja nicht mal eine Mutter, du armer Junge!« Sie strich an seiner unbeholfen ausgebesserten Bluse herunter.

»Es ist jetzt drei Jahre her, seit Mutter Bengta starb; sie liegt in der Westecke vom Friedhof begraben.«

»Fehlt sie dir nicht sehr?«

»Ach – Vater Lasse flickt ja mein Zeug!«

»Sie ist wohl nicht sehr gut gegen dich gewesen?«

»Doch, das is sie gewesen!« Pelle nickte eifrig. »Aber sie war ja so gnatzig, sie war ja immer krank – und dann is es am besten, wenn sie sterben. Aber nu verheiraten wir uns bald wieder, sobald Vater Lasse eine gefunden hat, die was taugt.«

»Und dann geht ihr wohl von hier fort? Du hast es hier wohl auch nicht besonders gut?«

Pelle war ins Erzählen gekommen, aber nun fürchtete er eine Falle und verstummte. Er nickte nur – niemand sollte kommen und ihm Vorwürfe machen, weil er geklagt hatte.

»Nein, du hast es auch nicht gut«, sagte sie in klagendem Ton, »niemand hat es gut auf dem Steinhof. Hier gibt es nur Unglück.«

»Das soll ja ein alter Fluch sein!«, sagte Pelle.

»Sagt man das? Ja, ja, ich weiß es recht gut! Und von mir sagen sie, dass ich eine Hexe wäre, bloß weil ich einen Einzigen lieb habe – und mich nicht dareinfinden kann, dass man mich mit Füßen tritt!« Sie weinte und presste seine Hand gegen ihr bebendes Gesicht.

»Ich muss jetzt gehn und die Kühe umpflöcken«, sagte Pelle und wand sich unglücklich hin und her, um loszukommen.

»Nun bist du ja schon wieder bange vor mir«, sagte sie und versuchte zu lächeln – es war wie Sonne nach einem Regen.

»Nein – aber ich muss nu hin und die Kühe umpflöcken!«

»Du hast noch eine ganze Stunde Zeit bis dahin. Aber warum hütest du heute nicht draußen – ist dein Vater krank?«

Da musste Pelle die Geschichte mit dem Stier erzählen.

»Du bist ein guter Junge«, sagte Frau Kongstrup und streichelte ihn. »Wenn ich einen Sohn hätte, müsste er dir ähnlich sein! Aber nun sollst du Eingemachtes haben und dann musst du zum Kaufmann laufen und eine Flasche Johannisbeerrum holen, damit wir deinem Vater einen warmen Trunk machen können. Wenn du dich sputest, kannst du rechtzeitig zum Umpflöcken wieder hier sein.«

Lasse bekam seinen warmen Trunk, noch ehe der Junge zurück war, und jeden Tag, solange er lag, bekam er etwas Kräftigendes – wenn auch kein Johannisbeerrum darin war.

Am nächsten Tag um die gleiche Zeit war Pelle wieder bei Frau Kongstrup – ihr Mann war in Geschäften in Kopenhagen. Sie war gut zu ihm und gab ihm Süßigkeiten, und während er die verschlang, erzählte sie unaufhörlich von Kongstrup oder fragte, was die Leute von ihr sagen; Pelle musste damit herausrücken und dann wurde sie krank und fing an zu weinen. Sie redete in einem fort über den Gutsbesitzer, aber dann schlug sie sich auf den Mund und Pelle musste es aufgeben, daraus klug zu werden. Er hatte auch genug zu tun mit seinen Süßigkeiten.

Unten in der Kammer wiederholte er das Ganze wortgetreu und Lasse lag da und lauschte und wunderte sich über diesen Knirps, der an höchster Stelle aus und ein ging und das Vertrauen der Herrin selbst besaß. Und doch gefiel es ihm nicht so recht.

»Sie konnte kaum auf den Beinen stehn, sie musste sich am Tisch festhalten, als sie die Zwiebäcke für mich holen wollte – so krank war sie. Das käme bloß daher, weil er so schlecht gegen sie gewesen is, sagte sie. Sie hasst ihn, du! Sie könnte ihn totschlagen, sagt sie. Und dabei sagt sie doch, dass er der schönste Mann auf der Welt is, und ob ich woll je einen schöneren Mann in Schweden gesehen hab. Und dann weinte sie wie verrückt.«

»Hm, ja!«, sagte Lasse sinnend. »Hm, ja! Sie weiß woll nich recht, was sie sagt – oder auch, sie hat ihre eigenen Absichten damit. Aber dass er sie schlägt, das is nich wahr! Sie lügt gewiss!«

»Warum sollte sie woll lügen?«

»Weil sie ihm böse is! Aber das ist wahr, ein Staatskerl is er – und er kümmert sich um alle anderen, bloß nich um sie; das is das ganze Unglück. Ich mag es eigentlich gar nich, dass du so viel da oben bei ihr bist; wenn du man nich dadurch in Ungelegenheiten kommst!«

»Wieso? Sie is so gut, so gut!«

»Ja, was weiß ich altes Wurm! Nee, gut is sie nich, wenigstens hat sie keine guten Augen – sie hat woll den einen und den anderen damit ins Unglück gebracht. Aber dabei is woll nichts zu machen; arme Leute müssen alles wagen.« Lasse schwieg eine Weile und humpelte herum, dann kam er zu Pelle heran. »Sieh mal hier, du, hier is ein Stück Stahl, das ich gefunden hab! Das musst du immer bei dir haben, hörst du, vor allen Dingen, wenn du da raufgehst! Ja, und dann – dann müssen wir das andere in Gottes Hand legen, du! Er is der Einzige, der an uns arme Leute denkt!«

Lasse war an jenem Tag zum ersten Mal ein wenig auf. Gott sei Dank ging es schnell voran mit ihm; in zwei Tagen konnte wieder alles beim Alten sein. Und zum Winter wollten sie sehen, dass sie aus all dem hier herauskamen!

Am letzten Tag, als Pelle zu Hause beschäftigt war, musste er auch zu Frau Kongstrup kommen und eine Besorgung für sie machen. Und an dem Tage sah er etwas Unheimliches und der Gedanke, dass dies nun bald vorbei sein würde, erfüllte ihn mit Freude; sie nahm die Zähne, den Gaumen und alles aus dem Mund und legte es vor sich auf den Tisch.

Sie war *doch* eine Hexe!

13

Pelle trieb das Jungvieh nach Hause. Als er um den Hof herumtrieb, kommandierte er laut, damit der Vater es hören sollte: »Heda, Spasianna, du alte Gelte, wo willst du hin? Danebrog, du verdammtes Biest, willst du woll beidrehen!« Aber Lasse kam nicht, um die Gittertür zu öffnen.

Als er die Kühe in die Umfriedung getrieben hatte, lief er in den Kuhstall. Der Vater war weder dort noch in der Kammer und die Sonntagsholzschuhe und die Pelzmütze waren weg.

Da dachte Pelle daran, dass es Sonnabend war – der Alte war wohl zum Kaufmann gelaufen, um für die Knechte Branntwein zu holen.

Pelle ging in die Gesindestube, um Abendbrot zu essen. Die Knechte waren spät nach Hause gekommen und saßen noch am Tisch, auf dem verschüttete Milch und Kartoffelschalen schwammen. Sie hatten gerade eine Wette abgeschlossen – Erik hatte sich verpflichtet noch zwanzig gesalzene Heringe und Kartoffeln zu essen, nachdem er bereits mit der Mahlzeit fertig war. Es galt eine Flasche Branntwein und die anderen sollten ihm die Kartoffeln abpellen.

Pelle holte sein Taschenmesser heraus und pellte sich einen Haufen Kartoffeln ab. Er ließ die Haut an dem Hering sitzen, aber er schrapte sie sorgfältig ab und schnitt Kopf und Schwanz ab; dann schnitt er ihn in Stücke und aß ihn mit allen Gräten zu den Kartoffeln und der Mehltunke. Währenddessen sah er zu dem Hünen Erik hinüber, der so gewaltig stark war und alles zwischen Himmel und Erde wagen konnte. Erik hatte Kinder an allen Ecken und Enden! Erik konnte den Finger in einen Flintenlauf stecken und die Flinte mit steifem Arm ausgestreckt halten! Erik konnte so viel trinken wie drei andere!

Und nun saß Erik da und aß zwanzig Heringe, nachdem er sich

schon satt gegessen hatte. Er nahm den Hering beim Kopf und aß ihn, wie er war. Und Kartoffeln verschlang er dazu, so schnell wie die anderen sie nur schälen konnten. Zwischendurch fluchte er, weil ihm der Verwalter heute Abend abgeschlagen hatte auszugehen. Das sollte ewig eine Lüge sein, dass sie Erik zurückhalten könnten, wenn er selber ausgehen wollte!

Pelle aß, so schnell er konnte, den Hering und die Wassergrütze und lief dann wieder hinaus, dem Vater entgegen. Er sehnte sich danach, ihn zu sehen. Draußen an der Pumpe waren die Mägde eifrig damit beschäftigt, Milcheimer und Küchengeschirr zu scheuern. Gustav stand auf dem unteren Hof, die Arme auf dem Gitter, und unterhielt sie. Er gab wohl auf Bodil Acht, die während der ganzen Zeit ihre Augen auf den neuen Wirtschaftslehrling gerichtet hatte, der hin und her stolzierte und sich in langen Stiefeln mit Lackstulpen wichtig machte.

Pelle wurde angehalten und beim Wasserpumpen angestellt. Jetzt kamen die Knechte heraus und gingen zur Scheune hinüber, vielleicht um Kraftproben anzustellen; seit Erik da war, stellten sie in der freien Zeit immer Kraftproben an. Pelle kannte nichts so Spannendes wie Kraftproben, er pumpte aus Leibeskräften, um fertig zu werden und hinübergehen zu können.

Aber Gustav, der sonst der Eifrigste war, blieb am Gitter stehen und machte boshafte Bemerkungen über den Landwirtschaftslehrling. »Er schimmert wie Katzendreck im Mondschein!«, sagte er laut.

»Da muss Geld sein!«, sagte Bodil nachdenklich.

»Na, versuch's doch mal mit ihm – am Ende wirst du noch Frau Gutsbesitzerin. Der Verwalter will ja doch nich, und der Herr – ja, du hast woll die Sau neulich gesehen, das müssen herrliche Aussichten für ein Mädchen sein.«

»Wer sagt dir, dass der Verwalter nich will?«, entgegnete Bodil scharf. »Bild dir bloß nich ein, dass wir dich bitten würden uns das

Licht zu halten! Kleine Kinder lässt man doch nich bei allem zusehn!«

Gustav wurde dunkelrot. »Ach, halt's Maul!«, murmelte er und schlenderte zur Scheune hinüber.

> »Ach, Herr Jesus, meine alte Mutter
> Geht auf dem Verdeck und rollt ...«,

sang Mons drüben in der Stalltür, wo er stand und auf einen gesprungenen Holzschuh loshämmerte. Pelle und die Mägde zankten sich und oben im Giebelzimmer hörte man den Verwalter hin und her gehen. Er war damit beschäftigt, Pfeifen zu reinigen. Von Zeit zu Zeit drang ein lang gezogener Laut aus dem hohen Wohnhaus; es klang wie das Heulen eines Tieres in weiter Ferne und jagte den Leuten einen Schauer des Unbehagens über den Rücken.

Drüben bei den Knechtskammern schlüpfte ein Bursche zur Tür hinaus; er war sonntäglich gekleidet und trug ein Kleiderbündel unterm Arm. Es war Erik; er schlich an dem Gebäude entlang in den unteren Hof hinab.

»He da! Zum Deubel auch, wo will er hin?«, donnerte es oben vom Fenster des Verwalters herab. Der Bursche duckte den Kopf ein wenig und tat, als gehe es ihm nichts an. »Willst du wohl hören, du verdammter Halunke! – Erik!« Diesmal machte Erik kehrt und schlich in eine Scheunentür hinein.

Gleich darauf kam der Verwalter herunter und ging über den Hof. Drinnen in der Häckselscheune standen die Knechte und freuten sich über Eriks Missgeschick.

»Er is ein Satan, was das Ausgucken betrifft«, sagte Gustav. »Du musst früh aufstehen, wenn du den anführen willst.«

»Ach, ich werde ihn schon belauern«, sagte Erik, »ich bin auch nich von gestern. Und macht er sich gar zu mausig, dann setzt es was!«

Sie verstummten auf einmal; die wohlbekannten Schritte des Verwalters ertönten draußen auf dem Pflaster. Erik schlich weg.

Die Gestalt des Verwalters füllte die ganze Türöffnung aus. »Wer hat Lasse nach Branntwein geschickt?«, fragte er barsch.

Sie sahen sich gegenseitig verständnislos an. »Is Lasse weg?«, fragte Mons mit der unschuldigsten Miene von der Welt.

»Ja, der Alte mag ja gern Branntwein«, sagte Anders erklärend.

»Ihr seid mir nette Kameraden«, sagte der Verwalter. »Erst schickt ihr den Alten und dann lasst ihr ihn im Stich. Ihr verdientet alle zusammen Prügel.«

»Nee, Prügel verdienen wir nich und lassen wir uns auch nich bieten«, sagte der Großknecht und trat einen Schritt vor. »Herr Verwalter müssen wissen . . . «

»Halt 's Maul, Kerl!«, donnerte der Verwalter und Karl Johann zog sich zurück.

»Wo ist Erik?«

»Wohl in der Kammer.«

Der Verwalter ging durch den Pferdestall. Etwas in seiner Haltung verriet, dass er nicht ganz unvorbereitet auf einen Angriff von hinten war. Erik lag in seinem Bett und hatte das Federkissen bis über die Nase hinaufgezogen.

»Was soll das heißen? Bist du krank?«, fragte der Verwalter.

»Ja, ich glaub, ich hab mich erkältet – ich zittere so mörderlich.« Erik versuchte mit den Zähnen zu klappern.

»Du hast doch wohl nicht Ziegenpeter?«, sagte der Verwalter teilnahmsvoll. »Lass doch mal ansehen, du armer Mann.« Er schleuderte das Federbett mit einer schnellen Bewegung in die Höhe. »Ei, ei! Du liegst da in deinem Sonntagsstaat und mit langen Stiefeln! Das ist am Ende deine Leichenkleidung? Du wolltest wohl nur hin und ein Armenbegräbnis für dich bestellen, wie? Es ist auch wohl an der Zeit, dass wir dich unter die Erde bringen – mir deucht, du riechst schon!« Er schnüffelte an ihm herum.

Aber Erik sprang wie eine Stahlfeder aus dem Bett und stand kerzengerade vor ihm. »Ich bin noch nich tot und riechen tu ich auch woll nich mehr als gewisse andere!«, sagte er. Sein Blick sprühte Funken und er sah sich blitzschnell nach einer Waffe um.

Der Verwalter spürte seinen brennenden Atem im Gesicht – es war nicht ratsam, sich jetzt zurückzuziehen. Er stieß ihm die geballte Faust ins Zwerchfell, sodass Erik hintenüber auf das Bett fiel und nach Luft schnappte, packte ihn dann bei den Schultern und hielt ihn nieder. Aber es brannte noch mehr in ihm – er hatte Lust, diesem Gesindel die Faust ins Gesicht zu schlagen, das hinter ihm hergrinste, sobald er den Rücken wandte, und zu jeder Kleinigkeit angetrieben werden musste. Hier hatte er endlich das ganze Knechtsgelichter gepackt, das ihm dauernd Scherereien machte – Unzufriedenheit mit der Beköstigung, Krakeelerei bei der Arbeit, Drohungen, aus dem Dienst zu gehen, wenn am allermeisten zu tun war, nie endenden Ärger. Hier war Vergeltung für viele Jahre Verdruss und Schmach, ihm fehlte nur der kleine Anstoß – ein Puff von diesem großen Lümmel, der seine Kräfte nicht bei der Arbeit einsetzte, sondern sie gebrauchte, um Unruhe zu stiften.

Aber Erik lag ganz still und sah seinen Feind mit wachsamen Augen an. »Man zu! Schlagen Sie doch! Es wird hier zu Lande auch woll 'ne Obrigkeit geben!«, sagte er mit aufreizender Ruhe.

Dem Verwalter brannten die Muskeln, aber er musste ihn loslassen, um keine Unannehmlichkeiten zu bekommen. »Willst du ein andermal daran denken und nicht wieder aufsässig sein?«, sagte er und gab ihn frei. »Sonst werde ich dir zeigen, dass es hier zu Lande eine Obrigkeit gibt!«

»Wenn Lasse kommt, schickt ihr ihn mit dem Branntwein zu mir!«, sagte er zu den Knechten, als er durch die Scheune ging.

»Den Teufel woll auch!«, entgegnete Mons halblaut.

Pelle war seinem Vater entgegengelaufen. Der Alte hatte von dem Eingekauften gekostet und war in guter Laune. »Da waren sieben Mann im Boot und sie hießen alle Ole. Alle bis auf einen einzigen, der hieß Ole Olsen!«, sagte er feierlich, als er den Jungen sah. »Ja, war es nich schnurrig, Pellemann; dass sie alle Ole hießen bis auf den einen, weißt du, der hieß Ole Olsen.« Und dann lachte er und puffte den Jungen aufmunternd und Pelle lachte auch – er mochte es gern, wenn der Vater guter Laune war.

Die Knechte kamen ihnen entgegen und nahmen dem Kuhhirten die Flaschen ab. »Er hat probiert!«, sagte Anders und hielt die Flasche gegen das Licht. »Seh mal einer den alten Trunkenbold, er hat die Getränke untersucht!«

»Nee, denn müssen die Flaschen am Boden undicht sein«, sagte Lasse, den der Schnaps ganz kühn gemacht hatte, »denn ich hab bloß mal daran gerochen. Aber man muss sich doch Gewissheit verschaffen, dass es reelle Sachen sind und nich das reine Wasser, was man kriegt.«

Sie schlenderten um die Umfriedung herum. Gustav ging voran und spielte auf seiner Handharmonika. Es herrschte eine forcierte Lustigkeit. Im Gehen sprang bald dieser, bald jener hoch in die Luft, stieß kurze, heulende Töne und abgerissene Flüche aus. Der Gedanke an die gefüllten Flaschen, der Sonnabendabend, der Sonntag, der vor ihnen lag, und der Krieg mit dem Verwalter – alles das erhöhte ihre Stimmung.

Sie lagerten sich unten vor dem Kuhstall im Gras, dicht am Teich. Die Sonne war längst untergegangen, aber der Abendhimmel erstrahlte in leuchtendem Rot. Wenn sich die Gesichter gen Westen wandten, war es, als gehe ein Feuerschein über sie hin, und die weißen Gehöfte landeinwärts schimmerten in der Dämmerung.

Jetzt kamen die Mägde über das Gras gegangen. Sie hielten die Hände unter den Schürzen und zeichneten sich schwarz gegen den strahlenden Himmel ab; sie summten ein Volkslied und ließen sich neben den Knechten ins Gras gleiten; die Abenddämmerung saß ihnen im Sinn und machte ihre Gestalten und Stimmen weich wie eine Liebkosung. Aber die Knechte waren nicht weich gestimmt, sie zogen die Flasche vor.

Gustav ging umher und phantasierte auf seiner Handharmonika. Er suchte eine Stelle, wo er sich setzen könnte, und warf sich endlich in Karnas Schoß und spielte auf. Erik war zuerst auf den Beinen. Wegen seines Zwists mit dem Verwalter tanzte er vor und riss Bengta mit einem Ruck aus dem Gras in die Höhe. Sie tanzten schwedische Polka und bei einer bestimmten Stelle in der Melodie hob er sie mit einem Jauchzer in die Höhe. Jedes Mal kreischte sie und die schweren Röcke standen von ihr ab wie der Schwanz eines Truthahns, sodass ein jeder sehen konnte, wie lange hin es noch bis zum Sonntag war.

Mitten in einem Wirbel ließ er sie los, sodass sie über das Gras hintaumelte und fiel. Man konnte das Zimmer des Verwalters von hier unten aus sehen und dort war ein heller Fleck zum Vorschein gekommen. »Er glotzt! Herr du meines Lebens, wie er glotzt! Kannst du die woll sehn?«, schrie Erik laut und hielt eine Branntweinflasche in die Höhe. Dann trank er: »Prost! Der alte Satan soll leben, hurra! Wie er stinkt, das Schwein! Pfui Deubel!« Die anderen lachten, das Gesicht da oben zog sich zurück.

Zwischen den Tänzen spielten sie, tranken und machten Kraftübungen. Sie wurden immer unberechenbarer in ihren Handlungen, stießen plötzlich ein Gebrüll aus, dass die Mädchen laut aufkreischten, warfen sich mitten im Tanz zu Boden und stöhnten, als wenn sie im Sterben lägen, sprangen plötzlich wieder mit wilden Gebärden auf und stellten dem Zunächststehenden ein Bein. Ein paar Mal schickte der Verwalter den Wirtschaftslehrling herunter und befahl ihnen sich ruhig zu verhalten, aber der Lärm wurde nur noch ärger. »Grüßen Sie ihn und sagen Sie ihm, er soll seine Bestellungen selbst ausrichten!«, rief Erik dem Wirtschaftslehrling nach.

Lasse gab Pelle einen Puff und zog sich zurück.

»Nu wird es woll am besten sein, wenn wir uns zur Ruhe begeben«, sagte er, als sie unbemerkt entkommen waren, »man kann nie wissen, wozu dies führt. Sie sehen schon alle rot, wird woll nich mehr lange dauern, dann tanzen sie den Bluttanz. Ach ja, wär ich jung, hätt ich mich woll nich wie 'n Dieb weggeschlichen, dann wär ich dageblieben und hätt hingenommen, was danach gekommen wär. Es hat mal 'ne Zeit gegeben, da konnte Lasse beide Hände auf die Erde setzen und seinen Gegner mit den Stiefelhaken schlagen, sodass er zu Boden sank wie ein Strohhalm. Aber nu is die Zeit vorbei und es is am besten, sich vorzusehen. Da kann Polizei und alles Mögliche bei rauskommen. Von dem Verwalter gar nich zu reden, du! Nu haben sie ihn den ganzen Sommer gereizt, dieser Erik immer vorneweg, aber wenn sie ihn erst wirklich wütend gemacht haben, dann kann Erik Gute Nacht sagen.«

Pelle wollte gern noch ein wenig aufbleiben und ihnen zusehen. »Wenn ich hinter den Zaun krieche und mich platt hinlege – nich, Vater, du!«, bettelte er.

»Ach was, das sind Dummheiten, sie könnten dir was antun, wenn sie dich sehn! Man weiß nich, worauf die verfallen können. Na, aber du musst selber deinen Mann stehn – und pass man auf, dass sie dich nich sehn.«

Und dann ging Lasse zu Bett, Pelle aber kroch auf dem Bauch hinter den Zaun, bis er ganz dicht an sie herangekommen war und alles sehen konnte.

Gustav saß noch immer auf Karnas Schoß und spielte, und sie umschlang ihn mit den Armen. Aber Anders hatte den Arm um Bodils Taille gelegt. Gustav entdeckte das, schleuderte auf einmal die Handharmonika von sich, sodass sie über das Gras rollte, und sprang auf. Die anderen lagerten sich im Kreis und stöhnten innerlich, sie waren auf etwas gefasst.

Gustav glich einem Wilden, der den Kriegstanz tanzt. Der Mund stand ihm offen, die Augen starrten leer. Er war ganz allein auf dem Rasen, ging wie ein Ball zu Boden, schnellte wieder in die Höhe, sprang auf den Absätzen und schleuderte abwechselnd die Beine hoch; bei jeder Bewegung stieß er ein gellendes Tju! aus. Dann schoss er kerzengerade in die Luft und drehte sich im Sprung herum, kam auf dem einen Absatz zu stehen und schnurrte wie ein Kreisel. Während er so herumschnurrte, machte er sich kleiner und kleiner, als wolle er in die Erde hineinkriechen, explodierte dann in einem Sprung und fiel direkt in den Schoß von Bodil, die entzückt die Arme um ihn schlang.

Blitzschnell krallte Anders beide Hände von hinten in Gustavs Schultern, stemmte ihm die Füße in den Rücken, ließ ihn sich überschlagen, sodass er trudelte. Das Ganze geschah in schnellem Tempo und Gustav rollte über das Gras mit Stößen wie eine unebene Kugel. Aber plötzlich hielt er an und sprang mit einem Satz auf die Füße; er starrte vor sich hin, machte dann mit einem Ruck kehrt und ging langsam auf Anders zu. Anders erhob sich schnell, schob die Mütze auf die Seite, schnalzte mit der Zunge und ging vor. Bodil setzte sich auf der Erde zurecht, sie sah sich triumphierend im Kreis um und genoss den Neid der anderen.

Die beiden Gegner standen sich gegenüber und tasteten sich zu einem guten Griff vor. Sie strichen liebkosend aneinander herunter, kniffen sich gegenseitig in die Flanke und machten kleine, scherzhafte Wendungen.

»Herrjemine, bist du fett, Bruder!«, sagte Anders.

»Und was für Batterien *du* hast! Du könntest gut ein Frauenzimmer sein«, antwortete Gustav und fasste Anders an die Brust. »Nee, wie weich du bist!«

Ihre Gesichter leuchteten vor Hohn. Aber die Augen folgten aufmerksam der kleinsten Bewegung des Gegners; beide erwarteten sie einen überraschenden Griff von dem anderen.

Die Übrigen lauerten ringsumher im Gras ausgestreckt. »Na, wird's bald?«, riefen sie ungeduldig.

Die beiden blieben noch immer stehen und spielten, als fürchteten sie sich zuzugreifen – oder als zögen sie das Vorspiel in die Länge, um es desto mehr zu genießen. Aber plötzlich packte Gustav Anders beim Kragen, warf sich hintenüber und schleuderte ihn über seinen Kopf hinweg. Das ging so schnell, dass sich Anders nicht an Gustav festhalten konnte; aber im Schwung griff er in dessen Haar und sie fielen beide auf den Rücken, die Köpfe aneinander und die Leiber nach beiden Seiten ausgestreckt.

Anders war schwer gefallen und lag halb betäubt da, ließ aber Gustavs Haar nicht los. Gustav drehte sich herum und versuchte wieder auf die Beine zu kommen, konnte aber seinen Kopf nicht befreien. Da wand er sich schnell wie eine Katze, schlug rücklings einen Purzelbaum über den Gegner hinweg und fiel auf ihn nieder, das Gesicht auf dem seinen. Anders versuchte die Füße in die Höhe zu heben und ihn aufzufangen, kam aber zu spät.

Anders warf sich in heftigen Rucken hin und her; dann lag er wieder still und strengte alle Kräfte an, um Gustav von sich abzuschütteln, aber Gustav war zäh. Er warf sich schwer auf seinen Gegner und stürzte sich mit allen vier Gliedern auf den Boden, saß plötzlich auf ihm und stieß sein Gesäß in Anders' Bauchhöhle, um ihm den Atem zu nehmen. Sie hatten während der ganzen Zeit ihre Gedanken darauf gerichtet, heimlich das Messer hervorzuholen; und Anders, der nun wieder ganz Herr über seinen Verstand war, fiel ein, dass er keins bei sich hatte. »Ach! Ach!«, sagte er laut. »Ich elendes Wurm!«

»Du jammerst ja so!«, sagte Gustav und senkte sein Gesicht über Anders. »Willst du am Ende wieder um gut Wetter bitten?«

Im selben Augenblick fühlte Anders Gustavs Messer gegen seinen Schenkel drücken, blitzschnell war seine Hand unten und holte es hervor. Gustav versuchte es ihm wegzunehmen, musste es aber aufgeben, um nicht abgeworfen zu werden; er beschränkte sich darauf, sich Anders' einer Hand zu versichern, sodass er das Messer nicht öffnen konnte, dann stieß er den Körper gegen Anders' Bauchhöhle.

Anders lag da und nahm die Stöße hin, ohne sich zu wehren – bei jedem Mal entschlüpfte ihm ein Seufzer. Aber seine linke Hand arbeitete eifrig daran, das Messer gegen den Erdboden zu stemmen und zu öffnen, und plötzlich jagte er es in Gustav hinein, gerade, als sich dieser in die Höhe hob, um ihm einen kräftigen Stoß zu versetzen.

Gustav packte Anders um das Handgelenk, sein Gesicht verzerrte sich. »Pfui Deubel, du Schwein! Was wühlst du da?«, sagte er und spie Anders ins Gesicht. »Er sucht die Hintertür, der Stümper – um wegzukommen!« Gustav sah sich im Kreise um, schnaubend wie ein junger Stier.

Sie kämpften rasend um das Messer, brauchten Hände und Zähne und auch die Stirn. Als sich Gustav der Waffe nicht bemächtigen konnte, legte er es darauf an, Anders' Hand so zu führen, dass er sich selber stach. Das gelang ihm auch, aber der Stoß ging schief; die Klinge schloss sich um Anders' Finger, sodass er das Messer mit einem Fluch wegschleuderte.

Erik saß da und ärgerte sich, dass er nicht mehr der Held des Abends war. »Seid ihr bald fertig, ihr beiden Kampfhähne, oder darf ich ein bisschen mitmachen?«, sagte er und versuchte sie zu trennen. Sie bissen sich ineinander fest, aber dann wurde Erik wütend und tat etwas, wovon noch lange nachher geredet wurde. Er packte sie beide mit fester Hand und stellte sie auf die Beine.

Gustav stand da und sah drein, als wolle er sich von neuem in den Kampf stürzen; in seinem Gesicht zuckte es. Aber dann fing er an zu schwanken wie ein an der Wurzel abgehauener Baum und sank zu Boden. Bodil war die Erste, die ihm zu Hilfe kam, mit einem Schrei lief sie hin und schlang die Arme um ihn.

Er wurde hineingetragen und ins Bett gelegt, Karl Johan goss Branntwein in den tiefen Schnitt, um die Wunde zu reinigen, und hielt sie zusammen, während Bodil sie mit Nadel und Faden aus dem Kasten eines Knechtes heftete. Dann zerstreuten sie sich, ein

Paar nach dem anderen, so, wie sie zusammenhielten. Aber Bodil blieb bei Gustav – sie war ihm doch gut.

So ging es den ganzen Sommer, ewig Krieg und Unfriede mit dem Verwalter, gegen den sie doch nichts zu unternehmen wagten, wenn es so weit kam. Dann schlug die Bosheit nach innen und sie gingen aufeinander los.

»Irgendwo muss es ja raus«, sagte Lasse, der diesen Zustand nicht leiden konnte und sich hoch und heilig gelobte fortzugehen, sobald sich ihm etwas anderes bot – und sollten sie auch Lohn und Kleider und alles im Stich lassen.

»Mit dem Lohn sind sie unzufrieden, die Arbeitszeit ist ihnen zu lang und das Essen nich gut genug. Damit werfen sie herum, dass es einem wehtut, es mit anzusehen – es is ja doch 'ne Gabe Gottes, wenn es auch besser sein könnte. Und von Erik rührt das alles her! Immer muss er das große Maul haben und aufbegehren und die andern aufwiegeln, so lang der Tag is. Aber sobald der Verwalter ihm gegenübersteht, wagt er auch nichts. Dann kriechen sie einer nach dem andern ins Mauseloch. Vater Lasse is nich solche Bangbüchs wie die alle, so alt er auch is. Das Gewissen is doch die beste Stütze, hat man das und hat man seine Pflicht getan, denn kann man Verwalter und Gutsbesitzer und auch dem lieben Gott frei in die Augen sehn. Denn das musst du dir ein für alle Mal merken, Junge, du darfst dich nich auflehnen gegen die, die über dich gesetzt sind. Einige müssen Diener sein und andere Herren; wie sollte es sonst woll werden, wenn wir, die wir arbeiten, unsere Pflicht nich tun wollten. Man kann doch woll nich gut verlangen, dass die Feinen den Kuhstall ausmisten und den Lokus reinigen.«

Das alles entwickelte Lasse, nachdem sie zu Bett gegangen waren. Aber Pelle hatte etwas anderes zu tun, als zuzuhören. Er schlief fest und träumte, dass er Erik in höchsteigener Person sei und den Verwalter mit einem großen Stock durchprügele.

14

Damals war Salzhering das wichtigste Nahrungsmittel der Bornholmer. Es war das Frühstücksgericht in allen Schichten der Bevölkerung und in den ärmeren beherrschte es auch den Abendtisch – und kehrte zuweilen auch des Mittags in etwas veränderter Gestalt wieder. »Das is 'ne schlechte Essstelle«, sagten die Leute spottend von diesem oder jenem Hof, »man kriegt die Woche einundzwanzigmal Hering.«

Wenn der Holunder in Blüte stand, rollten ordentliche Menschen nach der guten alten Sitte die Salztonnen heraus und fingen an auf das Meer hinauszusehen – denn dann ist der Hering am fettesten. Von dem schräg abfallenden Land, das fast überall einen Ausblick auf die See gewährt, spähte man an den frühen Sommermorgen weit hinaus nach den heimkehrenden Booten; das Wetter und die Lage der Boote draußen auf See waren eine Vorbedeutung für die Winterkost. Dann konnte wohl ein Gerücht seine Wanderung über die Insel antreten – das Gerücht von einem großen Fang und einem guten Kauf. Die Bauern fuhren mit ihren geräumigsten Wagen in die Stadt oder in das Dorf und der Heringsmann arbeitete sich durch das Land, von einer Hütte zur anderen mit seiner Mähre, die so erbärmlich war, dass jeder das Recht hatte, ihr eine Kugel durch den Kopf zu jagen.

Des Morgens, wenn Pelle die Stalltür öffnete und auf das Feld hinausging, stand der Nebel gleich einem hellgrauen Gewässer in allen Niederungen; und auf den Höhenzügen, wo der Rauch munter aus Häusern und Gehöften aufstieg, sah er Männer und Frauen um die Giebel herumkommen, halb angekleidet oder im bloßen Hemd, und aufs Meer hinausstarren. Er lief selbst um die Wirtschaftsgebäude herum und blickte auf die See hinaus, die blank wie Silber dalag und ihre Farben von dem Tag empfing. Die roten Segel hingen schlaff herab und glichen im Glanz des Tages Blutflecken; die Boote lagen tief im Wasser und strebten langsam heimwärts unter den Schlägen der Ruder, sie arbeiteten sich vorwärts wie hochträchtige Kühe.

Aber das alles ging ihn und die Seinen nichts an. Auf dem Steinhof kaufte man, so, wie es die Armen in der Gemeinde taten, die Heringe erst nach der Ernte ein, wenn sie trocken waren wie Holz und fast nichts kosteten. Um diese Zeit des Jahres pflegte es reichlich Heringe zu geben, sie wurden zu fünfzehn bis zwanzig Öre der Wall verkauft, solange die Nachfrage währte. Später wurden sie fuderweise als Schweinefutter abgegeben oder kamen in die Dunggrube.

Eines sonntagmorgens im Spätherbst kam ein Bote aus der Stadt mit der Nachricht auf den Steinhof, dass jetzt Heringe zu haben seien. Der Verwalter kam in die Gesindestube, während sie dort bei der Morgenmahlzeit saßen, und erteilte Befehl, mit allen Arbeitsgespannen auszurücken. »Ja, dann müsst ihr auch mit!«, sagte Karl Johan zu den beiden Steinbruchkutschern, die verheiratet waren und oben nach dem Bruch zu wohnten, aber zu den Mahlzeiten herunterkamen.

»Nee, dazu kommen unsere Pferde nich aus dem Stall«, sagten die Kutscher. »Die und wir fahren bloß Steine und weiter nichts.« Sie saßen eine Weile da und machten spöttische Bemerkungen über gewisse Leute, die nicht mal den Sonntag zu ihrer Verfügung hätten; der eine reckte sich auf eine verdammt aufreizende Art und Weise. »A-ah! Ich glaube, ich geh jetzt nach Hause und mach einen kleinen Vormittagsschlaf. Es tut doch gut, einmal die Woche sein eigener Herr zu sein.« Und dann gingen sie nach Hause zu Frau und Kindern, um Sonntag zu feiern.

Die Knechte blieben noch eine Weile sitzen und schimpften – das gehörte nun einmal mit dazu. An und für sich hatten sie nichts gegen die Fahrt: Ein bisschen Amüsement fiel doch allemal dabei ab. Es gab Wirtschaften genug in der Stadt und sie wollten es schon so einrichten mit dem Hering, dass sie erst gegen Abend nach Hause kämen. Schlimmstenfalls fuhr Erik seinen Wagen kaputt, dann mussten sie in der Stadt bleiben, während er repariert wurde.

Sie standen draußen im Stall und kehrten die Geldbeutel um – große, solide Lederbeutel mit Stahlschlössern, die sich nur durch einen Druck auf einen geheimen Mechanismus öffnen ließen; aber sie waren leer.

»Das is doch des Deubels!«, sagte Mons und guckte enttäuscht in seinen Geldbeutel. »Auch nich mal nach einer Öre riechen tut er! Das Dings muss leck sein!« Er sah in den Nähten nach, hielt den Beutel dicht vor die Augen, horchte schließlich hinein. »Das mag der Teufel verstehen – mir deucht, ich hör ein Zweikronenstück schnacken. Das muss ja Spuk sein!« Er seufzte und steckte den Beutel in die Tasche.

»Du armer Deubel! Hast du je mit 'n Zweikronenstück geschnackt?«, fragte Anders. »Nee, hier sollt ihr mal was sehn!« Er holte einen großen Geldbeutel heraus. »Ich hab das Zehnkronenstück noch, um das mich der Verwalter am ersten Mai betrogen hat; aber ich kann mich gar nich entschließen, es auszugeben; das soll aufgehoben werden, bis ich alt werde.« Er griff in den leeren Geldbeutel und tat so, als zeige er etwas. Sie lachten und machten Witze, ihre Laune war vorzüglich dank der Aussicht auf die Fahrt in die Stadt.

»Aber Erik, der hat gewiss Geld unten in seiner Kiste«, sagte darauf einer. »Er dient für hohen Lohn und hat 'ne reiche Tante in der Hölle.«

»Ach nee!«, sagte Erik kläglich. »Ich muss ja für ein Dutzend Gören bezahlen, die keinen andern Vater aufzuweisen haben. Aber Karl Johan muss Geld schaffen, wozu is er sonst Großknecht?«

»Das geht nich«, sagte Karl Johan nachdenklich. »Wenn ich den Verwalter um Vorschuss bitte, nu wo wir in die Stadt solln, denn sagt er glatt Nein. Gott weiß, ob die Mädchen keinen Lohn liegen haben?«

Die kamen gerade mit ihren Milcheimern vom Kuhstall geklappert.

»Hört mal, Mädchen!«, rief Erik ihnen zu. »Kann nich eine von euch uns zehn Kronen leihen? Sie soll dafür nächsten Ostern auch Zwillinge haben – dann wirft die Sau doch!«

»Du versprichst allerhand!«, sagte Bengta und blieb stehen. Sie setzten die Milcheimer nieder und besprachen die Sache. »Ob Bodil nichts hat?«, meinte Karna.

»Nein, denn sie hat die zehn Kronen, die sie liegen hatte, neulich ihrer Mutter geschickt«, entgegnete Marie.

Mons warf seine Mütze auf die Erde und machte einen Sprung. »Ich geh zu dem alten Satan selber«, sagte er.

»Dann kommst du kopfüber die Treppe runter, dass du das man weißt!«

»Zum Teufel auch, wenn einem seine alte Mutter todkrank in der Stadt liegt und nichts für den Doktor und den Apotheker hat! Ich bin doch kein schlechteres Kind als Bodil.« Er ging die steinerne Treppe hinauf. Sie standen da und sahen ihm durch die Stalltür nach, bis der Verwalter kam und sie sich mit den Wagen zu schaffen machten.

Gustav ging im Sonntagsstaat umher, ein Bündel Kleider unterm Arm, und sah ihnen zu.

»Warum fängst du nicht an?«, fragte der Verwalter. »Mach, dass du angespannt kriegst!«

»Herr Verwalter haben mir heute selber freigegeben«, sagte Gustav und verzog das Gesicht. – Er wollte mit Bodil ausgehen.

»Hm, ja – das ist wahr! Dann fehlt uns aber ein Wagen. Du kannst ja einen anderen Tag dafür freinehmen.«

»Das kann ich nich.«

»Zum Kuckuck auch – warum kannst du das nicht, wenn man fragen darf?«

211

»Nee, ich hab heut freigekriegt.«

»Ja, aber zum Teufel, wenn ich nun doch sage, dass du einen anderen Tag freikriegen kannst!«

»Nee, das kann ich nich!«

»Aber warum denn nicht, Mensch – hast du denn was so Eiliges vor?«

»Nee, aber ich hab heut freigekriegt.« Es sah so aus, als wenn Gustav hinterlistig grinste, aber er wendete wohl nur den Priem im Mund herum.

Der Verwalter stampfte vor Zorn mit dem Fuß auf.

»Aber ich kann ja gern gleich ganz wegbleiben, wenn der Herr Verwalter mich nich sehen will!«, sagte Gustav sanft.

Der Verwalter hörte es, wandte sich aber rasch ab. Lange Erfahrung hatte ihn gelehrt dergleichen Anerbieten in der geschäftigen Zeit zu überhören. Er sah zu seinem Fenster hin, als falle ihm plötzlich etwas ein, und lief mit ein paar Sätzen die Treppe hinauf. Sie hatten ihn in der Hand, wenn sie die Saite anschlugen. Aber zum Winter kam die Reihe an ihn und dann mussten die anderen schweigen und dulden – um in der schlechten Zeit ein Dach über dem Kopf zu haben.

Gustav stolzierte nach wie vor mit seinem Bündel umher, ohne Hand anzulegen; die anderen lachten ihm ermunternd zu.

Der Verwalter kam wieder herunter und ging auf ihn zu. »Dann spann an, ehe du gehst«, sagte er kurz. »Ich werde deine Pferde fahren.«

Ein wütendes Knurren ging von Mann zu Mann. »Wir sollen den Hund mithaben!«, sagten sie halblaut zueinander. »Wo ist der Hund? Wir sollen den Hund mithaben.« Der Verwalter sollte es hören.

Es wurde nicht besser dadurch, dass Mons die Treppe herunterkam, das ganze Gesicht ein wunderlich frommes Schielen, und sich einen Zehnkronenschein vor den Bauch hielt. »Nu is es egal, denn wir sollen den Hund mithaben!«, sagte Erik. Mons' Gesichtsausdruck wechselte im Nu. Er fing an grimmig zu fluchen. Sie gingen umher und machten sich an den Wagen zu schaffen, ohne Hand anzulegen; ihre Augen leuchteten boshaft.

Der Verwalter trat, zur Fahrt angekleidet, auf die Treppe hinaus. »Na wird's bald mit dem Anspannen?«, donnerte er.

Die Leute auf dem Steinhof beobachteten die Rangfolge ebenso genau wie die eingesessene Bevölkerung der Insel und sie war ebenso verwickelt. Der Großknecht saß bei Tisch obenan und nahm zuerst, beim Mähen ging er voran und beim Aufladen des Fuders, wenn eingefahren wurde, ging ihm die erste Magd zur Hand; er war der Erste, der des Morgens auf war, und ging voran, wenn sie aufs Feld hinauszogen, niemand durfte die Gerätschaften niederlegen, ehe er es getan hatte. Nach ihm kam der zweite Knecht, dann der dritte und so fort und endlich die Taglöhner. Wo nicht persönliche Vorliebe mitspielte, war der Großknecht ganz selbstverständlich der Geliebte der ersten Magd und so ging es die Reihe hinab; zog einer von ihnen weg, so übernahm der Nachfolger das Verhältnis – das war der Gleichgewichtszustand. Hier wurde die Rangfolge gelegentlich durchbrochen, niemals aber, wo es sich um die Pferde handelte. Gustavs Pferde waren die schlechtesten und keine Macht der Welt konnte den Großknecht oder Erik dazu bewegen, sie zu fahren – nicht einmal der Gutsbesitzer selber.

Der Verwalter wusste das und sah, wie sich die Knechte darüber lustig machten, als Gustavs Klepper vorgespannt wurden. Er schluckte den Ärger hinunter. Aber als sie übermütig Gustavs Fuhrwerk als hinterstes in der Reihe aufstellten, war es ihm denn doch zu arg. Er befahl, dass sie es vor den anderen auffahren sollten.

»Meine Pferde pflegen nich hinter dem Arschklopper seinen zu gehen!«, sagte Karl Johan und warf die Zügel hin; es war das der Spottname für den Letzten in der Reihe.

Die anderen standen da und grinsten, dass der Verwalter nahe daran war, aufzubrausen. »Bist du so versessen darauf, an der Spitze zu fahren, na, denn meinetwegen«, sagte er. »Ich kann sehr gut hinter dir fahren.«

»Nee, meine Pferde kommen nach denen des Großknechts, ich will nich hinter dem Arschklopper herfahren«, sagte Erik.

Es war offenbar ein Schimpfwort, so wie sie es wiederholten, einer nach dem anderen, während sie verstohlen zu ihm hinüberschielten. Wenn er sich das die ganze Reihe hinunter gefallen ließ, so war er einfach unmöglich hier auf dem Hof.

»Ja, und meine gehen hinter Erik seine«, sagte Anders jetzt, »nich hinter – Gustavs«, besann er sich schnell.

Der Verwalter hatte seinen Blick in ihn hineingebohrt und trat einen Schritt vor, um ihn auf das Pflaster niederzuschlagen. Er stand einen Augenblick still, als lausche er – seine Armmuskeln bebten. Dann sprang er auf den Wagen. »Ihr seid ja heute ganz verrückt«, sagte er. »Aber jetzt fahre ich voran, und wer sich untersteht zu mucken, soll eins aufs Maul haben, dass er fünf Tage in die nächste Woche fliegt!« Er fuhr in einem Bogen um die Reihe herum. Eriks Pferde, die sich vordrängen wollten, bekamen einen Schlag mit der Peitsche, dass sie sich bäumten. Erik ließ seine Wut an den Tieren aus.

Die Leute gingen niedergeschlagen umher und ließen sich Zeit, um zwischen sich und dem Verwalter Abstand zu schaffen. »Ja, dann müssen wir woll sehen, dass wir wegkommen!«, sagte Karl Johan und setzte sich auf den Wagen. Der Verwalter war schon ein gutes Stück voraus; Gustavs Klepper nahmen sich heute gewaltig zusammen – es gefiel ihnen offenbar, Erste zu sein. Aber Karl Johans Pferde waren missvergnügt und bummelten; die neue Ordnung war nicht nach ihrem Sinn.

Beim Kaufmann machten sie Halt und besserten ihre Stimmung ein wenig auf. Als sie wieder auf die Landstraße hinauskamen, wurden Karl Johans Pferde aufsässig; er musste sie zur Ruhe zwingen.

Das Gerücht von dem Fang hatte sich über das Land verbreitet und Wagen von anderen Gütern holten sie ein oder kreuzten ihren Weg nach den Fischerdörfern hinab. Diejenigen, die näher an der Stadt wohnten, waren schon übervoll beladen auf dem Heimweg.

»Sehen wir uns in der Stadt bei einem Glas?«, rief ein Knecht Karl Johan im Vorüberfahren zu. »Ich soll noch eine Fuhre holen.«

»Nee, wir fahren heut Herrschaftsfahrt!«, sagte Karl Johan und zeigte auf den Verwalter.

»Ja, ich seh ihn – der fährt heut aber vornehm. Ich dachte, es wär König Lazarus.«

Ein Bekannter von Karl Johan kam ihnen entgegen mit einem bis an den Rand mit Heringen gefüllten Wagen. Er war einziger Knecht auf einem der kleinen Gehöfte. »Du bist woll auch in der Stadt gewesen und hast Winterfutter geholt!«, sagte Karl Johan und hielt die Pferde an.

»Ja, für die Schweine!«, antwortete der andere. »Für uns selbst haben wir schon vor der Ernte eingefahren. Das is ja keine Menschennahrung!« Er nahm einen Hering zwischen die Finger und tat so, als breche er ihn mittendurch.

»Nee, für solche große Herren wie dich woll nich«, entgegnete Karl Johan bissig. »Du bist ja so vornehm, dass du am selben Tisch mit deinem Herrn und der Hausfrau isst, hab ich gehört.«

»Ja, das is nu mal so Brauch bei uns«, antwortete der andere. »Wir kennen das nich mit Herren und Hunden.«

»Dann is es woll auch wahr, dass du jede zweite Nacht bei der Frau liegst?«, sagte Karl Johan giftig. Die andern lachten. Der fremde Knecht erwiderte nichts, sondern fuhr weiter. In Karl Johans Innerem fraß die Wut – er konnte es nicht lassen, zu vergleichen.

Sie hatten den Verwalter eingeholt und nun wurden die Pferde ganz kollerig; sie wollten fortwährend vorbei und benutzten jeden unbewachten Augenblick, um vorzugehen, sodass Karl Johan kurz davor war, die Deichsel in den Wagen des Verwalters hineinzufahren. Schließlich hatte er es satt, sich mit ihnen abzuplacken, und ließ die Zügel schießen; sie fuhren über den Grabenrand hinaus und vor Gustavs Gespann, tanzten ein wenig auf der Landstraße und beruhigten sich dann. Jetzt war die Reihe an Eriks Pferden, kollerig zu werden.

Alle Tagelöhnerfrauen wurden zum Nachmittag auf den Hof bestellt, das Jungvieh war in der Hürde und Pelle trug die Botschaft von Hütte zu Hütte. Er selber sollte zusammen mit Lasse den Frauen zur Hand gehen und war entzückt über diese Unterbrechung des täglichen Einerleis; es war ein richtiger Festtag für ihn.
  Zur Mittagszeit kamen die Knechte mit der schweren Fuhre Heringe zurück. Sie wurden auf dem oberen Hof um die Pumpe herum auf das Pflaster geschüttet. In der Stadt war keine Gelegenheit gewesen, über die Stränge zu schlagen, und infolgedessen war die Stimmung schlecht. Nur Mons, dieser Affe, ging umher und grinste über das ganze Gesicht; er war mit dem Geld für Doktor und Apotheker bei seiner kranken Mutter gewesen, erschien im letzten Augenblick mit einem Bündel unterm Arm und war strahlender Laune. »War das eine Arznei!«, wiederholte er ein Mal über das andere und schnalzte mit der Zunge. »Eine höllisch starke Arznei!«
  Er hatte einen harten Kampf mit dem Verwalter zu bestehen gehabt, ehe er die Erlaubnis bekam, seine Besorgung zu machen. Der Verwalter war ein misstrauischer Mensch, aber Mons' zitternd vorgebrachten Worten gegenüber, dass es doch hart wäre, einem armen Mann nicht die Erlaubnis zu geben, seiner kranken Mutter zu helfen, war nicht gut standzuhalten. »Noch dazu wohnt sie hier ganz in der Nähe und ich seh sie am Ende nie im Leben wieder«, sagte Mons betrübt. »Und das Geld, das ich zu dem Zweck von dem

Herrn gekriegt hab? Soll ich das am Ende für Branntwein verkleckern, während sie daliegt und nich mal das trockene Brot hat?«

»Nun, wie geht es denn deiner Mutter?«, fragte der Verwalter, als Mons im letzten Augenblick atemlos angestürzt kam.

»Ach, sie macht es woll nich mehr sehr lange!«, sagte Mons mit einem Beben in der Stimme. Dabei strahlte er über das ganze Gesicht.

Die anderen gingen herum und sahen wütend zu ihm hinüber, während sie die Heringe abluden. Sie hätten ihn prügeln mögen für sein schweinemäßiges Glück. Aber ihr Zorn legte sich, als er in der Kammer sein Bündel aufknotete. »Das schickt euch meine kranke Mutter!«, sagte er und holte eine Kruke Branntwein heraus. »Und sie lässt euch auch vielmals grüßen und sich bedanken, weil ihr so gut gegen ihren kleinen Sohn seid.«

»Wo bist du gewesen?«, fragte Erik.

»Ich hab die ganze Zeit oben in der Wirtschaft auf dem Hafenhügel gesessen, um euch nich aus den Augen zu verlieren; ich konnte den Blick gar nich von euch losreißen, so durstig saht ihr aus. Dass ihr euch nicht pardauz auf den Bauch gelegt und aus dem Meer getrunken habt, alle zusammen!«

Am Nachmittag saßen die Tagelöhnerfrauen und die Mägde um die großen Heringshaufen draußen bei der Pumpe und kehlten die Fische. Lasse und Pelle pumpten Wasser zum Spülen und reinigten die großen Salztonnen, die die Knechte aus dem Keller heraufholten. Zwei von den ältesten Frauen hatten das verantwortungsvolle Amt des Salzens. Der Verwalter ging vor der Haupttreppe auf und ab und rauchte seine Pfeife.

Das Heringeinlegen gehörte sonst zu den vergnüglichen Arbeiten, aber heute herrschte Missstimmung auf der ganzen Linie. Die Frauen schwatzten während der Arbeit drauflos, aber das Schwatzen war nicht harmlos, es war an eine bestimmte Adresse gerichtet – die Knechte hatten sie aufgewiegelt. Wenn sie lachten, klang es, als hätten sie einen Hintergedanken. Die Knechte mussten herausgerufen werden und jeder Arbeitsgang, der ausgeführt werden sollte, musste ihnen einzeln befohlen werden. Widerwillig verrichteten sie die Arbeit und zogen sich sofort wieder in ihre Kammer zurück. Da drinnen aber waren sie umso lustiger, sie sangen laut und trieben Kurzweil.

»Die machen es sich gemütlich!«, sagte Lasse mit einem Seufzer zu Pelle. »Die haben eine ganze Kruke Branntwein, die Mons unter seinen Heringen versteckt hatte. Der soll unmanierlich gut sein.« Lasse selber hatte ihn nicht gekostet.

Die beiden hielten sich der Krakeelerei fern – sie fühlten sich zu schwach dazu. Die Mägde hatten nicht den Mut gehabt, die Sonntagsarbeit abzulehnen, aber sie scheuten sich nicht spöttische Bemerkungen zu machen, und sie kicherten über alles, damit der Verwalter glauben sollte, dass sie über ihn lachten. Jeden Augenblick fragten sie, wie spät es sei, oder sie hielten mit der Arbeit inne, um nach den Kammern der Knechte hinüberzulauschen, wo es immer lustiger herging. Von Zeit zu Zeit wurde ein Knecht von drinnen auf den Hof geschleudert; er torkelte mit hochgezogenen Schultern grinsend wieder hinein.

Nach und nach kamen die Knechte herausgeschlendert; die Mütze saß ihnen fest im Nacken und ihr Blick wich nicht aus. Sie stellten sich auf dem unteren Hof auf, beugten sich über das Geländer und betrachteten die Mägde. Jeden Augenblick brachen sie in lautes Lachen aus, hielten dann jäh inne und warfen ängstliche Blicke auf den Verwalter.

Der Verwalter ging vor der Treppe hin und her, er hatte die Pfeife hingelegt und hielt sich straffer, seit die Knechte herausgekommen waren. Er knallte mit einer Kutscherpeitsche und übte sich in Selbstbeherrschung. »Wenn ich bloß wollte, könnte ich ihm beide Enden zusammenbiegen!«, hörte er Erik in einer Unterhaltung mit lauter Stimme sagen. Der Verwalter wünschte von ganzem Herzen, dass Erik den Versuch machen würde, seine Muskeln brannten förmlich unter diesem unbefriedigten Bedürfnis, sich zu betätigen, und seine Phantasie schwelgte in Prügeleien; er war im Kampf mit der ganzen Schar und erlebte alle Einzelheiten des Kampfes. Diese Kämpfe hatte er sich so oft vorgestellt, namentlich in der letzten Zeit; er hatte sich in alle schwierigen Situationen hineingedacht und es war keine Stelle auf dem Steinhof, von der er nicht wusste, was sich dort als Waffe eignete.

»Was ist die Uhr?«, fragte eine der Mägde laut, wohl zum zwanzigsten Mal.

»Ein Ende kürzer als das Hemd«, erwiderte Erik schnell.

Die Mädchen lachten. »Ach, sag uns doch, was sie is!«, rief eine andere aus.

»Drei Viertel auf Müllers Tochter«, antwortete Anders.

»Ach, ihr seid verrückt – könnt ihr uns nich sagen, was sie is? Du, Karl Johan?«

»Sie is rund«, sagte Karl Johan ernsthaft.

»Ja, nu will ich euch sagen, was sie is«, rief Mons treuherzig aus, und zog eine große »Butterbüchse« aus der Tasche. »Sie is . . . « Er sah scharf auf die Uhr und bewegte die Lippen, als rechne er nach. »Das is doch des Teufels!«, rief er und schlug auf das Geländer, wie aus den Wolken gefallen vor Verwunderung. »Sie is ganz genau dasselbe wie gestern um diese Zeit.« Der Scherz war alt, aber die Frauenzimmer kreischten vor Lachen.

»Kehrt euch nicht daran, was die Uhr ist«, sagte der Verwalter und trat hinzu. »Seht lieber zu, dass ihr die Arbeit von der Hand kriegt!«

»Nein, die Uhr, die is bloß für Schneider und Schuhmacher – nich für ehrliche Leute!«, meinte Anders halblaut.

Der Verwalter drehte sich nach ihm um, schnell wie eine Katze, und Anders hielt den Arm vor den Kopf, als wollte er einen Schlag abwehren. Da spuckte der Verwalter nur mit einem höhnischen Lachen aus und nahm seine Wanderung wieder auf und Anders stand mit dunkelrotem Kopf da und wusste nicht, wo er mit seinen Augen bleiben sollte. Er kratzte sich ein paar Mal im Nacken, aber das konnte die auffallende Armbewegung nicht erklären. Die anderen standen da und lachten über ihn; er musste etwas ungewöhnlich Dreistes tun, um die Ehre zu retten. Da zog er die Hose in die Höhe und ließ einen knallenden Furz ertönen, während er nach den Knechtskammern hinüberschlenderte, um auf der richtigen Seite zu sein. Die Frauenzimmer kreischten laut auf und die Knechte legten den Kopf auf das Geländer und schüttelten sich vor Lachen.

So verging der Tag mit lauter Boshaftigkeiten und Neckereien. Am Abend schlenderten die Knechte hinaus, um ihren Spaß auf der Landstraße zu treiben und die Vorübergehenden zu belästigen. Lasse und Pelle waren müde und gingen früh zu Bett. »Gott sei Dank, dass wir diesen Tag hinter uns haben«, sagte Lasse, als er unter das Deckbett gekrochen war, »das war wirklich ein böser Tag. Ein Wunder Gottes, dass kein Blut geflossen is. Da war 'ne Zeit, wo der Verwalter so aussah, als könnte es das Schlimmste geben. Aber Erik weiß ja wohl, wie weit er es treiben kann.«

Am nächsten Morgen schien alles vergessen zu sein. Sie besorgten die Pferde wie immer und um sechs Uhr zogen sie mit ihren Sensen aufs Feld, um eine dritte Mahd Klee zu mähen. Sie sahen verdrossen, schlaff und abgespannt aus. Die blecherne Branntweinkanne lag vor der Stalltür und war leer, im Vorübergehen stießen sie mit dem Fuß daran.

Pelle half auch heute bei den Heringen, fand es aber nicht mehr amüsant. Er sehnte sich schon wieder danach, mit seinem Vieh im Freien zu sein – hier musste er für alle laufen und springen. Sooft es anging, machte er sich außerhalb des Hofes zu schaffen, denn dann verging doch wenigstens die Zeit!

Gegen Mittag, als die Knechte eifrig beschäftigt waren den dünnen Klee zu mähen, schleuderte Erik seine Sense weg, dass sie singend über die Schwaden dahinhüpfte. Die anderen hielten mit der Arbeit inne.

»Was is los mit dir, Erik?«, fragte Karl Johan. »Hast du Grillen im Kopf?«

Erik hielt sein Messer in der Hand und befühlte die Klinge; er hörte und sah nichts. Dann legte er den Kopf in den Nacken und schnob gegen den Himmel an. Die Augen lagen ihm tief im Kopf, die Lippen quollen wulstig hervor. Er stieß einige unverständliche Laute aus und ging auf den Hof zu.

Die anderen standen eine Weile da und verfolgten ihn mit stechenden Blicken; dann warfen sie, einer nach dem anderen, die Sense hin und setzten sich in Bewegung. Nur Karl Johan blieb, wo er war.

Pelle war gerade draußen bei der Hürde, um nachzusehen, ob Jungvieh ausgebrochen war. Als er die Knechte auf den Hof zukommen sah, zerstreut wie eine Herde, die in Bewegung ist, witterte er Unheil und lief hinein. »Nu kommen die Knechte angesetzt, Vater!«, flüsterte er.

»Das werden sie doch nich tun!«, erwiderte Lasse und fing an zu zittern.

Der Verwalter war damit beschäftigt, Sachen aus seinem Zimmer in den Ponywagen hinunterzutragen; er wollte zur Stadt fahren. Er hatte den ganzen Arm voll, als Erik durch das große, offene Tor da unten geschlendert kam, mit verzerrtem Gesicht, ein großes Messer mit breiter Klinge in der Hand.

»Wo, zum Teufel, is er denn?«, sagte er laut und drehte sich einmal mit gesenktem Kopf um sich selbst. Er glich einem wütenden Stier. Dann stieg er durch das Geländer und ging auf den Verwalter zu.

Der Verwalter zuckte zusammen, als er ihn kommen sah – und da kamen die anderen durch das Tor gezogen. Er maß den Abstand bis zur Treppe, besann sich aber und ging Erik entgegen; er hielt sich hinter einem Arbeitswagen und gab Acht auf jede Bewegung, die Erik machte, während er sich nach einer Waffe umsah.

Erik folgte ihm rund um den Wagen herum; er knirschte mit den Zähnen, sein Blick kam stechend schräg von unten herauf.

Der Verwalter ging rund um den Wagen herum; er konnte zu keinem Entschluss gelangen. Aber dann kamen die anderen von unten hoch und versperrten ihm den Weg. Er wurde kreideweiß vor Schrecken, riss einen Schwengel von der Wagendeichsel und schob mit einem Stoß den Wagen auf die Schar zu, sodass sie aus dem Wege taumelten. Es entstand ein freier Raum zwischen ihm und Erik und Erik sprang wie eine Feder vor, über die Deichsel hinweg, mit dem Messer in der Luft herumstechend. Mitten im Sprung traf ihn der Schwengel an den Kopf, das Messer fuhr dem Verwalter in die Schulter, aber der Stoß war kraftlos, während Erik zu Boden sank. Die anderen standen da und glotzten verwirrt.

»Tragt ihn in den Mangelkeller!«, rief der Verwalter in befehlendem Ton. Sie warfen ihre Messer hin und gehorchten.

An der Pumpe stand Pelle und hüpfte auf und nieder. Der Kampf hatte sein Blut in die schrecklichste Erregung gebracht; Lasse musste ihn mit fester Hand packen, denn es sah so aus, als wolle er sich mitten in die Prügelei stürzen. Als dann der große, starke Erik, von dem Schwengel an den Kopf getroffen, wie tot niedersank, kam dies Hüpfen über ihn wie ein Veitstanz. Er sprang mit gesenktem Kopf in die Höhe und ließ sich wie tot aus der Luft herunterfallen, während er kurz und stoßweise lachte. Lasse schalt ihn aus, weil er fand, dass dies eine ungehörige Albernheit sei. Dann hielt er ihn fest in seinen Armen und der kleine Bursche bebte am ganzen Leib und wollte sich befreien, um sein Hüpfen fortzusetzen.

»Er hat was weggekriegt!«, sagte Lasse weinend zu den Tagelöhnerfrauen. »Herr Jesus, was soll ich armer Mann machen?« Er trug ihn in die Kuhhirtenkammer, verzweifelt, weil der Mond im Zunehmen begriffen war – dann gab sich so was nie wieder.

Unten im Mangelkeller waren sie mit Erik beschäftigt, sie gossen ihm Branntwein in den Mund und wuschen seinen Kopf mit Essig. Kongstrup war nicht zu Hause, aber Frau Kongstrup war unten; sie ging umher, rang die Hände und verfluchte den Steinhof – das Heim ihrer Kindheit! Der Steinhof sei eine Hölle geworden, voll Mord und Liederlichkeit!, sagte sie, ohne sich daran zu kehren, dass die Leute um sie herumstanden und jedes Wort hörten.

Der Verwalter war im Ponywagen in die Stadt gejagt, um den Doktor zu holen und das Vorgefallene zu melden. Die Frauen standen um die Pumpe herum und schwatzten, Knechte und Mägde schlenderten verstört umher, niemand erteilte Befehle. Aber dann trat Frau Kongstrup auf die Treppe hinaus und sah sie eine Weile mit festem Blick an und dann begab sich ein jeder wieder an seine Arbeit. Diese Augen bissen! Die alten Frauen schauderten und begannen zu arbeiten – das erinnerte so traulich an alte Zeiten, als der Steinhofbauer ihrer Jugend herbeigestürzt kam und wütende Augen machte, wenn sie faulenzten.

Drinnen in der Kammer saß Vater Lasse über Pelle gebeugt, der in seinen Fieberphantasien herumtollte, dass es ebenso zum Lachen wie zum Weinen war.

15

»Recht wird sie woll gehabt haben, denn er hat ja nie ein heftiges Wort gesagt, wenn sie loslegte – mit Klagen und Vorwürfen, sodass es durch die Wände ging, in die Gesindestube hinab und bis in den Hof hinaus. Aber dumm war es darum doch von ihr, denn sie hat ihn damit bloß kollerig gemacht und ihn von zu Hause fortgetrieben. Und was soll woll auf die Dauer aus der Landwirtschaft werden, wenn der Herr sich immer und ewig auf der Landstraße rumtreibt, weil er nich zu Hause sein kann! Das is 'ne schlechte Liebe, die den Mann von Haus und Hof jagt.«

Lasse stand am Sonntagabend im Stall und sprach mit den Tagelöhnerfrauen darüber, während sie melkten. Pelle ging dort ebenfalls herum und hatte sein Teil zu tun, hörte aber doch zu.

»Ganz dumm war sie ja nun auch wieder nich!«, sagte Dachdecker Holms Frau. »Zum Beispiel, als sie die blonde Marie als Zimmermädchen nahm, damit er hier zu Hause ein hübsches Gesicht anzusehen hätte. Sie hat auch woll gewusst, dass, wer sein Brot zu Hause hat, es nich auswärts zu suchen braucht. Aber das führte ja auch zu nichts, wenn sie es doch nich lassen konnte, ihn mit ihrem Geheul und ihrem Suff vom Hof zu jagen!«

»Er trinkt woll auch!«, sagte Pelle kurz.

»Jawoll trinkt er sich auch mal 'n Rausch an«, sagte Lasse in verweisendem Ton, »aber er is 'n Mann, dass du das man weißt – und er kann woll auch außerdem seine Gründe haben. Aber es is 'ne üble Sache, wenn eine Frauensperson zu trinken anfängt.« Lasse war ärgerlich, der Bengel fing an über alles seine eigene Ansicht zu haben und mischte sich dreist ein, wenn erwachsene Leute redeten.

»Ich bleib dabei, dass er ein guter Mann is«, wandte er sich wieder an die Frauen, »wenn er nich mit Heulerei und Gewissensbissen geplagt wird. Es geht nu, wo sie weg is, ja auch ganz gut. Er is beinah alle Tage zu Hause und kümmert sich selbst um die Sachen, sodass der Verwalter ganz krank is – denn *der* will ja am liebsten König über das Ganze sein. Gegen uns is der Herr, als wenn wir seinesgleichen wären; selbst Gustav hat nichts zu räsonieren.«

»Na, der hat auch woll keinen Grund, zu räsonieren – höchstens dass er 'ne Frau mit Geld kriegt. Bodil soll ja über hundert Kronen zusammengespart haben, die zwei, drei Monate, die sie als Stubenmädchen gedient hat. Manche Leute, die verstehen es – die kriegen Bezahlung für das, was wir unser ganzes Leben haben umsonst tun müssen«, sagte eine von den alten Frauen.

»Ja, wir wollen erst mal sehen, ob er sie überhaupt jemals zur

Frau kriegt – ich glaub es noch nich. Man soll ja nichts Schlechtes von seinen Kameraden sagen, aber Bodil, die is nich treu. Das mit dem Herrn mag sein, wie es will – das hab ich Gustav auch mal gesagt, als er so wütend war: Der Herr kommt vor den Leuten. Bengta war mit eine gute Frau in jeder Beziehung, aber sie hatte auch ihre liebe Not, sich gegen den Herrn zu wehren, sie auch. Die Größten nehmen vorweg, das is nu mal nich anders hier auf der Welt! Aber Bodil hat einen an jedem Finger. Nu bändelt sie mit dem Lehrling an und der is noch nich sechzehn Jahr! Sie lässt sich Geschenke von ihm machen. Gustav soll sich beizeiten da herausziehen – es bringt immer Unglück, wenn die Liebe bei einem Menschen Einkehr hält. Das sehen wir hier auf dem Hof alle Tage.«

»Ich sprach heut wen, der meinte, Frau Kongstrup wär gar nich nach Kopenhagen gereist, sie wär bei Verwandten unten im Süden. Sie is ihm weggelaufen, das sollt ihr sehen.«

»Das soll ja heutzutage vornehm sein!«, sagte Lasse. »Wenn sie denn mal bloß wegbleiben sollte; es geht am besten so, wie es nu geht.«

Es wehte jetzt eine ganz andere Luft auf dem Steinhof. Das Unheimliche war verschwunden; es kamen keine Klagetöne mehr aus dem Haus und legten sich wie Lehm und schwarze Trauer auf einen. An dem Besitzer des Steinhofs merkte man die Veränderung am meisten; er wirkte zehn, zwanzig Jahre jünger und schlug in bester Laune hinten aus wie jemand, der von schweren Banden befreit worden ist. Er war ganz in Anspruch genommen von der Wirtschaft, jagte mehrmals täglich in seinem Gig nach dem Steinbruch, war bei jeder neuen Arbeit zugegen und konnte wohl auf den Einfall kommen, die Jacke abzuwerfen und selbst Hand anzulegen. Die blonde Marie deckte ihm den Tisch und machte sein Bett und er genierte sich nicht zu zeigen, dass er ihr gut war. Wer gestand das wohl sonst einem armen Mädchen gegenüber bei hellem, lichtem Tag ein! Seine gute Laune wirkte förmlich ansteckend und verscheuchte das eine wie das andere.

Im Übrigen ließ sich ja nicht leugnen, dass Lasse sein Teil zu tragen hatte. Die Lust, sich zu verheiraten, packte ihn heftig bei der strengen Kälte, die sich schon im Dezember einstellte. Er sehnte sich danach, den Fuß unter den eigenen Tisch zu setzen und eine Frau zu haben, die ihm alles war. Ganz hatte er Karna noch immer nicht aufgegeben, aber er hatte Dachdecker Holms Frau doch zehn blanke Kronen auf den Tisch versprochen, wenn sie etwas Passendes für ihn ausfindig machen würde.

Eigentlich hatte er es sich ja als unmöglich aus dem Kopf geschlagen und sich in das Land seines Alters begeben. Aber was konnte es nützen, sich einzuschließen, wenn man doch nur nach einer Tür suchte, durch die man entschlüpfen konnte. Lasse tat noch einmal einen Blick in die Zukunft und wie immer war es auch diesmal wieder Pelle, der das Leben und die Freude ins Haus brachte.

Unten am äußersten Ende des Fischerdorfes wohnte eine Frau, deren Mann zur See fuhr und seit mehreren Jahren nichts mehr hatte von sich hören lassen. Pelle hatte mehrmals auf dem Weg von und zur Schule in ihrer Diele Schutz vor dem Wetter gesucht und allmählich wurden sie gute Bekannte. Er erledigte kleine Besorgungen für sie und bekam dafür eine Tasse warmen Kaffee. Wenn die Kälte so recht beißend war, holte sie ihn immer herein. Dann erzählte sie ihm von der See und von ihrem schändlichen Mann, der weggeblieben war und sie sitzen lassen hatte, sodass sie sich ihren Lebensunterhalt durch Flicken von Netzen für die Fischer verdienen musste. Und Pelle seinerseits musste von Vater Lasse und Mutter Bengta erzählen, die daheim auf dem Kirchhof in Tommelilla lag. Viel mehr kam bei der Unterhaltung nicht heraus, denn immer wieder fing sie von ihrem Mann an, der weggeblieben war und sie als Witwe hatte sitzen lassen.

»Er is woll ertrunken!«, sagte Pelle dann.

»Nee, das is er nich, denn ich hab kein Zeichen gekriegt!«, antwortete sie sehr bestimmt, immer mit denselben Worten.

Pelle erzählte dem Vater alles wieder, er war sehr interessiert. »Na, bist du heute wieder bei Madame Olsen gewesen?«, war das Erste, was er fragte, wenn der Junge aus der Schule kam. Dann musste Pelle alles mehrmals erzählen, für Lasse konnte es gar nicht ausführlich genug sein. »Du hast ihr doch erzählt, dass Mutter Bengta tot ist? Hm, ja, das hast du getan. Aber wonach hat sie dich denn heute über mich ausgefragt? Weiß sie was von der Erbschaft?« (Lasse hatte kürzlich fünfundzwanzig Kronen von einem Bruder seines Vaters geerbt.) »Du könntest vielleicht ein Wort darüber fallen lassen – damit sie uns nich für ganz arme Leute hält.«

Pelle trug verblümten Bescheid hin und her. Von Lasse bekam er Geschenke mit als Vergeltung für das Gute, das sie ihm antat, gestickte Taschentücher und ein feines, seidenes Tuch – die letzten Reste von Mutter Bengtas Hinterlassenschaft. Es würde schwer sein, dies zu entbehren, wenn nun aus diesem Neuen nichts werden sollte – dann waren da keine Erinnerungen mehr, zu denen man seine Zuflucht nehmen konnte! Aber Lasse setzte alles auf eine Karte.

Eines Tages konnte Pelle erzählen, dass Madame Olsen jetzt ein Zeichen gehabt hatte. In der Nacht war sie davon aufgewacht, dass ein großer schwarzer Hund keuchend an ihrem Kopfende stand, seine Augen leuchteten in der Dunkelheit und sie hörte das Wasser aus seinem Fell tropfen. Sie begriff, dass es der Schiffshund sein musste, der ihr eine Botschaft brachte, und ging ans Fenster. Und draußen im Mondschein auf der See sah sie ein Schiff unter vollen Segeln gehen. Es ragte hoch auf und man sah Meer und Himmel quer durch das Schiff hindurch. Über der Reling hingen ihr Mann und die anderen, sie waren durchsichtig und das Salzwasser troff ihnen aus Haar und Bart und rann an der Schiffsseite herab.

Am Abend zog Lasse seine besten Kleider an.

»Wollen wir heute Abend ausgehen?«, fragte Pelle froh erstaunt.

»Nein – ja, das heißt, ich will ausgehen –, nur eine kleine Besorgung. Wenn jemand nach mir fragt, dann sag, ich wär zum Schmied gegangen, einen Nasenring für den Stier bestellen.«

»Und ich soll nich mit?« Pelle war den Tränen nahe.

»Nein, du musst ein guter Junge sein und dies eine Mal zu Hause bleiben!« Lasse streichelte ihm den Kopf.

»Wo willst du denn hin?«

»Ich will . . . « Lasse wollte eine Lüge vorbringen, brachte es aber nicht übers Herz. »Du musst mich lieber nich fragen«, sagte er.

»Krieg ich es denn einen anderen Tag zu wissen – ohne zu fragen?«

»Ja, ganz bestimmt.«

Lasse ging, kam aber wieder zurück. Pelle saß auf dem Bettrand und weinte – es war das erste Mal, dass Lasse ausging, ohne ihn mitzunehmen.

»Nun musst du vernünftig sein und zu Bett gehen!«, sagte er ernsthaft. »Sonst bleib ich zu Hause bei dir, aber dann geht uns vielleicht vieles verloren!«

Da nahm sich Pelle zusammen und fing an sich auszuziehen. Und Lasse kam endlich weg.

Madame Olsens Haus lag dunkel und abgeschlossen da, als Lasse dort anlangte. Er erkannte es leicht nach Pelles Beschreibungen und ging ein paar Mal rundherum, um zu sehen, wie die Wände standen. Es sah ganz gut aus, sowohl das Holz als auch der Bewurf, und es gehörte ein gutes Stück Boden dazu – gerade groß genug, um es am Sonntag zu bestellen, sodass man an den Wochentagen auf Tagelohn gehen konnte.

Lasse klopfte an die Tür. Nach einer Weile erschien eine weiße Gestalt am Fenster. »Wer is da?«, fragte sie.

»Pelles Vater, Lasse Karlsson«, sagte Lasse und trat in den Mondschein.

Die Lade wurde zurückgeschlagen. »Komm doch herein, steh nich da in der Kälte!«, sagte eine sanfte Stimme. Und Lasse trat über die Schwelle. Schlafstubenluft schlug ihm entgegen. Lasse witterte den Alkoven, konnte aber nichts sehen, er hörte ein Pusten, wie wenn ein dicker Mann sich die Strümpfe anzieht. Dann strich sie ein Streichholz an und zündete die Lampe an.

Sie gaben sich die Hand und sahen sich dabei an. Sie trug einen Unterrock aus gestreiftem Bettbührenzeug, der die Nachtjacke zusammenhielt, und hatte eine blaue Nachtmütze auf dem Kopf. Gute Glieder hatte sie und einen wohlgeformten Busen. Auch das Gesicht verhieß Gutes. Sie war von der Art, die keiner Katze etwas zu Leide tun, wenn sie nicht angegriffen werden – aber reine Arbeitskraft war sie nicht, dazu war sie zu weich.

»So, das is also Pelles Vater!«, sagte sie. »Du hast aber einen jungen Sohn. Na, dann setz dich man.«

Lasse zwinkerte ein wenig; er hatte ja schon gefürchtet, dass sie ihn alt finden würde.

»Ja, er is ja, was man einen Nachkömmling nennt; aber ich kann doch noch die Arbeit eines Mannes tun – sowohl dies wie das.«

Sie lachte ihm zu, während sie hin- und herging und auftrug – kaltes Schweinefleisch und Bratwurst, Schnaps und Brot und eine Tonschüssel mit Schmalz.

»Iss man! Iss!«, sagte sie. »Daran erkennt man den Mann. Du hast einen langen Weg gehabt.«

Jetzt erst fiel es Lasse ein, dass er doch einen Vorwand für seinen Besuch haben musste. »Ich wollte eigentlich gleich wieder weg. Ich wollte mich bloß bedanken, dass du so gut gegen den Jungen bist!« Er erhob sich sogar, als wolle er aufbrechen.

»Na, was is denn das für ein Unsinn!«, rief sie und drückte ihn wieder auf den Stuhl nieder. »Es is ja nich viel, was ich zu bieten hab, aber lang man zu!« Sie drückte ihm ein Messer in die Hand und schob ihm eifrig die Speisen hin. Ihre ganze Gestalt strahlte Wärme und Herzensgüte aus, wie sie da dicht über ihn gebeugt stand und um ihn beschäftigt war. Und Lasse genoss das.

»Du bist deinem Mann woll eine gute Frau gewesen«, sagte Lasse.

»Ja, das is ein wahres Wort!«, antwortete sie, während sie sich hinsetzte und ihn offenherzig ansah. »Er hat alles gekriegt, was er fordern konnte, und zwar reichlich, wenn er an Land war. Er lag bis Mittag und ich pflegte ihn wie ein kleines Kind. Aber auch nich eine Handreichung tat er dafür – denn kriegt man es zuletzt auch satt.«

»Das war unrecht von ihm«, sagte Lasse, »denn die eine gute Tat ist die andere wert. Ich glaub nich, dass Bengta mir so was nachsagen könnte, wenn sie gefragt würde!«

»Ja, es is weiß Gott viel in einem Haus zu tun, wenn der Mann danach is, dass er den Willen hat, zu helfen. Ich hab ja man bloß eine Kuh, denn mehr kann ich nich bewältigen, aber zwei könnten hier gut behalten werden und Schulden stehen nich auf dem Haus.«

»Ich bin ja man bloß ein armer Teufel gegen dich!«, sagte Lasse niedergeschlagen. »Ich hab woll alles in allem fünfzig Kronen und ordentliches Zeug haben wir beide auf dem Leib, aber außer dem habe ich nichts als ein Paar tüchtige Fäuste.«

»Das is ja auch viel wert. Und soweit ich dich verstehen kann, bist du woll nich bange davor, einen Eimer Wasser oder so was zu holen?«

»Nee, das bin ich nich. Und ich bin auch nich bange vor 'ner Tasse Kaffee im Bett an Sonn- und Feiertagen.«

Sie lachte ihn an. »Denn soll ich woll einen Kuss haben!«, sagte sie.

»Ja, das sollst du!«, sagte Lasse fröhlich und küsste sie. »Und dann müssen wir auf Glück und Segen für uns alle drei hoffen. Dass du den Jungen leiden magst, weiß ich ja!«

Es war noch allerlei zu bereden, man musste Kaffee trinken und

Lasse sollte die Kuh und die Einrichtung des Hauses sehen. Währenddessen war es spät geworden.

»Du solltest dich lieber so einrichten, dass du die Nacht hier bleibst«, sagte Madame Olsen.

Lasse stand da und schwankte – der Junge lag zu Hause allein und er musste um vier Uhr auf dem Hof sein. Aber draußen war es kalt und hier war es traulich und warm in jeder Beziehung.

»Ja, denn muss ich das woll lieber tun«, sagte er und legte sein Zeug wieder hin.

Als er sich gegen vier Uhr von hinten in den Kuhstall schlich, brannte die Laterne noch in der Kammer. Lasse glaubte, er sei entdeckt worden, und begann zu zittern: Es war unverantwortlich und unvorsichtig, eine ganze Nacht von den Kühen wegzubleiben. Aber es war nur Pelle, der zusammengekauert, völlig angezogen, auf der Kiste lag und schlief. Sein Gesicht war vom Weinen geschwollen.

Den ganzen Tag blieb Pelle verschlossen, beinahe feindselig. Lasse litt darunter; es blieb ihm nichts übrig, er musste mit der Sprache herausrücken.

»Nu is es abgemacht, du!«, sagte er endlich. »Wir kriegen Haus und Heim – und 'ne hübsche Mutter obendrein. Es ist Madame Olsen. Bist du nu zufrieden?«

Pelle hatte nichts dagegen einzuwenden. »Darf ich denn das nächste Mal mitkommen?«, fragte er, noch ein wenig verstimmt.

»Das nächste Mal kommst du mit – ich denke mir, es wird Sonntag sein. Dann nehmen wir uns früh frei und gehen auf Besuch.« Lasse sagte das mit einem eigenen Schwung – er hatte sich aufgerichtet.

Pelle kam am Sonntag mit; sie hatten vom Nachmittag an frei. Dann konnte man fürs Erste nicht wieder um Urlaub bitten, aber Pelle sah ja seine künftige Mutter sozusagen jeden Tag. Für Lasse war die Sache schwieriger. Wenn die Sehnsucht nach seiner Braut ihn zu heftig überkam, ging er umher und pusselte, bis Pelle eingeschlafen war, dann zog er sich an und schlich davon.

Am Tag nach einer also verwachten Nacht war er nicht viel wert bei der Arbeit; er fiel über seine eigenen Füße. Aber seine Augen leuchteten jugendlich, als habe er einen heimlichen Bund mit den stärksten Mächten des Lebens geschlossen.

16

Erik stand oben an der Haupttreppe, mit hängenden Schultern, das Gesicht halb der Mauer zugewendet; dort stellte er sich jeden Morgen gegen vier auf; er stand da und wartete darauf, dass der Verwalter herunterkäme. Die Uhr war sechs, es hatte gerade angefangen, zu dämmern.

Lasse und Pelle waren mit dem Ausmisten und der ersten Fütterung fertig, jetzt waren sie hungrig. Sie standen in der Tür zum Kuhstall und warteten darauf, dass die Essenglocke läutete; drüben in den Türen zum Pferdestall standen die Knechte und warteten ebenfalls sehnsüchtig. Als es eine Viertelstunde über die Zeit hinaus war, gingen sie in den Keller, Karl Johan an der Spitze.

Lasse und Pelle rückten ebenfalls aus und eilten in die Gesindestube; die Esslust leuchtete ihnen aus den Augen.

»Na, Erik, nu wollen wir runter und essen!«, rief Karl Johan im Vorübergehen. Erik kam aus der Ecke bei der Treppe heraus und trottete hinter ihnen drein. Im Magen fehlte ihm offenbar nichts.

Schweigend aßen sie den Hering – das Essen stopfte ihnen vollständig den Mund. Als sie fertig waren, klopfte der Großknecht mit dem Messerstiel auf den Tisch und Karna kam mit zwei Schüsseln voll Suppe und einem Stapel Schmalzbrote herein.

»Wo ist Bodil heute?«, fragte Gustav.

»Was weiß ich? Ihr Bett war heute Morgen unberührt«, antwortete Karna schnippisch.

»Das sind Lügen, du Fettwanst!«, sagte Gustav und schlug mit dem Löffel auf die Tischplatte.

»Du kannst ja selbst in die Kammer gehn und nachsehn – den Weg kennst du ja«, erwiderte Karna spöttisch.

»Und was is heute mit dem Wirtschaftslehrling los, dass er nich läutet?«, fragte Karl Johan. »Hat keine von euch Mädchen ihn gesehn?«

»Nee, der verschläft woll die Zeit!«, rief Bengta vom Brauhaus herüber. »Aber lasst ihn man – ich hab keine Lust, jeden Morgen hinzugehn und ihn wachzurütteln.«

»Willst du nich hingehn und ihn wecken, Gustav?«, sagte Anders zwinkernd. »Vielleicht siehst du was Lustiges!« Die anderen lachten ein wenig.

»Wenn ich ihn wecke, dann mit diesem Mäusekastrierer hier«, antwortete Gustav und zeigte ein großes Messer. »Denn dann, glaub ich, nehme ich ihm seine Wirkemittel!«

Jetzt kam Kongstrup selber herunter, er hielt ein Papier in der Hand und sah sehr aufgeräumt aus. »Habt ihr schon die letzte Neuigkeit gehört, Leute? Hans Peter hat Bodil bei Nacht und Nebel entführt!«

»Herr Gott noch mal, fangen die Wickelkinder nu auch schon an?«, rief Lasse. »Ich muss woll auf Pelle Acht geben, dass er nich mit Karna durchbrennt – sie hält es ja mit der Jugend.« Lasse fühlte sich als Mann und war nicht bange eine Bemerkung zu machen.

»Hans Peter ist fünfzehn Jahre alt«, sagte Kongstrup verweisend, »und in seinem Herzen rast die Leidenschaft.« Er sagte das mit so drolligem Ernst, dass alle in Gelächter ausbrachen. Nur Gustav lachte nicht, er saß da, zwinkerte mit den Augen und wackelte mit dem Kopf wie ein Betrunkener.

»Hört selber, was er schreibt – dies lag auf seinem Bett.« Kongstrup hielt ein Blatt Papier theatralisch vor sich hin.

»Wenn Sie dies lesen, bin ich für immer fort. Bodil und ich haben beschlossen diese Nacht zu entfliehen. Mein strenger Vater gibt nie seine Einwilligung zu unserer Verbindung, deshalb wollen wir das Glück unserer Liebe an einem verborgenen Ort genießen, wo uns niemand finden kann. Es ist ein großes Unrecht, nach uns zu suchen, denn dann haben wir beschlossen lieber zu sterben, als in die bösen Hände unserer Feinde zu fallen. Ich netze dies Papier mit meinen und Bodils Tränen. Aber Sie, Herr Kongstrup, dürfen mich nicht verdammen wegen meines letzten verzweifelten Schrittes, denn ich kann nicht anders, um meiner großen Liebe willen.
Hans Peter.«

»Der liest offenbar Geschichtenbücher, der Bengel!«, sagte Karl Johan. »Der kann mal gut werden.«
»Ja, er weiß genau, was zu einer Entführung gehört«, entgegnete Kongstrup vergnügt. »Selbst eine Leiter hat er an das Fenster der Mägdekammer geschleppt – obwohl sie zu ebener Erde liegt. Wenn er nur halb so gründlich in der Landwirtschaft wäre!«
»Was nu? Man muss sie woll suchen?«, fragte der Großknecht.
»Ja, ich weiß nicht recht – es ist ja beinahe unrecht, ihr junges Glück zu stören. Sie kommen wohl von selber wieder, wenn sie hungrig sind. Was meinst du, Gustav? Sollen wir eine Treibjagd veranstalten?«

Gustav antwortete nicht; er stand schnell auf und ging zu den Kammern hinüber. Als die anderen folgten, war er zu Bett gegangen.

Den ganzen Tag lag er da und sagte weder Buh noch Bäh, wenn jemand zu ihm hereinkam. Darunter litt die Arbeit und der Verwalter war wütend. Er war überhaupt nicht für die neue Methode, die Kongstrup im Begriff war einzuführen – Freiheit für einen jeden, zu reden und zu tun, was ihm beliebte.

»Geht hinein und holt Gustav aus dem Bett!«, sagte er am Nachmittag, als sie in der Scheune mit dem Reinigen des Saatkorns beschäftigt waren. »Will er nicht im Guten, dann zieht ihn mit Gewalt an.«

Aber Kongstrup, der selbst dastand und das Gewicht in das Buch eintrug, legte sich ins Mittel. »Nein, wenn er krank ist, muss er auch das Recht haben, liegen zu bleiben«, sagte er. »Aber es ist unsere Pflicht, etwas für seine Heilung zu tun.«

»Ein Senfpflaster«, schlug Mons vor und sah den Verwalter herausfordernd an.

Kongstrup rieb sich die Hände. »Ja, das ist ein guter Gedanke! Geh hinüber, Mons, und lass die Mädchen ein Senfpflaster anrühren, das wir ihm auf die Herzgrube legen können. Da hat ja das Leiden seinen Sitz.«

Als Mons mit dem Senfpflaster zurückkam, gingen sie in Prozession, der Gutsbesitzer an der Spitze, hinüber, um es aufzulegen. Kongstrup sah sehr wohl den bösen Blick des Verwalters. Wieder eine Unterbrechung der Arbeit um eines Dummenjungenstreiches willen!, sagten die Augen. Aber er hatte nun einmal Lust, sich ein wenig zu amüsieren, und die Arbeit wurde trotzdem fertig.

Gustav hatte offenbar Lunte gerochen, denn als sie kamen, war er bereits angezogen. Dann ging er hin und verrichtete seine Arbeit, aber es war nicht möglich, ihm ein Lächeln zu entlocken. Er sah aus wie ein Mondsüchtiger.

Ein paar Tage später rollte ein Wagen auf dem Steinhof vor. Auf dem Bock saß ein breitschultriger Bauer im Pelz. Hans Peter saß ganz eingehüllt neben ihm und hinten auf dem Boden des Wagens lag die schöne Bodil auf ein wenig Stroh, zusammengekauert vor Kälte. Der Vater des Wirtschaftslehrlings brachte die beiden

Flüchtlinge zurück, er hatte sie in einem Logis in der Stadt gefunden.

In Kongstrups Arbeitszimmer bekam Hans Peter seine Tracht Prügel, sodass man es hören konnte. Dann wurde er auf den Hof hinausgestoßen und ging dort brüllend und beschämt umher, bis er mit Pelle hinter dem Kuhstall zu spielen anfing.

Mit Bodil ging man strenger ins Gericht. Der fremde Bauer verlangte offenbar, dass sie sofort wegsollte; denn Kongstrup war ja im Grunde nicht hart. Sie musste ihre Sachen packen und wurde am Nachmittag vom Hof gefahren. Sie sah so sanft und gut aus wie immer, sie glich ganz einem Kind des Himmelreichs, als sie davonfuhr – hätte man es nicht anders gewusst.

Am nächsten Morgen stand Gustavs Bett leer. Er war wie weggeweht – mit Kiste, Holzschuhen und allem.

Lasse betrachtete das Ganze mit dem nachsichtigen Lächeln eines Mannes – Kinderstreiche! Nun fehlte nur noch, dass Karna ihren dicken Leib eines Nachts durch das Kellerfenster presste, um ebenfalls wie ein Rauch zu verschwinden – auf der Jagd nach Gustav.

Dies geschah nun freilich nicht. Aber sie wurde Lasse gegenüber wieder freundlich, fragte nach seinen und Pelles Kleidern und wollte ihnen gern etwas zugute tun.

Lasse war nicht blind; er sah sehr wohl, wo das hinauswollte, und ein Gefühl der Macht überkam ihn. Jetzt waren da zwei, die er kriegen konnte, wenn er nur wollte; wenn er nur die Hand ausstreckte, griffen die Frauenzimmer danach. Er ging jeden Tag wie in einem Rausch umher und es gab Tage, wo es in ihm flüsterte, er solle doch zugreifen. Da war er sein Leben lang so sittsam auf der Erde umhergegangen, hatte seine Pflicht getan und sein Leben in braver Anständigkeit gelebt! Warum sollte er nicht auch einmal hinten ausschlagen – und versuchen durch die brennenden Reifen zu springen! Der Gedanke hatte etwas Verlockendes.

Aber das Rechtschaffene ihn ihm siegte. Er hatte sich immer an die eine gehalten, wie es die Heilige Schrift gebot, und dabei wollte er auch bleiben. Das andere war nur für die Großen – für Abraham, von dem Pelle angefangen hatte zu erzählen, und für Kongstrup. Pelle sollte auch lieber niemals Anlass haben, seinem Vater nach der Richtung hin etwas nachzusagen; er wollte rein vor seinem Kind dastehen und ihm in die Augen sehen können, ohne zu blinzeln. Und dann – ja, der Gedanke daran, wie die beiden Frauen es aufnehmen würden, wenn es herauskäme, konnte offen gestanden Lasse dazu bringen, mit seinen roten Augen zu zwinkern und den Kopf einzuziehen.

Mitte März kam Frau Kongstrup unerwartet zurück. Ihr Mann hatte sich ganz gemütlich ohne sie eingerichtet und sie kam ihm wohl ziemlich überraschend. Die blonde Marie wurde sofort in die Braustube hinuntergeschickt; wenn sie nicht ganz weggejagt wurde, so geschah das wohl, weil die Mägde knapp waren, seit man Bodil weggejagt hatte. Frau Kongstrup hatte eine junge Verwandte mitgebracht, die ihr Gesellschaft leisten und ihr im Haus zur Hand gehen sollte.

Es schien auch alles sehr gut zu gehen. Kongstrup hielt sich ans Haus und war solide. Die drei fuhren zusammen aus und es war eine Lust, zu sehen, wie sich Frau Kongstrup an seinen Arm hängte, wenn sie aus waren und dem jungen Mädchen die Umgebung des Gutes zeigten. Es war leicht zu sehen, warum sie zurückgekommen war – sie konnte nicht ohne ihn leben!

Aber Kongstrup schien nich annähernd so froh darüber zu sein; mit seiner Ausgelassenheit war es vorbei; er zog sich mehr und mehr zurück. Wenn er sich so im Freien bewegte, sah es aus, als lauere ihm etwas Unsichtbares auf und als fürchte er sich, überrumpelt zu werden.

Dies Unsichtbare streckte auch nach den anderen die Hände aus.

Frau Kongstrup griff niemals streng in irgendetwas ein, weder offen noch auf Umwegen; und doch fühlte man überall einen Druck.

Man bewegte sich nicht mehr so frei auf dem Hof, sondern sah verstohlen zu den hohen Fenstern hinauf und eilte vorüber. Die Luft bekam wieder das Drückende, das einen unwillig und beklommen und schlecht gelaunt machte.

Das Unheimliche legte sich von neuem schwer auf das Dach des Steinhofs. Der Hof war seit Generationen die zeitliche Wohlfahrt oder das Unglück so vieler gewesen – er war darauf aufgebaut; dahin zogen noch immer die meisten Gedanken. Das Dunkle – der Schrecken, das Unheimliche, die unklaren Ahnungen, dass es Mächte gäbe, die Übles wollten – war so daran gewöhnt, *den* Weg einzuschlagen, als ginge es auf den Kirchhof.

Und nun zog es sich über dieser Frau zusammen, die einen so schweren Schatten hatte, dass sich alles erhellte, sobald sie sich entfernte. Ihr ewig jammerndes Auflehnen gegen das Unrecht, das ihr geschah, wirkte verfinsternd und zog all das Schwere nach sich. Sie kehrte nicht einmal zurück, um sich unter das zu beugen, was nun einmal nicht anders sein konnte – sondern um mit erneuter Stärke fortzufahren. Entbehren konnte sie ihn nicht, ebenso wenig aber konnte sie ihm etwas Gutes bieten; sie glich den Wesen, die nur im Feuer leben und atmen können und doch jammern, wenn sie sich darin befinden. Sie wand sich in den Flammen und unterhielt sie doch – die blonde Marie war ihr Werk und nun hatte sie die junge Verwandte ins Haus gebracht. So kam sie ihm entgegen, um dann das Haus über ihm mit ihrer Klage erzittern zu machen.

Eine solche Liebe war nicht Gottes Werk; sie war das Werk böser Mächte.

17

Hu, wie schneidend kalt es war! Pelle war auf dem Weg zur Schule, er lief im Zuckeltrab durch den Sturm. Bei dem großen Dornbusch stand Rud und wartete auf ihn und dann liefen sie nebeneinander wie zwei ermattete Gäule, schnaubend und mit gesenkten Köpfen. Der Kragen der Jacke war über die Ohren hinaufgezogen und die Hände schlüpften unter den Hosenbund, um Anteil an der Körperwärme zu haben; Pelles Jackenärmel waren zu kurz, seine Handgelenke waren violett vor Kälte.

Sie sprachen nicht viel, sondern liefen nur; der Sturm riss ihnen sofort die Worte vom Mund weg und stopfte ihn mit Hagel, es war nicht möglich, Luft genug zum Laufen zu schöpfen oder ein Auge aufzumachen. Alle Augenblicke mussten sie stehen bleiben und sich mit dem Rücken gegen den Sturm stemmen, während sie die Lungen füllten und warmen Atem über das gefühllose Gesicht bliesen. Das Schlimmste war der Übergang, ehe man richtig gegen den Wind anlief und wieder in Tritt kam.

Die drei Viertelmeilen nahmen ein Ende und die Knaben bogen in das Fischerdorf ein. Hier unten am Strand war es beinahe geschützt; das empörte Meer brach den Wind. Die Wellen kamen wie eine warnende Mauer und stürzten in weiß-grünem Strudel brüllend zusammen. Der Wind riss wütend die Kämme ab und führte salzigen Regen über das Land.

Der Lehrer war nicht gekommen. Oben neben dem Pult stand Nilen, er war damit beschäftigt, es mit einem Nachschlüssel zu öffnen, um einer Pfeife habhaft zu werden, die Fris in der Stunde beschlagnahmt hatte. »Hier ist dein Messer!«, rief er und warf Pelle ein Dolchmesser hinüber, das dieser schnell einsteckte. Einige Bauernjungen schütteten Kohlen in den Ofen, der ohnehin glühend heiß war; an den Fenstern saß eine Schar Mädchen, sie hörten einander Gesangbuchverse ab. Draußen brauste das Meer unaufhörlich ans Ufer und sank zusammen; wenn sein Dröhnen einen Augenblick nachließ, stiegen wilde Knabenstimmen auf. Alle Jungen aus dem ganzen Dorf liefen da draußen am Strand herum; sie sprangen in die Brandung und wieder heraus, obwohl es aussah, als wolle sie sie zerschmettern, und zogen Treibholz an Land.

Pelle war kaum aufgetaucht, als Nilen ihn mit hinauszog. Die meisten Jungen waren klatschnass, aber sie lachten und dampften vor Eifer. Einer von ihnen hatte das Namensbrett eines Schiffes geborgen. – »Die Einfalt«, stand da. Sie bildeten einen Kreis darum und ergingen sich in Mutmaßungen über Art und Heimat des Schiffes.

»Denn is das Schiff also untergegangen«, sagte Pelle ernsthaft. Die anderen antworteten nicht; es war zu selbstverständlich.

»Ja«, sagte ein Knabe zögernd, »das Namensbrett kann ja auch von den Wellen abgerissen worden sein; es war ja nur angenagelt.« Sie untersuchten es nochmals sorgfältig – Pelle konnte nichts Besonderes daran entdecken.

»Ich glaub fast, die Mannschaft hat es abgerissen und in die See geworfen – der eine Nagel is ausgezogen«, sagte Nilen und nickte geheimnisvoll.

»Warum sollten sie das tun?«, fragte Pelle ungläubig.

»Weil sie den Kapitän totgeschlagen und selbst das Kommando übernommen haben, du Dummkopf! Dann taufen sie ganz einfach die Schute um und segeln als Seeräuber.« Die anderen bestätigten das mit Augen, die vor Abenteuerlust funkelten – der Vater dieses Jungen hatte es erzählt und der Vater jenes war sogar mit dabei gewesen. Er hatte ja natürlich nicht gewollt, aber da wurde er ganz einfach an den Mast gebunden, als die Meuterei losging.

An einem Tag wie diesem fühlte sich Pelle klein und mutlos. Das Toben des Meeres bedrückte ihn und machte ihn unsicher, aber die anderen waren so recht in ihrem Element. In ihrer Phantasie wurde das Meer noch unheimlicher, als es ohnehin war; alle Schrecken der

See erlebten sie spielend am Strand: Schiffe gingen mit Mann und Maus unter oder strandeten an Felsklippen; angetriebene Leichen lagen in der Brandung und rollten hin und her; ertrunkene Männer in Seestiefeln und Südwester entstiegen um Mitternacht der See und stampften in die kleinen Stuben der Dorfhütten, um ihren Heimgang anzusagen. Sie verweilten bei alledem mit innerer Freude – als sängen sie Lobgesänge zu Ehren des Gewaltigen. Aber Pelle stand außerhalb des Ganzen und kam sich bei ihren Erzählungen feige vor. Er hielt sich hinter den anderen und wünschte, er könnte den großen Stier hier herunterziehen und ihn zwischen sie hetzen. Dann sollten sie Schutz suchend zu ihm fliehen!

Die Jungen waren von ihren Eltern ermahnt worden gut auf sich Acht zu geben – die alte Schiffswitwe Marta hatte drei Nächte hintereinander die See mit kurzem Bellen eine Leiche fordern hören. Auch davon sprachen sie, während sie am Strand umhersprangen, und darüber, wann sich die Fischer wohl wieder hinauswagen würden. »Eine Flasche! Eine Flasche!«, rief plötzlich einer von ihnen und lief dicht am Wasser entlang. Er hatte ganz deutlich in der Brandung dahinten eine Flasche auftauchen und wieder verschwinden sehen. Die ganze Schar stand lange da und starrte gespannt in den Schaumstrudel. Nilen und noch einer hatten die Jacken abgeworfen, bereit, hineinzuspringen, sobald sie sich wieder zeigte.

Die Flasche kam nicht wieder zum Vorschein, aber die Phantasie war in Fluss geraten, jeder Junge hatte seine eigenen Kenntnisse von der Sache. Jetzt, zur Zeit der Äquinoktialstürme, ging wohl manch eine Flasche mit einem letzten Gruß an die an Land über die Schiffswand. Streng genommen lernte man ja nur deswegen schreiben, um seinen Zettel schreiben zu können, wenn die Stunde da war. Dann wanderte die Flasche vielleicht in den Magen eines Haifisches, vielleicht wurde sie von dummen Bauern aufgefischt, die sie ihrer Frau mitbrachten, damit sie Schnaps darin abzapfe – das war ein wohl gezielter Hieb auf Pelle. Aber es kam auch vor, dass sie gerade an der richtigen Stelle an Land trieb; und im Übrigen war es Sache des Finders, sie bei der nächsten Obrigkeit abzuliefern, wenn er nicht seine rechte Hand einbüßen wollte.

Dort am Hafen gingen die Wellen über die Mole. Die Fischer hatten ihre Boote auf das Ufer hinaufgezogen. Sie hatten keine Ruhe in der warmen Stube, die See und das böse Wetter bannten sie an den Strand, Tag und Nacht. Sie standen im Schutz der Boote, gähnten kräftig und starrten auf das Meer hinaus, wo von Zeit zu Zeit ein Segler vorüberschoss wie ein vom Sturm verschlagener Vogel.

»Kommt herein, kommt herein!«, riefen die Mädchen von der Tür des Schulhauses her.

Die Jungen schlenderten langsam hinauf. Fris ging vor dem Pult auf und nieder, er rauchte seine Pfeife mit dem Bild des Königs, die »Berlinske« guckte ihm aus der Tasche. »Setzt euch! Setzt euch!«, rief er und schlug mit dem Rohrstock aufs Pult.

»Gibt es was Neues?«, fragte ein Junge, als sie sich gesetzt hatten – es geschah ab und zu, dass Fris ihnen die Schiffsnachrichten laut vorlas.

»Das weiß ich nicht!«, antwortete Fris mürrisch. »Holt die Tafeln und Rechenbücher heraus!«

»Ah, wir sollen rechnen! Ah, das macht Spaß!« Die ganze Klasse freute sich sichtbar, während sie die Sachen herausholten.

Fris teilte die Freude der Kinder am Rechnen nicht – seine Begabung war rein historischer Art, wie er zu sagen pflegte. Aber er kam ihrem Wunsch entgegen, weil jahrelange Erfahrung ihm sagte, dass an einem Unwettertag wie heute leicht die Hölle ausbrechen könnte; das Wetter hatte einen eigentümlichen Einfluss auf Kinder. – Er selbst verstand sich nur auf Chr. Hansens 1. Teil, aber da waren ein paar Bauernjungen, die sich auf eigene Faust bis in den 3. Teil hineingearbeitet hatten, die halfen den anderen.

Die Kinder waren ganz von der Arbeit in Anspruch genommen und rechneten mit Eifer, ihre langen, regelmäßigen Atemzüge erfüllten das Schulzimmer mit tiefer Ruhe, es gab ein fleißiges Wandern zu den beiden Rechenmeistern. Nur von Zeit zu Zeit wurde die Arbeit durch einen kleinen Streich unterbrochen, aber sie beruhigten sich bald wieder.

Ganz unten in der Klasse ertönte ein Schluchzen, deutlicher und deutlicher; Fris legte ungeduldig die Zeitung hin.

»Peter weint«, sagten die Zunächstsitzenden.

»So-so!« Fris guckte weit über die Brille hinweg. »Was gibt's denn?«

»Er sagt, er weiß nich mehr, wie viel zwei mal zwei is!«

Fris stieß Luft durch die Nase aus und griff nach dem Rohrstock, besann sich jedoch. »Zwei mal zwei ist fünf!«, sagte er ruhig. Dann lachten sie ein wenig über Peter und arbeiteten weiter.

Lange herrschte ausschließlich der Fleiß, da erhob sich Nilen. Fris sah es, fuhr aber fort zu lesen.

»Was is leichter, ein Pfund Federn oder ein Pfund Blei? Das steht nich hinten in den Auflösungen.«

Fris' Hände zitterten, während er die Zeitung vor sich hielt, in der Hoffnung, etwas Wichtiges darin zu entdecken. Die kleinen Teufel machten sich seine Mittelmäßigkeit im Rechnen beständig zu Nutze; aber er *wollte* sich nicht mit ihnen einlassen. Nilen wiederholte seine Frage unter dem Gekicher der anderen, aber Fris überhörte sie – er war so in seine Lektüre vertieft. Dann gab es Nilen von selber auf.

Fris sah nach der Uhr, er konnte ihnen bald ihre Pause geben – eine recht lange Pause. Dann nur noch eine kleine Stunde Quälerei und dieser Schultag konnte als überstandene Widerwärtigkeit ad acta gelegt werden.

Da erhob sich Pelle; er hatte Mühe, sein Gesicht in die rechten Falten zu legen, und musste so tun, als wenn seine Nachbarn ihn störten. Endlich brachte er es heraus, aber die Ohrenränder waren ein wenig rot. »Wenn ein Pfund Mehl zwölf Öre kostet, was kostet dann eine Tonne Kohlen?«

Fris saß eine Weile da und sah Pelle unentschlossen an, es schmerzte ihn mehr, wenn Pelle ungezogen gegen ihn war, als wenn die anderen sich das erlaubten – er hatte sich in den Jungen vernarrt. »N-a!«, sagte er bitter und kam langsam mit dem Rohrstock in der Hand auf Pelle zu. »N-a!«

»Deck dich!«, flüsterten die Jungen und schickten sich an Fris den Durchgang zu versperren. Aber Pelle tat etwas, was gegen jede Regel und Gewohnheit verstieß und ihm trotzdem Respekt verschaffte: Statt in Deckung zu gehen, trat er vor und streckte beide Hände aus, die Handflächen nach oben; er hatte einen dunkelroten Kopf.

Fris sah ihn überrascht an und hatte zu allem anderen mehr Lust als zum Prügeln – Pelles Augen freuten ihn bis ins Herz hinein. Er verstand sich nicht auf Jungen, aber Menschen gegenüber war er feinfühlig und hier machte sich etwas Menschliches geltend – es würde unrecht sein, es nicht ernst zu nehmen! Er schlug Pelle einmal auf die Hände und warf dann den Rohstock hin. »Pause!«, sagte er kurz und wandte den Jungen den Rücken.

Der Gischt spritzte bis an die Mauer des Schulhauses herauf. Draußen auf der See, ein Stück vom Ufer entfernt, segelte eine Schute; sie sah sehr mitgenommen aus und war in der Gewalt des Unwetters; sie jagte schnell ein Stück vorwärts, stand dann still und schaukelte eine Weile, ehe sie von neuem vorwärts schaukelte wie ein Betrunkener. Sie lief in Richtung auf das südliche Riff.

Die Jungen hatten sich hinter das Schulhaus verzogen, um ihr Frühstück im Schutz der Mauer zu verzehren, aber plötzlich donnerten Holzstiefel hohl auf der Strandseite; der Strandvogt und einige Fischer liefen vorüber. Und nun kamen sie in sausender Fahrt mit den Rettungsapparaten herbeigeeilt. Die Mähnen der Pferde flatterten im Wind. Es lag etwas Ansteckendes in dieser Eile, die Knaben mussten alles hinwerfen und sich anschließen.

Die Schute war nun ganz unten an der Landzunge, sie lag da vor Anker, stampfte und ließ die Wellen über sich hinspülen, das Achterende dem Riff zugekehrt; sie glich einem alten Gaul, der gegen das Hindernis wütend nach hinten ausschlägt. Der Anker konnte sie nicht halten, sie trieb rückwärts auf das Riff zu.

Es waren eine Menge Menschen am Strand, von der Küste wie auch vom Land her – die Bauern waren sicher heruntergekommen, um nachzusehen, ob das Wasser nass wäre! Die Schute war auf Grund gestoßen und lag da und rollte auf dem Riff; die an Bord hätten wie Schweine manövriert, sagten die Fischer, und übrigens war es kein Russe, sondern eine Lappenschute. Die Wellen gingen über sie hin, sodass der ganze Schiffsrumpf zitterte; die Mannschaft war in die Tagelage gekrochen, da hingen die Leute und ruderten mit den Armen. Sie riefen wohl aus, aber die Brandung verschlang es.

Pelle verfolgte mit Augen und Ohren alle Vorbereitungen; er zitterte vor Spannung und musste mit seiner krankhaften Anlage kämpfen, die sich immer bemerkbar machte, wenn irgendetwas sein Blut in Wallung brachte.

Am Strand waren sie beschäftigt, sie trieben Pfähle in den Sand, um die Winde daran festzumachen, und ordneten Taue und Trossen, damit sie glatt abliefen. Auf die lange, dünne Leine, die die Rakete zum Schiff hinaustragen sollte, wurde besondere Sorgfalt verwandt; sie wurde wohl zehnmal gerichtet.

Der Rettungsführer stand da und stellte den Rettungsapparat zum Zielen auf – sein Blick war wie eine Klaue, als er die Entfernung maß. »Alles klar!«, sagten die anderen und gingen beiseite. »Alles klar!«, antwortete er ernst. Einen Augenblick war es ganz still; er stellte wieder zurück. Hu-i-i-i-u! Die dünne Leine stand wie eine zitternde Schlange in der Luft und bohrte sich mit ihrem wild gewordenen Kopf draußen in den Dunst über der See; von der Rolle jagte sie kreischend ruckweise und ritt hinaus auf tiefen Brummtönen und weit da draußen kämpfte sie sich durch den Sturm vorwärts. Die Rakete hatte den Weg vortrefflich zurückgelegt, sie war ein Stück über das Wrack hinausgeschossen, aber zu weit windwärts. Sie hatte sich matt gelaufen und schlingerte nun in der Luft wie ein unruhiger Schlangenkopf, während sie sich herabsenkte.

»Sie geht vorne herum!«, sagte ein Fischer. Die anderen schwiegen, aber man konnte ihnen ansehen, dass sie alle dasselbe dachten. »Es kann noch kommen!«, entgegnete der Rettungsführer. Die Rakete hatte das Wasser ein gut Stück nordwärts getroffen, aber die Leine stand noch in einem Bogen in der Luft, der Druck hielt sie oben. Sie fiel in langen Stößen südwärts, schlug ein paar Falten vor dem Sturm und legte sich matt über den Vordersteven des Schiffes. »Da is sie! Sie hat famos getroffen!«, riefen die Jungen und sprangen im Sand umher. Die Fischer stampften vor Freude im Kreis, nickten dem Vormann zu und sahen sich anerkennend an. Da draußen kroch ein Mann in der Takelage herum, bis er die Leine gepackt hatte, dann kroch er wieder zu den anderen in die Wanten hinab. Es musste nicht mehr weit her sein mit ihren Kräften, denn weiter rührten sie sich nicht.

Am Ufer herrschte große Geschäftigkeit. Die Winde wurde noch fester in den Boden eingerammt und der Rettungsstuhl klargemacht. Die dünne Leine wurde mit einem dreiviertelzölligen Tau zusammengeknüpft, das wiederum die schwere Trosse an Bord schleppen sollte – es kam darauf an, dass alle Gerätschaften hielten. An der Trosse hing eine Talje so groß wie ein Kopf, in der die Taue laufen sollten; man wusste ja nicht, was für Hilfsmittel sie an Bord so eines Seelenverkäufers hatten. Der Sicherheit halber wurde eine Tafel an die Leine gebunden, die auf Englisch besagte, dass sie so lange ziehen sollten, bis die Trosse Kaliber soundso an Bord käme; das war überflüssig für gewöhnliche Menschen, aber man wusste ja niemals, wie dumm solche Finnlappen sein konnten.

»Nun könnten sie meinetwegen da draußen ziehen, damit die Sache zu Ende kommt«, sagte der Rettungsführer und schlug die Hände gegeneinander.

»Sie sind am Ende zu sehr herunter – haben woll Schlimmes durchgemacht!«, sagte ein junger Fischer.

»Ein dreiviertelzölliges Tau müssten sie doch wohl zu sich heranziehen können. Bindet eine Hilfsleine an das Tau, sodass wir ihnen behilflich sein können die Trosse an Bord zu ziehen – wenn es so weit kommt.«

Das geschah. Aber draußen auf dem Wrack hingen sie stumpfsinnig in der Takelage, ohne sich zu rühren – was, um Gottes willen, war denn in sie gefahren? Die Leine lag noch immer tot im Sand, ohne zu gleiten. Es war ausgeschlossen, dass sie auf dem Boden festsaß, sie tönte, als sie vom Ufer aus straff ausgezogen wurde; sie musste an dem Mast festgemacht sein.

»Sie haben sie festgemacht, die Dummköpfe!«, sagte der Rettungsführer. »Sie erwarten wohl, dass wir ihnen die Schute an Land ziehen – an dem Garnende!« Er lachte verzweifelt.

»Sie wissen es woll nich besser, die Ärmsten!«, sagte der »Mormone«.

Niemand sprach oder rührte sich. Sie standen gelähmt von dem Unfassbaren; ihre Augen wanderten in schrecklicher Spannung von dem Wrack hinab zu der unbeweglichen Leine und wieder zurück. Die lastende Angst, die dort folgt, wo Menschen das Äußerste aufgeboten haben und von der Dummheit selbst zurückgeschlagen werden, befiel sie. Das Einzige, was die Schiffbrüchigen taten, war, dass sie mit den Armen ruderten. Sie meinten wohl, man könne hier am Land stehen und Wunder vollbringen.

»In einer Stunde is es aus mit ihnen«, sagte der Rettungsführer traurig, »es is schwer, stillzustehen und zuzusehen.«

Ein junger Fischer trat vor. Pelle kannte ihn gut; er hatte ihn mehrmals an dem Steinhaufen getroffen, wo in Sommernächten die Kinderseele brannte.

»Wenn einer von euch mitgeht, will ich versuchen an sie ranzutreiben!«, sagte Niels Köller ruhig.

»Das is der sichere Tod, Niels«, sagte der Rettungsführer und legte ihm die Hand auf die Schultern; »darüber bist du dir doch wohl klar? Ich bin nicht um mein Leben besorgt, aber es wegwerfen, das tue ich nicht. Jetzt kennst du meine Ansicht.«

Die anderen betrachteten es nicht anders. Es war ganz einfach unmöglich, in diesem Wetter ein Boot aus dem Hafen herauszubekommen, es würde sofort an den Molen zerschellen, und noch unmöglicher war es, sich bis zu dem Wrack hinzuarbeiten, wo Sturm und Wellen von der Seite kamen! Dass das Meer auch dem Dorf gegenüber seine Ansprüche geltend machte, dagegen war nichts zu tun – seinem Schicksal konnte sich niemand entziehen! Aber dies war offenbarer Wahnsinn!

Mit Niels Köller war es jedoch eine eigene Sache; ein Kindesmord auf dem Gewissen und die Braut im Zuchthaus! Er hatte seine eigene Rechnung mit dem lieben Gott – ihm durfte niemand abraten!

»Es will also niemand mit?«, sagte Niels und starrte zu Boden. »Ja, dann muss ich es allein versuchen.« Schwerfällig ging er hinunter. Wie er hinauskommen wollte, begriff kein Mensch, er selbst am wenigsten – die Macht war offenbar über ihm.

Sie standen da und sahen ihm nach. »Ich muss wohl mitgehen und das eine Ruder nehmen«, sagte ein junger Bursche langsam, »allein kann er ja nichts ausrichten.« Das war Nilens Bruder.

»Es würde wunderlich klingen, wenn ich dich zurückhalten wollte, Sohn«, sagte der Mormone, »aber könnt ihr zu zweien mehr ausrichten als einer?«

»Niels und ich haben zusammen auf der Schulbank gesessen und sind immer Kameraden gewesen«, antwortete der junge Mann und sah den Vater eine Weile an. Dann ging er; bald fing er an zu laufen, um Niels einzuholen.

Die Fischer sahen ihnen schweigend nach. »Jugend und Torheit!«, sagte einer. »Ein Segen, dass sie das Boot nie aus dem Hafen rausbringen werden.«

»Wenn ich Karl recht kenne, werden sie das Boot wohl aus dem Hafen rausbringen«, sagte der Mormone düster.

Es verging eine lange Weile. Dann tauchte ein Boot auf der Südseite des Hafens auf, wo ein wenig Schutz war – sie mussten es mit Hilfe von Frauen über Land geschleppt haben. Der Hafen schob sich eine Strecke hinaus und das Boot kam aus der ärgsten Brandung heraus, ehe der Schutz aufhörte. Sie arbeiteten sich vorwärts. Sie konnten das Boot gerade so gegen das Wetter halten und große Fortschritte machten sie nicht. Jeden Augenblick zeigte das Boot sein ganzes Inwendige, als wolle es kentern. Aber das hatte das Gute, dass das Wasser, das sie übernahmen, wieder über Bord lief.

Es war deutlich, dass sie sich so weit hinausarbeiten wollten, bis sie die hohen Wellen ausnutzen und sich von ihnen an das Wrack tragen lassen konnten – ein verzweifelter Plan. Aber es waren ja überhaupt halsstarrige Tollhäusler; man sollte nicht glauben, dass dies Leute waren, die von Kindesbeinen an am Wasser gelebt hatten. Nachdem sie eine halbe Stunde gerudert waren, konnten sie offenbar nicht mehr; sie waren nur ein paar gute Kabellängen aus dem Hafen herausgekommen. Sie lagen still; der eine saß an den Riemen und hielt das Boot gegen die Wellen, während der andere sich mit etwas abmühte – mit einem Stück Segel, so groß wie ein Sack. Also auf die Art! Wenn sie die Riemen einzogen und sich dem Wetter anvertrauten – mit Wind und Wellen quer, etwas von hinten! –, dann mussten sie doch sofort voll Wasser laufen.

Aber sie zogen die Riemen nicht ein. Der eine saß da und spähte wie ein Verrückter, während sie vor dem Wind herliefen; ganz toll sah es aus, aber man musste zugeben, dass es eine größere Macht über das Boot gab. Dann ließen sie auf einmal das Segel los und ruderten das Boot hart gegen den Wind an – wenn eine Welle sich brechen wollte. Kein Fischer erinnerte sich, je eine ähnliche Segelei erlebt zu haben; es war junges Blut und sie verstanden ihren Kram! Jeden Augenblick musste man »Jetzt!« sagen. Aber das Boot war wie ein lebendiges Wesen, das allem zu begegnen wusste. Der Anblick machte einem das Herz warm, sodass man für eine Weile vergaß, dass es ein Wettsegeln mit dem Tod war. Kamen sie wirklich glücklich bis an das Wrack heran – was dann? Sie würden ja unfehlbar an der Schiffswand zerschellen.

Der alte Ole Köller, Niels' Vater, kam über die Dünen herab. »Wer is das da draußen, der sein Leben wegwirft?«, fragte er in das gespannte Schweigen hinein. Niemand sah ihn an – Ole pflegte den Mund ziemlich voll zu nehmen. Er warf einen Blick über die Schar, als suche er nach etwas Bestimmtem. »Niels – hat keiner von euch Niels gesehen?«. fragte er leise. Einer nickte nach der See hinaus. Da verstummte er und brach zusammen.

Die See musste die Riemen gebrochen oder sie ihnen aus der Hand geschlagen haben; sie machten das Segel los, das Boot wühlte ratlos mit seinem Steven und legte sich dann träge mit der Breitseite in den Wind. Da fasste sie eine große Welle und trug sie nach dem Wrack. Sie verschwanden in den zusammenbrechenden Wassermassen.

Als das Wasser sich wieder beruhigte, lag das Boot da und rollte im Schutz des Schiffes, den Kiel nach oben.

Ein Mann war im Begriff, sich vom Deck in die Takelage hinaufzuarbeiten. »Das is gewiss Niels?«, sagte Ole und starrte, dass ihm die Augen tränten. »Ob es wohl Niels is?«

»Nein, das is mein Bruder Karl!«, sagte Nilen.

»Dann is Niels weggegangen«, sagte er jammernd, »dann is Niels doch weggegangen.« Die anderen wussten nichts dazu zu sagen; es war ja von vornherein abgemacht gewesen, dass Niels weggehen würde.

Ole stand eine Weile da und kroch zusammen, als warte er darauf, dass jemand sagen würde, es sei Niels. Er trocknete seine tränenden Augen und versuchte weiter hinauszustarren; aber sie liefen voll Wasser. »Du hast junge Augen«, sagte er zu Pelle, »kannst du nich sehen, dass es Niels is?« Sein Kopf zitterte.

»Nein, es is Karl!«, sagte Pelle leise. Da ging Ole gebeugt durch die Schar, ohne jemand anzusehen oder jemand auszuweichen. Er ging, als sei er ganz allein auf der Welt, an dem Südstrand entlang – er ging, um die Leiche zu bergen.

Jetzt war keine Zeit, den Gedanken nachzuhängen, die Leine begann lebendig zu werden; sie glitt in die See hinab und zog das Tau nach sich. Faden für Faden rollte es seine Windungen ab und glitt langsam ins Meer hinaus wie ein erwachsenes Seetier und die dicke Trosse fing an sich zu rühren.

Karl befestigte sie hoch oben am Mast; und da war Verwendung für alle Mann – auch für die Jungen, um sie straff zu ziehen. Trotzdem hing sie infolge ihres Gewichts tief herunter und der Rettungsstuhl musste sich durch die Wellenkämme schleppen, als er leer hinausging. Er ging mehr unter als über Wasser, als sie ihn mit dem ersten Mitglied der Besatzung, einem lächerlich kleinen, dunkelhaarigen Mann, der in graues, abgetragenes Pelzwerk gekleidet war, zurückzogen. Er war beinahe erstickt auf der Reise, aber als sie erst das Wasser von ihm abgeschüttelt hatten, fehlte ihm nichts, und er schwatzte unaufhörlich drauflos, in einer drolligen Sprache, die niemand verstand. Mit fünf kleinen, in Pelz gekleideten Wesen kam der Stuhl angewandert. Einer nach dem andern kam an Land. Und schließlich kam Karl, ein schreiendes, kleines Ferkel am Arm.

»Das waren verdammt schlechte Seeleute!«, sagte Karl, während er Wasser herauswürgte. »Die verstanden, Gott sei's geklagt, nicht das Geringste. Die Raketenleine hatten sie an den Wanten festgemacht und das lose Ende dem Kapitän um den Leib gebunden! Und ihr hättet die Wirtschaft sehen sollen, die da an Bord herrschte!« Er sprach mit lauter Stimme, aber sein Blick war wie ein Schleier, der sich über etwas legte.

Dann zog man mit den Schiffbrüchigen nach Hause ins Dorf. Die Schute sah so aus, als könne sie dem Wasser noch eine Weile Widerstand leisten.

Als die Schulkinder nach Hause mussten, kam Ole schwankend, die Leiche seines Sohnes auf dem Nacken. Er lief mit schlotternden Knien und jammerte leise unter seiner Bürde. Fris hielt ihn an und war ihm behilflich den Toten in die Schulstube zu legen; er hatte ein großes Loch in der Stirn. Als Pelle die Leiche mit der ausgewaschenen, klaffenden Wunde sah, fing er an zu hüpfen; er sprang kurz in die Höhe und ließ sich niederfallen wie ein toter Vogel. Die Mädchen zogen sich schreiend von ihm zurück; Fris beugte sich über ihn und sah ihn schmerzlich an.

»Das is keine Bosheit«, sagte die Jungen, »das is sein Leiden – er wird manchmal so. Das hat er mal gekriegt, als er gesehen hat, wie ein Mann zu Schanden geschlagen wurde.« Sie zogen mit ihm zur Pumpe, um ihn wieder zu sich zu bringen.

Fris und Ole machten sich mit der Leiche zu schaffen, legten ihr etwas unter den Kopf und wuschen den Kies weg, der sich in die Gesichtshaut hineingescheuert hatte. »Er war mein bester Junge!«, sagte Fris und strich mit zitternder Hand über den Kopf des Toten. »Seht ihn nur ordentlich an, Kinder, und vergesst ihn nie wieder – er war mein bester Junge!«

Dann stand er schweigend da und starrte hinaus, mit beschlagener Brille, die Hände schlaff herabhängend. Ole stand da und jammerte leise; er war auf einmal alt geworden, ganz in sich zusammengefallen.

»Ich muss ihn wohl mit nach Hause nehmen?«, sagte er klagend und fasste unter die Schultern des Sohnes. Aber er hatte keine Kraft mehr.

»Lass ihn nur liegen«, sagte Fris. »Er hat einen schweren Tag gehabt, nun ruht er aus.«

»Ja, er hat einen schweren Tag gehabt«, sagte Ole und führte die Hand des Sohnes an den Mund, um sie anzuhauchen. »Und sieh, wie er den Riemen geführt hat – das Blut is ihm durch die Fingerspitzen gesprungen.« Ole lachte mitten im Weinen. »Er war ein guter Junge, er war für mich Essen und Trinken – und Licht und Wärme auch. Nie kam ein böses Wort gegen mich aus seinem Mund, der ich ihm doch zur Last fiel! Und nun bin ich ohne Sohn, Fris – ich bin kinderlos! Und ich bin zu nichts mehr nutze!«

»Du sollst schon dein Auskommen haben, Ole«, sagte Fris.

»Ohne ins Armenhaus zu kommen? Ich will so ungern ins Armenhaus!«

»Ja, ohne ins Armenhaus zu kommen, Ole!«

»Wenn er jetzt doch Frieden finden könnte; er hat so wenig Frieden gehabt hier auf Erden in letzter Zeit. Es is ein Lied über sein Unglück im Umlauf, Fris; jedes Mal, wenn er das hörte, war er wie ein neugeborenes Lamm in der Kälte. Die Kinder singen es auch.« Ole sah sich flehend um. »Es war ja nur jugendlicher Leichtsinn und nun hat er seine Strafe auf sich genommen.«

»Dein Sohn hat keine Strafe bekommen, Ole, und auch keine verdient«, sagte Fris und legte den Arm um seine Schultern. »Aber ein großes Geschenk hat er gemacht, so wie er daliegt und zu allem schweigen muss. Fünf Menschenleben hat er gerettet und sein eigenes hat er hergegeben – für das eine, das er in Gedankenlosigkeit brach. Einen freigebigen Sohn hast du gehabt, Ole!« Fris sah ihm aufmunternd ins Gesicht.

»Ja«, sagte Ole strahlend, »er hat ja fünf Menschenleben gerettet – das hat er ja getan – ja, das hat er getan!« Ole hatte noch gar nicht daran gedacht – es war ihm gar nicht in den Sinn gekommen. Aber nun hatte es ein anderer ausgesprochen und er klammerte sich fortan daran. »Fünf Menschenleben hat er doch gerettet, wenn es auch nur Finnlappen waren. Dann wird der liebe Gott sich wohl doch zu ihm bekennen.«

Fris nickte, dass ihm das graue Haar über die Augen fiel. »Vergesst ihn niemals, Kinder!«, sagte er. »Und jetzt geht still nach Hause!« Leise nahmen die Kinder ihre Sachen und gingen; sie würden in diesem Augenblick alles getan haben, was Fris ihnen befohlen hätte – er hatte vollkommene Macht über sie.

Ole stand da und starrte geistesabwesend vor sich hin; dann fasste er Fris beim Ärmel und zog ihn an die Leiche. »Er hat gut gerudert«, sagte er, »das Blut is ihm aus den Fingerspitzen getreten, sieh selbst!« Und er hob die Hände des Sohnes gegen das Licht.

»Das sind auch noch Handgelenke, Fris! Mich alten Mann konnte er nehmen und mit mir gehen, als wär ich ein kleines Kind.« Ole lachte kläglich. »Aber ich trug ihn auch, den ganzen Weg von dem südlichen Riff trug ich ihn auf meinem Nacken. Ich bin eine zu schwere Bürde für dich, Vater!, konnte ich ihn sagen hören, denn er war ein guter Sohn. Aber ich hab ihn getragen – und jetzt kann ich nich mehr; wenn sie das nu bloß sehen«, er betrachtete wieder die blutunterlaufenen Finger, »er hat ja sein Bestes getan. Wenn ihn bloß der liebe Gott selbst abmustern wollte!«

»Ja«, sagte Fris, »der liebe Gott wird ihn selber abmustern – und der sieht ja alles, Ole!«

Einige Fischer traten in den Raum. Sie nahmen die Mützen ab, gingen einer nach dem anderen hin und gaben Ole die Hand. Dann strichen sie sich, Mann für Mann, über das Gesicht und wandten sich fragend dem Küster zu. Fris nickte. Sie nahmen die Leiche zwischen sich und gingen mit schweren, vorsichtigen Schritten über die Diele und auf das Dorf zu. Ole trippelte hinter ihnen drein, zusammengesunken und leise jammernd.

18

Es war im ersten Schuljahr, in der Religionsstunde, Pelle wurde von Fris gefragt, ob er die drei größten Feiertage des Jahres nennen könne, und antwortete zu aller Ergötzen: »Johannisabend, Erntedankfest und – und . . .« Es gab noch ein drittes Fest, aber als er so weit kam, schämte er sich, es zu nennen – seinen Geburtstag! Gewissermaßen war es der größte Festtag des Jahres, obwohl ihn niemand als Vater Lasse kannte. Und dann die, die den Kalender schrieben – die wussten ja ganz einfach über alles Bescheid.

Sein Geburtstag fiel auf den 26. Juni und es war der Tag des Pelagius im Kalender. Am Morgen küsste ihn der Vater und sagte: »Glück und Segen, mein Junge!« – und dann steckte immer ein kleiner Gegenstand in der Tasche, wenn er die Hose anziehen wollte. Der Vater war ebenso gespannt wie er selbst und stand bei ihm, während er sich anzog, um seinen Anteil an der Überraschung zu haben. Aber Pelle pflegte die Sache in die Länge zu ziehen, wenn ihm etwas Angenehmes bevorstand – umso größer wurde die Freude. Er ging absichtlich um die spannende Tasche herum, während Vater Lasse dastand und vor Aufregung trippelte. »Na, du, was is das bloß mit der Tasche da? Sie kommt mir so dick vor! Du bist doch woll nich über Nacht auf gewesen und hast Hühnereier gestohlen?« Da musste Pelle den Gegenstand herausholen – ein großes Papierknäuel – und auspacken, eine Schicht nach der anderen. Und Lasse war wie aus den Wolken gefallen. »Ach was, das is ja nichts weiter als Papier! Sich mit solchem Dreck die Taschen voll zu pfropfen!« Aber im innersten Innern lag ein Taschenmesser mit zwei Klingen. »Danke«, flüsterte Pelle mit Tränen in den Augen. »Ach was, das is man 'ne ärmliche Gabe!«, sagte Lasse und zwinkerte mit seinen roten, wimperlosen Augenlidern.

Darüber hinaus begegnete dem Jungen an diesem Tag nicht

mehr Gutes als gewöhnlich, aber trotzdem war er den ganzen Tag in feierlicher Stimmung. Es kam nie vor, dass die Sonne nicht schien – und zwar schien sie auffallend hell; und die Kühe sahen ihn so freundlich an, während sie dalagen und kauten. »Heut is mein Geburtstag, du!«, sagte er und fiel dem Ochsen Nero um den Hals. »Kannst du wohl ›ich gratuliere‹ sagen?« Und Nero blies ihm warmen Atem den Rücken hinab, zusammen mit grünem Saft vom Kauen. Und dann ging er glücklich umher und stahl grüne Getreidesaat für ihn und für sein Lieblingskalb, hielt das neue Messer – oder was es sonst war – den lieben, langen Tag in der Hand und verrichtete alles, was er tat, mit feierlicher Langsamkeit. Den Tag konnte er in Feiertagsstimmung anschwellen lassen, und wenn er ins Bett kam, lag er da und kämpfte gegen den Schlaf, damit der Tag noch länger werden sollte.

Aber der Johannisabend war auf seine Weise doch ein noch größerer Festtag – es lag auf alle Fälle der Schimmer des Unerreichbaren darüber. An dem Tag zog alles, was kriechen und gehen konnte, in den Almindingen hinaus, es gab keinen noch so geringen Dienstboten auf der Insel, der sich dareinfand, dass ihm diese Erlaubnis verweigert wurde – außer Lasse und Pelle. Jedes Jahr hatten sie den Tag kommen und gehen sehen, ohne Anteil an seiner Freude zu haben. »Jemand muss doch, weiß Gott, zu Hause bleiben«, sagte der Verwalter beständig. »Oder meint ihr vielleicht, dass ich die ganze Arbeit für euch tun soll?« Sie waren zu machtlos, um auf ihr Recht zu pochen. Lasse half die Wagenlade mit leckerem Proviant voll packen und sah zu, dass die andern wohlbehalten auf den Weg kamen – und ging dann missmutig zu Hause herum, als einziger Mann für die ganze Arbeit. Pelle sah vom Feld aus ihre fröhliche Abfahrt und den hellen Staubstreifen in weiter Ferne hinter den Klippen. Und noch ein halbes Jahr danach erzählten sie von ihren Trinkgelagen und ihren Prügeleien und Liebeleien.

Aber jetzt hatte die Sache ein Ende. Lasse war nicht der Mann, der sich andauernd auf die Zehen treten ließ; er hatte die Liebe einer Frau – und ein Haus im Rücken! Er konnte kündigen, wann es ihm beliebte. Jetzt war die Obrigkeit wohl dabei, den vorgeschriebenen öffentlichen Aufruf über das Verbleiben von Madame Olsens Mann zu erlassen, und sobald die gesetzliche Frist abgelaufen war, wollten sie zusammenziehen.

Lasse hatte keine Angst mehr vor einer Kündigung. Schon im Winter hatte er dem Verwalter den Stuhl vor die Tür gesetzt und sich nur unter der Bedingung bereit erklärt zu bleiben, dass sie beide mit in den Almindingen fahren durften – er hatte Zeugen dafür. Dort, wo an jenem Tag alle Liebe sich ein Stelldichein gab, wollten auch Lasse und sie sich treffen. Aber davon wusste Pelle nichts.

»Heute können wir übermorgen sagen und morgen können wir morgen sagen«, erklärte Pelle dem Vater zwei Tage vor dem Fest immer wieder. Er hatte sich seit dem ersten Mal Rechenschaft über die Zeit abgelegt, indem er für jeden Tag einen Strich in den Kistendeckel machte und die Striche einen nach dem anderen durchstrich. »Ja, und übermorgen sagen wir heute«, sagte Lasse und warf die Beine wie ein Jüngling.

Dann schlug man die Augen in einer unbegreiflich schimmernden Welt auf und entdeckte erst hinterher, dass dies der Tag war. Lasse hatte fünf Kronen Vorschuss genommen und einen alten Häusler gedungen seine Arbeit zu verrichten – für fünfzig Öre und das Essen. »Das is kein großer Tagelohn«, meinte der Häusler, »aber wenn ich dir eine Hand gebe, gibt mir der liebe Gott am Ende eine wieder.«

»Ja, wir haben ja keinen andern als ihn, an den wir uns halten können, wir armen Schlucker«, sagte Lasse. »Aber ich werde es dir noch in meinem Grabe danken!«

Der Häusler kam schon um vier Uhr und Lasse konnte vom frühen Morgen an Feiertag machen. Jedes Mal, wenn er mit Hand anlegen wollte, sagte der andere: »Nee, lass man; du hast woll nich oft frei!«

»Nee, dies is der erste richtige freie Tag, seit ich hier auf den Hof gekommen bin«, sagte Lasse und richtete sich stolz auf wie ein Graf.

Pelle war vom frühen Morgen an im Staat; er ging umher und lächelte, mit wassergekämmtem Haar und in Hemdsärmeln; die feine Mütze durfte erst aufgesetzt und der gute Anzug erst angezogen werden, wenn man abfuhr. Wenn die Sonne ihm ins Gesicht schien, glitzerte es wie betautes Gras. Er brauchte sich um nichts zu kümmern; das Vieh war in der Hürde, der Verwalter wollte es selbst besorgen.

Er hielt sich in der Nähe des Vaters auf, der dies ja durchgesetzt hatte – Vater Lasse war mächtig, ja! »Es war woll recht gut, dass du ihnen drohtest zu kündigen!«, rief er alle Augenblicke.

Und Lasse antwortete jedes Mal: »Ja, man muss mit harter Hand zugreifen, wenn man hier in der Welt was erreichen will!« Und dabei nickte er machtbewusst.

Sie wollten um acht Uhr fahren, aber die Mägde wurden nicht mit den Vorbereitungen fertig. Da waren Kruken mit Stachelbeergrütze, große Stapel Pfannkuchen, ein hart gekochtes Ei je Mann, kalter Kalbsbraten und eine Unmenge Butterbrote. Die Wagenladen konnten es nicht mehr aufnehmen, es wurden große Körbe unter die Sitze geschoben. Vorn auf den Wagen kam ein Fass Bier, über das grüner Hafer gedeckt wurde, damit die Sonne nicht darauf schien; außerdem waren noch ein ganzes Lägel Branntwein da und drei Flaschen kalter Punsch. Der Boden des großen Federlastwagens war fast ganz vorgestellt; es würde schwer werden, Platz für die Beine zu finden.

Frau Kongstrup hatte doch ein Herz für die Leute, wenn sie nur wollte; sie ging umher wie eine gute Hausfrau und sah nach, dass alles gut eingepackt war und dass es an nichts fehlte.

Es war nicht wie mit Kongstrup, der immer einen Verwalter zwischen sich und den anderen haben musste. Sie scherzte sogar und tat, was sie nur konnte; man merkte es ihr an, dass sie den Leuten einen fröhlichen Tag gönnte – was man ihr sonst auch nachsagen mochte. Dass ihr Gesicht ein wenig traurig war, darüber konnte man sich ja nicht wundern, war doch der Gutsbesitzer am Morgen mit der jungen Verwandten ausgefahren.

Und dann waren die Mägde endlich fertig und man stieg auf den Wagen – in strahlender Laune. Die Knechte setzten sich aus Versehen den Mägden auf den Schoß und fuhren erschrocken in die Höhe. »Au, au, ich bin woll zu nahe an einen Ofen geraten!«, sagte der Galgenstrick Mons und rieb sich den Hintern. Selbst Frau Kongstrup musste lachen.

»Will Erik nicht mit?«, fragte seine alte Liebste Bengta, die noch immer etwas für ihn übrig hatte.

Der Verwalter pfiff ein paar Mal scharf, da kam Erik langsam aus der Scheune herausgeschlichen, wo er gestanden und ihn nicht aus den Augen gelassen hatte.

»Willst du heute nicht mit in den Wald, Erik?«, fragte der Verwalter freundlich.

Erik stand da und wand sich hin und her; er murmelte etwas, was niemand verstehen konnte, und stieß unwillig mit der einen Schulter.

»Es wird wohl am besten sein, dass du mitfährst«, meinte der Verwalter und tat so, als wolle er ihn nehmen und in den Wagen setzen. »Ich muss dann sehen, wie ich den Verlust ertrage.« Auf dem Wagen lachten sie.

Aber Erik schlurfte über den Hof, seinen Hundeblick unverwandt auf die Füße des Verwalters gerichtet. Er stellte sich hinter die Stalltür und spähte hervor; die Mütze hielt er auf dem Rücken, wie es die Knaben machen, wenn sie Räuber und Soldat spielen.

»Der is schneidig!«, sagte Mons.

Dann steuerte Karl Johan vorsichtig zum Tor hinaus und sie setzten sich mit Peitschenknall in Bewegung.

Auf allen Wegen arbeiteten sich Fuhrwerke zum Gipfel der Insel hinauf und sie waren alle voll von fröhlichen Menschen, die einander auf dem Schoß saßen und über den Wagenrand hinaushingen. Der von den Fuhrwerken aufgewirbelte Staub stand weiß in der Luft und an den meilenlangen Streifen konnte man sehen, dass die Wege wie Speichen in einem Rad lagen und zur Mitte des Landes hinführten. Die Luft summte von frohen Menschenstimmen und Handharmonikas; jetzt fehlte Gustavs Spiel. Ja, und Bodils schönes Gesicht, das an einem solchen Tag so wunderbar sanft strahlen konnte.

Pelle hatte einen Heißhunger auf die große Welt und verschlang alles mit den Augen. »Sieh mal da, Vater! Sieh doch mal das!« Nichts entging ihm. Die anderen betrachteten ihn wohlwollend, so rosig und schön, wie er war. Er hatte ein frisch gewaschenes blaues Blusenhemd unter der Weste, das sah an den Handgelenken und am Hals hervor und ersetzte Kragen und Manschetten. Aber die blonde Marie beugte sich vom Kutschersitz herüber, wo sie allein mit Karl Johan saß, und band ihm ein ordentliches weißes Tuch um den Hals; und Karna, die sich mütterlich zeigen wollte, fuhr mit dem Zipfel ihres Taschentuches, den sie mit der Zunge angefeuchtet hatte, über das Gesicht. Sie wollte sich angenehm machen, aber es war ja auch denkbar, dass sich der Junge nach der gründlichen Morgenwäsche schon wieder eingeferkelt hatte.

Die Nebenwege ergossen fortwährend neue Wagen auf die Landstraße; es wurde eine ganze Flut von Wagen. So weit man in beiden Richtungen sehen konnte, alles Fuhrwerke; man konnte gar nicht glauben, dass es auf der Welt so viele Wagen gab. Karl Johan war ein guter Kutscher, beständig zeigte er mit der Peitsche und erzählte; über jedes Haus wusste er Bescheid. Mit den Höfen und dem Ackerland war es vorbei; aber auf der Heide, wo selbst gesäte Eschen und Birken standen und unruhig in der Sonne flimmerten, lagen öde Ansiedlerhäuser mit lehmbeworfenen Wänden, ohne das kleinste Bilsenkraut oder einen Fetzen Gardine am Fenster.

Die Felder ringsumher waren so steinig wie ein frisch chaussierter Weg und die Saat schrie gottserbärmlich zum Himmel empor, sie war nur zwei bis drei Zoll hoch im Stroh und stand schon in Ähren. Die Leute dort waren allesamt schwedische Dienstboten, die sich ein wenig zusammengespart hatten und nun hier als Grundbesitzer saßen; Karl Johan kannte eine ganze Reihe von ihnen.

»Das sieht ganz trübselig aus«, sagte Lasse, der die Steine hier mit Madame Olsens fettem Boden verglich.

»Ach ja«, antwortete der Großknecht, »allerbeste Ware is das ja gerade nich. Aber etwas gibt der Boden doch her.« Er zeigte auf die großen Haufen gehauener Steine und kleiner Chausseesteine, die jede Hütte umgaben. »Wenn das auch kein Korn is, so wird es doch zu Brot. Und dies is der einzige Grund und Boden, der für den Geldbeutel armer Leute erreichbar is.« Er und die blonde Marie dachten selber daran, sich hier niederzulassen: Kongstrup hatte versprochen ihnen zu einer Zweipferdestelle zu verhelfen, wenn sie heirateten.

Drinnen im Wald waren die Vögel mitten im schönsten Morgengezwitscher – sie waren hier später zugange als unten in den Dünenpflanzungen, wie es schien. Die Luft glitzerte so festlich und aus dem Waldboden stieg etwas Unsichtbares auf – es war wie in einer Kirche, wenn die Sonne durch die hohen Fenster scheint und die Orgel spielt. Sie bogen um eine steile Felswand mit vorquellenden Laubmassen von oben her und kamen unter die Bäume.

Es war fast unmöglich, sich zwischen den Pferden und ausgespannten Fuhrwerken hindurchzuwinden; man musste die Ohren steif halten, wenn man sich und anderen nicht die Vorräte ruinieren wollte. Karl Johan saß da, sah auf die beiden Vorderräder und tastete sich Schritt für Schritt vorwärts. Er glich einer Katze bei Gewitter, so vorsichtig war er. »Halt 's Maul!«, sagte er scharf, wenn jemand auf dem Wagen den Mund auftat. Endlich fanden sie Platz genug zum Ausspannen. Es wurden in einem Viereck Stricke von Baum zu Baum gespannt, darin wurden die Pferde angebunden. Dann holte man die Pferdestriegel heraus – Herrgott, wie es gestäubt hatte! Und endlich – niemand sagte etwas, aber sie standen alle erwartungsvoll da, halb zum Großknecht gewandt.

»Dann machen wir woll erst einen Gang durch den Wald und sehen uns die Aussicht an!«, sagte er.

Sie schluckten es hinunter, während sie um den Wagen herumschlenderten und nach den Esswaren schielten.

»Wenn sich das man hält!«, sagte Anders und griff in einen Vorratskorb hinein.

»Ich weiß gar nich – mir is heut so komisch im Magen«, sagte Mons. »Ich hab doch woll am Ende nich die Auszehrung?«

»Vielleicht is es besser, wenn wir erst mal die Vorräte untersuchen?«, sagte Karl Johan.

Ja – ja – da kam es endlich!

Voriges Jahr hatten sie im Grünen gesessen – Bodil hatte den Einfall gehabt, sie war ja immer für das Besondere. In diesem Jahr wagte niemand mit einem solchen Vorschlag zu kommen. Sie sahen sich an – abwartend; dann krochen sie auf den Wagen hinauf und richteten sich dort ein wie andere gesittete Menschen. Das Essen war schließlich doch dasselbe.

Die Pfannkuchen waren groß und dick wie Topfdeckel – man musste dabei an Erik denken, der im vergangenen Jahr zehn gegessen hatte. »Schade, dass er heute nich mit is«, sagte Karl Johan. »Er war ein fröhlicher Gesell!«

»Er hat es sehr gut«, sagte Mons, »kriegt Essen und Kleidung und tut nichts weiter, als dem Verwalter auf den Hacken sitzen. Und zufrieden is er nu immer – ich würde gern mit ihm tauschen.«

»Und wie ein Hund mit der Schnauze an der Erde laufen und an den Fußspuren seines Herrn schnüffeln – pfui Deubel!«, sagte Anders.

»Was auch all geredet werden mag, so dürft ihr doch nie vergessen, dass der liebe Gott seinen Verstand in Aufbewahrung genommen hat«, sagte Lasse warnend. Sie wurden eine Weile ganz ernst.

Aber damit hatten sie dem Ernst gegeben, was ihm zukam. Anders wollte sich am Bein jucken, vergriff sich aber und kniff die flotte Sara in die Wade, sodass sie laut aufkreischte; da wurde seine Hand ganz verwirrt und fuhr da unten herum und richtete Unheil an. Mons erhob sich und fragte feierlich, ob jemand den Pastor auf der Kanzel sehen wolle. Sie lachten und trieben Kurzweil.

Karl Johan beteiligte sich nicht daran, er saß da und grübelte offenbar über etwas nach. Endlich raffte er sich auf und holte den Geldbeutel heraus. »Ach was, ich spendier Bier!«, sagte er flott. »Bayrisch Bier, wohl verstanden. Wer will es holen?«

Mons sprang schnell vom Wagen. »Wie viel Flaschen?«

»Vier!« Karl Johan ließ den Blick zählend über den Wagen schweifen. »Nee, bring man gleich fünf, du, dann kann jeder einen Spitz kriegen!«, sagte er. »Aber pass auch gut auf, dass sie dir richtiges Bayrisch Bier geben, du!«

Ein Spitz – also ein Spitz hieß es? Es war gar nicht auszudenken, was Karl Johan alles wusste. Auch das Wort Bayrisch Bier sprach er so geläufig aus, wie andere einen Priem im Mund herumdrehen. Aber er war ja jetzt Vertrauensmann auf dem Hof und wurde oft in die Stadt geschickt!

Das gab gute Laune und Spannung – die meisten hatten noch nie im Leben Bayrisch Bier geschmeckt. Lasse und Pelle bekannten offen ihre Unerfahrenheit; aber Anders tat so, als habe er sich schon mehr als einmal damit betrunken, obwohl jeder wusste, dass das eine stinkende Lüge war.

Mons kam vorsichtig balancierend mit dem Bier im Arm zurück – das war eine kostbare Ladung. Der Trunk wurde in große Schnapsgläser geschenkt, die man für den Punsch mitgenommen hatte – in der Stadt trank man das Bier ja aus mächtigen Krügen, aber Karl Johan fand, dass das eine schweinemäßige Völlerei wäre. Die Mägde weigerten sich zu trinken und waren trotzdem entzückt. »So sind sie immer, wenn ihnen einer das Beste bietet«, sagte Mons. Sie bekamen einen roten Kopf von dem Ereignis und glaubten, dass sie betrunken seien. Lasse spülte sein Bier mit einem Schluck Branntwein hinunter – es schmeckte ihm, offen gestanden, nicht. »Ich bin zu alt geworden«, sagte er entschuldigend.

Die Vorräte wurden wieder eingepackt und man begab sich in geschlossenem Trupp in den Wald, um die Aussicht zu genießen. Man musste sich durch eine ganze Wagenburg hindurcharbeiten, um zu dem Pavillon zu gelangen. Überall wieherten Pferde und schlugen hinten aus, sodass die Rinde von den Bäumen flog. Knechte stürzten über sie her und zerrten sie an den Mäulern, bis sie wieder ruhig wurden. Frauenzimmer schrien und liefen mit aufgeschürzten Röcken hierhin und dorthin wie geängstigte Hühner.

Oben auf der Anhöhe ließen sie ihre Blicke über die Menschenmenge schweifen; den Hügel hinab und im Wald jenseits der Wege – überall wimmelte es von Fuhrwerken. Und unten am Dreieck, wo die beiden großen Landstraßen zusammenfließen, bogen ständig neue Wagen in den Wald ein. »Hier sind heute weit über tausend Paar Pferde im Wald«, sagte Karl Johan.

Ja, weit mehr! – Sicher eine Million, wenn das reichte, dachte Pelle. Er war fest entschlossen heute so viel wie nur möglich aus allem herauszuholen.

Da hielt der Wagen vom Brogaard und dort kamen die Leute aus Hammersholm, ganz draußen auf der äußersten Spitze des Nordlands. Hier kamen Leute von den Strandgehöften bei Dueodde und aus Rönne und Nexö in Scharen – die ganze Insel war hier. Aber jetzt war keine Zeit, sich bei Bekannten aufzuhalten. »Wir sehen uns heute Nachmittag!«, rief man einander zu.

Karl Johan führte an – es gehörte zu den Pflichten eines Großknechts, im Almindingen Bescheid zu wissen. Die blonde Marie hielt sich treulich an seiner Seite, ein jeder konnte sehen, wie stolz sie auf ihn war. Mons hielt die flotte Sara an der Hand, sie schlenderten dahin wie fröhliche Kinder.

Bengta und Anders wurde es ein wenig schwerer, miteinander auszukommen, sie zankten sich alle Augenblicke, dachten sich aber eigentlich nichts weiter dabei. Und Karna ging umher und machte sich beliebt.

Man ging an ein Moor hinunter und stieg unter steilen Bergwänden wieder hinauf, wo die mächtigen Bäume mit den Zehenspitzen auf dem Nacken anderer mächtiger Bäume standen. Pelle sprang wie ein Zicklein hin und her. Unter den Tannen waren Ameisenhügel, so groß wie Heuhaufen, und die Ameisen hatten breite, fest getretene Wege, die wie Fußsteige zwischen den Bäumen dahinliefen und kein Ende nehmen wollten; das kam von der Menge der Heerscharen, die auf den Wegen hin und her wanderten. Unter ein paar kleinen Tannen war ein Igel im Begriff, ein Wespennest anzugreifen; er steckte die Schnauze in das Nest, zog sich dann schleunigst zurück und nieste. Das sah unglaublich komisch aus, aber Pelle musste weiter, den anderen nach. Und bald war er ihnen weit voraus und lag auf dem Bauch an einem Rain, wo er Walderdbeeren gerochen hatte.

Lasse konnte bergan nicht Schritt halten mit der Jugend und Karna erging es nicht besser. »Wir werden beide alt«, sagte sie, während sie sich keuchend hinaufschleppten.

»Ja, meinst du das?«, entgegnete Lasse, der sich ganz jugendlich fühlte – es war nur die Luft, die ihm knapp wurde.

»Es geht dir woll ebenso wie mir; nu hat man sich so viele Jahre für andere abgerackert und fühlt das Verlangen, sein eigener Herr zu sein.«

»Ja, darin magst du woll Recht haben«, entgegnete Lasse ausweichend.

»Ganz mit leeren Händen käme man ja auch nich – wenn es sein sollte!«

»Hm, ja.«

Karna sprach weiter, aber Lasse drückte sich hartnäckig um die Antwort herum, bis sie an den »Wackelstein« kamen, wo die anderen standen und warteten. Potz Blitz, war das ein Block! Tausend Schiffspfund sagte man, wiege er. Aber Mons und Anders schaukelten ihn hin und her, indem sie einen Hebel unter das eine Ende schoben.

»Dann müssen wir woll nach der Räuberburg«, sagte Karl Johan. Und sie trabten weiter – auf und ab, ununterbrochen. Lasse bemühte sich mit den anderen Schritt zu halten, er fühlte sich nicht ganz sicher, wenn er mit Karna allein war. Das war doch eine unchristliche Menge Bäume und der Wald war nicht gleichartig wie anderswo in der Welt. Da waren Birken und Fichten, Buchen und Lärchen und Ebereschen, alles bunt durcheinander – und Kirschbäume in langen Reihen. Der Großknecht führte sie zu einem kleinen schwarzen Gewässer, das unter dem Felsen lag und sie anstarrte wie ein böses Höllenauge. »Hier ist die Stelle, wo die kleine Anna ihr Kind ertränkt hat – sie, die von ihrem Herrn geschwängert worden war!«, sagte er zögernd. Sie kannten alle die Geschichte und standen schweigend da, die Mägde hatten Tränen in den Augen.

Sie dachten über das traurige Schicksal der kleinen Anna nach und plötzlich stieg ein unsagbar weicher Ton in ihnen auf, gefolgt von einem langen, herzerreißenden Schluchzen. Sie rückten dichter zusammen. »Herr Jesus!«, flüsterte die blonde Marie erschauernd. »Nu weint die Kinderseele.« Pelle stand starr da und lauschte, ein Schauer lief ihm in Wellen den Rücken hinab.

»Das is doch die Nachtigall!«, sagte Karl Johan. »Kennt ihr die denn nicht? Es gibt 'ne Menge Nachtigallen hier im Wald und sie singt mitten am Tag.« Das wirkte befreiend auf die Erwachsenen, aber Pelle konnte das Grauen nicht so leicht abschütteln. Er hatte tief hineingeschaut in die andere Welt und jede Erklärung prallte an ihm ab.

Aber dann kam die Räuberburg als große Enttäuschung. Er hatte sie sich von Räubern bevölkert vorgestellt und dann war da nichts weiter als einige Ruinen aus Granitsteinen, die auf einem kleinen Hügel mitten in einem Moor lagen. Er ging auf eigene Faust um das Ganze herum, um zu sehen, ob da nicht ein geheimer unterirdischer Gang sei, der zum Wasser hinabführte. Wenn das der Fall wäre, wollte er in aller Stille den Vater herbeiholen und eindringen, um nach den Geldkisten zu suchen – sonst waren es zu viele zum Teilen. Aber er vergaß das wieder über einem merkwürdigen Duft, der ihn gefangen nahm. Er plumpste in einen Waldgrund hinein, der saftig grün war von Maiglöckchen, die noch schwach in Blüte standen – und voll von wilden Erdbeeren. Hier waren so viele, dass er den anderen Bescheid sagen musste.

Dann vergaß er auch das, während er sich einen Weg durch das Dickicht bahnte, um hinaufzugelangen. Er hatte den Fußpfad verloren und sich in der nass-kalten Finsternis unter der Felsklippe verirrt. Ranken und Dornen verflochten sich mit den herabhängenden Zweigen zu einer niedrigen, schweren Decke; nach keiner Seite war das Tageslicht zu sehen, aber das Laub goss ein eigentümlich grünes Licht durch das Flechtwerk. Der Boden war schlüpfrig von Feuchtigkeit und verfaultem Gewürm, unter der Felswand hingen zitternde Farne mit den Spitzen nach unten; Wasser sickerte von ihnen herab wie aus tropfendem Haar. Mächtige Baumwurzeln lagen über den Klippen; sie glichen nackten schwarzen Teufelsgestalten, die sich wanden, um loszukommen.

An einer andern Stelle, ein wenig weiter vorn, drang die Sonne mit brennenden Flammen durch die Finsternis, darum herum herrschte bläuliche Dämmerung und es klang – wie ein Dreschwerk in weiter Ferne.

Pelle stand voller Entsetzen, bis ihm die Knie schlotterten. Dann rannte er wie ein Besessener. Tausend Schattenhände streckten sich im selben Augenblick nach ihm aus. Mit leisem Weinen arbeitete er sich durch Dornen und Ranken. Das Tageslicht traf ihn wie ein Schlag und hinter ihm griff eine feste Hand in seine Kleider; in seiner Seelenangst musste er nach Vater Lasse rufen, da gab die Hand ihn frei.

Und dann stand er draußen, mitten im Moor, und dort hoch oben über seinem Kopf, saßen sie, auf einer Felsspitze mitten in den Laubmassen. Von da oben gesehen, schien es, als sei die ganze Welt ein einziger Waldwipfel, der bis ins Unendliche stieg und wieder fiel; da war Laub tief unten unter den Füßen und so weit das Auge reichte, oben und unten. Man konnte sich versucht fühlen, sich da hineinzustürzen, so einladend weich sah die Tiefe aus. Karl Johan musste zur Warnung für die anderen die Geschichte von dem Schneidergesellen erzählen, der hier im Almindingen hoch oben von einer Felsspitze herabgesprungen war, weil das Laub so verlockend weich ausgesehen hatte. Wunderbarerweise kam er mit dem Leben davon, aber seine Kleider waren in dem hohen Baum durch den er hinabgefallen war, hängen geblieben.

Mons hatte dagestanden und Sara damit erschreckt, dass er hinabzuspringen drohte; jetzt zog er sich aber vorsichtig zurück. »Ich will meinen Konfirmationsanzug nicht daran wagen«, sagte er und gab sich Mühe, harmlos auszusehen.

Das Merkwürdigste von allem war aber doch der Berg Rytterknægt mit dem Aussichtsturm Kongemindet. Allein der Turm – auch nicht die kleinste Kleinigkeit Holz war zum Bau benutzt worden, sondern nur Granit; und dann ging man rundherum bis in die

Unendlichkeit. »Ihr zählt doch die Stufen?«, sagte Karl Johan mahnend. Jawohl, sie zählten alle, jeder für sich.

Das Wetter war klar, die Insel breitete sich in ihrer ganzen Üppigkeit unter ihnen aus. Die Knechte mussten vor allen Dingen versuchen, wie es war, wenn man da hinabspie, aber die Mägde waren schwindlig und standen in einem Haufen zusammen mitten auf der Plattform. Die Kirchen wurden unter Karl Johans kundiger Anleitung gezählt und alle die bekannten Orte wurden aufgesucht. »Da haben wir ja auch den Steinhof!«, sagte Anders und zeigte auf etwas in der Ferne nach dem Meer zu. Es war nicht der Steinhof, aber Karl Johan konnte aufs Haar sagen, hinter welchem Hügel er liegen musste, und den Steinbruch konnten sie von hier aus erkennen.

Lasse nahm an diesem Spiel nicht teil; er stand ganz still für sich und starrte nach der schwedischen Küste hinüber, die in weiter Ferne hinter dem schimmernden Wasser blau hervortrat. Der Anblick des Heimatlandes machte ihn weich und alt; nach Hause kam er wohl nie wieder, obwohl er große Sehnsucht hatte, Bengtas Grab noch einmal zu sehen. Das Beste, was einem geschehen konnte, war wohl, an ihrer Seite zu ruhen, wenn alles aus war. In diesem Augenblick bereute er es, dass er auf seine alten Tage landflüchtig geworden war. Kungstorp – wie es da jetzt wohl aussehen mochte? Ob die neuen Leute den Boden einigermaßen in Stand hielten? Und alle die alten Bekannten – wie es denen wohl ergehen mochte? Die Erinnerungen eines alten Mannes stiegen mit solcher Kraft in ihm auf, dass er für eine Weile Madame Olsen und alles, was mit ihr war, vergaß. Er ließ sich von der Vergangenheit einlullen und weinte innerlich wie ein kleines Kind. Ach ja, es war hart, auf seine alten Tage der Heimat und allem fern zu sein. Wenn es aber zum Segen für den Jungen werden sollte, so oder so, dann war ja alles gut.

»Das is woll Kopenhagen, was man da drüben sieht?«, fragte Anders.

»Das is Schweden«, antwortete Lasse still.

»Schweden? So-o? Aber das lag vergangenes Jahr doch nach der anderen Seite, wenn ich mich recht erinnere.«

»Ja natürlich! Wozu sollt sich die Welt auch woll sonst rundherum drehen?«, rief Mons aus.

Anders wollte das schon für bare Münze nehmen, fing aber eine Grimasse auf, die Mons den anderen schnitt. »Ach, du dummer Affe!«, rief er und sprang hinter Mons her, der die steinerne Treppe hinablief. Es bullerte hohl hinter ihnen wie in einer mächtigen Tonne.

Die Mägde standen aneinander gelehnt und wiegten sich leise, während sie schweigend nach dem schimmernden Wasser hinüberstarrten, das da draußen in der Ferne die Insel umschloss. Der Schwindel hatte ihre Körper gelöst.

»Ihr steht da und träumt mit offenen Augen«, sagte Karl Johan und versuchte die Arme um sie alle zu schlingen. »Wollt ihr nicht mit herunterkommen?«

Nun waren alle tüchtig müde. Niemand sprach ein Wort, denn Karl Johan führte ja; aber die Mädchen hatten das Verlangen, sich hinzusetzen.

»Jetzt haben wir bloß noch das Echotal«, sagte er ermunternd, »und das liegt auf dem Rückweg. Das müssen wir mitnehmen, denn das is es wert! Da sollt ihr ein Echo hören, wie es in der heißen Hölle kein zweites gibt!«

Es ging langsam, die Füße waren wund von dem ledernen Schuhzeug und dem vielen unnützen Gehen. Als sie dann von dem steilen Felsenweg in das Tal hinabkamen und aus der Quelle getrunken hatten, wurden sie wieder munter. Karl Johan stellte sich mit gespreizten Beinen auf und rief nach der Felswand hinüber: »Worauf is Karl Johan ganz versessen?« Und das Echo antwortete sogleich: »Essen!« Das war schrecklich komisch, dass sie alle hintereinander versuchen mussten, ein jeder mit seinem Namen – selbst Pelle. Dann stellte Mons dem

Echo eine Frage, auf die es mit einer Ungezogenheit antworten musste.

»So was musst du ihm nich beibringen«, sagte Lasse. »Wenn hier nu feine Damen herkommen und er es ihnen dann nachruft!« Sie kamen beinahe um vor Lachen über den Witz des Alten und er war so entzückt von dem Beifall, dass er die Worte auf dem Rückweg still für sich wiederholte. Na ja, so ganz vor die Hunde gegangen war man wohl doch nicht.

Als sie zu den Wagen zurückgekehrt waren, hatten sie einen Mordshunger und fingen an ihre Mahlzeit einzunehmen. »Etwas braucht man doch, womit man sich aufrecht halten kann, wenn man so rumgeht und nichts tut!«, meinte Mons.

»So«, sagte Karl Johan, als sie fertig waren, »nu hat ein jeder seine Freiheit, zu gehen, wohin er will. Aber Schlag neun Uhr versammeln wir uns wieder hier, dann fahren wir nach Hause.«

Oben auf dem Platz gab Lasse Pelle heimlich einen Puff und sie fingen an mit einer Kuchenfrau zu handeln, bis die anderen ein gutes Stück vorangekommen waren. »Es is nich angenehm, fünftes Rad am Wagen zu sein«, sagte Lasse. »Jetzt werden wir beide mal auf eigene Faust losgehen.« Er ging umher und machte einen langen Hals.

»Suchst du wen?«, fragte Pelle.

»Nee, das gerade nich, aber ich wundere mich, wo all die vielen Menschen herkommen. Hier sind welche aus dem ganzen Land, bloß von da unten aus dem Dorf hab ich noch keine gesehn.«

»Glaubst du nich, dass Madame Olsen heute hierher kommt?«

»Ja, Gott weiß«, sagte Lasse, »es könnte ganz lustig sein, sie hier zu begrüßen. Ich möchte auch gern ein paar Worte mit ihr sprechen. Du hast ja junge Augen – kannst du dich nich mal umsehn?«

Pelle bekam fünfzig Öre, die er ausgeben durfte, wofür er wollte. Rings auf dem Platz saßen die armen Frauen aus der Heide an kleinen Marktständen und verkauften bunte Zuckerstangen, Honigkuchen und Zweiörezigarren. Er ging von einer Frau zur anderen und kaufte von jeder für ein oder zwei Öre.

Dort unter den Bäumen stand der blinde Höyer, der eben mit neuen Liedern aus der Hauptstadt herübergekommen war; es wimmelte von Menschen um ihn herum. Er spielte die Melodie auf seiner Handharmonika; seine kleine, verblühte Frau sang vor und die ganze Schar fiel vorsichtig ein. Wer die Melodie gelernt hatte, ging singend davon und andere drängten sich heran und bezahlten fünf Öre.

Lasse und Pelle standen am äußersten Rand und lauschten. Es hatte keinen Zweck, Geld herzugeben, ehe man wusste, was für Ware man bekam; morgen waren die Lieder doch schon über die ganze Insel verbreitet und gingen gratis von Mund zu Mund.

»Ein Mann von achtundachtzig Jahr – ein neues und erbauliches Lied, was davon handelt, wie es geht; wenn ein hinfälliger Mann sich eine junge Frau nimmt!«, rief Höyer mit heiserer Stimme, ehe der Gesang begann. Aus dem Lied machte sich Lasse nun gerade nicht sonderlich viel. Aber dann kam das schrecklich traurige Lied von dem Seemann George Semon, der so zärtlich Abschied von seinem Mädchen nahm.

> »Und sagte, wenn ich hier wieder steh,
> Ich fröhlich mit dir zur Kirche geh.«

Aber er kehrte nie zurück, denn der Sturm fiel fünfundvierzig Tage und Nächte über sie her, der Proviant war verzehrt und der Schatz des Mädchens versank in die Nacht des Wahnsinns. Er zückte sein Messer gegen den Kapitän und verlangte nach Hause zu seiner Braut zu kommen. Der Kapitän schoss ihn nieder. Da stürzten sich die anderen über die Leiche, trugen sie in die Kombüse und kochten Suppe daraus.

»Doch die arme Braut im Heimatland,
Sie will nicht weichen vom Meeresstrand.
An den Altar will sie treten in seliger Lust –
Weiß nicht, dass der Liebste hat sterben gemusst.«

»Das is hübsch«, sagte Lasse und wühlte in dem Geldbeutel nach einem Fünförestück. »Sieh zu, dass du das lernst – du hast ja Gehör für so was.« Sie drängten sich durch die Menge bis an den Spielmann heran und fingen an vorsichtig mitzusingen; rings um sie herum schluchzten die Mädchen.

Dann gingen sie zwischen den Zelten hin und her. Lasse war ein wenig ratlos. Da war eine ganz lange Straße von Tanzbuden, Zelten mit Gauklern und Panoramamännern, Schankwirtschaften. Die Ausrufer standen da und schwitzten, die Schankwirte gingen vor den Zeltöffnungen auf und nieder wie gierige Raubvögel. Noch war kein rechter Schwung in der Sache, die meisten Menschen waren noch draußen auf den Aussichtspunkten; oder sie amüsierten sich in aller Harmlosigkeit – mühten sich mit der Kraftprobe ab und gingen in den Gauklerzelten aus und ein. Da war kein Mann, der nicht ein weibliches Wesen im Gefolge gehabt hätte. Bei den Erfrischungszelten wollte manch einer gern stehen bleiben, aber das Frauenzimmer zog ihn weiter; dann gähnte er und ließ sich zu einem Karussell schleppen oder in das Panoramazelt, wo man in schönen Bildern sehen konnte, wie der Krebs und andere Krankheiten im Innern des Menschen wüten.

»Das sind so recht Sachen für Frauenzimmer«, sagte Lasse und sandte aufs Geratewohl einen Seufzer nach Madame Olsen aus.

Auf Madwigs Karussell saß Gustav hoch zu Ross und hatte Bodil um die Taille gefasst. »Hallo, Alter!«, rief er im Vorübersausen und schlug Lasse seine Mütze, deren weiße Seite nach außen gekehrt war, um die Ohren. Sie strahlten wie der Tag und die Sonne, die beiden.

Pelle wollte gern mal Karussell fahren. »Denn will ich auch was haben, was mich rundherum dreht«, sagte Lasse und ging hin und bestellte sich eine Tasse Kaffee mit Branntwein. »Es gibt Leute, die können so aus einer Wirtschaft raus- und in die andere reingehen, ohne dass es ihrem Geldbeutel was ausmacht«, sagte er, als er herauskam. »Es könnte ganz amüsant sein, das auch mal zu versuchen, bloß ein Jahr lang – pst!« Dort bei Max Alexanders »Grünem Haus« stand Karna ganz allein und sah sich sehnsüchtig um. Lasse zog Pelle in einem großen Bogen um das Haus herum.

»Da steht ja Madame Olsen mit einem fremden Mann!«, sagte Pelle plötzlich.

»Wo?«, Lasse zuckte zusammen. Ja, da stand sie wahrhaftig, in Begleitung eines Mannes! Und wie eifrig sie redeten! Sie gingen an ihr vorüber, ohne sich aufzuhalten – da konnte sie ja selber wählen.

»Herrjemine! So wartet doch ein bisschen!«, rief Madame Olsen und kam gerannt, dass ihr die Röcke um die Beine schlugen. Sie war rundlich und sanft wie immer und strotzte aus vielen Schichten guter, selbst gewebter Kleider – nichts an ihr war knapp.

Sie gingen zusammen nach oben und redeten eine Weile von gleichgültigen Dingen. Hin und wieder wechselten sie einen Blick und sahen nach dem Jungen hin, der ihnen im Wege war. Sie mussten so vernünftig gehen und wagten nicht einmal sich zu berühren – er litt nicht die geringste Tändelei.

Oben am Pavillon war jetzt alles schwarz von Menschen, man konnte kaum einen Schritt gehen, ohne auf Bekannte zu stoßen. »Das is noch schlimmer, als wenn die Bienen schwärmen«, sagte Lasse, »es hat keinen Zweck, sich da hineinzuzwängen.« An einer Stelle strömten die Menschen hinaus, und ihnen folgend, gelangten sie in ein Tal hinab, wo ein Mann stand und schrie und mit den Fäusten auf ein Rednerpult schlug. Das war eine Missionsversammlung; die Zuhörer hatten sich in kleinen Gruppen an den Abhängen hingelagert; ein Mann in langem schwarzem Gewand ging still von Gruppe zu Gruppe und verkaufte Traktätchen. Er war weiß im Gesicht und hatte einen dünnen roten Bart, der lang herabfiel.

»Siehst du den da?«, flüsterte Lasse und stieß Pelle an. »Herr, du meines Lebens, das is ja der lange Ole – und einen Handschuh hat er auf der zerquetschten Hand. – Das is der, der die Sünde auf sich nehmen musste, weil Per Olsen falsch geschworen hatte«, wandte sich Lasse erklärend an Madame Olsen. »Er stand an der Maschine damals, als Per Olsen mit seinen drei Fingern bezahlen sollte, und da wurden es stattdessen seine. Er kann sich nu aber doch über den Irrtum freuen, denn sie sagen, er hat einen großen Stein im Brett bei den Heiligen. Und eine Haut hat er gekriegt wie ein Fräulein – das is was anderes als auf dem Steinhof Mist fahren. Es soll mir ein Pläsier sein, ihm mal wieder Guten Tag zu sagen.«

Lasse war ganz stolz darauf, mit dem Mann zusammen gedient zu haben; er stellte sich vor den anderen auf und wollte Eindruck auf seine Freundin machen, indem er so recht munter »Guten Tag, du, Ole!« sagte. Der lange Ole war bei der nächsten Gruppe, nun kam er zu ihnen und wollte ihnen die Traktate hinhalten. Aber ein Blick auf Lasse veranlasste ihn, Hände und Augen zurückzuziehen; er seufzte tief und ging gesenkten Hauptes zu der nächsten Gruppe.

»Habt ihr woll gesehen, wie er die Augen im Kopf verdreht hat?«, sagte Lasse spöttisch. »Wenn der Dreck zu Ehren kommt, weiß er nich mehr, was ihm frommt! Er hat ja auch 'ne Uhr in der Tasche und ordentliche Kleider an – früher hatte er nich mal 'n Hemd auf dem Leibe. Und ein gottloser Kerl war er! Aber der Teufel sorgt für die Seinen, wie das Sprichwort sagt; und er wird ihm auch woll vorwärts geholfen haben, indem er die Plätze an der Maschine vertauschte. Da haben sie den lieben Gott wirklich angeführt, dass ihm die Augen übergingen.«

Madame Olsen suchte Lasse zu beschwichtigen, aber der Kaffee mit Branntwein ließ den Zorn in ihm aufwallen. »Also er will ehrenhafte Leute nich kennen, die das Ihre auf ehrliche Weise und nich mit Schwindeleien erwerben! Sie sagen ja, dass er jetzt der Liebste von all den Bauernfrauen is, wo er hinkommt, aber einmal hat er sich mit der Sau begnügen müssen.«

Die Leute fingen an sich nach ihnen umzudrehen und Madame Olsen nahm Lasse sehr bestimmt beim Arm und zog mit ihm ab. Die Sonne stand jetzt tief am Himmel. Oben auf dem Platz wimmelte es von Menschen, die rundherum trampelten wie in einer Tretmühle; von Zeit zu Zeit kam ein betrunkener Mann angestürzt und bahnte sich einen Weg durch die Volksmenge. Unten vom Zeltplatz her brodelte der Lärm herauf: Leierkästen, von denen jeder seine Melodie aborgelte, Ausrufer, die Orchester der Tanzböden und das taktfeste Stampfen eines Schottischen oder Rheinländers. Die Frauen gingen in Gruppen auf und nieder und blickten zu den Schankzelten hinüber, wo ihre Mannsleute saßen; einige stellten sich an den Zeltöffnungen auf und machten lockende Zeichen hinein.

Unter den Bäumen lehnte ein Stockbetrunkener und tastete an einem Baumstamm in die Höhe, neben ihm stand ein Mädchen und weinte in ihre schwarze Damastschürze. Pelle betrachtete sie lange, die Kleider des Burschen waren in Unordnung und er stürzte sich mit einem blöden Grinsen über das Mädchen, als sie weinend versuchte seine Kleidung zu ordnen. Als Pelle sich umwandte, waren ihm Lasse und Madame Olsen im Gedränge entschwunden.

Sie waren wohl langsam vorausgegangen und er ging hinab, bis zum Ende der Straße. Dann kehrte er missmutig um und begab sich auf den Platz zurück; er ließ sich von dem Strom treiben und hatte seine Augen überall. »Habt ihr Vater Lasse nich gesehn?«, fragte er kläglich, wenn er Bekannte traf.

Mitten in dem dichtesten Schwarm ging ein großer Mann und deklamierte glückselig, die Stirn in den Wolken. Er war einen Kopf größer als die anderen und sehr breit, aber die Güte leuchtete ihm aus den Augen, er wollte alle umarmen. Sie wichen schreiend zur Seite, sodass eine Gasse entstand, wo er ging. Pelle hielt sich dicht hinter ihm und gelangte so durch die dichteste Menschenmenge. Überall standen Gerichtsdiener und Förster, jeder auf dem ihm angewiesenen Posten, auf dicke Knüttel gestützt. Sie hielten Wache mit Augen und Ohren, mischten sich aber in nichts ein. Man sagte, sie hätten Handeisen in der Tasche.

Pelle war bei seiner verzweifelten Suche auf den Weg hinuntergekommen. Wagen auf Wagen arbeitete sich vorsichtig durch die Dunkelheit unter den Bäumen, dann rollten sie weiter in dem blendenden Abendlicht und bogen mit lautem Peitschenknall auf die Landstraße ein. Das waren die Heiligen, die nach Hause fuhren.

Er überlegte, wie spät es wohl sein mochte, und fragte einen Mann nach der Zeit. Neun! Pelle musste laufen, um nicht zu spät zum Wagen zu kommen. Auf dem Wagen saßen Karl Johan und die blonde Marie und aßen. »Komm herauf und iss auch!«, sagten sie. Pelle hatte großen Hunger, er vergaß alles, während er aß. Aber dann fragte Karl Johan nach Lasse und nun meldete sich die Qual von neuem.

Karl Johan war ärgerlich; auch nicht ein Einziger hatte sich beim Wagen eingefunden, obwohl es die verabredete Zeit war.

»Jetzt ist es am besten, wenn du dich in unserer Nähe aufhältst«, sagte er, als sie hinaufgingen, »sonst kannst du leicht totgeschlagen werden.«

Oben am Waldesrand kam Gustav gelaufen. »Hat keiner von euch Bodil gesehen?«, fragte er keuchend. Seine Kleider waren aufgerissen und sein Vorhemd blutbefleckt. Er jagte stöhnend weiter und verschwand unter den Bäumen. Dort war es ganz dunkel, aber der Platz lag in einem seltsamen Licht da, das der fliehende Tag hinterlassen zu haben schien. Die Gesichter tauchten gespensterhaft bleich darin auf oder wirkten wie schwarze Löcher, um plötzlich hervorzubrechen, tiefrot vor Blutbrand.

Die Menschen taumelten in wirren Haufen umher, kreischend und lärmend. Verliebte Paare vergaßen sich im Gewimmel. Zwei Männer kamen gegangen, einander liebevoll umschlugen haltend; plötzlich lagen sie am Boden und wälzten sich in einer Prügelei. Andere mischten sich ein und ergriffen Partei, ohne sich um die Erklärungen zu kümmern.

Dann kam die Obrigkeit und schlug mit Stöcken drein; wer nicht davonlief, wurde gefesselt und in einen leeren Stall geworfen.

Pelle war ganz krank und hielt sich dicht an Karl Johan, es durchzuckte ihn jedes Mal, wenn sich eine Bande ihnen näherte. »Wo is Vater Lasse?«, fragte er kläglich. »Wolln wir nich hin und ihn suchen?«

»Ach, halt den Mund!«, rief der Großknecht, der dastand und sich anstrengte seine Kameraden zu entdecken. Er war wütend über diese Nachlässigkeit. »So steh doch nicht da und heul! Lauf lieber runter nach dem Wagen und sieh zu, ob wer gekommen is.«

Pelle musste sich unter die Bäume wagen, so unheimlich es ihm auch war. Das Laub hing lauschend still, aber von oben, von dem Platz her, wurde der Lärm hier heruntergetrieben und in der Finsternis unter den Büschen rührte sich das Leben und sprach mit Stimmen der Freude und des Weines. Plötzlich hörte er ein Kreischen.

Karna saß hinten im Wagen und schlief, an den Vordersitz gelehnt stand Bengta und weinte: »Sie haben Anders eingesteckt«, schluchzte sie. »Er wurde wild und da haben sie ihm Handeisen angelegt und ihn eingesteckt.« Sie ging mit Pelle zurück.

Lasse stand neben Karl Johan und der blonden Marie; er sah Pelle herausfordernd an, in seinen zusammengekniffenen Augen brannte eine kleine empörerische Flamme.

»Dann fehlen also nur noch Mons und die flotte Sara«, sagte Karl Johan und musterte sie.

»Aber Anders? Du willst doch nich ohne Anders wegfahren?«, schluchzte Bengta.

»Mit Anders is nichts zu machen«, entgegnete der Großknecht. »Der kommt woll von selbst wieder, wenn sie ihn loslassen.«

Sie erfuhren, dass Mons und die flotte Sara unten auf einem der Tanzplätze waren, und gingen dorthin. »Nun bleibt ihr hier«, sagte Karl Johan streng und ging hinein, um sich einen Überblick über die Tanzenden zu verschaffen. Da drinnen brannte das Blut wie tanzende Sonnen; die Gesichter glichen Feuerkugeln, die rote Kreise in dem blauen Nebel von Schweißausdünstungen und Staub zogen! Bom! Bom! Bom! Der Takt fiel dröhnend wie eine Faust am Jüngsten Gericht und mitten auf der Tanzfläche stand ein Bursche und wrang seine Jacke aus, sodass das Wasser plätscherte.

Von einem der Tanzplätze stürzte ein großer Bursche mit zwei Mädchen heraus, die eine mit dem linken, die andere mit dem rechten Arm umschlingend, und sie schlangen getreulich die Arme um seinen Rücken. Die Mütze saß ihm im Nacken, er war nahe daran, in die Luft aufzusteigen vor lauter Unbändigkeit, fühlte sich aber zu angenehm beschwert, um zu springen, so sperrte er nur den Mund weit auf. »Hol mich der Deubel! Hol mich der Satan! Siebenhundert Teufel solln mich holen!«, jubelte er, dass es gellte, und zog mit seinen Mädchen ab unter die Bäume.

»Das war ja Per Olsen!«, sagte Lasse und sah ihm sehnsüchtig nach. »Is das ein Kerl! Der sieht wahrhaftig nich aus, als wenn er dem lieben Gott gegenüber eine Schuld auf dem Gewissen hätte!«

»Sein Tag wird auch woll kommen«, meinte Karl Johan.

Durch einen reinen Zufall fanden sie Mons und die flotte Sara, die auf einer Bank unter den Bäumen saßen und in inniger Umarmung schliefen. »Na, denn wolln wir man sehen, dass wir nach Hause kommen!«, sagte Karl Johan gedehnt. Er war so lange umhergegangen und brav gewesen, dass ihm davon ganz trocken im Hals geworden war.

»Von euch spendiert woll keiner ein Abschiedsglas?«

»Das tu ich«, sagte Mons, »wenn ihr mit nach dem Pavillon raufkommen und es trinken wollt.« Mons hatte etwas versäumt durch sein Schlafen und fühlte das Bedürfnis, noch einmal die Runde um den Platz zu machen. Jedes Mal, wenn ihnen ein Geheul entgegenschlug, sprang er an der Seite der flotten Sara in die Höhe und antwortete mit einem langen Jauchzer. Er versuchte sich loszureißen, aber sie hielt ihn fest am Arm; dann schwang er das dicke Ende seines Kugelstockes und jauchzte herausfordernd. Lasse zappelte mit seinen alten Gliedern und versuchte Mons' Jauchzer nachzuahmen, er hatte auch mehr Lust zu allem, als nach Hause zu fahren. Aber Karl Johan schlug auf den Tisch – jetzt sollte es vor sich gehen! Und Pelle und die Frauenzimmer standen bei ihm.

Draußen auf dem Platz veranlasste sie ein Geschrei stillzustehen. Die Frauenzimmer verkrochen sich hinter ihre Männer. Ein Bursche kam barhäuptig gelaufen, aus einem großen Loch in der Schläfe floss das Blut über Gesicht und Kragen herab, seine Züge waren verzerrt vor Entsetzen. Hinter ihm drein kam ein anderer, ebenfalls barhäuptig und mit gezücktem Messer. Ein Waldhüter stellte sich ihm in den Weg, bekam aber das Messer in die Schulter und sank zu Boden; der Verfolger lief weiter. Als er an ihnen vorbeijagte, stieß Mons ein kurzes Geheul aus und sprang in die Luft; sein Kugelstock sauste dem anderen gerade in den Nacken, sodass er mit einem Seufzer zusammensank. Mons glitt hinter einige Gruppen und verschwand; unten am Rande des Waldes stand er und wartete auf die anderen. Er beantwortete das Geheul nicht mehr.

Karl Johan musste die Pferde an den Köpfen führen, bis sie auf die Straße hinausgekommen waren, dann setzte man sich auf den Wagen. Hinter ihnen war der Lärm versickert, nur ein vereinzelter langer Hilferuf durchschnitt die Luft.

Unten an dem kleinen Waldsee hatten sich einige vergessene Mädchen versammelt und spielten auf der Wiese. Der weiße Nebel lag über dem Gras gleich schimmerndem Wasser und die Mädchen ragten mit dem Oberkörper daraus hervor. Sie gingen im Kreis und sangen das Sommernachtslied. Rein und klar stieg der fröhliche Gesang auf und war doch so wunderlich traurig anzuhören – weil die, die sangen, von Saufbrüdern und Raufbolden im Stich gelassen worden waren.

>»Lasset uns tanzen über Berg und Tal,
Verschleißen die Schuh und die Socken zumal.
Hei hopp, mein süßes Herzelein!
Lasset uns tanzen bis zum Morgensonnenschein.
Hei hopp, du Holde!
Wir tanzen im Sonnengolde.«

Die Töne klangen so sanft und schmeichelnd; Erinnerung und Gedanke mussten sich von allem säubern, was hässlich war, und den Tag selbst zu seinem Recht kommen lassen als den Festtag, der er war. Ein unvergleichlicher Tag war es für Lasse wie auch für Pelle gewesen – der Ausgleich für die Zurücksetzung vieler Jahre. Schade, dass er schon vorüber war und nicht erst anfangen sollte.

Auf dem Wagen waren sie jetzt müde; sie nickten ein oder schwiegen wenigstens. Lasse saß da und wühlte mit der einen Hand in der Tasche. Er suchte sich einen Überblick zu verschaffen, wie viel Geld er übrig behalten hatte. Es war kostspielig, eine Braut freizuhalten, wenn man in keiner Beziehung hinter der Jugend zurückstehen wollte. Pelle schlief und glitt tiefer und tiefer hinunter, bis Bengta seinen Kopf in ihren Schoß nahm; sie selber saß da und weinte bittere Tränen über Anders.

Es dämmerte bereits stark, als sie auf den Steinhof rollten.

19

Die Herrschaft vom Steinhof war fast beständig in der Leute Mund; niemals war sie ganz aus den Gedanken der Bevölkerung heraus. Man dachte ebenso viel an Kongstrup und seine Frau und redete mehr über sie als über das gesamte Kirchspiel, sie waren ja das Brot für so viele, die Vorsehung im Guten wie im Bösen; nichts, was sie unternahmen, konnte gleichgültig sein.

Es fiel niemand ein, dasselbe Maß an sie anzulegen wie an andere; sie waren etwas für sich, Wesen, die über viele gestellt waren und die tun und lassen konnten, was sie wollten – die sich über alle Rücksichten hinwegsetzten und sich Leidenschaften erlauben durften. Was vom Steinhof ausging, war für gewöhnliche Menschen zu groß, um darüber zu Gericht zu sitzen, es war schwer genug, zu deuten, was dort vor sich ging – selbst wenn man alles so aus der Nähe sah wie Lasse und Pelle. Für sie wie für die anderen waren die Leute auf dem Steinhof Wesen für sich, die ihr Leben unter größeren Verhältnissen lebten, in der Mitte zwischen Menschen und höheren Mächten – in einer Welt, wo so etwas wie unauslöschliche Brunst und wahnsinnige Liebe herrschten.

Was auf dem Steinhof geschah, verursachte daher eine ganz andere Spannung als andere Ereignisse in der Gemeinde. Man lauschte staunend und gespannt der leisesten Äußerung aus dem hohen Wohnhaus und bei den Jammerausbrüchen fing man vor Grauen an zu zittern und ging bedrückt einher. So klar Lasse in den ruhigen Perioden alles vor sich liegen sah – das Leben da oben konnte plötzlich wieder außerhalb der täglichen Erkenntnis rücken und um seine und des Knaben Welt zusammenschlagen wie eine Nebelsphäre, in der launenhaften Mächte Krieg führten – gerade über ihren Köpfen.

Jetzt war Jungfer Köller schon im zweiten Jahr auf dem Hof, trotz aller bösen Prophezeiungen; es hatte sich im Gegenteil so gestaltet, dass ein jeder seine Gedanken zurücknehmen musste. Sie zeigte eine immer größere Vorliebe, mit Kongstrup in die Stadt zu fahren, als daheim zu bleiben und Frau Kongstrup in ihrer Verlassenheit aufzuheitern – so ist die Jugend nun einmal! Im Übrigen führte sie sich höchst anständig und es war eine bekannte Tatsache, dass der Gutsbesitzer wieder seiner alten Hotelliebe in der Stadt verfallen war. Frau Kongstrup selbst hegte denn auch kein Misstrauen gegen ihre junge Verwandte – falls sie es überhaupt jemals getan hatte. Sie liebte das junge Mädchen, als wäre sie ihre Tochter, und sehr oft veranlasste sie selbst Jungfer Köller mit auf den Wagen zu steigen, um auf ihn Acht zu geben.

Im Übrigen vergingen die Tage wie gewöhnlich. Frau Kongstrup wurde häufig von ihrer Trunksucht und ihrem Kummer übermannt. Wenn das Böse in ihr aufkam, weinte sie über ihr verfehltes Leben; und wenn er dann zu Hause war, verfolgte sie ihn von einem Zimmer in das andere mit ihrer Anklage, bis er anspannen ließ und die Flucht ergriff – mitten in der Nacht. Die Wände waren durchtränkt mit ihrer Stimme, die sich durch alles hindurchfraß wie ein trübseliges Geräusch. Wer des Nachts zufällig auf war, um bei dem Vieh zu wachen oder aus ähnlichen Gründen, konnte ihre schwere Zunge bis ins Endlose da oben lallen hören, selbst wenn sie allein war.

Aber da fing Jungfer Köller an Vorbereitungen zu ihrer Abreise zu treffen; sie verfiel recht plötzlich darauf, dass sie nach der Hauptstadt wolle, um etwas zu lernen, damit sie sich selbst versorgen könne. Das erschien recht sonderbar, da sie doch alle Aussicht hatte, Kongstrups einmal zu beerben. Frau Kongstrup wurde ganz elend bei dem Gedanken, sie zu verlieren. Sie vergaß ihre anderen Sorgen und redete beständig auf sie ein. Selbst als alles entschieden war, als sie zusammen mit den Mägden in der Rollkammer standen und Jungfer Köllers Wäsche für die Reise in Ordnung brachten, versuchte sie sie zum Bleiben zu bewegen –

ohne jeglichen Erfolg. Es war ja ihre Art, dass sie nicht wieder loslassen konnte, wo sie einmal eingehakt hatte – so wie alle Steinhöfer.

Es war etwas Eigentümliches, diese Beharrlichkeit von Jungfer Köller; es war ihr nicht einmal klar, was sie in der Stadt anfangen wollte. »Sie will woll hin und kochen lernen?«, sagte diese und jene mit zweideutigem Lächeln. Die Tagelöhnerfrauen machten sich mit dem Milcheimer ein Gewerbe auf dem Hof, um sich bei den Mädchen nach Jungfer Köllers Wäsche zu erkundigen; da waren Zeichen hier und Zeichen da!

Frau Kongstrup selbst hegte keinen Verdacht. Sie, die sonst stets, zur Zeit wie zur Unzeit, von Misstrauen erfüllt war, schien hier mit Blindheit geschlagen zu sein. Es kam wohl daher, dass sie sich so felsenfest auf ihre Verwandte verließ – und so viel in ihr sah! Sie hatte nicht einmal Zeit, zu seufzen, so beschäftigt war sie alles in Stand zu setzen. Das war auch sehr nötig. Jungfer Köller hatte offenbar den Kopf voll von anderen Dingen gehabt, in einer solchen Verfassung waren ihre Sachen.

»Ich freue mich, dass Kongstrup mit ihr hinüberreist«, sagte Frau Kongstrup eines Abends zu der blonden Marie, als sie vor dem großen Stopfkorb saßen und die Strümpfe des jungen Mädchens nach der Wäsche ausbesserten. »Kopenhagen soll eine schlimme Stadt sein für die unerfahrene Jugend. Aber Sine wird sich schon zurechtfinden, sie hat den guten Kern der Köllers in sich.« Sie sagte das in kindlicher Einfalt; man konnte mit großen Holzschuhen in ihrem Herzen herumtrampeln, so misstrauisch sie sonst auch war. – »Zu Weihnachten kommen wir vielleicht hinüber und sehen nach dir, Sine«, fügte sie in ihrer Herzensgüte hinzu.

Jungfer Köller öffnete den Mund und schnappte angstvoll nach Luft, erwiderte aber nichts. Sie saß über ihre Arbeit gebeugt und sah den ganzen Abend niemand an. Sie sah überhaupt keinen Menschen mehr an. »Sie schämt sich ihrer Falschheit!«, sagten sie.

An sie konnte sich das Urteil heranwagen, sie hätte wissen müssen, was sie tat, sie hätte sich nicht zwischen Baum und Borke drängen sollen – noch dazu hier, wo der eine Teil all sein Vertrauen in sie gesetzt hatte.

Auf dem oberen Hof war der neue Knecht Per damit beschäftigt, den geschlossenen Wagen in Stand zu setzen. Erik stand bei ihm und ließ den Kopf hängen. Er sah so unglücklich und trostlos aus, der Ärmste – wie immer, wenn er sich nicht in der Nähe des Verwalters befand. Jedes Mal, wenn ein Rad abgenommen oder wieder eingesetzt werden sollte, musste er seinen Riesenrücken unter den schweren Wagen stemmen und ihn in die Höhe heben. Lasse erschien von Zeit zu Zeit in der Stalltür, um festzustellen, was hier vor sich ging; Pelle war in der Schule, den ersten Tag im neuen halben Jahr.

Heute sollte sie also abreisen – die falsche Person, die sich hatte verleiten lassen diejenige zu betrügen, die wie eine Mutter zu ihr gewesen war. Frau Kongstrup gab ihnen wohl noch obendrein das Geleit bis ans Dampfschiff, da ja der geschlossene Wagen benutzt werden sollte.

Lasse ging in die Kammer, um allerlei zurechtzulegen, damit er heute Abend entschlüpfen könnte, ohne dass Pelle es merkte. Er hatte Pelle eine Tüte mit ein wenig Zuckerzeug für Madame Olsen mitgegeben. Auf die Tüte hatte er mit einem Bleiknopf ein Kreuz gemalt und das Kreuz bedeutete ganz im Geheimen, dass er heute Abend zu ihr kommen werde.

Während er seine guten Kleider herausholte und sie an der äußeren Tür unter Heu verbarg, ging er umher und summte:

» . . . aber meiner Liebe Drang.
Der erleichtert meinen Gang.
Und den Weg verkürzt der Nachtigall Gesang.«

Er freute sich so unsinnig auf heute Abend, er war nun bald ein ganzes Vierteljahr nicht mehr allein mit ihr zusammen gewesen. Und dann war er auch stolz darauf, sich der Schrift bedient zu haben, und zwar einer Schrift, die zu ergründen Pelle schon unterlassen würde, ein so scharfer Schriftgelehrter er auch war.

Während die anderen nach Tisch der Ruhe pflegten, ging Lasse und ebnete den Misthaufen. Der Wagen stand da oben, mit dem großen Koffer hinten aufgeschnallt und einem anderen hochkant oben auf dem Spritzleder. Lasse ging umher und grübelte nach, wie so ein Mädchen es nun wohl anfinge, wenn sie allein da draußen in der weiten Welt war und für ihre Sünde büßen sollte. Es musste wohl Häuser geben, wo sie sich so einer gegen gute Bezahlung annahmen – da drüben gab es ja alles!

Johanne Pihl kam oben durch das Tor gewatschelt. Lasse zuckte zusammen, als er sie sah – sie kam nie in guter Absicht. Wenn sie sich hier oben so frech aufstellte, war sie immer betrunken und dann scheute sie vor nichts zurück. Es war traurig, wie tief das Unglück einen Menschen herunterbringen konnte – Lasse musste daran denken, was für ein schönes Mädchen sie in ihrer lichten Jugend gewesen war. Und nun ging sie nur darauf aus, Vorteil aus ihrer Schande zu ziehen! Er zog sich vorsichtig in den Stall zurück, um nicht Zeuge zu werden. Da drinnen stand er und lugte.

Die Sau ging unter den Fenstern auf und ab und rief mit lallender Zunge, die Stimme wollte ihr nicht so recht gehorchen: »Kongstrup! Kongstrup! Komm mal raus, ich will mit dir reden! Du musst Geld für mich und deinen Sohn rausrücken, ich hab seit drei Tagen kein Essen gekriegt.«

»Das is nu 'ne stinkige Lüge«, sagte Lasse wütend vor sich hin, »denn sie hat ihr gutes Auskommen. Aber sie schweineigelt mit den Gaben Gottes – und nu is sie auf 'ne Gemeinheit aus.« Er hatte die größte Lust, die Mistgabel zu nehmen und sie zum Tor hinauszujagen, aber gegen ihre giftige Zunge konnte man sich nicht gut wehren.

Sie hatte den Fuß auf der Treppe, wagte aber nicht hinaufzugehen. Es hielt sie etwas zurück, so umnebelt sie auch war. Da stand sie nun und tastete an dem Geländer und führte irgendetwas im Schilde. Von Zeit zu Zeit hob sie ihr fettes Gesicht in die Höhe und schrie nach Kongstrup.

Jungfer Köller kam ahnungslos aus dem Keller heraus und ging auf die Treppe zu; sie hielt den Blick zu Boden gesenkt und sah die Sau nicht eher, als bis es zu spät war. Da machte sie schnell kehrt. Johanne Pihl stand da und grinste.

»Komm her, Jungfer, und lass mich dich begrüßen!«, rief sie. »Bist du großschnauzig, du? Die eine kann woll ebenso rein sein wie die andere! Das kommt woll daher, weil du in 'ner Kutsche wegfahren und deins drüben überm Wasser kriegen kannst, wogegen ich meinen in 'ner Rübenfurche gekriegt hab. Is das denn ein Grund, sich was einzubilden – wir haben woll mit demselben Stier zu tun gehabt! – Du geh rauf und sag dem stolzen Heinrich, dass sein Ältester hungert! Ich bin bange vor den bösen Augen!«

Jungfer Köller war schon längst wieder im Keller verschwunden, aber Johanne Pihl blieb ruhig stehen und schrie dasselbe wieder und wieder, bis der Verwalter auf sie losfuhr. Da zog sie sich zeternd zurück.

Die Knechte waren durch ihr Geschrei zur Unzeit aus dem Schlaf geweckt worden und standen nun schlaftrunken da und spähten hinter den Scheunentüren hervor. Lasse hielt gespannt Ausguck aus dem Stall und die Mädchen hatten sich im Brauhaus versammelt – was würde jetzt geschehen? Sie erwarteten alle irgendeinen schrecklichen Ausbruch.

Aber es geschah nichts. Hier, wo Frau Kongstrup berechtigt gewesen wäre Himmel und Erde erzittern zu lassen, so treulos, wie sie sich gegen sie benommen haben, hier schwieg sie. Der Hof lag so ruhig da wie an den Tagen, an denen es zu einer Auseinandersetzung zwischen ihnen gekommen war und Kongstrup sich im Zaum hielt. Frau Kongstrup ging da hinter den Fenstern vorbei und sah aus wie jeder andere – es geschah nichts. Worte mussten nun aber doch wohl gefallen sein, denn Jungfer Köller sah mächtig verweint aus, als sie den Wagen bestiegen, und Kongstrup hatte sein verwirrtes Wesen. Und dann rollte Karl Johan mit den beiden davon; Frau Kongstrup ließ sich nicht sehen. Sie schämte sich wohl da, wo es den anderen zugekommen wäre.

Es war nichts geschehen, was die Spannung hätte auslösen können, und sie lag wie ein Druck über ihnen allen. Frau Kongstrup musste sich auf ihr unglückliches Los besonnen und darauf verzichtet haben, auf ihrem Recht zu bestehen, gerade jetzt, wo ein jeder auf ihrer Seite stehen musste! Diese Ruhe war so unnatürlich und so unbegreiflich, dass sie die Gemüter bedrückte und verstimmte. Es war ja, als litten andere für sie, als habe sie selbst kein Herz!

Aber dann riss der Strang, das Weinen begann auf den Hof hinauszusickern, leise und gleichmäßig wie rinnendes Herzblut. Den ganzen Abend strömte es hinaus, so verzweifelt hatte das Weinen noch nie über den Steinhof geklungen – es ging allen durch Mark und Bein. Sie hatte das arme Kind wie ihr eigenes aufgenommen und das arme Kind hatte sie verraten – ein jeder fühlte an sich selbst, wie sie darunter leiden musste.

In der Nacht steigerte sich das Weinen zu einem so verzweifelten Schreien, dass selbst Pelle davon erwachte – klatschnass vor Schweiß. »Es klingt, als wenn jemand in höchster Not is!«, sagte Lasse und zog schnell die Hose an. Seine Hände zitterten und wollten ihm nicht recht gehorchen. »Sie hat doch wohl nich freventlich Hand an sich gelegt?« Er zündete die Laterne an und ging in den Stall hinaus. Pelle folgte ihm nackend.

Da auf einmal verstummten die Schreie, so jäh, als wäre der Laut mit einer Axt durchgehauen worden; die Stille, die nun folgte, besagte, dass es für immer sei. Der Hof versank in das nächtliche Dunkel wie eine erloschene Welt. »Eben is unsre Herrin gestorben«, sagte Lasse fröstelnd und fuhr sich mit den Fingern über die Lippen. »Möge Gott sie milde aufnehmen.« Angsterfüllt krochen sie wieder in ihre Betten.

Aber als sie am Morgen aufstanden, sah der Hof genauso aus wie an jedem anderen Tag. Die Mägde klapperten und lärmten drüben im Brauhaus wie gewöhnlich. Nach einer Weile hörte man die Stimme der Hausfrau da oben; sie erteilte Befehle in Bezug auf die Arbeit. »Ich begreif es nich«, sagte Lasse kopfschüttelnd, »so plötzlich kann sonst nur der Tod Einhalt tun. Sie muss eine gewaltige Macht über sich haben!«

Jetzt sah man erst so recht, was für eine tüchtige Frau sie war. Sie hatte in der letzten Zeit des Müßigganges nichts verlernt; sie brachte die Mägde in Tritt und die Kost wurde besser. Und eines Tages erschien sie im Kuhstall, um nachzusehen, ob sie auch sauber ausmelkten. Auch für Gerechtigkeit sorgte sie. Eines Tages kamen die Arbeiter vom Steinbruch und beklagten sich, weil sie seit drei Wochen keinen Arbeitslohn bekommen hatten. Auf dem Hof war nicht genug Geld. »Dann müssen wir es beschaffen«, sagte Frau Kongstrup und sie mussten auf der Stelle ans Dreschen gehen. Und eines Tages, als Karna zu viel Widerreden hatte, bekam sie eine schallende Ohrfeige.

»Sie hat einen neuen Sinn bekommen«, sagte Lasse.

Aber die alten Arbeitsleute erkannten dieses und jenes aus ihren jungen Tagen wieder. »Sie hat den Sinn der Familie angenommen«, sagten sie, »eine echte Köller is sie!«

So verging die Zeit ohne Veränderung. Sie beharrte in ihrer Ruhe, wie sie ehedem in ihrem Jammern beharrt hatte. Es war nicht die Art der Köllers, umzuschwenken, wenn sie erst ihren Sinn auf etwas gesetzt hatten. Und dann kehrte Kongstrup von der Reise zurück. Sie fuhr ihm nicht entgegen, sondern nahm ihn an der

Treppe in Empfang, sanft und gut. Jeder konnte sehen, wie erfreut und verwundert er war – er war offenbar auf einen anderen Empfang gefasst gewesen.

Aber in der Nacht, als alle in ihrem guten Schlaf lagen, kam Karna und klopfte an das Fenster der Knechte. »Steht auf und holt den Doktor!«, rief sie. »Aber ihr müsst euch sputen!« Der Ruf klang nach Tod und Leben und sie stürzten kopfüber hinaus. Lasse, der die Gewohnheit hatte, nur mit dem einen Auge zu schlafen wie die Hühner, war als Erster zur Stelle und hatte die Pferde schon aus dem Stall gezogen. Wenige Minuten später jagte Karl Johans Fuhrwerk vom Hof hinunter. Er hatte einen Mann mitgenommen, der ihm die Laterne hielt. Es war stockdunkel, aber man konnte hören, wie der Wagen in wilder Eile dahinraste, bis der Laut unbegreiflich dünn wurde. Einen Augenblick nahm er einen neuen Klang an – der Wagen war auf die eine halbe Meile entfernte asphaltierte Straße eingebogen –, dann erstarb er.

Auf dem Hof gingen sie schaudernd umher und konnten keine Ruhe finden; sie schlenderten in die Kammern und kamen wieder heraus, um zu den hohen Fenstern hinaufzustarren, wo man mit Lichtern hin und her lief. Was war nur auf einmal geschehen? Es war etwas mit dem Herrn, denn von Zeit zu Zeit hörte man Frau Kongstrups kommandierende Stimme unten in der Küche – aber was? Im Brauhaus und in der Gesindestube war alles dunkel und verschlossen.

Gegen Morgen, als der Doktor gekommen war und die Sache in die Hand genommen hatte, trat ein wenig Ruhe ein und die Mägde fanden eine Gelegenheit, auf den Hof hinauszuschlüpfen. Anfänglich wollten sie nicht sagen, was da los war; sie standen da, sahen sich geheimnisvoll an und lachten, so sonderbar viehisch. Endlich erzählten sie dann, bald die eine, bald die andere; Kongstrup habe in einem Anfall von Irrsinn sich selbst verstümmelt – er sei wohl betrunken gewesen. Ihre Gesichter verzerrten sich hässlich in einer Mischung von Entsetzen und Gekicher, und als Karl Johan die blonde Marie allen Ernstes fragte: »Ihr lügt doch woll nich?«, brach sie in Tränen aus. Da stand sie und lachte und weinte durcheinander. Es half alles nichts, wie sehr Karl Johan sie auch ausschimpfte.

Aber es verhielt sich wirklich so, obwohl man es kaum glauben konnte, dass sich ein Mann selbst so etwas antat. Es war eine Wahrheit, die Mund und Sinne verstummen machte, und es dauerte eine Weile, bis man sich so weit erholt hatte, dass man darüber nachdenken konnte. Aber dann war da ja doch allerlei, was gar zu unwahrscheinlich klang. Im Rausch konnte es nicht geschehen sein, denn der Herr vom Steinhof trank nie zu Hause. Er trank überhaupt nicht, soviel man wusste, sondern liebte nur ein Glas in guter Gesellschaft. Weit eher waren es Reue und Buße. Bei dem Leben, das er geführt hatte, ließ sich das ja denken – obwohl es wunderbar erscheinen mochte, dass ein Mann seiner Art sich so verzweifelt benehmen sollte.

Aber die Erklärung war nicht befriedigend! Und ganz allmählich, ohne dass jemand sagen konnte, wie das kam, wandten sich alle Gedanken gegen sie. Sie hatte sich in der letzten Zeit geändert, das Köllersche Blut war bei ihr zum Durchbruch gekommen! Und in *der* Familie hatten sie sich niemals ungerächt niedertreten lassen.

20

Hinter dem Giebel des Wohnhauses saß Kongstrup gut eingepackt und starrte mit leeren Augen vor sich hin; die blasse Wintersonne schien gerade auf ihn herab und gaukelte ihm etwas wie Frühling vor. Die Spatzen trieben ihr munteres Spiel im Sonnenschein um ihn herum. Seine Frau kam ab und zu, hüllte seine Füße wärmer ein und legte ihm einen Schal um die Schultern. Sie berührte ihn warm mit Brust und Armen, indem sie den Schal von hinten über ihn breitete, und er hob langsam den Kopf und ließ seine Hand über die ihre gleiten. So blieb sie dann eine Weile stehen, die Brust an seine Schulter gelehnt, und sah auf ihn herab wie eine Mutter, glücklich im Besitzen.

Pelle kam über den Hof geschlendert, er leckte sich den Mund. Er hatte die Geschäftigkeit der Hausfrau benutzt, um in die Meierei zu schleichen, einen Krug saure Sahne von den Mägden zu ergattern und sie ein wenig zu foppen. Er strotzte vor Gesundheit und schlenderte so arglos glücklich dahin, als gehöre ihm die ganze Welt.

Es war geradezu unmanierlich, wie er wuchs – ganz unmöglich, seine Kleidung ordentlich zu halten! Seine Glieder ragten lang aus jedem Kleidungsstück, das er besaß, und er verschliss die Sachen ebenso schnell, wie Lasse sie anschaffte. Fortwährend musste Neues für ihn gekauft werden, und kaum hatte man die Augen abgewendet, so wuchsen die Arme und Beine wieder lang hervor. Stark wie eine Eiche war er; wo es etwas zu heben gab oder etwas anderes zu verrichten war, was keine Ausdauer erforderte, musste sich Lasse von ihm ausstechen lassen.

Auch Selbstständigkeit hatte er sich zugelegt, der Bursche; es wurde mit jedem Tag schwerer, sein Vaterrecht geltend zu machen. Aber das würde kommen, sobald Lasse Herr in seinem eigenen Haus war und mit der Faust auf den eigenen Tisch schlagen konnte – aber wann würde das sein? Wie die Dinge jetzt lagen, sah es im Grunde so aus, als wenn die Obrigkeit dagegen war, dass er und Madame Olsen auf anständige Weise zusammenkommen sollten. Bootsmann Olsen hatte ja seinen Heimgang redlich angekündigt und Lasse meinte, dass jetzt nur noch das Aufgebot zu bestellen sei. Aber die Obrigkeit fuhr fort Schwierigkeiten zu machen und sich zu winden – auf echte Advokatenmanier. Bald war es die eine Frage, die untersucht werden musste, und bald die andere; da gab es Fristen und Aufforderungen an einen toten Mann, sich bis zu der und der

Zeit einzustellen, und was nicht noch alles! Das Ganze wurde nur hinausgeschoben, damit die Handhaber des Gesetzes sich so recht dabei mästen konnten.

Den Aufenthalt auf dem Steinhof hatte er gründlich satt; jeden Tag musste Pelle dieselben Klagen mit anhören: »Es is 'ne saure Arbeit von frühmorgens, wenn man aufsteht, bis man sich abends wieder hinlegt – tagaus, tagein, das ganze Jahr hindurch, als wenn man in Sklaverei wär! Und die Bezahlung reicht kaum aus, um den Rücken ordentlich zu bedecken. Nichts kann man auf die hohe Kante legen, und wenn man eines schönen Tages verbraucht is und zu nichts mehr taugt, kann man sich an das Armenwesen wenden!«

Am schlimmsten von allem aber war das Verlangen, einmal wieder für sich selbst zu arbeiten. Das saß Lasse wie ein Seufzer im Fleisch. Seine Hände konnten förmlich krank werden vor Sehnsucht, mit seinem eigenen Hab und Gut zu hantieren. In letzter Zeit grübelte er beständig darüber nach, ob er nicht die Sache übers Knie brechen und mit seiner Braut ohne Recht und Gesetz zusammenziehen sollte. Sie war dazu bereit – das wusste er, ihr war sehr daran gelegen, einen Mann im Haus zu haben. Und geredet wurde ja doch über sie; es konnte nicht viel schlimmer werden, wenn er und der Junge als ihre Einlogierer galten. Namentlich wenn sie auf selbstständige Arbeit gingen.

Aber der Junge war nicht dazu zu überreden; er war zu besorgt um die Ehre. Jedes Mal, wenn Lasse diese Saite anschlug, wurde er so sonderbar störrisch. Lasse tat, als ob es Madame Olsens Einfall gewesen sei und nicht seiner. »Ich bin ja auch nich so sehr dafür«, sagte er, »die Leute werden sich ja gleich das Schlimmste denken! Aber hier können wir doch nich in alle Ewigkeit bleiben und uns jede Faser vom Körper abrackern, für nichts und wieder nichts. Und nich mal frei atmen kann man hier auf dem Hof – immer is man gebunden.«

Pelle antwortete nicht darauf; er war nicht so stark in der Begründung, aber er wusste, was er wollte.

»Wenn ich nu eines Nachts von hier ausreißen würde, dann, denk ich, kämst du mir nachgetrottet.«

Pelle schwieg noch immer.

»Ich glaub wirklich, ich tu es – denn das hier is nich zum Aushalten. Nu musst du schon wieder neue Schulhosen haben, wo soll ich das hernehmen?«

»Ja, tu es man – dann tust du, was du sagst!«

»Ja, du kannst es woll auf die leichte Schulter nehmen«, sagte Lasse missmutig, »du hast die Zeit und die Jahre vor dir! Aber ich werde alt und hab keinen Menschen, der sich um mich kümmert.«

»Helf ich dir denn nich bei allem?«, fragte Pelle vorwurfsvoll.

»Ja – ja, freilich, du tust dein Bestes, um es mir zu erleichtern, das muss man dir lassen. Aber siehst du, da sind gewisse Sachen, die du nich – da is etwas . . . « Lasse stockte. Was konnte es nützen, zu einem Jungen von dem Verlangen eines Mannes zu reden. »Du sollst nich so halsstarrig sein, das sollst du wirklich nich!« Lasse strich bittend über den Arm des Jungen.

Aber Pelle war halsstarrig. Er hatte schon genug gelitten unter den Sticheleien der Kameraden in der Schule und hatte verschiedene Prügeleien ausfechten müssen, seit es ruchbar wurde, dass Lasse Madame Olsens Schatz war. Wollten sie nun gar vor aller Augen zusammen leben, so würde es nicht zum Aushalten sein. Pelle war nicht bange vor einer Prügelei, aber er musste das Recht auf seiner Seite haben, wenn er ordentlich um sich hauen sollte.

»Ja, dann zieh du zu ihr! Ich geh dann fort von hier.«

»Wo willst du denn hin?«

»In die Welt hinaus und reich werden!«

Lasse hob den Kopf wie ein altes Dragonerpferd, das das Signal hört; dann fiel er in seine gebückte Haltung zurück. »In die Welt hinaus und reich werden – jawoll«, sagte er zögernd, »so hab ich auch gedacht, als ich in deinem Alter war – aber das geht nich so leicht, wenn man nich mit dem Siegerhemd geboren is.« Lasse schwieg und stieß sinnend mit dem Fuß die Streu unter eine Kuh. Er war sich nicht ganz sicher, ob der Junge nicht doch am Ende mit dem Siegerhemd geboren war. Er war ein Nachkömmling, die waren immer zum Schlimmsten oder zum Besten bestimmt und dann hatte er den Wirbel auf der Stirn, das bedeutete gutes Fortkommen. Fröhlich war er und voller Gesang – und eine leichte Hand hatte er zu allem. Alle gewann er durch die Heiterkeit seines Gemüts. Sicherlich lag das Glück irgendwo da draußen und wartete auf ihn.

»Aber dazu is es vor allen Dingen nötig, dass man ordentlich konfirmiert is. Nimm du lieber deine Bücher und lern deine Aufgaben, damit du nich zurückgewiesen wirst! Ich will fertig füttern.«

Pelle nahm seine Bücher und setzte sich oben in den Futtergang, mitten vor den großen Stier. Er lernte halblaut. Lasse ging hin und her, eifrig beschäftigt. Eine ganze Weile dachten beide nur an ihre Arbeit. Da kam Lasse zu ihm hin – die neuen Bücher, die Pelle für die Konfirmationsstunden bekommen hatte, reizten ihn.

»Is das die Biblische Geschichte, das da?«

»Ja.«

»Steht das da drin von dem, der sich besoffen hat?«

Lasse hatte es schon längst aufgegeben, lesen zu lernen – er hatte keinen Kopf dafür. Aber er war noch immer voller Interesse für alles, was der Junge vorhatte. Die Bücher übten einen eigenen Zauber auf ihn aus. »Was kann da nu woll stehen?«, konnte er verwundert fragen und auf etwas Gedrucktes zeigen. Oder: »Was lernst du denn heute Merkwürdiges?«

Pelle musste ihn von Tag zu Tag darüber unterrichten. Und dieselben Fragen kehrten häufig wieder – Lasse hatte kein gutes Gedächtnis.

»Ich meine den, dem die Söhne die Hose runterzogen und die

Scham ihres eigenen Vaters entblößten?«, fuhr Lasse fort, als Pelle nicht antwortete.

»Ach, Noah!«

»Ja, richtig, der alte Noah – von dem Gustav das Lied konnte. Woran er sich woll besoffen hat – der Alte?«

»An Wein.«

»War es Wein?« Lasse zog die Augenbrauen in die Höhe. »Dann is dieser Noah ja ein feiner Mann gewesen. Mein Herr da drüben in Schweden, der trank auch Wein, wenn es flott herging! Ich hab mir erzählen lassen, dass da viel zu gehört, eh das einen Mann unterkriegt – und Wein is teuer! Steht da auch von dem, der so gottserbärmlich betrogen hat? Wie hieß er doch noch gleich?«

»Meinst du Laban?«

»Ja, Laban, ja. Dass ich das auch vergessen konnte! Denn er war ja ein richtiger Laban, sodass der Name eigentlich merkwürdig gut auf ihn passt. Das war der, der seinem Schwiegersohn die beiden Töchter gab – und er musste sie sich noch obendrein mit Tagelohn verdienen! Wenn sie heute gelebt hätten, wären sie gewiss ins Zuchthaus gekommen, er und auch der Schwiegersohn, aber in den Zeiten sah die Obrigkeit den Leuten woll nich so genau auf die Finger. Ich möcht woll wissen, ob 'ne Frau damals auch Erlaubnis gehabt hat, zwei Männer zu haben. Erzählt das Buch nichts davon?« Lasse stand da und wiegte sich neugierig hin und her.

»Nee, da steht nichts von da«, sagte Pelle geistesabwesend.

»Na ja, ich will dich lieber nich stören«, sagte Lasse und ging wieder an die Arbeit. Aber es währte nicht lange, da war er wieder da. »Sie sind mir nu zufällig wieder abhanden gekommen, die beiden Namen. Ich begreife wirklich nich, wo ich meinen Kopf in dem Augenblick gelassen hatte. Aber die großen Propheten, damit weiß ich gut Bescheid – willst du mir die mal überhören?«

»Na, denn man los!«, sagte Pelle, ohne die Augen vom Buch zu erheben.

»Du musst woll so lange mit dem Lesen aufhören«, meinte Lasse, »sonst kommst du vielleicht durcheinander.« Er mochte es nicht, dass Pelle es wie eine Kinderei behandelte.

»Na, bei den vier großen werde ich mich woll nich irren!«, sagte Pelle überlegen, klappte das Buch aber doch zu.

Lasse nahm den Priem mit dem Zeigefinger aus der Unterlippe heraus und warf ihn auf die Erde, um den Mund frei zu haben, dann zog er die Hosen in die Höhe, stand eine Weile mit geschlossenen Augen da und bewegte die Lippen, während er seine Lektion leise für sich hersagte.

»Na, wird's bald?«, fragte Pelle.

»Ich muss doch erst zusehen, ob sie noch da sind!«, antwortete Lasse, ärgerlich über die Störung, und fing von neuem an sie herzusagen.

»Jesajas, Jeremias, Hesekiel und Daniel!« Er leierte sie hastig herunter, damit ihm keiner verloren ginge.

»Wolln wir auch gleich mal Jakobs zwölf Söhne nehmen?«

»Nein, heute nich, es könnte für mich zu viel auf einmal werden. In meinen Jahren muss man bedachtsam fahren, ich bin ja nich mehr so jung wie du. Aber wenn du die zwölf kleinen Propheten noch mal mit mir durchnehmen willst ...«

Pelle sagte sie langsam vor und Lasse wiederholte sie, einen nach dem anderen. »Verteufelte Namen hatten sie dazumals!«, rief er stöhnend. »Der Mund tut einem förmlich weh, so muss man ihn verdrehen! Aber ich will sie schon kriegen.«

»Was willst du eigentlich damit, Vater?«, fragte Pelle.

»Was ich damit will?« Lasse kraulte sich an dem einen Ohr. »Ich will natürlich – ho –, das is doch 'ne verdammt dumme Frage! Was willst du denn damit? Gelehrsamkeit is doch so gut für den einen wie für den anderen – und wenn mir nu all das Schöne in meiner

Jugend vorenthalten wurde? Du willst es am Ende für deinen eigenen Mund behalten?«

»Nee, denn meinetwegen kann sich die ganze Prophetensippschaft zum Teufel scheren – aber ich muss sie ja lernen!«

Lasse war nahe daran, hintenüberzufallen. »Du bist doch der gottloseste Bengel, der mir je vorgekommen is. Du verdienst überhaupt nich, dass du zur Welt gekommen bist! Achtest du die Weisheit nich höher? Du sollst dich freuen, dass du zu einer Zeit geboren bist, wo armer Leute Kinder teil an allem haben, ebenso wie die Reichen! So war es zu meiner Zeit nich, sonst – wer weiß? Sonst ginge ich am Ende nich hier herum und mistete den Kuhstall aus, wenn ich in meinen jungen Jahren was gelernt hätte! Sieh du zu, dass du nich 'ne Ehre in deine Schande setzt!«

Pelle bereute halb, was er gesagt hatte. »Ich sitz jetzt auf der ersten Bank«, sagte er, um sich zu rechtfertigen.

»Ja, das weiß ich recht gut, aber darum brauchst du die Hände nich in die Hosentaschen zu stecken – denn während du dich verschnaufst, essen die andern die Grütze. Du hast woll nichts verlernt in den langen Weihnachtsferien?«

»Nee, bewahre!«, sagte Pelle selbstbewusst.

Lasse zweifelte auch gar nicht daran, sondern tat nur so, um den Jungen zu veranlassen ins Geschirr zu gehen. Er wusste nichts Herrlicheres, als die Gelehrsamkeit mit vollem Wind daherbrausen zu hören, aber es wurde schwerer und schwerer, den Jungen zu veranlassen, dass er sich äußerte.

»Bist du auch ganz sicher?«, fuhr er fort. »Is es nich am besten, mal nachzusehn? Es is so beruhigend, zu wissen, dass dir nichts weggekommen is – so viel wie du im Kopf haben musst.«

Pelle fühlte sich geschmeichelt und ergab sich. Er streckte beide Beine von sich, schloss die Augen und fing an sich mechanisch hin und her zu wiegen. Und die Zehn Gebote Gottes vom Berg Sinai, die Patriarchen, die Richter, Joseph und seine Brüder, die vier großen und die zwölf kleinen Propheten – die Gelehrsamkeit der ganzen Welt wirbelte in einem langen Atemzug von seinen Lippen. Vater Lasse war es, als drehte sich das ganze Weltall leuchtend um Gottvaters Antlitz mit dem mächtigen weißen Bart. Er musste den Kopf senken und sich bekreuzigen. Nein, was da doch alles hinter der Kinderstirn des Jungen Platz hatte!

»Ich möchte woll wissen, was es kostet, zu studieren!«, sagte Lasse, als er wieder Boden unter sich fühlte.

»Das is woll sehr teuer – tausend Kronen allerwenigstens!«, meinte Pelle.

Keiner von beiden verband eine bestimmte Vorstellung mit der Zahl – sie bedeutete nur das unerreichbare Große.

»Sollte es so schrecklich teuer sein?«, sagte Lasse. »Ich denke darüber nach, wenn wir nu unsern eigenen Grund und Boden kriegen – es muss ja doch mal was werden –, könntest du dann nich zu Fris gehen und bei ihm das Handwerk lernen, gegen eine anständige Bezahlung, und zu Hause essen und trinken? Dann sollte man das doch woll können!«

Pelle antwortete nicht. Er spürte kein Verlangen, bei dem Küster in die Lehre zu gehen. Er hatte sein Messer herausgezogen und schnitzte an dem Eckpfeiler eines der Ständer. Das Schnitzwerk stellte einen großen Stier vor, der den Kopf zur Erde senkte und dem die Zunge seitlich aus dem Maul heraushing. Eine Klaue hoch oben am Maul bedeutete, dass das Tier zornentbrannt die Erde stampfte.

Lasse musste stehen bleiben, denn nun fing er an nach etwas auszusehen. »Das soll woll ein Stück Vieh sein?«, fragte er. Er hatte sich jeden Tag den Kopf zerbrochen, während es so allmählich entstanden war.

»Das is Volmer, damals, als er dich auf die Hörner spießte«, sagte Pelle.

Lasse konnte gleich sehen, dass es diese Begebenheit vorstellen sollte, jetzt, wo es ihm erzählt wurde. »Es is merkwürdig, wie naturgetreu es is«, sagte er, »aber so schnaubend wütig, wie du ihn gemacht hast, war er nu doch nich! Ja, ja, nu wolln wir lieber sehn, dass wir unsere Arbeit fertig kriegen! Das da kann doch seinen Mann nich ernähren!« Lasse hatte nichts übrig für die Leidenschaft des Jungen, überall mit Kreide zu malen oder mit dem Taschenmesser zu schnitzen. Da war kaum mehr ein Balken oder eine Wand, die nicht Spuren von ihm trugen. Das waren brotlose Narrenstreiche und der Gutsbesitzer konnte vielleicht böse werden, wenn er in den Stall kam und es zufällig sah. Lasse musste oft Kuhmist über die am meisten ins Auge fallenden Zeichnungen schmieren, damit sie nicht vom Unrechten bemerkt wurden.

Da oben ging gerade Kongstrup am Arm seiner Frau ins Haus zurück. Er war blass, sah aber wohlgenährt aus. »Mit dem Gehen will es noch nich wieder so recht!«, sagte Lasse und sah ihm nach. »Aber es währt nich lange, dann haben wir ihn wieder hier unten. Daher is es nich ratsam, dass du den Pfosten ganz rungenierst.«

Pelle fuhr fort an dem Holz zu schnitzen.

»Hörst du mir nich auf mit der Spielerei, dann schmier ich das Ganze mit Kuhmist über!«, sagte Lasse erzürnt.

»Dann zeichne ich dich und Madame Olsen auf dem großen Tor ab!«, sagte Pelle neckend.

»Ja, du – du – das solltest du bloß versuchen! Ich würde dich woll aus meinen Augen verbannen und den Pastor bereden, dass er dich abweist, wenn du damit ankämst!« Lasse war ganz außer sich. Er lief an das andere Ende des Kuhstalls, fing mit dem Nachmittagsausmisten an und hantierte wie wild mit den Gerätschaften. Dann stand er da und konnte nicht weiter. Er hatte in seinem Zorn zu viel auf die Schubkarre geladen und kam nun weder rückwärts noch vorwärts.

Pelle näherte sich ihm mit seinem sanftesten Gesicht. »Soll ich dir die Karre nich rausfahren?«, sagte er. »Deine Holzschuhe stehen nich so fest auf dem Steinpflaster.«

Lasse brummte etwas vor sich hin und ließ ihn herankommen. Eine kleine Weile schmollte er, aber das hielt nicht lange an – der Junge hatte einen verteufelten Humor, wenn er nur wollte.

21

Pelle war beim Pastor gewesen. Jetzt saß er unten in der Gesindestube und verschlang sein Mittagessen: gekochten Hering und Grütze. Es war Sonnabend und der Verwalter war zur Stadt gefahren, deswegen saß Erik hier unten in der Wärme. Er sagte nie etwas von selbst, hatte aber eine eigene Art, zu glotzen. Seine Augen folgten Pelles Bewegungen, glitten hin und her zwischen Mund und Teller. Die Augenbrauen zog er ständig in die Höhe, als sei ihm alles neu – sie waren nahe daran, ihre Form vollständig zu verlieren. Vor ihm stand in einer großen Lache der Trinkkrug. Er trank von Zeit zu Zeit und ließ jedes Mal etwas überschwappen.

Die blonde Marie stand am Abwaschtisch. Jeden Augenblick guckte sie herein, um zu sehen, ob Pelle nicht bald fertig wäre. Als er den Hornlöffel ableckte und in die Schublade warf, kam sie mit einem Teller herein – sie hatten oben Rippenbraten gehabt.

»Hier is ein kleiner Mund voll für dich – du bist gewiss noch hungrig«, sagte sie. »Was krieg ich dafür?« Sie hielt den Teller in der Hand und lächelte ihn an.

Pelle war noch sehr hungrig – einen Mordshunger hatte er! Er saß da und sah den leckeren Bissen an, bis ihm das Wasser im Munde zusammenlief. Dann hielt er pflichtschuldigst den Mund hin und Marie küsste ihn. Sie sah unwillkürlich verstohlen zu Erik hinüber. Ein Schimmer huschte über sein dummes Gesicht – wie eine ferne Erinnerung.

»Da sitzt der große Kerl und schlabbert«, sagte sie scheltend und riss ihm den Krug weg. Sie hielt ihn unter die Tischplatte und strich das verschüttete Bier mit der Hand wieder hinein. Pelle hieb in das Stück Rippenbraten ein und kehrte sich an nichts weiter. Aber sobald sie hinaus war, spie er nachdrücklich zwischen seine Beine und nahm mit dem Ärmel seiner Bluse eine kleine Reinigung vor.

Dann ging er in den Stall und reinigte Krippen. Lasse striegelte Kühe. Es sollte ein bisschen ordentlich aussehen zum Sonntag. Während der Arbeit erzählte Pelle ausführlich die Erlebnisse des Tages und wiederholte alles, was der Pastor gesagt hatte. Lasse hörte aufmerksam zu und unterbrach Pelles Bericht mit kleinen Ausrufen: »Ach so! – Das is doch des Teufels! – So 'n Bock is David gewesen und doch wandelte er vor dem Antlitz des Herrn! Ja, Gottes Langmut is groß – das is sicher und gewiss!«

An der Außentür klopfte es. Es war eins von Kalles Kindern mit dem Bescheid, Großmutter wolle ihnen gern Adieu sagen, ehe sie heimgehe.

»Dann macht sie gewiss nich mehr lange«, rief Lasse. »Es wird Kalles schwer ankommen, wenn sie sie hergeben müssen, so glücklich, wie sie zusammen gewesen sind. Aber dann is ein bisschen mehr Essen für die andern da, versteht sich.«

Sie beschlossen erst alles fertig zu machen und sich dann heimlich davonzuschleichen. Wenn sie sich jetzt freinahmen, bekamen sie zum Begräbnis sicher nicht wieder frei. »Und das wird ein Festtag mit Essen und Trinken aus dem Vollen, wenn ich Bruder Kalle recht kenne!«, sagte Lasse.

Als sie mit ihrer Arbeit fertig waren und Abendbrot gegessen hatten, schlichen sie durch die Außentür auf das Feld hinaus. Lasse hatte das Deckbett aufgewühlt und eine alte Pelzmütze so hingelegt, dass sie am Kopfende hervorguckte. Sie konnte sehr gut für das Haar eines Schlafenden gelten, wenn jemand kommen wollte, um nachzusehen. Als sie ein Stück Weges gegangen waren, musste Lasse noch einmal umkehren, um nachzusehen, ob nicht Feuersgefahr bestand.

Der Schnee fiel weich und still. Die Erde war gefroren, sodass sie geradewegs über alles hinweggehen konnten. Jetzt, wo ihnen der Weg bekannt war, kam er ihnen gar nicht so lang vor. Ehe man sich's versah, hatte das Ackerland ein Ende und der Felsboden begann.

Es brannte Licht in der Stube. Kalle war auf und erwartete sie: »Nu geht es mit Großmutter zu Ende«, sagte er ernst – Lasse konnte sich nicht erinnern ihn je so ernst gesehen zu haben. Kalle öffnete die Tür nach Großmutters Stube und flüsterte etwas hinein. Seine Frau antwortete leise aus dem Dunkeln. »Ja, ich wache!«, ertönte die Stimme der Alten langsam und eintönig. »Ihr könnt gern laut sprechen, ich schlafe nich.«

Lasse und Pelle zogen die ledernen Schuhe aus und traten auf Socken ein.

»Guten Abend, Großmutter!«, sagten sie beide feierlich. »Und Gottes Friede!«, fügte Lasse hinzu.

»Ja, hier lieg ich nu«, sagte Großmutter und klopfte schwach auf das Federbett. Sie hatte große Fausthandschuhe an. »Ich war so frei nach euch zu schicken, denn nu mach ich nich mehr lange. Wie sieht es im Kirchspiel aus? Sind da Todesfälle?«

»Nee, nich dass ich wüsste!«, sagte Lasse. »Aber Ihr selbst, Großmutter, Ihr seht ja so gesund aus – so rot und rund! In zwei, drei Tagen seid Ihr gewiss wieder auf den Beinen, das sollt Ihr mal sehen!«

»Ja, ihr habt gut reden!« Die Alte lächelte nachsichtig. »Ich seh woll aus wie eine junge Braut, die zum ersten Mal im Kindbett liegt? Aber ich bedank mich, dass ihr gekommen seid – ihr gehört so mit dazu! – Ja, nu is nach mir geschickt worden und ich geh in Frieden dahin. Ich hab es wahrhaftig gut gehabt hier auf Erden, ich hab nich zu klagen. Einen guten Mann hab ich gehabt und eine gute Tochter – Kalle da nich zu vergessen. Und meine Augen hab ich wiedergekriegt, sodass ich die Welt noch mal gesehen hab.«

»Aber man bloß mit dem einen Auge – so wie die Vögel, Großmutter!«, sagte Kalle und versuchte zu lachen.

»Ja, ja – es war gut genug, auch so. Da war so viel Neues und Schönes hinzugekommen, seit ich mein Augenlicht verloren hatte. Der Wald hatte sich ausgebreitet und eine ganze Generation war herangewachsen, ohne dass ich es so recht wusste. Ach ja, es is schön gewesen, so alt zu werden und sie alle um sich zu haben – Kalle und Marie und die Kinder. Und alle meine Altersgenossen sind mir vorangegangen. Es war schön, zu leben und zu sehen, was aus jedem Einzelnen geworden is.«

»Wie alt seid Ihr jetzt eigentlich, Großmutter?«, fragte Lasse.

»Kalle hat es im Kirchenbuch nachgeschlagen; danach soll ich ja an die achtzig sein. Aber das is woll nich richtig.«

»Jawoll is es richtig!«, sagte Kalle. »Der Pastor hat es selbst für mich nachgeschlagen.«

»Ja, ja – die Zeit is schnell vergangen und ich möchte gern noch ein bisschen leben, wenn es Gottes Wille wär. Aber nu ruft das Grab, ich kann es an den Augenlidern merken.« Das Atmen wurde der Alten etwas schwerer, aber der Mund stand ihr nicht still.

»Mutter spricht wirklich zu viel!«, sagte Marie.

»Ja, Ihr habt woll Verlangen, auszuruhen und zu schlafen«, sagte Lasse. »Ob wir Euch nich lieber adjö sagen?«

»Nee, nu will ich ein bisschen plaudern. Es is ja das letzte Mal, dass ich euch seh, und ich habe hinterher Zeit genug, mich auszuruhn. Meine Augen sind so leicht geworden – Gott sei Lob und Dank, es is auch nich ein Schlafkörnchen drin.«

»Großmutter hat eine ganze Woche nich geschlafen, glaub ich«, sagte Kalle bedenklich.

»Nee, warum sollte ich meine letzte Zeit woll verschlafen – wo ich doch hinterher Zeit genug dazu hab. Des Nachts, wenn ihr schlaft, lieg ich da und horche auf die Atemzüge von jedem Einzelnen und freue mich über eure Gesundheit. Oder ich guck nach dem Heidestrauß hin und denke an Anders und all das Gute, was wir zusammen gehabt haben.« Großmutter lag eine Weile schweigend da und schöpfte Atem, während sie zu einem welken Heidekrautstrauß hinaufstarrte, der unter dem Balken hing. »Den hat er wahrhaftigen Gottes für mich gebunden, das erste Mal, als er unser Lager in der blühenden Heide machte. Er mochte die Heide so schrecklich gern, Anders, und jedes Jahr nahm er mich aus dem Schlaf heraus und führte mich dahinaus, wenn sie blühte, bis zuallerletzt, bis er abgerufen wurde. Ich war ihm immer neu, wie am ersten Tag – darum haben das Glück und die Freude auch beständig Wohnung in mir genommen. Kein Kleid konnte über meiner Brust zusammenhalten, so fröhlich atmete ich, und die Bänder an meiner Schürze riss er in seiner Freude über mich mittendurch.«

»Nu sollte Mutter lieber still sein, nich so viel von so was reden!«, sagte Marie und glättete verschämt das Kopfkissen der Alten.

Aber Großmutter ließ sich nicht zum Schweigen bringen. Ihre Gedanken verwirrten sich nur ein wenig. »Ja, ja, die Zähne hab ich schwer gekriegt und auch schwer wieder verloren. Meine Kinder hab ich mit Schmerzen geboren und mit Gram ins Grab gelegt – das eine wie das andere. Aber sonst hat mir nie was gefehlt und einen guten Mann hab ich gehabt. Er hatte offene Augen für Gottes Schöpfungswerk und wir standen an Sommermorgen mit den Vögeln auf. Dann gingen wir zusammen auf die Heide hinaus und sahen, wie die Sonne so wunderbar aus dem Meer aufstieg, ehe wir an unser Tagwerk gingen.« Großmutters schwer wandernde Stimme verstummte, als wenn ein Lied in ihren Ohren zu klingen aufhörte. Sie richtete sich auf und holte tief Luft.

»Ach ja, die Stimme der Erinnerung is schön!«, sagte Lasse.

»Wie is das eigentlich damit, Lasse, ich hör, du siehst dich nach 'ner Frau um?«, fragte die Alte plötzlich.

»Was sagt Ihr da?«, rief Lasse erschrocken.

Pelle sah, dass Kalle Marie zublinzelte. Diese beiden wussten also auch Bescheid.

»Kommst du bald und zeigst uns die Braut?«, fragte Kalle. »Es soll ja 'ne gute Partie sein, sagen sie.«

»Ich weiß gar nich, wovon ihr eigentlich redet!« Lasse war ganz verwirrt.

»Ja, ja, das is nu gar nich so übel, das, was du da vorhast!«, sagte Großmutter. »Sie is gut genug – nach allem, was ich weiß. Möchtet ihr nu auch so ganz zueinander passen wie Anders und ich! Das war 'ne schöne Zeit – des Tags, wenn man fleißig war und alles nach besten Kräften ordnete, und des Nachts, wenn der Wind über alles dahinbrauste. Da war es gut, zu zweien zu sein und aneinander Wärme zu suchen.«

»Ihr habt viel Freude an allem gehabt, Großmutter!«, rief Lasse.

»Ja, und ich geh in Frieden dahin und kann ruhig in meinem Grab liegen. Ich bin hier auf der Erde um nichts betrogen worden und ich hab nichts, weshalb ich wiederkommen müsste. Wenn Kalle bloß dafür sorgte, dass sie mich mit den Füßen voran raustragen, dann denk ich nich, dass ich euch beunruhigen werde.«

»Ihr könnt gern kommen und uns ab und zu mal besuchen, wenn Ihr Lust dazu habt. Wir wollen Euch ohne Furcht aufnehmen! So gut, wie wir es hier zusammen gehabt haben«, sagte Kalle.

»Nee, kein Mensch weiß, wie ihm im andern Leben zu Mute is! Du musst mir versprechen, dass ich mit den Füßen voran hinauskomme. Ich will eure nächtliche Ruhe nich stören, so hart, wie ihr bei Tag arbeiten müsst, ihr beide. Ihr habt euch auch lange genug mit mir abplacken müssen; es is gut für euch, dass ihr nu auch mal allein seid. Und ein bisschen mehr Essen is da in Zukunft auch für jeden von euch.«

Marie fing an zu weinen.

»Da seh nu mal einer an!«, sagte Kalle. »So 'n Gerede will ich nich mehr hören. Keiner von uns hat Mangel um Euretwillen gelitten. Wenn Ihr nu nich vernünftig seid, dann geb ich 'n großes Fest, wenn Ihr tot seid, aus lauter Freude, weil wir Euch endlich los sind!«

»Nee, das tust du nich!«, sagte Großmutter kratzbürstig. »Dass ihr mir keinen dreitägigen Leichenschmaus anrichtet, das sag ich euch! Versprich du mir das, Marie, dass ihr euch nich zu Grunde richtet, um Staat mit mir alter Person zu machen. Aber die Nächsten könnt ihr ja auf den Nachmittag bitten – Lasse und Pelle nich zu vergessen. Und wenn ihr Hans Henrik bitten wollt, denn brächte der am Ende seine Handharmonika mit und ihr könnt in der Scheune spielen.«

Kalle kratzte sich im Nacken. »Denn müsst Ihr aber wahrhaftig warten und Euch nich eher verändern, als bis ich gedroschen habe – nu die Scheune zu räumen, das passt mir nich recht. Könnten wir denn nich lieber Jens Küre seinen Gaul leihen und am Nachmittag 'ne kleine Ausfahrt in die Heide machen?«

»Auch das! Aber die Kinder müssen mit, was ihr auch anfangt. Es wird mir 'ne Beruhigung sein, zu denken, dass sie einen fröhlichen Tag davon haben – sie haben wahrhaftig nich zu viele Festtage! Und das Geld dazu, das is ja da!«

»Ja, willst du mir woll glauben, Lasse, Großmutter hat fünfzig Kronen zusammengespart, wovon keiner was gewusst hat – damit wir ihr Begräbnis feiern können!«

»Ich hab ja auch zwanzig Jahre daran gespart. Man will ja auch gern auf anständige Manier von hier abgehn – und ohne seinen Nächsten das Hemd vom Leibe zu ziehen. Meine Leichenkleider sind auch in Ordnung, denn mein Brauthemd hab ich liegen, das hab ich nur einmal angehabt. Und was andres als das und die Mütze will ich nu mal nich gern anhaben.«

»Das is doch so nackt und bloß«, wandte Marie ein. »Was werden die Nachbarn von uns sagen, wenn wir Mutter nich ordentlich einkleiden!«

»Daran kehr ich mich nich!«, antwortete Großmutter bestimmt. »So mochte mich Anders am liebsten und mit was anderm hab ich diese sechzig Jahr nich gelegen. Dass du das weißt!« Sie drehte den Kopf nach der Wand herum.

»Wir werden alles so machen, wie Mutter es will«, sagte Marie.

Die Alte wandte sich wieder herum und suchte auf dem Deckbett nach der Hand der Tochter. »Und dann musst du ein recht weiches Kissen für meinen alten Kopf stopfen, denn der is so schnurrig geworden, dass er keine Ruh mehr finden kann.«

»Wir können eins von den Kopfkissen von den Kleinen nehmen und es weiß beziehen«, sagte Marie.

»Ja, danke. Und dann mein ich, solltet ihr morgen zu Jakob Kristians rüberschicken, nach dem Tischler, er is hier ja doch in der Gegend, denn kann er gleich Maß für den Sarg nehmen. Und dann kann ich auch gleich ein Wort mitreden, wie er sein soll – Kalle rinnt das Geld so leicht durch die Finger!«

Großmutter schloss die Augen; jetzt war sie doch wohl müde.

»Ich meine, wir gehn jetzt in die andre Stube, damit sie ein bisschen Ruhe hat«, flüsterte Kalle und stand auf. Da aber schlug sie die Augen auf.

»Wollt ihr schon gehn?«, fragte sie.

»Wir dachten, Ihr schlaft, Großmutter!«, sagte Lasse.

»Nee, ich schlaf woll nich mehr in diesem Leben – die Augen sind so leicht, so leicht. Ja, ja, denn adjö, Lasse und Pelle – lasst es euch gut gehn, ebenso gut, wie es mir beschieden war. Marie is die Einzige, die das Grab verschont hat, aber sie is mir 'ne gute Tochter gewesen; und Kalle is so gut und nachsichtig gewesen, wie wenn ich seine Jugendliebe gewesen wär. – Einen guten Mann hab ich auch gehabt, der mir des Sonntags Holz klein machte und des

Nachts aufstand und nach den Kindern sah, wenn ich im Wochenbett lag. – Wir haben es wirklich gut gehabt; Bleilote an der Uhr und reichlich zum Einheizen; und eine Reise nach Kopenhagen hatte er mir auch versprochen. Meine erste Butter hab ich in 'ner Flasche gebuttert, denn zuerst hatten wir ja kein Butterfass; ich musste ein Loch in die Flasche schlagen, um sie rauszukriegen. Und da lachte er, immer lachte er, wenn ich etwas Verkehrtes machte ... Und so glücklich war er über jedes Kind, das ich ihm gebar! Manchen Morgen holte er mich aus dem Schlaf und wir mussten nackend raus und die Sonne aus dem Meer aufsteigen sehn. ›Sieh mal an, Anna, über Nacht is die Heide aufgeblüht‹, sagte er und denn fasste er mich um – aber es war bloß die Sonne, die ihr Rot darüber ausgoss! – Wir hatten 'ne halbe Meile bis zu unserm nächsten Nachbarn, aber er machte sich aus nichts was – wenn er bloß mich hatte. Die größten Freuden konnte ich ihm bereiten, so arm ich war. Auch das Vieh hatte mich gern, alles glückte uns im Kleinen.«

Großmutter lag da und wackelte mit dem Kopf, Tränen rannen ihr die Wangen herab. Ihre Stimme klang nicht mehr mühselig, ein Wort rief das andere in ihr wach und glitt wie ein langer Ton über die Lippen. Sie wusste wohl nicht mehr, was sie sagte; sie fing wieder von vorne an und wiederholte die Worte, gleichmäßig und singend – wie jemand, der mit fortgerissen wird und reden muss.

»Mutter«, sagte Marie ängstlich und hielt ihr den wackelnden Kopf, »komm doch zu dir, Mutter!«

Da stockte die Alte und sah sie verwundert an.

»Ach ja, die Erinnerungen drängen so auf mich ein!«, rief sie aus. »Ich glaube beinah, nu könnte ich einen Augenblick schlafen!«

Lasse stand auf und ging an das Bett heran. »Adjö, Großmutter, und glückliche Reise, wenn wir uns nich mehr sehn sollten!« Pelle folgte ihm und sagte dieselben Worte. Großmutter sah sie fragend an, rührte sich aber nicht. Da ergriff Lasse vorsichtig ihre Hand, ebenso Pelle, und sie schlichen in die andere Stube.

»So ungewöhnlich klar, wie ihr Lebenslicht ausbrennt!«, sagte Lasse, als die Tür geschlossen war. Pelle bemerkte, dass die Stimmen wieder mehr Klang bekamen.

»Ja, sie hält sich gut bis zuletzt; sie is aus gutem Holz gewesen. – Die Leute hier um uns rum reden so viel über uns, weil wir keinen Doktor für sie holen. Was meinst du, solln wir uns die Ausgabe machen?«

»Ihr fehlt wohl nichts weiter, als dass sie nich mehr leben kann«, sagte Lasse sinnend.

»Nee, und sie selbst will gar nichts davon wissen. – Wenn er sie doch 'ne Weile am Leben erhalten könnte!«

»Ja, es sind knappe Zeiten«, sagte Lasse und ging herum und betrachtete die Kinder. Sie schliefen alle, die Stube war schwer von ihren Atemzügen. »Die Schar hat sich gut verkleinert!«

»Ja, nu fliegt ja bald jedes Jahr eins aus 'm Nest!«, sagte Kalle, »und nu kriegen wir woll keine mehr. Es is 'ne Unglückszahl, bei der wir stehen geblieben sind – 'ne abscheuliche Zahl. Aber Marie is taub auf dem Ohr geworden und allein vermag ich ja nichts.« Kalle blitzte wieder der Schelm aus den Augenwinkeln.

»Wir können uns ganz gut mit denen behelfen, die wir gekriegt haben«, sagte Marie. »Wenn wir Annas mitzählen, sind es vierzehn!«

»Ja, zähl du man die von den andern ruhig mit – umso leichter kommst du davon ab!«, neckte Kalle.

Lasse stand da und betrachtete Annas Kind, das mit Kalles dreizehntem zusammenlag. »Sie gedeiht besser als die Tante!«, sagte er. »Man sollte wirklich nicht glauben, dass sie gleich alt sind! Sie is genauso rot, wie die andere blass is.«

»Ja, da is ja ein Unterschied!«, sagte Kalle und sah die Kinder zärtlich an. »Es muss woll daher kommen, dass Anna ihr Kind von jungen Eltern stammt – unser Blut fängt schon an alt zu werden. Und dann werden ja die immer am besten, die so zufällig gemacht werden – wie zum Beispiel unser Albert; der hat 'ne ganz andre Haltung als die andern. Weißt du übrigens, dass er vom Frühling an sein erstes Schiff fahren soll?«

»Das kann doch woll nich wahr sein! Sollte er es wirklich schon zum Kapitän gebracht haben?« Lasse war nahe daran, vor Verwunderung hintenüberzufallen.

»Kongstrup soll dahinter stecken – so ganz im Geheimen natürlich.«

»Schickt Anna ihr Kindsvater noch immer, was er bezahlen muss?«, fragte Lasse.

»Ja, er is ganz reell. Wir kriegen unsere fünf Kronen jeden Monat für das Kind – das is ja 'ne gute Hilfe.«

Marie ging hin und her und stellte Schnaps, Brot und eine Schale mit Schmalz auf den Tisch. »Langt zu und esst!«, sagte sie.

»Ihr haltet gut aus auf dem Steinhof«, sagte Kalle, als sie sich an den Tisch setzten. »Wollt ihr euer ganzes Leben da bleiben?« Er blinzelte dem Bruder schelmisch zu.

»Es is keine so leichte Sache, sich ins Ungewisse zu stürzen!«, antwortete Lasse ausweichend.

»Na, nu hört man woll bald Neues von euch«, fiel Marie ein. »Das Ehebett lockt woll!«

Lasse antwortete nicht, er mühte sich mit einer Kruste ab.

»Aber so schneid doch die Kruste ab, wenn es mit den Zähnen schlecht bestellt is!«, eiferte Marie. Jeden Augenblick lauschte sie an der Tür der Mutter. »Nu hat sie doch noch Schlaf in die Augen gekriegt, die arme Alte«, sagte sie.

Kalle tat so, als entdecke er die Flasche erst jetzt. »Nee, wir haben ja Branntwein auf dem Tisch – dass das keiner von uns hat riechen können!«, rief er aus und schenkte ihnen zum dritten Mal ein. Da schlug Marie den Korken in die Flasche. »Gönnst du uns nu nich mal mehr das Essen?«, sagte er und sah sie mit großen Augen an –

der verteufelte Schelm! Und Marie starrte ihn mit ebenso großen Augen an und sagte: »Buh! Wolln wir uns stoßen?« Lasse saß da und sah sich ganz warm an ihrem Glück.

»Was macht denn der Steinhöfer? Nu is er woll bald über das Schlimmste weg?«, fragte Kalle.

»Ja, nu is er woll so weit Mensch, wie er wieder werden kann. So was drückt einem Mann ja seinen Stempel auf«, sagte Lasse. Marie stand da und lachte; sobald sie sie ansahen, schlug sie die Augen nieder.

»Du lachst, du!«, sagte Lasse. »Ich finde, es ist sehr traurig!« Da konnte Marie sich nicht mehr halten, sie musste in die Küche hinausgehen und sich auslachen.

»So grinsen die Frauensleute überall, sobald bloß sein Name genannt wird«, sagte Kalle. »Das is ja ein trauriger Wechsel – heute rot, morgen tot. Na, das hat sie doch wenigstens erreicht, dass sie ihn für sich behält – auf eine Weise. Aber dass er danach noch mit ihr zusammen leben kann!«

»Und dabei scheinen sie so verliebt ineinander zu sein, wie sie kein Mensch früher gesehn hat – denn er kann keine Minute ohne sie sein. Aber natürlich – nu fände er woll auch keine andre, die ihm ihre Liebe schenkte! Es is doch ein unbegreiflicher Teufelskram, diese Sache. Na ja, nu müssen wir woll sehn, dass wir nach Hause kommen!«

»Ja, dann schick ich Bescheid, wenn sie in die Erde soll!«, sagte Kalle, als sie draußen vor dem Haus standen.

»Ja, tu das. Und solltest du beim Begräbnis um ein Zehnkronenstück verlegen sein, so sag es! Na, denn adjö!«

22

Noch immer stand Großmutters Begräbnis wie ein heller Schein hinter allem, was man dachte und unternahm; es war damit wie mit gewissen Speisen, die einen angenehmen Nachgeschmack im Munde hinterlassen, lange nachdem sie verzehrt sind. Kalle hatte aber auch alles aufgeboten, um einen festlichen Tag daraus zu machen; es gab Essen und Trinken im Überfluss und seine drolligen Einfälle wollten kein Ende nehmen. Und da er ein Schelm war, hatte er einen Vorwand gefunden, Madame Olsen ebenfalls einzuladen – das war eine hübsche Art, das Verhältnis anzuerkennen.

Lasse und Pelle hatten genug Redestoff für einen ganzen Monat; und nachdem alles ausgiebig beredet worden war und anderem hatte Platz machen müssen, blieb doch tief innen ein Wohlbehagen zurück, von dem niemand recht wusste, woher es eigentlich rührte.

Aber nun rückte der Frühling heran und mit ihm kamen die Sorgen, die alles verfinsterten – auch wenn man nicht daran dachte. Pelle sollte zu Ostern konfirmiert werden und Lasse wusste nicht ein noch aus, wie er ihm alles das beschaffen sollte, was dazugehörte; einen neuen Anzug, einen neuen Hut und neue Schuhe. Der Junge sprach oft davon, er war offenbar bange, dass er in der Kirche zum Gespött für die anderen werden würde.

»Na, das wird sich schon alles ordnen!«, sagte Lasse, sah aber gar keinen Ausweg. Auf den gewöhnlichen Höfen, wo noch die gute alte Sitte herrschte, sorgte die Herrschaft für alles. Aber hier war alles so verdammt neumodisch, mit barem Geld, das einem zwischen den Fingern weglief. Hundert Kronen Lohn war ja eine ganz hübsche Summe, wenn man sie sich auf einem Fleck dachte. Aber sie wurde leider nur allmählich aufgenommen, Öre für Öre, ohne dass man den Finger darauf legen und sagen konnte: Da hast du was Erkleckliches gekriegt!

»Ja, ja, das wird sich schon alles ordnen!«, sagte Lasse laut, wenn er verzweifelt nachgedacht hatte; und damit beruhigte sich Pelle dann. Es gab nur einen Ausweg; von Madame Olsen das Geld zu leihen, und zu diesem Ausweg musste sich Lasse bequemen, so ungern er es auch tat. Aber Pelle durfte nichts davon wissen.

Lasse sträubte sich so lange wie möglich dagegen und hoffte, es würde irgendetwas geschehen, was ihn vor der Schande bewahrte, seine Braut um ein Darlehen bitten zu müssen. Aber es geschah nichts und die Zeit verging. Eines Morgens fasste er dann einen schnellen Entschluss, als Pelle zur Schule aufbrechen wollte. »Willst du nich hinlaufen und Madame Olsen dies geben«, sagte er und reichte dem Jungen ein Paket. »Das is etwas, was sie für uns in Ordnung bringen will.« Inwendig auf dem Papier stand das große Kreuz, das Lasses Kommen für diesen Abend meldete.

Von oben von den Hügeln herab sah Pelle, dass das Eis in der Nacht aufgebrochen war. Fast einen Monat hatte es nun die Bucht als feste, starre Masse angefüllt, auf der man sich ebenso sicher tummelte wie auf dem festen Land. Das war eine neue Seite, die das Meer da zeigte, und zum großen Ergötzen der anderen hatte Pelle das Eis mit den Spitzen seiner Holzschuhen vorsichtig tastend geprüft. Später lernte er es, sich frei auf dem Eis zu bewegen, ohne bei dem Gedanken zu schaudern, dass die großen Fische des Meeres dicht unter seinen Holzschuhen schwammen und vielleicht nur darauf warteten, dass er einbrach. Jeden Tag machte er einen Ausflug hinüber nach dem hohen Wall aus Packeis, der eine Viertelstunde weit da draußen die Grenze bildete, hinter der das offene Meer lag und im Sonnenschein wie ein grünes Auge schimmerte. Er ging dahinaus, weil er nun einmal nicht hinter den anderen zurückstehen wollte, aber ganz sicher fühlte er sich dem Meer gegenüber nie.

Nun befand sich das Ganze im Aufbruch. Die Bucht war voll von Eisschollen, die sich rasselnd aneinander rieben; die äußersten

Eisschollen mit Bruchstücken von dem Wall waren schon auf der Wanderung hinaus ins Meer. Pelle hatte da drüben viele Heldentaten vollbracht, war aber im Grunde ganz froh darüber, dass das Ganze jetzt auseinander brach und von dannen zog, sodass es wieder eine ehrliche Sache war, an Land zu bleiben.

Der alte Fris saß oben auf seinem Platz; er verließ ihn nie mehr während der Stunde, wie arg es auch unten in der Klasse zugehen mochte, sondern begnügte sich damit, mit dem Rohrstock auf das Pult zu schlagen. Er war nur noch ein Schatten seiner selbst. Sein Kopf wackelte ständig hin und her und die Hände griffen oft daneben. Die Zeitung brachte er noch immer mit und faltete sie zu Beginn der Stunde auseinander, aber er las nicht darin. Er verfiel in Sinnen, saß aufrecht da, die Hände auf dem Pult und den Rücken gegen die Wand gelehnt, und war völlig geistesabwesend. Dann konnten die Kinder sich so lustig tummeln, wie sie wollten, er rührte sich nicht; nur eine schwache Veränderung im Ausdruck der Augen zeugte davon, dass er überhaupt noch lebte.

Es war jetzt ruhiger in der Schule; es verlohnte sich nicht, den Lehrer zu foppen – er merkte es ja kaum. Dadurch verloren die Streiche viel von ihrem Reiz. Es hatte sich nach und nach eine Art Selbstjustiz unter den größeren Jungen gebildet, sie bestimmten den Gang der Schulstunden; Machtkämpfe wurden auf dem Spielplatz ausgefochten – mit geballten Fäusten und Holzschuhspitzen. Der Unterricht setzte sich so wie ehedem fort, indem die Klügeren ihr Wissen auf die anderen übertrugen; es wurde ein wenig mehr gerechnet und gelesen als zu des alten Fris Zeiten, dafür mussten dann die geistlichen Lieder zurückstehen.

Es geschah wohl hin und wieder einmal, dass Fris erwachte und in den Unterricht eingriff. »Choral!«, rief er mit seiner halb verwelkten Stimme und schlug nach alter Gewohnheit auf das Pult. Dann legten sie ihre Sachen beiseite, um sich dem Alten zu fügen, und fingen an irgendein Lied herunterzuleiern – sie rächten sich, indem sie den einen Vers die ganze Stunde sangen. Das war der einzige wirkliche Streich, den sie sich mit dem alten Mann leisteten, und das Vergnügen war nur auf ihrer Seite – Fris begriff nichts mehr.

Fris hatte so lange davon geredet, dass er abgehen wollte, jetzt begriff er auch das nicht mehr. Zur bestimmten Zeit schwankte er zur Schule und von der Schule wieder nach Hause – und wusste wohl auch davon nichts. Ihn geradezu abzusetzen, das konnte man nicht übers Herz bringen. Mit Ausnahme der Gesangbuchverse, die ein wenig zu kurz kamen, war auch als Lehrer nichts gegen ihn zu sagen; bisher war noch kein Junge aus seiner Schule abgegangen, der nicht sowohl seinen Namen schreiben als auch ein gedrucktes Buch lesen konnte – wenn es in der alten Schrift gedruckt war. Den modernen Druck mit lateinischen Buchstaben lehrte Fris nicht, obwohl er in seiner Jugend Latein gelernt hatte.

Fris selber spürte wohl kaum die Veränderung, er hatte aufgehört zu fühlen – für sich selbst wie auch für andere. Niemand kam mehr mit seinen Sorgen zu ihm und fand Trost bei einer mitfühlenden Seele – seine Seele war nicht zu Hause. Sie schwebte außerhalb seines Körpers, halb losgerissen, so wie ein Vogel, dem es schwer wird, sein altes Nest zu verlassen und die unbekannte, lange Reise anzutreten; diesem Flattern der Seele folgten wohl seine Augen, wenn sie matt in ihren Höhlen standen, dem leeren Raume zugewandt. Aber die jungen Leute, die ins Dorf zurückkamen, um zu überwintern, und Fris als alten Freund aufsuchten, spürten die Veränderung. Für sie war ja daheim ein leerer Platz entstanden; sie vermissten den alten Brummbären, der sie alle durch die Bank hasste, solange sie in der Schule saßen – um sie dann später alle mit gleicher Liebe zu umfassen, gute wie schlechte, und von jedem von ihnen zu sagen: »Er war mein bester Junge!«

Die Kinder machten früh Pause und stürzten hinaus, noch ehe Pelle das Zeichen gegeben hatte. Fris trippelte wie immer zum

Dorf, um die üblichen zwei Stunden wegzubleiben. Die Mädchen stellten sich an den Aborten auf und verzehrten ihr Butterbrot, die Knaben wirbelten wie losgelassene Vögel auf dem Platz herum.

Pelle war wütend über die Aufsässigkeit und sann über ein Mittel nach, wie er sich Respekt verschaffen könnte. Er hatte heute die anderen großen Jungen gegen sich gehabt – er fuhr über den Platz wie eine kreisende Möwe, den Körper schräg vornübergebeugt, die Arme ausgespreizt wie ein Flügelpaar. Die meisten machten ihm Platz, wer ihm nicht freiwillig aus dem Wege ging, musste dennoch weichen. Die Stellung war bedroht und er hielt sich in unablässiger Bewegung – als wolle er die Frage in der Schwebe halten, bis sich eine Möglichkeit ergab, niederzustoßen.

So ging es eine Weile weiter. Er stieß einige und schlug im Laufen gegen andere, während sich ein zorniges Machtgefühl in ihm regte. Er wollte sie alle zu Feinden haben. An der Kletterstange fingen sie an sich zusammenzurotten und plötzlich hatte er die ganze Schar über sich. Er versuchte sich aufzurichten und sie alle abzuschütteln, sodass sie hierhin und dorthin flogen, vermochte es aber nicht; und die Knöchel drangen von oben herab durch den Haufen und trafen ihn, dass es brannte. Er arbeitete unverdrossen, aber vergebens, bis er seine Gutmütigkeit aufgab und zu weniger feinen Mitteln griff; er bohrte seine Finger in die Augen, in den Mund, in die Kehle seiner Gegner.

Dann bekam er Luft und konnte sich aufrichten und den letzten kleinen Burschen über den Platz schleudern.

Pelle war arg zerschunden und ganz außer Atem – aber er war froh. Die ganze Schar stand da, sperrte Mund und Augen auf und ließ ihn sich ruhig abbürsten – er war der Sieger. Er ging mit seiner zerrissenen Bluse zu den Mädchen hinüber und die hefteten sie mit Stecknadeln zusammen und gaben ihm Näschereien. Zum Dank dafür knotete er zwei von ihnen mit den Zöpfen aneinander, die kreischten und ließen ihn gewähren, ohne böse zu werden – das Ganze war, wie es sein sollte.

Aber ganz sicher war er seines Sieges nicht. Er konnte nicht, wie Henrik Bödker seinerzeit, unmittelbar nach einer Prügelei quer durch die ganze Schar gehen, die Hände in den Hosentaschen, und so tun, als existierten sie gar nicht. Er musste von Zeit zu Zeit nach ihnen hinüberschielen, während er an den Strand hinabschlenderte und sich Mühe gab, wieder gleichmäßig zu atmen: nächst dem Weinen war die größte Schande, die einen treffen konnte, dass man außer Atem geriet.

Pelle ging an den Strand hinab und bereute, dass er nicht gleich wieder auf sie losgegangen war, während der Mut noch in ihm kochte – jetzt war es zu spät. Dann würde es vielleicht auch von ihm geheißen haben, dass er die ganze übrige Klasse zusammen verprügeln könne. Jetzt musste er sich damit begnügen, der stärkste Junge in der Schule zu sein.

Ein wildes Kriegsgeheul von der Schule her ließ ihn zusammenzucken. Die ganze Schar brach hinter dem Giebel hervor mit Stöcken und Holzscheiten in den Händen. Pelle wusste, was auf dem Spiel stand, wenn er entfloh. Er zwang sich ruhig stehen zu bleiben, obwohl es ihm in den Beinen zuckte. Aber plötzlich stürzten sie in wilder Eile auf ihn los und er wandte sich mit einem Sprung zur Flucht. Da lag das Meer vor ihm und versperrte ihm den Weg, dich bepackt mit schaukelndem Eis. Er lief auf eine Eisscholle hinaus, sprang von da auf die nächste, die nicht so groß war, dass sie ihn tragen konnte – er musste weiter.

Die Angst war ihm in die Glieder gefahren. Unter ihm gaben die Eisschollen nach; er musste von einer Scholle auf die andere springen. Die Füße unter ihm liefen wie Finger über Tasten. Er hatte noch so viel Besinnung, dass er geradewegs auf die Hafenmole zusteuerte. Am Strand standen die anderen und sperrten Mund und Augen auf, während Pelle auf dem Wasser tanzte wie ein Stein, der die Oberfläche nur von Zeit zu Zeit streift. Die Eisschollen tauchten unter, sobald er sie nur berührte, oder sie legten sich hochkant. Aber Pelle kam und glitt vorüber, warf sich blitzschnell nach der Seite hinüber, änderte mitten im Sprung die Richtung wie eine Katze. Es war wie ein Tanz auf glühendem Eisen, so schnell zog er seinen Fuß wieder zurück, setzte ihn auf eine neue Stelle und hatte ihn auch schon wieder weggenommen. Rings um die Eisschollen, die er berührte, spritzte das Wasser schimmernd und quatschend auf und hinter ihm sah man eine Zickzacklinie von Unruhe bis zu der Stelle, wo die Jungen standen und den Atem anhielten. Es gab keinen zweiten wie Pelle – niemand hätte ihm das da nachmachen können. Als er sich in einem letzten Sprung bäuchlings über die Mole warf, riefen sie Hurra für ihn. Pelle hatte in seiner Flucht gesiegt!

Ermattet und keuchend lag er auf den Steinen und starrte stumpfsinnig zu einer Brigg hinüber, die vor dem Hafen vor Anker gegangen war. Ein Boot kam hereingerudert – vielleicht mit einem Kranken, der abgesondert werden sollte. Das arg mitgenommene Äußere des Schiffes verriet, dass es auf Winterreise gewesen war, in Eis und schwerer See. Die Fischer kamen aus den Hütten heraus und schlenderten auf die Stelle zu, wo das Boot anlegen musste. Alle Schulkinder kamen herbeigelaufen.

Auf der Achterbank des Bootes saß ein älterer, wettergebräunter Mann mit einem Backenbart. Er trug einen blauen Anzug; vor ihm stand eine Schiffskiste. »Das is ja Bootsmann Olsen!«, hörte Pelle einen Fischer sagen. Dann stieg der Mann an Land und reichte allen rundherum die Hand. Die Fischer und die Schulkinder bildeten einen dichten Kreis um ihn.

Pelle schlug den Weg nach oben ein. Er schlich hinter Booten und Schuppen vorwärts. Sobald er von dem Schulhaus gedeckt wurde, jagte er in schnellem Lauf geradeaus über die Felder nach dem Steinhof. Der Gram brannte bitter in seiner Kehle, die Schande veranlasste ihn, um Häuser und Menschen einen großen Bogen zu machen. Das Paket, das er am Morgen nicht hatte abliefern können, war gleichsam für alle ein Zeuge seiner Schande. Er warf es während des Laufens in eine Mergelgrube.

In den Hof hinein wollte er nicht, er donnerte an die Außentür des Stalls. »Kommst du schon nach Hause?«, rief Lasse erfreut.

»Nu – nu is Madame Olsen ihr Mann wiedergekommen!«, stöhnte Pelle und ging an dem Vater vorüber, ohne ihn anzusehen.

Lasse war es, als zerspringe die ganze Welt und als bohrten die Splitter sich ihm ins Fleisch. Alles schlug ihm fehl. Er ging umher und zitterte, griff alles verkehrt an. Sprechen konnte er nicht, alles in ihm stockte. Er hatte einen Strick in die Hand genommen, ging hin und her und sah dabei in die Luft hinauf.

Da trat Pelle zu ihm heran. »Was willst du mit dem Strick?«, fragte er barsch.

Lasse ließ den Strick fallen und fing an zu jammern. So traurig und armselig war das Leben, man verlor eine Feder und dann noch eine Feder. Schließlich stand man als Vogel ohne Federn im Dreck – alt und abgetan, ohne jede Hoffnung auf ein sorgenloses Alter.

So fuhr er fort, halblaut vor sich hin zu jammern, und die Klage verschaffte ihm Linderung.

Pelle erwiderte nichts. Er dachte nur an den Schimpf und die Schande, die über sie gekommen waren, und konnte sich nicht beruhigen.

Am nächsten Morgen nahm er sein Frühstück und ging wie gewöhnlich fort. Als er aber den halben Weg zurückgelegt hatte, verkroch er sich unter einem Dornbusch. Dort lag er und grämte sich und fror, bis zu der Zeit, als die Schule aus war. Dann ging er nach Hause. Das wiederholte sich mehrere Tage. Dem Vater gegenüber war er stumm, fast feindselig. Lasse ging umher und jammerte und Pelle hatte selber genug zu tragen. Sie wanderten jeder in seiner Welt und es gab keine Brücke zwischen ihnen. Keiner fand ein gutes Wort für den anderen.

Aber eines Tages, als Pelle so nach Hause geschlichen kam, empfing ihn Lasse mit strahlender Miene und schlotternden Knien. »Was zum Teufel soll man trauern?«, sagte er mit verschmitztem Gesicht und wandte Pelle seine zwinkernden Augen zu – zum ersten Mal, seitdem die Unglücksbotschaft gekommen war. »Hier, sieh mal, was ich mir für eine neue Braut angeschafft habe – küss sie, Junge!« Lasse holte eine Flasche Branntwein aus der Streu und hielt sie ihm hin.

Pelle stieß sie wütend von sich.

»So, du bist großschnäuzig!«, rief Lasse. »Ja, ja, es würde eine Sünde und Schande sein, Bösem Gutes aufdrängen zu wollen.« Er setzte die Flasche an den Mund und segelte hintenüber.

»Das lässt du jetzt sein!«, brüllte Pelle und packte ihn beim Arm, sodass der Schnaps umherspritzte.

»Ho, ho!«, sagte Lasse verwundert und wischte mit dem Handballen die Flecke ab. »Herrje, wie sie zappelt – ho, ho!« Er umfasste die Flasche mit beiden Händen und hielt sie fest, als habe sie versucht sich ihm zu entziehen. »Also du bist obsternatsch, du?« Da traf sein Blick Pelle. »Und du weinst, du! Hat dir jemand was zu Leide getan? Weißt du denn nich, dass dein Vater Lasse heißt – Lasse Karlsson aus Kungstorp? Du brauchst nich bange zu sein, denn Lasse, der is hier! Und er wird die ganze weite Welt zur Verantwortung ziehn.«

Pelle sah, dass der Vater auf einmal ganz umnebelt war und zu Bette musste, wenn nicht jemand kommen und ihn an der Erde finden sollte. »Komm jetzt, Vater!«, bat er.

»Ja, nu will ich hingehn. Er soll mir Rechenschaft ablegen, und wenn er der alte Satan aus Smaaland selber wär – du musst nich weinen!« Lasse wollte auf den Hof hinaus.

Pelle versperrte ihm den Weg. »Jetzt kommst du mit, Vater! Dir schuldet keiner Rechenschaft.«

»Also nich – und du weinst doch! Aber er soll mir Rechenschaft für all die Jahre ablegen – dieser großschnäuzige Gutsbesitzer!«

Jetzt wurde Pelle bange. »Aber Vater!«, brüllte er. »Geh doch nich dahin! Er wird wütend und jagt uns vom Hof! Du bist ja betrunken, bedenk das doch!«

»Ja, betrunken bin ich!«, antwortete Lasse. »Ich bin voll, aber nich voll Bosheit.« Er stand da und tastete herum, als wollte er den Haken an der Untertür losmachen.

Es war ja unrecht, Hand an seinen eigenen Vater zu legen. Aber jetzt sah sich Pelle gezwungen sich über alle Rücksichten hinwegzusetzen. Er packte den Alten mit fester Hand beim Kragen. »Komm hierher!«, sagte er und zog ihn mit sich nach der Kammer.

Lasse lachte und hickste und widersetzte sich. Er hielt sich fest, wo er nur konnte; an den Pfosten und an den Schwänzen der Kühe, aber Pelle zog ihn mit. Er hatte ihn von hinten um den Leib gefasst und trug ihn halb, in der Türöffnung blieben sie stecken. Der Alte stemmte seine beiden Hände dagegen. Pelle musste ihn losreißen und ihn auf die Arme schlagen, sodass er fiel; dann endlich gelang es ihm, ihn ins Bett zu schleppen.

Lasse lachte während des ganzen Ringkampfes albern, als sei das Ganze nur ein Spiel, und machte Narrenpossen, wo er nur konnte. Ein paar Mal versuchte er aufzustehen, wenn ihm Pelle den Rücken zukehrte; die Augen hatten sich verkrochen, aber es zuckte hinterlistig um seinen Mund – er glich einem ungezogenen Jungen. Plötzlich fiel er hintenüber und schnarchte laut.

Am nächsten Tag war schulfrei und Pelle brauchte sich nicht zu verstecken. Lasse schämte sich und ging demütig umher. Er hatte eine ganz deutliche Vorstellung von dem, was am vorhergehenden Tag vorgefallen war; denn auf einmal kam er hin und berührte Pelles Arm. »Du bist wie Noahs guter Sohn, der die Schande seines Vaters zudeckte«, sagte er: »aber Lasse is ein Schwein. Es is nu aber auch ein harter Schlag für mich gewesen, das kannst du mir glauben! Aber ich weiß ja recht gut, dass es nichts nützen kann, wenn man sich um Sinn und Verstand trinkt; der Kummer is schlecht begraben, der mit Branntwein beschert werden muss. Was im Schnee verborgen wird, kommt bei Tauwetter wieder zum Vorschein, wie das Sprichwort sagt.«

Pelle erwiderte nichts.

»Wie nehmen die Leute es eigentlich auf?«, fragte Lasse vorsichtig.

Er war nun so weit gekommen, dass er sich Gedanken über das Beschämende der Sache machte. »Hier auf dem Hof, glaub ich, is es noch nich ruchbar geworden; aber was sagen sie sonst dazu?«

»Was weiß ich!«, entgegnete Pelle mürrisch.

»Also hast du nichts gehört?«

»Glaubst du vielleicht, dass ich zur Schule gehen und für sie alle zum Gespött werden will?« Pelle war wieder nahe daran, zu weinen.

»Denn hast du dich also rumgetrieben und deinem Vater vorgemacht, dass du in die Schule gehst? Das war unrecht von dir. Aber ich darf woll nich mit dir ins Gericht gehen, so viel Schande, wie ich über dich gebracht hab. Und wenn du nu unverschuldet in Ungelegenheiten kommst, weil du die Schule geschwänzt hast? – Das eine Unglück hat das andere an der Hand und Böses vermehrt sich wie die Läuse im Pelzwerk! Wir müssen uns in Acht nehmen, was wir tun, wir beide – damit es uns nich zu übel ergeht.«

Schnellen Schrittes ging Lasse in die Kammer und kehrte mit der Flasche zurück; er zog den Korken heraus und ließ den Branntwein langsam auf den Boden laufen. Pelle sah ihm verwundert zu.

»Gott verzeih mir, dass ich schlecht mit seinen Gaben umgeh«, sagte Lasse, »aber das is 'n schlimmer Versucher, wenn einer Herzenskummer hat. – Und wenn ich dir nu die Hand darauf gebe, dass du mich nie wieder so sehen sollst wie gestern, willst du denn nich auch morgen wieder versuchen in die Schule zu gehn – und zusehn, dass du mit der Zeit darüber wegkommst? Wir können mit der Obrigkeit selbst zu tun kriegen, wenn du noch länger wegbleibst; auf so was steht hier zu Lande schwere Strafe, glaub ich.«

Pelle versprach es und er hielt Wort. Aber er war auf das Schlimmste gefasst und steckte verstohlen ein Bleistück in die Tasche, dass Erik in den Tagen seiner Macht benutzt hatte, wenn er auf ländliche Bälle und an solche Orte ging, wo man sein Mädchen mit der Faust verteidigen musste. Aber er sollte keine Verwendung dafür haben. Die Jungen waren ganz in Anspruch genommen von einem Schiff, das auf Grund hatte laufen müssen, um nicht zu sinken, und das nun dalag und seine Weizenladung in die Boote aus dem Dorf löschte. Am Hafen lag der Weizen schon in großen Haufen, nass und gequollen von dem Salzwasser.

Ein paar Tage später, als es schon eine alte Geschichte war, geschah etwas, was Pelles Schulzeit für immer beendete. Die Kinder rechneten unter ständigem Geplauder und klapperten mit den Tafeln. Fris saß wie gewöhnlich oben auf seinem Platz, den Nacken an die Wand gelehnt und die Hände aufs Pult gestützt; die halb geschlossenen Augen waren auf einen Punkt irgendwo im Raum gerichtet, auch nicht ein Zucken verriet, dass er lebte. Das war seine gewöhnliche Stellung und so hatte er schon seit der Pause gesessen.

Die Kinder wurden unruhig, der Unterricht war zu Ende. Ein Bauernjunge, der eine Uhr hatte, hielt sie in die Höhe, sodass Pelle sie sehen konnte. »Zwei!«, sagte er laut. Sie packten lärmend die Tafeln ein und begannen sich zu prügeln; bei diesem Aufbruchlärm pflegte Fris sonst immer zu erwachen, aber heute rührte er sich nicht. Dann trampelten sie hinaus, ein Mädchen strich in ihrer Ausgelassenheit im Vorübergehen über die Hand des Lehrers. Sie zuckte erschreckt zusammen. »Er is ganz kalt!«, sagte sie schaudernd und flüchtete hinter die andern.

Sie bildete, einen Kreis um das Pult und spähten nach Fris' halb geöffneten Augen, dann stieg Pelle die beiden Stufen hinauf und legte die Hand auf des Lehrers Schultern. »Wir wollen nach Hause!«, sagte er mit unnatürlicher Stimme. Fris' Arm fiel steif vom Pult herab. Pelle musste seinen Körper stützen. »Er is tot!«, ging es wie ein Frieren über die Lippen der Kinder.

Fris war tot – auf seinem Posten gestorben, wie die braven Leute in der Gemeinde es nannten. Pelles Schulzeit hatte für immer ein Ende, er konnte frei aufatmen.

Er blieb zu Hause und half dem Vater; sie lebten sehr glücklich miteinander und kamen sich wieder ganz nahe, jetzt, wo keine dritte Person zwischen ihnen stand. An die Sticheleien der anderen Leute auf dem Hof kehrten sie sich nicht. Lasse war lange im Dienst und wusste zu viel von jedem Einzelnen, er konnte zurückbeißen. Er sonnte sich so recht in Pelles mildem Kindersinn und plauderte unaufhörlich. Immer wieder kam er auf dasselbe zurück. »Ich muss dir dankbar sein, denn wenn du mich damals nich zurückgehalten hättest, als ich partout zu Madame Olsen wollte, denn wäre es eine schlimme Geschichte für uns geworden. Ich glaube woll, er hätte uns in seinem Zorn totgeschlagen. Hier, wie immer, bist du mein guter Engel gewesen.«

Auf Pelle wirkte Lasses Geschwätz wohltuend wie Liebkosungen, er ging umher und machte es sich gemütlich und war mehr Kind, als man nach seinen Jahren hätte annehmen können.

Aber am Sonnabend kam er vom Pfarrer nach Hause und war ganz verändert, alles an ihm hing wie ein toter Hering, er ging nicht hinüber, um zu essen, sondern kam gleich durch die Außentür herein und warf sich auf einen Heuhaufen.

»Was hast du bloß?«, fragte Lasse und trat ganz dicht an ihn heran. »Hat dir jemand was getan?«

Pelle antwortete nicht; er lag da und zupfte an dem Heu. Lasse wollte sein Gesicht zu sich herumdrehen, aber Pelle bohrte es nur noch tiefer in den Haufen hinein. »Kannst du denn nich mal Vertrauen zu deinem eigenen Vater haben, ich will ja doch nichts weiter hier auf der Welt als dein Bestes!« Lasses Stimme klang betrübt.

»Ich soll abgewiesen werden«, brachte Pelle heraus und wühlte sich in das Heu, um das Weinen zurückzuhalten.

»Das sollst du doch woll nich?« Lasse fing an zu zittern. »Was kannst du denn bloß verbrochen haben?«

»Ich hab den Paster seinen Sohn halb tot geschlagen.«

»Ach, das war bald das Schlimmste, was du tun konntest, Hand an den Pastor seinen Sohn legen! Ich weiß recht gut, dass er es woll verdient haben muss, aber – du hättest es doch nich tun solln. Außer wenn er dich einen Dieb genannt hätte, denn das braucht ein ehrlicher Mann sich von keinem Menschen gefallen zu lassen – und wenn es der König selber wär.«

»Er – er hat dich Madame Olsens Kebsweib genannt.« Pelle hatte Mühe, es herauszubringen.

Lasse bekam einen scharfen Zug um den Mund und ballte die Hände. »Hm ja, hm ja! Hätte ich ihn hier, ich würde ihm die Gedärme aus 'm Leib raustreten, dem Affengesicht! Du hast ihm doch woll genug gegeben, sodass er es noch lange fühlt?«

»Nee, so schlimm war es nich, denn er wollte sich nich wehren – er schmiss sich hin und schrie. Und da kam der Pastor!«

Lasse ging eine Weile außer sich vor Zorn umher, von Zeit zu Zeit stieß er eine Drohung aus. Dann wandte er sich an Pelle. »Und nu haben sie dich auch noch abgewiesen? Bloß weil du für deinen alten Vater eingetreten bist! Immer muss ich dich ins Unheil bringen, obgleich ich nur dein Bestes will. – Aber was machen wir denn nu, du?«

»Ich will hier nich länger bleiben«, sagte Pelle sehr bestimmt.

»Nee, lass uns hier bloß weggehn, hier is nie ein anderes Kraut als Wermut für uns gewachsen, hier auf dem Hof. Vielleicht liegen da draußen neue, frohe Tage und warten auf uns. Und Pastoren gibt es woll überall. Wenn wir beide uns da draußen zu einer guten Arbeit zusammentun, werden wir Geld wie Heu verdienen. Und denn gehn wir einen Tag hin und schmeißen einem Pastor fünfzig Kronen auf den Tisch, und es müsste schnurrig zugehen, wenn er dich nich auf der Stelle konfirmieren tät – und sich am Ende noch obendrein einen Tritt in den Arsch geben ließe. Die Art Leute, die sind bannig hinter Geld her.«

Lasse hatte sich in seinem Zorn straff aufgerichtet und seine Augen blickten wütend. Er schritt schnell durch den Futtergang und schleuderte rücksichtslos nach rechts und links, was ihm in den Weg kam; Pelles abenteuerlicher Vorschlag hatte jugendliche Gefühle in ihm geweckt. Mitten während der Arbeit sammelten sie alle ihre Sachen zusammen und packten sie in die grüne Kiste.

»Na, werden die hier auf dem Hof morgen früh Augen machen, wenn sie kommen und das Nest leer finden«, sagte Pelle munter. Lasse lachte, dass es gluckste.

Ihr Plan ging dahin, dass sie ihre Zuflucht zu Kalle nehmen und dort ein paar Tage bleiben wollten. Währenddessen wollten sie sich einen Überblick über das verschaffen, was die Welt bot. Als am Abend alles besorgt war, nahmen sie die grüne Kiste zwischen sich und schlichen durch die äußere Tür nach dem Feld hinaus.

Die Kiste war schwer und die Dunkelheit machte ihnen das Gehen nicht leichter; sie bewegten sich ruckweise vorwärts, wechselten sich mit den Händen ab und ruhten sich aus.

»Wir haben ja die Nacht vor uns!«, sagte Lasse munter.

Er war richtig aufgelebt; während sie auf dem Kistendeckel saßen und sich ausruhten, erzählte er unaufhörlich von dem, was da draußen lag und auf sie wartete. Wenn er schwieg, begann Pelle. Keiner von beiden hatte einen bestimmten Plan für die Zukunft gemacht; sie erwarteten ganz einfach das Märchen selbst mit seinen unfasslichen Überraschungen. All das, was sie im Stande sein würden, sich auszumalen, erschien so winzig im Vergleich mit dem, was kommen *musste*; deshalb ließen sie es sein und gaben sich dem Überfluss in die Hände.

Lasses Füße traten so unsicher in der Dunkelheit, immer häufiger musste er die Last niedersetzen. Er war jetzt müde und atemlos, die frohen Worte erstarben ihm auf den Lippen. »Ach, wie schwer sie is«, seufzte er, »wie viel Dreck scharrt man nich zusammen im Laufe der Zeit!« Und dann saß er auf der Kiste und rang nach Atem – er konnte nicht mehr. »Hätte ich man bloß 'ne kleine Stärkung gehabt«, sagte er matt. »Wie dunkel und traurig es in der Nacht is!«

»Hilf mir die Kiste auf den Nacken heben«, sagte Pelle, »denn will ich sie ein Stück tragen.«

Lasse wollte nicht, gab aber schließlich nach und es ging wieder vorwärts; er lief voran und meldete, wenn Gräben und Erdwälle kamen. »Wenn Bruder Kalle uns nu nich aufnehmen kann!«, sagte er plötzlich.

»Das kann er gewiss – da is ja Großmutters Bett, das is breit genug für uns beide.«

»Aber wenn wir nu keine Arbeit kriegen? – Denn fallen wir ihm ja zur Last!«

»Wir werden schon was kriegen – es fehlt überall an Arbeitskräften.«

»Ja, dich nehmen sie schon mit Kusshand, aber ich bin woll zu alt, um mich anzubieten.« Lasse hatte alle Hoffnungen verloren und untergrub nun auch Pelles Zuversicht.

»Nu kann ich nich mehr!«, sagte Pelle und ließ die Kiste fallen. Sie standen mit hängenden Armen da und starrten in die Dunkelheit; Lasse zeigte kein Verlangen, wieder zuzugreifen, und Pelle war erschöpft. Die Nacht breitete sich dunkel um sie und machte alles so verlassen, als seien sie allein im Weltraum.

»Dann müssen wir woll zusehn, dass wir weiterkommen«, rief Pelle und wollte die Kiste wieder aufnehmen; als Lasse sich nicht rührte, gab er es auf und setzte sich hin. Sie saßen mit dem Rücken gegeneinander und konnten das rechte Wort nicht finden – es entstand eine immer größere Kluft zwischen ihnen. Lasse kroch schaudernd in der Nachtkälte zusammen. »Wär man nur zu Hause in seinem guten Bett!«, seufzte er.

Pelle war kurz davor, zu wünschen, dass er allein wäre, dann wollte er sein Vorhaben schon ausführen. Der Alte war ebenso beschwerlich mitzuschleppen wie die Kiste.

»Ich glaub, ich geh wieder zurück, du!«, sagte Lasse endlich kleinmütig, »ich tauge woll nich dazu, die losen Wege zu treten. Und du wirst auf diese Weise ja auch nie konfirmiert! Wenn wir zurückgehen und Kongstrup bitten, dass er bei dem Pastor ein gutes Wort für uns einlegt?« Er stand da und hielt den einen Griff der Kiste.

Pelle blieb eine Weile sitzen, als höre er nicht. Dann fasste er schweigend an und sie arbeiteten sich über die Felder nach Hause zurück. Jeden Augenblick wurde Pelle müde und musste sich hinsetzen; jetzt, wo es nach Hause ging, war Lasse der Ausdauernde. »Ich könnte sie am Ende ganz gut ein kleines Stück allein tragen – wenn du sie mir aufladen wolltest«, sagte er. Aber davon wollte Pelle nichts hören.

»Puh, ha!« Lasse atmete erleichtert auf, als sie wieder im Kuhstall in der Wärme standen und die Kühe in trägem Wohlsein pusten hörten. »Hier is es gemütlich, du! Es is beinah, als wär man wieder in seine Kinderheimat gekommen. Ich glaub, den Stall hier könnte ich an der Luft erkennen, wo in der Welt sie mich auch dahinein führten mit verbundenen Augen.«

Nun, wo sie wieder zu Hause waren, konnte Pelle auch nicht umhin, es hier ganz schön zu finden.

23

An Sonntagvormittag, zwischen dem Tränken und dem Mittagessen, stiegen Lasse und Pelle die hohe, steinerne Treppe hinauf. Sie stellten die Holzschuhe oben auf die Diele und standen nun vor der Tür des Herrenzimmers und schüttelten sich – die grauen Strumpfsocken waren voll von Spreu und Erde. Lasse wollte schon anklopfen, hielt aber inne. »Hast du dich nu auch gut ausgeschnaubt?«, fragte er flüsternd. Seine Miene war angespannt. Pelle schnaubte noch einmal und fuhr mit dem Blusenärmel über die Nase.

Lasse erhob abermals die Hand, um anzuklopfen; er war sehr bedrückt. »Kannst du denn nich ein bisschen still sein?«, sagte er ärgerlich zu Pelle, der wie eine Maus dastand. Lasses Knöchel bewegten sich drei-, viermal durch die Luft, ehe sie gegen die Tür pochten. Dann stand er mit Pelle dicht an der Türfüllung und lauschte. »Es is woll keiner da«, flüsterte er ratlos.

»Denn geh doch einfach rein«, rief Pelle, »wir können doch nich den ganzen Tag hier stehen bleiben.«

»Denn kannst du ja zuerst reingehn, wenn du meinst, dass du dich besser darauf verstehst«, entgegnete Lasse verletzt.

Pelle öffnete rasch die Tür und ging hinein. Es war niemand im Zimmer, aber die Tür zur Wohnstube stand offen und drinnen hörte man Kongstrups behagliches Pusten. »Is da jemand?«, fragte er.

»Ja, Lasse und Pelle!«, antwortete Lasse mit einer Stimme, die nicht gerade sehr tapfer klang.

»Könnt ihr hier hereinkommen?«

Kongstrup lag auf dem Sofa und las in einem Kalender, auf dem Tisch neben ihm lag noch ein Stapel Kalender und davor stand eine Schale mit kleinen Kuchen.

Er wandte die Augen nicht von seinem Buch, nicht einmal, als die Hand gewohnheitsmäßig nach der Schale langte, um etwas in den

Mund zu stecken. Er lag da und sog es in sich hinein und schluckte es allmählich hinunter, während er las, für sie hatte er keinen Blick – nicht eine Frage, was sie wollten, oder irgendeine Äußerung, die sie hätte in Gang bringen können. Es war, als werde man ausgeschickt, um zu pflügen, und wisse nicht, wo. Vielleicht las er gerade etwas sehr Spannendes.

»Na, was wollt ihr denn?«, fragte Kongstrup endlich mit matter Stimme.

»Ja – ja, der Herr müssen entschuldigen, dass wir mit was kommen, was nichts mit der Wirtschaft zu tun hat. Aber so wie sich die Sachen nu mal stellen, haben wir keinen andern Menschen, an den wir uns wenden können, und da sag ich denn zu dem Jungen: Der Herr wird woll nich böse werden, sag ich, er hat manch liebes Mal gezeigt, dass er ein Herz für uns arme Läuse hat und so! Nu is die Sache ja die hier in der Welt, dass, wenn man auch bloß ein armer Kerl is, der zu nichts gut is, als den Dreck von den andern aufzunehmen, so hat einem der liebe Gott ja darum doch sein Vaterherz gegeben. Und es kann einem ja wehtun, wenn man sieht, dass die Schuld des Vaters für den Sohn ein Knüppel zwischen den Beinen is.«

Lasse stockte. Er hatte sich alles vorher ausgedacht und es so zurechtgelegt, dass es auf schlaue Weise zu der Sache selber führte. Aber nun kam die ganze Geschichte in Unordnung und der Herr sah so aus, als habe er auch nicht einen Muck davon verstanden. Er lag da, langte nach dem Kuchen und sah hilflos nach der Tür hinüber.

»Die Sache is ja auch die, dass ein Mann den Witwerstand satt kriegen kann«, begann Lasse von neuem, gab es aber sofort auf, den Gedanken zu verfolgen. Wie er sich auch anstellte, er ging immer rund um die Sache herum und konnte nirgends seinen Haken einschlagen – und nun fing Kongstrup wieder an zu lesen. Eine noch so kleine Frage von ihm hätte mitten in das Ganze hineinführen können; aber er stopfte sich nur den Mund voll und kaute unablässig.

Lasse war niedergeschlagen und wütend; er schickte sich an zu gehen. Pelle starrte die Bilder und die alten glänzenden Mahagonimöbel an, er bildete sich seine Ansicht über alles.

Da kamen energische Schritte durch die Stuben – man konnte sie von der Küche heraufverfolgen. Kongstrup bekam ein wenig Leben in die Augen und Lasse richtete sich auf. »Steht ihr beide da?«, sagte Frau Kongstrup auf ihre bestimmte Weise, die von so viel Fürsorge zeugte. »Aber so setzt euch doch hin. Warum hast du ihnen keinen Stuhl angeboten, Vater?«

Lasse und Pelle setzten sich und Frau Kongstrup nahm Platz neben ihrem Mann, den Arm auf seine Kopflehne gestützt. »Wie geht es dir, Kongstrup – hast du ein wenig geruht?«, fragte sie teilnahmsvoll und zupfte an seiner Schulter. Kongstrup murmelte etwas vor sich hin; es konnte Ja oder Nein bedeuten oder auch nichts.

»Und was wollt ihr beide denn? Habt ihr Geld nötig?«

»Nee, es is der Junge da – er soll abgewiesen werden«, antwortete Lasse geradeheraus.

Der Herrin gegenüber wurde man am besten ebenso klar und bestimmt wie sie.

»Sollst du abgewiesen werden!«, rief sie aus und sah Pelle wie einen alten Bekannten an. »Was hast du denn getan?«

»Ach, ich hab dem Pastor seinen Sohn mit dem Fuß gestoßen.«

»Warum hast du das getan?«

»Weil er nich kämpfen wollte und sich auf die Erde geschmissen hat.«

Frau Kongstrup lachte und puffte ihren Mann in die Seite. »Hm, ja freilich – aber was hat er dir denn getan?«

»Er hat schlecht von Vater Lasse gesprochen.«

»War es sehr schlimm, was er sagte?«

Pelle sah sie fest an – sie musste auch jeder Sache auf den Grund gehen. »Ich sag es nich!«, erklärte er sehr bestimmt.

»Na ja! – Aber dann können wir uns ja der Sache nicht annehmen.«

»Dann will ich es man lieber sagen«, fiel ihr Lasse ins Wort, »er hat mich Madame Olsen ihr Kebsweib genannt – nach der Biblischen Geschichte, denk ich mir.«

Kongstrup lachte widerstrebend, als wenn ihm jemand etwas Schlüpfriges ins Ohr geflüstert hätte und er nicht dagegen ankönne. Seine Frau war ganz ernsthaft. »Ich versteh das nicht!«, sagte sie und legte ihre Hand beruhigend auf den Arm ihres Mannes. »Lasse muss die Sache erklären.«

»Das bezieht sich darauf, dass ich mit Madame Olsen aus 'm Dorf verlobt war, die alle für eine Witwe hielten, und da kam ihr Mann ja nu neulich nach Haus. Und da haben sie mir hier in der Umgegend woll den Spottnamen angehängt, kann ich mir denken.«

Kongstrup fing wieder an verhalten zu lachen. Lasse saß da und zwinkerte ganz unglücklich mit den Augen.

»Nehmt euch einen Kuchen!«, sagte Frau Kongstrup sehr laut und schob ihnen die Schale hin. Da schwieg Kongstrup; er lag da und verfolgte ihren Griff in die Kuchenschüssel mit aufmerksamen Augen.

Frau Kongstrup saß neben ihm und stieß eifrig mit dem Mittelfinger gegen die Tischplatte, während sie kauten. »Und da wurde der gute Pelle rasend und schlug um sich?«, fragte sie plötzlich. In ihren Augen sprühten Funken.

»Ja, das hätte er ja natürlich nich tun sollen«, antwortete Lasse klagend.

Frau Kongstrup sah ihn mit großen Augen an.

»Nee, denn so 'n armer Vogel is bloß dazu da, dass die andern auf ihn loshacken.«

»Ich mag nun freilich den Vogel am liebsten, der widerhackt und das Nest verteidigt, so armselig es auch ist. – Na ja, nun müssen wir einmal sehen! – Und er soll konfirmiert werden, der Junge da? Ja freilich, das ist ja wahr – wie hab ich nur so vergesslich sein können! Dann wird es wohl Zeit, dass wir an den Staat denken.«

»Da sind wir zwei Sorgen auf einmal los!«, sagte Lasse, als sie wieder unten im Stall waren. »Aber hast du woll gemerkt, wie fein ich es sie wissen ließ, dass du konfirmiert werden sollst? Es war beinah so, als wenn sie von selbst darauf gekommen wär. Nun wirst du so fein eingekleidet wie ein Ladenschwengel, das sollst du sehn; Leute wie unsere Herrschaft, die wissen, was dazugehört, wenn sie erst einmal den Geldbeutel aufgemacht haben. – Nu haben sie die ganze Wahrheit ins Gesicht gekriegt, aber was zum Teufel – sie sind ja doch auch man Menschen. – Wenn einer man frei auftritt . . . « Lasse konnte den erfolgreichen Ausfall gar nicht wieder vergessen.

Pelle ließ den Alten prahlen. »Glaubst du, dass ich auch Lederschuhe von ihnen krieg?«, fragte er.

»Ja, die kriegst du! Und am Ende geben sie dir auch einen Konfirmationsschmaus. Ich sage *sie*, aber die Frau, die hat ja das Ganze in der Hand, darüber können wir uns freuen. Hast du woll gemerkt, dass sie *wir* sagte, wir wollen, wir haben und so was – in einem fort? Sie is fein, du! Denn er liegt ja bloß da und frisst und überlässt alles ihr. Wie gut er es doch hat! Ich glaube, sie würde durchs Feuer springen, um ihm einen Gefallen zu tun. Aber das Kommando, das hat sie, weiß Gott! Na ja, wir wolln keinem was Schlechtes nachsagen; gegen dich is sie ja, wie wenn sie deine eigene Mutter wär.«

Frau Kongstrup ließ nichts über ihre Fahrt zum Pfarrer verlauten – sie pflegte nicht lange über eine Sache zu reden. Aber Lasse und Pelle traten wieder sicher auf; wenn sie sich mit einer Sache abgab, war sie von vornherein in Ordnung.

Noch in derselben Woche kam der Schneider eines Morgens

mit einer Schere, der Elle und dem Bügeleisen angehumpelt; Pelle musste in die Gesindestube hinunter und da wurde ihm Maß genommen, die Kreuz und die Quer, als wenn er ein Preisochse wäre. Bis dahin waren seine Sachen immer so aufs Geratewohl genäht worden. – Es war etwas ganz Neues, dass wandernde Handwerker auf dem Steinhof waren; seit Kongstrup am Ruder war, hatten weder Schneider noch Schuster ihren Fuß in die Gesindestube gesetzt. Dies hier war gute, alte Bauernsitte, die den Steinhof wieder auf gleichen Fuß mit den anderen Höfen stellte; die Leute freuten sich darüber; sooft sie konnten, waren sie unten in der Gesindestube, um sich zu verschnaufen und eine von des Schneiders Lügengeschichten anzuhören. »Nu hat die Frau das Regiment!«, sagten sie zueinander; in ihren Adern floss gutes, altes Bauernblut, sie führte alles zum guten Alten zurück. – Pelle ging wie ein feiner Herr in die Gesindestube; er probierte mehrmals am Tage an.

Er probierte zwei Anzüge an; der eine war für Rud, der auch konfirmiert werden sollte. Das war das Letzte, was Rud und seine Mutter vom Hof bekamen. Frau Kongstrup hatte es durchgesetzt, dass ihnen ihre Hütte zum Mai gekündigt wurde. Auf den Steinhof wagten sie ihren Fuß nicht mehr zu setzen. Frau Kongstrup sorgte selber dafür, dass sie bekamen, was ihnen zustand; aber sie gab kein bares Geld, wenn sie es vermeiden konnte.

Pelle und Rud suchten einander übrigens nie mehr – sie gingen auch nur selten zusammen zum Pfarrer. Pelle zog sich zurück, da er es satt hatte, ewig vor Ruds Hintergedanken auf der Hut zu sein. Pelle war jetzt größer und kräftiger als Rud und seine körperliche Überlegenheit über die anderen machte ihn offen und freimütig. Auch in Bezug auf das Lernen war Rud der Unterlegene; dafür konnte er Pelle und die anderen Jungen alle in den Sack stecken, wenn es galt, praktischen Menschenverstand zu zeigen.

An dem großen Tag fuhr Karl Johan Pelle und Lasse in dem kleinen Einspännerwagen. »Wir fahren heute fein!«, sagte Lasse strahlend. Er war ganz verwirrt, obwohl er keinen Branntwein getrunken hatte. Zu Hause in der Kiste lag freilich eine Flasche, daraus wollte er den Knechten einschenken, wenn die heilige Handlung überstanden war; aber Lasse gehörte nicht zu denen, die Spiritus tranken, bevor sie in die Kirche gingen. Lasse war ganz nüchtern – dann wirkte Gottes Wort am besten.

Pelle strahlte ebenfalls, trotz seines Hungers. Sein Beiderwandanzug war so neu, dass es jedes Mal krachte, wenn er eine Bewegung machte. An den Füßen hatte er Schuhe mit Gummizügen, die Kongstrup gehört hatten. Sie waren reichlich groß, aber »mit einer Wurst, die zu lang is, wird man schon fertig«, sagte Lasse. Er legte eine dicke Sohle hinein und stopfte die Zehenspitzen mit Papier aus. Pelle kriegte zwei Paar Strümpfe an – und die Schuhe saßen wie angegossen. Auf dem Kopf trug Pelle eine blaue Mütze, die er sich beim Kaufmann selber ausgesucht hatte. Sie war auf Zuwachs berechnet und ritt auf seinen Klappohren, die wie zwei Rosen glühten. Rund um die Mütze lief ein breites Band, in das Harken, Sensen und Dreschflegel kreuzweise mit Korngaben hineingewebt waren.

»Nur gut, dass du mitkommst«, sagte Pelle, als sie vor die Kirche rollten und sich zwischen den vielen Leuten befanden. Lasse wäre ja beinahe nicht mitgekommen; der Knecht, der so lange für die Kühe sorgen sollte, musste im letzten Augenblick zur Stadt, um den Tierarzt zu holen. Aber Karna kam und erbot sich die Kühe zu tränken und die Mittagsfütterung zu übernehmen, obwohl sie alle beide nicht behaupten konnten, dass sie sich so gegen sie benommen hatten, wie sie es hätten tun müssen.

»Hast du nu auch das, du weißt ja?«, flüsterte Lasse in der Kirche. Pelle fühlte in seine Tasche und nickte, da lag das kleine, runde Stück Pockholz, das ihm über die Schwierigkeiten des Tages hinweghelfen sollte. »Dann antworte nur laut und freiheraus«, flüsterte Lasse und schob sich in eine Bank im Hintergrund. Pelle antwortete freiheraus, seine Stimme klang schön im Raum, fand Lasse. Es war auch keine Rede davon, dass der Pfarrer etwas tat, um sich zu rächen. Er behandelte Pelle genauso gut wie die anderen. Als die Handlung am allerfeierlichsten war, musste Lasse an Karna denken, wie rührend sie in ihrer Treue gewesen war. Er schalt sich selbst mit halblauten Worten aus und gab sich ein heiliges Versprechen. Sie sollte nicht länger einhergehen und vergebens seufzen.

Lasse hatte sich übrigens schon einen ganzen Monat in Gedanken mit Karna beschäftigt; bald war er für sie, bald gegen sie. Aber jetzt, in diesem feierlichen Augenblick, wo Pelle im Begriff war, den großen Schritt in die Zukunft zu tun, und wo Lasses Gemüt auf mancherlei Weise bewegt war, überwältigte ihn Karnas Treue so mächtig wie ein Lied von verschmähter Liebe, die endlich, endlich zu ihrem Recht kommt.

Lasse gab Pelle die Hand. »Glück und Segen!«, sagte er mit zitternder Stimme. Der Wunsch umfasste auch seinen eigenen Bund und er hatte Mühe, den Beschluss zu verschweigen, so bewegt war er, »Glück und Segen!«, ertönte es von allen Seiten; Pelle ging herum und drückte den Gefährten die Hand. Und dann fuhren sie nach Hause.

»Das ging ja unglaublich glatt mit dir«, sagte Lasse stolz; »und nu bist du ein Mann, du!«

»Ja, nu musst du dich nach 'ner Braut umsehn!«, meinte Karl Johan.

Pelle lachte nur.

Am Nachmittag hatten sie frei. Pelle musste erst zu der Herrschaft hinauf, um sich für den Anzug zu bedanken und ihre Glückwünsche in Empfang zu nehmen. Frau Kongstrup traktierte ihn mit Johannisbeerwein und Kuchen und Kongstrup gab ihm ein Zweikronenstück.

Und dann gingen sie zu Kalles nach dem Steinbruch, Pelle sollte sich in seinem neuen Anzug vorstellen und sich von ihnen verabschieden. Es waren nur noch ein paar Wochen bis zum ersten Mai. Lasse wollte die Gelegenheit benutzen, um ganz im Geheimen Erkundigungen über ein Haus einzuziehen, das auf der Heide zum Verkauf stand.

24

Jetzt wurde jeden Tag darüber geredet, die kurze Zeit, die sie noch hatten! Lasse, der sich beständig mit Aufbruchgedanken getragen hatte und all diese Jahre hindurch nur geblieben war, weil das Wohl des Jungen es erforderte, war jetzt, da ihn nichts mehr zurückhielt, ganz unschlüssig. Er wollte Pelle nur ungern ziehen lassen und tat alles, um ihn zurückzuhalten, aber sich noch einmal in die Welt hinausbegeben, das wollte er um keinen Preis.

»Bleib hier!«, sagte er überredend. »Denn reden wir mit Frau Kongstrup und die wird dich schon für einen ordentlichen Lohn mieten. Du hast ja Kräfte und Geschick – und freundlich gesonnen is sie dir immer gewesen!«

Aber Pelle wollte keinem Bauern dienen, das gab kein Ansehen und man kam nicht vorwärts dabei. Irgendwas Großes wollte er werden, aber hier auf dem Lande war keine Aussicht zu irgendetwas – hier konnte man sein Leben lang hinter den Kühen hergehen. Er wollte in die Stadt – vielleicht weiter weg übers Meer nach des Königs Kopenhagen.

»Du sollst mitkommen, du!«, sagte er. »Umso eher werden wir reich und können uns einen großen Hof kaufen!«

»Ja, ja«, sagte Lasse und nickte langsam, »du redest deiner kranken Mutter gut zu. Aber es geht nich immer so, wie's der Pastor von der Kanzel predigt. Wir können am Ende Hungerpfoten saugen. Wer kennt woll die Zukunft, du!«

»Ach, ich schaffe es schon!« Pelle nickte zuversichtlich. »Ich scheu mich doch vor nichts!«

»Ich hab ja auch gar nich zur rechten Zeit gekündigt«, entschuldigte sich Lasse.

»Denn lauf doch weg!«

Aber das wollte Lasse nicht.

»Nee, ich will hier bleiben und zusehn, dass ich irgendwas für mich selbst hier in der Nähe kriege«, sagte er ausweichend. »Es kann auch sehr angenehm für dich sein, eine Häuslichkeit zu haben, wo du ab und zu mal hinkommen kannst. Und sollte es dir da draußen schlecht gehn, so wär es gar nich übel, wenn du etwas in der Hinterhand hättst. Du kannst ja krank werden oder es kann dir sonst was zustoßen – der Welt is nich zu trauen. Da draußen muss man überall harte Haut haben.«

Pelle antwortete nicht. Das mit der eigenen Häuslichkeit klang anheimelnd genug und er verstand sehr wohl, dass Karnas Person das eine Ende der Waage hinunterdrückte. Na, sie hatte alle seine Sachen für die Reise durchgesehen und eine gutmütige Person war sie immer gewesen – er hatte nichts dagegen!

Es würde ihn schwer genug ankommen, von Vater Lasse getrennt zu sein, aber Pelle musste hinaus. Hinaus! Es war, als wenn ihm der Frühling mit dem Wort um die Ohren klatschte. Hier kannte er jeden Stein in der Landschaft und jeden Baum – ja sogar jeden Zweig an den Bäumen; hier gab es nichts mehr, was seine blauen Augen oder seine Klappohren neu aufnehmen konnten.

Am Tage vor dem ersten Mai waren sie beschäftigt Pelles Aussteuer zu ordnen. Lasse lag auf den Knien vor der grünen Kiste; jedes Stück wurde sorgfältig zusammengelegt und bekam seine Bemerkungen, ehe es in den Leinwandsack hineinkam, der Pelle als Reisekoffer dienen sollte.

»Denk auch daran, dass du nich zu lange mit deinen Strümpfen gehst, ehe du sie stopfst!«, sagte Lasse und legte das Stopfgarn daneben. »Wer seine Sachen rechtzeitig nachsieht, spart sich die halbe Arbeit und die ganze Schande.«

»Ich werde schon daran denken!«, sagte Pelle leise.

Lasse lag da und wog ein zusammengelegtes Hemd in der Hand.

»Das, was du anhast, hast du gerade angezogen«, sagte er sinnend. »Aber man kann ja nich wissen – zwei Hemden werden woll in Zukunft zu wenig sein? Du kannst das eine von mir noch kriegen; ich kann mir immer ein anderes besorgen, bis ich wechseln muss. Und länger als vierzehn Tage musst du nie mit einem Hemd gehn, dass du das man weißt! Du, der du jung und gesund bist, könntest dir leicht Ungeziefer aufsacken – und zu Spott und Schande für die ganze Stadt werden, so was darf nich auf sich sitzen lassen, wer Ansehen genießen will. Wenn es gar nich anders geht, musst du selbst 'ne kleine Wäsche anstellen; du kannst ja abends nach dem Strand runtergehn – wenn du sonst nichts anzufangen weißt!«

»Geht man in der Stadt mit Holzschuhen?«, fragte Pelle.

»Wer vorwärts will, nich! Ich hab mir so gedacht, du lässt mir deine Holzschuhe hier und nimmst meine Stiefel dafür mit; die putzen einen Mann immer, wenn sie auch alt sind. Die kannst du dann morgen auf der Wanderschaft anziehn und deine feinen Schuhe schonen.«

Der neue Anzug kam zuoberst in den Sack, mit einer alten Bluse darüber, damit er nicht schmutzig werden sollte.

»Nu glaub ich wirklich, dass wir nichts vergessen haben«, sagte Lasse und warf einen prüfenden Blick in die alte grüne Kiste; es war nicht mehr viel darin. »Na ja, so binden wir denn in Gottes Namen zu und bitten ihn, dass du gut vorwärts kommen mögest – wohin auch die Bestimmung ist!« Lasse band den Sack zu; er war gar nicht fröhlich.

»Du sagst einem jeden hier auf dem Hof hübsch Adjö, damit sie mir nachher nichts unter die Nase zu reiben haben«, sagte Lasse nach einer Weile. »Und dass du dich bei Karna ein bisschen nett bedankst, sie hat dir alles so gut in Ordnung gebracht. Nich jede hätte sich damit abgeplackt.«

»Ja, das will ich tun!«, sagte Pelle leise; seine Stimme wollte ihm heute gar nicht recht gehorchen.

Als der Morgen kaum dämmerte, war Pelle schon auf und in den Kleidern; über der See lag Nebel, das verhieß einen guten Tag. Rein gescheuert und mit Wasser glatt gekämmt, ging er umher und sah alles mit einem großen Blick an; die Hände hatte er in den Hosentaschen. Der blaue Anzug, den er zur Konfirmation getragen hatte, war gewaschen und frisch gerollt; er kleidete ihn noch mächtig gut. Und die Strippen an den alten Schmierstiefeln, die noch aus Lasses besten Zeiten stammten, standen so steif ab wie seine Ohren.

Er hatte jedem auf dem Hof Lebewohl und vielen Dank für alles Gute gesagt – selbst Erik; und ein gutes Frühstück von fettem Schweinefleisch hatte er im Leibe. Jetzt ging er in den Stall, um sich zu besinnen; er rüttelte den Stier an den Hörnern und ließ die Mastkälber an seinen Fingern saugen – das war auch eine Art Abschied. Die Kühe kamen mit ihren Mäulern ganz dicht an ihn heran und pusteten vor Wohlbehagen, als er vorüberging; der Stier schlug ausgelassen mit den Hörnern nach ihm. Und ihm auf den Fersen trippelte Lasse; er sprach nicht viel, hielt sich aber immer in der Nähe des Jungen.

Es war wunderschön, hier zu sein, und es stieg jedes Mal weich in Pelle auf, wenn eine Kuh sich leckte oder ihm der warme Dampf des frisch fallenden Düngers entgegenschlug. Jeder Laut umfasste ihn wie eine mütterliche Liebkosung und jedes Ding war ein vertrautes Spielzeug, mit dem er die lichteste Welt aufbauen konnte. An allen Pfosten befanden sich Bildwerke, die er geschnitzt hatte; Lasse hatte sie mit Kuhdung verkleidet, damit Kongstrup sie nicht sehen und sagen sollte, dass sie ihm alles ruinierten.

Pelle dachte nicht mehr, sondern ging im Halbschlaf umher; es senkte sich so warm und schwer auf sein Kindergemüt. Er hatte das Messer hervorgeholt und griff um das Horn des Stiers, als wolle er etwas dahinein schnitzen. »Das lässt er sich nich gefallen!« sagte Lasse verwundert. »Versuch es lieber bei einem von den Ochsen.«

Aber Pelle steckte das Messer wieder in die Tasche, er hatte nichts gewollt. Er ging in den Futtergang und schlenderte ohne Ziel und Zweck hin und her. Lasse kam und nahm ihn bei der Hand.

»Du solltest lieber noch 'ne Zeit lang hier bleiben«, sagte er. »Es is ja so gemütlich hier!«

Aber da wachte Pelle auf. Er richtete seine großen, treuen Augen auf den Vater und ging in die Kammer.

Lasse ging ihm nach. »In Gottes Namen denn, wenn es doch sein soll!«, sagte er tonlos und packte den Sack, um ihn Pelle auf den Nacken zu legen.

Pelle gab ihm die Hand. »Adjö, Vater, und vielen Dank für alles Gute!«, sagte er weich.

»Jaja, jaja!«, sagte Lasse und wiegte den Kopf; mehr konnte er nicht herausbringen.

Er gab ihm das Geleit bis über die Aborte hinaus, dort blieb er stehen. Pelle ging weiter an den Erdwällen entlang, seinen Sack auf dem Nacken – der Landstraße zu. Ein paar Mal wandte er sich um und nickte; Lasse stand zusammengesunken da und starrte, die Hand über den Augen – so alt hatte er noch nie ausgesehen.

Draußen auf den Äckern waren sie beim Saateggen – der Steinhof war weit voraus in diesem Jahr. Kongstrup und seine Frau wanderten Arm in Arm an einem Graben entlang, jeden Augenblick blieben sie stehen und sie zeigte – sie sprachen wohl über die Bestellung. Sie lehnte sich an ihn, wenn sie gingen – sie hatte jetzt so recht Ruhe in ihrer Liebe gefunden!

Jetzt wandte sich Lasse um und ging zurück – er sah ganz verlassen aus. Pelle überkam ein heftiges Verlangen, den Sack hinzuwerfen und zurückzulaufen, um ihm ein gutes Wort zu sagen; es kam wie eine Mahnung und wehte in der frischen Morgenbrise wieder weg. Seine Beine trugen ihn weiter, die gerade Straße entlang, hinaus, hinaus! –

Oben auf dem Hügelkamm ging der Verwalter und maß einen Acker aus. Erik ging dicht hinter ihm und äffte ihn mit törichten Gebärden nach.

Oben, auf gleicher Höhe mit dem Klippenrand, stieß Pelle auf die große Landstraße. Hier, das wusste er, würde der Steinhof mit seinen Ländereien seinem Blick entschwinden, und er setzte den Sack nieder. Da standen die Dünen nach dem Meer zu, sodass jeder Baumwipfel sichtbar war; da war die Fichte, in der die Goldammer immer nistete, der Bach schäumte nach dem starken Tauschlag milchweiß dahin und die Wiese war im Begriff, zu grünen. Aber der Steinhaufen war verschwunden, gute Menschen hatten ihn heimlich entfernt, als Niels Köller ertrunken war und das Mädchen aus dem Zuchthaus zurückerwartet wurde.

Und der Hof lag hell da im Morgenlicht mit seinem hohen weißen Wohnhaus, den großen Scheunen und all den kleinen Gebäuden. Jeder Fleck da unten leuchtete ihm so vertraut entgegen; was er Schlimmes hatte ertragen müssen, war vergessen – oder trug mit dazu bei, es heimatlich zu machen. Pelles Kindheit war glücklich gewesen trotz allem; ein mit Tränen gemischtes Lied an das Leben war sie gewesen. Das Weinen hat Töne ebenso wie die Freude; aus der Entfernung vernommen, wird es zu Gesang. Und wie Pelle hinabstarrte auf die Welt seiner Kindheit, da waren es nur gute Erinnerungen, die durch die helle Luft zu ihm herauffimmerten. Alles andere war nicht, war niemals gewesen.

Er hatte genug Böses, Unschönes gesehen, war aber über alles hinweggekommen; nichts hatte ihm etwas anhaben können. Mit der Gier des Kindes hatte er alles aufgenommen, um daran zu wachsen und zu erstarken. Und nun stand er da, gesund und kräftig – ausgestattet mit den Propheten, den Richtern, den Aposteln, den Geboten und hundertundzwanzig geistlichen Liedern –, und bot der Welt eine offene, schweißbedeckte Eroberstirn.

Vor ihm lag das Land, nach Süden zu sanft abfallend, begrenzt vom Meer. Tief unten hoben sich zwei hohe schwarze Schornsteine von der Meeresfläche ab und noch weiter nach Süden zu lag die Stadt. Von dort aus liefen die Wege des Meeres nach Schweden und nach Kopenhagen! Dies hier war die Welt, die große, weite Welt!

Pelle überkam ein Heißhunger beim Anblick der großen Erde und das Erste, was er tat, war, dass er sich auf den Hügelkamm niedersetzte, von wo aus er eine Aussicht hinter sich und vor sich hatte, und alle Butterbrote verzehrte, die ihm Karna für den ganzen Tag mitgegeben hatte. Dann hatte der Magen wenigstes Ruhe!

Er stand wohlgemut auf, nahm den Sack auf den Nacken und wanderte hinab, um die Welt zu erobern, während er aus vollem Halse ein Lied in den hellen Tag schmetterte:

>»Ein Fremdling, muss ich wandern
>Im engelischen Land;
>Bei afrikanischen Negern
>Ich auch Gesellschaft fand!
>Und dann gibt's hier auf Erden
>Auch Portugiesen fein,
>Und alle Art Nationen
>Unter dem Himmel tun sein!«

Zweites Buch
Lehrjahre

1

Ein so lächerlicher Zufall wie der, dass der alte Klaus Herman gerade an jenem heiteren Maientag, an dem sich Pelle aus dem Nest gestürzt hatte, nach der Stadt rumpelte, um in seinem Mistwagen Dünger zu holen, wurde entscheidend für das Leben des Jungen. Mehr konnte nicht spendiert werden auf die Frage: Was soll Pelle werden?

Er selbst hatte sie sich gar nicht gestellt, er zog bloß von dannen, in den Tag hinein, das Gemüt der lichten Welt geöffnet. Was er werden würde, wenn er dahinaus gelangte, lag so im Dunkeln, dass es geradezu Torheit war, zu raten. Deshalb ging er nur fürbass.

Jetzt war er an das äußerste Ende des Höhenzuges gelangt. Er lag im Graben und verschnaufte nach der langen Wanderung, müde und hungrig, aber in vorzüglicher Laune. Da unten vor seinen Füßen, nur eine halbe Meile entfernt, lag die Stadt und schimmerte festlich, aus hunderten von Schornsteinen schlängelte sich der Mittagsrauch in die blaue Luft, die roten Dächer lachten schelmisch dem Tag in das vergnügte Gesicht. Pelle machte sich gleich daran, die Häuser zu zählen, er hatte sie nur auf eine Million veranschlagt, um nicht zu übertreiben, und war schon bis über hundert gekommen.

Plötzlich hielt er im Zählen inne – was sie da unten wohl zu Mittag aßen? Sie lebten sicher gut, die da! Ob es fein war, weiterzuessen, bis man ganz satt war, oder legte man den Löffel schon vorher hin – so wie die Gutsbesitzer, wenn sie auf einem Festschmaus waren?

Für einen, der immer Hunger hatte, war das eine sehr ernste Frage. Es herrschte starker Verkehr auf der Landstraße, fahrend und gehend zogen sie vorüber, Leute mit der Kiste hinten auf dem Wagen und andere, die ihr Hab und Hut wie in einem Sack auf dem Nacken trugen. Pelle kannte einige von ihnen und nickte wohlwollend; über sie alle wusste er Bescheid. Es waren Leute, die in die Stadt wollten – in seine Stadt. Einige wollten weiter fort, über das Meer, nach Amerika, oder hinüber, um dem König zu dienen; man konnte das an der Ausstaffierung und an den starren Gesichtern erkennen. Andere wollten nur in die Stadt, um den Lohn klein zu machen und Ziehtag zu feiern – sie kamen trällernd in ganzen Haufen, mit freien Händen und in ausgelassener Laune. Aber die eigentlichen, das waren solche, die ihre Kiste auf einer Schubkarre hatten oder sie an beiden Griffen schleppten. Sie hatten gerötete Wangen und waren hastig in ihren Bewegungen; das waren Leute, die sich vom Lande und der gewohnten Lebensweise losgesagt und die Stadt gewählt hatten, so wie er selbst. Da kam ein Häusler mit einer kleinen grünen Kiste auf der Schubkarre; sie hatte einen breiten Boden und war von ihm selbst mit niedlichen Blumen bemalt worden. Neben ihm ging mit heißen Wangen die Tochter, die Augen auf das Unbekannte gerichtet. Der Vater sprach, aber sie sah nicht so aus, als höre sie es. »Ja, nun übernimmst du denn selbst die Verantwortung für dich, denke daran und wirf dich nicht weg; die Stadt ist ganz gut für jemand, der vorwärts kommen will und auf seinen eigenen Vorteil bedacht ist; aber sie nimmt es nicht so genau damit, ob was niedergetreten wird. Sei auch nicht zu vertrauensselig, die da drinnen sind sehr erfahren in der Verführungskunst. Aber sanft und freundlich musst du sein!« Sie antwortete nicht; sie war ganz davon in Anspruch genommen, die Füße in den neuen Schuhen so zu setzen, dass sie die Absätze nicht schief trat.

Ein Strom ging auch in entgegengesetzter Richtung, den ganzen

Vormittag hatte Pelle Schweden getroffen, die am Morgen mit dem Dampfer gekommen waren und draußen auf dem Lande Dienst suchten. Es waren alte, abgearbeitete Leute und kleine Jungen, Mädchen, so schön wie die blonde Marie, und junge Arbeiter, die die Kraft der ganzen Welt in Lenden und Muskeln hatten. Das war das Leben, das von anderwärts herbeiströmte, um den Platz auszufüllen, den die fortziehenden Scharen hinterließen; aber das ging Pelle nichts an. Schon vor sieben Jahren hatte er alles erlebt, was jetzt ihre Gesichter mit Unruhe erfüllte; die Runde, die sie begannen, hatte er hinter sich. Da war nichts, was das Umsehen verlohnte.

Aber da kam der alte Großknecht von Neuendorf dahergewandert, ganz amerikamäßig ausgerüstet, mit Mantelsack und seidenem Halstuch, und die innere Tasche des offenen Rockes strotzte von Papieren. Also hatte er sich endlich entschlossen und reiste der Braut nach, die schon drei Jahre drüben war.

»Hallo!«, rief Pelle. »Geht's nu los?«

Der Knecht kam heran und setzte den Mantelsack auf den Grabenrand.

»Ja, nu soll es losgehn«, sagte er. »Laura will nich länger auf mich warten. Dann müssen die Alten ja sehn, wie sie ohne Sohn fertig werden; nu hab ich drei Jahre alles für sie getan. Wenn sie nu man bloß allein fertig werden.«

»Das werden sie schon«, sagte Pelle beruhigend, »und sonst müssen sie sich Hilfe nehmen. Das is keine Zukunft für junge Leute in dem Haus.« Er hatte die Älteren das sagen hören und schlug überlegen mit dem Stock in das Gras.

»Nein, und Laura will auch nich Häuslerfrau werden. – Na, denn adjö!« Er reichte Pelle die Hand und versuchte zu lächeln, aber die Züge gehorchten ihm nicht und verzogen sich gequält. Er stand eine Weile da und sah über seine Stiefel nieder, der Daumen fuhr tastend über sein Gesicht, als wolle er das Quälende wegstreichen;

dann nahm er den Mantelsack und ging. Es war offenbar nicht weit her mit ihm.

»Ich kann gern das Billett und die Braut für dich übernehmen!«, rief Pelle ausgelassen und streckte sich wie ein Erwachsener; er war verteufelt gut aufgelegt.

Den Weg, der ihm sein eigenes Blut wies, wanderte heute alle Welt – jeder Bursche mit ein wenig Mumm im Leibe, jede Dirne, die gut aussah. Der Weg war auch nicht einen Augenblick frei von Verkehr, es war wie ein großer Aufbruch – fort von den Stätten, wo ein jeder sich verurteilt wusste, genau auf dem Fleck zu sterben, wo er geboren worden war, hinaus in die spannende Ungewissheit. Die kleinen Ziegelsteinhäuser, die auf dem Stadtanger verstreut lagen oder in zwei einfachen Reihen aufmarschiert standen, da wo die Landstraßen in die Stadt hineinliefen – das waren die kleinen Hütten des Bauernlandes, die sich von allem da draußen losgesagt, in städtische Gewänder gekleidet hatten und hinabgewandert waren. Und unten am Strand standen die Häuser um die Kirche gedrängt; kaum konnte man sich zwischen ihnen durchfinden. Das waren die Scharen, die sich auf der Wanderung befanden, getrieben von ihrer Sehnsucht in die Ferne – und dann hatte das Meer ihnen eine Grenze gesetzt.

Pelle hatte nicht die Absicht, sich von irgendetwas eine Grenze setzen zu lassen. Vielleicht fand er keinen Gefallen an der Stadt, sondern ging zur See. Und dann kam er eines Tages an eine Küste, die ihm gefiel, stieg an Land und verlegte sich auf Goldgräberei. Da draußen gingen die Mädchen ja splitternackend und verhüllten ihre Scham mit blauen Tätowierungen; aber Pelle hatte ja daheim seine Braut, die treu auf ihn wartete. Sie war noch schöner als Bodil und die blonde Marie zusammen und ein ganzer Schwarm Männer folgte ihren Fußspuren, aber sie saß getreulich da und sang die Liebesklage:

»Ich hatte einen Schatz und der verschwand,
Er fuhr über das falsche Meer,
Drei Jahre ist es her, dass ich mit ihm sprach,
Und er schreibt mir auch gar nicht mehr!«

Und während sie so sang, kam der Brief zur Tür herein. Aber aus jedem Brief, den Lasse bekam, fiel ein Zehnkronenschein heraus; und eines Tages waren Dampferbilletts für sie beide darin. Da taugten die Lieder nichts mehr, denn darin kamen sie immer auf der Überfahrt um, und der arme Jüngling stand den Rest seiner Tage am Strand und spähte in der Finsternis des Wahnsinns nach jedem geschwellten Segel aus. Aber Lasse und sie kamen richtig an – nach vielen Beschwerlichkeiten, versteht sich –, und **Pelle stand am Strand und nahm sie in Empfang. Er hatte sich als Wilder verkleidet und tat, als wolle er sie fressen, ehe er sich zu erkennen gab.**

Hoppla! Pelle stand auf seinen Beinen. Von der Straße her tönte ein Rasseln, als ob mindestens tausend Sensen in Streit geraten seien, und ein Bretterwagen wackelte langsam auf ihn zu, von zwei Heidekracken gezogen, wie er sie elender noch nie gesehen hatte. Auf dem Sitzbrett saß ein alter Bauersmann und sah ebenso hinfällig aus wie alles Übrige. Ob es der Wagen selber war oder die zwei knochengefüllten Häute davor, was einen so gewaltigen Spektakel machte, das wusste Pelle nicht sogleich. Aber als das Fuhrwerk endlich bis zu ihm gelangt war und der Bauer anhielt, konnte er der Einladung aufzusitzen nicht widerstehen. Seine Schulter schmerzte noch von dem Sack.

»Du willst wohl in die Stadt?«, sagte der alte Klaus und wies auf seine Habseligkeiten.

In die Stadt, ja! Das war ein Griff gerade in Pelles übervolles Herz hinein, und ehe er sich's versah, hatte er sich und seine ganze stolze Zukunft dem alten Bauern ausgeliefert.

»Na ja – ja woll auch – ja natürlich!«, fiel Klaus nickend ein, während Pelle in die Zukunft schritt. »Ja, das versteht sich! Weniger kann's ja nich tun. – Und was hast du dir denn gedacht, was zuletzt aus dir werden soll – Landrat oder König? Er sah langsam auf. »Ja, in die Stadt, jawoll, den Weg nehmen sie ja alle, die sich zu was berufen fühlen. Sobald ein junger Windhund Kräfte in den Knochen fühlt oder einen Schilling in der Tasche hat, in die Stadt muss er und es da lassen. Und was kommt denn aus der Stadt zurück? Mist und weiter nichts! Was anders hab ich da nie im Leben auftreiben können und nu bin ich fünfundsechzig. Aber was nützt all das Reden? Nicht mehr, wie wenn man den Hintern rausstreckt und gegen den Sturm anbläst. Es kommt über sie wie das Magenkneifen über die jungen Kälber, und hu, hei – weg müssen sie, hin und was Großes ausrichten. Nachher, dann kann Klaus Hermann es wieder hinter ihnen her rausfahren. Einen Platz haben sie nich, auch keine Verwandtschaft, bei der sie unterkommen können; aber was Großes is es immer, was auf sie wartet. Denn da in der Stadt, da stehen ja die Betten aufgeschlagen auf der Straße und die Rinnsteine fließen über von Essen und von Geld. – Oder was hast *du* dir gedacht? Lass uns das mal hören.«

Pelle wurde dunkelrot, Er war noch nicht bis zum Anfang gelangt und wurde schon dabei ertappt, dass er sich wie ein Rindvieh aufführte.

»Na ja, ja«, sagte Klaus gutmütig, »du bist ja kein größerer Narr als alle die anderen. Aber wenn du auf meinen Rat hören willst, dann geh bei Schuster Jeppe Kofod in die Lehre; ich will gerade zu ihm hin und Mist abholen und ich weiß, dass er einen Lehrling sucht. Dann brauchst du nich im Ungewissen rumzuzappeln und du wirst gleich vor die Tür gefahren wie 'ne Herrschaft.«

Pelle zuckte zusammen – nie im Leben hatte er es sich einfallen lassen, dass er Schuster werden könnte. Selbst draußen auf dem Lande, wo man doch zu den Handwerkern aufsah, hieß es immer, wenn ein Junge nicht recht gedeihen wollte: Ach was, ein Schuster oder Schneider kann immer noch aus ihm werden! Aber Pelle war kein Krüppel, der eine sitzende Lebensweise wählen musste, um durchzukommen – er hatte Kräfte und war gut gewachsen. Was er werden würde – ja, das lag in den Händen des Glücks; aber so viel hatte er im Gefühl, dass es etwas Flottes sein musste, etwas, wo Schneid drin war. Und er war sich auf alle Fälle klar darüber, was er nicht werden wollte. Aber als sie durch die Stadt rollten und Pelle – zuvorkommend gegen die große Welt – die Mütze vor jedem abnahm, ohne dass irgendjemand wiedergrüßte, sank sein Mut und das Gefühl der eigenen Unbedeutendheit überkam ihn. Das elende Fuhrwerk, auf das die Kleinstädter lachend mit den Fingern zeigten, trug wohl auch das Seine dazu bei.

»Vor solchem Pack die Mütze abzunehmen«, brummte Klaus, »sieh doch bloß, wie aufgeblasen sie sind, und dabei haben sie doch alles, was sie besitzen, von uns anderen gestohlen. Oder was meinst du – kannst du sehen, dass sie die Sommersaat schon in der Erde haben?« Er starrte höhnisch die Straße hinab.

Nein, auf dem Kopfsteinpflaster wuchs nichts und alle diese kleinen Häuser, die sich gegenseitig aus der Reihe zu drücken schienen, benahmen Pelle allmählich den Atem. Hier waren die Menschen zu tausenden, wenn das überhaupt reichte, und alles blinde Vertrauen musste der einfachen Frage weichen, wo sie ihre Nahrung herbekamen. Damit war er wieder daheim in seiner bekannten, armseligen Welt, wo kein Rausch auch nur zur Anschaffung von einem Paar Socken langte. Er wurde auf einmal ganz demütig und erkannte, dass es für ihn schwer genug halten könnte, hier zwischen diesen Steinen sein täglich Brot zu finden, wo man es nicht auf natürliche Weise aus dem Erdboden gewann, sondern es – ja, wie bekam?

Die Straßen waren voll von Dienstboten. Die Mädchen standen in Gruppen da, sich um die Taille fassend, und starrten mit brennenden Blicken die ausgestellten Baumwollstoffe an; sie wiegten sich leise hin und her, als träumten sie. Ein rotfleckiger Dienstbursche in Pelles Alter ging mitten auf der Straße und fraß an einem großen Weizenbrot, das er mit beiden Händen hielt; seine Ohren waren voll Schorf und die Hände vor Frost geschwollen. Bauernknechte kamen mit einem roten Bündel in der Hand daher, der Überzieher schlug ihnen gegen die Waden. Sie blieben plötzlich an einer Straßenecke stehen, sahen sich vorsichtig um und schossen dann eine Seitenstraße hinab.

Draußen vor den Läden gingen die Kaufleute barhäuptig auf und nieder; wenn jemand vor ihren Schaufenstern stehen blieb, luden sie ihn mit den höflichsten Wendungen ein, näher zu treten – und blinzelten einander verstohlen über die Straße hinweg zu.

»Heute haben die Kaufleute ihre Waren wohl ordentlich ausgelegt«, meinte Pelle.

Klaus nickte. »Ja, ja, heute haben sie alles rausgelegt, was sie sonst nicht loswerden können. Denn heute sind die Dummbeutel zum Markt gekommen. Das da unten, das sind die Schwenkwirte«, er zeigte in die Seitenstraßen hinein. »Die sehen so sehnsuchtsvoll nach hier rauf, aber an die kommt die Reihe auch noch. Warte man bis heut Abend und dann geh mal herum und frag die Einzelnen, wie viel sie von dem vorjährigen Lohn übrig haben. Ja, die Stadt is ne herrliche Gegend – pfui Deubel!« Klaus spie angeekelt aus.

Pelle hatte al seinen Mut verloren. Er sah nicht einen, der das tat, womit er sich selber sein Brot zu verdienen verstand. Und wie gern er auch mit zu dieser neuen Welt gehört hätte – sich in etwas hineinwagen, wo er, vielleicht ohne es zu wissen, seinen alten Genossen das Zeug vom Leibe reißen würde, das konnte er nicht. All seiner Tüchtigkeit entkleidet und mit dem jämmerlichen Gefühl, dass selbst sein einziger Reichtum, die Hände, hier wertlos waren, ließ er sich willenlos zu Mister Jeppe Kofods Werkstatt fahren.

2

Die Werkstatt stand über der Diele nach der Straße zu offen, wo die Leute kamen und gingen; Madame Rasmussen, die es immer eilig hatte, der alte Schiffer Elleby, Kontrolleurs Dienstmädchen in weißer Haube, bejahrte Altenteiler, die ihre Leibrente aus dem Hof nahmen und sie hier drinnen verzehrten, gichtgeplagte Schiffer, die der See Lebewohl gesagt hatten. Die Spatzen machten einen Mordsspektakel auf dem holprigen Steinpflaster, sie hockten mit aufgeblasenen Federn da und taten sich gütlich an den Pferdeäpfeln, zausten sich, dass es um sie stob, und schilpten laut.

Auch nach dem Hof hinaus stand alles offen. Alle vier Fenster waren weit aufgesperrt und das grüne Licht sickerte herein und legte sich über die Gesichter. Aber das half alles nichts; es rührte sich kein Wind – und außerdem, Pelles Hitze kam von innen. Vor lauter Angst schwitzte er.

Übrigens zog er das Pech gut auf – ausgenommen, wenn gerade etwas da draußen seinen gequälten Sinn ablenkte und ihn in den Sonnenschein hinausführte.

Alles da draußen plätscherte förmlich im Sonnenschein; von hier drinnen, von der düsteren Werkstatt aus glich er einem goldenen Fluss, der zwischen den Häuserreihen vorüberströmte, immer in derselben Richtung, nach der See hinab. Da kamen eine weiße Daune auf dem Licht dahergesegelt und weißgraue Distelflocken, ganze Mückenschwärme und eine große Hummel, breit und sich wiegend. Es wirbelte schimmernd an der Türöffnung vorüber und fuhr fort zu wirbeln, als sei da etwas, wonach alle rannten – ein Unglücksfall oder auch ein Fest.

»Schläfst du, Bengel?«, fragte der Geselle scharf. Pelle zuckte zusammen und arbeitete weiter in dem Pech, hielt es in das heiße Wasser und knetete drauflos.

Drinnen beim Bäcker, dem Bruder des alten Meisters, waren sie damit beschäftigt, Mehlsäcke aufzuwinden. Die Winde quiekte jämmerlich und dazwischen hörte man Meister Jörgen Kofod in hohem Fistelton mit dem Sohn herumzanken. »Du bist ein Schafskopf, Sören, ein erbärmlicher Tropf – was soll denn bloß aus dir werden? Denkst du, dass wir nichts weiter zu tun haben, als am Werktag in die Betstunden zu laufen? Schafft uns das vielleicht unser täglich Brot? Jetzt bleibst du hier oder – Gott sei mir gnädig – ich schlage dir die Knochen im Leibe entzwei.« Dann zeterte die Frau und plötzlich wurde es still. Und nach einer Weile strich der Sohn wie ein Schatten drüben an der gegenüberliegenden Hausmauer entlang, das Gesangbuch in der Hand. Er war ein Heulpeter, drückte sich an den Mauern entlang und knickte mit den Knien ein, wenn ihn jemand scharf ansah. Er war fünfundzwanzig Jahre alt und nahm von seinem Vater Prügel hin, ohne zu mucken. Aber wenn es sich um religiöse Versammlungen handelte, trotzte er dem Gerede der Leute, den Prügeln und dem väterlichen Zorn.

»Schläfst du, Bengel! Ich muss mal kommen und dir Beine machen!«

Sonst sprach niemand in der Werkstatt – der Geselle schwieg und da hatten die anderen den Mund zu halten. Jeder hing über seiner Arbeit und Pelle zog das Pech, so lang er konnte, knetete Fett hinein und zog weiter. Draußen im Sonnenschein schlenderte hin und wieder ein Straßenjunge vorüber. Wenn sie Pelle erblickten, hielten sie sich die geballte Faust unter die Nase, nickten ihm zu und sangen:

>»Der Schuster hat eine pechige Schnauz,
>Je mehr er sie wischt, je schlimmer sieht sie aus!«

Pelle tat, als sähe er sie nicht, merkte sich aber jeden Einzelnen. Es war seine aufrichtige Absicht, sie alle von der Erdoberfläche auszurotten.

Plötzlich rannten sie die Straße hinauf, wo sich eine mächtige, eintönige Stimme erhoben hatte. Es war der verrückte Uhrmacher, der auf seiner hohen Treppe stand und nach links und rechts sein Verdammungsurteil über die Welt hinausschrie. Pelle wusste sehr wohl, dass der Mann verrückt war; die Worte, die er so gewichtig über die Stadt schleuderte, hatten nicht den geringsten Sinn. Aber wunderlich klangen die dessen ungeachtet und die Pechprobe hing über ihm wie eine Art Weltgerichtsstimmung. Er fing unwillkürlich an zu frieren bei dieser warnenden Stimme, die so schwere Worte auswog, dass sie gar keinen Sinn enthielten – so wie die starken Worte in der Bibel. Dies hier war einfach *die Stimme*: fürchterlich, wie sie aus der Wolke tönte, sodass sowohl Moses als auch Paulus die Knie schlotterten; verhängnisvoll, wie Pelle sie selbst aus der Dunkelheit des Steinhofs herausgehört hatte, wenn das Strafgericht vor sich ging.

Nur der Spannriemen des kleinen Nikas hielt ihn davon ab, kerzengerade in die Höhe zu springen und sich fallen zu lassen wie Paulus. Das war ein Stück unentrinnbarer Wirklichkeit mitten in allen Phantasien; in zwei Monaten hatte er ihn gelehrt nie ganz zu vergessen, wo und wer er war. Er griff sich auch jetzt in den Nacken und begnügte sich damit, trübselig das Pech zu bearbeiten. Die Versuchung lag nahe, es mit dem Pechpfuhl der Hölle zu vergleichen, in dem er gemartert werden sollte. Aber dann hörte er die helle Stimme des jungen Meisters draußen auf dem Hof und das Ganze wich. Ganz gefährlich konnte die Probe wohl auch nicht sein, da die anderen sie ja bestanden hatten – er hatte in seinem Leben wahrhaftig schon gewaltigere Kerle gesehen!

Jens saß da und zog den Kopf ein, als erwarte er eine Ohrfeige; das war der Fluch von zu Hause her, der beständig über ihm schwebte. Er war so langsam bei der Arbeit, Pelle konnte ihn schon überholen; irgendetwas saß hemmend in ihm wie eine Verzauberung. Aber Peter und Emil waren fixe Jungen – sie wollten bloß immer prügeln. Unter den Apfelbäumen spielte der frühe Sommer und dicht unter den Werkstattfenstern stand das Schwein und schmatzte in seinem Trog. Dieser Laut war wie ein warmer Hauch, der über sein Herz hinzog. Seit dem Tage, wo Klaus Herman das quiekende, kleine Ferkel aus dem Sack schüttelte, fing Pelle an Wurzeln zu schlagen; so verlassen es auch in der ersten Zeit schrie, *etwas* von seinem Gefühl der Verlassenheit wurde von diesem Gequieke mit weggetragen. Jetzt schrie es bloß, weil es schlecht gefüttert wurde, und Pelle wurde ganz wütend, wenn er diese Manscherei sah – ein Ferkel musste fressen, das war das halbe Gedeihen. Man konnte nicht so hinrennen und alle fünf Minuten etwas hineinschütten und wieder hineinschütten; wenn es erst richtig heiß wurde, würde es Säure im Bauch bekommen. Aber in diesen Stadtmenschen war ja kein Menschenverstand.

»Tust du eigentlich was, Bengel? Mir deucht, du schnarchst!« Der junge Meister kam hereingehinkt, nahm einen Schluck und versenkte sich in sein Buch. Während er las, pfiff er leise zu den Hammerschlägen der anderen. Der kleine Nikas fing an mitzupfeifen und die beiden ältesten Lehrlinge, die Leder klopften, hämmerten im Takt dazu; sie schlugen immer einmal zwischendurch, sodass es ging wie geschmiert. Die Triller des Gesellen wurden gewaltsamer und gewaltsamer, um mitzukommen – das eine griff in das andere; und Meister Andres hatte den Kopf lauschend von dem Buch erhoben. Er saß da und starrte weit hinaus, in seinem Blick hingen von der Lektüre her verschleierte Bilder. Und dann war er mit einem Ruck gegenwärtig und mitten zwischen ihnen; die Augen huschten schalkhaft über sie alle hin – er stand aufrecht, der Stock saß stützend unter der kranken Hüfte. Die Hände des Meisters tanzten in der Luft, der Kopf und die ganze Gestalt bewegten sich närrisch unter dem Zwang des Rhythmus.

Schwupp, schlugen die tanzenden Hände auf das Zuschneidemesser nieder und der Meister blies die Töne über die scharfe

Schneide, den Kopf zur Seite gelegt, mit geschlossenen Augen – der ganze Ausdruck abwesend in nach innen gewandtem Lauschen. Aber dann plötzlich strahlte das Gesicht in Glückseligkeit auf, die ganze Gestalt ballte sich in tollem Genuss zusammen, der eine Fuß griff wie besessen in die Luft, als schlage er mit den Zehen die Harfe. Meister Andres war zugleich Musiknarr und musikalischer Clown. Und klatsch, lag das Messer an der Erde und er hatte den großen blechernen Deckel in der Hand – tschin-da-da-da; tschin-da-da-da! Die Flöte war mit einem Zauberschlag in Trommel und Becken verwandelt.

Pelle lachte, dass es ihn schüttelte, sah erschrocken nach dem Spannriemen und brach von neuem in Lachen aus; aber niemand achtete auf ihn. Des Meisters Finger und Handgelenk tanzten einen Teufelstanz auf dem blechernen Deckel und plötzlich fuhr der Ellbogen herzu und hieb darauf ein, sodass der Deckel gegen das linke Knie des Meisters sprang – springen musste –, blitzschnell zurück gegen seinen hölzernen Absatz, der hinten vorstand, auf Pelles Kopf, ringsherum an die unmöglichsten Stellen, dum, dum, in wilder Begeisterung über die Flötentöne des Gesellen. Da war kein Halten mehr; Emil, der älteste Lehrling, fing an frech mitzupfeifen, zuerst vorsichtig, und als ihm nichts an den Kopf flog, mit voller Kraft. Und der nächstjüngste Lehrling, Jens – der Musikteufel, wie ihn der Meister nannte, weil ihm alles zwischen den Fingern zu Tönen wurde –, griff so ungeschickt in den Pechdraht, den er gerade strich, dass der anfing, summend unter allem hinzulaufen, steigend und fallend zwischen zwei, drei Noten als ein behagliches Brummen, das das Ganze trug. Da draußen auf den Apfelzweigen kamen die Vögel gehüpft; sie legten den Kopf neugierig auf die Seite, sträubten die Federn wie verrückt und stürzten sich in diese Orgie von Jubel hinein, die von einem Stückchen knallblauem Himmel verursacht wurde. Aber dann bekam der junge Meister einen Hustenanfall und das Ganze nahm von selbst ein Ende.

Pelle arbeitete im Pech herum, knetete und tat Fett hinein. Wenn die schwarze Masse im Begriff war, steif zu werden, jagte er beide Hände in das heiße Wasser, dass die Fingerspitzen platzen wollten. Der alte Jeppe kam vom Hof hereingetrippelt; schnell legte Meister Andres das Zuschneidebrett über das Buch und strich fleißig sein Messer.

»Das is recht«, sagte Jeppe, »in die Wärme mit dem Pech, umso besser bindet es.«

Pelle hatte Pech zu Kugeln gerollt und sie in den Weichbottich geworfen, jetzt stand er schweigend da; er hatte nicht den Mut, selbst »fertig« zu melden. Die anderen hatten die Pechprobe zu etwas Ungeheuerlichem aufgebauscht, es wuchsen alle Schrecken aus diesem Rätselhaften heraus, das seiner jetzt harrte; und wenn er nicht selbst gewusst hätte, dass er ein fixer Junge war – ja, dann wäre er davongelaufen. aber jetzt wollte er es über sich ergehen lassen, wie schlimm es auch kommen mochte, er musste nur Zeit haben, erst hinunterzuschlucken. Dann gelang es ihm vielleicht, den Bauern endgültig abzuschütteln, und das Handwerk stand ihm offen mit Gesang und Wanderschaft und flotten Gesellenkleidern. Die Werkstatt hier war doch im Grunde nur ein finsteres Loch, wo man saß und sich mit stinkenden Schmierstiefeln abmühte; aber er sah ein, dass man da hindurchmusste, um in die große Welt hinauszugelangen, wo die Gesellen am Werktag mit Lackschuhen gingen und Schuhzeug für den König selber machten. Die kleine Stadt hatte Pelle eine Ahnung davon gegeben, dass die Welt fast unüberschaubar groß war, und diese Ahnung erfüllte ihn mit Ungeduld. Es war seine Absicht, das alles mitzunehmen.

»Nun bin ich fertig!«, sagte er resolut; jetzt musste es sich entscheiden, ob er und das Handwerk zueinander passten.

»Dann kannst du einen Pechdraht ziehen – aber lang wie ein böses Jahr!«, sagte der Geselle.

Der alte Meister war Feuer und Flamme. Er ging umher und gab

Acht auf Pelle, die Zunge hing ihm aus dem Mund, er fühlte sich ganz jung und verbreitete sich über seine eigene Lehrzeit vor sechzig Jahren in Kopenhagen. Das waren noch Zeiten gewesen! »Da lagen die Lehrlinge nicht und schnarchten um sechs Uhr morgens und schmissen die Arbeit hin, sobald die Uhr acht war – bloß um rauszukommen. Nein, um vier Uhr auf, und dann dabei geblieben, so lange, was da war. Damals konnten die Leute arbeiten – und da lernte man noch was; jedes Ding wurde einmal gesagt und dann – der Spannriemen. Damals genoss das Handwerk noch Ansehen, selbst Könige mussten ein Handwerk lernen. Es war nicht so wie jetzt Pfuscherei und billiger Kram und sich um alles herumdrücken!

Die Lehrlinge blinzelten einander zu, Meister Andres und der Geselle schwiegen; man konnte sich ebenso gut mit der Nadelmaschine zanken, weil sie schnurrte. Jeppe würde schon von selber aufhören.

»Du pichst doch gut?«, sagte der kleine Nikas. »Es ist für Schweinsleder.«

Die anderen lachten, aber Pelle strich den Draht mit einem Gefühl, als zimmere er sein eigenes Schafott.

»Nun bin ich fertig«, sagte er mit leiser Stimme.

Das größte Paar Männerleisten kam von dem Bord herunter, sie wurden an das eine Ende des Pechdrahts gebunden und ganz unten auf den Bürgersteig gebracht. Pelle musste auf den Fenstertritt hinauf und sich weit vornüberbeugen; Emil, als ältester Lehrling, legte ihm den Pechdraht über den Nacken. Sie waren alle auf den Beinen, mit Ausnahme des jungen Meisters; er nahm nicht teil an der Belustigung.

»Los, zieh«, befahl der Geselle, der die feierliche Handlung leitete, »so – gerade herunter, nach den Füßen.«

Pelle zog und die schweren Leisten humpelten über das Steinpflaster hin; aber er hielt mit einem Seufzer inne; der Pechdraht hatte sich über seinem Nacken warm gelaufen. Er stand da und trat wie ein Tier, das mit den Füßen gestoßen wird und nicht versteht, warum, hob vorsichtig die Füße in die Höhe und sah sie gequält an.

»Zieh, zieh!«, befahl Jeppe. »Du musst das Ganze in Bewegung halten, sonst klebt es fest!« Aber es war zu spät, das Pech war in den feinen Nackenhaaren erstarrt – Vater Lasse hatte sie das Schweineglück genannt und ihm daraus eine große Zukunft prophezeit –, und da stand er und konnte den Pechdraht nicht vom Fleck ziehen, wie sehr er sich auch abmühte. Er schnitt wilde Grimassen vor Schmerz, das Wasser lief ihm aus dem Mund.

»He, er kann ja nich mal ein Paar Leisten handhaben«, sagte Jeppe spöttisch. »Es is wohl am besten, wenn er wieder aufs Land geht und den Kühen den Hintern abwischt!«

Da gab sich Pelle zornentbrannt einen Ruck, er musste die Augen schließen und sich winden, als es nachgab. Etwas Kleistriges glitt zusammen mit dem Pechdraht durch seine Finger, das war wohl blutiges Haar; und über dem Nacken brannte sich der Pechdraht seinen Weg vorwärts, in einer Rinne aus Blutwasser und geschmolzenem Pech. Aber Pelle fühlte keine Schmerzen mehr, es wallte nur bitter auf in seinem Kopf, er empfand ein unklares Verlangen, einen Hammer zu nehmen, und sie alle niederzuschlagen, die Straße hinabzulaufen und jeden, den er traf, auf den Schädel zu hauen. Aber dann nahm ihm der Geselle die Leisten ab, der Schmerz war wieder da und seine ganze Erbärmlichkeit. Er hörte Jeppes kreischende Stimme und sah den jungen Meister, der dasaß und sich duckte, ohne den Mut zu haben, seine Meinung zu äußern – er empfand auf einmal tiefes Mitleid mit sich selbst.

»Das war Recht«, brummte Jeppe, »einem Schuster darf nicht bange sein, sich die Haut ein wenig einzupechen. Was? Ich glaube wirklich, es hat dir Wasser aus den Augen gezogen! Als ich noch Lehrling war, da war es eine Pechprobe! Wir mussten den Pechdraht zweimal um den Hals schlingen, ehe wir zuziehen durften. Der Kopf hing an einem dünnen Faden und baumelte, wenn wir fertig waren. Ja, das waren noch Zeiten!«

Pelle trippelte hin und her, um gegen das Weinen anzukämpfen; aber er musste doch vor Schadenfreude kichern – bei dem Gedanken an Jeppes baumelnden Kopf.

»Dann müssen wir woll mal sehen, ob er einen an den Brummschädel vertragen kann«, sagte der Geselle und wollte zuschlagen.

»Nein, damit warte nur, bis er es verdient hat«, fiel ihm Meister Andres hastig ins Wort. »Es wird sich schon eine Veranlassung finden.«

»Mit dem Pech wird er ja fertig«, sagte Jeppe, »aber wie is es, kann er sitzen? Ja, denn es gibt welche, die die Kunst nie erlernen.«

»Das muss allerdings ausprobiert werden, ehe er für brauchbar erklärt wird«, sagte der kleine Nikas mit Grabesernst.

»Seid ihr bald fertig mit euren Narrenpossen?«, fragte der junge Meister zornig und ging seiner Wege.

Aber Jeppe war ganz in seinem Element; er hatte den Kopf voll von Jugenderinnerungen, eine ganze Kette von teuflischen kleinen Einfällen, um die Weihe feierlich zu gestalten. Damals, da brannte man ihnen das Fach unauslöschlich ein, sie nahmen niemals Reißaus, sondern hielten es doch in Ehren, solange sie atmeten. Aber jetzt war die Zeit weichlich und voll Anstellerei, der eine konnte dies nicht vertragen und der andere das nicht; es gab Lederkolik und Sitzkrankheiten und Gott weiß was. Jeden zweiten Tag kamen sie mit einem Attest angerannt, dass sie an Sitzgeschwüren litten, und dann konnte man wieder von vorn anfangen. »Nein, zu meiner Zeit, da gingen wir anders vor – den Bengel nackend über ein Dreibein gezogen und zwei Mann mit Spannriemen drauflos! Das war Leder auf Leder und dabei lernten sie, verdammt und verflucht, den Schemelsitz ertragen!«

Der Geselle machte ein Zeichen.

»Na, is der Stuhlsitz nun schon geweiht und darüber gebetet? – Ja, dann kannst du hingehen und dich setzen.«

Pelle ging stumpfsinnig hin und setzte sich – es war ihm jetzt egal. Aber er fuhr mit einem Angstschrei in die Höhe und sah sich voller Hass um. Er hatte einen Hammer in die Hand genommen; der entfiel ihm jetzt wieder, und nun weinte er laut.

»Was zum Teufel stellt ihr eigentlich mit ihm an?« Der junge Meister kam schnell aus der Zuschneidekammer heraus. »Was für Niederträchtigkeiten habt ihr nun wieder ausgeheckt?« Er ließ die Hand über den Stuhlsitz fahren, der mit abgebrochenen Pfriemspitzen besetzt war. »Ihr seid teuflische Barbaren; man sollte glauben, dass man zwischen Wilden wäre!«

»Äh, so 'n Weichling«, höhnte Jeppe, »heutzutage darf man einen Jungen woll nich mal ordentlich in die Lehre nehmen und ihn ein bisschen gegen die Geschwüre impfen. Man soll die Bengels woll vorn und hinten mit Honig salben, so wie die Könige von Israel? Aber du bist ja Freigeist!«

»Ihr sollt rausgehen, Vater!«, schrie Meister Andres ganz außer sich. »Ihr sollt rausgehen, Vater!« Er zitterte und war ganz grau im Gesicht. Und dann schob der alte Meister ab, ohne Pelle den Schulterschlag gegeben und ihn ordentlich ins Handwerk aufgenommen zu haben.

Pelle saß da und besann sich, er war im Grunde verlegen. Aus all den verblümten Andeutungen war etwas Schreckliches, aber zugleich auch Imponierendes emporgesprosst. Er hatte die Probe in seiner Phantasie zu einer der großen Grenzscheiden im Leben aufgebauscht, bei der man auf der anderen Seite als ein ganz anderer hervorgeht, etwas wie die geheimnisvolle Beschneidung in der Bibel – eine Einweihung in etwas Neues. Und dann war das Ganze nur eine boshaft ersonnene Tortur!

Der junge Meister warf ihm ein Paar Kinderschuhe hin, die zu besohlen waren; in das Fach aufgenommen war er also und brauchte sich nicht länger damit zu begnügen, Pechdraht für die anderen anzufertigen. Doch er vermochte sich darüber nicht zu freuen. Er saß da und kämpfte mit etwas Sinnlosem, das fortwährend aus seinem Inneren aufstieg; wenn es niemand sah, netzte er die Finger mit Spucke und strich sich über den Nacken. Er kam sich vor wie eine halb ersoffene Katze, die sich aus dem Strick befreit hat und nun dasitzt und ihr Fell trocknen lässt.

Draußen unter den Apfelbäumen schwamm das Sonnenlicht golden und grün und ganz weit hinten – drüben im Garten des Schiffers – gingen drei hell gekleidete Mädchen und spielten; sie glichen Wesen aus einer anderen Welt, Glückskinder am sonnenhellen Strande, wie es in dem Lied hieß. Von Zeit zu Zeit kam eine Ratte hinter dem Schweinekoben zum Vorschein und watete klirrend in dem großen Haufen Glasscherben umher. Und das Schwein stand da und fraß verdorbene Kartoffeln in sich hinein, mit diesem verzweifelten Geräusch, das allen stolzen Zukunftsplänen Pelles ein Ende machte und ihn mit Sehnsucht erfüllte – ach, mit einer so unsinnigen Sehnsucht!

Dass auch alles Mögliche auf ihn einstürmen musste in diesem Augenblick, wo er sich eigentlich als Sieger fühlen sollte; alle Drangsale der Probezeit hier in der Werkstatt, die Straßenjungen, die Lehrlinge, die ihn nicht anerkennen wollten, seine eigenen Ecken und Kanten, mit denen er hier in der Fremde beständig anstieß. Und dann diese düstere Werkstatt selbst, wohin nie ein Sonnenstrahl drang – und der Respekt! Der Respekt, der bei ihm immer zu kurz kam.

Wenn der Meister nicht zugegen war, ließ sich der kleine Nikas zuweilen zu einem Geplauder mit den ältesten Lehrlingen herab. Dann konnten Äußerungen fallen, die Pelle neue Gesichtskreise eröffneten – und er musste fragen; oder sie sprachen von dem Land da draußen, das Pelle besser kannte als sie alle zusammen, und er äußerte einen Einwand. Klatsch, war die Ohrfeige da, dass er in die Ecke rollte; er hatte seinen Mund zu halten, bis man sich an ihn wandte. Aber Pelle, der Augen und Ohren gebrauchte und mit Vater Lasse über alles im Himmel und auf Erden geschwatzt hatte, konnte es nicht lernen, den Mund zu halten.

Sie trieben mit harter Hand ein jeder sein Quantum Respekt ein, von den Lehrlingen bis zu dem alten Meister, der vor Fachstolz beinahe platzte; nur Pelle hatte keine Ansprüche auf irgendetwas, er musst Steuer an sie alle zahlen. Der junge Meister war der Einzige, der sich nicht wie ein Joch auf den Kindersinn des Jungen legte. Leicht, wie er war, konnte er gleichgültig über den Gesellen und das Ganze hinwegsetzen und zufällig da niederplumpsen, wo Pelle saß und sich klein fühlte.

Da draußen brach sich das Sonnenlicht in den Bäumen, es kam ein eigentümlicher Ton in das Gezwitscher der Vögel – das war um die Zeit, wo die Kühe nach dem Wiederkäuen des Nachmittags aufstanden. Und da kam ein Junge aus den kleinen Tannen heraus und knallte lustig mit der Peitsche, der General des Ganzen. Pelle, der Junge, der keinen Menschen über sich hatte. Und die Gestalt, die dort über die Äcker dahergestolpert kam, um die Kühe umzupflöcken – das war Lasse!

Vater Lasse, ja!

Er konnte nichts dafür, aber es entrang sich ihm ein Schluchzen, es überkam ihn gegen seinen Willen. »Halt 's Maul!«, rief der Geselle drohend. Und dann war es ganz um ihn geschehen; er machte nicht einmal den Versuch, dagegen anzukämpfen.

Der junge Meister kam und nahm etwas aus dem Bord über seinem Kopf, er stützte sich vertraulich auf Pelles Schulter, das schwache Bein hing frei und baumelte. Er stand eine Weile da und starrte in die Luft – zögernd; und seine warme Hand beruhigte Pelle.

Aber von Frohwerden konnte keine Rede sein, jetzt, wo er deutlich wusste, dass es Vater Lasses Schuld war – diese schreckliche

Sehnsucht. Er hatte den Vater nicht gesehen seit jenem hellen Morgen, als er auszog und den Alten in Einsamkeit zurückließ; gehört hatte er auch nichts von ihm, er hatte kaum einen Gedanken zu ihm gesandt. Er musste zusehen mit heiler Haut durch den Tag hindurchzukommen und sich anzupassen; eine ganz neue Welt war da, die man entdecken, in der man sich zurechtfinden musste. Pelle hatte ganz einfach keine Zeit gehabt, die Stadt hatte ihn verschlungen.

Aber in diesem Augenblick empfand er sein Verhalten als die größte Treulosigkeit, die die Welt je gekannt hatte. Und in seinem Nacken fuhr es fort, zu schmerzen – er musste irgendwo hin, wo ihn niemand sah. Er machte sich draußen auf dem Hof zu schaffen, ganz unten hinter dem Waschhaus, und kauerte sich in das Brennholzloch beim Brunnen.

Da hockte er und sank in schwarzer Verzweiflung in sich zusammen, weil er Vater Lasse so schändlich im Stich gelassen hatte über all diesem Neuen und Fremden. Ja, und damals, als sie zusammen arbeiteten, war er ja auch weder so gut noch so sorgfältig gewesen, wie er hätte sein sollen. Es war im Grunde Lasse gewesen, der – so alt er war – sich für Pelle opferte, ihm die Arbeit erleichterte und die Lasten auf sich nahm, obwohl Pelle die jüngeren Schultern hatte. Ein wenig hart war er auch damals gewesen, als das mit Madame Olsen über dem Vater zusammenbrach; und damals hatte er keine Geduld aufgebracht, seinem gemütlichen Greisengeschwätz zu lauschen, wofür er jetzt Leben und Wohlfahrt hingeben würde. Er erinnerte sich nur allzu deutlich des einen und des anderen Falles, wo er nach Lasse gebissen hatte – ihn dahin gebracht hatte, mit einem Seufzer zu schweigen. Denn Lasse biss ja nicht – er schwieg nur so trübselig.

Nein, wie schrecklich das war! Pelle warf alle Großmächtigkeit über Bord und gab sich der Verzweiflung hin. Was sollte er hier, wenn der alte Lasse einsam unter Fremden umherging und sich nicht zu schützen vermochte? Da war nichts, womit er sich trösten konnte, keine Zuflucht! Pelle erkannte weinend, dass dies Treulosigkeit war. Und wie er so dalag und verzweifelt an den Gegenständen zerrte und brüllte, wuchs ein männlicher Entschluss in ihm; er musste all sein Eigenes aufgeben – die Zukunft und die große Welt und alles – und sein Leben opfern, um dem Alten das Dasein angenehm zu machen. Er musste wieder auf den Steinhof zurück! Er vergaß, dass er nur ein Kind war und gerade das Essen für sich selbst verdienen konnte. Dem alten, hilflosen Vater Lasse beistehen und ihm das Leben leicht machen – das war es, was er wollte. Und Pelle zweifelte nicht daran, dass er es vermochte. Mitten in seinem Zusammenbruch nahm er alle Pflichten eines Mannes auf sich.

Wie er da hockte und vergrämt mit ein paar Stücken Brennholz spielte, teilten sich die Holunderzweige hinter dem Brunnen und ein Paar große Augen starrten ihn verwundert an. Es war nur Manna.

»Haben Sie dich geschlagen – oder warum weinst du?«, fragte sie ernst.

Pelle wandte das Gesicht ab.

Manna schüttelte die Locken zurück und sah ihn fest an.

»Haben Sie dich geschlagen, wie? Wie, du? Dann geh ich hin und schelte sie aus!«

»Was geht dich das an?«

»So antwortete man nicht – dann ist man nicht gebildet.«

»Ach, halt den Mund!«

So bekam er Ruhe; im Hintergrund des Gartens kletterten Manna und die beiden kleineren Schwestern im Spalier herum, da hingen sie und starrten unverwandt zu ihm herüber. Aber was ging das ihn an – er wollte sich nicht von Unterröcken bedauern lassen und sie als Fürbitter haben. Es waren ein paar naseweise Gören, auch wenn ihr Vater auf den großen Meeren fuhr und viel Geld verdiente; wären sie hier gewesen, würden sie Prügel von ihm bezogen haben! Jetzt musste er sich damit begnügen, ihnen die Zunge herauszustrecken.

Er hörte ihre entsetzten Ausrufe – aber was denn? Er wollte nicht mehr zu ihnen hinüberklettern und in dem Garten mit den großen Muscheln und Korallenblöcken spielen! Er wollte aufs Land hinaus und für seinen alten Vater sorgen! Hinterher, wenn das überstanden war, wollte er selbst in die Welt hinaussegeln und solche Dinge mit nach Hause bringen – ganze Schiffsladungen voll!

Von dem Werkstattfenster her wurde gerufen. »Wo in aller Welt bleibt der Bengel denn?«, hörte er sie sagen. Er zuckte zusammen – er hatte ganz vergessen, dass er in der Schusterlehre war. Aber nun sprang er auf und lief schleunigst hinein.

Pelle wurde schnell mit dem Aufräumen nach Feierabend fertig. Die anderen waren ausgeflogen, um sich zu amüsieren; er stand allein oben in der Bodenkammer und sammelte sein Hab und Gut in einen Sack. Da war eine ganze Sammlung von Herrlichkeiten: Dampfschiffe aus Blech, Eisenbahnzüge und Pferde, die inwendig hohl waren – alles, was er von den unwiderstehlichen Wundern der Stadt für fünf blanke Kronen hatte erwerben können. Das kam in die Wäsche hinein, um keinen Schaden zu leiden, den Sack schmiss er durch das Giebelfenster in den schmalen Gang hinab. Nun galt es, selbst durch die Küche hindurchzuschlüpfen, ohne dass Jeppes Alte Verdacht schöpfte; sie hatte Augen wie eine Hexe und Pelle hatte das Gefühl, jeder Mensch müsse ihm ansehen können, was er vorhatte.

Aber es klappte. Er schlenderte so beherrscht wie möglich bis zur nächsten Straßenecke, damit man glauben sollte, er trage Wäsche zur Wäscherin. Dann ging er in vollen Lauf über – es war Heimatverlangen in ihm. Ein paar Straßenjungen schrien und warfen

Steine hinter ihm her, aber das war Pelle ganz einerlei, wenn er nur entkam; allem anderen gegenüber war er abgestumpft. Reue und Heimweh hatten ihn schwer mitgenommen.

Es war nach Mitternacht, als er atemlos und mit stechender Milz zwischen den Wirtschaftsgebäuden des Steinhofs stand – er lehnte sich gegen die verfallene Schmiede und schloss die Augen, um besser zur Ruhe zu kommen. Sobald er sich verschnauft hatte, ging er von hinten in den Kuhstall hinein und auf die Schweizerkammer zu. Der Fußboden des Futtergangs erschien ihm so vertraut unter den Füßen und nun kam er im Dunkeln an dem großen Stier vorbei. Der sog Luft ein und blies sie weit hinaus – ob er ihn noch kannte? Aber der Geruch in der Kuhhirtenkammer war ihm fremd. »Vater Lasse vernachlässigte sich wohl«, dachte er und zog das Federbett vom Kopf des Schlafenden weg. Eine fremde Stimme fing an zu schimpfen. »Is das denn nich Lasse?«, fragte Pelle; die Knie schlotterten ihm.

»Lasse?«, rief der neue Schweizer und richtete sich auf. »Sagtest du Lasse? Kommst du, um das Gotteskind noch abzuholen, du Teufel? Sie sind schon aus der Hölle hier gewesen und haben ihn mitgenommen, bei lebendigem Leibe haben sie ihn dahin geführt, er war zu gut für diese Welt, weißt du. Der alte Satan war selbst hier und hat ihm Frauenzimmermaß genommen; ja, da musst du ihn denn woll aufsuchen. Geh man immer geradeaus, bis du zu des Teufels Urgroßmutter kommst, nachher brauchst du dich dann bloß bis zu dem Zottigen weiterzufragen.«

Pelle stand eine Weile in dem unteren Hof und überlegte. Also durchgebrannt war Vater Lasse! Und wollte sich verheiraten, oder war er am Ende schon verheiratet? Und mit Karna, das konnte er verstehen! Er stand kerzengerade da und versank in Erinnerungen; der große Hof lag im Mondlicht in tiefem Schlummer; und ringsumher spannen die Erinnerungen alles liebkosend in den Schlaf – mit dem gemütlichen Schnurren aus seiner Kindheit, wenn die kleinen Katzen auf seinem Kopfkissen schliefen und er die Wange gegen die weichen, zitternden Körper legte.

Pelles Sinne hatten tiefe Wurzeln. Bei Oheim Kalle hatte er sich einmal in die große Zwillingswiege gelegt und sich von den anderen Kindern wiegen lassen – er war damals wohl neun Jahre alt. Als sie ihn eine Weile gewiegt hatten, gewann die Situation Macht über ihn; er sah eine räucherige Balkendecke, die nicht zu Kalles Haus gehörte, hoch über seinem Kopf schlingern und hatte das Gefühl, dass eine eingemummte ältere Frau wie ein Schatten hinter dem Kopfende saß und die Wiege trat. Die Wiege humpelte mit argen Stößen, und jedes Mal, wenn der Fuß von den Gängeln glitt, schlug er mit dem Geräusch eines gesprungenen Holzschuhs auf dem Fußboden auf. Pelle sprang auf. »Sie humpelt ja«, sagte er verwirrt. – »So? Das hast du bestimmt geträumt.« Kalle sah lachend unter die Gängel. »Humpelt«, sagte Lasse. »Das sollte doch erst recht was für dich sein! Damals, als du klein warst, konntest du nicht schlafen, wenn die Wiege nicht humpelte, wir mussten die Gängel ganz viereckig machen. Sie war beinah nicht zu treten. Bengta trat manch schönen Holzschuh kaputt, um dir und deiner Laune zu Willen zu sein.«

Der Hof hier war auch wie eine große Wiege, die in dem unsicheren Mondlicht ging und ging, und als Pelle sich erst ganz dahinein gegeben hatte, wollte all das, was aus den Kindheitsjahren aufstieg, kein Ende mehr nehmen. Das ganze Dasein musste an ihm vorbeiziehen und über seinem Kopf hinwackeln wie damals und die Erde musste sich überall, wo nur ein dunkler Fleck war, zu Abgründen auftun. – Und das Weinen sickerte heraus – schicksalsschwanger – und übergoss das Ganze, sodass Kongstrup wie ein begossener Pudel von dannen schlich und die anderen böse und aufsässig wurden. Und Lasse – ja, wo war Vater Lasse? Mit einem Sprung war Pelle in der Bauernstube und klopfte an die Tür der Mägdekammer.

»Bist du es, Anders?«, flüsterte eine Stimme von drinnen und dann tat sich die Tür auf und ein Paar Arme umfingen ihn warm und zogen ihn hinein. Pelle stieß um sich, seine Hände sanken in einen nackten Busen – es war die blonde Marie!

»Is Karna noch hier?«, fragte er. »Kann ich nich mal mit Karna sprechen?«

Sie freuten sich ihn wieder zu sehen, die blonde Marie fasste ihn ganz warm um die Wangen – fast hätte sie ihn auch geküsst. Karna konnte sich gar nicht von ihrer Überraschung erholen, so eine städtische Haltung hatte er gekriegt! »Und jetzt bist du also Schuster in der größten Werkstatt der Stadt – ja, wir haben es gehört. Schlachter Jensen hat es auf dem Markt zu wissen gekriegt. Und groß bist du geworden und stadtfein! Du hältst dich gut!« Karna zog sich an.

»Wo is Vater Lasse?«, fragte Pelle. Er hatte einen Kloß im Hals, wenn er von seinem Vater sprach.

»Ja, ja, lass mir man Zeit, denn will ich dich hinbegleiten. Wie fein du aussiehst, ich hätte dich beinah gar nich wieder er kannt. Nich, Marie?«

»Er is 'n süßer Junge – das is er immer gewesen«, sagte Marie und stieß mit dem hochspannigen Fuß nach ihm – sie war wieder im Bett.

»Es is derselbe Anzug, den ich immer gehabt habe«, sagte Pelle.

»Ja, ja, aber du trägst ihn anders – da in der Stadt sehen sie ja alle wie die Grafen aus. Wollen wir dann gehn?«

Pelle sagte der blonden Marie freundlich Lebewohl, es fiel ihm ein, dass er ihr viel zu danken hatte. Sie sah ihn sonderbar an und wollte seine Hand unter das Oberbett ziehen.

»Was is denn mit dem Vater?«, fragte er ungeduldig, sobald sie draußen waren.

Ja, Lasse hatte also Reißaus genommen! Er hatte es nicht aushalten können, als Pelle fort war. Die Arbeit war auch zu schwer für einen. Wo er sich im Augenblick aufhielt, wusste Karna auch nicht zu sagen. »Er is bald hier, bald da und sieht sich Grund und Boden an«, sagte sie stolz. »Du kannst eines schönen Tages auf seinen Besuch in der Stadt gefasst sein.«

»Wie steht es denn sonst hier?«, fragte Pelle.

»Hm, Erik hat nu die Sprache wiedergekriegt und fängt an wieder Mensch zu werden – er kann sich nu doch verständlich machen. Und Kongstrup und seine Frau, die saufen um die Wette.«

»Sie saufen zusammen, so wie der Holzschuhmacher und seine Alte?«

»Ja, und zwar so, dass sie oft in den Stuben da oben liegen und schwimmen und sich vor Spiritusnebel nich sehen können. Hier geht alles schief, das kannst du dir wohl denken, herrlos – wehrlos, sagt ein altes Sprichwort. Aber was soll man dazu sagen, weiter haben sie ja nichts gemein! Denn das Beste zwischen ihnen, damit is es ja aus. – Aber mir is es ganz egal, denn sobald Lasse was gefunden hat, geh ich hier weg.«

Das konnte Pelle gut verstehen – er hatte nichts dagegen.

Karna musterte ihn staunend von oben bis unten, während sie weitergingen. »Ihr lebt wohl höllisch fein da in der Stadt?«

»Ja – essigsaure Suppe und ranzigen Speck! Hier haben wir viel besser gelebt.«

Sie wollte es nicht glauben, es klang allzu unglaublich. »Aber wozu is denn all das, was sie in den Kaufmannsläden haben, all die Esswaren und das Gebäck und die süßen Sachen – wo bleibt das denn?«

»Das weiß ich nich«, sagte Pelle mürrisch – er hatte selbst über diese Frage nachgegrübelt. »Ich krieg, so viel ich essen kann, aber für Wäsche und Kleider muss ich selber sorgen.«

Karna konnte sich gar nicht von ihrem Schreck erholen, sie hatte die Sache so angesehen, als sei Pelle schon zu Lebzeiten in den Himmel aufgenommen. »Aber wie machst du das denn?«, sagte sie bekümmert. »Das kann ja schwer genug für dich werden. Ja, ja, sobald wir erst die Füße unter den eigenen Tisch setzen, werden wir dir nach besten Kräften helfen.«

Oben an der Landstraße trennten sie sich und Pelle machte sich müde und niedergeschlagen auf den Rückweg. Es war fast Tag, als er wieder anlangte, und er kam ins Bett, ohne dass jemand etwas von dem Fluchtversuch gemerkt hatte.

3

Der kleine Nikas hatte sich die Wichse aus dem Gesicht gerieben und den guten Anzug angezogen; er wollte auf den Markt mit einem Bündel Wäsche, das der Schlachter aus Aaker seiner Mutter mitnehmen sollte, und Pelle ging hinter ihm und trug das Bündel. Der kleine Nikas begrüßte viele freundliche Dienstmädchen rings in den Häusern und Pelle fand, dass es ergötzlicher sei, neben ihm zu gehen als hintendrein – man war doch zu zweien, um nebeneinander zu gehen. Aber jedes Mal, wenn er an die Seite des Gesellen trat, stieß ihn dieser in den Rinnstein. Schließlich fiel Pelle über ein Rinnsteinbrett und da gab er es auf.

Oben in der Straße stand der verrückte Uhrmacher am Rande seiner hohen Treppe und schwenkte ein Gewicht, das an einer langen Schnur hing, und mit den Fingern folgte er den Schwingungen, als zähle er die Zeit. Das war sehr spannend, aber Pelle fürchtete, dass es dem Gesellen entgehen könnte.

»Der Uhrmacher experimentiert wohl nur«, sagte er lebhaft.

»Halt 's Maul!«, rief der kleine Nikas kurz angebunden. Da fiel es Pelle ein, dass er nicht reden durfte, und er presste die Lippen zusammen.

Er befühlte das Bündel, um sich ein Urteil über den Inhalt zu bilden. Die Augen hatte er in allen Fenstern und in den Seitengassen; jeden Augenblick führte er die hohle Hand an den Mund, als gähne er – und verschlang ein Stück Schwarzbrot, das er in der Küche erwischt hatte. Die Hosenträger waren gerissen und er musste fortwährend den Bauch vorstrecken; da war hunderterlei zu beobachten – und des Kohlenhändlers Hund musste einen Fußtritt in den Hintern kriegen, während er vertrauensvoll dastand und einen Eckstein beschnüffelte.

Ein Leichenzug kam ihnen entgegen, der Geselle ging entblößten Hauptes daran vorüber und Pelle tat wie er. Ganz hinten im Zug ging Schneider Bjerregrav auf seinen Krücken; er folgte bei allen Begräbnissen und ging immer ganz hinten, weil er mit seinen Krücken so viel Platz brauchte. Er stand still und sah zu Boden, während das übrige Gefolge sich einige Schritte entfernte, setzte dann die Krücken vor, schwang sich ein Stück vorwärts – und stand wieder still. So kam er auf seinen Beinen vorwärts, indem er stillstand und sich die anderen ansah und dann hin und wieder einen Schritt machte; er war wie ein langsam wandernder Zirkel, der die Bahnen der anderen abmaß.

Aber das Amüsanteste war, dass er vergessen hatte die Klappe seiner schwarzen Begräbnishosen zuzuknöpfen; sie hing wie ein Schurzfell über die Knie herab. Es war nicht ganz sicher, dass der Geselle das entdeckt hatte.

»Bjerregrav hat vergessen . . . «

»Halt 's Maul!« Der kleine Nikas machte einen Ruck nach hinten und Pelle zog den Kopf ein und presste die Hand fest gegen den Mund.

Aber oben in der Staalegade war ein großer Auflauf, ein mächtig fettes Frauenzimmer stand da und zankte sich mit zwei Seeleuten. Sie war in Nachtmütze und Unterrock und Pelle kannte sie.

»Das is die Sau«, sagte er aufgeräumt, »sie is ein fürchterliches Frauenzimmer! Auf dem Steinhof –«

Schwupp, fiel der kleine Nikas mit einer Ohrfeige über ihn her, sodass er sich auf die Treppe des Bildschnitzers setzen musste.

»Eins, zwei, drei, vier – so, jetzt komm!« Er zählte zehn Schritte vorwärts und setzte sich in Bewegung. »Aber Gott sei dir gnädig, wenn du nich den Abstand einhältst.«

Pelle hielt redlich den Abstand inne, aber er war wütend und flugs entdeckte er, dass der kleine Nikas ebenso wie der alte Jeppe ein zu großes Hinterteil hatte. Das kam gewiss von dem vielen Sitzen – man wurde krumm in den Leisten. Er streckte den Hintern tüchtig heraus und schlug über den Lenden eine Falte in die Jacke, hob sich kokett auf den Fußballen und stolzierte dahin, die eine Hand auf der Brust. Wenn der Geselle sich juckte, tat Pelle es auch – und machte dieselben flotten Schwingungen mit dem Körper; seine Wange brannte, aber er war höchst zufrieden mit sich.

Sobald er sein eigener Herr war, fragte er bei den Landschlachtern herum, um etwas über Lasse zu erfahren, aber niemand wusste etwas. Er ging von Wagen zu Wagen und fragte. »Lasse Karlsson?«, sagte einer. »Ach, das war ja der Schweizer vom Steinhof!« Dann rief er einen anderen und fragte nach Lasse, dem alten Steinhöfer Kuhhirten, und der rief wieder einen Dritten; sie kamen alle an den Wagen heran, um die Frage zu bereden. Da waren Leute, die fortwährend die Insel abgrasten, um Vieh aufzukaufen; sie kannten Gott und die Welt, konnten aber über Lasse keine Auskunft geben. »Denn is er auch nich hier auf dem Lande«, sagte der Erste ganz entschieden. »Du musst dir einen andern Vater zulegen, mein Junge.«

Aber Pelle schlich davon; er war nicht zum Scherzen aufgelegt. Übrigens musste er nach Hause an die Arbeit; die kleinen Meister, die eifrig von einem Wagen zum anderen huschten und das Fleisch befühlten, schielten schon zu ihm hinüber. Sie hingen zusammen wie Erbsenstroh, wenn es sich darum handelte, die Lehrlinge im Zaum zu halten; im Übrigen waren sie neidisch genug aufeinander.

Bjerregravs Krücken standen hinter der Tür, er selbst saß in steifstem Begräbnisstaat neben dem Fenstertritt, hielt ein weißes, zusammengelegtes Tuch zwischen den gefalteten Händen und trocknete sich fleißig die Augen.

»War es vielleicht ein Angehöriger von Ihnen«, fragte der junge Meister verschmitzt.

»Nein, aber es ist so traurig für die, die zurückbleiben – Frau und Kinder. Irgendjemand ist da ja immer, der trauert und vermisst. Die Menschen führen ein sonderbares Dasein, Andres.«

»Ja – die Kartoffeln sind schlecht in diesem Jahr, Bjerregrav!«

Der Nachbar Jörgen füllte die ganze Türöffnung aus. »Herrje, da haben wir ja den seligen Bjerregrav«, rief er aus, »und im feinsten Staat! Was hast du denn heute vor – gehst du auf Freiersfüßen?«

»Ich bin gefolgt!«, antwortete Bjerregrav still.

Der große Bäcker machte eine unwillige Bewegung, er liebte es nicht, unversehens an den Tod erinnert zu werden. »Du, Bjerregrav, du solltest Leichenwagenkutscher werden – dann arbeitest du doch nich umsonst!«

»Umsonst ist es wohl nicht, wenn sie auch tot sind«, stammelte Bjerregrav. »Ich Ärmster bin auch nicht zu viel zu gebrauchen und ich hab keinen, der mir nahe steht. Es geht keinem Lebenden was ab, wenn ich denen, die sterben, das Geleit gebe. – Und außerdem kenne ich sie alle und hab ihnen in Gedanken das Geleit gegeben, seit sie geboren waren«, fügte er entschuldigend hinzu.

»Wenn du dann doch wenigstens zum Leichenschmaus eingeladen würdest und was abkriegtest von all dem guten Essen. Dann könnt ich es eher verstehen«, fuhr der Bäcker fort.

»Der armen Witwe, die mit ihren vier kleinen Kindern dasitzt und nicht weiß, wie sie sich ernähren soll, das Essen wegnehmen – nein, das tät ich denn doch nicht. Sie hat dreihundert Kronen ausgeben müssen, damit ihr seliger Mann einen anständigen Leichenschmaus bekommt.«

»Das sollte gesetzlich verboten werden«, sagte Meister Andres.

»So eine mit kleinen Kindern hat nicht das Recht, für die Toten Geld wegzuschmeißen.«

»Sie erweist ihrem Ehegatten die letzte Ehre«, sagte Jeppe tadelnd. »Das ist die Pflicht jeder guten Ehefrau.«

»Natürlich«, entgegnete Meister Andres, »etwas muss jedenfalls getan werden! So wie zum Beispiel drüben auf der anderen Seite der Erde, da wirft sich die Frau auf den Scheiterhaufen, wenn der Mann tot ist und verbrannt werden soll.«

Bäcker Jörgen kratzte sich an den Schenkeln und grinste. »Du willst uns woll 'ne ausgestunkene Lüge aufbinden, du, Andres – dazu kriegst du keine Frauensperson, wenn ich das Weibsvolk recht kenne.«

Aber Bjerregrav wusste, dass der junge Meister nicht log, und griff mit seinen dünnen Händen in die Luft, als wolle er sich etwas Unsichtbares vom Leibe halten. »Gott sei Dank, dass man hier auf der Insel auf die Welt gekommen ist«, sagte er leise. »Hier geschehen doch nur bekannte Dinge – wie verkehrt sie auch sein mögen.«

»Mich wundert bloß, wo sie das Geld hergekriegt hat«, sagte der Bäcker.

»Das hat sie sich wohl geliehen«, entgegnete Bjerregrav in einem Ton, als sei die Frage damit erledigt.

Jeppe meinte höhnisch: »Wer wird denn 'ner armen Steuermannswitwe dreihundert Kronen leihen? Da könnte man sein Geld ja gleich ins Wasser werfen.«

Aber Bäcker Jörgen rückte Bjerregrav hart auf den Leib. »Du hast ihr das Geld gegeben, das hast du getan; kein anderer Mensch würde so schafsdämlich sein!«, sagte er drohend.

»Lass mich in Ruhe«, stammelte Bjerregrav, »ich hab euch nichts getan. Und sie hat einen frohen Tag mitten in all der Trauer.« Seine Hände zitterten.

»Du bist 'n Rindvieh!«, sagte Jeppe kurz.

»Was denkt Bjerregrav eigentlich, wenn Bjerregrav so dasteht und in das Grab hineinsieht?«, fragte der junge Meister ablenkend.

»Ich denke: Nun ziehst du da hin, wo du es besser hast als hier!«, sagte der alte Schneider treuherzig.

»Ja, denn Bjerregrav folgt ja nur bei armen Leuten«, sagte Jeppe ein wenig höhnisch.

»Ich kann es nich lassen, ich muss immer denken, wenn er nu angeführt wird«, fuhr Meister Andres fort. »Wenn er nu da hinkommt und sich auf allerlei gefreut hat – und wenn da dann nichts is! Darum mag ich auch keine Leichen sehen.«

»Ja, siehst du, das is ja die Sache – wenn da nu nichts is?« Bäcker Jörgen wand seinen dicken Körper. »Denn hier gehen wir herum und bilden uns 'ne ganze Masse ein; aber wenn das Ganze nu bloß Lügen sind?«

»Das is ja der Geist des Unglaubens«, sagte Jeppe und stampfte hart auf den Boden.

»Gott bewahre meinen Mund vor Unglauben«, entgegnete Bäcker Jörgen und strich sich feierlich über das Gesicht, »aber gegen die Gedanken kann man sich wohl nich gut verwahren. Und was sieht man rund um sich herum? Krankheit und Tod und Halleluja. Wir leben und wir leben, will ich dir sagen, Bruder Jeppe – und wir leben, um zu leben! Aber ich sag Herrje für die Ärmsten, die noch nich geboren sind!« Dann versank er in Sinnen, wie gewöhnlich, wenn er an Klein-Jörgen dachte, der nicht zur Welt kommen und sein Ebenbild werden und seinen Namen weiterführen wollte. Da lag nun sein Glaube, da war nichts zu machen. Und die anderen fingen an leise zu sprechen, um ihn nicht in seiner Andacht zu stören.

Pelle tummelte sich mit allem zwischen Himmel und Erde und hatte seine abstehenden Ohren jedem Wort zugewandt, das fiel; aber wenn die Rede auf den Tod kam, gähnte er. Er war nie ernstlich krank gewesen, und seit Mutter Bengta gestorben war, hatte der

Tod keinen Eingriff in seine Welt getan – glücklicherweise, denn da hieß es, alles oder nichts, da Pelle nur Vater Lasse hatte. Für Pelle existierte der harthändige Tod gar nicht; er begriff nicht, dass sich die Leute zum Sterben hinlegen konnten – wo es hier in der Stadt so viel zu beobachten gab!

Gleich am ersten Abend jagte er hinaus und suchte die anderen Jungen auf, dort, wo der Schwarm am dichtesten war. Er brauchte auf nichts zu warten. Er war es gewöhnt, den Stier bei den Hörnern zu packen – und er sehnte sich danach, sich Geltung zu verschaffen.

»Was für ein Maul is das?«, sagten sie und scharrten sich um ihn.

»Ich bin Pelle«, sagte er. Er stand selbstbewusst mitten in der Schar und sah sie alle an. »Ich bin auf dem Steinhof gewesen, seit ich acht Jahre alt war, und das is der größte Hof im Nordland.« Er hatte die Hände in die Taschen gesteckt und spuckte gleichgültig aus, denn dies war ja noch gar nichts gegen das, was er noch im Hinterhalt hatte.

»Na, dann bist du also ein Bauer«, sagte einer und die anderen lachten. Rud war unter ihnen.

»Ja«, sagte Pelle, »und ich hab versucht zu pflügen – Mengkorn für die Kälber zu mähen.«

Sie blinzelten einander zu. »Bist du wirklich ein Bauer?«

»Jawoll, das bin ich«, antwortete Pelle verwirrt; sie betonten das Wort auf eine eigene Weise, wie er jetzt bemerkte.

Da brachen sie in Gelächter aus. »Er gesteht es selbst ein. Und er is vom größten Hof – er is der größte Bauer im Land.«

»Nein, der Bauer, der hieß ja Kongstrup«, sagte Pelle bescheiden, »ich war nur Hütejunge.«

Sie brüllten vor Lachen. »Er versteht es nich mal, er is weiß Gott der größte Bauernlümmel!«

Doch Pelle verlor den Kopf nicht; er hatte schwereres Geschütz und nun wollte er einen Trumpf ausspielen. »Und da auf dem Hof, da war ein Knecht, der hieß Erik, der war so stark, dass er drei Männer prügeln konnte; aber der Verwalter war noch stärker und der schlug Erik so, dass er den Verstand verlor!«

»So? Wie hat er denn das angefangen? Kann man einen Bauern denn so schlagen, dass er den Verstand verliert? Wer hat dich denn so geschlagen?« Die Fragen regneten auf ihn herab.

Pelle rückte dem, der die letzten Fragen gestellt hatte, auf den Leib und sah ihn scharf an. Der Bengel wich zurück. »Nimm deinen guten Anzug in Acht«, rief er lachend, »und zerknüll deine Manschetten nicht.«

Pelle hatte eine rein gewaschene blaue Hemdbluse unter der Jacke; Hals- und Gelenkbund dienten als Kragen und Manschetten; er wusste ganz genau, dass er rein und fein war, und nun bissen sie sich gerade darin fest.

»Und was für 'n Paar Trittlinge er anhat, Herr du meines Lebens, die decken ja den halben Hafenplatz zu!« Das waren Kongstrups Schuhe. Pelle hatte mit sich gekämpft, ehe er sie an einem Werktagabend angezogen hatte.

»Wann hast du denn Ziehtag gefeiert?«, fragte ein Dritter; das war eine Anspielung auf Pelles dicke rote Wangen.

Jetzt war er kurz davor, aus der Haut zu fahren, er ließ die Augen suchend umherschweifen, ob da nicht irgendetwas war, womit er um sich schlagen konnte; denn dies endete ja unfehlbar mit einem Kampf gegen die ganze Schar. Nun, Pelle hatte schon früher alle gegen sich gehabt.

Aber dann trat ein langer, dünner Bursche vor. »Hast du 'ne hübsche Schwester?«, fragte er.

»Ich hab gar keine Geschwister«, antwortete Pelle kurz angebunden.

»Das is schade. Kannst du denn Verstecken spielen?«

Ja, darauf verstand sich Pelle!

»Na also, das kannst du doch!« Der Lange schob ihm die Mütze über die Augen und drehte ihn mit dem Gesicht zum Bretterzaun herum. »Du zählst bis hundert – und keine Mogelei, das sag ich dir!«

Nein, Pelle wollte nicht mogeln, weder schielen noch eine Zahl überschlagen, es hing ja so viel von diesem Anfang ab. Aber er gelobte sich hoch und heilig seine Beine zu gebrauchen; sie sollten gefangen werden. Mann für Mann! Er war fertig mit dem Zählen und nahm die Mütze von den Augen – kein Laut. »Meldet euch!«, rief er, aber niemand antwortete. Da suchte Pelle eine halbe Stunde zwischen Brettern und Warenschuppen, dann schlich er nach Hause und ging zu Bett. Aber in dieser Nacht träumte er, dass er sie alle fing, und sie wählten ihn für alle Zukunft zum Anführer.

Die Stadt kam ihm nicht mit offenen Armen entgegen, in die er sich mit kindlichem Vertrauen stürzen konnte, um gleich weitergetragen zu werden. Hier verschwieg man offenbar die Heldentaten, die den Menschen anderswo Rückhalt verliehen, sie erweckten nur höhnisches Lächeln. Er versuchte es wieder und wieder, immer mit etwas Neuem, aber die Antwort lautete ständig: Bauer! Seine ganze kleine Person strotzte vor gutem Willen und er wurde kläglich abgewiesen.

Pelle sah bald, wie sein ganzer aufgesparter Fonds ihm unter den Händen zerbröckelte; alles, was er sich daheim auf dem Hof und im Dorf durch seine Kühnheit und seinen guten Willen an Respekt erkämpft hatte, das wurde hier nicht geachtet. Hier galten andere Verdienste: ein neuer Junge, die Kleider waren anders, man setzte die Füße auf andere Weise. Alles, was er hoch gestellt hatte, wurde lächerlich gemacht, bis zu der hübschen Mütze mit den Ähren und den Erntegerätschaften darauf. Er war mit solchem Selbstbewusstsein gekommen und machte nun die schmerzliche Erfahrung, dass er eine lächerliche Erscheinung war. Jedes Mal, wenn er mit dabei sein wollte, wurde er zur Seite geschoben; er hatte kein Recht, mitzureden – ab in die allerhinterste Reihe.

Es blieb nichts weiter übrig, als auf der ganzen Linie zum Rückzug zu trommeln, bis man auf dem untersten Platz angelangt war. Und so schwer es für einen flotten Jungen war, der vor Lust brannte, allem *seinen* Stempel aufzudrücken, Pelle tat es und bereitete sich darauf vor, wieder hinaufzukrabbeln. Wie sehr er auch gerupft wurde, es blieb ein hartnäckiges Gefühl des eigenen Wertes in ihm zurück; das konnte ihm niemand nehmen.

Er war überzeugt, dass es nicht er selbst war, sondern alle möglichen Dinge an ihm, woran es haperte, und er machte sich rastlos daran, die neuen Werte herauszufinden und den Ausrottungskrieg gegen sich selbst zu führen. Nach jeder Niederlage nahm er sich selbst unverdrossen vor und am nächsten Abend ging er wieder drauflos – bereichert durch viele Erfahrungen – und erlitt seine Niederlage an einem neuen Punkt. Er *wollte* siegen – was auch geopfert werden musste! Er kannte nichts Herrlicheres, als dröhnend durch die Straßen zu marschieren, die Hosenbeine in die Schäfte von Lasses alten Stiefeln gestopft – das war der Inbegriff von Männlichkeit. Aber er war Manns genug, auch das zu unterlassen, da man es hier als bäurisch betrachtete. Schwerer wurde es ihm, seine Vergangenheit zu verleugnen; sie war so unzertrennlich von Vater Lasse, dass ihn das Gefühl des Verrates überkam. Aber es gab keinen anderen Ausweg; wollte er vorwärts kommen, so musste er sich in alles hineinfinden, sowohl in Ansichten als auch in Vorurteile. Dafür gelobte er sich aber ihnen alles ins Gesicht zu schleudern, sobald er erst obenauf wäre.

Was ihn am meisten bedrückte, war sein Handwerk – es war so wenig Ansehen damit zu gewinnen! Wie viel er sich auch auszurichten vornahm, so war und blieb der Schuster doch ein armer Tropf mit pechbesudelter Schnauze und zu großem Hinterteil. Hier nützte die persönliche Leistung nichts, man musste sehen, dass man sich sobald wie möglich in etwas anderes hinüberrettete.

Aber in der Stadt war er, und als einer ihrer Einwohner – daran ließ sich nicht rühren. Und die Stadt schien ihm groß und festlich, wenn sie auch nicht den märchenhaften Vorstellungen entsprach, die er noch von damals hatte, als er und der Vater hier an Land gingen. Die meisten trugen ihre Sonntagskleider und viele saßen da und verdienten viel Geld, ohne dass man wusste, womit. Hier mündeten alle Wege und die Stadt zog alles an sich, Schweine, Korn und Menschen – hier fand alles seinen Hafen, früher oder später! Die Sau wohnte hier mit Rud, der in der Malerlehre war, auch die Zwillinge waren hier! Und eines Tages sah Pelle einen großen Jungen an einem Torweg lehnen und aus vollem Halse brüllen, beide Arme vor dem Gesicht, während ein paar kleine Jungen auf ihn losprügelten; es war Heulpeter, er fuhr als Küchenjunge auf einer Galeasse. Hier floss alles zusammen.

Aber Vater Lasse war hier nicht!

4

Die Stadt hatte das an sich, dass es schwer war, zu Bett zu gehen, und schwer, aufzustehen. Hier stieg keine Dämmerung über der Erde auf und weckte einen. Das offene Antlitz des Morgens konnte nicht in die Häuser schauen. Und der schwindende Tag ließ die Glieder nicht schwer vor Müdigkeit werden, trieb sie nicht dem Lager zu; das Leben ging hier in umgekehrter Richtung, die Leute wurden zur Nacht lebhaft.

Um halb sechs Uhr klopfte der Meister, der unten lag, mit dem Stock gegen die Decke. Pelle, auf dem die Verantwortung ruhte, richtete sich mechanisch auf und klopfte mit der geballten Faust gegen die Bettstelle, dann fiel er wieder zurück, noch immer schlafend. Nach einer Weile wiederholte sich das. Aber dann riss dem Meister die Geduld. »Zum Teufel auch, wollt ihr denn heut gar nich aufstehn!«, brüllte er. »Soll ich euch am Ende den Kaffee ans Bett bringen?« Pelle taumelte schlaftrunken aus dem Bett. »Aufstehn! Aufstehn!«, rief er und rüttelte die anderen. Jens kam leicht auf die Beine, er erwachte immer mit einem Ausdruck von Entsetzen und schützte seinen Kopf; aber in Emil und Peter, die sich in den Flegeljahren befanden, war kein Leben hineinzurütteln.

Pelle eilte hinunter und brachte alles in Ordnung, füllte den Einweichkübel und schaufelte einen Sandhaufen auf den Fenstertritt, damit der Meister da hineinspucken konnte. Er wunderte sich nicht mehr über die anderen, er war selbst morgensauer. An den Tagen, da er gleich auf den Schusterschemel kriechen musste, ohne erst ein paar Morgenbesorgungen zu machen, brauchte er Stunden, um richtig wach zu werden.

Er untersuchte, ob er am vorhergehenden Abend an irgendeine in die Augen fallende Stelle ein Kreidekreuz gemacht hatte, denn dann war da etwas, woran er sich erinnern musste. Sein Gedächtnis ließ ihn oft im Stich – deshalb hatte er diese geniale Erfindung gemacht. Dann durfte man nur nicht vergessen, was die Kreuze bedeuteten.

Wenn die Werkstatt in Ordnung war, erledigte er Besorgungen für die Madam. Er bekam einen Weizenzwieback zu seinem Kaffee, den er draußen in der Küche trank, während die alte Frau umherging und murrte. Sie war vertrocknet wie eine Mumie und bewegte sich stark vornübergebeugt; wenn sie ihre Hände nicht gebrauchte, presste sie einen Unterarm gegen das Zwerchfell. Mit allem war sie unzufrieden und redete fortwährend vom Grab. »Meine beiden Ältesten sind überm Meer, in Australien und in Amerika; die seh ich nie wieder. Und hier zu Hause stolzieren zwei Mannsleute herum, tun nichts und lassen sich bedienen. Andres, der Ärmste, is krank, und Jeppe is zu nichts mehr zu gebrauchen, der kann sich nich mal mehr im Bett warm halten. Aber Ansprüche machen, das können sie, und mich lassen sie ohne Hilfe, alles muss ich selber tun. Ich will wahrhaftig Gott danken, wenn ich erst in meinem Grab liege. Was stehst du denn da und reißt Mund und Augen auf? Mach, dass du wegkommst!« Dann trug Pelle den Kaffee mit dem braunen Zucker hinaus ans Werkstattfenster.

Mit der Arbeitslust war es des Morgens, ehe der Meister auf war, nicht weit her; sie waren schläfrig und sahen einem langen, eintönigen Tag entgegen. Der Geselle trieb sie nicht zur Arbeit an, er musste dafür sorgen, dass etwas für ihn selber übrig blieb. So aßen sie denn und pusselten, taten hin und wieder zum Schein ein paar Hammerschläge, während dieser oder jener über dem Tisch weiterschlief. Sie fuhren auf, wenn sie die drei Schläge für Pelle gegen die Wand hörten.

»Was macht ihr denn? Es ist so still bei euch!«, konnte der Meister fragen, indem er Pelle misstrauisch anstarrte. Aber Pelle hatte sich gemerkt, was jeder Einzelne in Händen haben sollte, und gab dem Meister entsprechende Auskunft. »Was für einen Tag haben wir heute – Donnerstag? Verdammt, sag dem Jens, dass er augenblicklich Mannas Vorschuhe hinlegt und die Stiefel für den Lotsen anfängt, sie waren für vorigen Montag versprochen.« Der Meister rang nach Luft. »Ach, ich hab eine schlimme Nacht gehabt, Pelle, eine ganz abscheuliche Nacht mit Hitze und Ohrensausen. Das neue Blut is ja so verteufelt unbändig, es kocht mir im Kopf wie Sodawasser. Aber gut is es ja, dass ich es kriege, sonst wär ich, weiß Gott, bald fertig, du. – Glaubst du an die Hölle? Der Himmel, das ist der reine Unsinn, was können wir wohl gutes anderswo erwarten, wenn wir es hier nicht mal ordentlich haben können! Aber glaubst du an die Hölle? Mir träumte, ich hätte den letzten Stummel Lunge ausgespien und käme in die Hölle. ›Was zum Satan willst du hier, Andres?‹, sagten sie zu mir. ›Dein Herz ist ja noch ganz.‹ Sie wollten mich nicht haben. Aber was nützt das? Mit dem Herzen kann ich nicht atmen, ich krepiere darum doch. Und was wird dann aus mir? Willst du mir das sagen? Es gibt etwas, das heißt, wieder in seine Mutter eingehen; wenn man das wenigstens könnte, und dann als neuer Mensch mit zwei guten Beinen wieder zur Welt kommen. Dann solltest du mich in aller Eile übers Meer verschwinden sehen – wuppdi! Ich würde mich hier nicht lange aufhalten und herumwühlen. – Hast du deinen Nabel heute schon gesehen? Ja, du grinst, du Luder, aber es is mein Ernst! Es würde dir das meiste geraten, wenn du den Tag immer damit anfängst, deinen Nabel zu besehen.« Der Meister sprach halb im Ernst, halb im Scherz. »Na, nu kannst du mir meinen Portwein holen, er steht auf dem Bord hinter dem Kasten mit den Schnürbändern, mich friert so niederträchtig.«

Pelle kam zurück und meldete, dass die Flasche leer sei. Der Meister betrachtete sie sanftmütig.

»Dann geh hin und besorg mir eine andere! Aber ich hab kein Geld, du musst sagen – ach, denk dir selbst was aus – du bist nich auf den Kopf gefallen.« Der Meister sah ihn mit einem Blick an, der ihm zu Herzen ging, sodass er nahe daran war, in Tränen auszubrechen. Pelles Leben hatte sich bisher wie auf einer schnurgeraden Landstraße abgespielt, er begriff nicht das Spiel von Witz und Elend, Schelmerei und Traurigkeit. Aber er ahnte des guten Gottes Angesichts und es zitterte in ihm; er hätte für den Meister in den Tod gehen können.

Wenn es regnerisches Wetter war, fiel es dem Meister schwer, aufzustehen – die Kälte drückte ihn nieder. Wenn er dann in die Werkstatt hinauskam, frisch gewaschen und mit nassem Haar, stellte er sich an den kalten Ofen, stand da und klapperte mit den Zähnen. Seine Wangen waren ganz eingefallen. »Ich habe augenblicklich so wenig Blut«, sagte er dann, »aber das neue is im Anmarsch, es singt mir jede Nacht in den Ohren!« Dann hustete er eine Weile. »Da haben wir, bei meiner Seele, wieder ein Stück Lunge«, sagte er und zeigte Pelle der am Ofen stand und Schuhe bürstete, einen galleartigen Klumpen. »Aber sie wächst wieder frisch nach!«

»Jetzt is der Meister ja bald dreißig Jahre«, sagte der Geselle, »dann is die gefährliche Zeit überstanden.«

»Ja, zum Kuckuck auch, so lange werde ich doch wohl noch zusammenhängen können – nur noch ein halbes Jahr«, sagte der Meister eifrig und sah Pelle an, als stehe das in Pelles Macht, »nur noch sechs Monate! Dann erneuert sich der ganze Kadaver – neue Lungen –, alles wird dann neu. Aber neue Beine krieg ich, weiß Gott, nie.«

Es wuchs ein eigenes, heimliches Verständnis zwischen Pelle und dem Meister, das sich nicht in Worten äußerte, aber in den Blicken, im Tonfall und in ihrem ganzen Wesen zu spüren war. Es war, als strahle die Lederjacke des Meisters warmes Gefühl aus, wenn Pelle hinter seinem Rücken stand. Pelles Augen suchten immerfort den Meister und der Meister war anders gegen ihn als gegen alle anderen.

Wenn er von Besorgungen in der Stadt nach Hause kam und um die Ecke bog, hatte er den erfreulichen Anblick des jungen Meisters, der in der Haustür stand; das lahme Bein in Ruhestellung und den Stock fest in der Hand, stand er da und ließ seinen Blick voll Sehnsucht in die Ferne schweifen. Das war sein Platz, wenn er nicht drinnen saß und in seinen Abenteuerbüchern las. Aber Pelle wünschte, dass er dastand. Und wenn er dann vorüberschlüpfte, duckte er sich verschämt. Denn es geschah oft, dass der Meister die Hand in seine Schulter krallte, sodass es schmerzte, ihn hin und her rüttelte und herzlich sagte: »Du Satansbengel!« Das war die einzige Liebkosung, die das Leben für Pelle vorgesehen hatte, und er genoss sie.

Pelle begriff den Meister nicht, auch nicht einen Seufzer von ihm verstand er. Der Meister kam nie hinaus, nur ausnahmsweise einmal, wenn er sich gut fühlte, humpelte er zu Bierhansens hinüber und machte eine Partie, sonst ging seine Reise nicht weiter als bis an die Haustür. Da stand er und guckte ein wenig und pflegte dann hinkend wieder hereinzukommen mit dieser ansteckenden guten Laune, die die dunkle Werkstatt in einen Halm voll Vogelgezwitscher verwandelte. Er hatte die Insel nie verlassen und empfand wohl auch kein Bedürfnis danach, aber trotzdem kam und ging die große Welt in seinem Wesen und seiner Rede, sodass Pelle ganz krank werden konnte vor Sehnsucht. Etwas anderes als Gesundheit verlangte er für sich nicht von der Zukunft und dann war er von Abenteuerlichkeit umgeben; man bekam den Eindruck, dass alles Glück herabfliegen und sich auf ihn niedersetzen müsse. Pelle vergötterte ihn, begriff ihn aber nicht. Der Meister, der mit seinem lahmen Bein Scherz treiben und es im nächsten Augenblick ganz vergessen konnte, der scherzhaft mit seiner Armut spielte, als werfe er mit Goldstücken um sich – das war nicht zu verstehen. Und Pelle wurde nicht klüger dadurch, dass er heimlich in den Büchern las, die Meister Andres den Atem raubten; er konnte sich mit weniger als dem Nordpol und dem Innern der Erde begnügen, wenn es ihm nur gestattet wurde, selbst mit dabei zu sein.

Er hatte keine Gelegenheit, stillzusitzen und Grillen zu fangen, jeden Augenblick hieß es: »Pelle, lauf!« Alles wurde in kleinen Mengen auf Kredit gekauft. »Dann läuft es nicht so arg auf«, sagte Jeppe. Meister Andres war das einerlei. Da kam Werkführers Dienstmädchen gelaufen, sie musste unbedingt die Schuhe für ihr Fräulein haben – sie waren zu Montag versprochen gewesen. Der Meister hatte sie ganz vergessen. »Sie sind in Arbeit«, sagte er unverzagt. »Zum Teufel auch, Jens!« Und Jens hatte es sehr eilig, er schlug Leisten in die Schuhe, während Meister Andres das Mädchen hinausbegleitete und draußen auf der Diele mit ihr schäkerte, um sie milde zu stimmen. »Bloß ein paar Hiebe, dass sie zusammenhalten«, sagte der Meister zu Jens. Und dann – »Pelle, fort damit, so schnell dich deine Beine tragen! Sag, wir ließen sie morgen früh holen und machten sie ordentlich fertig. Aber lauf, als hättest du den Deubel auf den Hacken.«

Pelle lief, und wenn er nach Hause gekommen und eben in sein Schurzfell geschlüpft war, musste er wieder raus. »Pelle, lauf und leih ein paar Messingstifte – dann brauchen wir heut keine zu kaufen! Geh zu Klausen – nee, geh lieber zu Blom; bei Klausen bist du ja erst heut Vormittag gewesen.«

»Bloms sind wütend über den Schraubblock«, sagte Pelle.

»Ja, Tod und Teufel – wir müssen sehen, dass wir den wieder in Ordnung bringen und ihn abliefern; denk daran und nimm ihn zum Schmied mit! Was in aller Welt machen wir denn nun?« Der junge Meister starrte hilflos von dem einen zum andern.

»Schuhmacher Marker«, schlug der kleine Nikas vor.

»Bei Marker leihen wir nicht.« Der Meister runzelte die Stirn. »Marker ist 'ne Laus!« Marker hatte es verstanden, sich bei einem der ältesten Kunden der Werkstatt einzuschmeicheln. »Der hat ja nich mal Salz für ein Ei!«

»Ja, was denn?«, fragte Pelle ein wenig ungeduldig.

Der Meister saß eine Weile stumm da. »Na, dann nimm das da!«, rief er verdrießlich und warf Pelle eine Krone hin. »Ich hab ja keine Ruhe vor dir, solange ich noch eine Öre in der Tasche habe, du Unhold! Kauf ein Paket und trag dann Klausens und Bloms die hin, die wir geliehen haben.«

»Aber dann sehen sie ja, dass wir ein ganzes Paket haben«, sagte Pelle, der auch mit Überlegung handeln konnte. »Und übrigens sind sie uns so viel anderes schuldig, was sie von uns geliehen haben.«

»So ein Schurke«, sagte der Meister und setzte sich hin, um zu lesen. »Herr, du meines Lebens, so ein Galgenstrick!« Er sah sehr vergnügt aus.

Und nach einer Weile hieß es dann wieder »Pelle, lauf!«.

Der Tag war ausgefüllt von Botengängen und Pelle gehörte nicht zu denen, die sie abkürzten, er sehnte sich nicht nach der düsteren Werkstatt mit dem Dreibein. Da war so viel, was abgesucht werden musste; er hielt es im Grunde für seine Pflicht, überall zu sein, wo er nichts zu tun hatte; er streifte umher wie ein junger Hund und steckte seine Nase in alles. Die Stadt hatte schon jetzt nicht mehr viele Geheimnisse vor ihm.

In Pelle lebte ein starker Drang, sich das Ganze untertan zu machen. Aber vorläufig hatte er nur Niederlagen aufzuweisen; bisher hatte er nur von seinem eigenen Mitgebrachten geopfert, ohne etwas wiederzubekommen. Seine Scheu und sein Misstrauen hatte er hier abgestreift, wo es galt, sich nach allen Seiten zu öffnen; er war im Begriff, seine soliden Eigenschaften als bäuerisch auf dem Altar der Stadt zu opfern. Aber je weniger Deckung er besaß, umso unerschrockener ging er drauflos – die Stadt *musste* ja erobert werden. Er war aus seiner Schale herausgelockt worden und würde leicht zu verzehren sein.

Die Stadt hat ihn aus seiner sicheren Lage herausgeschleudert, im Übrigen ist er derselbe prächtige Junge – die meisten werden keinen anderen Unterschied sehen können als den, dass er in die Höhe geschossen ist. Aber Vater Lasse würde sicher Blut weinen, wenn er seinen Jungen so erblickte, wie er jetzt in der Stadt umhergeht, voll Unsicherheit und Nachahmungsdrang, am Werktag in der besten Jacke und trotzdem unordentlich in der Kleidung.

Er geht dahin und schlenkerte mit einem Paar Stiefel, hat die Finger in den Strippen und pfeift übermütig. Hin und wieder schneidet er eine Fratze und geht vorsichtiger – wenn die Beinkleider die empfindlichen Streifen an den Schenkeln berühren.

Er hat einen heißen Tag gehabt – nur weil er heute Vormittag an einer Schmiede vorbeikam und sich von der herrlichen Kraftentwicklung da drinnen im Feuerschein und Halbdunkel aufhalten ließ. Die Flammen und der Klang von Metall, das ganze muntere Getöse von wirklicher Arbeit fesselten ihn, er musste hinein und fragen, ob sie nicht Verwendung für einen Lehrjungen hätten. Er war nicht so dumm anzugeben, wohin er gehörte; aber als er nach Hause kam, war Jeppe bereits unterrichtet, und –! Na, jetzt ist das vergessen, ausgenommen, wenn gerade die Beinkleider die Schenkel berührten. Dann wird er daran erinnert, dass es hier in der Welt kein Sichdrücken gibt; hat man sich in etwas hineinbegeben, muss man sich durchfressen, so wie der Junge im Märchen. Und diese Entscheidung ist an und für sich nicht so überraschend neu für ihn.

Er hat wie immer den längsten Umweg gewählt, stöberte auf Höfen und in Seitengassen herum, wo Aussicht auf ein Erlebnis ist, und ist ganz schnell einmal bei Albinus vorbeigegangen, der Gehilfe bei einem Kaufmann ist. Albinus war nicht amüsant. Er hatte nichts Rechtes zu tun und ging wie gewöhnlich im Speicher hin und her, eifrig davon in Anspruch genommen, eine kurze Leiter gerade in der Luft stehen zu lassen, während er hinaufstieg. Es war nie ein Wort aus ihm herauszubringen, wenn er sich mit dergleichen abmühte; da nahm Pelle eine Hand voll Rosinen und machte sich aus dem Staube.

Unten im Hafen entert er eine schwedische Schute, die eben mit Holz eingelaufen ist. »Habt ihr was, was gemacht werden soll?«, ruft er und hält eine Hand hinten vor, wo die Hose ein Loch hat.

»Klausens Lehrling ist eben hier gewesen und hat gekriegt, was da war«, antwortet der Schiffer.

»Das is ja dumm! Ihr hättet es uns geben sollen! Habt ihr denn 'ne Kreidepfeife?«

»Ja, komm du man her!« Der Schiffer greift nach einem Tauende, aber Pelle rettet sich an Land. »Na, krieg ich nich bald die Prügel?«, ruft er foppend.

»Du sollst eine Kreidepfeife haben, wenn du hinlaufen und für fünf Öre Priem holen willst.«

»Was soll das kosten?«, fragte Pelle einfältig. Der Schiffer greift nach dem Tauende, aber Pelle ist schon weg.

»Für fünf Öre Priem von dem langen«, ruft er, noch ehe er zur Tür hereingekommen ist. »Aber vom allerbesten, denn es ist für einen Kranken.« Er wirft das Geld auf den Tisch und sieht unverschämt aus.

Der alte Schiffer Lau richtet sich auf seinen beiden Stöcken auf und reicht ihm den Priem, seine Kiefer gehen wie ein Walzwerk, alle Glieder sind von Gicht gekrümmt. »Soll woll für 'ne Wöchnerin sein?«, fragte er verschmitzt.

Pelle bricht den Stiel von der Kreidepfeife ab, damit sie nicht in der Tasche durchbrechen soll, entert den Bergungsdampfer und verschwindet vorn. Nach einer Weile taucht er unter der Kajütenkappe wieder auf mit einem Paar mächtigen Seestiefeln und einem Stück »Negermahlzeit«. Hinter dem Dampferschuppen beißt er einen gehörigen Bissen von dem braunen Presstabak ab und kaut mutig drauflos, er strotzt vor Mannesgefühl. Aber dort am Ofen, wo die Schiffsplanken gebogen werden, drehte sich ihm der Magen um, alle seine inwendigen Teile drängen sich heraus, als wollten sie ausprobieren, wie es ist, wenn sie nach außen heraushängen. Er schleppt sich weiter, krank wie ein Hund und mit klopfenden Schläfen; aber irgendwo inwendig in ihm sitzt ein kleines Stückchen Zufriedenheit auch hiermit und wartet nur darauf, dass die schlimmsten Folgen überstanden sind, um irgendeine neue Heldentat zu vollbringen.

Im Übrigen ist der Hafen hier mit seinen Bretterstapeln und Schiffen auf Helling noch ebenso spannend wie damals, als er in den Hauspänen lag und herumkroch und auf Lasses Sack Acht gab. Der schwarze Mann mit den beiden kläffenden Hunden ragt noch immer aus dem Dach des Hafenschuppens empor – das Unbegreifliche ist nur, dass man jemals vor ihm hat bange werden können. Ja, aber Pelle hat es eilig.

Er läuft einige Schritte, doch bei der alten Schleppstelle muss er notwendigerweise Halt machen, denn da steht »die Kraft« und behaut Granitblöcke – kupferbraun von Sonne und Luft. In seinem schönen schwarzen Haar hängen Splitter von dem Stein; er trägt nur Hemd und Leinwandhose, weiter nichts, und das Hemd ist vorn offen und zeigt die kräftige Brust; aber auf dem Rücken liegt es eng an und zeigt das Spiel der Muskeln. Wenn er zuschlägt, macht die Luft tju!, und es seufzt ringsherum in den Stapeln. Leute kommen dahergestürzt, verlangsamen in einer gewissen Entfernung ihre Schritte, bleiben stehen und sehen ihm zu. Beständig steht da eine kleine Schar und gafft und löst einander ab, wie vor einem Löwenkäfig. Es könnte etwas geschehen – einer dieser plötzlichen Ausbrüche, die das Ganze erschüttern und anständigen Leuten einen Schrecken einjagen.

Pelle geht dicht an ihn heran. »Die Kraft« ist ja der Vater von Jens, dem zweitjüngsten Lehrling. »Guten Tag!«, sagt er unverzagt und tritt geradewegs in den Schatten des Riesen. Aber der Steinhauer schiebt ihn zur Seite, ohne zu untersuchen, wer er ist, und schlägt weiter, tju, tju!

»Es ist lange her, seit er seine Kräfte ordentlich gebraucht hat«, sagt ein Bürger. »Ob er zur Ruhe gekommen ist?«

»Einmal muss er doch woll ausgerast haben«, meint der andere. »Die Stadt sollte sehen, dass sie sich Ruhe vor ihm verschafft.«

Und dann gehen sie und auch Pelle muss weiter – irgendwohin, wo ihn niemand sehen kann.

»Schuster, tu Fuster, tu Grütze in den Brei,
Prügel auf den Rücken schmecken süß, auwei!«

Das sind die verdammten Straßenjungen. Pelle ist gar nicht in kriegerischer Laune, er tut so, als sähe er sie nicht. Aber sie gehen dicht hinter ihm her und treten ihm auf die Hacken. Futti, futti, futti, pfui! – und ehe er sich's versieht, hat er sich mit ihnen in den Haaren. Er merkt es erst, als er sich im Rinnstein auf dem Rücken wälzt, alle drei über sich. Er ist der Länge nach zwischen die Gossensteine gefallen und kann sich nicht rühren; matt ist er auch infolge des verdammten Kraftfutters; die beiden Größten breiten seine Arme über die Pflastersteine aus und drücken sie mit aller Macht nieder, der Kleinste darf sich an seinem Gesicht üben. Es ist ausgesuchter Hohn, aber Pelle kann nichts weiter tun, als den Kopf vor den Schlägen zur Seite zu drehen – er hat doch Mitleid mit den schimpflichen, dicken Wangen.

Da sieht er in seiner Not etwas Wunderbares; dort in dem Torweg steht ein weißer Bäckerjunge und amüsiert sich königlich. Und das ist Nilen, der wunderbare, kleine, verteufelte Nilen aus seiner Schulzeit, der auf alles losging wie ein Rattenhund und immer mit heiler Haut davonkam. Pelle schließt die Augen und schämt sich, obwohl er recht gut weiß, dass es nur eine Art Offenbarung ist.

Und dann geschieht das Herrliche, dass die Offenbarung zu ihm in den Rinnstein hinabsteigt, die Jungen zur Seite schleudert und ihm auf die Beine hilft. Pelle erkennt den Fingergriff wieder, der schon in der Schule wie eiserne Klauen wirkte.

Und dann sitzen sie hinter dem Ofen auf Nilens schmutzigem Bett. »Also, du bist Schusterfleck geworden?«, sagte er ein Mal über das andere mitleidig – er selbst sieht verteufelt flott aus in seinem weißen Anzug, die bloßen Arme über der Brust gekreuzt. Pelle befindet sich äußerst wohl, er hat eine Kremschnitte bekommen und findet, dass die Welt immer spannender wird. Nilen priemt männlich und speit schwarz auf dem Fußboden.

»Priemst du?«, fragte Pelle und beeilte sich ihm den Presstabak zu schenken.

»Ja, das tun wir alle, dazu ist man gezwungen, wenn man des Nachts arbeiten soll.«

Pelle begreift nicht, dass es ein Mensch aushalten kann, Tag und Nacht zu vertauschen.

»Das tun alle Bäcker in Kopenhagen – dann können die Leute des Morgens frisches Brot bekommen. Und unser Meister will nun auch versuchen es hier einzuführen. Aber das kann nicht ein jeder, denn der ganze Körper muss sich umstellen. Am schlimmsten ist es um Mitternacht, wenn sich alles umdreht. Dann kommt es darauf an, auf die Uhr Acht zu geben, und im selben Augenblick, wo sie zwölf schlägt, halten wir alle den Atem an, dann kann nichts rein- und nichts rauskommen. Der Meister selbst kann die Nachtwache nicht aushalten, der Priem wird ihm sauer im Mund und er muss ihn auf den Tisch legen. Wenn er dann wieder aufwacht, glaubt er, dass es eine Rosine ist, und wirft ihn in den Teig. – Wie heißt dein Mädchen?«

Pelles Gedanken streifen einen Augenblick die drei Töchter des Schiffers, aber die sollen doch nicht geopfert werden. Nein, er hat kein Mädchen!

»Nee, du hör mal, das kannst du doch nich auf dir sitzen lassen. Ich hab augenblicklich 'ne kleine Liebelei mit dem Meister seiner Tochter und das is 'ne süße Dirn – schon ganz entwickelt, du! Aber wir müssen uns vor dem Alten in Acht nehmen!«

»Willst du dich denn verheiraten, wenn du Geselle wirst?«, fragte Pelle sehr interessiert.

»Und mich mit Frau und Kindern abplacken? Du bist ein Rindvieh, Pelle! Aber das brauchst du dir nich leid sein zu lassen! Nein, Frauenzimmer, das is ja nur was, wenn man sich langweilt, weißt du!« Er reckt sich gähnend.

Nilen ist ein schöner Bursche geworden; aber ein wenig hart im Ausdruck; er sitzt da und sieht mit einem eigentümlichen Blinzeln in den Augen auf Pelle herab. »Schusterfleck!«, sagt er spöttisch und beult die Wangen mit der Zunge aus. Pelle sagt nichts; er weiß, dass er Nilen nicht prügeln kann.

Nilen hat seine Pfeife angezündet und liegt auf dem Rücken im Bett – mit den schmutzigen Schuhen – und schwatzt. »Wie is euer

Geselle? Unserer ist ein eingebildeter Esel. Neulich musste ich ihm 'ne Ohrfeige langen, er war zu unverschämt. – Jetzt hab ich es gelernt, Kopenhagener Kopfnüsse auszuteilen; dann kann man leicht fertig werden; aber dazu gehört 'ne starke Stirn.« Er ist ein verteufelter Bursche, Pelle wird kleiner und kleiner.

Aber plötzlich fährt Nilen mit größter Hast in die Höhe – draußen in der Bäckerei ertönt eine scharfe Stimme. »Aus dem Fenster raus, zum Teufel auch!«, faucht er. »Der Geselle!« Und Pelle muss zum Fenster hinaus, so lang er ist, seine Stiefel sausen hinter ihm drein. Während er davonläuft, hört er den wohlbekannten Laut einer schallenden Ohrfeige.

Wenn Pelle von seinem Umherschweifen heimkehrte, war er müde und träge, die düstere Werkstatt lockte ihn nicht. Kleinlaut war er auch, denn die Uhr beim Uhrmacher sagte ihm, dass er drei Stunden weg gewesen war. Er begriff es nicht.

Der junge Meister stand in der Haustür und guckte aus, mit Lederjacke und Schurzfell aus grünem Billardtuch; er pfiff leise vor sich hin und sah aus wie ein ausgewachsener junger Vogel, der nicht wagt sich aus dem Nest herausfallen zu lassen. Es konnte eine ganze Welt von Verwunderung in seinem neugierigen Blick liegen.

»Bist du wieder im Hafen gewesen, du Teufelsjunge?«, fragte er und hieb eine Klaue in Pelle.

»Ja.« Pelle schämte sich gehörig.

»Na, was war denn da los, was gibt's Neues?«

Und dann musste Pelle auf der Treppe erzählen; von dem schwedischen Holzschiff, auf dem die Frau des Schiffers auf offener See ein Kind gekriegt hatte, und dass der Koch sie hatte entbinden müssen; von einem Russen, der mit Meuterei an Bord in den Hafen eingelaufen war, und was sonst noch vorgefallen sein mochte. Heute waren da nur die Stiefel. »Die sind von dem Bergungsdampfer – sie sollen besohlt werden.«

»Hm.« Der Meister sah sie mit einem gleichgültigen Blick an.
»Ist der Schoner ›Andreas‹ fertig zur Abfahrt?«

Das wusste Pelle nicht.

»Was für ein Schafskopf bist du denn, hast du denn keine Augen im Kopf? Na ja, dann hol mir mal drei Flachen Bier! Steck sie aber unter die Bluse, damit Vater sie nicht sieht, du Ungetüm!« Der Meister war gleich wieder gut.

Und dann kroch Pelle in die Schürze und schnallte den Spannriemen übers Knie. Jeder Mann lag seiner Arbeit ob und Meister Andres las; man hörte keinen anderen Laut als den der Arbeit und hin und wieder einen leisen Tadel von dem Gesellen.

Jeden zweiten Nachmittag gegen fünf Uhr öffnete sich die Werkstatttür ein klein wenig und ein nackter, mehliger Arm steckte die Zeitung herein und legte sie auf den Tisch. Das war Bäcker Sörens Arm, er selber jedoch ließ sich nicht sehen; er bewegte sich am liebsten wie der Dieb in der Nacht. Wenn ihn der Meister hin und wieder einmal abfasste und in die Werkstatt zog, war er wie ein eingeschüchterter Waldteufel, der sich aus seinem Dickicht verirrt hat; er stand mit gesenktem Kopf da und senkte scheu die Augen; man konnte kein Wort aus ihm herausbringen. Sobald er Gelegenheit fand, schlüpfte er hinaus.

Die Zeitung brachte Abwechslung in die Arbeit. Wenn der Meister dazu aufgelegt war, las er vor – von Kälbern mit zwei Köpfen und vier Paar Beinen, von einem Kürbis, der fünfzig Pfund wog, von dem fettesten Mann der Welt, von Todesfällen durch fahrlässigen Umgang mit Schießwaffen und von Schlangen auf Martinique. Die leuchtenden Wunder der ganzen Welt zogen vorbei und füllten die dunkle Werkstatt; das politische Geschreibsel übersprang er. Wenn er in seiner verzweifelten Laune war, las er das verteufeltste Zeug; vom Atlantischen Ozean, der ausgebrannt sei, sodass sich die Leute an gebratenem Dorsch totaßen; oder dass der Himmel über Amerika einen Riss bekommen habe, sodass die Engel den Leuten gerade in die Suppenteller fielen – Dinge, denen man es gleich anhören konnte, dass es Lügen waren und gotteslästerlicher Unsinn, der jederzeit Strafe über ihn bringen konnte. – Ausschelten war nicht des Meisters Sache, er wurde krank, wenn Unfriede in der Luft lag. Aber er hatte seine eigene Art und Weise, sich in Respekt zu setzen, mitten in der Lektüre konnte ein Rüffel für diesen oder jenen abfallen, sodass der Betreffende zusammenzuckte und glaubte, alle seine Verfehlungen stünden in der Zeitung.

Wenn der Feierabend nahte, kam immer ein hellerer Klang in die Arbeit. Dann ging der lange Arbeitstag zu Ende, die Gedanken streiften den Überdruss und die Müdigkeit des Tages ab und liefen voraus – nach den Seehügeln oder dem Hain, den Weg entlang, den die Freude erhellte. Hin und wieder trat auch ein Nachbar ein und verkürzte die Zeit mit seinem Geplauder; es war dies oder jenes geschehen und Meister Andres, der so klug war, musste es bestätigen. Laute, die sonst vom Tag verschlungen wurden, drangen herein und ließen einen teilnehmen an dem Leben der Stadt; es war, als fielen die Mauern.

Gegen sieben Uhr hörte man ein eigentümliches Geräusch oben von der Straße; ein Humpeln und zwei klatschende Laute, dann wieder dieser Bums, wie von einem mächtigen, in Lumpen eingewickelten Fuß – und das Klatschen. Es war der alte Bjerregrav, der sich auf seinen Krücken zu der Werkstatt herunterwälzte. Bjerregrav, der sich langsamer bewegte als alle anderen und doch schneller vorwärts kam. Wenn Meister Andres in seiner schlechten Laune war, hinkte er hinein, um nicht mit einem Krüppel in derselben Stube zu sein; sonst hatte er Bjerregrav gern.

»Was sind das für seltene Vögel?«, rief er, wenn Bjerregrav an der Treppe anlegte und sich seitwärts hineinstängelte; und der Alte lachte – er war nun seit vielen Jahren jeden Tag hierher gekommen. Der Meister nahm auch keine Notiz mehr von ihm, sondern las weiter und Bjerregrav versank in ein stummes Grübeln; seine bleichen Hände tasteten von dem einen zum anderen, als kenne er die alltäglichsten Dinge nicht. Er fasste alles an wie ein Säugling und man musste lächeln und ihn sitzen und pusseln lassen, als das Kind, das er war. Es war unmöglich, eine Unterhaltung mit ihm im Gange zu halten, denn wenn er wirklich einmal eine Bemerkung machte, pflegte sie ganz außerhalb des Zusammenhanges zu sein; Bjerregrav verweilte oft bei den Eigenschaften, die kein anderer sah oder bei denen niemand verweilen mochte.

Wenn er so dasaß und grübelnd einen ganz gewöhnlichen Gegenstand befühlte, sagten die Leute: »Jetzt kommt die Fragelust über Bjerregrav!« Und ein Frager war er, er fragte nach Wind und Wetter und selbst nach dem Essen, das er aß, nach den lächerlichsten Dingen, warum ein Stein hart sei und warum Wasser Feuer lösche. Die Leute antworteten ihm dann auch nicht, sondern zuckten mitleidig die Achseln. »Er ist im Grunde ganz gescheit«, sagten sie, »seinem Kopf fehlt nichts. Aber er fängt es verkehrt an!«

Der junge Meister sah von seinem Buch auf. »Soll ich denn Bjerregravs Geld erben?«, fragte er scherzend.

»Nein, du hast mir nur Gutes getan; ich will dein Unglück nicht!«

»Mir könnte wohl Schlimmeres geschehen als das, meint Bjerregrav nich auch?«

»Nein, denn du hast dein gutes Auskommen. Auf mehr hat niemand Anspruch, solange so viele Not leiden.«

»Gewisse Leute haben doch selber Geld in der Kiste«, sagte Meister Andres.

»Nein, das ist nun vorbei«, antwortete der Alte froh. »Ich bin jetzt ebenso reich wie du, akkurat.«

»Zum Teufel auch – hat Bjerregrav denn alles durchgebracht?« Der Meister fuhr auf seinem Stuhl herum.

»Ihr mit eurem Durchgebracht! Immer habt ihr über mich zu Gericht zu sitzen und Anklage zu führen. Ich bin mir keiner Schlechtigkeit bewusst, aber das ist wahr, die Not nimmt mit jedem Winter zu. Es ist eine Last, Geld zu haben, du, Andres, wenn rundherum die Menschen sitzen und hungern und wenn du ihnen hilfst, dann kriegst du nachher zu wissen, dass du ihnen nur Schaden zugefügt hast. Sie sagen es auch selbst, deshalb muss es doch wohl wahr sein. Aber nun hab ich dem Wohltätigkeitsverein das Geld gegeben, dann kommt es wohl an den rechten Mann.«

»Fünftausend Kronen«, sagte der Meister träumerisch. »Dann wird die Freude unter den Armen in diesem Winter groß sein.«

»Ja, für Essen und Feuerung kriegen sie es ja nicht direkt!«, sagte Bjerregrav, »aber es soll ihnen auf andere Weise zugute kommen. Denn als ich dem Verein mein Anerbieten gemacht habe, kam der Vorsitzende, Schiffsreeder Monsen, du weißt ja, zu mir heraus und bat mich, ihm das Geld auf ein Jahr zu leihen. Er müsste Bankrott machen, wenn er es nicht kriege – und er war ganz unglücklich bei dem Gedanken an alle die vielen, die brotlos würden, wenn sein großer Betrieb schließen müsse. Die Verantwortung fiele ja dann auf mich. Aber das Geld ist sicher genug und auf diese Weise kommt es ja den Armen zweimal zugute.«

Meister Andres schüttelte den Kopf. »Wenn sich Bjerregrav da bloß nich in die Nesseln gesetzt hat.«

»Na, was denn? Was kann ich denn verkehrt gemacht haben?«, fragte der Alte erschrocken.

»Der steht, zum Teufel auch, noch lange nich vor dem Bankrott – er ist ein ausgefeimter Schurke«, murmelte der Meister. »Hat sich denn Bjerregrav einen Schuldschein geben lassen?«

Der Alte nickte, er war ganz stolz auf sich.

»Und Zinsen – fünf Prozent?«

»Nein, keine Zinsen. Dass das Geld ausstehen und Zinsen bringen soll, das mag ich nicht. Denn irgendwoher muss er ja die Prozente saugen, und das wird dann wohl auch aus den Armen sein. Zinsen sind Blutgeld, Andres – die sind auch 'ne neumodische Erfindung. In meiner Jugend kannte man keine Zinsen.«

»Ja, ja! Wer anderen Leuten gibt sein Brot und leidet nachher selber Not, den schlage man mit der Keule tot«, sagte der Meister und las weiter.

Bjerregrav saß da und versank in Gedanken. Plötzlich sah er auf. »Kannst du, der du doch so belesen bist, mir nicht sagen, was den Mond da oben festhält? Ich habe darüber nachgegrübelt, als ich nicht schlafen konnte. Wandern und wandern tut er; und man kann deutlich sehen, dass er nichts weiter als Luft unter sich hat.«

»Das mag der Teufel wissen«, antwortete Meister Andres grübelnd. »Er hat wohl seine eigene Kraft, mit der er sich da oben hält.«

»Dasselbe habe ich auch gedacht – denn die Pflicht reicht wohl nicht aus. Wir anderen tun es ja, treten und treten, wo wir hingesetzt werden, aber wir haben doch die Erde, auf die wir uns stützen können. Und du studierst noch immer, du! Nu hast du wohl bald alle Bücher gelesen, die es auf der Welt gibt?« Bjerregrav nahm das Buch des Meisters und befühlte es gründlich.

»Das ist ein gutes Buch«, sagte er, klopfte gegen den Einband und hielt das Buch lauschend ans Ohr. »Gutes Material, das. Ist es 'ne Lügengeschichte oder ein Geschichtsbuch?«

»Es ist ein Reisebuch. Sie liegen oben am Nordpol und sind eingefroren – sie wissen nich, ob sie lebendig wieder nach Hause kommen.«

»Aber das is ja schrecklich – dass sich die Leute so hinauswagen. Ich hab oft darüber nachgedacht, was da woll am Ende der Welt is, aber da hinreisen und nachsehen, dazu hätte ich den Mut nicht. Nie wieder nach Hause!« Bjerregrav sah gequält von einem zum andern.

»Und kalten Brand haben sie in den Füßen und die Zehen müssen abgenommen werden – bei einigen von ihnen der ganze Fuß.«

»Aber so schweig doch – sie verlieren ja ihre Gesundheit, die Ärmsten; ich will nichts mehr davon hören.« Der Alte saß da und wiegte sich hin und her, als sei ihm übel. »Hat der König sie da raufgeschickt, um Krieg zu führen?«, fragte er kurz darauf ein wenig neugierig.

»Nein, um den Paradiesgarten zu suchen, sind sie dahingereist. Einer von den Leuten, der die Schrift erforscht, hat ausfindig gemacht, dass er da oben hinter dem Eis liegen soll«, erklärte der Meister feierlich.

»Der Garten Eden, auch das Paradies genannt! – Aber der lag ja da, wo die beiden Flüsse in den dritten einmünden, im Morgenland! Das steht ganz deutlich geschrieben. Folglich sind das, was du liest, falsche Lehren.«

»Der Garten Eden hat wahrhaftig am Nordpol gelegen«, sagte der Meister, der Neigung zur Freigeisterei hatte, »weiß Gott, das hat er! Das andere is bloß dummer Aberglaube.«

Bjerregrav schwieg verstimmt. Er saß lange gebeugt da und ließ die Augen irgendwo hinschweifen, wohin kein anderer blicken konnte. »Ja, ja«, sagte er leise, »jeder denkt sich was Neues aus, um sich bemerkbar zu machen, aber das Grab kann doch keiner verändern.«

Meister Andres rückte ungeduldig hin und her; seine Stimmung wechselte wie die eines Frauenzimmers. Bjerregravs Anwesenheit peinigte ihn. »Jetzt hab ich gelernt Geister zu beschwören – will Bjerregrav es mal versuchen?«, sagte er plötzlich.

»Nein, um keinen Preis will ich das!« Der Alte lächelte unsicher.

Aber der Meister zielte mit zwei Fingern auf seine zwinkernden Augen und starrte ihn beschwörend an. »Im Namen des Blutes, im Namen der Säfte, im Namen aller Säfte des Körpers – der guten wie der schlechten – und auch des Meeres«, murmelte er und kroch zusammen wie ein Kater.

»Lass es, sag ich dir! Lass es sein! Ich will nich!« Bjerregrav hing ratlos zwischen seinen Krücken und pendelte hin und her; er sah nach der Tür hinüber, konnte sich aber von der Verzauberung nicht befreien. Dann schlug er verzweifelt nach der beschwörenden Hand des Meisters und benutzte die Unterbrechung der Beschwörung, um hinauszuschlüpfen.

Der Meister saß da und blies auf seine Hand. »Der schlägt ordentlich um sich«, rief er verwundert und drehte den roten Handrücken nach unten.

Der kleine Nikas antwortete nicht. Er war nicht abergläubisch, aber er liebte es nicht, wenn mit dem Wesen der Dinge Spott getrieben wurde.

»Was soll ich tun?«, fragte Peter.

»Sind Steuermann Jessens Stiefel fertig?« Der Meister sah nach der Uhr. »Dann kannst du an deinen Schienbeinen nagen.«

Es war Feierabend. Der Meister nahm Hut und Stock und hinkte zu Bierhansens, um eine Partie Billard zu spielen, der Geselle kleidete sich um und ging, die älteren Lehrlinge wuschen sich den Hals in dem Einweichkübel. Dann wollten sie ausgehen und gehörig über die Stränge schlagen!

Pelle sah ihnen lange nach. Er empfand ein verzehrendes Bedürfnis, den harten Tag abzuschütteln und auch hinauszufliehen, aber seine Strümpfe waren nur noch Löcher und die Arbeitsbluse musste gewaschen werden, um am nächsten Morgen trocken zu sein. Ja, und das Hemd – seine Ohren wurden heiß –, trug er es erst vierzehn Tage oder war es schon die vierte Woche? Ach, die Zeit hatte ihn an der Nase herumgeführt! Ein paar Abende hatte er die unangenehme Wäsche nur hinausschieben wollen – und dann waren plötzlich vierzehn Tage vergangen. Es krabbelte so ekelhaft auf dem Körper – ob die Strafe schon da war, weil er dem Gewissen das taube Ohr zugewendet und sich über Vater Lasses Wort hinweggesetzt hatte, die einem jeden Schmach androhten, der sich nicht ordentlich hielt?

Nein, Gott sei Dank! Aber Pelle hatte einen tüchtigen Schreck bekommen und seine Ohren brannten noch, während er das Hemd und die Bluse unten auf dem Hofe schrubbte. Es war wohl das Beste, es als wohlgemeinte Warnung von oben hinzunehmen.

Und dann hingen Hemd und Bluse da und breiteten sich auf dem Staket aus, als wollten sie den Himmel vor Freude über ihre Reinheit umarmen. Aber Pelle saß missmutig oben im Fenster der Lehrlingskammer und nähte – das eine Bein draußen, um doch an der Luft zu sein. Das kunstvolle Stopfen, das ihn der Vater gelehrt hatte, kam hier nicht zur Anwendung, man musste das eine Loch nehmen und es über das andere ziehen! Pelle nähte, dass Vater Lasse vor Scham in die Erde versunken wäre. Er kroch allmählich ganz auf das Dach hinaus; unten im Garten des Schiffers gingen die drei Mädchen müßig umher, sie sahen zur Werkstatt herüber und langweilten sich.

Da gewahrten sie ihn und wurden ganz andere Menschen. Manna stand da, stieß den Bauch ungeduldig gegen die steinerne Mauer und bewegte die Lippen zu ihm hinauf. Sie warf den Kopf zornig in den Nacken und stampfte mit den Füßen – es kam nur kein Laut aus ihrem Mund. Die beiden anderen bogen sich vor verhaltenem Lachen.

Pelle verstand sehr gut, was die stumme Sprache bezweckte, hielt aber tapfer noch eine Weile stand. Dann konnte er nicht mehr, er schmiss das Ganze hin und war im Nu unten bei ihnen.

Alle Träume Pelles und all sein unbestimmtes Sehnen schweiften hinaus, dorthin, wo sich Männer betätigten; nichts war ihm so lächerlich, als hinter Weiberröcken herzurennen. Frauen waren für ihn eigentlich etwas Verächtliches. Kräfte hatten sie nicht und viel Verstand auch nicht, sie verstanden es nur, sich lecker zu machen. Aber Manna und ihre Schwestern waren etwas anderes; er war noch Kind genug, um zu spielen, und sie waren vorzügliche Spielgefährten.

Manna – die Wildkatze – war vor nichts bange; mit ihren kurzen Röcken, den Zöpfen und den hüpfenden Bewegungen erinnerte sie ihn an einen ausgelassenen, neugierigen Vogel – wupp aus dem Gestrüpp heraus und wieder hinein. Sie konnte klettern wie ein Junge und Pelle auf ihrem Rücken durch den ganzen Garten reiten lassen; es war eigentlich ein Versehen, dass sie Röcke anhatte. Kleider hielten nicht bei ihr, jeden Augenblick kam sie in die Werkstatt gestürzt und hatte irgendwas an ihren Schuhen zerrissen. Dann kehrte sie alles drunter und drüber, nahm dem Meister den Stock weg, sodass er sich nicht rühren konnte, und hatte die Finger zwischen des Gesellen neuem amerikanischem Werkzeug.

Über Pelle machte sie sich gleich am ersten Tag her.

»Was für ein Neuer ist das?«, fragte sie und klopfte ihm auf den Rücken. Und Pelle lachte und sah sie an mit der Selbstverständlichkeit, die das Geheimnis der ganz jungen Jahre ist. Da war keine Spur von Befangenheit zwischen ihnen, sie hatten sich immer gekannt und konnten jederzeit das Spiel da fortsetzen, wo sie zuletzt damit aufgehört hatten. Am Abend stellte sich Pelle an der Gartenmauer auf und sah ihnen zu, einen Augenblick später war er hinüber und mitten im Spiel.

Manna war keine gewöhnliche Heulliese, die sich durch Brüllen allen Folgen entzog. Hatte sie sich auf eine Prügelei eingelassen, so flehte sie nicht um Gnade, wie hart es auch herging. Aber etwas hielt Pelle ihr ja zugute, von wegen der Röcke! Es ließ sich nun einmal nicht leugnen, sie hätte gern etwas mehr Kräfte haben können.

Aber Mut hatte sie und Pelle gab kameradschaftlich alles zurück, nur nicht in der Werkstatt, wo sie über ihm saß – tripptrapp Treppe! Wenn sie dort von hinten über ihn herfiel und ihm heimlich etwas in den Kragen hineinsteckte und ihn von dem hölzernen Dreibein stieß, hielt er sich im Zaum und begnügte sich damit, sich still wieder hinzusetzen.

Alle seine frohen Tage lagen da drüben in des Schiffers Garten; und eine wunderliche Welt war es, die seinen Sinn wohl gefangen nehmen konnte. Die Mädchen hatten ausländische Namen, die der Vater von den langen Fahrten mit nach Hause gebracht hatte; Aïna,

Dolores, Sjermanna! Schwere rote Korallen hatten sie um den Hals und in den Ohren. Und ringsherum im Garten lagen die mächtigen Muscheln, in denen der Ozean brauste, Schildkrötenschalen, so groß wie Fünfzehnpfundbrote, und ganze Korallenblöcke.

Das war alles neu, aber Pelle ließ sich nicht davon verblüffen. Er reihte es so schnell wie möglich in seine selbstverständliche Welt ein und behielt sich zu jeder Zeit das Recht vor, etwas noch Größerem und Merkwürdigerem zu begegnen.

Des Abends enttäuschte er sie oft und schlenderte in die Stadt hinaus, wo das eigentliche Leben war – nach den Seehügeln und dem Hafen. Dann standen sie müßig an der Gartenmauer, langweilten sich und zankten sich. Aber des Sonntags stellte er sich getreulich ein, sobald er in der Werkstatt fertig war, und sie begannen in dem Bewusstsein zu spielen, einen langen Tag vor sich zu haben. Da waren zahllose Spiele und Pelle war der Mittelpunkt von ihnen allen; er konnte zu allem verwendet werden; als Ehegemahl, als Menschenfresser und als Sklave. Er war wie ein zahmer Bär in ihren Händen, sie ritten auf ihm, trampelten auf ihm herum und zuweilen warfen sie sich alle drei über ihn und »mordeten« ihn. Und er musste stillliegen und zulassen, dass sie die Leiche vergruben und alle Spuren verwischten. Die Glaubwürdigkeit erheischte, dass er ganz mit Erde bedeckt wurde, nur das Gesicht blieb frei – weil es nun einmal nicht anders sein konnte – und wurde mit welken Blättern bestreut. Weinte er dann hinterher über seinen schönen Konfirmationsanzug, so bürsteten ihre Hände ihn sorgfältig ab, und wollte er sich gar nicht trösten lassen, so küssten sie ihn alle drei. Unter sich nannten sie ihn nie anders als Mannas Mann.

So vergingen ihm die Tage. Er hatte mehr Galgenhumor als heiteren Sinn; er fühlte ja selbst dunkel, wie es mit ihm zurückging, und hatte niemand, auf den er sich stützen konnte. Aber unverzagt kämpfte er weiter gegen diese Stadt, er hatte sie Tag und Nacht im Kopf, er prügelte sich mit ihr im Schlaf.

»Stößt dir etwas zu, so hast du ja Alfred und Albinus, die helfen dir schon«, hatte Oheim Kalle damals gesagt, als Pelle seinen Abschiedsbesuch machte; und er besuchte sie auch hin und wieder. Aber die Zwillinge waren dieselben geschmeidigen, ausweichenden Burschen wie auf der Weide; sie wagten ihren Pelz weder für sich noch für andere.

Im Übrigen war Ehrgeiz genug in ihnen. Sie waren vom Lande hierher gekommen, um vorwärts zu gelangen, und hatten damit angefangen, dienende Stellungen anzunehmen, bis sie so viel zusammengespart haben würden, dass sie eine ansehnliche Laufbahn beginnen konnten. Albinus war darin hängen geblieben, weil er zu keinem Handwerk Lust hatte. Er war ein gutmütiger Junge, der anderen gern alles überließ, wenn er nur in Frieden seine Akrobatenkunststücke üben konnte. Immer ging er umher und balancierte mit irgendetwas. Er hatte kein Verständnis für die Ordnung der Natur, er verrenkte seine Glieder in alle möglichen Stellungen, und wenn er etwas in die Luft hinaufwarf, verlangte er, dass es da oben bleiben sollte, während er etwas anderes unternahm. »Dinge müssen sich ebenso gut dressieren lassen wie Kreaturen«, sagte er und übte unverdrossen weiter. Pelle lachte; er hatte ihn gern, rechnete aber nicht mit ihm.

Alfred hatte eine ganz andere Richtung eingeschlagen. Er gab sich nicht mehr damit ab, Kopfsprünge zu machen, sondern ging anständig auf seinen Beinen, hatte beständig zu tun Kragen und Manschetten zurechtzuzupfen und lebte in ewiger Angst um seine Kleider. Er war jetzt in der Malerlehre, hatte aber einen Scheitel bis in die Stirn hinein wie ein Ladenschwengel und kaufte sich in der Drogenhandlung allerlei Sachen, die er sich in die Haare schmierte. Wenn Pelle sich ihm auf der Straße anschloss, sorgte Alfred immer für einen Vorwand, ihn wieder abzuschütteln; er verkehrte am liebsten mit Kaufmannslehrlingen und grüßte geschäftig nach rechts und links Leute, die in höherer Stellung waren als er selber. Alfred war ganz einfach ein Wichtigtuer, den Pelle schon eines schönen Tages durchprügeln würde!

Darin glichen die Zwillinge einander noch immer, dass man von ihrer Seite keinerlei tatkräftige Hilfe zu erwarten hatte. Sie gaben sich getrost selbst dem Gelächter preis, und wenn jemand Pelle verspottete, lachten sie mit.

Leicht war es nicht, durchzukommen. Den Bauern hatte er gründlich abgeschüttelt, aber jetzt war es die Armut, die ihm zu schaffen machte. Er hatte sich sorglos für Kost und Logis in die Lehre gegeben; ein paar Kleider hatte er ja auf dem Leibe und anderen Bedarf kannte er nicht für jemand, der nicht bummelte und sich mit Dirnen herumtrieb. Aber dann kam die Stadt und forderte, dass er sich umtakeln sollte. Der Sonntagsanzug war hier auch nicht ein bisschen zu gut für den Alltag; er musste sehen, dass er sich einen Gummikragen anschaffte – der den Vorteil hatte, dass man ihn selber waschen konnte –, Manschetten steckte er sich als ferneres Ziel. Geld gehörte dazu und die gewaltige Summe von fünf Kronen, mit der er antrat, um das Ganze im Sturm zu erobern oder im schlimmsten Falle zu kaufen, hatte ihm die Stadt aus der Tasche gelockt, ehe er sich's versah.

Bisher hatte Vater Lasse alles Kopfzerbrechen auf sich genommen, aber jetzt war er ganz auf sich angewiesen. Jetzt standen er und das Leben sich gegenüber und Pelle kämpfte sich tapfer vorwärts, der prächtige Junge, der er war. Aber zuweilen brach er dabei zusammen. Und dieser Kampf wirkte sich hemmend auf all seine kindlichen Lebensäußerung aus.

In der Werkstatt machte er sich nützlich und suchte sich mit allen gut zu stellen. Er gewann den kleinen Nikas, indem er seine Braut nach einer Fotografie in vergrößerter Gestalt zeichnete. Das Gesicht wollte nicht so recht gelingen, es sah aus, als habe jemand hineingetreten; aber das Kleid und die Brosche am Hals gerieten vorzüglich. Das Bild hing eine Woche in der Werkstatt und machte große Furore; Carlsen, der für den Steinbruch Botengänge verrichtete, bestellte zwei große Bilder von sich und seiner Frau für fünfundzwanzig Öre das Stück. »Aber du musst mir ein paar Locken zeichnen«, sagte Carlsen, »denn Mutter hat sich immer so gewünscht, dass ich Locken haben sollte.«

Pelle konnte die Bilder erst in ein paar Monaten versprechen, es war eine mühsame Arbeit, wenn es akkurat gemacht werden sollte.

»Na ja – eher haben wir auch nicht das Geld dazu. Denn diesen Monat muss das Los bezahlt werden und im nächsten steht die Hausmiete vor der Tür.« Pelle verstand es sehr gut, denn Carlsen verdiente acht Kronen die Woche und hatte neun Kinder. Aber von dem Preis ablassen konnte er auch nicht gut, fand er. Man schwamm hier wahrhaftig nicht in Geld. Und hatte er wirklich mal einen Schilling in Händen, so nahm der vor seiner Nase Reißaus, wenn er sich gerade den Kopf darüber zerbrach, wie er ihn am nützlichsten verwenden könnte – so wie damals, als er im Schaufenster eines Hökerladens eine unwiderstehliche Pfeife in Form eines Schaftstiefels entdeckt hatte.

Wenn die drei Mädchen ihn über die Gartenmauer riefen, kam sein Kindersinn zu seinem Recht; dann vergaß er für eine Weile Kämpfe und Sorgen. Er genierte sich ein wenig, irgendjemand sehen zu lassen, dass er dahinüber schlüpfte; Pelle fühlte sich nicht geehrt durch den feinen Umgang – und Weiberröcke waren es nun doch einmal. Er fühlte sich nur glücklich hier drüben, wo die seltsamsten Dinge zum Spielen benützt wurden, chinesische Tassen, Waffen von Südseeinseln, Manna hatte einen Perlenkranz von weißen Zähnen, spitze und höckrige durcheinander. Sie behauptete, es seien Menschenzähne, und hatte den Mut, sie auf dem bloßen Hals zu tragen. Und der Garten war voll von wunderbaren Pflanzen; da war Mais und Tabak und allerlei anderes, was anderswo in der Welt so dicht wachsen sollte wie hier in der Heimat das Korn.

Sie hatten feinere Haut als andere Menschen und dufteten nach den seltsamsten Gegenden der Welt. Und mit ihnen spielte er, sie sahen voll Bewunderung zu ihm auf, hefteten seine Kleider zusammen, wenn sie einen Riss bekommen hatten, und machten ihn zum Mittelpunkt ihrer Spiele – auch wenn er nicht dabei war. Es lag eine verborgene Genugtuung darin, obwohl er es als etwas Selbstverständliches hinnahm; es war ja etwas von dem, was ihm das Schicksal und das gute Glück vorbehalten hatten, ein kleiner Vorschuss auf das Märchen des Lebens. Er verlangte unbeschränkt über sie zu regieren, und wenn sie rechthaberisch waren, redete er sich in Zorn, sodass sie sich ihm schließlich fügten. Er wusste sehr wohl, dass jeder richtige Mann sich die Frau untertan macht.

Damit ging der Vorsommer hin, die tote Zeit rückte heran. Die Städter hatten sich schon zu Pfingsten mit Sommerbedarf versehen und draußen auf dem Lande hatten sie jetzt an anderes zu denken, als mit Arbeit für die Handwerker nach der Stadt zu fahren; die bevorstehende Ernte nahm sie ganz in Anspruch. Überall, bis in die kleinsten Winkel hinein, wo nichts für die Bauern verrichtet wurde, merkte man, wie abhängig die kleine Stadt vom Lande war. Es war, als habe die Stadt mit einem Schlage ihre Überlegenheit vergessen; die Handwerker sahen nicht mehr auf das Bauernland herab, sondern spähten sehnsüchtig zu den Feldern hin, sprachen vom Wetter und von den Ernteaussichten und hatten alle städtischen Interessen vergessen. Kam ausnahmsweise einmal ein Bauernwagen durch die Straße, so lief man ans Fenster, um hinterherzusehen. Und als die Ernte vor der Tür stand, war es, als wenn alte Erinnerungen alle die Köpfe lauschend heben ließen; wer nur konnte, verließ die Stadt und zog zur Erntezeit aufs Land. Aus der Werkstatt waren der Geselle und die beiden ältesten Lehrlinge draußen; Jens und Pelle konnten die Arbeit bequem bewältigen.

Pelle merkte nichts von der Flaute; er war nach allen Richtungen hin in Anspruch genommen, musste sich seiner Haut wehren und das Bestmögliche aus dem Dasein machen. Da waren tausende widerstrebender Eindrücke von Gut und Böse, die gesammelt und zu einem Ganzen ausgeglichen werden sollten, zu diesem merkwürdigen Ding, der Stadt, von der Pelle niemals wusste, ob er sie segnen oder verfluchen sollte, weil sie ihn immer in Schwingung hielt.

Und mitten in aller Geschäftigkeit konnte Lasses Gestalt auftauchen und ihn einsam machen. Wo nur Vater Lasse sein mochte? Sollte er nie wieder von ihm hören? Jeden Tag hatte er erwartet ihn zur Tür hereinstolpern zu sehen, im Vertrauen auf Karnas Worte; und wenn es am Türdrücker tastete, war er fest überzeugt, dass er es wäre. Das wurde zu einem stillen Kummer in der Seele des Jungen, zu einem Ton, der in allem, was er unternahm, mitklang.

5

Als Pelle an einem Sonnabend die Östergade hinablief, kam ein Wagen mit Hausgerät vom Lande hereingeschwenkt. Pelle hatte es sehr eilig, aber das musste er sich doch ansehen. Der Kutscher saß unten vor dem Fuder, ganz vorn zwischen den Pferden, er war groß und rotwangig und trotz der Wärme gehörig eingemummelt. Hallo! Das war ja Schwager Due, Kalles Schwiegersohn! Und obendrauf, mitten zwischen allem Gerümpel, saßen Anna und die Kinder und schwankten hin und her. »Hallo!« Pelle schwenkte die Mütze, mit einem Sprung hatte er den Fuß auf der Wagendeichsel und saß neben Due, der bei der Begegnung über das ganze Gesicht lachte.

»Ja, nun haben wir das Bauernland satt und wolln mal versuchen ob es sich hier in der Stadt besser macht«, sagte Due auf eine stille

Weise. »Und hier läufst du ganz wie zu Hause herum!« Es lag Bewunderung in seiner Stimme.

Anna kam über das Fuder herbeigekrochen und lachte zu ihnen nieder.

»Habt ihr Nachricht von Vater Lasse?«, fragte Pelle. Das war seine ewige Frage, wenn er Bekannte traf.

»Ja, das haben wir – er ist dabei, draußen in der Heide einen Hof zu kaufen. Na, willst du woll artig sein, du Teufel!« Anna langte nach hinten aus, ein Kind fing an zu weinen. Dann kam sie wieder zum Vorschein. »Und wir solln auch von Vater und Mutter und von allen vielmals grüßen.« Aber Pelle hatte keine Gedanken für Oheim Kalle und die Seinen.

»Liegt es oben beim Steinhof?«, fragte er.

»Nee, mehr nach Osten zu, bei den Zauberstuben«, sagte Due. »Es ist ein großes Stück Land, aber nich viel mehr als Steine. Wenn er sich da man nich mit ruiniert – zwei vor ihm sollen es schon getan haben. Er hat sich da mit Karna niedergelassen.«

»Oheim Lasse wird wohl wissen, was er tut«, meinte Anna. »Karna hat wohl das Geld gegeben, sie hatte ja was gespart.«

Pelle musste weiter – das Herz tanzte ihm im Leibe bei dieser Nachricht. Vorbei war es mit aller Ungewissheit und allen schrecklichen Möglichkeiten – er hatte seinen Vater wieder. Und Lasses Lebenstraum war in Erfüllung gegangen, er hatte jetzt die Füße unterm eigenen Tisch. Hofbesitzer war er geworden, wenn man es nicht so genau nahm; und Pelle selbst – ja, er war jetzt Hofbesitzersohn!

Gegen neun Uhr abends hatte er alles erledigt und konnte sich auf den Weg machen; sein Blut pochte vor Spannung. Ob da wohl Pferde waren? Ja, natürlich; aber ob auch Leute gehalten werden mussten? War Lasse Bauer geworden, der am Ziehtag Löhne auszahlte und des Sonnabends, den Pelzkragen über die Ohren gezogen, zur Stadt kam? Pelle sah sie ganz deutlich einen nach dem anderen die Treppe heraufkommen, die Holzschuhe abstreifen und an der Arbeitsstubentür pochen – ja, sie wollten um Vorschuss auf ihren Lohn bitten. Und Lasse kraute sich den Nacken, sah sie bedenklich an und sagte: »Nein, auf keinen Fall, ihr versauft es ja doch bloß.« Aber er gab ihnen schließlich doch, wenn es so weit war – man is ja viel zu gutmütig, sagte er zu Pelle.

Denn Pelle hatte der Schusterei Ade gesagt und lebte zu Hause als Hofbesitzersohn. Eigentlich leitete er ja das Ganze – es durfte nur nicht so aussehen. Und bei den Weihnachtsschmäusen schwenkte er die drallen Bauerntöchter. Es entstand ein Flüstern in allen Ecken, wenn Pelle eintrat; er ging geradewegs durch die Stube und forderte des Pastors Tochter zum Tanz auf, sodass sie den Atem verlor und noch mehr dazu und ihn bat sich gleich auf der Stelle mit ihr zu verheiraten.

Er lief und träumte; die Sehnsucht trieb ihn vorwärts, und ehe er sich's versah, hatte er die paar Meilen Landstraße zurückgelegt. Der Landweg, den er jetzt einschlug, führte durch Heidehügel und Nadelwald; die Häuser hier wurden immer ärmlicher, es war ein weiter Abstand vom einen zum anderen.

Pelle schlug einen Seitenweg ein und lief mit weit offenen Sinnen. Die Sommernacht ließ ihn alles nur halb erkennen, aber das Ganze war ihm so vertraut wie die Stopfstellen in Vater Lasses Westenrücken, obwohl er hier noch nie gewesen war. Die armselige Landschaft sprach zu ihm wie mit Mutterstimme; so sicher wie hier, zwischen diesen Lehmhütten, wo arme Siedler mit dem Felsboden um eine Hand voll Erde kämpften, war es sonst nirgends auf der Welt. Durch viele Generationen hindurch war dies alles sein, bis zu den Lumpen in den Fensterscheiben und dem alten Gerümpel, das auf das Strohdach hinaufgeschleppt worden war, um es festzuhalten. Hier war nichts, worüber man sich den Kopf zerbrechen musste, wie anderswo in der Welt – man legte sich getrost hin und ruhte. Aber hier bauen und wohnen, nein, das war nichts für ihn. Dem war er entwachsen, wie man den Röcken seiner Mutter entwächst.

Der Nebenweg wurde allmählich zu einer tiefen Wagenspur, die sich zwischen Felsen und Moor hinschlängelte. Pelle wusste, dass er sich nach Osten zu halten mussten, aber dieser Weg ging bald südwärts, bald nordwärts. Er bekam es satt, merkte sich genau die Richtung und lief querfeldein darauf los. Es war schwer, sich hindurchzuarbeiten, das Mondlicht täuschte das Auge so, dass er strauchelte und in Löchern versank. Heidekraut und Wacholder gingen ihm bis an die Hüfte und hemmten jede Bewegung. Und dann wurde er auch eigensinnig und wollte nicht zu der Wagenspur zurückkehren, sondern stapfte darauf los, sodass er dampfte, kletterte über schräge Felsköpfe, die schlüpfrig waren von dem betauten Moos, und ließ sich aufs Geratewohl über den Rand hinabfallen. Ein wenig zu spät fühlte er die Tiefe unter sich, es ging ihm wie ein kalter Zug durch den Magen und er griff in die Luft nach einer Stütze. Vater Lasse!, sagte er klagend, wurde im selben Augenblick von den mächtigen Brombeerranken aufgefangen und sank langsam hinab durch das Flechtwerk, wo Ranke auf Ranke tausend Dornen in ihn hineinhieb und ihn widerwillig weiterreichte – bis er vorsichtig tief unten zwischen den scharfen Steinen auf dem Boden einer Schlucht abgesetzt wurde und schaudernd seinem guten Stern für alle diese Dornen danken musste, die barmherzig seine Haut geschunden hatten, damit er sich nicht den Schädel spalte. Dann musste er sich durch die Finsternis und das rieselnde Wasser da unten vorwärts tasten, bis er einen Baum fand und wieder hinaufklettern konnte.

Damit war die Richtung verloren, und als ihm das klar wurde, verlor er auch den Kopf. Von dem sicheren Pelle war nichts mehr übrig, er rannte blindlings vorwärts, um auf den hohen Hügel hinaufzugelangen. Und als er befreit an den Rand des Gipfels lief, um nach den Klippen auszuspähen, barst der Boden und schloss sich über ihm mit fürchterlichem Lärm; die Luft wurde schwarz, er konnte nicht die Hand vor Augen sehen. Es war wie eine Riesensprengung – durch sein frohes Stampfen auf den Felsen entstanden; die Länder wurden in die Höhe geschleudert und in Finsternis aufgelöst und die Finsternis selbst schrie vor Entsetzen und wirbelte rundherum. Das Herz in seiner Brust hüpfte mit und raubte ihm den letzten Verstand; er sprang in schrecklicher Angst selber umher und brüllte wie besessen. Über seinem Kopf trieben die schwarzen Massen, sodass er sich ducken musste; leuchtende Risse kamen und schwanden; es sauste wie Brandung da oben und schrie beständig – in einem Höllenwirrwarr von Lauten. Dann warf er sich plötzlich zur Seite, trieb nach Norden hinüber und sank. Und Pelle begriff, dass er mitten in das Nachtlager der Saatkrähen hineingeraten war.

Er fand sich selber hinter einem großen Stein. Wie er dort hingekommen war, wusste er nicht, aber er wusste, dass er ein großes Rindvieh war. Hätte er nicht bequem an die fünfzig Krähen zerschmettern können, nur indem er ein paar Steine in die Höhe warf?

Er ging den Hügelrücken entlang, ungeheuer mutig in seinem Entschluss, aber mit schlotternden Knien. In weiter Entfernung saß ein Fuchs auf einer Klippe und bellte krankhaft im Mondlicht und da draußen, im Norden und im Süden, sah er einen flüchtigen Schimmer des Meeres. Hier oben hausten die Unterirdischen; wenn man auf die Felsen trat, dröhnte es hohl. Pelle fing an leise zu gehen.

In dem südlichen Ausschnitt lag das Meer im Silberglanz des Mondes, aber als er wieder da hinabsah, war es verschwunden; die Tiefebene war in Weiß versunken. Nach allen Seiten ging das Land unter. Pelle sah staunend, wie das Meer langsam stieg und alle Niederungen füllte. Auch die kleinen Hügel nahm es – einen jeden mit einem Bissen –, und es nahm den langen Bergrücken im Osten, sodass nur die Tannenwipfel aufragten. Verloren gab er sich jedoch nicht, hinter allen ängstlichen Gedanken lag eine undeutliche Vorstellung von dem Berge Ararat und hielt ihn aufrecht. Aber dann wurde es so sonderbar kalt, die Beinkleider klebten ihm am Leibe fest. Das sind die Wasser, dachte er und sah sich ängstlich um: Der Fels war in einen kleinen Werder verwandelt, der mit ihm im Ozean schwamm.

Pelle war ein handfester, kleiner Realist, der schon allerlei durchgemacht hatte. Aber nun hatte die Angst einmal sein Blut durchsäuert und er nahm das Übernatürliche ohne Protest hin. Die Welt war ganz einfach untergegangen und er selber trieb ab – in den entsetzlich kalten Weltenraum! Vater Lasse und die Werkstatt, Manna und des jungen Meisters leuchtende Augen – mit all dem war es vorbei. Er trauerte nicht, fühlte sich aber schrecklich einsam. Wohin führte das – und war dies etwa der Tod? Hatte er sich vielleicht vorhin totgefallen, als er an der Felsklippe herabstürzte, und befand er sich nun auf der Reise ins Land der Seligen? Oder war dies der Weltuntergang, von dem er, so weit er zurückdenken konnte, Furchtbares hatte erzählen hören? Er trieb vielleicht auf der letzten Scholle umher und war der Einzige, der noch am Leben war? Es würde ihn gar nicht wundern, wenn er wieder obenauf kam, wo alles andere zu Grunde ging; selbst in diesem Augenblick der Verzagtheit fand er das ganz natürlich.

Er stand atemlos still und lauschte dem Endlosen; er hörte die Kolbenschläge seiner Pulse, so lauschte er. Und dann hörte er noch etwas mehr; weit draußen in dem singenden Nichts, das gegen seine Ohren kochte, fing er die Andeutung eines Lautes auf, den schwirrenden Ton von etwas Lebendigem. So unendlich fern und fein er war, er durchzuckte Pelle wie ein Blitz. Es war eine Kuh, die an der Kette nagte, er konnte hören, wie sie den Hals an dem Pfahl scheuerte.

Er lief über die Klippe hinab, fiel, kam wieder auf die Beine – und weiter; der Nebel hatte ihn verschlungen; ohne dass er es wusste. Er war unten im Rodeland, dann wieder fühlte er bekannte Streifen unter den Füßen – Erde, die einstmals umgepflügt und wieder zu Heide geworden war. Der Laut wuchs und wurde zu all den heimischen Lauten, wie sie nachts aus einem offenen Kuhstall ertönen – und aus dem Nebel tauchte ein verfallenes Bauernhaus auf. Das war es nun freilich nicht, was Pelle suchte – Vater Lasse hatte ein richtiges Gehöft mit vier Flügeln! Aber er ging doch hinein.

Draußen auf dem Lande schlossen sie nicht alles ängstlich ab wie in der Stadt, er konnte geradewegs hineingehen. Sobald er die Tür zur Stube aufmachte, wogte die Freude in ihm auf. Der traulichste Geruch, den er kannte, schlug ihm entgegen, die Grundlage aller Gerüche – Vater Lasses Geruch!

Es war dunkel in der Stube, das Licht der Nacht konnte nicht durch die niedrigen Fenster dringen. Er hörte das gleichmäßige Atmen der Schlafenden und wusste, dass sie nicht aufgewacht waren – die Nacht hatte sich noch nicht gewendet! »Guten Abend!«, sagte er.

Dann begann eine Hand nach Streichhölzern zu tasten.

»Is da jemand?«, fragte eine schlaftrunkene Frauenstimme.

»Guten Abend!«, rief er nochmals und trat weiter vor. »Ich bin es, Pelle!«

»Ja, so – du bist es, Junge!« Lasses Stimme zitterte und die Hände konnten nicht Herr über die Streichhölzer werden; aber Pelle ging dem Laut nach und umfasste sein Handgelenk. »Und wie hast du hierher in die Wüstenei gefunden – noch dazu bei nächtlicher Zeit? Ja, ja, denn will ich mal aufstehn!«, wiederholte er und versuchte stöhnend sich aufzurichten.

»Nee, bleib du man liegen und lass mich aufstehn«, sagte Karna, die nach der Wand zu lag. »Er hat ja solche Kreuzschmerzen!«, erklärte sie und stieg aus dem Bett.

»Ja, ich bin 'n bisschen zu eifrig ins Geschirr gegangen. So geht es ja leicht, wenn man sein eigener Herr is – es wird einem schwer, wieder einzuhalten. Aber das gibt sich auch woll, wenn ich erst ordentlich in Gang gekommen bin. Arbeit is 'ne gute Einreibung gegen Kreuzweh. – Und wie geht es dir? Ich glaubte beinah schon, dass du draußen umgekommen wärst.«

Pelle musste sich an den Rand des Bettes setzen und von der Stadt erzählen – von der Werkstatt und dem lahmen Bein des Meisters und allem. Aber seine Schwierigkeiten verschwieg er; es war nichts für Männer, sich bei so etwas aufzuhalten.

»Aber dann bist du ja gut vorwärts gekommen in der Fremde!«, sagte Lasse entzückt. »Und angesehen bist du woll auch?«

»J-a!« Es kam ein wenig zögernd heraus. Vorläufig war Ansehen nicht gerade das, wovon er sich am meisten erworben hatte – aber wozu sein Elend ausposaunen! »Ja, der junge Meister mag mich gern, er schnackt oft mit mir, sogar über den Kopf des Gesellen weg.«

»Nee, seh mal einer! Ich hab wirklich oft darüber nachgedacht, wie es dir woll ergangen is und ob wir nich bald was Gutes von dir zu hören kriegen! Aber es gehört ja Zeit zu allem, versteht sich! Und wie du siehst, hab ich mich ja auch sehr verändert.«

»Ja, du bist Hofbesitzer geworden!«, sagte Pelle und lachte.

»Den Deuwel auch, ja, das muss ich zugestehn!« Lasse lachte mit, stöhnte aber jämmerlich über die Schmerzen im Kreuz. »Des Tages, wenn ich mich abrackere, geht es mir ganz gut; aber sobald ich mich hinlege, gleich is es da. Und richtiger Teufelskram is es – als wenn die Räder von einem großen Lastwagen über mein Kreuz hin und her gefahren würden oder wie man es nu nennen will. Na ja! Fein is es ja doch, sein eigener Herr zu sein! Denn so schnurrig is es über mich gekommen, dass mir trocken Brot am eigenen Tisch besser schmeckt als – ja, weiß Gott, ich möcht sagen, als Kückenbraten an andrer Leute ihrem Tisch. Und dann, allein auf seinem eigenen Grund und Boden zu stehen und hinspucken zu können, wo man hinspucken will, ohne erst um Erlaubnis zu fragen! Und der Boden is gar nich so übel, wenn auch das meiste noch nie unter Menschenhand gewesen is; das hat alles dagelegen und seine Fruchtbarkeit seit der Erschaffung der Welt aufgespeichert. – Aber die Leute in der Stadt, sind die hochmütig?«

Ach, Pelle konnte nicht klagen. »Wann habt ihr denn eigentlich geheiratet?«, fragte er plötzlich.

»Ja, sieh mal . . .« Lasse fing an über seine eigenen Worte zu straucheln, er war gerade auf diese Frage des Jungen gefasst gewesen. »Verheiratet auf die Art sind wir ja nich, denn dazu gehört Geld und die Wirtschaft hier geht vor. Aber es is ja unsere Absicht, versteht sich, sobald wir Geld und Gelegenheit haben.«

Lasses ehrliche Ansicht war nun die, dass man die Ausgabe ebenso gut sparen könne, wenigstens bis Kinder kamen und Anspruch darauf erhoben, ehelich geboren zu werden. Aber er sah es Pelle an, dass dem das nicht recht sein würde; der Junge war immer noch derselbe pedantische kleine Kerl, sobald es sich um Ehrbarkeit handelte. »Sobald wir die Ernte unter Dach haben, laden wir zu einem großen Schmaus ein«, sagte er resolut.

Pelle nickte eifrig. Nun war er Hofbesitzersohn und damit konnte er sich den ärmlich feinen Stadtjungen gegenüber aufspielen. Aber dann durfte man ihm auch nicht unter die Nase reiben können, dass sein Vater mit einer Frauensperson zusammenlebte.

Karna kam mit Essen herein – sie sah den Jungen liebevoll an. »Lang zu und verschmäh unsere armselige Kost nich, Sohn«, sagte sie und berührte freundlich seinen Arm; und Pelle hieb mit gutem Appetit ein. Lasse hing halb aus dem Alkoven heraus und freute sich.

»Deinen Appetit hast du da unten nich eingebüßt«, sagte er. »Kriegt ihr was Ordentliches zu essen? Karna meinte, es wäre man schlecht damit bestellt.«

»Zum Aushalten is es!«, sagte Pelle tapfer. Er bereute jetzt, dass er sich an jenem Abend in seiner traurigen Stimmung Karna gegenüber verplappert hatte.

Die Lust zum Essen stieg in Lasse auf und er stahl sich aus dem Alkoven. »Du sitzt ja allein da«, sagte er und setzte sich in Nachtmütze und Unterhose an den Tisch; er hatte sich eine gestrickte Nachtmütze zugelegt, der Zipfel fiel flott auf das eine Ohr herab. Wie ein richtiger alter Bauersmann sah er aus – wie einer mit Geld im Bettstroh. Und Karna, die hin und her ging, während die Männer aßen, hatte einen rundlichen Speckbauch und in der Hand ein großes Brotmesser. Sie sah so vertrauenserweckend aus wie nur irgendeine Bauersfrau.

Auf der Bettbank wurde ein Lager für Pelle bereitet. Er löschte die Unschlittkerze aus, ehe er sich auskleidete, und die Unterkleider setzte er unter das Kopfkissen.

Er erwachte spät, die Sonne hatte den östlichen Himmel bereits verlassen. Der lieblichste Kaffeeduft erfüllte die Stube. Pelle richtet sich hastig auf, um in die Kleider zu kommen, ehe Karna hereinkam und seine Verfassung sah; er griff unter das Kopfkissen – das Hemd war nicht mehr da! Und auf dem Stuhl lagen seine Strümpfe und waren gestopft.

Als Karna hereinkam, lag er unbeweglich und verschlossen da; er antwortete nicht auf ihren Morgengruß und wandte kein Auge vom Wandschrank. Sie sollte nicht so in seinen Sachen herumkramen.

»Ich habe dein Hemd genommen und es gewaschen«, sagte sie ruhig, »aber du sollst es heute Abend wiederhaben. Vielleicht ziehst du so lange dies an.« Sie legte ihm eins von Lasses Hemden aufs Oberbett.

Pelle lag eine Weile da, als habe er nichts gehört, dann richtete er sich verdrossen auf und zog das Hemd an. »Na, bleib man liegen, bis du Kaffee getrunken hast«, sagte Karna, als er aufstehen wollte. Und dann bekam Pelle Kaffee ans Bett, wie er geträumt hatte, dass es geschehen würde, wenn Vater Lasse sich wieder verheiratete; und das Böse musste weichen. Aber die Schande fuhr fort, in ihm zu brennen, und machte ihn wortkarg.

Am Vormittag gingen Lasse und Pelle aus und besahen das Gut.

»Es is woll am besten, wenn wir erst mal rundherum gehen, damit du dir klar darüber bist, wo die Grenzscheide is!«, sagte Lasse, der wusste, dass die Ausdehnung den Ausschlag geben musste. Es war eine Wanderung durch Heidekraut und Ranken und Dornen, in Moor hinein und um steile Felswände herum. Es währte mehrere Stunden, bis sie ihre Runde beendet hatten. »Das is doch ein schrecklich großes Grundstück«, sagte Pelle immer wieder. Und Lasse antwortete stolz: »Ja, es sind über fünfzig Tonnen* Land; wenn es man bloß bestellt wär.«

Es war Urboden, überwuchert von Heidekraut und Wacholdergestrüpp, durch das sich Brombeeren und Geißblatt schlangen. Mitten in den lotrechten Wänden der Felsen hingen die Esche und der wilde Kirschbaum, sie klammerten sich mit den Wurzeln, die verkrüppelten Händen glichen, an die kahle Wand. Wilder Apfel, Schlehe und wilde Rosen bildeten ein undurchdringliches Gestrüpp, das bereits die Spur von Lasses Axt trug. Und mitten in der Üppigkeit schob der Grundfelsen seine ernste Stirn vor oder kam der Oberfläche so nahe, dass die Sonne den Pflanzenwuchs absengte.

»Das is ein richtiges kleines Paradies«, sagte Lasse, »man kann den Fuß beinahe nich hinsetzen, ohne Beeren zu zertreten. Aber urbar gemacht werden muss es ja, wenn man hier existieren will.«

»Ob der Boden nicht recht mäßig ist?«, meinte Pelle.

»Mäßig – wenn all das gedeihen und blühen kann?«, Lasse zeigte hinaus, dahin, wo selbst gesäte Espen und Birken standen und lustig das blanke Laub im Wind hin und her bewegten. »Nein, aber es wird eine verdammt saure Arbeit werden, es so weit zu bringen,

---

* 1 Tonne Land = 2 Morgen

dass man es bestellen kann; ich bereu es jetzt, dass du nich zu Hause bist.«

Lasse hatte die Anspielung schon mehrmals gemacht, aber Pelle überhörte es. Dies hier war denn doch nicht, was er sich gedacht hatte; er empfand kein Verlangen, auf diese Art den Hofbesitzersohn zu Hause zu spielen.

»Es kann schwer genug werden, hier das tägliche Brot rauszuwirtschaften«, sagte er altklug.

»Ach, das tägliche Brot hier herauszuwirtschaften wird woll nich so schwer werden – wenn es auch nich alle Tage ein Festschmaus wird«, entgegnete Lasse gekränkt. »Und hier kann man doch den Rücken gerade halten, ohne dass gleich ein Verwalter kläffend ankommt; selbst wenn ich mich hier totarbeiten sollte, bin ich doch aus der Sklaverei raus. Und dann musst du auch nich die Freude vergessen, die es macht, wenn man sieht, wie der Boden von Tag zu Tag mehr hergibt, statt dass er nutzlos daliegt. Das is doch woll die vornehmste Aufgabe des Menschen, sich die Erde untertan und fruchtbar zu machen – ich kann mir nichts Besseres denken! Aber du hast da in der Stadt woll den Erdtrieb eingebüßt?«

Pelle antwortete nicht. Aber wenn das etwas Schönes und Großes sein sollte, sich auf einem Stück Heideland zu Tode zu arbeiten, nur damit da einmal etwas anderes würde wachsen können, war er froh, dass er diesen Erdtrieb nicht besaß.

»Mein Vater und auch sein Vater und alle, die ich von unserer Familie gekannt habe, wir haben das alles in uns gehabt, dass wir die Erde verbessern mussten, ohne nach unserer eigenen Behaglichkeit zu fragen! Aber es is gewiss keinem von uns in den Sinn gekommen, dass wir einmal böse Worte darüber hören sollten – noch dazu von einem von unseren eigenen Leuten!« Lasse sprach mit abgewandtem Gesicht – so wie Gott der Herr, wenn er zornig auf sein Volk war; und Pelle hatte ein Gefühl, als sei er ein hässlicher Wechselbalg, der dem Allerschlimmsten nachartete. Aber nachgeben wollte er trotzdem nicht.

»Ich würde wohl gar nich dazu taugen, hier herumzugehn«, sagte er entschuldigend und sah in Richtung des Meeres. »Ich glaub es nich.«

»Nein, du hast dich ja von allem losgesagt, du«, entgegnete Lasse bitter. »Aber am Ende bereust du es noch einmal – das Leben da draußen in der Fremde is woll auch nich lauter Herrlichkeit und Freude.«

Pelle antwortete nicht; er war in diesem Augenblick zu sehr Mann, um das eine Wort durch das andere unglaubwürdig zu machen. Er verhielt sich prüfend und sie stapften schweigend weiter. »Ja, ein Rittergut is es natürlich nich«, sagte Lasse plötzlich, um der weiteren Kritik den Stachel zu nehmen. Pelle schwieg nur.

Um das Haus herum war der Boden bestellt und im Umkreis um das bestellte Land zeigte der Heideboden eine Andeutung von Ackerfurchen. »Das is wohl mal Kornfeld gewesen«, meinte Pelle.

»Na, dass du das gleich raus hast!«, rief Lasse halb höhnend, halb bewundernd aus. »Ein verteufeltes Auge, wahrhaftig, ich hätte gewiss nichts Besonderes an dem Heidekraut entdeckt – wenn ich es nich gewusst hätte. Ja, das is unter Kultur gewesen, aber die Heide hat es wieder zurückerobert. Das war unter meinem Vorgänger, der nahm sich mehr vor, als er fertig bringen konnte, und dann brach er dabei zusammen. – Aber hier sollst du mal sehn, dass es was hergeben kann!« Lasse zeigte auf sein Stück Roggen, von dem Pelle zugeben musste, dass es wirklich gut aussah.

Aber durch die Äcker in ihrer ganzen Länge liefen hohe Kämme von Steinen hindurch und erzählten ihm, welch fürchterliche Arbeit dieser Boden erforderte, um in Kultur zu kommen. Dort hinter dem Roggen lag frisch aufgebrochenes Land – das sah aus wie gestautes Eis, der Pflug war durch lauter Brocken gewandert. Pelle sah das alles und wurde traurig, wenn er an den Vater dachte.

Lasse selbst war unverzagt. »So is es, du, es gehören zwei dazu, den Pflug zu halten. Karna hat ja wirklich Kräfte, und doch is es, als wenn einem die Arme vom Leib gerissen würden bei jedem Schlag, den der Pflug tut. Und das meiste muss ja mit Hacke und eiserner Stange gebrochen werden – ein bisschen Niesen is auch hin und wieder erforderlich! Ich nehme Dynamit, wen es auch gefährlicher is als Pulver – es schlägt besser in den Grund!«, sagte er stolz.

»Wie viel is hier jetzt in Kultur?«, fragte Pelle.

»Mit Wiese und Garten fast zehn Tonnen; aber es soll mehr werden, ehe das Jahr um is.«

»Und an den zehn Tonnen sind zwei Familien zu Grunde gegangen«, sagte Karna, die herauskam, um zu Tisch zu rufen.

»Ja, ja, Gott mach es ihnen leicht – auf ihrer Arbeit wolln wir jetzt in die Höhe kommen! Die Gemeinde soll nach uns den Hof nich wieder übernehmen.« Lasse sagte das mit Selbstgefühl; so aufrecht hatte ihn Pelle noch nie gesehen.

»Ganz froh bin ich nu doch nich immer dabei«, fuhr Karna fort, »es is, als ob es Friedhofserde wäre, die man bestellte. Der Erste, den die Gemeinde hier herauskriegte, hat sich aufgehängt, wie man erzählt.«

»Ja, er hatte eine Heidehütte da drüben, wo du jetzt den Holunderbaum siehst – die is seitdem eingefallen. Ich freu mich, dass es nich hier im Haus geschehen is.« Lasse schüttelte sich vor Unbehagen. »Die Leute sagen, er spukt, wenn seinen Nachfolgern was Schlimmes bevorsteht.«

»Das Haus hier ist erst später gebaut?«, fragte Pelle erstaunt, denn er fand, dass es bereits recht baufällig war.

»Ja, das hat mein Vorgänger gebaut. Er kriegte das Grundstück von der Gemeinde auf zwanzig Jahre umsonst, dafür musste er bauen und jedes Jahr eine Tonne Land bestellen – das waren ja nicht die schlechtesten Bedingungen. Aber er nahm sich zu viel auf einmal vor; er gehörte zu den Leuten, die des Morgens tüchtig beiseite harken und sich schon vor Mittag müde gemacht haben. Das Haus hat er aber gut gebaut«, Lasse stieß gegen die dünnen, mit Lehm beworfenen Wände, »und das Bauholz is erste Qualität. Ich denke, ich werde eine Menge Steine klopfen, wenn es nu Winter wird; die Steine müssen ja doch weg, und es is gar nich so übel, ein paar hundert Kronen einzunehmen. Und in zwei, drei Jahren richten wir in dem alten Haus 'ne Scheune ein und bauen uns ein neues Wohnhaus, du Karna, vielleicht mit Keller unter dem Ganzen und mit 'ner hohen Treppe, so wie auf dem Steinhof. Es soll aus unbehauenem Granit sein, die Mauern kann ich selber ziehen.«

Karna strahlte vor Freude, aber Pelle konnte nicht recht in Schwung kommen. Er war enttäuscht, der Sturz aus seinen Phantasien in die nackte Wirklichkeit war zu tief. Und dann regte sich etwas in ihm, ein dumpfer Trotz gegen diese endlose Erdarbeit, die – so unerfahren er auch war – durch zehn, zwanzig Generationen festgegründet in ihm saß. Er hatte nicht selbst den harten Kampf mit der Erde gekämpft, aber seit er kriechen konnte, hatte er ganz selbstverständlich alles verstanden, was die Erdbestellung anbelangte, und jedes Erdgerät wusste er richtig zu handhaben. Nur die Erdfreude hatte er nicht geerbt; sein Sinn hatte eine neue Richtung bekommen! Und dieses endlose Ringen mit der Erde saß eingewurzelt in ihm wie ein Groll, der ihm den Überblick verlieh, der Lasse abging. Hier war er nüchtern, er geriet nicht außer Atem über fünfzig Tonnen Land, sondern fragte, was sie enthielten. Er war sich dessen nicht bewusst, aber alles in ihm sträubte sich dagegen, Kräfte in diese nutzlose Arbeit zu investieren, und sein Ausdruck war so erfahren, als wäre er Lasses Vater.

»Hättest du nich besser getan eine Häuslerstelle mit zehn Tonnen gutem Land zu kaufen?«, meinte er.

Lasse widersprach ungeduldig. »Ja, dann könnte man ja sein Leben lang sparen und zusammenkratzen, ohne weiterzukommen, von den

Vorderstücken abschneiden, um den Hintern damit zu flicken, und am liebsten jedes Ding zweimal essen. Zum Teufel auch, denn hätte ich ja bleiben können, wo ich war. Dies hier macht freilich mehr Arbeit und Kopfzerbrechen, aber es is doch 'ne Zukunft drin. Wenn ich dies erst in Betrieb hab, wird es ein Hof werden, der es mit allen anderen aufnehmen kann!« Lasse blickte stolz über sein Land hin; in seiner Phantasie wogte es von Korn und war voll von vorzüglichem Vieh.

»Sechs Pferde und ein Dutzend Kühe kann es mit Leichtigkeit tragen!«, sagte er laut. »Das bringt Wohlstand! Meinst du nich auch, Karna?«

»Ich meine, dass das Essen jetzt kalt wird«, sagte Karna lächelnd. Sie war ganz glücklich.

Bei Tisch schlug Lasse vor, dass Pelle seine Wäsche zum Waschen und Ausbessern nach Hause schicken sollte. »Du hast gewiss ohnedies genug zu tun«, sagte er schonend. »Schlachter Jensen kommt ja jeden Sonnabend auf dem Markt; der nimmt es am Ende für dich mit und setzt es bei der Kirche ab; es müsste schnurrig zugehen, wenn am Sonntag nich irgendeiner hier aus der Heide in der Kirche wäre und es uns mit rausbringen könnte.«

Aber Pelle wurde störrisch und wollte nicht antworten.

»Ich dachte man bloß, es wär dir nachgerade über, selbst zu waschen und zu flicken«, sagte Lasse langmütig. »In der Stadt hat man woll anderes im Kopf und 'ne anständige Arbeit für einen Mann is es ja gerade nicht.«

»Ich will es schon selbst besorgen«, murmelte Pelle abweisend. Jetzt wollte er ihnen zeigen, dass er sich ordentlich halten konnte. Es war auch eine Rache gegen sich selbst für seine Nachlässigkeit, dass er das Anerbieten ablehnte.

»Ja, ja«, sagte Lasse sanft. »Ich hab ja bloß gefragt. Ich hoffe, du nimmst es nich übel.«

Obwohl Karna stark war und willig, an allem teilzunehmen, bedurfte Lasse doch sehr einer Männerhand. Arbeit, zu der zwei gehörten, hatte sich angehäuft und Pelle sparte seine Kräfte nicht. Den größten Teil des Tages verbrachte er damit, große Steine aus der Erde zu heben und sie beiseite zu schleppen. Lasse hatte sich einen Wagen zusammengezimmert und die beiden Heidekracken wurden vorgespannt.

»Ja, noch darfst du sie nich zu genau ansehn«, sagte er und strich liebkosend über die beiden Knochengerüste hin. »Wart man, bis ein paar Monate vergangen sind, dann sollst du mal sehn! An Kurasche fehlt es ihnen nich.«

Es war genug zu tun und der Schweiß triefte an ihnen herunter, aber die Laune war gut. Lasse wunderte sich, was für Kräfte der Junge hatte – das war doch endlich mal eine Hilfe! Mit zwei, drei solchen Burschen wollte er es auf sich nehmen, die ganze Einöde auf den Kopf zu stellen. Wieder musste er sich Luft machen in einem Seufzer darüber, dass er ihn nicht zu Hause hatte; aber auf *dem* Ohr war Pelle noch immer taub. – Ehe sie sich's versahen, war Karna wieder da und rief zum Abendbrot.

»Ich denke, wir spannen an und fahren Pelle den halben Weg nach der Stadt – als Lohn für seine Arbeit«, sagte Lasse munter. »Wir beide haben auch 'ne Vergnügungfahrt verdient.« Und die Kracken kamen vor den Bretterwagen.

Es war ergötzlich, Lasse zuzusehen; er war ein aufmerksamer Kutscher und man konnte wirklich glauben, dass er ein Paar Vollblutpferde fuhr. Wenn sie jemand begegneten, nahm er vorsichtig die Zügel zusammen, um bereit zu sein, falls die Pferde scheuten. »Sie können leicht durchgehn«, sagte er feierlich. Und wenn es ihm gelang, sie zu einem kleinen Trab anzuspornen, so war er glücklich. »Sie sind schwer zu halten«, sagte er und tat, als gehöre viel Kraft dazu. »Zum Kuckuck auch, ich glaub, ich muss den Stangenzaun anlegen!« Er musste beide Füße ganz fest gegen die Wagengabel stemmen und die Zügel eine Weile hin- und herrücken.

Als der halbe Weg zurückgelegt war, wollte Lasse noch ein kleines Stück fahren und noch ein kleines Ende und dann – ach was, bloß bis an das Gehöft da! Er hatte ganz vergessen, dass es einen morgigen Tag gab mit harter Arbeit für ihn wie für die Pferde. Und dann endlich sprang Pelle ab.

»Wollen wir es mit deiner Wäsche nich doch so machen?«, fragte Lasse.

»Nein!« Pelle wandte das Gesicht ab – nun könnten sie doch nachgerade damit aufhören.

»Ja, ja, dann leb wohl mein Junge und hab Dank für die Handreichung. Du kommst woll wieder, sobald du kannst?«

Pelle lächelte und sagte nichts; er wagte nicht den Mund aufzutun, aus Furcht vor der Unmännlichkeit, die ihm hoch oben im Halse saß. Schweigend gab er ihnen die Hand und lief der Stadt zu.

6

Die anderen Lehrlinge verschafften sich das Geld für ihre Kleidung dadurch, dass sie in der freien Zeit für sich arbeiteten; sie bekamen Arbeit von den Kameraden, zuweilen kaperten sie dem Meister auch Kunden weg, indem sie ihn im Geheimen unterboten. Sie hatten ihre eigene Arbeit unter dem Tisch; wenn der Meister nicht zu Hause war, holten sie sie hervor und arbeiteten drauflos. »Ich will heut Abend ja aus und mein Mädchen treffen«, sagten sie und lachten; der kleine Nikas sagte nichts.

Pelle hatte keine Kameraden, die ihm Arbeit gaben, er konnte auch noch nicht viel. Wenn die anderen nach Feierabend und des Sonntags viel zu tun hatten, musste er ihnen helfen; aber das warf nichts ab. Und dann hatte er auch Nilens Schuhe zum Flicken gehabt – um ihrer alten Bekanntschaft willen.

Jeppe hatte lang und breit über die Trinkgelder geredet, als er sich verdungen hatte; die Bürger hielten sich oft auf über diesen drückenden Posten in ihren Ausgaben und plädierten in starken Worten dafür, diese Unsitte einzuschränken oder ganz abzuschaffen. Aber das war nur etwas, was sie aus den Zeitungen von da drüben hatten – um der Hauptstadt nicht nachzustehen! Sie erwähnten es auch immer, wenn er mit Schuhzeug kam, und wühlten in dem Geldbeutel herum; war da ein Schilling, so verdeckten sie ihn mit dem Finger und machten ein unglückseliges Gesicht – Pelle solle das Trinkgeld ein andermal bekommen und sie daran erinnern! Anfänglich erinnerte er auch daran – man hatte ihn ja darum gebeten; aber dann bekam Jeppe einen Wink, dass sein neuer Lehrling sich das Prellen abgewöhnen müsse. Pelle begriff das nicht, aber es stieg ein Unwille gegen diese Menschen in ihm auf, die so unverschämte Kunststücke machen konnten, um ein Zehnörestück verschwinden zu lassen, für das sie nicht einmal Rechenschaft abzulegen brauchten.

Pelle, der meinte, er habe jetzt genug von der Armeleutewelt und müsse zusehen, in andere Schichten hineinzugelangen, lernte noch einmal, mit armen Leuten zu rechnen, und freute sich über jedes Paar Armeleuteschuhe, die der Meister verfluchte, weil sie so verschlissen waren. Die Armen waren nicht bange einen Schilling zu geben, wenn sie ihn hatten; es tat ihm förmlich weh, zu sehen, wie sie, um ein paar Öre zu beschaffen, in allen Ecken nachsuchten und die Sparbüchsen der Kinder leerten, während die Kleinen stumm dastanden und mit traurigen Augen zusahen. Und wenn er es nicht annehmen wollte, waren sie beleidigt. Das bisschen, was er bekam, erhielt er von Leuten, die ebenso arm waren wie er selber.

Das Geld hier unten, das waren nicht mehr diese runden, gleichgültigen Dinger, die man in den oberen Schichten der menschlichen Gesellschaft zu ganzen Stapeln aufeinander legte. Jeder Schilling bedeutete hier so viel Kummer oder Freude; eine kleine, schmutzige Münze konnte sowohl das wütende Gepolter des Mannes wie auch des Kindes verzweifeltes Weinen nach Essen umschließen. Die Witwe Höst gab ihm zehn Öre und er musste sich selber sagen, dass sie damit ihr Mittagessen für zwei Tage hergab.

Als er eines Tages an den elenden Hütten draußen bei den nördlichen Seehügeln vorüberkam, trat eine arme, junge Frau in die Tür und rief ihn an; sie hielt die Überreste von einem Paar Zugstiefeln in der Hand. »Ach, du Schusterjunge, sei doch so gut und flick mir die ein bisschen«, bat sie, »bloß ganz lose zusammennähen, dass sie einen halben Nachmittag am Fuß hängen. Die Steinhauer geben Donnerstag ihr Fest und ich möchte das gern mitmachen.« Pelle betrachtete die Schuhe – es war nicht mehr viel damit anzufangen, aber er nahm sie trotzdem mit und flickte sie in seinen Freistunden. Von Jens erfuhr er, dass die Frau die Witwe eines Steinhauers sei, der gleich nach der Verheiratung bei einer Sprengung sein Leben eingebüßt hatte. Die Schuhe sahen ganz manierlich aus, als er sie ablieferte.

»Ja, Geld hab ich nich, aber vielen Dank sollst du haben!«, sagte sie und sah die Schuhe entzückt an. »Wie nett sie geworden sind! Gott segne dich dafür!«

»An Dank starb dem Schmied seine Katze«, sagte Pelle lachend. Ihre Freude steckte ihn an.

»Ja, und Gottes Segen ersprießt, wo zwei Arme das Lager teilen«, entgegnete das junge Weib scherzend. »Aber ich will dir doch alles Gute als Lohn wünschen – nun kann ich doch mal rumtanzen!«

Pelle war ganz zufrieden mit sich, als er ging. Aber ein paar Häuser weiter lauerte ihm eine andere Frau auf; sie hatte offenbar von dem Glück der ersten gehört, stand nun mit einem Paar schmutzigen Kinderschuhen da und bat ihn herzlich sie zu flicken. Er nahm die Schuhe und machte sie zurecht, obwohl er nur noch ärmer davon wurde; er kannte die Not zu gut, um Nein sagen zu können.

Es war das erste Mal hier in der Stadt, dass man ihn für voll nahm, ihn auf den ersten Blick zu seinesgleichen rechnete. Pelle wunderte sich sehr darüber; er wusste noch nicht, dass die Armut international ist.

Wenn er nach beendetem Tagewerk ausging, hielt er sich in den äußersten Reihen, verkehrte mit den ärmsten Jungen und verhielt sich so unauffällig wie möglich. Aber es war etwas Verzweiflung über ihn gekommen und zuweilen machte es sich durch Handlungen bemerkbar, die Lasse zum Weinen gebracht haben würden – wie zum Beispiel, als er sich herausfordernd auf einen frisch geteerten Vertäuungspfahl setzte. Er wurde daraufhin der Held des Abends; aber sobald er allein war, ging er hinter einen Bretterzaun und zog niedergeschlagen die Hose aus, um den Umfang des Schadens festzustellen. Am Tage machte er seine Besorgungen in dem besten Anzug, den er besaß. Das war kein Spaß; Lasse hatte seine Genügsamkeit tief in ihn eingeprägt und ihn gelehrt so schonend mit seinen Sachen umzugehen, dass es fast an Gottesfurcht grenzte. Aber Pelle fühlte sich von allen Göttern verlassen und jetzt forderte er sie heraus.

Die armen Frauen in der Straße waren die Einzigen, die ein Auge für ihn hatten. »Nu seh mal einer den Bengel an, läuft er da für alltags mit seiner Einsegnungsjacke rum und schweinigelt sie ein!«, sagten sie und riefen ihn herein, um ihm eine Strafpredigt zu halten – die in der Regel damit endete, dass sie an ihm herumflickten. Aber Pelle war das ganz egal, er machte es nur gerade so wie die Stadt selber, wenn sie ihr Bestes nach außen kehrte. Er besaß doch ein Hemd, wenn es auch nur grob war! Aber der neue Barbiergehilfe, der sich mit Gehrock und Zylinderhut wichtig machte und das Ideal aller Lehrlinge war, hatte nicht einmal ein Hemd an – Pelle hatte das einmal gesehen, als er dastand und ein paar Damen schaukelte. Daheim auf dem Lande, wo man einen Mann nach der Zahl seiner Hemden schätzte, würde der unmöglich sein! Aber hier in der Stadt sah man nicht so genau darauf.

Jetzt geriet er nicht mehr aus dem Häuschen vor Staunen über all die Menschen – gesetzte Leute obendrein –, die nirgends ihren festen Platz hatten, sondern das ganze Jahr hindurch von einem Arbeitsplatz zum andern zogen. Sie sahen trotzdem vergnügt aus, hatten Frau und Kinder und gingen des Sonntags aus und amüsierten sich; und wozu sollte man sich auch anstellen, als ob die Welt zusammenstürzen müsste, weil man keine Pökeltonne mit Schweinefleisch und keine Grube mit Kartoffeln hatte, um dem Winter entgegenzusehen? Sorglosigkeit war schließlich auch Pelles Wehr; wo alle lichte Zukunft erstorben schien, nahm sie von neuem das Märchen auf und verlieh der nackten Armut Spannung. Selbst der Hunger wurde spannend: Stirbst du daran oder stirbst du nicht?

Pelle war arm genug, um das Ganze noch vor sich zu haben, er besaß den weit geöffneten Sinn des armen Mannes; die große Welt und das Märchen waren die Kräfte, die ihn durch die Leere hindurchtrugen, der eigentliche Lebenston, der niemals schwieg, sondern murmelnd hinter Sorglosigkeit und Sorgen herging.

Mit der Welt wusste er gut Bescheid, sie war etwas unfassbar Großes, das in sich zurückfiel; in achtzig Tagen konnte man um das Ganze herumkommen, dahin, wo die Menschen mit dem Kopf nach unten gingen, und wieder zurück – und alle Wunder durchleben. Er hatte sich selbst in das Unfassbare hineinbegeben und war in dieser kleinen Stadt gestrandet, wo nicht einmal Vogelfutter für eine hungrige Phantasie war, wo es aber von kleinen Sorgen wimmelte. Man spürte den kalten Lufthauch von da draußen und den Schwindel; wenn die kleine Zeitung kam, liefen die kleinen Meister eifrig über die Straße, die Brille auf der Nase, und sprachen mit wunderlichen Gebärden über die Ereignisse da draußen. »China!«, sagten sie, »Amerika!« – und bildeten sich ein, dass sie sich mitten im Weltgetümmel befänden. Aber Pelle wünschte glühend, dass sich etwas von all dem Großen verirren möge – da er nun doch einmal hier festsaß! Es konnte ganz angenehm sein mit ein wenig Vulkan unter den Füßen, sodass die Häuser anfingen durcheinander zu schwanken; oder ein wenig Überschwemmung, sodass die Schiffe über die Stadt hintrieben und am Wetterhahn auf der Kirchturmspitze festgemacht werden mussten. Er hatte ein so unsinniges Verlangen, dass irgendetwas geschehen möge, was das Blut in Wallung brachte und die Haare auf dem Kopf zu Berge stehen ließe. Aber im Augenblick hatte er im Übrigen genug zu kämpfen; die Welt musste für sich selber sorgen, bis die Zeiten besser waren.

Schwerer wurde es ihm, auf das Märchen Verzicht zu leisten. Es war ihm von der Armut selbst ins Gemüt gesunken worden, mit Lasses zitternder Stimme. »Oft liegt ein reiches Kind in einer armen Mutter Schoß«, pflegte der Vater zu sagen, wenn er die Zukunft des Sohnes prophezeite, und das Wort senkte sich tief in den Jungen ein, wie ein Refrain. Aber so viel hatte er doch gelernt, dass es hier keine Elefanten gab, auf deren Hals ein schneidiger Junge rittlings sitzen konnte, um den Tiger totzureiten, der gerade den König von Himalaja zerfleischen wollte – um dann natürlich die Tochter und das halbe Königreich für seine Heldentat zu bekommen. – Pelle trieb sich viel am Hafen herum, nie aber fiel ein fein gekleidetes kleines Mädchen ins Wasser, das er retten konnte und das dann später, wenn er erwachsen war, seine Frau würde. Und sollte es wirklich geschehen, so wusste er jetzt, dass ihn die Eltern um das Trinkgeld betrügen würden. Er hatte es auch ganz aufgegeben, auf die goldene Kutsche zu warten, die ihn überfahren sollte, sodass die beiden erschreckten und in Trauer gekleideten Herrschaften ihn in ihren Wagen nahmen und in ihr Schloss mit den sechs Stockwerken brachten, um ihn für alle Zeiten bei sich zu behalten, an Stelle ihres Sohnes, den sie soeben verloren hatten und der – wunderbarerweise – genau in demselben Alter gestanden hatte wie er. Hier gab es ja nicht einmal eine goldene Kutsche!

Draußen in der großen Welt hatte der ärmste Junge die größten Aussichten. Alle großen Männer, über die das Lesebuch berichtete, waren arme Burschen wie er selbst gewesen, die durch Glück und eigenen Wagemut in die Höhe gekommen waren. Aber alle, die hier in der Stadt etwas besaßen, waren dadurch zu ihrem Wohlstand gelangt; dass sie sich mühselig vorwärts gequält und die armen Leute ausgesogen hatten. Sie hockten geizig auf ihrem Geld und warfen nichts heraus, was der Glückliche auffangen konnte – und ließen auch nichts liegen, damit ein armer Bursche käme und es aufnähme! Keiner von ihnen hielt sich für zu gut einen alten Hosenknopf zwischen den Pflastersteinen aufzulesen.

Eines Abends sollte Pelle für Jeppe ein halbes Pfund Knaster holen. Draußen vor des Kohlenhändlers Haus fuhr ihm wie immer der große Hund an die Beine und er verlor die fünfundzwanzig Öre. Während er sie suchte, kam ein älterer Mann auf ihn zu. Pelle kannte ihn sehr gut; es war Schiffsreeder Monsen, der reichste Mann der Stadt.

»Hast du was verloren, mein Junge?«, fragte er und fing an mitzusuchen.

Nun fragt er mich aus, dachte Pelle. Und ich antworte unverzagt und dann sieht er mich aufmerksam an und sagt . . . Pelle hoffte noch immer auf mystische Geschehnisse, die einen schneidigen Jungen unversehens zum Glück emporheben.

Der Schiffsreeder aber fragte nichts dergleichen, er suchte nur eifrig und sagte: »Wo bist du gegangen? Hier, nich wahr? Weißt du das auch ganz genau?«

Auf alle Fälle gibt er mir ein anderes Fünfundzwanzigörestück, dachte Pelle. Merkwürdig, wie eifrig er ist! Pelle hatte keine rechte Lust mehr, zu suchen, konnte aber nicht gut vor dem anderen damit aufhören.

»Na ja«, sagte der Reeder endlich, »dem Fünfundzwanzigörestück kannst du wohl getrost nachpfeifen. Was bist du auch für ein Tölpel!« Und dann ging er. Pelle sah ihm noch lange nach, ehe er in seine eigene Tasche griff.

Später, als er wieder dort vorüberkam, ging ein Mann in gebeugter Haltung und hielt ein brennendes Streichholz dicht über die Pflastersteine. Es war der Reeder. Es kitzelte Pelle so eigentümlich in der Zwerchfellgegend. »Haben Sie was verloren?«, fragte er boshaft; er stand auf dem Sprung für den Fall, dass es eine Ohrfeige setzen sollte. »Ja, ja, ein Fünfundzwanzigörestück!«, stöhnte der Reeder. »Kannst du mir nich suchen helfen, mein Junge?«

Nun, das hatte er ja längst gewusst, dass Monsen dadurch der reichste Mann der Stadt geworden war, dass er Schiffe mit verdorbenen Nahrungsmitteln verproviantierte und alte Seelenverkäufer frisch auftakelte, die er dann hoch versicherte. Er wusste auch, wer ein Dieb und wer ein Bankrottspieler war und dass Kaufmann Lau nur deshalb mit den kleinen Meistern verkehrte, weil seine Tochter zu Schaden gekommen war, Pelle kannte den geheimen Stolz der Stadt, die »Toppgaleasse«*, die allein die Verderbnis der Großstadt repräsentierte, sowie die beiden Bauernfänger und den Konsul mit der fressenden Krankheit. Das war alles befriedigendes Wissen für einen Verschmähten.

Er hatte keineswegs die Absicht, der Stadt irgendeine von den Herrlichkeiten zu lassen, mit denen er sie seinerzeit ausgestattet hatte; bei seinem ständigen Umherstreifen entkleidete er sie bis auf die Haut. Da lagen die Häuser so zierlich an der Straße, bald vor-, bald zurückgebaut, mit wunderlichen alten Türen und Blumen in allen Fenstern. Der Teer an ihrem Fachwerk glänzte und ihre Kalkfarbe war immer frisch: ockergelb oder blendend weiß, seegrün oder blau wie der Himmel. An Sonntagen hatte man den Eindruck von Fest- und Flaggenschmuck. Aber Pelle hatte die Rücksei-

---

* Bezeichnung für kleineres Schiff; hier im übertragenen Sinn für die einzige Prostituierte des Städtchens gebraucht.

te eines jeden Hauses untersucht und da waren Ablaufrinnen mit schleimigem, langem Bart, stinkende Abfalltonnen und ein großer Kehrichtkasten mit einem herb riechenden Holunderbaum darüber. Zwischen den Pflastersteinen schwammen Heringsschuppen und Dorschmägen und die Mauern waren unten scheckig von grünem Moos.

Der Buchbinder und seine Frau gingen Hand in Hand, wenn sie sich zu den Versammlungen der Frommen begaben. Aber zu Hause prügelten sie sich, und wenn sie im Betsaal saßen und aus demselben Gesangbuch sangen, kniffen sie sich gegenseitig in die Beine. »Ja«, sagten die Leute, »so ein ordentliches Paar.« Aber die Stadt konnte Pelle kein X für ein U vormachen, er wusste Bescheid. Hätte er nur ebenso genau gewusst, wo er eine neue Bluse herbekommen konnte!

Eines ließ sich nicht so leicht entkleiden, sondern behielt seine Märchenhaftigkeit – der Kredit! Zuerst benahm es ihm fast den Atem, dass die Leute hier in der Stadt alles, was sie brauchten, ohne Geld bekamen. »Wollen Sie es bitte anschreiben!«, sagten sie, wenn er mit Schuhzeug kam. »Es soll angeschrieben werden!«, sagte er selbst, wenn er für den Meister Einkäufe machte. Alle sprachen sie dieselbe Zauberformel und Pelle musste an Vater Lasse denken, der die Schillinge zwanzigmal nachzählte, ehe er sich erkühnte etwas dafür zu kaufen. Er versprach sich viel von dieser Entdeckung, es war seine Absicht, diese Zauberformel in reichem Maße zu benutzen, wenn seine eigenen Mittel erschöpft waren.

Jetzt war er natürlich klüger geworden. Er hatte gesehen, dass gerade die Allerärmsten immer mit dem Schilling in der Hand antreten mussten, und im Übrigen kam auch für die anderen ein Tag der Abrechnung. Der Meister sprach schon mit Grauen von Neujahr; und es drückte den Betrieb nieder, dass der Lederhändler ihn in der Tasche hatte und er sein Material nicht da kaufen konnte, wo es am billigsten war. Alle kleinen Meister seufzten unter diesem Joch.

Aber damit war das Märchenhafte nicht erschöpft – hier war doch die Möglichkeit, einen Wechsel auf das Glück zu ziehen, das auf sich warten ließ, und auf die Zukunft, die alle Wechsel einlöst. Der Kredit war ein Funken Poesie in all diesem Gekrabbel: Hier gingen Leute herum, die so arm waren wie Kirchenmäuse und doch den Grafen spielten. Alfred war so ein Glückskind, er verdiente keinen roten Heller, trug aber feine Kleidung wie ein Ladengehilfe und ließ sich nichts abgehen. Bekam er Lust zu irgendetwas, so ging er ganz einfach hin und kaufte es auf Pump; ein Nein bekam er nie zu hören. Die Kameraden beneideten ihn und sahen zu ihm auf wie zu einem Glücksprinzen.

Pelle hatte ja auch ein kleines Techtelmechtel mit dem Glück – und so ging er denn eines Tages ganz flott in den Laden, um sich Unterkleidung zu kaufen. Als er Kredit verlangte, sahen sie ihn an, als sei er nicht bei Trost – er musste unverrichteter Dinge gehen. Dahinter muss ein Geheimnis stecken, das ich nicht kenne, dachte Pelle; er hatte eine dunkle Erinnerung an einen anderen Jungen, der auch nicht im Stande war, den Kessel dazu zu bewegen, Grütze zu kochen, und das Tischlein, sich für ihn zu decken – weil er das Wort nicht kannte. Er suchte sogleich Alfred auf, um Klarheit zu erlangen.

Alfred stand mit neuen Patenthosenträgern da und band sich den Kragen um, an den Füßen hatte er Pantoffeln mit Pelzeinfassung, sie sahen aus wie Tauben, die sich kröpfen. »Die hab ich von einer Meistertochter bekommen«, sagte er und kokettierte mit seinen Beinen, »sie is ganz weg in mich. Süß is sie auch – aber da is kein Geld.«

Pelle erzählte von seiner Not.

»Hemden! Hemden!«, jubelte Alfred und schlug sich mit der Hand vor die Stirn. »Er will, weiß Gott, Hemden auf Pump kaufen! Wenn es noch Manschettenhemden wären!« Er war kurz davor, vor Lachen zu platzen.

Pelle versuchte es von neuem. Als der Bauer, der er noch immer war, hatte er in erster Linie an Hemden gedacht; aber nun wollte er einen Sommerüberzieher und Gummimanschetten. »Wozu willst du denn Kredit haben?«, fragte der Kaufmann zögernd. »Erwartest du irgendwoher Geld? Oder hast du jemand, der für dich gutsagen kann?«

Nein, Pelle wollte die Sache schon selber deichseln – aber er hatte nur gerade jetzt kein Geld.

»Dann warte du nur, bis du welches hast«, sagte der Kaufmann mürrisch. »Wir kleiden keine armen Jungen ein!« Pelle musste davonschleichen wie ein begossener Pudel.

»Du bist ein Rindvieh«, sagte Alfred kurz. »Du bist geradeso wie Albinus – der kann es auch nicht!«

»Wie machst du es denn?«, fragte Pelle kleinlaut.

»Wie ich es mache – wie ich es mache . . . « Alfred konnte keine Erklärung dafür geben, es kam ganz von selbst. »Aber ich sage natürlich nich, dass ich arm bin. Na, lass du es man lieber sein – es glückt dir doch nicht!«

»Warum sitzt du da und kneifst dich in die Oberlippe?«, fragte Pelle missmutig.

»Kneifen? Ich dreh doch meinen Schnurrbart, du Schaf!«

7

Pelle war am Sonnabendnachmittag mit dem Fegen der Straße beschäftigt. Es war gegen Abend, in den kleinen Häusern war schon Feuer auf dem Herd; man hörte es bei Maurer Rasmussen und dem schwedischen Anders prasseln und der Geruch gebratener Heringe erfüllte die Straße. Die Frauen bereiteten etwas extra Gutes, um den Mann zu ködern, wenn er mit dem Wochenlohn nach Hause kam. Dann liefen sie zum Höker nach Schnaps und Bier, die Türen ließen sie hinter sich weit offen stehen – sie hatten gerade die halbe Minute, während der Hering auf der einen Seite fertig briet! So – Pelle schnüffelte ganz weit hinein –, nun hatte sich Madame Rasmussen mit dem Höker festgeschwatzt! »Madame Rasmussen – Ihr Hering verbrennt!«, kreischte eine Stimme, da kam sie herbeigestürzt und schüttelte beschämt den Kopf, während sie über die Straße jagte. Der blaue Rauch sank zwischen die Häuser, die Sonne fiel schräg über und füllte die Straße mit Goldstaub.

Überall in der Straße waren sie beim Fegen: Bäcker Jörgen, die Waschfrau und das Mädchen von Kontrolleurs. Die schweren Maulbeerbäume neigten sich auf der anderen Seite der Straße über die Mauer und reichten die letzten reifen Früchte dem hin, der sie pflücken wollte. Hinter der Mauer ging wohl der reiche Kaufmann Hans und pusselte in seinem Garten herum – er, der sich mit dem Kindermädchen verheiratet hatte. Er kam nie heraus und es ging das Gerücht, er werde von der Frau und ihrer Sippe eingesperrt gehalten. Aber Pelle hatte das Ohr an die Mauer gepresst und eine lallende Greisenstimme immer dieselben Kosenamen wiederholen hören, sodass es klang wie eines jener Liebeslieder, die nie ein Ende nehmen; und wenn er in der Dämmerung aus seinem Fenster auf das Dach des Hauses kletterte, um einen Überblick über die Welt zu bekommen, sah er einen winzig kleinen, weißhaarigen Mann da unten gehen, den Arm um die Taille einer jüngeren Frau geschlungen. Alle Augenblicke blieben sie stehen, um sich zu schnäbeln. Es gingen die sonderbarsten Sagen über Kaufmann Hans und sein Geld um, über das Vermögen, das einstmals, vorzeiten, auf einen Brief Stecknadeln gegründet worden war und so groß war, dass ein Fluch daran hängen musste.

Aus dem Hause des Bäckers kam Sören geschlichen, das Gesangbuch in der Hand. Er floh gleich hinüber in den Schutz der Mauer und eilte von dannen; der alte Jörgen stand da und gluckste vor Lachen, während er ihm nachsah, die Hände um den Besen gefaltet.

»Herrjemine, is das 'ne Mannsperson!«, rief er Jeppe zu, der hinter dem Fenster saß und sich in der Milchschüssel rasierte. »Sieh mal bloß, wie er pustet! Nun muss er hin und Gott um Verzeihung bitten wegen der Freierei.«

Jeppe kam am Fenster zum Vorschein und beschwichtigte ihn – man konnte Bruder Jörgens Fistel ja über die ganze Straße hören. »Hat er gefreit? Wie hast du ihn bloß dazu gekriegt, den Sprung zu wagen?«, fragte er eifrig.

»Ach, das war, als wir beim Essen saßen – ich hatte meinen Melancholschen, weil ich an das mit dem kleinen Jörgen denken musste. Da kommt, weiß Gott, nie ein kleiner Jörgen und pflanzt deinen Namen weiter, sage ich zu mir selbst, denn Sören is 'n Waschlappen und andere hast du nich, auf die du bauen kannst! Und du kannst jeden Tag, den Gott werden lässt, mit der Nase in der Luft daliegen, und denn is das Ganze weggeblasen und umsonst. Und all dergleichen, wie du ja weißt, was ich denke, wenn diese Gedanken die Oberhand in mir haben. Ich saß da und sah Sören bitterböse an; ja, das tat ich, denn da sitzt ein prächtiges Frauenzimmer ihm gerade gegenüber und er sieht sie nich mal. Und da auf einmal schlag ich mit der Faust auf den Tisch und sage: ›So, Sören, nu fasst du Marie bei der Hand und fragst sie, ob sie deine Frau werden will – denn nu will ich der Sache ein Ende machen und sehen, wozu du zu gebrauchen bist!‹ Sören zuckte zusammen und hielt die Hand hin und Marie, die is nich uneben. ›Ja, das will ich!‹, sagte sie und greift zu, ehe er Zeit hat, sich zu besinnen. Und nu machen wir bald Hochzeit.«

»Wenn da man Stiefel aus dem Leder werden«, meinte Jeppe.

»Ach, die hat Wärme – so wie die gebaut is! Die wird ihn schon auftauen. Weiber, die verstehn es, er wird im Bett nich frieren!« Der alte Jörgen lachte zufrieden und ging an seine Arbeit. »Ja, die können selbst den Toten Leben einblasen«, wiederholte er draußen auf der Straße.

Die anderen flogen im feinsten Staat aus, aber Pelle hatte keine

Lust. Er war nicht froh gelaunt in dieser Zeit. Seinen Entschluss, zu zeigen, dass er sich ordentlich halten könnte, hatte er nicht durchzuhalten vermocht, das Bewusstsein seiner Niederlage nagte in ihm. Und die Löcher in den Strümpfen, die nun so groß waren, dass sie nicht mehr gestopft werden konnten, machten sich auf ekelhafte Weise an den Füßen bemerkbar, sodass er Abscheu vor sich selbst empfand.

Nun zog die Jugend aus! Er sah das Meer in einem Ausschnitt unten am Ende der Straße, es lag in völliger Ruhe da und entlieh seine Farben dem Sonnenuntergang. Dann ging der Zug nach dem Hafen oder nach den Seehügeln hin, man tanzte im Grünen und vielleicht wurde ein Kampf um die Mädchen ausgefochten. Aber er wollte sich nicht wie ein räudiger Hund von der Schar verhöhnen lassen, er pfiff auf die ganze Gesellschaft.

Er warf die Schürze ab und ließ sich auf einem Bierfass vor der Tür nieder. Da drüben auf der Bank saßen die alten Leute aus der Straße und rauchten ihre Pfeifen, sie plauderten über alles Mögliche. Jetzt läuteten die Glocken den Feierabend ein und Madame Rasmussen prügelte ihr Kind und schimpfte im Takt. Plötzlich verstummte alles, nur das Weinen des Kindes blieb wie ein sanfter Abendgesang zurück.

Jeppe sprach das Wort Malaga aus – »damals, als ich auf Malaga war!« Aber Bäcker Jörgen litt noch unter seinen Entbehrungen und seufzte: »Ach ja, ach ja – wer nur in die Zukunft sehen könnte!« Dann fing er auf einmal an von den Mormonen zu reden. »Es könnte eigentlich ganz ulkig sein, mal zu versuchen, was die einem zu bieten haben«, sagte er.

»Ich hatte geglaubt, du wärst schon längst Mormone, Onkel Jörgen«, sagte Meister Andres. Der Alte lachte.

»Na, man hat ja in seiner Zeit so allerlei erlebt«, sagte er und sah zum Himmel hinauf.

Oben in der Straße stand der Uhrmacher auf seiner Steintreppe, er legte den Kopf in den Nacken und ließ seine wahnsinnigen Rufe erschallen: »Die neue Zeit! Ich frage nach der neuen Zeit, oh Gott Vater!«

Zwei müde Hafenarbeiter gingen vorüber. »Er will die Armut aus der Welt schaffen und uns ein neues Leben schenken – das is es, womit der Verrückte sich abschindet«, sagte der eine mit einem stumpfen Lächeln.

»Dann hat er woll das tausendjährige Reich im Kopf?«, meinte der andere.

»Nee, er bellt bloß den Mond an«, sagte der alte Jörgen hinter ihnen drein. »Wir kriegen einen Umschlag in der Witterung.«

»Es geht ihm augenblicklich nich gut, dem Ärmsten!«, sagte Bjerregrav fröstelnd. »Um diese Zeit des Jahres hat er seinen Verstand verloren.«

Eine innere Stimme spornte Pelle an: Sitz nich da mit den Händen im Schoß, geh hinauf und sieh deine Sachen nach! Aber er konnte sich nicht dazu zwingen – es war zu schwierig geworden. Morgen riefen ihn Manna und die anderen und er konnte nicht über den Zaun zu ihnen hinüberspringen; sie hatten angefangen kritisch die Nase zu rümpfen. Er verstand das nur zu gut – ein Ausgestoßener war er geworden, ein Subjekt, das sich nicht einmal mehr ordentlich waschen mochte. Aber was nützte das; er konnte nicht fortfahren mit dem Unüberwindlichen zu kämpfen! Niemand hatte ihn beizeiten gewarnt und nun hatte ihn die Stadt eingefangen und ihm selbst das Übrige überlassen. Er hatte die Erlaubnis, sich das Leben abzuzappeln!

Kein Mensch hatte einen Gedanken für ihn! Wenn bei Meisters gewaschen wurde, kam die Madame nicht auf den Einfall, etwas von ihm mitzuwaschen, und Pelle war nicht derjenige, der sich meldete. Die Waschfrau war bedachtsamer – wenn sie etwas Wäsche von ihm einschmuggeln konnte, tat sie es, obwohl sie selber dadurch mehr Arbeit hatte. Nun, sie war ja selbst arm – die andern konnten ihn nur *ausnutzen!* Hier in der Stadt hatte er nicht einen einzigen Menschen, der uneigennützig war und nur so viel an sein Wohl dachte, dass er sich die Mühe machte, seinen Mund zu öffnen, um ihm die Wahrheit zu sagen. Das war ein Gefühl, das einen wohl matt in den Knien machen konnte – selbst wenn man fünfzehn Jahre alt war und den Mut hatte, auf einen tollen Stier loszugehen! Mehr als alles andere war es die Verlassenheit, die seinen Widerstand untergrub. Er war ganz allein unter diesen Menschen, ein Kind, das – wenn es nur seine Arbeit tat – selbst zusehen musste, wie es mit dem fertig wurde, was von allen Seiten auf es einstürmte.

Er saß da und ließ den Kummer kommen, wie er wollte, während er dem Leben um sich her mit halbem Ohr lauschte. Aber plötzlich fühlte er etwas in seiner Westentasche – Geld! Das machte ihn auf einmal gewaltig leicht; aber Pelle lief nicht, er schlich hinter die Tür und zählte es. Anderthalb Kronen waren es! Er wollte es als Gabe von oben betrachten, als etwas, was ihm der liebe Gott in seiner großen Güte zugesteckt hatte – aber da fiel ihm ein, dass es ja das Geld des Meisters war. Er hatte es gestern für ein Paar Damensohlen bekommen und nicht daran gedacht, es abzuliefern, und der Meister hatte merkwürdigerweise ganz vergessen danach zu fragen.

Pelle stand draußen am Brunnen in einem Kübel und schrubbte sich, dass die Haut brannte. Dann fuhr er in seine besten Kleider und zog die Schuhe auf die nackten Füße, um das peinliche Gefühl der durchlöcherten Strümpfe zu vermeiden. Der Gummikragen wurde – zum letzten Mal – an das Hemd geknöpft. Nach einer Weile stand er beim Kaufmann und betrachtete einige große Krawatten, die eben in den Handel gekommen waren und auf vier verschiedene Seiten getragen werden konnten; sie verdeckten die ganze Brustöffnung, sodass man das Hemd nicht sah – nun hatte es ein Ende mit dem Verschmähtsein! Einen Augenblick lief er hin und her und sog die Luft ein; dann witterte er die Spur und lief im

Galopp nach den Seehügeln, wo die Jugend die Sommernacht hindurch spielte.

Es war ja nur ein Darlehen! Pelle hatte für einen Bäckerlehrling, der mit Nilen zusammenarbeitete, ein Paar Schuhe zu besohlen; sobald die fertig waren, zahlte er die Summe zurück. Er konnte das Geld in der Kammer des Meisters unter das Zuschneidebrett legen; dort würde der Meister es finden, es mit einem köstlichen Ausdruck angucken und sagen: Was zum Satan ist denn das? Dann würde er an die Wand pochen und Pelle etwas von seinen Zaubergaben erzählen – und ihn aufgeräumt fortschicken, um eine Flasche Portwein zu holen.

Das Geld für die Besohlung bekam er nicht; die Hälfte hatte er für Leder ausgegeben, und mit dem Rest hatte es gute Weile, denn der Bäckerjunge war ein armer Tropf. Aber er zweifelte nicht an seiner eigenen Redlichkeit – der Meister konnte seines Geldes so sicher sein, als stünde es auf der Bank. Noch ein paar Mal vergaß er es, kleinere Beträge abzuliefern – wenn irgendein Bedürfnis unabweisbar wurde. Es waren ja alles Darlehen – bis die goldene Zeit kam! Und die war nicht mehr fern. Eines Tages kam er nach Hause. Der junge Meister stand in der Tür und starrte zu den treibenden Wolken empor; er krallte die Hand vertraulich in Pelles Schulter. »Wie war doch die Sache, Kämmerers haben ja gestern die Schuhe nich bezahlt?«

Pelle wurde dunkelrot, seine Hand fuhr in die Westentasche. »Ich hatte es vergessen«, sagte er leise.

»Na ja, ja!« Der Meister schüttelte ihn gutmütig. »Nich weil ich dir misstraue. Aber der Ordnung halber!«

Pelle pochte das Herz wild im Leibe; er war gerade im Begriff gewesen, das Geld für ein Paar Strümpfe auszugeben, jetzt eben hatte er es tun wollen! Und des Meisters Glaube an ihn? Auf einmal begriff er seinen ganzen schändlichen Verrat; sein Inneres krempelte sich um, so aufgeregt war er. Bis zu diesem Augenblick hatte er immer noch das Gefühl seines eigenen Wertes gerettet, jetzt zerplatzte es; einen schlechteren Menschen als ihn gab es auf der ganzen Welt nicht. In Zukunft konnte ihm ja kein Mensch mehr glauben und er selbst konnte niemand mehr frei in die Augen sehen – falls er nicht sogleich zum Meister hinging und sich ihm auf Gnade und Ungnade auslieferte. Eine andere Rettung gab es nicht, das wusste er.

Aber er war nicht sicher, dass der Meister die Sache großmütig aufnehmen und sich alles zum Guten wenden würde – an das Märchen glaubte er nicht mehr. Dann würde er ganz einfach weggejagt, vielleicht auf dem Rathaus ausgepeitscht, und es war aus mit ihm.

Pelle beschloss es für sich zu behalten; viele Tage ging er umher und litt unter der eigenen Schlechtigkeit. Aber dann packte ihn die Not an der Kehle und drängte alles andere zur Seite. Um sich das Notwendigste anzuschaffen, musste er den gefährlichen Ausweg wählen, zu sagen, dass es angeschrieben werden solle, obwohl ihm der Meister Geld für irgendetwas mitgegeben hatte.

Und eines Tages brach alles über ihm zusammen. Die anderen waren nahe daran, das Haus auf den Kopf zu stellen, sie warfen seine Sachen aus der Kammer heraus und nannten ihn ein unreines Tier. Pelle weinte, er war fest überzeugt, dass er es nicht gewesen war, sondern Peter, der sich immer mit den dreckigsten Frauenzimmern abgab – aber er konnte sich kein Gehör verschaffen. Da lief er davon mit dem Vorsatz, nie wiederzukommen.

Draußen auf den Seehügeln wurde er von Emil und Peter eingefangen, die der alte Jeppe nach ihm ausgesandt hatte. Er wollte nicht mit ihnen zurückgehen, da warfen sie ihn nieder und trugen ihn nach Hause – einer fasste am Kopf an, der andere an den Beinen. Die Leute traten in die Türen, lachten und fragten, die beiden gaben ihre Erklärung; das war eine fürchterliche Schmach für Pelle.

Und dann wurde er krank. Er lag unter dem Ziegeldach und tobte im Fieber; dort hatten sie sein Bett hingeworfen. »Was, is er noch nich auf?«, fragte Jeppe erstaunt, wenn er in die Werkstatt kam. »Na, er wird schon aufstehn, wenn er hungrig wird.« Es war nicht Sitte, kranken Lehrlingen Essen ans Bett zu bringen. Aber Pelle kam nicht herunter.

Eines Tages warf der junge Meister alle Bedenken über Bord und trug ihm Essen hinauf. »Du machst dich lächerlich«, höhnte Jeppe, »auf die Weise wirst du nie Leute halten können!« Und die Madame schimpfte. Aber Meister Andres pfiff, bis er außer Hörweite war.

Der arme Pelle lag da und phantasierte; sein kleiner Kopf konnte gar nicht so viel fassen; jetzt war der Rückschlag eingetreten und er lag da und schwelgte in allem, was er entbehrt hatte.

Der junge Meister saß oft oben bei ihm und wurde sich über vieles klar. Es war nicht seine Art, irgendetwas mit Nachdruck durchzusetzen, aber er erreichte es doch, dass für Pelle im Haus gewaschen werden sollte, und er sorgte dafür, dass nach Lasse geschickt wurde.

8

Jeppe war mit der halben Insel verwandt, aber es interessierte ihn nicht immer, die Verwandtschaft zu entwirren. Es war eine leichte Sache für ihn, ganz oben beim Stammvater der Familie anzufangen und das Geschlecht zweihundert Jahre hindurch zu verfolgen, die einzelnen Glieder vom Lande in die Stadt, über das Meer und zurück zu verfolgen und nachzuweisen, dass Andres und der Stadtrichter Vettern zweiten Grades seien. Aber wenn dann irgendein kleiner Mann sagte: »Wie war es doch, waren nicht mein Vater und der Meister Geschwisterkind?«, so antwortete Jeppe kurz: »Mag sein, aber sie wird allmählich etwas dünn, diese Verwandtschaft.«

»Dann sind Sie und ich ja weiß Gott Halbvettern – und Sie sind auch mit dem Stadtrichter verwandt!«, sagte Meister Andres, der anderen gerne eine Freude gönnte. Die Armen sahen ihn dankbar an und fanden, dass er gute Augen hatte – ein Jammer, dass es ihm nicht vergönnt sein sollte, lange zu leben.

Außerdem war Jeppe der älteste Handwerksmeister der Stadt und hatte die größte Werkstatt von allen Schuhmachern. Tüchtig war er auch, oder vielmehr, er war es gewesen; er besaß noch die Handfertigkeit der alten Zeit, wo es noch schwierige Dinge gab, um die die Entwicklung gern herumging oder über die sie mit einer Erfindung hinwegsetzte. Schnür- und Zugstiefel hatten das Walken überflüssig gemacht, aber die ganze Kunst hatte noch ihren guten Ruf. Und wenn irgendein alter Knopf zu den Meistern kam und Halbstiefel aus Mastkalbleder ohne die neumodischen Teufelskünste haben wollte, so musste er zu Jeppe gehen – niemand konnte einen Spann walken wie er. Auch wenn es auf die Behandlung des dicken Schmierleders für Seestiefel ankam, war Jeppe der Mann. Eigensinnig war er ebenfalls und wehrte sich hartnäckig gegen alles Neue, wo alle anderen sich verlocken ließen. Dadurch wurde er zur Verkörperung der alten Zeit und man hatte Respekt vor ihm.

Die Lehrlinge waren die Einzigen, die ihn nicht respektierten, sie taten alles, um ihn totzuärgern, als Vergeltung für seine harte Hand. Sie legten es darauf an, ihn zu foppen, die selbstverständlichsten Dinge führten sie auf zweideutige Art aus, um den alten Jeppe misstrauisch zu machen; wenn er sie dann ausspionierte und sie bei etwas ertappte, das sich als nichts erwies, hatten sie einen großen Tag.

»Was soll das heißen? Wo willst du ohne Erlaubnis hin?«, fragte Jeppe, wenn einer von ihnen aufstand, um in den Hof hinauszugehen; er vergaß immer wieder, dass die Zeiten sich geändert hatten. Sie antworteten nicht und dann geriet er in Harnisch. »Ich bitte mir Respekt aus!«, rief er und stampfte auf den Fußboden, dass der Staub um ihn aufwirbelte. Meister Andres hob langsam den

Kopf. »Was habt Ihr nur wieder, Vater?«, fragte er müde. Dann stürzte Jeppe hinaus und wütete gegen die neue Zeit.

Wenn Meister Andres und der Geselle nicht zugegen waren, ergötzten sie sich damit, den Alten in Wut zu versetzen; das fiel ihnen nicht schwer, denn er witterte überall Aufsässigkeit. Dann griff er nach einem Spannriemen und fing an auf den Sünder loszuprügeln. Aber der schnitt die merkwürdigsten Grimassen und gab einen sonderbar glucksenden Laut von sich. »Da, nimm das, obwohl es mir Leid tut, zu harten Mitteln zu greifen!«, fauchte Jeppe. »Und auch das! Und das! Denn das gehört mit dazu, wenn das Fach bestehen soll!« Dann versetzte er dem Jungen etwas, das schwach an einen Fußtritt erinnerte, und stand da und rang nach Atem. »Du bist ein schwieriger Junge – willst du das eingestehen?« – »Ja, meine Mutter schlug jeden zweiten Tag einen Besenstiel auf mir kaputt«, antwortete Peter, der Schurke, und schnob. »Ja, da siehst du's! Aber es kann noch alles gut werden! Die Grundlage is ja nich schlecht!« Jeppe trippelte hin und her, die Hände auf dem Rücken. Den Rest des Tages war er feierlich gestimmt und bemühte sich etwaige Spuren der Strafe zu verwischen. »Es war ja nur zu eurem eigenen Besten!«, sagte er versöhnlich.

Jeppe war ein leiblicher Vetter des verrückten Anker, vergaß es aber lieber; der Mann konnte ja nichts dafür, dass er verrückt war, aber er lebte schimpflicherweise davon, dass er Sand auf der Straße verkaufte – ein Bürger und guter Handwerker! Tagtäglich sah man Ankers lange, dünne Gestalt mit einem Sack voll Sand auf dem Nacken auf der Straße; er trug einen blauen Twistanzug und weiße Wollstrümpfe, das Gesicht war leichenfahl. Es war keine Faser Fleisch an ihm. »Das kommt von all dem Grübeln«, sagen die Leute, »seht doch den Adjunkt an!«

In der Werkstatt ließ er sich nie mit einem Sandsack blicken – er war bange vor Jeppe, der jetzt der Älteste der Familie war. Sonst ging er mit seinen klappernden Holzschuhen überall ein und aus;

und die Leute kauften von ihm, da sie doch Fußbodensand haben mussten und sein Sand ebenso gut war wie der aller anderen. Er brauchte fast nichts für seinen Unterhalt, wie Leute behaupteten, er nehme niemals Nahrung zu sich, sondern ernähre sich von innen heraus. Von dem Geld, das er einnahm, kaufte er Material für die *neue Zeit*; und was dann noch übrig blieb, warf er in seinen großen Augenblicken von seiner hohen Treppe herab. Die Straßenjungen kamen immer gelaufen, wenn seine Rufe anzeigten, dass der Wahnsinn über ihn gekommen war.

Er und Bjerregrav waren Jugendfreunde, sie waren früher unzertrennlich gewesen und keiner wollte seine Pflicht tun und sich verheiraten, obwohl sie in der Lage waren, Frau und Kinder zu ernähren. In dem Alter, wo andere sich bei Frauen einzuschmeicheln suchten, hatten die beiden den Kopf voll von Trödelkram: Freiheit und Fortschritt und anderes mehr von dem Teufelszeug, das die Leute verrückt macht. Es wohnte damals ein schlimmer Anführer bei Bjerregravs Bruder; er hatte viele Jahre auf Christiansö gesessen, aber jetzt hatte ihm die Regierung gestattet den Rest seiner Gefangenschaft hier zu verleben. Dampe hieß er – Jeppe kannte ihn aus seiner Lehrzeit in der Hauptstadt; er hatte sich das Ziel gesetzt, Gott und König zu stürzen. Es nützte ihm nun freilich nichts, denn er wurde gestürzt wie ein zweiter Luzifer und durfte seinen Kopf nur aus lauter Gnade behalten. Ihm schlossen sich die beiden jungen Leute an und er verdrehte ihnen den Kopf mit seiner vergifteten Rede, sodass sie anfingen über Dinge zu grübeln, von denen gewöhnliche Menschen sich am besten fern halten. Bjerregrav kam mit einigermaßen heiler Haut davon, aber Anker musste mit seinem Verstand dafür büßen. Obwohl sie beide ihr reichliches Auskommen hatten, grübelten sie hauptsächlich über die Armut nach, als ob da etwas Besonderes zu entdecken wäre!

Das lag jetzt mehrere Mal zwanzig Jahre zurück – es war um die

Zeit gewesen, als der Freiheitswahn ringsumher in den Ländern in Blüte stand und Aufruhr und Brudermord. So schlimm war es hier nicht zugegangen, denn weder Anker noch Bjerregrav waren sehr kriegerisch, aber jeder konnte doch sehen, dass die Stadt anderen Orten in der Welt nicht nachstand. – Hier ging die Eitelkeit auf die Stadt immer mit Meister Jeppe durch, im Übrigen aber verurteilte er die ganze Sache. Noch immer konnte es vorkommen, dass er sich mit Bjerregrav in die Haare geriet, wenn die Rede auf Ankers Unglück kam.

»Dampe, ja«, sagte Jeppe wütend, »der hat euch beiden den Kopf verdreht.«

»Das lügst du«, stammelte Bjerregrav. »Anker nahm erst später Schaden – nachdem uns König Friedrich die Freiheit geschenkt hatte. Und is es auch nur schwach bestellt mit meinen Fähigkeiten, so hab ich doch, Gott sei Dank, meinen Verstand.« Bjerregrav führte feierlich die Finger der rechten Hand an die Lippen, das wirkte wie ein Überbleibsel vom Zeichen des Kreuzes.

»Du und dein Verstand!«, zischte Jeppe höhnisch. »Du, der du dein Geld dem ersten besten Landstreicher hinschmeißt und einen abscheulichen Aufwiegler verteidigst, der nich einmal des Tages ausging wie andere Leute, sondern sich des Nachts herumtrieb.«

»Ja, denn er schämte sich der Menschen; er wollte die Welt schöner machen!« Bjerregrav errötete vor Scham, dass er das gesagt hatte.

Jeppe war lauter Hohn. »Also die Zuchthauskandidaten schämen sich der anständigen Leute! Also darum machte er seine nächtlichen Spaziergänge! Ja, die Welt würde allerdings schöner werden, wenn sie mit Leuten wie du und Dampe angefüllt würde.«

Das Traurige bei Anker war, dass er ein so guter Handwerker war. Er hatte die Uhrmacherei von Vater und Großvater geerbt, und seine Bornholmer Schlaguhren waren in der ganzen Welt bekannt – es kamen Bestellungen für ihn aus Fünen wie aus der Hauptstadt. Damals, als die Verfassung gegeben wurde, gebärdete er sich wie ein Kind – als wenn man hier auf der Insel nicht immer Freiheit gehabt hätte! Das sei die neue Zeit, sagte er, und ihr zu Ehren wollte er in seiner unsinnigen Freude eine kunstvolle Uhr machen, die den Mond anzeigen und das Datum angeben sollte und in welchem Jahr und Monat man sich befand. Tüchtig war er und er brachte es auch fertig; aber dann hatte er den Einfall, dass die Uhr auch das Wetter anzeigen sollte. Wie so manch anderer, dem Gott Gaben verliehen hat, wagte er sich zu weit vor und wollte mit dem lieben Gott selber wetteifern. Aber da wurde er gebremst – das Ganze war nahe daran, in die Binsen zu gehen. Lange Zeit hindurch nahm er es sich sehr zu Herzen, aber als die Uhr fertig dastand, war er doch froh. Man bot ihm viel Geld für sein Kunstwerk und Jeppe riet ihm einzuschlagen; aber verschroben, wie er nun einmal war, antwortete er: »Das hier lässt sich nicht mit Geld bezahlen. Alles, was ich sonst mache, hat Geldeswert, dies aber nicht. Kann jemand mich vielleicht kaufen?«

Lange war er im Zweifel darüber, was er mit seinem Werk tun sollte, aber dann kam er eines Tages zu Jeppe und sagte: »Jetzt weiß ich es, der Beste soll die Uhr haben – ich schicke sie dem König. Er hat uns die neue Zeit geschenkt und die soll diese Uhr anzeigen.« Anker schickte die Uhr ab und nach einiger Zeit erhielt er zweihundert Taler durch die Amtskasse ausbezahlt.

Das war eine große Summe Geldes, aber Anker war nicht zufrieden – er hatte wohl ein Dankschreiben von des Königs eigener Hand erwartet. Er wurde ganz wunderlich, alles ging bei ihm verkehrt und nach und nach geriet sein Verstand durcheinander. Das Geld gab er den Armen und er selbst trauerte darüber, dass die neue Zeit doch nicht gekommen sei. So arbeitete er sich immer tiefer in seine Verrücktheit hinein; es half alles nichts, wie sehr ihn Jeppe auch ausschalt und ihm zuredete. Schließlich kam er so weit, dass er sich einbildete, er sei dazu berufen, die neue Zeit zu schaffen – und da wurde er wieder fröhlich.

Drei, vier Familien von den Allerärmsten in der Stadt – so verkommen, dass die Sekten nichts mit ihnen zu schaffen haben wollten – scharten sich um Anker und hörten Gottes Stimme in seinem Rufen. »Sie verlieren ja nichts dabei, wenn sie sich unter einen verrückten Mann stellen«, sagte Jeppe höhnisch. Anker selbst achtete auf nichts, er ging seinen eigenen Weg. Bald war er ein verkleideter Königssohn und war mit der ältesten Tochter des Königs versprochen – dann sollte die neue Zeit kommen! Oder wenn sein Gemüt ruhiger war, saß er da und arbeitete an einem unfehlbaren Uhrwerk, das die Zeit nicht anzeigen, sondern die Zeit *sein* sollte – die neue Zeit.

Er kam hin und wieder in die Werkstatt, um Meister Andres den Fortschritt seiner Erfindung zu zeigen – zu ihm hatte er eine blinde Zuneigung gefasst. Jedes Jahr um die Neujahrszeit musste der junge Meister für ihn einen Freiersbrief an des Königs älteste Tochter schreiben und es auf sich nehmen, ihn in die rechten Hände zu befördern; von Zeit zu Zeit kam Anker angerannt, um zu fragen, ob eine Antwort eingetroffen sei, und zu Neujahr ging ein neuer Freiersbrief ab. Meister Andres hatte sie alle bei sich liegen.

Eines Abends, gleich nach Feierabend, donnerte es an die Werkstatttür. Draußen auf der Diele ertönte ein Marsch. »Könnt ihr denn nicht aufmachen?«, rief eine feierliche Stimme. »Der Prinz ist da!«

»Pelle – schnell, mach die Tür auf!«, sagte der Meister.

Pelle riss die Tür weit auf und Anker marschierte herein. Er hatte einen Papierhelm mit wehendem Federbusch auf und trug Epauletten aus Papierfransen; sein Gesicht strahlte, als er mit der Hand am Helm dastand und den Marsch ersterben ließ. Der junge Meister erhob sich munter und schulterte seinen Stock als Gewehr.

»Königliche Majestät«, sagte er, »wie geht es mit der neuen Zeit?«

»Es geht gar nicht«, antwortete Anker und wurde ernst. »Mir fehlen die Lote, die das Ganze in Gang halten sollen.« Er stand da und starrte zu Boden; in seinen Schläfen arbeitete es rätselhaft.

»Sie sollen wohl aus Gold sein?« Es blitzte in den Augen des Meisters, aber er war die Ernsthaftigkeit selbst.

»Sie sollen aus Ewigkeitsstoff sein«, erwiderte Anker unwillig, »und der muss erst erfunden werden.«

Lange stand er da und starrte mit seinen grauen Augen vor sich hin, ohne etwas zu sagen. Er rührte sich nicht, nur in seinen Schläfen fuhr es fort, zu arbeiten, als nage dort irgendein Wurm, der herauswolle. Es wurde schließlich unheimlich; Ankers Schweigen konnte sein wie die Dunkelheit, die um einen her lebendig wird. Pelle saß da und bekam Herzklopfen.

Dann ging der Verrückte hin und beugte sich über des jungen Meisters Ohr. »Ist Antwort vom König gekommen?«, fragte er flüsternd.

»Nein, noch nich! Aber ich erwarte sie jeden Tag. Ihr könnt ganz ruhig sein«, gab der Meister ebenfalls flüsternd zurück. Anker stand eine Weile stumm da – es sah so aus, als denke er nach, aber auf seine eigene Weise. Dann machte er kehrt und marschierte hinaus.

»Geh hinter ihm her und sieh zu, dass er gut nach Hause kommt«, sagte der Meister. Seine Stimme klang traurig. Pelle folgte dem Uhrmacher die Straße hinab.

Es war Samstagabend, die Arbeiter kehrten von den großen Steinbrüchen und den Tonwerken heim, die eine halbe Meile oberhalb der Stadt lagen. Sie kamen in dichten Scharen, den Vorratskasten auf dem Rücken und eine Bierflasche vorn, um das Gleichgewicht zu halten. Die Stöcke schlugen hart auf das Steinpflaster und es stoben Funken aus den eisernen Absätzen unter den Holzschuhen. Pelle kannte diesen müden Gang, der war, als wenn die Müdigkeit und die Mühsal selbst sich über die Stadt hinabwälzten. Und er kannte die Laute aus den schweigsamen Reihen, diese knurrenden Laute, wenn dieser oder jener unversehens eine Bewegung mit den steifen Gliedern machte und vor Schmerzen stöhnte. Aber heute Abend warfen sie einander Bemerkungen zu, und etwas, das einem Lächeln glich, durchbrach den krustenähnlichen Steinstaub in ihren Gesichtern – es war der Widerschein der neun blanken Kronen, die nach der mühseligen Arbeit der Woche in ihrer Tasche lagen. Einige Arbeiter mussten auf die Post, um ihre Lose zu erneuern oder um Aufschub zu bitten; hin und wieder wollte einer in ein Wirtshaus einkehren und wurde noch im letzten Augenblick von einer Frau mit einem Kind an der Hand abgefangen.

Anker stand still auf dem Bürgersteig, das Gesicht ihnen zugewandt, während sie vorüberzogen. Er hatte den Kopf entblößt, der mächtige Federbusch hing zur Erde hinab; er sah bewegt aus, es schien etwas in ihm aufzuquellen, was nicht zu Worten werden konnte, es wurde zu einzelnen unverständlichen Lauten. Die Arbeiter schüttelten trübselig den Kopf, indes sie weitertrabten; ein junger Bursche schleuderte ihm eine übermütige Bemerkung zu: »Behalt doch den Hut auf, es is kein Leichenzug!« Ein paar fremde Seeleute kamen über den Hafenhügel dahergeschlendert; sie stolperten auf der Straße im Zickzack hin und her, spien in alle Türen und lachten übermäßig darüber. Einer von ihnen ging mit ausgestrecktem Armen geradewegs auf Anker zu, fegte ihm den Hut vom Kopf und schritt, den Arm in der Luft, weiter, als sei nichts geschehen. Plötzlich aber drehte er sich um – »Was, machst du dich noch mausig?« – und ging dem Verrückten zu Leibe, der sich erschrocken zur Wehr setzte. Dann kam ein anderer Seemann gelaufen und schlug Anker in die Kniegelenke, sodass er umfiel. Er lag da, schrie und stieß vor Entsetzen mit den Füßen und die ganze Schar warf sich über ihn.

Die Jungen zerstreuten sich nach allen Seiten, um Steine zu sammeln und Anker zu Hilfe zu kommen; Pelle stand da, sein

Körper zuckte krampfhaft, als wolle das alten Leiden wieder über ihn kommen. Ein Mal über das andere sprang er vor, aber in ihm versagte etwas – die Krankheit hatte ihm den blinden Mut geraubt.

Da war ein blasser, schmächtiger Junge, der nicht bange war. Er ging mitten zwischen die Seeleute, um sie von dem Irren fortzuziehen, der unter ihren Händen ganz wild geworden war. »Er is ja nich bei Verstand!«, rief der Junge, wurde aber mit blutendem Gesicht weggeschleudert.

Das war Morten, der Bruder von Jens in der Werkstatt. Er war so wütend, dass er weinte.

Ein großer Mann kam aus der Dunkelheit geschwankt, er redete halblaut vor sich hin. »Hurra!«, schrien die Jungen. »Da kommt *die Kraft!*« Aber der Mann hörte nichts, er machte Halt bei den Kämpfenden und stand leise schwatzend da. Seine Riesengestalt wiegte sich über ihnen hin und her.

»Vater, hilf ihm!«, rief Morten. Der Mann lächelte töricht und fing langsam an seine Jacke auszuziehen. »So hilf ihm doch!«, brüllte der Junge ganz außer sich und zerrte den Vater am Arm. Jörgensen streckte die Hand aus, um seinem Jungen die Wange zu streicheln, da sah er, dass er Blut im Gesicht hatte. »Hau sie!«, schrie der Junge wie besessen. Da ging ein Ruck durch den Hünen, ungefähr so, als wenn eine schwere Last in Bewegung gesetzt wird; dann beugte er sich ein wenig wackelnd nieder und fing an die Seeleute zur Seite zu werfen. Einer nach dem anderen standen sie einen Augenblick da und befühlten die Stellen, wo er hingepackt hatte – und dann rannten sie, was das Zeug halten wollte, dem Hafen zu.

Jörgensen stellte den Verrückten wieder auf die Beine und begleitete ihn nach Hause. Pelle und Morten folgten Hand in Hand hintendrein. Eine eigenartige Befriedigung durchströmte Pelle – er hatte *die Kraft* selbst in Aktion gesehen und er hatte einen Kameraden bekommen.

Von diesem Tag an wurden die beiden unzertrennlich, die Freundschaft brauchte nicht erst an Stärke zu wachsen, sie stand da und beschattete sie mächtig, magisch aus den Herzen hervorgezaubert. In Mortens schönem, bleichem Antlitz lag etwas, das Pelles Herz pochen machte, alle bekamen auch eine sanftere Stimme, wenn sie mit ihm sprachen. Pelle begriff offen gestanden nicht, was an ihm selber anziehend sein konnte; aber er badete sich in dieser Freundschaft, die wie wohltuender Regen auf seinen verheerten Sinn fiel.

Morten stellte sich in der Werkstatt ein, sobald Feierabend war, oder er stand oben an der Ecke und wartete. Wenn Pelle noch nach Feierabend arbeiten musste, kam Morten in die Werkstatt und unterhielt ihn. Er las sehr gern und erzählte Pelle den Inhalt der Bücher.

Durch Morten kam Pelle auch Jens näher und entdeckte, dass er im Grunde viele gute Eigenschaften besaß. Jens hatte das verzagte, scheue Wesen, das Kinder instinktiv ein verachtetes Heim wittern lässt. Pelle hatte vermutet, dass sie aus der Armenkasse unterstützt würden; er begriff nicht, wie ein Junge darunter leiden konnte, dass sein Vater ein Hüne war, der der ganzen Stadt Schrecken einjagte. Jens' Nasenwurzel war dick und er sah schwerhörig auf, wenn ihm jemand anredete. »Er hat so viele Prügel gekriegt«, sagte Morten. »Vater konnte ihn nich ausstehn, weil er dumm is.« Klug war er nicht, aber er konnte die wunderbarsten Melodien pfeifen, sodass die Leute stehen blieben und ihm lauschten.

Pelle hatte nach seiner Krankheit für alles ein feineres Ohr; er ließ nicht mehr unbekümmert wie ein Kind die Wellenschläge über sich hingehen, sondern streckte selbst die Fühler aus – er suchte etwas. Gar zu einfach hatte sich alles für ihn gestaltet, gar zu einfach war sein Traum vom Glück aufgebaut; er musste zerplatzen und dann gab es nichts, was trug. Jetzt hatte er das Bedürfnis, sich ein besseres Fundament zu schaffen; er forderte Nahrung von weiter her und seine Seele war im Begriff, sich hinauszuwagen; hinaus in das Ungeahnte ließ er seine Fäden treiben, um sich zu befestigen. Das Ziel seines Sehens lag jetzt im Unbekannten; sein Grauen holte er aus der großen, mystischen Ferne, wo die Umrisse des rätselhaften Gottesangesichts verborgen liegen.

Der Gott der biblischen Geschichten und der Sekten war für Pelle nur ein Mensch gewesen, ausgestattet mit Bart und Gerechtigkeit und Gnade; er war nicht übel, aber *die Kraft* konnte doch noch stärker sein. Bisher hatte Pelle keinen Gott nötig gehabt, sondern hatte nur dunkel seine Zugehörigkeit zu der All-Liebe gespürt, die sich aus den stinkenden Lumpenbündeln erhebt und den Himmel überschattet – in den wahnwitzigen Träumen der Verarmten, die aus tausend bitteren Entbehrungen eine Pilgerwanderung ins gelobte Land erschaffen. Aber nun suchte er das, was sich nicht sagen lässt – die Worte »tausendjähriges Reich« bekamen einen eigenen Klang in seinen Ohren.

Anker musste ja verrückt sein, wenn die andern es sagten; wenn sie lachten, dann lachte Pelle mit – aber es blieb etwas in ihm zurück, in erster Linie Reue darüber, dass er mitgelacht hatte. Pelle wollte auch von seiner Treppe Geld unter die Leute werfen, wenn er reich würde, und wenn Anker mit seltsamen Worten von einer Glückszeit für alle Armen faselte – Vater Lasses Seufzer hatte doch von all dem widergeklungen, so lange er zurückdenken konnte. Des Knaben Wesen war überdies von demselben heiligen Schauer berührt, der Lasse und den andern da draußen auf dem Lande verbot, über Wahnsinnige zu lachen; denn Gottes Finger hatte sie berührt, sodass ihre Seelen in Gegenden schweifen, wohin kein anderer gelangen konnte. Pelle fühlte das Angesicht des unbekannten Gottes aus dem Nebel auf sich herabstarren.

Er war nach seiner Krankheit ein anderer geworden, seine Bewegungen waren ruhiger, sein rundes Kindergesicht bekam markante Züge. Die beiden Wochen Krankenlager hatten die Sorgen von ihm genommen und ihn zugleich ernster gemacht. Er ging still umher, umgab sich mit Einsatz und beobachtete den jungen Meister. Er hatte den Eindruck, dass der ihn auf die Probe stellte und das tat ihm weh. Er wusste, dass das, was vor der Krankheit lag, sich niemals wiederholen würde, und wand sich fürchterlich unter dem Verdacht.

Eines Tages konnte er es nicht länger aushalten. Er nahm die zehn Kronen, die ihm Lasse gegeben hatte, damit er sich einen gebrauchten Winterüberzieher kaufen konnte, ging damit zu dem Meister in die Zuschneidekammer und legte sie auf den Tisch. Der Meister sah ihn verwundert an, aber in seinen Augen dämmerte es.

»Was zum Teufel soll das?«, fragte er langsam.

»Das is Meisters Geld«, sagte Pelle mit abgewandtem Gesicht.

Meister Andres ließ seinen träumerischen Blick auf ihm ruhen. Der kam schon wie aus einer anderen Welt und auf einmal verstand Pelle, was alle sagten – dass der junge Meister sterben müsse. Da brach er in Tränen aus.

Aber der Meister selbst verstand es nicht.

»Zum Kuckuck auch – das macht ja nichts, du!«, und er ließ den Zehnkronenschein in der Luft tanzen. »Herr du meines Lebens – so viel Geld! Du bist aber nich billig!« Er stand da und wusste weder aus noch ein, die Hand hatte er auf Pelles Schulter gelegt.

»Es stimmt«, flüsterte Pelle, »ich habe es genau ausgerechnet. Und der Meister muss mir nich misstrauen – ich will auch nie wieder . . . «

Meister Andres machte eine abwehrende Bewegung mit der Hand, er wollte etwas sagen, bekam aber im selben Augenblick einen Hustenanfall. »Du Teufelsjunge«, stöhnte er und lehnte sich schwer gegen Pelle, er war blaurot im Gesicht. Dann kam das Erbrechen, der Schweiß perlte ihm über die Stirn. Er stand eine Weile da und ließ, nach Luft schnappend, das Leben wieder in sich zurückrinnen, steckte Pelle dann das Geld zu und schob ihn zur Tür hinaus.

Pelle war niedergeschlagen. Die Gerechtigkeit hatte nicht ihren Lauf genommen und was wurde dann aus der Rechtfertigung? Er hatte sich mächtig darauf gefreut, die ganze Schande jetzt loszuwerden. Aber am Spätnachmittag rief der Meister ihn zu sich herein in die Zuschneidekammer. »Du, Pelle«, sagte er vertraulich, »ich möchte gern mein Los erneuern, hab aber kein Geld – kannst du mir nich die zehn Kronen auf eine Woche leihen?« So kam es doch, wie es kommen sollte; es war seine Absicht, jetzt alle Schande von sich abzutun.

Jens und Morten halfen ihm dabei; sie waren jetzt ihrer drei und Pelle hatte ein Gefühl, als habe er ein ganzes Heer im Rücken. Die Welt war durch die endlosen Niederlagen des Jahres nicht kleiner geworden und nicht weniger anziehend als früher. Vom Grund bis dahin, wo er selber stand, reichte Pelles sicheres Wissen – und das war bitter genug. Da unten lag nichts im Nebel, die Blasen, die hin und wieder an die Oberfläche stiegen und zerplatzten, versetzten ihn in kein mystisches Staunen über die Tiefe. Aber er fühlte sich auch nicht bedrückt davon, bedrückt von dem, was so war, wie es eben sein musste. Und über ihm wölbte sich die andere Halbkugel der Welt in himmelblauer Verwunderung und stimmte noch einmal ihr fröhliches Drauflos! an.

9

In seiner Einsamkeit hatte Pelle oft Zuflucht zu dem kleinen Haus am Friedhof genommen, wo Dues in zwei kleinen Stuben hausten. Es war immer ein Trost, bekannte Gesichter zu sehen, irgendwelchen Nutzen hatte er sonst nicht von ihnen. Due war ein ordentlicher Mann; aber Anna dachte nur an sich und wie sie am besten vorwärts kommen könnten. Due war Kutscher bei einem Fuhrherrn und sie schienen das Notwendigste zu haben.

»Wir haben nich die Absicht, uns daran genügen zu lassen, anderer Leute Pferde zu fahren«, sagte Anna; »aber man muss ja kriechen, ehe man gehen kann.« Nach dem Lande sehnte sie sich nicht zurück.

»Da draußen sind keine Aussichten für kleine Leute, die etwas mehr verlangen als Grütze in den Magen und ein paar Lumpen auf den Leib. Man wird nich besser angesehen als der Dreck, auf den man tritt, und von einer Zukunft is keine Rede. Ich werde es nie bereuen, dass wir vom Lande fortgegangen sind.«

Due dagegen sehnte sich zurück. Er war daran gewöhnt, eine Viertelmeile vom nächsten Nachbarn getrennt zu sein, und hier konnte er durch die dünne Wand hören, wenn sich die Nachbarn küssten oder prügelten oder ihr Geld nachzählten. »Es is hier so eng und dann fehlt mir auch die Erde; die Pflastersteine sind so hart.«

»Ihm fehlt der Mist, den er nich in die Stube treten kann«, sagte Anna überlegen, »denn das war doch das Einzige, was es auf dem Lande reichlich gab. Hier in der Stadt können die Kinder auch besser vorwärts kommen, auf dem Lande können armer Leute Kinder nichts lernen, um es zu was zu bringen, denn sie müssen für das tägliche Brot mitarbeiten. Es is schlimm, auf dem Lande arm zu sein!«

»Hier in der Stadt is es doch noch schlimmer«, meinte Pelle bitter, »denn hier gelten bloß die was, die fein in Schale sind!«

»Aber hier gibt es vielerlei Arten, wie man Geld verdienen kann; geht es nich auf die eine Art, versucht man es auf die andere. Manch einer is mit dem blanken Hintern aus den Hosen in die Stadt gewandert und is nun ein angesehener Mann! Wenn man bloß den Willen und das Streben hat! Ich habe mir gedacht, die beiden Jungen sollen in die Bürgerschule gehen, wenn sie älter werden. Kenntnisse sind nie zu verachten.«

»Warum nich auch Marie?«, fragte Pelle.

»Die! Ach was! Die eignet sich wohl nich dazu, was zu lernen. Und dann is sie auch bloß ein Mädchen!«

Anna hatte sich ein hohes Ziel gesteckt, genau wie ihr Bruder Alfred! Sie hatte ganz blanke Augen, wenn sie davon sprach, und es war wohl nicht ihre Absicht, sich an irgendetwas zu kehren. Sie herrschte und führte das große Wort, sie redete laut und war die Tüchtige. Due saß nur da und lächelte und war gutmütig. Aber es hieß, im innersten Innern wisse er ganz genau, was er wolle. Er ging nie ins Wirtshaus, sondern kam immer gleich von der Arbeit nach Hause; des Abends war er nie glücklicher, als wenn alle drei Kinder um ihn herumkrabbelten. Er machte keinen Unterschied zwischen seinen eigenen kleinen Jungen und der sechsjährigen Marie, die Anna mit in die Ehe gebracht hatte.

Pelle hatte die kleine Marie auch gern, die so gut gedieh, als die kinderlieben Großeltern sie noch hatten, die aber jetzt mager und im Wachstum zurückgeblieben war und allzu wissende Augen hatte. Sie konnte einen ansehen wie eine arme Mutter, die sich immer grämen muss, und er hatte Mitleid mit ihr. Wenn die Mutter hart gegen sie war, musste er immer an jenen Abend in der Weihnachtszeit denken, als sie zum ersten Mal bei Kalles zu Besuch waren und Anna beschämt und verweint angeschlichen kam und in gesegneten Umständen war. Die kleine Anna mit dem kinderfrohen Sinn, die alle lieb haben mussten – wo war die geblieben?

Eines Abends, als Morten nicht frei hatte, ging er zu Dues. Gerade, als er anklopfen wollte, hörte er Anna drinnen herumregieren; plötzlich flog die Tür auf und die kleine Marie wurde in den Gang hinausgestoßen. Das Kind weinte jämmerlich.

»Was is denn los?«, fragte Pelle auf seine frische Art.

»Was los is – das is los, dass die Göre naseweis is und nich essen will, bloß weil sie nich akkurat dasselbe kriegt wie die andern. Hier soll man sich die Mühe machen und abmessen und abwägen – für so 'ne Dirn; sonst will sie kein Essen anrühren. Geht das sie was an, was die andern kriegen? Kann sie sich mit denen vergleichen? Sie is und wird doch nie was andres sein als ein uneheliches Kind, und wenn man es auch beschönigt!«

»Dafür kann sie doch wohl nichts«, sagte Pelle wütend.

»Nichts dafür können! Kann ich vielleicht was dafür? Is es meine

Schuld, dass sie nich als Bauerntochter auf die Welt gekommen ist, sondern sich damit begnügen muss, unehelich zu sein? Ja, das kannst du mir glauben, sie wird mir von den Nachbarinnen unter die Nase gerieben, sie hat ja nich die Augen ihres Vaters sagen sie und sehen mich dabei katzenfeindlich an. Soll ich vielleicht mein ganzes Leben dafür bestraft werden, dass ich ein bisschen höher hinausgewollt hab und mich auf Wege locken ließ, die nich weiterführten? Ach, das kleine Ungetüm!« Sie ballte die Hände nach dem Gang zu, wo man noch immer das Weinen des Kindes hörte.

»Hier rackert man sich ab, um das Haus anständig zu halten und ordentliche Leute zu sein, und dann rechnet einen doch keiner für voll – bloß weil man einmal zu arglos gewesen is!« Sie war ganz außer sich.

»Wenn du nich gut gegen die kleine Marie bist, dann sag ich es Oheim Kalle«, sagte Pelle drohend.

Sie fauchte höhnisch: »Ja, Gott gebe, dass du das tun wolltest! Dann käme er am Ende und holte sie sich, da würde ich mich aber freuen!«

Jetzt stampfte Due draußen auf den Fliesen vor der Tür, sie hörten ihn tröstende Worte zu dem Kind sagen. Er kam herein, die Kleine an der Hand, warf seiner Frau einen warnenden Blick zu, sagte aber nichts. »Soso – nu is alles vergessen«, wiederholte er, um dem Schluchzen des Kindes Einhalt zu tun, und trocknete die Tränen mit seinem großen Handballen von ihren Wangen.

Unfreundlich stellte Anna ihm Essen hin, sie redete halblaut draußen in der Küche. Während er sein Abendbrot, kalten Speck und Schwarzbrot, verzehrte, stand das Kind zwischen seinen Knien und starrte ihn mit großen Augen an. »Reiter!«, sagte sie und lächelte bittend, »Reiter!« Due legte einen Würfel Speck auf ein Stück Brot.

»Es kam ein Reiter geritten
Auf seinem weißen Ross, Ross, Ross!«,

summte er und ließ das Brot dicht vor ihrem Mund reiten.

»Und was dann?«

»Dann – haps – ritt er in das Tor hinein!«, sagte die Kleine und verschlang Pferd und Reiter. Während sie kaute, hielt sie die Augen unverwandt auf ihn gerichtet, mit dem schmerzlichen Ernst, der so traurig anzusehen war. Aber zuweilen geschah es, dass der Reiter bis zu ihrem Mund hinabritt, sich mit einem Ruck umdrehte und in gestrecktem Galopp zwischen Dues weißen Zähnen verschwand. Dann lachte sie einen Augenblick.

»Es hat wirklich keinen Zweck, was in sie hineinzustopfen«, sagte Anna, die zu Ehren des Besuches mit Kaffee hereinkam. »Sie kriegt so viel, wie sie essen kann – und sie hungert nich!«

»Hungrig is sie aber doch!«, brummte Due.

»Ja, sie is krüsch – unser armseliges Essen is ihr nich gut genug. Sie artet ihrem feinen Vater nach, will ich dir sagen! Und was noch nich schlimm is, wird wohl bald schlimm werden, wenn sie erst sieht, dass sie Rückhalt hat!«

Due antwortete nicht. »Du bist jetzt wieder ganz gesund?«, wandte er sich an Pelle.

»Was hast du heute getan?«, fragte Anna und stopfte ihrem Manne die lange Pfeife.

»Ich hab einen Forstmann von drüben durch die ganze Heide gefahren – ich hab anderthalb Kronen Trinkgeld gekriegt.«

»Die gib mir mal gleich!« Due reichte ihr das Geld und sie legte es in eine alte Kaffeedose. »Du musst heute Abend bei Inspektors den Abort ausnehmen«, sagte sie.

Due rekelte sich müde. »Ich bin seit halb vier Uhr früh unterwegs«, sagte er.

»Aber ich habe es fest versprochen, da is nichts zu machen! Und dann dachte ich, du würdest diesen Herbst das Umgraben für sie besorgen; nu, wo wir Mondschein haben, kannst du ja sehen – und sonst des Sonntags. Nehmen wir es nich, kriegt es ein anderer – und sie sind ja gute Zahler.«

Due antwortete nicht.

»Übers Jahr oder auch über zwei, denk ich, hast du selbst Pferde und brauchst nich das tägliche Brot für andere zusammenzuschrappen«, sagte sie und legte ihm die Hand auf die Schulter. »Willst du nich lieber gleich hingehen und den Abort ausnehmen? Dann is das getan. Ich muss auch noch Brennholz klein machen, ehe du zu Bett gehst!«

Due saß da und zwinkerte angestrengt. Jetzt nach dem Essen überkam ihn die Müdigkeit. Er konnte kaum mehr aus den Augen sehen, so schläfrig war er. Marie reichte ihm seine Mütze und dann kam er endlich auf die Beine. Er und Pelle gingen zusammen hinaus.

Das Haus, in dem Dues wohnen, lag ganz oben in der langen Straße, die ziemlich steil nach der See abfiel. Es war ein altes Bachbett, noch jetzt lief das Wasser bei starken Regengüssen wie ein reißender Bach zwischen den armseligen Häusern dahin.

Unten am Stadtpfad begegneten sie einer Gruppe von Männern, die mit Laternen in den Händen auszog, sie waren mit dicken Stöcken bewaffnet, einer von ihnen trug einen Morgenstern und hatte einen alten, ledernen Hut auf dem Kopf, das war der Nachtwächter. Er ging voran, hinter den andern ging der neue Schutzmann Pihl in seiner glänzenden Uniform; er hielt sich hinten, um seine Uniform zu schonen, und gab Acht, dass keiner von der Wachmannschaft Reißaus nahm. Halb betrunken waren sie und ließen sich reichlich Zeit; sobald sie jemand begegneten, blieben sie stehen und erzählten weitläufig, aus welchem Grund sie ins Feld rückten.

Die Kraft hatte wieder sein Tour. Den ganzen Tag hatte er gebummelt und der Stadtvogt hatte Order gegeben, ihn im Auge zu behalten. Ja, ganz recht, in seiner Trunkenheit begegnete er Reeder Monsen auf dem Kirchenhügel und fing an mit Schimpfwörtern und Schlägen über ihn herzufallen: »Nimmst du 'ner Witwe das Brot aus dem Mund, was? Du erzählst ihr, dass die ›Drei Schwestern‹ Havarie gemacht hat, und übernimmst dann ihre Aktien für beinahe nichts? Aus purem Mitleid tust du das – nich, du Lump! Und dem Schiff fehlt nichts weiter, als dass es zu gut gefahren ist und großen Verdienst geben würde, was? Und darum tatest du der armen Witwe den Gefallen, was?« Lump nannte er ihn und bei jeder Frage schlug er auf den Reeder ein, bis dieser zu Boden sank. »Wir sind alle Zeugen und nu soll er ins Loch. Ein armseliger Steinhauer soll hier nich herumgehn und Gerechtigkeit im Lande spielen! Komm mit und hilf ihn einfangen, Due – du bist ja stark!«

»Ich habe nichts mit ihm«, sagte Due.

»Du tust auch am besten, wenn du die Finger davon lässt«, sagte einer von den Männern spöttisch, »du könntest sonst leicht seine Fäuste zu fühlen kriegen.« Und dann trabten sie mit einem Hohngelächter weiter.

»Sie freuen sich nich über den Auftrag, den sie gekriegt haben«, sagte Due lachend, »darum haben sie gehörig einen hinter die Binde gegossen, um sich Mut zu machen. *Die Kraft* is ein Schwein, aber ich möchte nich der sein, nach dem er auslangt.«

»Wenn sie ihn doch bloß nich kriegen!«, sagte Pelle.

Due lachte. »Sie werden es schon so abpassen, dass sie da sind, wo er nich is. Aber warum hält er sich nich an seine Arbeit und lässt diese Narrenstreiche! Er kann sich ja einen Rausch antrinken und ihn zu Hause ausschlafen – er is ja doch man ein armer Teufel und sollte es den Großen überlassen, sich dumm anzustellen!«

Pelle sah die Sache anders an. Der arme Mann, ja, der ging still die Straße hinab und nahm den Hut vor aller Welt ab, vor kleinen

Meistern und allen; grüßte jemand wieder, so war er ganz stolz und erzählte es seiner Frau, wenn sie zu Bett gingen. »Der Schreiber hat heut wirklich den Hut vor mir abgenommen – ja, das hat er getan!« Aber Steinhauer Jörgensen sah nach keiner Seite, wenn er nüchtern war – und im Rausch trampelte er auf großen Füßen über alle hin.

Pelle machte sich nichts aus dem elenden Urteil der Stadt. Draußen, woher er kam, galten die Kräfte alles und hier war einer, der den starken Erik nehmen und in die Tasche stecken konnte. Er maß verstohlen seine Handgelenke und hob viel zu schwere Gegenstände in die Höhe; er hatte nichts dagegen, zu werden wie *die Kraft*, der als einzelner Mann die ganze Stadt in Atem hielt, wenn er raste und auch wenn er wie tot dalag. Ihm konnte ganz schwindlig werden bei dem Gedanken, dass er der Kamerad von Jens und Morten war, und er begriff nicht, dass sie sich so schwer taten mit dem Urteil der Stadt, obwohl man ihnen keine Armenunterstützung unter die Nase reiben konnte. Jens kroch in sich zusammen, wenn er beständig den Namen des Vaters hörte, und vermied es, den Leuten in die Augen zu sehen; in Mortens offenem Blick stand namenloser Schmerz.

Eines Abends, als die Sache gerade am allerschlimmsten stand, nahmen sie Pelle mit nach Hause. Sie wohnten an der großen Lehmgrube nach Osten zu, wo der Abfall der Stadt hinausgefahren wurde.

Die Frau war damit beschäftigt, im Ofen das Abendessen zu wärmen; in der Ofenecke saß eine runzelige Großmutter und strickte. Es sah alles sehr ärmlich aus.

»Ich glaubte, es wäre Vater«, sagte die Frau fröstelnd. »Hat einer von euch was von ihm gehört?«

Die Jungen erzählten, was sie gehört hatten; einer hatte ihn hier, ein anderer dort gesehen.

»Die Leute halten uns ja so gern auf dem Laufenden«, sagte Jens bitter.

»Nu is der vierte Abend, dass ich vergebens Essen für ihn aufwärme«, fuhr die Mutter fort. »Er pflegt doch sonst mal zu Hause vorzusprechen, wenn sie auch noch so schlimm hinter ihm her sind – aber er kann ja noch kommen.« Sie versuchte aufmunternd zu lächeln, schlug aber plötzlich die Schürze vor die Augen und brach in Tränen aus. Jens ging mit schwerem Kopf umher und wusste nicht, was er tun sollte. Morten fasste die Mutter um den müden Rücken und sprach ihr ruhig zu: »So, so, es is ja nich schlimmer, als es oft gewesen is.« Er streichelte ihre herausstehenden Schulterblätter.

»Nein, aber ich hatte mich ja so darauf gefreut, dass es überstanden wäre. Ein ganzes Jahr beinah hat er sich nich gerührt, sondern sein Essen stumm gegessen, wenn er von der Arbeit kam, und is ins Bett gekrochen. All die Zeit hat er nichts entzweigeschlagen, hat geschlafen und geschlafen; ich habe schließlich geglaubt, er wäre schwachsinnig geworden, und hab mich für ihn gefreut, da hätte er doch Frieden vor den schrecklichen Gedanken. Ich glaubte doch, er hätte sich beruhigt nach all seinen Niederlagen und wollte das Leben nehmen, wie es is – so wie es seine Kameraden tun. Und nun steht er wieder auf in seinem Trotz und alles fängt wieder von vorne an!« Sie weinte.

Die Alte saß da und ließ ihren Blick von dem einen zum andern wandern; sie glich einem klugen Raubvogel, der in einen Käfig eingesperrt ist. Dann sagte sie leidenschaftslos mit tonloser Stimme: »Du bist 'n großes Schaf, nu hast du den vierten Abend für den Rumtreiber Eierkuchen gemacht; immer wieder bist du da mit Küssen und Streicheln. Ich würde doch meinem Mann den Schlaf nicht versüßen, wenn er sich so schändlich gegen Frau und Familie versündigen tät; hungrig und mit trockenem Mund könnte er sich meinetwegen hinlegen und wieder aufstehn – dann lernte er vielleicht Ordnung. Aber es is kein Mumm in dir – das is die Sache; du nimmst seine Großspurigkeit für bare Münze.«

»Wenn ich ihm auch noch Steine in den Weg lege, wer sollte dann woll gut gegen ihn sein, wenn sein armer Kopf das Verlangen hat, mal weich zu liegen? Großmutter sollte wissen, wie nötig er einen Menschen braucht, der an ihn glaubt. Und was anderes hab ich ihm nich zu schenken.«

»Ja, ja, geh du man auf Arbeit und rackere dich tot, sodass der große Kerl was hat, was er zerschlagen kann, wenn der Geist über ihn kommt! Aber nun sollst du dich zu Bett legen, ich will woll auf Peter warten und ihm Essen geben, wenn er kommt; du musst ja halb tot sein vor Müdigkeit, du armes Wurm.«

»Ein altes Sprichwort sagt: ›Mannes Mutter is des Teufels Unterfutter‹ – aber auf Euch passt das nich, Großmutter«, sagte die Mutter der Jungen sanft. »Immer nehmt Ihr meine Partei, obwohl das gar nich nötig is. Aber nun solltet Ihr zu Bett gehn! Es is weit über Eure Schlafenszeit und für Peter will ich schon sorgen. Es is so leicht, mit ihm fertig zu werden, wenn er bloß weiß, dass einer es gut mit ihm meint.«

Die Alte tat, als höre sie nicht, und strickte weiter.

Den Jungen fiel ein, dass sie etwas in der Tasche hatten; es war eine Tüte mit Kaffeebohnen, ein wenig Kandiszucker und ein paar Wecken.

»Ihr verkleckert all eure teuren Schillinge für mich«, sagte die Mutter vorwurfsvoll und setzte Kaffeewasser auf, während ihr Gesicht voller Dankbarkeit strahlte.

»Sie haben eben noch keine Braut, an die sie sie verschwenden können«, sagte die Alte trocken.

»Großmutter is heute Abend so wütend«, sagte Morten. Er hatte der alten Frau die Brille abgenommen und sah ihr lächelnd in die grauen Augen.

»Wütend – ja, das bin ich! Aber die Zeit, die geht hin, will ich dir sagen; und hier sitzt eine Frau am Grabesrand und wartet, dass ihre eigene Nachkommenschaft vorwärts kommen und 'ne große Tat vollbringen soll, aber es geschieht nie was! Die Kräfte werden vergeudet und laufen wie Bachwasser in das Meer und die Jahre werden vertrödelt – oder sind das Lügen, was ich sag? Alle wollen Herren sein, keiner will den Sack tragen; und dann packt einer den andern und klettert auf ihn rauf, um bloß ein Stückchen höher zu kommen. Und flott soll es im Hause sein, aber Armut und Schweinerei is da in jedem Winkel. Ich denke mir, der liebe Gott hat bald genug davon! Nich eine Stunde geht hin, wo ich nich den Tag verfluche, als ich mich aus dem Bauernland fortlocken ließ; da wuchs doch das tägliche Brot auch für den armen Mann auf dem Feld, wenn er es bloß so nehmen wollte, wie es kam. Aber hier muss er mit dem Schilling in der Faust antreten, wenn er bloß einen grünen Wisch Suppenkraut haben will. Hast du Geld, kannst du's kriegen; hast du keins, dann lass es liegen! Ja, so is es. Aber in die Stadt musste man ja – um teilzuhaben an Peters Glück! Es versprach ja, großartig zu werden, und ich dumme, alte Frau hab immer das Verlangen gehabt, mein eigen Blut an der Spitze zu sehen. Und nu sitze ich hier als Bettelprinzess! Großartig is es geworden, denn ich bin die Mutter von dem größten Rumtreiber in der ganzen Stadt!«

»So sollte Großmutter nich reden«, sagte die Mutter der Jungen.

»Ja, ja, aber müde bin ich von dem allen und ich darf doch nich dran denken, zu sterben! Ich kann nich hingehn und mich niederlegen, denn wer sollte dann wohl Peter die Stange halten – *der Kraft!*«, sagte sie höhnisch.

»Großmutter kann sich ruhig niederlegen; ich werde am besten mit Peter fertig, wenn ich mit ihm allein bin«, sagte die Frau, aber die Alte rührte sich nicht.

»Kannst du sie nich dazu kriegen, dass sie geht, Morten«, flüsterte die Mutter. »Du bist der Einzige, auf den sie hört.«

Morten redete der Alten so lange zu, bis er sie fortgelockt hatte; er musste versprechen mitzugehen und das Deckbett um ihre Füße zu stopfen.

»So haben wir sie denn glücklich beiseite«, sagte die Mutter erleichtert. »Ich bin immer so bange, dass Vater mal vergessen könnte, was er tut, wenn es so mit ihm bestellt is, und sie denkt nich dran, nachzugeben, das is Hart gegen Hart. Aber jetzt, mein ich, solltet ihr da hingehen, wo die andern jungen Leute sind, und nich hier sitzen und den Kopf hängen lassen!«

»Wir bleiben und sehen, ob Vater kommt«, erklärte Morten.

»Aber was fällt euch ein – Vater könnt ihr noch immer Guten Tag sagen. Geht jetzt – hört ihr! Vater mag mich am liebsten allein antreffen – wenn er so kommt und vergnügt is. Denn nimmt er mich vielleicht in seine Arme und schwingt mich rum, stark, wie er is, sodass ich schwindlig werde wie ein junges Mädchen. ›Hu, hei! Dirn, hier is die Kraft!‹, sagt er – und lacht laut wie in seiner Jugend. Ja, es kommt woll vor, wenn er gerade genug im Kopf hat, dass er wieder so stark und munter wird wie damals, als er in seiner Macht und Größe war. Ich freue mich darüber, wie schnell es auch wieder damit vorbei is; aber das is nichts für euch, ihr sollt lieber gehen.« Sie sah sie flehend an und zuckte zusammen, als jemand an die Tür fasste. Draußen tobte ein böses Wetter.

Es war nur die Jüngste, die von ihrer Stellung nach Hause kam. Sie mochte zehn, elf Jahre alt sein und war klein von Wuchs, sah aber älter aus; ihre Stimme war hart und knarrend, der kleine Körper schien grob und glich einem unterirdischen Wesen, das sich an die Oberfläche verirrt hatte. Sie ging wie tot durch die Stube und ließ sich in Großmutters Stuhl fallen; da saß sie, hing nach der einen Seite herunter und verzerrte hin und wieder das Gesicht.

»Sie hat ja den Schaden im Rücken«, sagte die Mutter und strich ihr über das unschöne, dünne Haar, »den hat sie gekriegt, weil sie

Doktors kleinen Jungen immer schleppt – der is so groß und dick. Aber solange der Doktor nichts sagt, kann es woll nichts Gefährliches sein. – Ja, du bist wahrhaftig früh von Haus gekommen, mein Kind, aber dafür hast du auch ein gutes Essen und lernst dich tummeln. – Und tüchtig, das is sie, sie wartet Doktors drei Kinder ganz allein! Die Älteste is in ihrem Alter, aber die muss sie an- und ausziehn. Solche Feinen, die lernen ja nich, sich selber warten.«

Pelle starrte sie neugierig an. Er hatte selbst viel durchgemacht, aber sich an Kindern zum Krüppel schleppen, die vielleicht kräftiger waren als er selbst – das sollte ihm keiner zumuten! »Wozu schleppt sie denn die überfütterten Gören?«, sagte er.

»Gehütet werden müssen sie ja«, antwortete die Frau, »und die Mutter, die die Nächste dazu wäre, die hat woll keine Lust! Sie bezahlen ja dafür.«

»Wenn ich es wär, ich ließe die Gören fallen – ja, ich ließe sie fallen«, sagte Pelle unverzagt.

Die Kleine streifte ihn mit ihrem stumpfen Blick, jetzt schimmerte ein schwaches Interesse darin auf. Aber das Gesicht behielt seinen gleichgültigen Ausdruck; es war unmöglich, zu sagen, was sie dachte, so hart und erfahren sah sie aus.

»Du solltest ihr nichts Schlechtes beibringen«, sagte die Mutter, »sie hat schon so genug, womit sie kämpfen muss, sie hat einen harten Sinn. – Und nu musst du zu Bett gehen, Karen«; sie liebkoste sie abermals. »Vater kann es nich gut vertragen, dich zu sehn, wenn er was im Kopf hat. – Er hat dich so lieb«, fügte sie hilflos hinzu.

Karen entzog sich den Liebkosungen, ohne eine Miene zu verziehen; stumm ging sie auf den Boden hinauf, wo sie ihr Nachtlager hatte; Pelle hatte nicht einen Laut von ihr gehört.

»Ja, so is sie«, sagte die Mutter fröstelnd, »nich mal ein Wort zur guten Nacht. Nichts macht mehr Eindruck auf sie, nichts Gutes und nichts Schlechtes – sie is zu früh klug geworden. Und ich muss so aufpassen, dass sie Vater nich vor die Augen kommt, wenn er in der Stimmung is. Er kann wie ein wildes Tier gegen sich selbst und andere werden, wenn es ihm aufgeht, wie schimpfiert sie is.« Sie sah nervös nach der Uhr. »Aber geht ihr jetzt, hört! Ihr tut mir einen großen Gefallen, wenn ihr geht!« Sie war nahe daran, zu weinen.

Morten stand zögernd auf, die anderen folgten seinem Beispiel.

»Zieht nur den Kragen über die Ohren und lauft«, sagte die Mutter und knöpfte ihnen die Jacken zu. Der Oktobersturm fuhr in Stößen gegen das Haus und peitschte harten Regen gegen die Fensterscheiben.

Als sie »Gute Nacht« sagten, ertönte draußen neuer Lärm. Die Haustür schlug gegen die Mauer; sie hörten, wie das Unwetter hereinbrauste und die Diele füllte. »Ach, nu is es zu spät!«, jammerte die Mutter vorwurfsvoll. »Warum seid ihr nich früher gegangen?« Ein merkwürdiger Laut drang zu ihnen herein, wie von einem gewaltigen Tier, das an der Türspalte auf und nieder schnüffelt und mit seiner nassen Tatze nach der Türklinke sucht. Jens wollte hinlaufen und die Tür öffnen. »Nein, das darfst du nich!«, rief die Mutter verzweifelt und schob den Riegel vor – sie stand aufrecht da und zitterte am ganzen Körper. Auch Pelle fing an zu frieren; er hatte das Gefühl, dass sich das Unwetter da draußen auf der Diele niederlege wie ein großes, unförmiges Wesen, das wohlig stöhnte und sich gemächlich trocken legte, während es auf sie wartete.

Die Frau stand vornübergebeugt und lauschte in wahnsinniger Anspannung. »Auf was wird er jetzt verfallen?«, murmelte sie. »Er is so unberechenbar!« Sie weinte es heraus. Die Jungen hatten sie im Augenblick ganz vergessen.

Dann wurde gegen die Haustür geschlagen; das Ungeheuer richtete sich auf und fing an mit vertraulichem Brummen zu rufen. Die Frau wand sich hin und her, sie bewegte tatlos die Hände, dann schlug sie sie vor das Gesicht. Aber nun wurde das Riesentier ungeduldig, es schlug kurz gegen die Tür und knurrte warnend. Die Frau zuckte zusammen; es sah aus, als wolle sie sich auf alle viere niederwerfen und ihm antworten. »Ach nein, nein!«, klagte sie dann und besann sich. Da wurde die Tür mit einem schweren Schlag gesprengt und Meister Petz wälzte sich über die Schwelle und sprang in plumpen Sätzen auf sie zu, den Kopf hielt er ein wenig schief vor Verwunderung darüber, dass der kleine Kamerad ihm nicht bellend entgegensprang. »Peter, Peter – die Jungen!«, flüsterte sie und beugte sich über ihn; aber er riss sie zu Boden und legte knurrend eine schwere Tatze auf sie. Sie riss sich von ihm los und flüchtete auf einen Stuhl.

»Wer bin ich?«, fragte er mit lallender Stimme und stellte sich vor sie hin.

»*Die große Kraft!*« Sie musste lächeln, so wütend er sich auch gebärdete.

»Und du?«

»Die Fröhlichste auf der ganzen Welt!« Aber da ging ihre Stimme wieder in Weinen über.

»Und wo soll *die Kraft* über Nacht ruhen?« Er griff nach ihrer Brust.

Sie sprang mit brennenden Augen auf. »Du Tier, ach, du Tier!«, rief sie und schlug ihm ins Gesicht, rot vor Scham.

Die Kraft wischte sich nach jedem Schlag verwundert über das Gesicht. »Wir spielen ja man bloß«, sagte er. Dann durchzuckte es ihn; er erblickte die Jungen, die sich in eine Ecke gedrückt hatten. »Da steht ihr nu«, sagte er und lachte albern; »ja, Mutter und ich, wir spielen nur ein bisschen! Nich wahr, Mutter?«

Aber die Frau war hinausgelaufen, stand draußen unter dem Strohdach und schluchzte.

Jörgensen ging unruhig auf und ab. »Sie weint!«, murmelte er. »Es is kein Schwung in ihr – sie hätte einen Bauernburschen nehmen sollen. Zum Teufel auch – wenn es nu doch mal rausmuss! Es sitzt hier oben und drückt, als klemmte mir einer die Stockzwinge ins

Gehirn! Man los, *Kraft!* man los, damit du Ruh davor kriegst!, sag ich jeden Tag. Nee, lass sein, sag ich denn – du musst an dich halten, sonst geht sie bloß rum und weint! Und sie hat dir nie was andres als Gutes getan! – Aber zum Teufel auch, wenn es doch rauswill! Und dann geht man zu Bett und sagt: Gottlob, der Tag wär vorbei – und der Tag und der! Sie stehen da und glotzen – und warten; aber lass sie warten, es geschieht nichts – denn nu hat *die Kraft* Macht über sich! Und dann auf einmal is es da hinter einem: Schlag zu! Mitten in den Haufen rein! Schick sie alle in die Hölle, das Pack! Denn muss man woll trinken – um die Kräfte im Zaum zu halten! – Na, und da sitzt ihr! Kann mir einer von euch 'ne Krone leihen?«

»Ich nich!«, antwortete Jens.

»Nee, du – das müsste ein schöner Dummbart sein, der was von dir erwarten wollte. Hab ich nich immer gesagt: Der artet nach der verkehrten Seite, er hat Ähnlichkeit mit seiner Mutter? Herz habt ihr, aber die Fähigkeiten fehlen euch. Was kannst du eigentlich, Jens? Kriegst du feine Kleider von deinem Meister, wirst du behandelt wie ein Sohn – und übernimmst du einmal das Geschäft als sein Schwiegersohn? Und warum eigentlich nich, wenn ich fragen darf? Dein Vater is doch woll ebenso angesehen wie Morten seiner?«

»Morten wird woll auch nich Schwiegersohn – wenn sein Meister keine Tochter hat«, murmelte Jens.

»Na, nich? Aber er hätte 'ne Tochter haben können, wie? Aber da haben wir es ja: Du denkst nich nach. Morten, der hat es da oben!« Er fasste sich an die Stirn.

»Dann hättest du mich nich an den Kopf schlagen solln«, entgegnete Jens mürrisch.

»An den Kopf – jawoll! Aber der Verstand hat woll seinen Sitz im Kopf; da soll man es doch woll reinkriegen: Denn was nützt es, will ich dir sagen, wenn du eine Dummheit mit deinem Kopf begehst und ich dich auf den Hintern schlag? Da hast du doch keinen Verstand nötig? Aber es hat doch geholfen – du bist viel klüger geworden. Das war zum Beispiel gar nich dumm gesagt: ›Dann hättest du mich nich an den Kopf schlagen solln.‹« Er nickte anerkennend. »Nein, aber hier is ein Kopf, der kann einem was zu schaffen machen – da sind Verstandesknorren im Holz, wie?« Die drei Jungen mussten seinen Kopf befühlen.

Er stand da wie ein schwankender Baum und lauschte mit wechselndem Ausdruck dem leiser werdenden Schluchzen der Frau; sie saß jetzt auf dem Herd, dicht vor der Tür. »Sie weint ja man bloß«, sagte er mitleidsvoll, »das is nu mal so die Manier der Frauenzimmer, sich zu amüsieren. Das Leben is hart gegen uns gewesen und sie is den Widerwärtigkeiten nich gewachsen, die Ärmste. Denn wenn ich nu zum Beispiel sage, dass ich Lust habe, den Ofen entzweizuschlagen«, er nahm einen schweren Stuhl und schwenkte ihn in der Luft hin und her, »dann fängt sie an zu plärren. Über alles plärrt sie. Aber wenn ich nu hochkomme, denn nehm ich mir noch eine Frau – eine, die repräsentieren kann! Denn die hier is Dreck. Kann sie vielleicht feine Gäste empfangen und feine Reden führen? Pah! Was zum Teufel nützt es da, dass ich uns aus dem Dreck rausarbeitete? Aber nu geh ich wieder – denn hier is es weiß Gott nich amüsant!«

Die Frau rief hastig: »Ach, geh nich, Peter! Bleib doch hier!«

»Soll ich mir dein Geplärr anhörn?«, fragte er mürrisch und zuckte die Achseln. Er glich einem großen, gutmütigen Jungen, der sich mausig macht.

»Ich plärre ja nich, ich bin so froh – wenn du nur hier bleibst!« Sie klammerte sich an ihn und lächelte unter Tränen. »Sieh mich an! Bin ich nich froh über dich? Bleib bei mir, du *Kraft!*« Sie atmete ihm heiß ins Ohr; den Kummer hatte sie abgeschüttelt und sich gestrafft, sie war förmlich hübsch mit ihrem glühenden Gesicht.

Die Kraft sah sie verliebt an, lachte albern, als werde er gekitzelt, und ließ sich hin und her zerren; er ahmte ihr Flüstern nach und sprühte vor Heiterkeit. Dann näherte er den Mund listig ihrem Ohr, und als sie lauschte, trompetete er laut, sodass sie mit einem kleinen Schrei zusammenzuckte. »Bleib nur, du großer Junge!«, sagte sie und lachte. »Ich lass dich nich weg, denn noch kann ich dich halten.« Aber er schüttelte sie lächelnd ab und lief barhäuptig davon.

Einen Augenblick sah es so aus, als wolle sie hinter ihm herlaufen, aber dann ließ sie die Hände sinken. »Lasst ihn laufen«, sagte sie müde, »nu muss es gehn, wie es will. Da is doch nichts zu machen, so stockbetrunken hab ich ihn noch nie gesehn. Ja, ihr seht mich an, aber ihr müsst bedenken, dass er einen Rausch anders trägt als alle andern – er is nu mal in allem einzig!« Das Letzte sagte sie mit einem gewissen Stolz. »Und an den Reeder hat er seine strafende Hand gelegt – wo den doch nich mal der Strafrichter anzurühren wagt. Der liebe Gott kann nich gerechter sein als er.«

10

Die dunklen Abende waren gekommen mit dem langen Arbeiten bei Licht. Der Geselle ging schon in der Dämmerung; es war nicht viel für ihn zu tun. Zum November hatte der erste Lehrling ausgelernt. Er wurde ganz allein in die Kammer des Meisters gesetzt, dort saß er eine ganze Woche und arbeitete an seinem Gesellenstück; einem Paar Seestiefel. Niemand durfte zu ihm hinein und es war sehr spannend. Als die Stiefel fertig waren und von einigen Meistern besichtigt worden waren, wurden sie bis an den Rand mit Wasser gefüllt und aufgehängt; da hingen sie ein paar Tage zum Beweis, dass sie wasserdicht waren. Dann wurde Emil feierlich zum Gesellen ernannt und musste die ganze Werkstatt traktieren. Er trank Brüderschaft mit dem kleinen Nikas und am Abend ging er aus und lud die anderen Gesellen ein – und kam stockbetrunken nach Hause. Alles ging, wie es gehen sollte.

Am nächsten Tag kam Jeppe in die Werkstatt. »Na, Emil, du bist ja nu Geselle. Was hast du dir denn nu gedacht? Du willst wohl reisen? Ein frisch gebackener Geselle soll in die Welt hinaus und sich umsehen und was lernen.«

Emil antwortete nicht, sondern fing an seine Sachen zusammenzupacken. »Na, ja, das Leben hängt ja nich davon ab, wir schmeißen dich ja nich raus. Du kannst hier zu uns in die Werkstatt kommen und Licht und Wärme mitnehmen, bis du was Besseres hast – das sind gute Bedingungen, sollte ich meinen. Nee, damals, als ich ausgelernt hatte, da war es was anderes – einen Fußtritt in den Arsch und dann raus mit dir! Und das is gut für die Jugend – das is gut für sie!«

Er konnte in der Werkstatt sitzen und alle Meister auf der ganzen Insel aufzählen, die einen Gesellen hielten. Aber das war im Grunde nur Scherz – niemals kam es vor, dass ein neuer Geselle aufgenommen wurde. Hingegen wussten er und die anderen ganz genau, wie viele frisch gebackene Gesellen diesen Herbst auf die Straße gesetzt worden waren.

Emil war nicht verzagt. Zwei Abende darauf brachten sie ihn zum Dampfer nach Kopenhagen. »Da is Arbeit genug!«, sagte er freudestrahlend. »Du musst mir versprechen, dass du mir übers Jahr schreibst«, sagte Peter, der zu der Zeit auslernen würde. Ja, das wollte Emil tun.

Aber noch ehe ein Monat vergangen war, hörten sie, dass Emil wieder zu Hause sei. Er selbst schäme sich wohl sich sehen zu lassen. Und dann kam er eines Morgens ganz verlegen in die Werkstatt geschlichen. Ja, Arbeit hatte er bekommen – auf mehreren Stellen, war aber gleich wieder verabschiedet worden. »Ich hab ja nichts gelernt«, sagte er missmutig. Er trieb sich eine Weile umher, hatte Licht und Wärme in der Werkstatt und durfte dort mit einer Flickarbeit sitzen, die er sich gekapert hatte. Er hielt sich bis gegen Weihnachten über Wasser, aber dann gab er alles auf und tat dem Handwerk die Schande an, ganz gewöhnliche Lastträgerarbeit im Hafen anzunehmen.

»Ich hab fünf Jahre meines Lebens vertrödelt«, pflegte er zu sagen, wenn sie ihm begegneten. »Lauft weg, solange es noch Zeit is. Sonst geht es euch wie mir.« In die Werkstatt kam er aus Furcht vor Jeppe nicht mehr, der war böse auf ihn, weil er das Handwerk entehrt hatte.

In der Werkstatt war es gemütlich, wenn das Feuer im Ofen prasselte und die Dunkelheit durch die schwarzen, unverhüllten Fenster hereinglotzte. Der Tisch war vom Fenster weggerückt, sodass sie alle vier ringsherum Platz hatten; der Meister mit seinem Buch und die drei Lehrlinge jeder mit seiner Flickarbeit. Die Lampe hing mitten über dem Tisch und schwelte, sie konnte die Dunkelheit gerade ein wenig erhellen. Das kleine bisschen Licht, das sie gab, wurde von den großen Glaskugeln aufgesogen, die es sammelten und auf die Arbeit warfen. Die Lampe schaukelte leise und der Lichtfleck schwamm wie eine Quelle hin und her, sodass die Arbeit jeden Augenblick im Dunkeln lag. Dann fluchte der Meister und starrte missmutig in das Licht.

Den andern taten nur die Augen weh, aber der Meister war krank von der Dunkelheit. Jeden Augenblick richtete er sich mit einem Schauder auf. »Verdammt, wie dunkel es hier is, es is ja, als läge man im Grabe – will sie denn heute Abend gar nich leuchten?« Dann drehte Pelle die Lampe herum, aber es wurde nicht besser.

Wenn der alte Jeppe hereingetrippelt kam, sah Meister Andres auf, ohne das Buch zu verstecken; dann war er in Kampflaune. »Wer is das?«, fragte er und starrte in die Dunkelheit hinein. »Ach, das is Vater!«

»Hast du schlimme Augen«, fragte der Alte spöttisch. »Willst du Augenwasser haben?«

»Vaters Augenwasser – nee, dafür danke ich! Aber diese verdammte Beleuchtung, man kann ja nich die Hand vor Augen sehen.«

»Sperr 's Maul auf, dann leuchten die Zähne!«, fauchte Jeppe wütend. Die Beleuchtung war ihr ewiger Streit.

»Niemand sonst auf der ganzen Insel arbeitet bei einer so elenden Beleuchtung, das könnt Ihr mir glauben, Vater!«

»Ich hab zu meiner Zeit nie Klagen über die Lampen gehört«, erwiderte Jeppe. »Und es wurde bessere Arbeit bei der Glaskugel geleistet als jetzt bei ihren künstlichen Erfindungen. Aber verschwendet werden soll nu mal – die Jugend heutzutage kennt kein größeres Vergnügen, als ihr Geld für solch modernen Dreck aus dem Fenster zu werfen.«

»Ja, zu Vaters Zeiten – da war alles herrlich«, sagte Meister Andres. »Das war ja damals, als die Engel mit weißen Stöcken im Mund herumliefen.«

Im Laufe des Abends sah bald dieser, bald jener herein, um nach Neuigkeiten zu fragen und zu erzählen. Und wenn der junge Meister guter Laune war, so blieben sie da. Er war ja das Feuer und die Seele, wie der alte Bjerregrav sagte – er konnte infolge seines Lesens so viele Dinge erklären.

Wenn Pelle die Augen von der Arbeit anhob, war er geblendet. Da unten in der Werkstatt, wo Bäcker Jörgen und die anderen saßen und plauderten, sah er nur tanzende Lichtflecke, zwischen denen seine Arbeit herumschwebte, und von seinen Kameraden sah er nur das Schurzfell. Aber drinnen in der Glaskugel lief das Licht wie spielendes Feuer, da drinnen befand sich eine Welt in ewigem Strömen.

»Na, heute Abend leuchtet sie ja vorzüglich«, sagte Jeppe, wenn einer von ihnen nach der Lampe sah.

»Ach, meint Ihr, sie leuchtet nich?«, entgegnete Meister Andres, die Sache umdrehend.

Aber eines Tages brachte der Knecht des Eisenkrämers etwas in einem großen Korb – eine Hängelampe mit Rundbrenner; und in der Dunkelheit kam der Eisenhändler selbst, um dem ersten Anzünden vorzustehen und Pelle in die Behandlung des Wunders einzuweihen. Er ging sehr vorsichtig zu Werke. »Sie *kann* natürlich explodieren«, sagte er, »aber dann muss man den Mechanismus schon sehr schlecht behandeln. Wenn man mit Vernunft und Sorgfalt vorgeht, besteht keine Gefahr.«

Pelle stand neben ihm und hielt den Zylinder, aber die anderen zogen den Kopf vom Tisch weg und der junge Meister stand ganz hinten und trippelte hin und her. »Ich will, zum Kuckuck auch, nicht bei lebendigem Leibe zum Himmel fahren!«, sagte er amüsiert. »Zum Teufel auch, wo hast du bloß den Mut her, Pelle? Du bist ein frecher Bengel!« Und er sah ihn mit seinem großen, verwunderten Blick an, der einen doppelten Boden von Scherz und Ernst hatte.

Endlich strahlte die Lampe ihr Licht aus: Da war nicht das entfernteste Bord unter der Decke, worin man nicht alle Leisten hätte zählen können. »Das is ja eine richtige Sonne«, sagte der junge Meister und fasste nach seinen Wangen, »ich glaube wahrhaftig, sie erwärmt die Luft.« Er war ganz rot, seine Wangen glänzten.

Der alte Meister hielt sich fern, bis der Eisenhändler gegangen war, dann kam er angestürzt. »Na, seid ihr denn noch nich in die Luft geflogen?«, fragte er ganz erstaunt. »Ein ekliges Licht gibt sie – ein ganz abscheuliches Licht. Pfui, sag ich! Und ordentlich leuchten tut sie auch nich, beißt sich in den Augen fest. Na ja, verdreht euch meinetwegen die Augen!«

Aber für die anderen war die Lampe eine Erholung. Meister Andres sonnte sich in ihren Strahlen. Er war wie ein sonnentrunkener Vogel; während er ganz ruhig dasaß, überkam ihn plötzlich jubelnde Freude. Und den Nachbarn gegenüber, die kamen, um die Lampe zu betrachten und über ihre Eigenschaften zu diskutieren, erging er sich in großen Redensarten, sodass sich das Licht für sie verdoppelte. Sie kamen fleißig und blieben leichter hängen. Der

Meister strahlte und die Lampe strahlte; wie Insekten wurden sie von dem Licht angezogen – von dem herrlichen Licht!

Zwanzigmal am Tage war der Meister draußen in der Haustür, kam aber immer gleich wieder herein und setzte sich auf den Fenstertritt, um zu lesen, den Stiefel mit dem hölzernen Absatz nach hinten von sich streckend. Er spie viel, Pelle musste jeden Tag frischen Sand unter seinen Platz schütten.

»Is da nich irgendein Tier, das in deiner Brust sitzt und nagt?«, sagte Oheim Jörgen, wenn der Husten Andres arg quälte. »Du siehst jetzt übrigens so gesund aus. Du erholst dich wohl, ehe wir's uns versehen!«

»Ja, weiß Gott!« Der Meister lachte fröhlich zwischen zwei Anfällen.

»Setz dem Biest nur gehörig zu, denn krepiert es sicher. Nu, wo du an die dreißig bist, soll man ihm ja beikommen können. Wenn du ihm Kognak gäbst . . .«

Jörgen Kofod kam in der Regel in großen Holzschuhen angestapft und Jeppe schimpfte. »Man sollte nich glauben, dass du einen Schuster zum Bruder hast«, sagte er bissig, »und dabei kaufen wir doch all unser Schwarzbrot bei euch!«

»Aber wenn ich doch nu mal die Füße in dem verdammten Lederzeug nich warm halten kann! Und in jedem Glied die Gicht – es is 'n wahres Elend!« Der große Bäcker wand sich jammervoll.

»Das muss grässlich sein mit so 'ner Gicht«, sagte Bjerregrav, »ich selbst hab sie nie gehabt.«

»Schneider kriegen woll keine Gicht«, entgegnete Bäcker Jörgen höhnisch, »ein Schneiderleib hat woll keinen Platz, um sie zu beherbergen. Soviel ich weiß, gehen zwölf Schneider auf ein Pfund.«

Bjerregrav antwortete nicht.

»Die Schneider haben ihre eigene verkehrte Welt«, fuhr der Bäcker fort, »mit denen kann ich mich nich vergleichen. Ein verkrüppelter Schneider, der hat ja doch erst seine volle Leibeskraft.«

»Ach, Schneider sind woll ebenso fein wie Schwarzbrotbäcker«, stammelte Bjerregrav nervös. »Schwarzbrot backen, das kann doch jede Bauersfrau!«

»Ja, fein , das glaub ich, zum Kuckuck auch. Wenn der Schneider 'ne Mütze näht, so bleibt dabei Stoff für ein Paar Hosen für ihn selber übrig; darum sind die Schneider immer so fein in Zeug.« Der Bäcker redete in die Luft hinein.

»Sonst stehen doch eigentlich die Müller und die Bäcker in dem Ruf, zu betrügen.« Der alte Bjerregrav wandte sich an Meister Andres und zitterte vor Erregung. Aber der junge Meister stand da und sah munter von dem einen zum andern, sein lahmes Bein schaukelte in der Luft.

»Für den Schneider verschlägt nichts – da is zu viel Platz in mir!, sagte der Schneider, als er an einer Erbse erstickte. Oder wie ein anderes Sprichwort sagt – es verschlägt nicht mehr als ein Schneider in der Hölle. Das sind Kerle! Wir kennen ja alle die Geschichte von der Frau, die einen voll ausgewachsenen Schneider zur Welt brachte, ohne auch nur zu wissen, dass sie in Kindsnot war.«

Jeppe lachte. »Jetzt könnt ihr wirklich aufhören; der eine gibt dem anderen nichts nach.«

»Na, und ich hab auch gar nich die Absicht, einen Schneider totzutreten, soweit es sich vermeiden lässt – man kann sie ja man bloß nich immer sehen.« Bäcker Jörgen hob vorsichtig seine großen Holzschuhe. »Aber sie sind ja keine Menschen – oder is hier auch bloß *ein* Schneider in der Stadt, der übers Meer gefahren is? Da waren auch keine Männer dabei, als die Schneider geschaffen wurden – ein Frauenzimmer stand im Zug in der Haustür und da hatte sie den Schneider weg.« Der Bäcker konnte gar nicht wieder aufhören, wenn er angefangen hatte jemand zu foppen; jetzt, wo Sören verheiratet war, hatte er all seinen Humor wieder gefunden.

Bjerregrav konnte nicht dagegen an. »Sag du von den Schneidern, was du willst«, gelang es ihm endlich, einzufügen. »Aber die

Schwarzbrotbäcker werden nicht als Fachleute angesehen – nicht mehr als Waschfrauen! Schneider und Schuster, das sind doch ordentliche Zünfte, mit Fachproben und dergleichen.«

»Ja, Schuster, das is ja nu allerdings was anderes«, meinte Jeppe.

»Von euch gibt es doch akkurat so viel Sprichwörter und Redensarten wie von uns.« Bjerregrav zwinkerte verzweifelt mit den Augen.

»Erst vergangenes Jahr hat sich Meister Klausen mit 'ner Tischlerstochter verheiratet! Aber wen muss ein Schneider zur Frau nehmen? Sein eigenes Dienstmädchen.«

»Wie kannst du nur, Vater«, seufzte Meister Andres. »Der eine Mensch is doch ebenso gut wie der andere.«

»Ja, du verdrehst immer alles! Aber mein Fach will ich doch respektiert wissen. Heutzutage lassen sich Agenten und Wollhändler und anderes Bettelpack in der Stadt nieder und führen das große Wort. Aber in den alten Zeiten, da waren die Handwerker das Mark des Landes. Selbst die Könige mussten dazumal ein Handwerk lernen. Ich hab meine Lehrjahre in der Hauptstadt absolviert und in der Werkstatt, wo ich war, da hatte ein Prinz gelernt. Aber ich hab, verdammt und verflucht, nie von einem König gehört, der sich aufs Schneidern gelegt hätte.«

So konnten sie bis ins Unendliche fortfahren. Und wie sie so mitten im ärgsten Gezänk waren, ging die Tür auf und Larsen Holzbein stapfte herein und füllte die Werkstatt mit frischer Luft. Er hatte eine Sturmmütze auf und eine blaue Seemannsjacke an. »Guten Abend, Kinder!«, sagte er munter und warf einen Haufen Lederfutterale und einzelne Stiefel auf den Fenstertritt.

Es fuhr Leben in alle hinein. »Da haben wir ja den Spielmann! Willkommen zu Hause! Willkommen! Is der Sommer gut gewesen?«

Jeppe untersuchte die fünf Stiefel für den rechten Fuß, einen nach dem andern, bog das Oberleder vom Rand ab und hielt Absatz und Sohlen in gerader Linie vor das Auge. »Die hat ein Pfuscher in Händen gehabt«, brummte er und machte sich dann über die Futterale für das hölzerne Bein her. »Na, wirkt denn die Filzschicht?« Larsen litt an Kälte an dem amputierten Fuß.

»Ja, ich hab seitdem keine kalten Füße mehr gehabt.«

»Kalte Füße!« Der Bäcker schlug sich auf die Lenden und lachte.

»Ja, du kannst sagen, was du willst; aber jedes Mal, wenn mir das hölzerne Bein nass wurde, hatte ich 'n Schnupfen.«

»Das is doch des Deubels!«, rief Jörgen aus und rollte mit seinem großen Oberkörper wie ein Flusspferd. »Das is doch seltsam!«

»Es gibt viel Seltsames hier auf der Welt«, stammelte Bjerregrav. »Damals, als mein Bruder starb, blieb meine Uhr im selben Augenblick stehen – ich hatte sie von ihm gekriegt.«

Larsen Holzbein war mit seinem Leierkasten durch das ganze Königreich gekommen und musste erzählen: von den Eisenbahnzügen, die so fuhren, dass die Landschaft um sich selbst herumlief, von den großen Läden und den Vergnügungsorten in der Hauptstadt.

»Es mag sein, wie es will«, sagte Meister Andres. »Aber zum Sommer will ich mal in die Hauptstadt und da arbeiten!«

»In Jütland, da haben sie ja so viel Wracks!«, sagte der Bäcker. »Da soll ja alles Sand sein! Ich hab gehört, das Land wandert ihnen unter den Füßen weg – nach Osten zu. Is es wahr, dass sie da einen Pfahl haben, wo man sich dran jucken muss, ehe man sich hinsetzen darf?«

»Meine Schwester hat 'n Sohn, der sich bei den Jütländern verheiratet und ansässig gemacht hat«, sagte Bjerregrav. »Von dem hast du woll nichts gesehen?«

Der Bäcker lachte. »Die Schneider, die sind groß – die haben die ganze Welt in der Westentasche! – Na, und Fünen? Da bist du woll auch gewesen? Da sind die Frauen ja so sanft! Ich hab mal vor Svendborg gelegen und Wasser eingenommen, aber da war keine Zeit, an Land zu gehen.« Es klang wie ein Seufzer.

»Kannst du es denn aushalten, so viel zu wandern?«, fragte Bjerregrav bekümmert.

Larsen Holzbein sah verächtlich auf Bjerregravs angeborenen Klumpfuß – er hatte seinen Schaden bei Helgoland bekommen, durch eine ehrliche Kugel. »Wenn man seine gesunden Gliedmaßen hat«, sagte er und spie über den Fenstertritt aus.

Dann mussten die anderen erzählen, was sich im Laufe des Sommers in der Stadt zugetragen hatte, von der finnischen Bark, die im Norden gestrandet war, und dass *die Kraft* um sich geschlagen hatte. »Nun sitzt er hinter Schloss und Riegel und bläst Trübsal.«

Bjerregrav nahm Anstoß an dem Spitznamen und nannte es Gotteslästerung: »*Die Kraft* ist nur einer – wie geschrieben stehet; wir Armen, wenn *der* über unseren Köpfen losschlagen wollte.«

Larsen Holzbein meinte freilich, die Kraft habe mit Gott nichts zu schaffen, sondern sei aus irdischem Stoff; da drüben benutze man sie, um Maschinen zu ziehen – an Stelle der Pferde.

»Ich halte dafür, die Kraft, das sind die Frauenzimmer«, sagte Bäcker Jörgen, »denn die regieren tatsächlich die Welt. Und Gott soll uns bewahren, wenn die mal losschlagen! Aber was meinst du, Andres, du bist doch so schriftgelehrt?«

»Die Kraft, das is die Sonne«, sagte Meister Andres, »die regiert alles Leben und die Wissenschaft hat ausfindig gemacht, dass alle Kraft von ihr ausgeht. Wenn sie ins Meer fällt und abkühlt, dann wird die ganze Erde ein Eisklumpen.«

»Ja, denn das Meer is die Kraft«, rief Jeppe überlegen aus. »Oder kennt ihr irgendwas, das so niederreißen und alles mit sich wegreißen kann? Und von dem Meer kriegen wir alles wieder. Damals, als ich auf Malaga war . . .«

»Ja, das is auch wirklich wahr«, sagte Bjerregrav, »denn die meisten finden ihre Nahrung auf dem Meer und viele auch den Tod. Und die reichen Leute, die wir haben – all ihr Geld haben sie vom Meer.«

Jeppe richtete sich stolz auf und seine Brille funkelte. »Das Meer kann tragen, was es will, Stein und Eisen, wo es selbst doch weich ist!« Die schweren Lasten können auf seinem Rücken wandern. Und dann auf einmal saugt es alles an sich. Ich hab gesehen, dass Schiffe mit dem Steven gerade an die Wellen hineinsegelten und verschwanden, wenn der Ruf an sie erging.«

»Ich möchte wohl wissen, ob die Länder schwimmen oder fest auf dem Meeresgrund stehen. Weißt du das nich, Andres?«, fragte Bjerregrav.

Meister Andres meinte, sie stünden tief unten auf dem Boden des Meeres; aber Oheim Jörgen meinte: »Nee. So groß wie das Meer is!«

»Ja, groß is es, denn ich bin durch die ganze Insel gekommen«, sagte Bjerregrav mit Selbstgefühl, »aber nie bin ich irgendwo hingelangt, wo ich das Meer nich sehen konnte. Alle Kirchspiele von ganz Bornholm, die grenzen ja auch ans Meer! Aber über die Bauern hat es wohl keine Macht, denn die gehören ja dem Ackerboden.«

»Das Meer hat Macht über uns alle«, sagte Larsen. »Einige weist es ab; sie sind viele Jahre zur See gefahren, aber auf einmal kriegen sie auf ihre alten Tage die Seekrankheit und dann sind sie gewarnt. Deshalb is Schiffer Andersen an Land gegangen. Und andere zieht es an sich, von ganz oben her aus dem Bauernland! Ich bin mit Leuten zur See gefahren, die ihr ganzes Leben da oben rumgegangen waren und das Meer gesehen haben, aber nie unten am Strand gewesen waren. Und denn eines Tages kriegte sie der Teufel beim Wickel, sie ließen den Pflug stehen, liefen ans Meer hinunter und ließen sich anheuern. Das waren nich die schlechtesten Seeleute.«

»Ja«, sagte Bäcker Jörgen, »und zur See gefahren sind wir hier zu Lande alle, auf allen Meeren fahren Bornholmer, so weit ein Schiff fahren kann. Ich hab auch Leute getroffen, die noch nie im Wasser gewesen waren und doch waren sie wie zu Hause darauf. Als ich die Brigg ›Klara‹ für Schiffer Andersen fuhr, hatte ich auch so einen als Jungmann. Er hatte noch nie im Meer gebadet; aber einen Tag, als wir vor Anker lagen und die anderen rausgeschwommen waren, sprang er, weiß Gott, auch ins Wasser, als stürzte er sich in Mutters Arme – er glaubte ja, das Schwimmen käme von selbst. Er ging gleich unter und war halb tot, als wir ihn wieder rausfischten.«

»Der Deubel versteht sich auf das Meer!«, rief Meister Andres kurzatmig aus. »Rund wölbt es sich immer und es kann sich senkrecht auf die Hinterbeine stellen und dastehen wie eine Mauer, obwohl es doch fließend ist! Und dabei hab ich in einem Buch gelesen, dass es so viel Silber im Meer gibt, dass alle Menschen auf der Erde reich davon werden könnten.«

»I du Gerechter!«, rief Bjerregrav aus, »nee, so was hab ich denn doch noch nie –! Ob das woll von all den Schiffen stammt, die untergegangen sind? Ja, das Meer – das is wahrhaftig die Kraft!«

»Die Uhr is zehn«, sagte Jeppe. »Und die Lampe, die zehrt – das Teufelswerk!« Da brachen sie eiligst auf und Pelle löschte die Lampe.

Aber noch lange, nachdem er sich zu Bett gelegt hatte, wirbelte ihm der Kopf. Er hatte alles verschlungen und die Vorstellungen drängten sich in seinem Hirn wie die Jungen in einem überfüllten Nest, um einen Platz zu finden, wo sie zur Ruhe kommen konnten. Das Meer war stark, jetzt, zur Winterzeit, hörte er es ständig gegen die Felsklippen branden. Aber Pelle war sich nicht sicher, dass es ihm aus dem Wege ging! Er hegte einen unbewussten Widerwillen dagegen, sich selbst Grenzen zu setzen, und die Kraft, um die sie sich zankten, die saß schließlich inwendig in ihm selber als ein lichtes Gefühl, unüberwindlich zu sein, trotz aller Niederlagen.

Zuweilen musste dies Gefühl sichtbar hervortreten und ihm über den Tag hinweghelfen. Eines Mittags saßen sie und arbeiteten, nachdem sie – wie gewöhnlich – das Essen in fünf Minuten hinuntergeschlungen hatten; der Geselle war der Einzige, der sich ein wenig Mittagsruhe gönnte, er saß da und las die Zeitung.

Plötzlich hob er den Kopf und sah Pelle verwundert an. »Nanu, was is denn das? Lasse Karlsson – das is doch dein Vater!«

»Ja«, antwortete Pelle mit schwerer Zunge und das Blut schoss ihm in die Wangen. Stand Vater Lasse nun auch in der Zeitung? Doch wohl nicht unter den Unglücksfällen? Er musste sich wohl auf irgendeine Weise durch seine Landwirtschaft hervorgetan haben. Pelle war nahe daran, vor Spannung zu ersticken, wagte aber nicht zu fragen – und der kleine Nikas saß da und machte ein verschlossenes Gesicht. Er hatte die Miene des jungen Meisters aufgesetzt.

Aber dann las er laut: »Abhanden gekommen! Eine Laus mit drei Schwänzen ist weggelaufen und kann gegen ein gutes Trinkgeld bei Hofbesitzer Lasse Karlsson, Heidehof, abgeliefert werden. Daselbst wird auch gebrauchtes Schwarzbrot gekauft!«

Die andern stimmten ein schallendes Gelächter an, aber Pelle wurde aschgrau. Mit einem Satz war er über den Tisch hinüber und hatte den kleinen Nikas unter sich an die Erde gezerrt; da lag er und presste ihm die Finger um den Hals, um ihn zu erdrosseln – bis er übermannt wurde. Emil und Peter mussten ihn halten, während der Spannriemen seine Arbeit verrichtete.

Und doch war er stolz: Was bedeuteten lumpige Prügel gegenüber der Tatsache, dass er den Gesellen niedergeschlagen und den unterjochenden Respekt überwunden hatte! Sie sollten sich nur noch einmal unterstehen mit ihren verlogenen Anspielungen zu kommen – oder Spott mit Vater Lasse zu treiben! Pelle war nicht gesonnen sich vorwärts zu schlängeln.

Und die Verhältnisse gaben ihm Recht. Es wurde in Zukunft mehr Rücksicht auf ihn genommen – niemand hatte Lust, es mit ihm anzulegen und seine Werkzeug an den Kopf zu bekommen, selbst wenn sie ihn hinterher prügeln konnten.

11

Im Garten des Schiffers war es öde, Bäume und Büsche waren entblättert; man konnte von der Werkstatt aus quer durch alles hindurchsehen, über andere Gärten hinweg, bis hinüber zu der Hinterseite der Häuser in der Östergade. Da war kein Spiel mehr, die Gartensteige lagen im Frost und Schneeschlamm da, die Korallenblöcke und großen Muscheln, die mit ihrem Rosenmund und ihren Fischzähnen so herrlich von den großen Meeren sangen, hatte man des Frostes halber hereingenommen.

Manna sah er oft genug. Sie kam mit der Schultasche oder den Schlittschuhen in die Werkstatt gestürzt, wenn ein Knopf abgerissen war oder die Schlittschuhe einen Absatz abgerissen hatten. Es saß frischer Wind in ihrem Haar und in ihren Wangen, die Kälte ließ sie erglühen. »Das is Blut!«, sagte der junge Meister und wurde ganz froh bei ihrem Anblick; er lachte und trieb Kurzweil, wenn sie kam. Aber Manna hielt sich an Pelles Schulter und stellte ihren Fuß auf seinen Schoß, damit er den Schuh zuknöpfen sollte. Zuweilen kniff sie ihn auch heimlich und machte ein wütendes Gesicht – sie war eifersüchtig auf Morten. Aber Pelle verstand nichts, Mortens kluger, sanfter Sinn hatte ihn ganz unter sich gebeugt und die Leitung übernommen. Pelle war unglücklich, wenn er eine Stunde zu seiner Verfügung hatte und Morten nicht da war. Dann lief er mit hängender Zunge los, um ihn zu suchen; alles andere war ihm gleichgültig.

Eines Sonntagvormittags, als er Schnee im Hof fegte, waren die Mädchen drüben; sie bauten einen Schneemann.

»Ach, Pelle!«, riefen sie und klatschten in die Fausthandschuhe. »Komm doch mal rüber! Du kannst uns helfen eine Schneehütte zu bauen. Wir mauern die Tür zu und zünden Tannenbaumlichter an – wir haben Stummel. Ach, komm doch!«

»Denn soll Morten auch mit dabei sein – er muss gleich kommen!«

Manna rümpfte die Nase. »Nein, Morten wollen wir nicht hier haben!«

»Warum denn nicht? Er is doch sehr anstellig«, sagte Pelle gekränkt und verletzt.

»Ja, aber sein Vater ist so scheußlich – alle Leute sind bange vor ihm. Und er hat auch gesessen.«

»Ja, wegen Schlägerei – das is doch nicht so gefährlich! Das is meinem Vater auch passiert, als er noch jung war; das schadet nichts – wenn es bloß nich wegen Diebstahl is!«

Aber Manna sah ihn mit einem Ausdruck an, genau wie Jeppe, wenn er jemanden nach seinen Bürgergesetzen richtete. »Aber Pelle! Schämst du dich denn gar nicht? So denken nur die Allerärmsten, die gar kein Schamgefühl haben!«

Pelle errötete über seine eigene ordinäre Denkweise. »Morten kann doch nichts dafür, dass sein Vater so is!«, wandte er sehr zahm ein.

»Nein, wir wollen Morten nicht hier haben – Mutter will es auch nich. Sie sagt, mit dir ginge es, aber weiter keiner mehr. Wir gehören doch zu den Feinen«, fügte sie erklärend hinzu.

»Mein Vater hat ein großes Gehöft – das is doch woll ebenso viel wert wie 'ne verfaulte Schute«, sagte Pelle hochmütig.

»Vaters Schiff ist gar nicht verfault«, entgegnete Manna gekränkt. »Es ist das beste hier aus dem Hafen und es hat drei Masten.«

»Du bist aber doch man 'ne lumpige Dirn!« Pelle spie über den Zaun hinüber.

»Ja, aber du bist ein Schwede!« Manna blinzelte triumphierend mit den Augen, Dolores und Aïna standen hinter ihr und steckten die Zungen aus. Pelle hatte große Lust, über die Gartenmauer zu springen und sie durchzuprügeln; aber da fing Jeppes Alte in der Küche zu zetern an und er ging an seine Arbeit.

Jetzt nach Weihnachten war gar nichts zu tun; die Leute liefen auf der Brandsohle oder gingen in Holzschuhen. Der kleine Nikas war selten in der Werkstatt, er kam zu den Mahlzeiten und ging wieder, und immer hatte er seine guten Kleider an. »Der verdient sein täglich Brot leicht«, sagte Jeppe. »Da drüben, da futtern sie ihre Leute nicht den Winter über durch; sobald nichts mehr zu tun is, setzen sie sie raus.«

Mehrmals am Tage wurde Pelle auf einen Rundgang durch den Hafen geschickt, um die Schiffe abzusuchen. Die Meister standen da unten in ihren Schurzfellen und sprachen über Seewesen oder schnackten miteinander vor den Haustüren; sie hielten aus alter Gewohnheit ein Stück Werkzeug in der Hand.

Überall saugte man Hungerpfoten, die Heiligen hielten jeden Tag Versammlungen ab, die Leute hatten Zeit genug dazu. Nun hatte die Stadt so recht Gelegenheit, zu zeigen, wie leicht sie gegründet war; es war nicht so wie draußen auf dem Lande, wo man sich gütlich tun konnte in dem Bewusstsein, dass die Erde für einen arbeitete. Hier machten sich alle so klein und verzehrten so wenig wie möglich, um sich durch die rote Zeit hindurchzuschlängeln.

In den Werkstätten saßen die Lehrlinge und hämmerten billiges Schuhzeug zusammen, jeden Frühling beluden die Schuster gemeinsam eine Schute und schickten Schuhzeug nach Island – das half immer eine Strecke weiter. »Pfuscht nur drauflos«, musste der Meister immer wieder von neuem wiederholen, »wir kriegen nicht viel dafür.«

Mit der Flaute tauchten ernste Probleme auf. Viele Arbeiter sahen sich schon dem Elend ausgeliefert und es hieß, dem Armenwesen würde es schwer werden, allen, die um Unterstützung einkamen, Hilfe zu gewähren. Die Wohltätigkeit lief auf vollen Touren. »Und dabei is das gar nichts gegen da drüben. Da soll es zehntausende Arbeitslose geben, hab ich gehört«, sagte Bäcker Jörgen.

»Wovon die woll leben mögen, die Ärmsten, wenn die Arbeitslosigkeit so groß is?«, sagte Bjerregrav. »Es is schon schlimm genug mit der Not hier in der Stadt, wo doch jeder Meister für das tägliche Brot von seinen Leuten sorgt!«

»Hier leidet keiner Not, wenn er nich selber will«, sagte Jeppe. »Wir haben ein gut organisiertes Armenwesen.«

»Du bist wohl Sozialdemokrat geworden, Jeppe«, sagte Bäcker Jörgen, »du willst die ganze Geschichte dem Armenwesen aufhalsen!«

Larsen Holzbein lachte; das war eine neue Auslegung.

»Ja, was wolln die denn eigentlich! Denn Freimaurer sind sie ja nich. Es heißt, dass die da drüben den Kopf wieder herausstrecken.«

»Ach, das is woll so was, was mit der Arbeitslosigkeit kommt und geht«, sagte Jeppe. »Etwas müssen die Leute ja anstellen. Vorigen Winter kam ein Sohn von Segelmachers nach Hause – der war es woll so im Geheimen. Aber die Eltern haben es nie eingestehen wollen und er selbst war ja so klug, dass er sich da wieder rauszog.«

»Wär er mein Sohn gewesen, denn hätte er 'ne Tracht Prügel besehen!«, sagte Jörgen.

»Ob das nich solche sind, die sich auf das tausendjährige Reich vorbereiten? Von der Sorte haben wir ja auch einige«, sagte Bjerregrav bescheiden.

»Meinst du die armen Tröpfe, die an den Uhrmacher mit seiner neuen Zeit glauben? Ja, das kann wohl sein«, sagte Jeppe höhnisch. »Aber ich hab gehört, es soll so viel Schlechtes in ihnen sein. Es is wohl eher der Antichrist, von dem die Bibel weissagt.«

»Ja, aber was wollen sie denn eigentlich?«, fragte Jörgen. »Worauf sind sie denn eigentlich aus?«

»Was sie wollen?« Larsen Holzbein nahm sich zusammen. »Ich bin mit einer Menge von diesen Leuten zusammen gewesen – soweit ich es verstehen kann, wolln sie das Recht haben, der Krone das Geldmachen wegzunehmen und es an jedermann zu geben. Und alles wolln sie umstürzen, das is sicher.«

»Na«, sagte Meister Andres, »das, was sie wollen, is, glaube ich, ganz gut – aber sie erreichen es nur nie. Ich weiß durch Garibaldi ja auch ein wenig Bescheid darüber.«

»Aber was wolln sie denn, wenn sie die Welt nich umstürzen wolln?«

»Was sie wollen . . . Ja, was wollen sie denn? Dass alle gleich viel haben sollen.« Meister Andres war unsicher.

»Denn soll also der Schiffsjunge ebenso viel haben wie der Kapitän? Nee, zum Teufel auch!« Der Bäcker schlug sich auf die Schenkel und lachte.

»Den König wollen sie auch abschaffen«, sagte Larsen Holzbein eifrig.

»Wer zum Kuckuck soll uns denn regieren – denn käme der Deutsche woll gleich angelaufen. Das is denn doch das Schlimmste, dass dänische Menschen ihr eigenes Land dem Feind ausliefern wollen! Ich wundere mich bloß, warum man die nich ohne Gesetz und Urteil niederschießt! Hier auf Bornholm werden sie sowieso nie was zu bestellen haben.«

»Das kann man gar nich wissen!« Der junge Meister lachte.

»Zum Deubel auch – wir stellen uns alle am Strand auf und knallen auf sie los: Lebendig kommen sie nie an Land!«

»Und denn is das Ganze woll so 'n armseliges Gesindel«, sagte Jeppe. »Ich möchte woll wissen, ob da auch bloß *ein* ordentlicher Bürger zwischen is.«

»Natürlich sind es immer die Armen, die über das Elend klagen«, sagte Bjerregrav, »darum hat die Sache auch nie ein Ende.«

Bäcker Jörgen war der Einzige, der zu tun hatte – es musste schon sehr schlimm kommen, wenn die Leute kein Schwarzbrot mehr kauften. Er hatte fast mehr als sonst zu tun; je mehr die Leute an Fleisch und Aufschnitt knapsten, umso mehr Brot aßen sie. Oft lieh er sich Jeppes Lehrlinge, damit sie bei ihm Teig kneten halfen.

Aber guter Laune war er nicht. Da war ein ewiges Geschimpf auf

Sören bei offenen Türen, weil dieser nicht an seine dralle junge Frau ranwollte. Der alte Jörgen hatte ihn mit eigenen Händen genommen und zu ihr ins Bett gelegt, aber Sören weinte sich von der ganzen Sache weg und zitterte wie ein neugeborenes Kalb.

»Ob er am Ende verhext is?«, fragte der Alte Meister Andres. »Jung und hübsch is sie, da is nich das Geringste an ihr auszusetzen – und wir haben ihn den ganzen Winter mit Eiern gefüttert. Sie muss nu rumgehen und den Kopf hängen lassen und kriegt keinen Besuch von ihm. Marie, Sören – ruf ich, um Leben in sie reinzubringen –, er soll akkurat solch Deubel werden, wie ich einer gewesen bin, hört ihr! Sie lacht und wird rot, aber Sören, der verkriecht sich bloß. Eine wahre Schande is es, so hübsch, wie sie in jeder Beziehung is – das hätte bloß in meinen jungen Tagen sein sollen, du!«

»Ihr seid ja noch jung genug, Oheim Jörgen!«, lachte Meister Andres.

»Ja, beinah könnt man dazu kommen – wenn man so mit ansehen muss, was für ein großes Unrecht vor den eigenen Augen begangen wird. Denn siehst du, Andres, ich bin wohl ein Schweinigel in Bezug auf so allerlei gewesen – aber ein munterer Bursch bin ich auch gewesen; die Leute mochten immer gern mit mir zusammen an Bord sein. Und Kräfte hab ich auch gehabt: zum Saufen, zu einem Mädchen und zu harter Arbeit bei bösem Wetter. Das Leben, das ich geführt hab, is gar nicht übel gewesen, ich würde es gleich noch einmal wieder leben wollen. Aber Sören, was is das für ein Jammerlappen, der sich nich reinfinden kann. – Wenn du mal mit ihm reden wolltest – du hast ja Einfluss auf ihn.«

»Ich will es gern versuchen.«

»Danke – aber hör mal, ich glaube, ich bin dir noch Geld schuldig.« Jörgen nahm zehn Kronen und legte sie auf den Tisch, bevor er ging.

»Pelle, du Teufelsjunge, kannst du eine Besorgung für mich machen?« Der junge Meister hinkte in die Zuschneidekammer, Pelle folgte ihm auf den Fersen.

Hundertmal war der Meister in der Haustür, lief aber gleich wieder hinein – er konnte die Kälte nicht vertragen. Sein Blick träumte von anderen Ländern mit milderer Witterung, er sprach von seinen beiden Brüdern, von denen der eine drüben in Südamerika verschollen war – wohl ermordet. Aber der andere war in Australien und hütete Schafe; er verdiente mehr damit, als der Stadtrichter an Gehalt hatte, er war der tüchtigste Boxer im Umkreis. Dann schlug der Meister die blutlosen Hände ineinander und ließ sie geballt auf Pelles Rücken niederfallen. »Das nennt man Boxen«, sagte er belehrend.

»Bruder Martin kann einen Mann mit einem Schlag zum Krüppel schlagen. Er wird dafür bezahlt – pfui Kuckuck!« Der Meister schauderte. Der Bruder hatte sich mehrmals erboten ihm eine Fahrkarte zu schicken – aber das verdammte Bein! »Willst du mir sagen, was ich da drüben anfangen soll – willst du mir das sagen, Pelle!«

Pelle musste täglich Bücher aus der Leihbibliothek holen und lernte bald, welche Schriftsteller die spannendsten waren. Er versuchte auch selber zu lesen, konnte aber nicht damit zurechtkommen; es war amüsanter, frierend an der Schlittschuhbahn zu stehen und zuzusehen, wie die andern über das Eis hinjagten. Aber von Morten ließ er sich spannende Bücher nennen und brachte sie dem Meister, so den »Fliegenden Holländer«.

»Das is ein Dichterwerk, Herr du meines Lebens!«, sagte der Meister und erzählte Bjerregrav den Inhalt wieder, den dieser für Wirklichkeit nahm.

»Du hättest Anteil an der großen Welt haben sollen, Andres – ich für mein Teil tu am besten hier in der Heimat zu bleiben. Aber dir is es vergönnt – das sag ich!«

»Die große Welt!«, sagte der Meister höhnisch. Da er nicht teil daran haben konnte, war sie ihm nicht groß genug. »Wenn ich auszöge, wollte ich den Eingang in das Innere der Erde suchen – auf Island soll es solche Eingänge geben. Spaßig wäre es auch, eine Fahrt auf den Mond zu machen; aber das bleibt wohl eine ewige Sehnsucht.«

Zu Anfang des neuen Jahres kam der verrückte Anker und diktierte dem Meister einen Freierbrief an die älteste Tochter des Königs. »Dies Jahr muss er doch woll antworten«, meinte er grübelnd. »Die Zeit vergeht und das Glück entschwindet, ohne dass viele daran teilhaben – wir haben die neue Zeit sehr nötig.«

»Ja, das haben wir«, entgegnete Meister Andres. »Aber wenn nun das Unglück wollte, dass der König nich will, dann bist du doch woll Manns genug, die Sache allein zu deichseln, Anker!«

Eine flaue Zeit war es, und als es gerade am allerflauesten war, eröffnete Schuster Bohn einen Laden am Marktplatz. Er war ein Jahr drüben gewesen und hatte den modernen Humbug gelernt; es standen nur *ein* Paar Stiefel im Ladenfenster, und das waren seine eigenen Sonntagsstiefel. Jeden Montag wurden sie geputzt und wieder hineingestellt, damit es doch nach was aussähe. Wenn er im Laden war und mit den Leuten redete, saß seine Frau in der Stube dahinter und klopfte auf einen Stiefel, damit es so klang, als habe er Leute in der Werkstatt.

Aber um Fastnacht bekam Jeppe Arbeit. Meister Andres kam eines Tages ganz aufgeräumt aus Bierhansens Keller nach Hause, er hatte die Bekanntschaft einiger Schauspieler von einer eben ankommenden Truppe gemacht. »Das waren Leute, ja!«, sagte er und fasste sich an die Wangen. »Sie reisen dauernd von einem Ort zum anderen und treten auf – die kriegen die Welt zu sehen!« Er konnte nicht ruhig sitzen.

Am nächsten Morgen kamen sie und erfüllten die Werkstatt mit ohrenbetäubenden Lärm. »Sohlen und Hinterflecken!« – »Hintersohlen, die sich nicht ablösen!« – »Ein bisschen Handwerk und zwei auf die Schnauze!« So fuhren sie fort, sie holten Schuhzeug in großen Mengen unter dem Mantel hervor oder aus grundlosen Taschen und warfen es in Haufen auf den Fenstertritt, ein jeder mit einer lachenden Bemerkung. Schuhzeug nannten sie »Untertanen«, sie drehten und wendeten jedes Wort und ließen es wie einen Ball von Mund zu Mund fliegen, bis kein Körnchen Vernunft mehr darin war.

Die Lehrlinge vergaßen alles und konnten sich kaum halten vor Lachen, der junge Meister sprühte vor Witz – er nahm es mit ihnen allen auf. Jetzt sah man, dass es keine Prahlerei und keine Lüge war, wenn er behauptete, dass er Glück bei den Damen hatte. Die junge Schauspielerin mit dem Haar wie der hellste Flachs wandte kein Auge von ihm, obwohl sie offenbar alle die andern am Gängelband führte; sie machte den Gefährten Zeichen, dass sie den großen, prächtigen Schnurrbart des Meisters bewundern sollten. Der Meister hatte sein krankes Bein vergessen und den Stock weggeworfen, er lag auf den Knien und nahm ihr Maß zu hohen Stiefeln mit Lackstulpen und Harmonikafalten an den Schäften. Sie hatte ein Loch im Hacken ihres Strumpfes, aber darüber lachte sie; einer von den Schauspielern sagte: »Spiegelei!«, und dann lachten sie alle schallend.

Der alte Jeppe kam herausgestürzt, von der Lustigkeit herbeigelockt. Die Blonde nannte ihn Großvater und wollte mit ihm tanzen und Jeppe vergaß seine Würde und lachte mit. »Ja, zu uns kommen sie, wenn sie was haben wollen, was taugt«, sagte er stolz. »Ich hab auch in Kopenhagen gelernt und bin mit Schuhzeug zu mehr als einem Komödianten gelaufen. Wir hatten für das ganze Theater zu arbeiten; Jungfer Pätges, die später so berühmt wurde, kriegte ihre ersten Tanzschuhe von uns!«

»Ja, das waren Menschen«, sagte Meister Andres, als sie von dannen brausten, »zum Teufel, das waren wenigstens doch Menschen.« Jeppe konnte gar nicht begreifen, wie sie ihren Weg hierher gefunden hatten und Meister Andres klärte ihn nicht darüber auf, dass er im Wirtshaus gewesen war. »Ob Jungfer Pätges sie an mich verwiesen haben sollte?«, sagte Jeppe und starrte in die Ferne. »Sie muss mich dann auf irgendeine Weise im Gedächtnis behalten haben.«

Freibilletts strömten herein, der junge Meister war jeden Abend im Theater. Pelle bekam jedes Mal, wenn er ein Paar Stiefel ablieferte, ein Galeriebillett. Er sollte nichts sagen, aber der Preis stand deutlich mit Kreide auf der Sohle. »Hast du Geld bekommen?«, fragte der Meister gespannt, er stand die ganze Zeit auf den Treppenstufen und wartete. Nein, Pelle sollte vielmals grüßen und sagen, sie kämen selbst und machten das ab. »Na ja, die Art Leute sind sicher genug«, sagte der Meister.

Mitten in diesem Trubel kam eines Tages Lasse in die Werkstatt gestapft, ganz wie ein Großbauer, den Pelzkragen über die Ohren gezogen. Er hielt draußen mit einem Sack Kartoffeln; das war ein Geschenk an Meisters, weil der Junge das Handwerk so gut lernte. Pelle bekam frei und fuhr mit dem Vater, alle Augenblicke schielte er nach dem Pelzkragen hinüber. Endlich konnte er nicht länger an sich halten, sondern hob ihn prüfend hoch. Enttäuscht ließ er ihn wieder fallen.

»Ach so, der – hm, ja, der is bloß an den Fahrmantel angehakt! Es sieht ja immer nach was aus und er wärmt die Ohren so gut. Du glaubst also, ich käme in einem richtigen Pelz angefahren? Nee, dazu reicht es noch nich, aber das kommt schon noch! Und ich kann dir mehr als einen Großbauer nennen, der auch nichts weiter hat als dies.«

Ja, ja, ein wenig enttäuscht war Pelle doch. Aber er musste zugeben, dass kein Unterschied zu sehen war zwischen diesem Mantel und einem richtigen Bärenpelz. »Geht es sonst gut?«, fragte er.

»Ach ja – zur Zeit klopf ich Steine. Ich muss zwanzig Klafter klopfen, wenn ich an Teufels Geburtstag jedem bezahlen will, was ihm zukommt. Wenn wir man bloß unsere Kräfte und unsere Gesundheit behalten, Karna und ich.«

Sie fuhren zum Kaufmann und stellten die Pferde ein. Pelle fand, dass die Leute beim Kaufmann nicht so dienstbeflissen vor Lasse sprangen wie vor den richtigen Bauern, aber Lasse selbst trat ganz großmächtig auf. Er stapfte geradewegs in das Kontor des Kaufmanns hinein, ganz so wie die andern, stopfte seine Pfeife aus der Tonne und schenkte sich einen Schnaps ein. Frische Luft wehte um ihn, wie er so mit aufgeknöpftem Mantel zum Wagen und wieder zurückging; er trat so fest auf die Pflastersteine, als habe er auch Hartkorn in den Stiefelsohlen.

Dann gingen sie zu Dues; Lasse war neugierig zu sehen, wie es dort ging. »Es is ja nich so leicht, wenn der eine Teil gleich mit einer Zugabe zur Liebe ankommt.«

Pelle setzte ihm auseinander, wie die Sachen standen. »Sag doch Kalles, dass sie die kleine Marie wieder zu sich nehmen. Anna misshandelt sie. Sie sind sonst gut vorwärts gekommen; nu wolln sie sich Pferde und Wagen kaufen und selbst ein Fuhrmannsgeschäft anfangen.«

»Das is *sie* woll? Ja, der kommt leicht zu was, der kein Herz hat.« Lasse seufzte.

»Du, Vater«, sagte Pelle plötzlich, »hier is jetzt Theater – und ich kenne die Schauspieler. Ich bringe ihnen ihr Schuhzeug und sie schenken mir jeden Abend ein Billett. Ich hab alles gesehen, du!«

»Das sind doch woll Lügen?« Lasse musste stehen bleiben, um den Ausdruck des Jungen zu erforschen. »Also du bist im richtigen Theater gewesen, du? Ja, wer in der Stadt wohnt, der kann sich beim Teufel dafür bedanken, wenn er klüger is als ein Bauer – hier kann man ja alles haben!«

»Willst du heute Abend mitkommen? Ich kann uns Billetts verschaffen.«

Lasse kratzte sich. Lust hatte er wohl – aber dies war ja etwas ganz Ungewöhnliches. Es wurde so geordnet, dass er die Nacht bei Dues schlafen sollte, und am Abend gingen die beiden ins Theater.

»Is es hier?«, fragte Lasse erstaunt, als sie an einen großen Speicher kamen, vor dem viele Leute standen. Aber inwendig war es fein, sie saßen ganz oben, hinten, wie an einem Hügelrand, und sahen auf das Ganze hinab. Tief unten, nach vorne zu, saßen einige Damen, die nackend waren, soweit Lasse sehen konnte. »Das sind woll die Auftretenden?«, fragte er.

Pelle lachte. »Nee, das sind ja die feinsten Damen der Stadt, die Doktorfrau und die Bürgermeisterin und die Frau vom Herrn Inspektor – alles solche.«

»Ach, und die sind so fein, dass sie nich mal Zeug anzuziehen haben?«, rief Lasse aus. »Das nennen wir bei uns Armut. Aber wo sind denn die, die spielen?«

»Die sitzen da hinter dem Vorhang.«

»Hat es denn schon angefangen?«

»Nee, das kannst du doch sehen – der Vorhang muss doch erst aufgehen!«

Es war ein Loch im Vorhang, ein Finger kam heraus und fing an sich rundherum zu drehen. Lasse lachte. »Verteufelte Komödie!«, sagte er und schlug sich auf die Schenkel, als es sich wiederholte.

»Es hat noch gar nich angefangen«, sagte Pelle nur.

Da dämpfte Lasse seine gute Laune wieder.

Aber dann fing der Kronleuchter plötzlich an, in das große Loch der Decke hinaufzulaufen; da oben lagen ein paar Jungen auf den Knien und bliesen die Lampen aus. Und der Vorhang ging auf und da war ein großer, heller Saal, in dem sich viele schöne junge Mädchen in den wunderlichsten Kostümen bewegten – und sie sprachen! Lasse war ganz erstaunt, dass er verstehen konnte, was sie sagten, so sonderbar fremd sah das Ganze aus; es war ja wie ein Blick in das Traumland. Aber eine saß da ganz für sich und spann, und das war die Schönste von ihnen allen.

»Das is woll eine sehr feine Dame?«, meinte Lasse.

Aber Pelle flüsterte, es sei nur ein armes Waldmädchen, das der

Schlossherr geraubt habe und nun zwingen wolle seine Geliebte zu werden. Nun – alle die anderen machten schrecklich viel her mit ihr, kämmten ihr goldenes Haar und lagen vor ihr auf den Knien; aber sie sah nur unglücklich aus. Und manchmal wurde ihr so traurig zu Mute, dass sie die schönen Lippen öffnete und ihre Herzenswunde in einem Gesang enthüllte, der Lasse so ergriff, dass er tief Atem schöpfen musste.

Dann kam ein großer Mann mit mächtigem rotem Bart hereingestampft. Lasse fand, er sei gekleidet wie jemand, der geradewegs vom Fastnachtsritt kommt.

»Das is der, der die feinen Stiefel bei uns hat machen lassen«, flüsterte Pelle, »der Schlossherr, der sie verführen will.«

»Pfui Deubel, sieht der eklig aus!«, sagte Lasse und spie aus. »Dagegen war der Steinhofbauer doch ein reines Kind Gottes!« Pelle bedeutete ihm zu schweigen.

Der Schlossherr jagte alle die anderen Frauen hinaus, dann ging er mit Sturmschritten auf und nieder, schielte nach dem Waldmädchen hin und rollte mit den Augen. »Na, hast du dich endlich entschlossen?«, brüllte er und schnob wie ein wütender Stier. Und plötzlich sprang er auf sie los, um sie mit Gewalt zu nehmen.

Aber die Waldmaid stand aufrecht da, einen blitzenden Dolch in der Hand.

»Ha! Rühr mich nicht an!«, schrie sie. »Oder, beim lebendigen Gott, ich stoße diesen Dolch in mein Herz! Du glaubst, du kannst meine Unschuld kaufen, weil ich arm bin; aber die Ehre des armen Mannes ist nicht für Gold feil.«

»Das ist ein wahres Wort!«, sagte Lasse laut.

Der Schlossherr aber lachte heimtückisch und zupfte an seinem roten Bart – er rollte das R fürchterlich. »Ist dir mein Anerbieten nicht genug? Wohlan, bleib diese Nacht bei mir und du sollst ein Gehöft mit zehn Stück Vieh haben, sodass du morgen mit deinem Jäger vor den Altar treten kannst!«

»Halt 's Maul, du Hurenbock!«, schrie Lasse wütend.

Ringsum suchte man ihn zu beruhigen, der eine und der andere puffte ihn in die Seite. »Na, darf man hier nicht mal den Mund aufmachen«, wandte sich Lasse gekränkt an Pelle. »Ich bin kein Pastor, aber wenn das Mädchen nu mal nich will, soll er sie in Frieden lassen. Und ungestraft soll er seine Brunst nich in Gegenwart von hundert Menschen offenbaren – so ein Schweineigel!« Lasse sprach laut und es schien, als wenn seine Worte ihre Wirkung auf den Schlossherrn ausübten. Er stand eine Weile da und schielte vor sich hin, dann rief er einen Mann und hieß ihn das Mädchen wieder in den Wald hinauszuführen.

Lasse atmete erleichtert auf, als der Vorhang fiel und die Jungen da oben an der Decke die Kronleuchter mit den Lampen wieder anzündeten und ihn herunterließen.

»So weit is sie gut davongekommen«, sagte er zu Pelle, »aber ich trau dem Schlossherrn nich – er is ein Schuft!« Er schwitzte stark, so recht vergnügt schien er nicht zu sein.

Die nächste Welt, die da unten hervorgezaubert wurde, war ein Wald. Wunderschön war er, mit Pelargonien auf dem Boden und einem Quell, der aus etwas Grünem hervorquoll. »Das is ein zugedecktes Bierfass!«, flüsterte Pelle und nun nahm Lasse auch den Hahn wahr; aber ungeheuer natürlich sah es aus. Ganz im Hintergrund erblickte man die Ritterburg auf einem Felsen und im Vordergrund lag ein umgestürzter Baumstamm; zwei grüne Jäger saßen rittlings darauf und schmiedeten böse Pläne. Lasse nickte – er hatte Erfahrung hinsichtlich der Heimtücke der Welt.

Jetzt hörten sie etwas und verkrochen sich hinter dem Baumstamm, wo sie sich verbargen, ein Messer in der Hand. Einen Augenblick war alles still, dann kam die Waldmaid mit ihrem Jäger in größter Unbefangenheit Hand in Hand den Waldpfad hinabgewandert, sie nahmen Abschied am Quell, so herzlich, zärtlich; dann kam er in den Vordergrund geeilt, dem sicheren Tod entgegen.

Das war nicht zum Aushalten. Lasse stand auf: »Pass auf!«, rief er gedämpft. »Pass auf!« Die hinter ihm Sitzenden zogen ihn am Rock und schimpften. »Nein, zum Teufel auch, dazu schweig ich nich auch noch!«, sagte Lasse und schlug um sich. Dann beugte er sich weit vor. »Nimm dich in Acht, du! Es gilt dein Leben! Sie liegen hinter dem Baumstamm!«

Der Jäger blieb stehen und starrte in den Zuschauerraum, die beiden Meuchelmörder hatten sich erhoben und glotzten, aus den Kulissen kamen männliche und weibliche Schauspieler hervor, sie lachten und starrten zu Lasse hinüber. Lasse sah ja, dass der Mann gerettet war, aber sonst erging es ihm übel, der Aufseher wollte ihn hinauswerfen. »Ich kann ganz gut allein gehen«, sagte er, »denn in dieser Gesellschaft is ein ehrlicher Mensch wohl überflüssig.« Unten auf der Straße redete er laut mit sich selbst, er war in heller Empörung.

»Es war ja man bloß Komödie«, sagte Pelle kleinlaut; er schämte sich seines Vaters zutiefst.

»Darüber brauchst du mich nich zu belehren! Ich weiß recht gut, dass das alles längst vergangen is und dass ich nichts dabei machen kann, auch wenn ich mich auf den Kopf stelle. Aber dass sie solche gemeine Handlungen wieder ins Leben rufen wollen! Hätten die anderen so gewollt wie ich, dann hätten wir den Schlossherrn genommen und ihn totgeschlagen, wenn es auch hundert Jahre zu spät gekommen wär!«

»Ihn – aber das war ja doch der Schauspieler West, der jeden Tag zu uns in die Werkstatt kommt!«

»So? Schauspieler West – so? Denn bist du gewiss Schauspieler Dorsch, dass du dir so was vormachen lässt. Ich hab schon früher Leute getroffen, die die Gabe besessen haben, sich hinfallen zu lassen und längst Verstorbene an ihrer Stelle heraufzubeschwören – wenn auch nich so leibhaftig wie hier, versteht sich! Wenn du da hinter dem Vorhang gewesen wärst, hättest du gesehen, dass

West daliegt wie ein Toter, während er, der andere – der Teufel –, herumregiert. Ich würde mir die Gabe nich wünschen, denn das is ein gefährliches Spiel. Vergessen die andern zum Beispiel das Wort, das West ins Leben zurückrufen soll, so is er fertig und der andere regiert an seiner Stelle weiter.«

»Das is bloß Aberglaube! Wenn ich doch weiß, dass es West is, der da Komödie spielt – ich hab ihn ja auch gleich wieder erkannt, Vater!«

»Ja, natürlich! Du bist ja immer klüger – du wolltest dich jeden Tag mit dem Teufel in einen Disput einlassen. Also das sollte bloß 'ne Vorstellung sein? – So wie er das Weiße aus den Augen kehrte vor fressender Begier! Du kannst mir glauben, wenn sie das Messer nich gehabt hätte, denn hätte er sich über sie gestürzt und vor aller Augen seine Lust gestillt. Denn wenn man längst vergangene Zeiten heraufbeschwört, dann muss die Handlung auch ihren Gang haben, wie viele da auch zusehn. Aber dass sie so was für Bezahlung tun, pfui Deubel! – Und nu will ich nach Haus.« Lasse ließ sich nichts sagen, sondern ließ anspannen.

»Am besten is es, wenn du da nich wieder hingehst«, sagte er beim Abschied. »Aber wenn es schon Gewalt über dich gekriegt hat, dann steck dir wenigstens den Streichstahl in die Tasche. Ja, und denn schicken wir dir deine Wäsche an einem von den ersten Sonnabenden mit Schlachter Jensen mit.«

Pelle ging nach wie vor ins Theater; er wusste ja, dass das Ganze nur Komödie war. Aber etwas Geheimnisvolles war doch dabei, eine übernatürliche Gabe mussten die Leute haben, die Abend für Abend ihr Gewand so total wechseln und in den Menschen eingehen konnten, den sie spielten. Pelle glaubte, er würde Schauspieler werden, wenn er erst so weit wäre.

Aufsehen erregten sie, wenn sie in den Straßen umherstreiften mit ihren flatternden Kleidern und wunderlichen Kopfbedeckungen; die Leute liefen an die Fenster, um sie zu sehen, und die Alten spien hinter ihnen drein. Die Stadt war wie ausgewechselt, solange sie da waren. Jeder Sinn ging in eine andere Richtung. Die jungen Mädchen lagen da und schrien im Schlaf und träumten von Entführungen – sie öffneten selbst das Fenster ein wenig; und jeder Bursche war bereit, mit der Truppe auf und davon zu gehen. Wer nicht theatertoll war, ging zu christlichen Versammlungen, um das Übel zu bekämpfen.

Und eines Tages verschwanden die Schauspieler, wie sie gekommen waren – und hinterließen eine Menge Schulden. »Teufelspack!«, sagte der Meister mit seinem verzagten Ausdruck. »Da haben sie uns angeschmiert. Aber prächtige Leute waren es doch, auf ihre Weise! Und die Welt hatten sie gesehen!«

Aber nach dieser Geschichte konnte er nicht wieder warm werden. Er kroch ins Bett und blieb den größten Teil des Monats liegen.

12

Es kann ja ganz gemütlich sein an diesen Winterabenden, wo man zu Hause in der Werkstatt sitzt und die Zeit mit Nichtstun verbringt, weil es draußen dunkel und kalt ist – und man keinen Ort hat, wo man hingehen kann. An den Schlittschuhbahnen zu stehen und verfroren zuzusehen, wie sich die anderen tummeln, das hat Pelle satt; in den Straßen auf und ab zu schlendern, nach Norden zu und kehrt, nach Süden zu und kehrt, immer wieder dieselbe Strecke, bis die Uhr zehn ist – daran ist doch nichts, wenn man keine guten, warmen Kleider anhat und kein Mädchen um die Taille fassen kann. Morten ist auch kein Freiluftmensch; ihn friert und er will ins Warme.

So schleichen sie denn in die Werkstatt, sobald es anfängt, zu dämmern; den Schlüssel ziehen sie ab und hängen ihn auf der Diele an den Nagel, um Jeppe anzuführen; sie machen heimlich ein Feuer im Ofen an und stellen Schirme davor, damit Jeppe den Schein nicht sehen soll, wenn er an den Werkstattfenstern vorbei seine Runde macht. Sie kriechen zusammen auf dem Tritt am Ofen, die Arme um die Schultern des anderen, und Morten erzählt von den Büchern, die er gelesen hat.

»Warum willst du nur die dummen Bücher lesen?«, sagt Pelle, wenn er eine Weile gelauscht hat.

»Weil ich vom Leben und von der Welt was wissen will«, antwortete Morten ins Dunkel hinein.

»Von der Welt«, sagt Pelle mit einem Ausdruck der Verachtung. »Nein, ich will in die Welt hinaus und was sehen – was in den Büchern steht, is doch weiter nichts als Lüge. Na, und dann?« Und dann fährt Morten gutmütig fort. Und mitten in der Erzählung fällt ihm plötzlich etwas ein und er zieht ein Stück Schokolade aus der Brusttasche. »Das is Schokolade von Bodil«, sagt er und bricht das Stück mittendurch.

»Wo hat sie das hingelegt?«, fragt Pelle.

»Unters Bettlaken – ich fühlte etwas Hartes unter dem Rücken, als ich mich hinlegte.«

Die beiden Jungen lachten, während sie die Schokolade knabberten. Plötzlich sagt Pelle: »Bodil, die verführt ja Kinder! Sie hat Hans Peter vom Steinhof fortgelockt – und er war erst fünfzehn Jahre, du!«

Morten antwortete nicht. Aber nach einer Weile sinkt sein Kopf auf Pelles Schulter nieder – sein Körper zuckt.

»Du bist doch schon siebzehn«, sagt Pelle tröstend. »Aber dumm ist es trotzdem; sie könnte gut deine Mutter sein – abgesehen von dem Alter.« Und dann lachen sie beide.

Noch gemütlicher kann es an Werktagsabenden sein. Da brennt das Feuer auch noch nach acht im Ofen, die Lampe strahlt – und Morten ist auch da. Dann kommen sie von allen

Seiten und sprechen einen Augenblick vor und die hindernde Kälte weckt alle große Erinnerungen in ihnen – es ist, als ziehe sich die Welt selber in die warme Werkstatt hinein. Jeppe beschwört seine Lehrjahre in der Hauptstadt herauf und berichtet von dem großen Bankrott; bis in den Anfang des Jahrhunderts führt er sie zurück, in eine alte, wunderliche Hauptstadt, wo alte Leute mit Perücken gingen, wo das Tauende immer zur Hand war und die Lehrlinge ihr Leben fristeten, indem sie sonnntags vor den Türen der Bürger bettelten. Ja, das waren Zeiten! Und er kommt in die Heimat zurück und will sich als Meister niederlassen, aber die Zunft will es ihm nicht gestatten, er ist zu jung. Da geht er als Koch zur See und kommt da hinunter, wo die Sonne so heiß brennt, dass das Pech in den Fugen kocht und man sich auf dem Verdeck die Füße verbrennt. Eine lustige Bande sind sie und Jeppe steht nicht hinter den anderen zurück, so klein er ist. In Malaga stürmen sie eine Wirtschaft, werfen alle Spanier aus den Fenstern und treiben ihre Kurzweil mit den Mädchen – bis die ganze Stadt über sie herfällt und sie in das Boot fliehen müssen. Jeppe kann nicht mitkommen und das Boot stößt ab; er muss ins Wasser springen und zu ihnen hinausschwimmen. Die Messer fallen klatschend um ihn ins Wasser und eins setzt sich zitternd in seinem Schulterblatt fest. Wenn Jeppe bis hierher gelangte, fängt er immer an den Rock abzustreifen und die Narbe zu zeigen; Meister Andres versucht vergeblich ihn zurückzuhalten. Pelle und Morten haben die Geschichte mehrmals gehört, können sie aber immer wieder hören.

Und Bäcker Jörgen, der die meiste Zeit seines Lebens Bootsmann auf den großen Nord- und Südmeerfahrern gewesen ist, wirft mit Handspaken, Eisbären und schwarzen Schönen aus Westindien um sich. Er setzt das Spill in Gang, damit der gewaltige Dreimaster auf der Reede von Havanna segeln kann, und jedem Zuhörer wird so leicht ums Herz.

»Oh, hoi, ho, ihr Leute,
Das Spill in Gang!
Lasst das Mädchen nur weinen,
Stimmt an den Gesang!«

So wandern sie rundherum, zwölf Mann, die Brust gegen die schwere Ankerwinde geklemmt; der Anker wird gelichtet und das Segel füllt sich mit Wind – und hinter seinen Worten schimmern die Züge eines Liebchens in jedem Hafen hervor. Bjerregrav kann nichts anderes tun, als sich bekreuzigen – er, der nie etwas anderes ausgerichtet hat, als für die Armen zu fühlen; aber in den Augen des jungen Meisters reist alles – rund um die Welt herum, rund um die Welt herum. Und Larsen Holzbein, der im Winter der wohlhabende Rentier in blauer Seemannsjacke und Pelzmütze ist, im Frühling aber aus seinem hübschen, massiv gebauten Haus als armer Leierkastenmann in die Welt hinauszieht, berichtet von dem Rummelplatz im Tiergarten, der abenteuerlichen Holmensgade und von sonderbaren Wesen, die sich aus den Kehrichtkästen in den Hinterhöfen der Hauptstadt ernähren.

Aber in Pelles Körper knackt es, wenn er sich nur rührt, die Knochen wollen sich strecken, Wachstum und Unruhe ist überall in ihm. Er ist der Erste, zu dem der Frühling kommt; eines Tages meldet er sich in ihm als Verwunderung darüber, wie er selber wohl aussehen mag.

Pelle hatte sich diese Frage noch nie gestellt und die Spiegelscherbe, die er sich von dem Glaser erbettelt hat, bei dem er Schabeglas holt, sagt ihm nichts. Er hat das Gefühl, dass er unmöglich aussieht.

Er fängt an darauf zu achten, was andere von seinem Äußeren halten – hin und wieder sieht ihm ja mal ein Mädchen nach und seine Wangen sind nicht mehr so dick, dass sich Witze darüber machen ließen. Das blonde Haar ist gewellt, der Glückswirbel in der Stirn verrät sich noch als kleiner, widerspenstiger Strich; die Ohren sind noch immer schrecklich groß und es nützt nichts, dass er die Mütze darüber zieht, um sie an den Kopf zu pressen. Aber er ist gut gewachsen und groß für sein Alter, die Werkstattluft hat ihm seine Frische nicht nehmen können und vor nichts in der Welt ist er bange – namentlich, wenn er wütend wird. Er sinnt hunderterlei Arten von Sport, um die Forderungen des Körpers zu befriedigen, aber es verschlägt nicht. Wenn er sich nur nach dem Hammer bückt, so spricht es in allen Gelenken mit.

Aber dann birst eines Tages das Eis und treibt ins Meer. Die Schiffe werden aufgetakelt und verproviantiert und gehen denselben Weg und die Leute in der Stadt erwachen zu Vorstellungen von neuem Leben und beginnen an grünende Wälder und Sommerputz zu denken. Und eines Tages kommen die Fischerboote! Sie kommen aus Hellavik und Nogesund und aus anderen Orten drüben an der schwedischen Küste über das Meer. Keck durchqueren sie das Wasser, die seltsamen lateinischen Segel in schrägem Flug gleich hungrigen Seevögeln, die bei ihrer Jagd auf Beute das Meer mit der einen Flügelspitze streifen. Eine Meile seewärts nehmen die Fischer der Stadt sie mit Flintenschüssen in Empfang, sie dürfen nicht im Bootshafen anlegen, sondern müssen sich in dem alten Schiffshafen einen Platz mieten und ihre Fanggerätschaften zum Trocknen nach Norden zu ausbreiten! Die Handwerker strömen herbei und tratschen über diese fremden Räuber, die aus einem ärmeren Lande kommen und den Kindern der Stadt das Brot vom Munde nehmen; abgehärtet, wie sie sind, voll Mut, bei jeglichem Wetter auszufahren, und mit Erfolg. Das tun diese Handwerker in jedem Frühling, und wenn sie sich mit Heringen versorgen wollen, so handeln sie mit den Schweden, die verkaufen billiger als die Einheimischen. »Tragen unsere Fischer vielleicht ledernes Schuhzeug?«, fragte Jeppe. »Die gehen an Sonn- und Wochentagen in Holzschuhen, weiter nichts. Sollen die Holzschuhmacher mit ihnen handeln – ich kaufe, wo es am billigsten is.«

Es ist, als komme der Frühling in eigener Person, wenn diese mageren, sehnigen Gestalten singend durch die Straßen ziehen, um den kleinlichen Neid der Stadt herauszufordern. Jedes Boot führt Frauen mit, die die Gerätschaften reinigen und ausbessern, und sie ziehen in Scharen an der Werkstatt vorüber, um die alten Logis draußen im Armenviertel, wo *die Kraft* wohnt, aufzusuchen. Pelles Herz klopft beim Anblick dieser jungen Frauen, die hübsche Pantoffeln an den Füßen haben, schwarze Tücher um die ovalen Gesichter und viele schöne Farben in ihrer Tracht. Es taucht so vieles in seinem Innern auf, Erinnerungen aus seiner Kindheit, wie ausgelöschte, hingehauchte Sagen von etwas, das er erlebt hat und dessen er sich nicht mehr entsinnen kann – es ist wie ein warmer Atemhauch aus einem anderen, unbekannten Dasein.

Geschieht es dann, dass die eine oder andere ein kleines Kind auf dem Arm hat, so hat die Stadt was zum Reden. Ist es wieder wie im vergangenen Jahr Kaufmann Lund, der seitdem nur der Heringshändler heißt? Oder ist es ein sechzehnjähriger Lehrling, zur Schande für Pastor und Lehrer, die ihn eben erst entlassen haben?

Dann zieht Jens mit seiner Handharmonika von dannen, Pelle beeilt sich mit dem Aufräumen, er und Morten eilen hinaus nach dem Galgenhügel, Hand in Hand – denn Morten wird es schwer, so schnell zu laufen. Alles, was die Stadt an anspruchsloser Jugend besitzt, ist da; die schwedischen Mädchen gehen allem vor. Sie können sich schwingen, dass die Pantoffeln fliegen, kleine Kämpfe werden um sie ausgefochten. Aber des Sonnabends stechen die Fischerboote nicht in See, dann kommen die Männer mit Funken sprühenden Brauen und fordern ihre Weiber und dann werden große Schlachten geschlagen.

Pelle geht vollkommen darin auf – hier findet er die Bewegung, die sein Körper bei seinem Handwerk so sehr entbehrt hat. Er hat einen wahren Heißhunger auf Heldentaten und rückt den Kämpfenden so nahe auf den Leib, dass hin und wieder auch für ihn eine Ohrfeige abfällt. Er tanzt mit Morten und fasst Mut, auch ein Mädchen aufzufordern, er ist verlegen und macht die komischsten Bocksprünge beim Tanz, um drüber hinwegzukommen; mitten im Tanz nimmt er Reißaus und lässt das Mädchen stehen. »Dämlicher Affe«, sagen die Erwachsenen und lachen hinter ihm drein. Er hat eine eigene Art, in all diese Sorglosigkeit einzugehen, die das Leben sein Recht nehmen lässt ohne Gedanken an morgen und an das nächste Jahr. Will einmal eine mannsfrohe Frauensperson seine Jugend einfangen, dann schlägt er hinten aus und ist mit ein paar übermütigen Sprüngen auf und davon. Aber er kann aus vollem Hals mitsingen, wenn sie in Gruppen heimziehen, Männer und Frauen, eng umschlungen, und er und Morten hintendreingehen, auch sie eng umschlungen. Dann spannt der Mond seine Lichtbrücke über die See und im Nadelwald, wo weißer Nebel über den Wipfeln liegt, wogt der Gesang auf allen Pfaden und gelangt zu wiegendem Ausdruck in der verschiedenen Gangart der wandernden Paare; aufdringlich schwer in seinem Inhalt, aber getragen von den leichtesten Herzen – so recht ein Lied, um sein Glück darin auszusingen.

> »Steck auf, steck auf dein goldblondes Haar,
> Einen Sohn sollst du haben, eh um das Jahr –
> Da hilft dir kein Jammern und Klagen!
> In vierzig Wochen, da komm ich nach Haus,
> Und seh, wie es dann mit dir sieht aus.
> Die vierzig Wochen, die gingen dahin,
> Da ward der Jungfrau gar traurig zu Sinn,
> Da begann sie zu jammern und klagen . . . «

Und weiter geht es durch die Stadt dahin, Paar um Paar, wie ihnen der Sinn steht. Die krummen, stillen Gassen hallen wider von Sterbe- und Liebesliedern, sodass die alten Bürgersleute den Kopf vom Kissen heben, die Nachtmütze zur Seite schieben und bedenklich die Köpfe schütteln müssen über all diesen Leichtsinn. Aber die Jugend fühlt nichts dabei – sie braust und schwärmt weiter mit ihrem siedenden Blut. Und eines Tages bekommen die Alten Recht; das Blut ist aus dem Sieden gekommen und da stehen sie und die Tatsachen und fordern Vaterschaft und Unterhalt. »Haben wir's nicht gesagt?«, sagen die Alten; aber die Jungen senken die Köpfe und sehen einem langen, verkrüppelten Dasein entgegen, mit übereilter Heirat oder ständigen Zahlungen an eine fremde Frauensperson, während ihnen ihr ganzes Leben lang ein Schimmer von Herabsetzung und Lächerlichkeit anhaftet, mit Ehe und Verkehr unter ihrem Stande. Sie reden nicht mehr davon, in die Welt hinauszuziehen und ihr Glück zu versuchen; haben sie sich den Alten gegenüber auf die Hinterbeine gesetzt und auf das Recht ihrer Jugend gepocht, so gehen sie jetzt wieder demütig, mit gesenktem Kopf im Gespann, beschämt mit den Augen zwinkernd über ihre einzige Heldentat. Und die, die dies nicht zu ertragen vermögen, müssen zu nächtlicher Zeit das Land verlassen oder sich freischwören.

Der junge Meister hat so eine eigene Art und Weise. Er nimmt nicht teil an dem Mädchenhallo, aber wenn die Sonne so recht warm scheint, setzt er sich vor die Werkstattfenster und lässt sich den Rücken durchwärmen. »Ach, das is herrlich«, sagt er und schüttelt sich. Pelle muss an seiner Pelzjacke fühlen, welche Macht die Sonne schon hat. »Weiß Gott, jetzt haben wir Frühling!«

Drinnen in der Werkstatt pfeifen und singen sie zu den Hammerschlägen; da gibt es Augenblicke, in denen der dunkle Raum dem Laden eines Vogelhändlers gleicht. »Weiß Gott, jetzt haben wir Frühling«, sagt Meister Andres ein Mal über das andere; »aber der Frühlingsbote scheint dies Jahr gar nicht zu kommen.«

»Am Ende is er tot«, sagt der kleine Nikas.

»Garibaldi tot? Der stirbt, zum Kuckuck, noch lange nich! All die Jahre, deren ich mich entsinnen kann, hat er so ausgesehen wie jetzt und hat ebenso stark getrunken. Wie der Kerl seinerzeit gesoffen hat, Herr du meines Lebens! Aber als Schuhmacher findet er seinesgleichen nich in der ganzen Welt.«

Eines Morgens, bald nach der Ankunft des Dampfers schiebt sich ein hoher, spitzschultriger Mann durch die Werkstatttür herein. Er ist von der Morgenkälte blaugrau an den Händen und im Gesicht, die Wangen hängen ihm ein wenig beutelig herab, aber im Auge brennt eine verzehrende Glut. »Morgen, Kameraden«, sagt er und macht eine flotte Bewegung mit der Hand. »Na, wie leben wir denn? Der Meister wohlauf?« Er tanzt in die Werkstatt herein, den Hut flach unter den linken Arm geklemmt. Jacke und Hose klatschen ihm um den Leib und erzählen, dass nichts darunter ist; er hat bloße Füße in den Schuhen und ein dickes Tuch um den Hals. Aber etwas Ähnliches an Anstand und Haltung hat Pelle noch nie bei einem Handwerker gesehen – Garibaldis Stimme allein ist wie eine Fanfare.

»Nun, mein Sohn«, sagt er und schlägt Pelle leicht auf die Schulter, »willst du mir wohl den Pegel holen? Aber rasch, sag ich dir, denn ich bin mörderisch durstig. Der Meister hat ja Kredit! Pst! Wir nehmen lieber gleich 'nen Halben, denn brauchst du nicht zweimal zu gehn.«

Pelle rennt. In einer halben Minute ist er wieder da, Garibaldi versteht es, einem Beine zu machen, er hat schon die Schürze vorgebunden und ist im Begriff, sich ein Urteil über die Arbeit in der Werkstatt zu bilden. Er nimmt Pelle die Flasche weg, schleudert sie über die Schulter und fängt sie mit der anderen Hand wieder auf, setzt den Nagel an die Mitte der Flasche und trinkt. Dann zeigt er den anderen die Flasche – genau bis an den Nagel, wie?«

»Das nenn ich flott getrunken!«, sagt der kleine Nikas.

»Lässt sich in stockrabenschwarzer Nacht ausführen.« Garibaldi macht eine überlegene Bewegung mit der Hand. »Und der alte Jeppe lebt? Schneidiger Kerl!«

Meister Andres klopft an die Wand. »Er is doch gekommen – er is ja draußen«, sagt er mit weit aufgerissenen Augen. Nach einer Weile ist er in die Kleider geschlüpft und draußen in der Werkstatt, er plaudert aufgeräumt drauflos; aber Garibaldi bewahrt seine Würde, er ist noch von der Nacht her eingerostet.

Etwas wie Fieber hat sich ihrer aller bemächtigt, eine Angst, dass ihnen etwas entgehen könnte. Das tägliche Grau ist von der Arbeit abgeglitten, ein jeder spannt seine Fähigkeiten an. Garibaldi kommt aus der großen Welt und die ganze Abenteuerlichkeit des Wanderlebens haftet an seinen dünnen Kleidern.

»Wenn er doch bald anfangen wollte zu erzählen«, flüsterte Pelle Jens zu, er kann gar nicht ruhig sitzen. Sie hängen spähend an seinen Lippen; schweigt er, so geschieht es infolge eines höheren Willens. Selbst der Meister setzt ihm nicht zu, sondern nimmt seine Wortkargkeit geduldig hin – und der kleine Nikas findet sich darein, wie ein Lehrling behandelt zu werden.

Garibaldi hebt den Kopf. »Na, man ist doch hier nich hergekommen, um zu sitzen und zu faulenzen!«, ruft er munter. »Tüchtig zu tun, Meister?«

»Viel is hier nich, aber für dich haben wir immer Arbeit«, antwortete Meister Andres. »Wir haben übrigens eine Bestellung auf ein Paar Brautschuhe – weißer Atlas mit gelber Stepperei –, aber wir haben uns nich recht herangewagt.« Er schielt zu dem kleinen Nikas hinüber.

»Keine gelbe Stepperei zu weißem Atlas, Meister – weiße Seide natürlich, und weißer Schnitt.«

»Is das jetzt in Paris Mode?«, fragt Meister Andres lebhaft.

Garibaldi zuckt die Achseln. »Kehren wir uns nicht an Paris, Meister Andres, wir haben hier weder das Leder noch das Werkzeug, um Pariser Schuhe zu machen – und auch kein Beinwerk, das wir da hineinstecken könnten.«

»Zum Teufel auch – sind die so flott?«

»Flott, das kann man wohl sagen! Ich kann den Fuß einer gut gewachsenen Pariserin in meiner hohlen Hand halten. Und wenn sie gehen, berühren sie, weiß Gott, das Straßenpflaster nicht! Einem Pariser Mädchen kann man Schuhe aus Schlagsahne machen und sie halten doch! Wollte man ihr aber ein Paar gewöhnliche dänische Fräuleinpampuschen anziehen, würde sie augenblicklich in den Kanal springen!«

»Verdammt und verflucht!« Der Meister beeilte sich Leder abzuschneiden. »Das is doch des Teufels!«

So leicht hat sich noch nie ein Mensch in irgendetwas hineingefunden! Garibaldi zieht einen Schemel an den Tisch heran – und ist in vollem Gange. Kein Herumsuchen nach Werkzeug, die Hand findet ihren Weg gerade dorthin, wo die Dinge liegen, als gäbe es unsichtbare Verbindungen zwischen ihnen. Diese Hände besorgen alles allein, ruhig, mit weichen Schwingungen, während die Augen immer woanders sind: draußen im Garten, bei der Arbeit der Lehrlinge, bei dem jungen Meister. Pelle und den anderen, die ein Ding immer von verschiedenen Seiten ansehen müssen, erscheint dies geradezu wunderbar. Und ehe sie sich umgedreht haben, hat Garibaldi alles in Ordnung gebracht und sitzt nun da und sieht nach dem Meister hinüber, der heut selber nadelt.

Und dann kommt Jeppe hereingestürzt, wütend, dass ihm niemand Garibaldis Ankunft gemeldet hat. »Tag, Meister – Tag, Obermeister!«, sagt Garibaldi, steht auf und verneigt sich.

»Ja«, sagt Jeppe selbstbewusst, »wenn es noch einen Obermeister gäbe, so würde ich es sein. Aber es is ein Jammer mit dem Handwerk heutzutage; Respekt gibt's nich und wo soll der woll auch herkommen – wenn man nicht versteht sich selbst zu respektieren.«

»Das geht wohl auf den jungen Meister, wie?«, sagt Garibaldi und lacht. »Aber die Zeiten haben sich geändert, Meister Jeppe, Spannriemen und Respekt haben ausgebuttert, ja, das war dazumal. Um sieben anfangen, Feierabend um sechs – fertig! So ist's in den Großstädten.«

»Das is wohl dieser Sozialismus?«, sagt Jeppe höhnisch.

»Ja, ist mir ganz schnuppe, was es ist – denn Garibaldi fängt an und hört auf, wann er will! Und will er mehr für seine Arbeit haben – bitte schön! Und wenn ihnen das nicht passt – dann adieu, Meister! Es gibt Mädchen genug, sagte der Junge, als er kein Essen kriegte.«

Die anderen schaffen nicht viel, sie haben genug damit zu tun, ihm bei der Arbeit zuzusehen. Er hat die Flasche geleert und nun ist ihm die Zunge geschmiert, der junge Meister versteht es, ihn auszufragen, und Garibaldi erzählt, erzählt großartig mit zahlreichen Gesten. Nicht einmal die Hände sind beharrlich bei der Arbeit und doch schreitet sie rasch vorwärts, schön wie eine Offenbarung – es ist, als erschaffe das Werk sich selbst. Er hat seine Aufmerksamkeit auf ihre Arbeit gerichtet, greift immer zur rechten Zeit ein, tadelt ihren Griff und führt den entscheidenden Schnitt aus, der dem Absatz und der Biegung der Sohle Schönheit verleiht. Es ist, als fühle er es, wenn sie etwas Verkehrtes machen, sein Geist ist überall. »Seht, so macht man es in Paris«, sagt er, »dies hier ist Nürnberger Fasson.« Er spricht von Wien und von Griechenland so selbstverständlich, als lägen sie dort unter Schiffe Ellebyes Bäumen. In Athen ist er auf dem Schloss und schüttelt dem Griechenkönig die Hand, denn im Ausland müssen Landsleute immer zusammenhalten. »Na, er war sehr nett, aber er hatte schon gefrühstückt. Im Übrigen ein verdammt schlechtes Land zur Wanderschaft, denn da gibt es keine Schuster. Nein, da lob ich mir Italien, da sind Schuster, aber keine Arbeit – da kann man es ruhig darauf ankommen lassen und sich von Ort zu Ort durchfechten. Sie kommen nicht so wie diese emsigen Deutschen – jedes Mal, wenn man um ein Geschenk bittet – und sagen: Bitte sehr, Sie können Arbeit bekommen. Und es ist da so warm, dass man auf dem bloßen Erdboden schlafen kann. Wein fließt in allen Rinnsteinen, aber es ist ein Dreckszeug.« – Garibaldi hebt die leere Flasche hoch und guckt verwundert unter den Boden; der junge Meister blinzelt Pelle zu und der saust davon und holt einen Halben.

In Pelles Ohren siedet das heiße Blut. Hinaus, hinaus, er muss hinaus und wandern gleich Garibaldi, sich vor den Gendarmen in Weingärten verstecken und den Schinken aus dem Schornstein stehlen, während die Leute auf dem Feld sind. Es ist ein Geist in ihn und die anderen gefahren, Fachgeist; Werkzeug und Leder begegnen liebkosend den Fingern, wenn man danach greift, jedes Ding hat seine Farbe, die etwas erzählt. All das Staubige und Altbekannte ist wie weggewischt, auf den Borden stehen die Gegenstände und strahlen Interesse aus, die langweiligsten Dinge haben funkelndes Leben erhalten.

Die Welt steigt auf wie ein lichtgraues Wunder, durchzogen von endlosen Landstraßen mit weißem Staub und Garibaldi durchwandert sie alle. Sein Wanderbuch hat er für ein Stück Butterbrot an einen Kameraden verkauft und ist ohne Papiere, deutsche Gendarmen veranstalten eine Treibjagd auf ihn. Garibaldi kriecht vierzehn Tage auf Händen und Knien in Weingärten herum, isst nichts weiter als Trauben und bekommt einen fürchterlichen Durchfall. Schließlich sind seine Kleider so lebendig, dass er sich selbst nicht mehr zu rühren braucht. Er liegt ganz ruhig und lässt sich von dannen befördern und gelangt in eine kleine Stadt. »Herberge?«, fragt Garibaldi. Ja, da ist eine Herberge. Dann erfindet er eine Geschichte von einer Plünderung, die guten Leute stecken ihn ins Bett und heizen ein und trocknen seine Kleider. Garibaldi schnarcht und schiebt ihn noch ein wenig weiter, und als die Kleider in hellen Flammen stehen, brüllt er auf, schimpft und weint und ist untröstlich. Und dann bekommt Garibaldi neue, reine Kleider und neue

Papiere und ist wieder auf der Landstraße, das Fechten beginnt von neuem, Berge tauchen auf und gleiten vorüber, große Städte tauchen auf, Städte an breiten Flüssen. Da sind Städte, in denen der wandernde Handwerksbursche kein Geld bekommen darf, sondern arbeiten *muss* – verdammte Städte, und deutsche Herbergen, wo man wie ein Zuchthausgefangener behandelt wird, sich in einem langen Gang aller Kleider entledigen muss, sogar des Hemdes; es wird von ein paar Mann untersucht und das Ganze wird in Verwahrung genommen. Dreißig bis vierzig nackte Männer werden, einer nach dem anderen, in den großen Schlafsaal hineingelassen.

Paris – das ist, als sprängen einem Blasen im Ohr! Garibaldi hat zwei Jahre dort gearbeitet, zwanzigmal ist er auf der Durchreise dort gewesen. Paris, das ist die Pracht der ganzen Welt aufeinander gehäuft und die vernünftigen Einrichtungen der ganzen Welt auf den Kopf gestellt. Hier in der Stadt will kein ehrlicher Meister die schlampenden Zugstiefel der »Toppgaleasse« herrichten, sie geht mit niedergetretenen Kappen, und wenn die Seefahrt ganz darniederliegt, geht sie mit Holzschuhen. In Paris gibt es Frauenzimmer, die mit Schuhen zu fünfhundert Franc das Paar gehen, sie benehmen sich wie die Königinnen, verdienen eine Million im Jahr und sind doch nichts weiter als Dirnen! Eine Million! Wenn ein anderer als Garibaldi das erzählte, bekäme er alle Leisten an den Kopf.

Pelle hörte nicht, was der Meister zu ihm sagte; Jens hat es auf einmal so eilig mit dem Pech, er hat bei seiner Besohlung in das Oberleder geschnitten. Sie sind unzurechnungsfähig, wie besessen von diesem wunderbaren Wesen, das fortfährt, Branntwein in sich hineinzuschütten, und das verdammte Getränk dann umsetzt in den bunten Kreis der ganzen Welt und in eine Arbeit, die selbst ein Wunder ist.

Das Gerücht hat sich schon verbreitet und sie kommen herbeigerannt, um Garibaldi zu sehen und sich vielleicht zu erkühnen ihm die Hand zu schütteln. Klausen will Pflöcke leihen und Marker lässt alle Scham beiseite und kommst selbst, um die größten Mannesleisten zu borgen. Der alte Flickschuster Drejer steht bescheiden in einer Ecke und sagt »Ja, ja« zu der Rede der andern. Garibaldi hat ihm die Hand gereicht und nun kann er heimgehen zu seinem düstern Kram und dem schmutzigen Schuhzeug und seiner Altemänner-Einsamkeit. Der Genius des Faches hat ihn angerührt und für den Rest seiner Tage Licht auf seine armselige Flickarbeit geworfen – er hat einen Händedruck mit dem Mann gewechselt, der die Korkstiefel für den Kaiser von Deutschland gemacht hat, als er auszog, um die Franzosen zu schlagen. Der verrückte Anker ist auch da, kommt aber nicht herein, er ist scheu vor Fremden. Er geht draußen auf dem Hof vor den Werkstattfenstern auf und nieder und schielt herein. Garibaldi zeigt mit dem Finger auf die Stirn und nickt, Anker zeigt ebenfalls mit dem Finger auf die Stirn und nickt ebenfalls; er schüttelt sich vor innerlichem Lachen wie über einen guten Witz und rennt dann wie ein Kind in eine Ecke, um seine Freude zu genießen. Bäcker Jörgen steht gebeugt da, die Hände auf den Schenkeln und mit offenem Mund. »Herrjemine!«, ruft er von Zeit zu Zeit. »Hat man je so was gehört!« Er sieht die weiße Seide durch die Sohle laufen und sich als silberschimmernde Perlen an den Rand legen, Perle an Perle. Garibaldis Arme fliegen; er trifft den Bäcker an der Hüfte. »Steh ich im Wege?«, fragt der alte Jörgen. »Nein, Gott bewahre, bleiben Sie nur stehen!« Und wieder fliegen die Arme und der Kopf des Pfriem trifft den Bäcker, dass es nur so klatscht. »Ich steh wohl im Wege!«, sagt Jörgen und bewegt sich ein klein wenig. »Keineswegs«, antwortet Garibaldi und zieht den Stich an. Dann holt er wieder aus, diesmal wendet er die Pfriemspitze dem Bäcker zu. »Nu kann ich, weiß Gott, merken, dass ich im Wege steh«, sagt Jörgen und kratzt sich am Hintern. »Durchaus nicht!«, antwortet Garibaldi höflich und macht eine einladende Handbewegung. »Will Jörgen Kofod nicht?« – »Nein, ich danke, nein, ich danke!« Der alte Jörgen stöhnt mit einem gezwungenen Lächeln und humpelt von der Erhöhung herunter.

Sonst lässt Garibaldi sie kommen, glotzen und gehen, wie sie wollen. Was kümmert es ihn, dass er ein großes, merkwürdiges Wesen ist? Ungeniert setzt er die Branntweinflasche an den Mund und trinkt, solange er Durst hat. Er sitzt da und spielt gedankenlos mit Leder, Messer und Seide, als habe er sein ganzes Leben lang hier auf dem Hocker gesessen und sei nicht erst vor wenigen Stunden vom Mond heruntergefallen. Und um die Mitte des Nachmittags steht das unvergleichliche Ergebnis da: ein Paar wunderschöne Atlasschuhe, schlank wie Ochsenzungen, blendend in ihrem weißen Glanz, als seien sie eben aus dem Märchen herausgetreten und warteten auf den Fuß der Prinzessin.

»Seht euch die an, zum Teufel auch!«, sagt der Meister und reicht die Arbeit dem kleinen Nikas, der sie reihum gehen lässt. Garibaldi wirft den kurz geschorenen grauen Kopf in den Nacken: »Ihr braucht nicht zu erzählen, wer die gemacht hat – denn das kann jeder sehen. Sagen wir mal, die Schuhe gehen nach Jütland und werden dort vertragen und wandern auf den Misthaufen. Eines Tages, nach ein paar Jahren, geht da ein Grützfresser und pflügt: Da kommt ein Stück Spann zum Vorschein und ein wandernder Geselle, der am Grabenrand sitzt und an seinem Vesperbrot nagt, zieht es mit seinem Stock zu sich heran. Das Stück Spann, sagt er, das hat, der Teufel frikassier mich, an einem Schuh gesessen, den Garibaldi gemacht hat, sagt er, hol mich der Deubel, da hat es gesessen. Und der Geselle mag aus Nürnberg sein oder Paris oder Hamburg – es ist einerlei, versteht ihr. Oder sind das Lügen, Meister?«

Nein, Meister Andres beteuert, dass es keine Lügen sind, er, der von Kindheit an mit Garibaldi auf Landstraßen und in großen Städten gelebt hat, der ihm mit seinem lahmen Bein so begeistert gefolgt ist, dass er sich besser an Garibaldis Heldentaten erinnert als dieser selbst. »Aber nun solltest du hier bleiben«, sagte er überredend. »Dann bringen wir das Geschäft hoch – wir kriegen all die feine Arbeit auf der ganzen Insel.« Garibaldi hat nichts dagegen – er hat es satt, sich so herumzuschinden.

Klausen will gern mit von der Partie sein, es arbeitet etwas in aller Augen, ein Traum, das Fach noch einmal wieder in die Höhe zu bringen, es einmal derartig weit zu treiben, dass man vielleicht mit der Hauptstadt konkurrieren kann. »Wie viele Medaillen hast du denn eigentlich bekommen?«, sagte Jeppe, während er dasteht und ein großes eingerahmtes Diplom in der Hand hält. Garibaldi zuckt die Achseln. »Weiß nicht, Obermeister – man wird alt und die Hand unsicher. Aber was ist denn das? Hat Meister Jeppe die silberne Medaille bekommen?«

Jeppe lacht. »Ja, die hab ich einem Landstreicher zu verdanken, der Garibaldi heißt. Er war vor vier Jahren hier und verschaffte mir die silberne Medaille.« Das hat Garibaldi längst vergessen! Überall, wo er sich bewegt, liegen Medaillen ausgestreut. »Ja, da sitzen ringsumher an die hundert Meister und prahlen jeder mit seiner Auszeichnung: erstklassige Werkstatt, hier können Sie selber sehen, silberne Medaille. Aber der, der die Arbeit gemacht hat, der bekam seinen Tagelohn und einen Extraschnaps und dann – fertig, Garibaldi! Was hat man davon, Meister Jeppe? Es gibt Bäume genug, hinter denen man die Wäsche wechseln kann – aber das Hemd, Meister?« Einen Augenblick befiel ihn Missmut. »Lorrain in Paris gab mir zweihundert Franc für die goldene Medaille, die ich ihm verschafft habe; aber sonst hieß es immer: Guck mal in meine Westentasche! – Oder: Ich hab 'ne alte Hose für dich, Garibaldi! Aber das hat nun ein Ende, will ich euch sagen, Garibaldi trägt nicht mehr Wasser auf die Mühle der Großbürger, denn jetzt ist er Sozialist!« Er schlug auf den Tisch, dass die Glasscherben hüpften.

»Das Letzte war Frantz in Köln – Herrenstiefel mit Korkeinlagen. Er war geizig, ja, das war er, und da wurde Garibaldi ärgerlich. Ich fürchte, dies hier langt nicht zur Medaille, Meister, sag ich – da ist zu viel Unruhe in der Luft. Da bot er mir mehr und noch mehr – es langt, weiß Gott, nicht zur Medaille, sage ich nur. Schließlich schickt er die Madame mit Kaffee und Wienerbrot zu mir heraus und sie war sonst eine Dame, die mit einem Lakai auf dem Bock fuhr. Aber man war ja nu mal wütend! Na 'ne rühmliche Auszeichnung wurde es dann doch – der Madame zuliebe.«

»Hatte er viele Gesellen?«, fragte Jeppe.

»Ach, woll so dreißig, vierzig.«

»Aber dann muss da doch was an ihm dran gewesen sein.« Jeppe spricht in tadelndem Ton.

»Was an ihm dran? Ja, 'n Schuft war er! Was schert es mich, dass er viele Gesellen hat – ich will sie doch nicht um ihren Arbeitslohn betrügen.« Nun ist Garibaldi verstimmt, streift die Schürze ab, setzt den Hut schief auf den Kopf und geht in die Stadt.

»Jetzt geht er hin und sucht sich 'ne Braut«, sagt der junge Meister, »er hat 'ne Braut in jeder Stadt!«

Um acht Uhr kommt Garibaldi in die Werkstatt hereingesegelt. »Was, ihr sitzt noch da?«, sagt er zu den Lehrlingen. »Anderswo in der Welt haben sie schon vor zwei Stunden Feierabend gemacht. Was für Sklaven seid ihr doch, sitzt hier und käut vierzehn Stunden wieder. So streikt doch, zum Kuckuck auch!«

Sie sehen einander stumm an. Streiken – was ist das?

Dann kommt der junge Meister. »Jetzt täte es gut, sich die Augen ein bisschen zu wärmen«, sagte Garibaldi.

»Ein Bett für dich ist in der Zuschneidekammer gemacht«, sagt der Meister. Aber Garibaldi rollt seine Jacke unter dem Kopf zusammen und legt sich auf den Fenstertritt. »Wenn ich schnarche, dann zieh mich nur an der Nase«, sagt er zu Pelle und schläft ein.

Am nächsten Tag macht er zwei Paar Ziegenlederstiefel mit gelber Stepperei – für den kleinen Nikas ist das eine Arbeit von drei Tagen. Meister Andres hat alle Pläne fertig – Garibaldi soll Teilhaber werden. »Wir schlagen ein Stück Fachwerk heraus und setzen ein großes Ladenfenster ein!« Garibaldi ist einverstanden – man hat wirklich das Bedürfnis, einmal zur Ruhe zu kommen. »Aber wir müssen nicht zu groß anfangen«, sagt er, »dies hier ist doch nicht Paris.« Er trinkt ein wenig mehr und redet nicht viel; die Augen schweifen zu den warnenden Wolken hinauf.

Am dritten Tage fängt Garibaldi an, seine Fertigkeiten vorzuführen. Er tut nicht mehr viel bei der Arbeit, sondern bricht einen schweren Stock mit einem Schwupp mittendurch und springt durch einen Stock, den er in beiden Händen hält. »Man bedarf der Bewegung«, sagt er unruhig. Er lässt einen Pflock auf der Hammerfläche balancieren und schlägt ihn in ein Loch in der Sohle.

Und plötzlich wirft er die Arbeit hin. »Leihen Sie mir zehn Kronen, Meister«, sagt er, »ich muss mir einen anständigen Anzug kaufen. Nun ist man ein sesshafter Mann und Teilhaber im Geschäft, da kann man nicht herumgehen und aussehn wie ein Schwein.«

»Es wird wohl am besten sein, wenn Sie das fertig machen«, sagt der Meister ruhig und schiebt Garibaldis Arbeit dem kleinen Nikas hin. »Den sehen wir nicht wieder!«

Pelle lauscht – das Letzte ist fast das Merkwürdigste von allem. Das war wirklich das Märchen: In der redlichen Absicht, etwas zu kaufen, in die kleine Stadt zu gehen und dann erfasst und in die große Welt hinausgewirbelt zu werden, aufs Geratewohl, weit hinaus. »Jetzt ist er wahrscheinlich schon mit einem Schiffer unterwegs nach Deutschland«, sagt der Meister.

»Aber er hat ja nicht einmal Adieu gesagt!« Der Meister zuckt die Achseln.

Garibaldi war wie eine Sternschnuppe! Aber Pelle und die anderen lernten in drei Tagen mehr als in der ganzen Lehrzeit. Und sie hatten eine andere Vorstellung von ihrem Handwerk bekommen; es war doch keine Krähwinkelbeschäftigung, mit Garibaldi schwang es sich für sie um die ganze wunderbare Welt. Pelle brannte vor Wanderlust; er wusste jetzt, was er wollte. Tüchtig werden wie Garibaldi, das personifizierte Genie, und in die großen Städte hineintraben mit Stock und Ranzen wie eine Fanfare.

In ihnen allen blieben Spuren von seinem flüchtigen Besuch zurück. Sie hatten etwas in sich mit einem Ruck zersprengt – hatten einen freieren, kühneren Griff bekommen; und sie hatten das Fach groß, wie eine Art künstlerischen Kultus, an sich vorüberziehen sehen. Das Brausen vom Flug großer Vögel hing lange über der kleinen Werkstatt mit ihrer rechtschaffenen Bürgerlichkeit. Dieser frische Luftzug um die Ohren, das war der Geist des Faches selber, der über ihren Köpfen dahinzog – getragen von seinen beiden mächtigen Schwingen: Genie und Liederlichkeit.

Ein Wort aber blieb in Pelles Gedächtnis hängen – das Wort Streik. Was bedeutete das?

13

Ganz froh und sicher, so wie daheim auf dem Lande, konnte man hier drinnen nicht werden; es lag beständig etwas hinter einem und nagte – und hinderte einen, sich ganz hinzugeben. Die meisten waren hierher gekommen, um das Glück zu suchen – arme Leute, die die Fähigkeit eingebüßt hatten, sich in ihr Schicksal zu ergeben, Leute, die des Wartens müde geworden waren und ihre Sache in die eigenen Hände genommen hatten. Und hier standen sie nun und hatten sich im Elend festgefahren, arbeiteten sich nur noch tiefer hinein, anstatt vorwärts zu kommen. Aber sie fuhren fort sich aus Leibeskräften anzustrengen, bis es über ihnen zusammenschlug, sie hatten nun einmal den Aufbruch in sich.

Pelle hatte sich oft genug darüber gewundert, wie viele Arme hier waren – warum strengten sie sich nicht an und wurden wohlhabend? Alle hatten sie auch etwas in der Richtung vor, es wurde nur nichts daraus. Warum? Sie begriffen es selber nicht, beugten aber stumm den Kopf wie unter einem Fluch. Und wenn sie ihn wieder erhoben, geschah es, um den Trost der Armen, den Branntwein, zu suchen oder sich der Inneren Mission anzuschließen.

Pelle begriff auch das nicht. Er hatte eine dunkle Ahnung von dem fröhlichen Wahnsinn, der sich aus der Not selber erhebt als nebelhafter, aber mächtiger Traum. Auch er begriff nicht, warum das fehlschlug, musste aber beständig dem Trieb nach oben, der in ihm lag, folgen und weiter draufloskrabbeln. Sonst aber wusste er eine ganze Menge: Ein zugestopftes Loch in der Fensterscheibe, ein schorfiger Kinderkopf war der Abstieg zu Unterwelten, in denen er von Geburt an wegekundig war und sich mit einer Binde vor den Augen zurechtfinden konnte. Er legte keinen Wert darauf, aber nach dieser Richtung hin erweiterten sich seine Kenntnisse ständig; er stand auf den ersten Blick mit dem armen Mann auf Du und Du und kannte die traurige Geschichte einer jeden Hütte. Und alles, was er sah und hörte, wurde zu einem langen Kehrreim von immer gleichem Sehnen und immer gleicher Niederlage. Er grübelte nicht darüber nach, aber es ging ihm ins Blut, nahm ihm den Übermut und die frische Spannung. Wenn er den Kopf auf das Kissen legte und einschlief, wurde das Pochen des Blutes in seinem Ohr zum endlosen Tritt müder Scharen, die unablässig nach einem Weg tasteten, der hinausführte zu Licht und Glück. Sein Bewusstsein erfasste das nicht; aber es legte sich lähmend auf seinen Tag.

Die bürgerliche Gesellschaft blieb nach wie vor eine fremde Welt für ihn. Die meisten waren arm wie Kirchenmäuse, verdeckten das aber geschickt und schienen kein anderes Verlangen zu haben, als den Schein zu wahren. »Geld!«, sagte Meister Andres. »Hier ist nur ein Zehnkronenschein unter den Meistern in der Stadt und der geht von Hand zu Hand. Wenn er sich zu lange bei dem einen aufhält, gerät bei uns anderen alles ins Stocken.« Der Mangel an Betriebskapital hing entnervend über ihnen, aber dann prahlten sie mit Reeder Monsens Geld – es gab doch noch reiche Leute in der Stadt! Im Übrigen hielt sich ein jeder an den eigenen Verdiensten aufrecht: Der eine hatte Schuhzeug bis nach Westindien versandt, ein anderer hatte das Brautbett für des Bürgermeisters Tochter gemacht; sie behaupteten sich als Klasse, indem sie mit Verachtung auf das Volk herabsahen.

Pelle hatte sich ehrlich und redlich vorgenommen denselben Weg einzuschlagen, nach oben zu lächeln und nach unten hart zu kritisieren, sich emporzuschlängeln wie Alfred. Aber in seinem Unterbewusstsein arbeiteten Kräfte nach der anderen Richtung hin und stießen ihn beständig dahin zurück, wo er hingehörte. Sein Kampf mit den Straßenjungen hörte von selber auf, er war so zwecklos; Pelle ging in den Häusern aus und ein und die Jungen wurden nach und nach, sobald sie eingesegnet waren, seine Kameraden.

Die Straßenjungen lagen in unversöhnlichem Kampf mit denen, die die Bürger- und Lateinschule besuchten; die »Ferkel« hießen sie nach dem trogartigen Tornister, den sie auf dem Rücken trugen. Pelle hatte von beiden Seiten Feuer bekommen, hatte aber den Hohn und die Spöttereien von oben mit Lasses Sinn hingenommen als etwas, das nun einmal mit dazugehörte. »Einige sind zum Befehlen geboren, andere zum Gehorchen«, hatte Lasse immer gesagt.

Aber eines Tages langte er nach einem von ihnen aus. Und als er erst den Sohn des Postmeisters so eingeweicht hatte, dass kein reiner Fleck mehr an ihm war, entdeckte er, dass er mit den Söhnen aller feinen Leute ein Hühnchen zu rupfen hatte, auch ohne dass sie ihn verhöhnten. Es wurde etwas an seinen Händen ausgelöst, wenn er sie so einem Burschen ins Gesicht pflanzen konnte, es war eine merkwürdige Befriedigung damit verbunden, wenn er die feinen Kleider in den Schmutz trat. Wenn er eins der Ferkel durchgeprügelt hatte, war er immer rosiger Laune und lachte bei dem Gedanken daran, wie sich Vater Lasse bekreuzigen würde.

Eines Tages begegnete er drei Gymnasiasten, die warfen sich gleich auf ihn und prügelten mit ihren Schulsachen auf ihn los; jeder Schlag war eine Vergeltung. Pelle hatte den Rücken gegen die Mauer gestemmt, er wehrte sich mit seinem Hosenriemen, konnte aber nicht mit den dreien fertig werden; da versetzte er dem größten von ihnen einen kräftigen Fußtritt in den Unterleib und machte sich aus dem Staube. Der Junge wälzte sich an der Erde, lag da und schrie, vom oberen Ende der Straße konnte Pelle sehen, wie sich die beiden anderen abmühten ihn wieder auf die Beine zu stellen. Er selbst hatte ein blutunterlaufenes Auge.

»Hast du dich schon wieder geprügelt, du Teufelsjunge?«, sagte der Meister.

Nein! Pelle war nur gefallen und hatte sich gestoßen.

Am Abend trieb er sich am Hafen herum, um den Dampfer abfahren zu sehen und Abschied von Peter zu nehmen. Er war schlechter Laune, die Ahnung von irgendetwas Schlimmem bedrückte ihn.

Am Dampfer wimmelte es von Menschen, an der Reling stand eine Schar frisch gebackener Gesellen dieses Jahrganges – die mutigsten unter ihnen; die anderen waren schon zu anderem Erwerb übergegangen, waren Landbriefträger oder Knechte auf dem Lande geworden. »Da is ja keine Verwendung für uns im Fach«, sagten sie missmutig. Sobald sie das Gesellenstück hinter sich hatten, hieß es: »Fort mit dir!« Neue Lehrlinge wurden angenommen. Aber diese hier wollten in die Hauptstadt hinüber und im Fach weiterarbeiten. Die hunderte von Lehrlingen aus dem Städtchen waren da und riefen jeden Augenblick Hurra! Dies waren ja die Helden, die auszogen, um das Glücksland für sie alle zu erobern. »Wir kommen euch nach!«, riefen sie. »Verschaff mir einen Platz, du! Verschaff mir einen Platz!«

Emil stand an dem Schuppen zwischen ein paar anderen Hafenarbeitern und sah ihnen zu – seine Chance war längst verpasst. Der älteste Lehrling hatte nicht den Mut gehabt, auszufliegen, er war jetzt Landbriefträger im Südland und flickte des Nachts Schuhe, um leben zu können. Jetzt stand Peter oben und Jens und Pelle standen unten und sahen bewundernd zu ihm auf. »Adieu, Pelle!«, rief er. »Grüß Jeppe und sag, er kann mir den Arsch lecken.«

Einige von den Meistern spazierten unten umher, um Acht zu geben, dass keiner von den Lehrlingen des Städtchens Reißaus nahm.

Jens sah die Zeit kommen, wo er selbst brotlos dastehen würde. »Schick mir deine Adresse, du«, sagte er. »Und dann verschaffst du mir was da drüben.«

»Und mir auch!«, sagte Pelle.

Peter spie aus. »Pfui Deubel! Das war ein bisschen saure Kohlsuppe – das nehmt man mit nach Haus und grüßt Jeppe und ich wünsche ihm Gesegnete Mahlzeit! Aber Meister Andres müsst ihr vielmals grüßen! Und wenn ich schreibe, dann kommt ihr, hier in diesem Nest is ja doch nichts zu machen!«

»Lasst euch man nich von den Sozialdemokraten auffressen!«, rief jemand den von dannen Ziehenden zu. Das Wort Sozialdemokraten war zu dieser Zeit auf aller Lippen, aber niemand wusste, was es bedeutete – es wurde als Schimpfwort gebraucht.

»Wenn sie mit ihrem Teufelskram zu mir kommen, denn kriegen sie eins aufs Maul!«, sagte Peter schneidig. Und dann setzte sich der Dampfer in Bewegung – das letzte Hurra bekamen sie von der äußeren Mole. Pelle hätte sich am liebsten in die See gestürzt, so brennend war sein Verlangen, allem den Rücken zu kehren. Und dann ließ er sich von dem Strom über den Hafenplatz bis an das Zirkuszelt treiben. Auf dem Weg dahin fing er ein paar Worte von einer Unterhaltung auf, bei denen ihm heiß und kalt wurde. Zwei Bürger gingen vor ihm her und sprachen.

»Er soll einen solchen Fußtritt gekriegt haben, dass er Blut bricht«, sagte der eine.

»Ja, es ist schrecklich mit diesem Gesindel! Hoffentlich fassen sie den Lümmel fest an!«

Pelle drückte sich um das Zelt herum bis an den Eingang; dort stand er jeden Abend und sog den Geruch ein. Geld, um hineinzugehen, hatte er nicht, aber hier ließ sich eine ganze Menge von der Herrlichkeit auffangen, wenn der Vorhang hochgezogen wurde, um einen Nachzügler einzulassen. Albinus kam und ging nach Belieben – wie immer, wenn Gaukler im Städtchen waren. Er war, fast ehe er sie sah, mit ihnen bekannt. Wenn er eine richtige Kraftleistung gesehen hatte, kam er unter der Leinwand vorgekrochen, um den Kameraden zu zeigen, dass er das auch könne. Er war so recht in seinem Element, spazierte auf den Händen auf dem schmalen Bollwerk entlang und ließ den Körper über das Wasser hängen.

Pelle hatte Lust, nach Hause zu gehen und die ganze Geschichte zu verschlafen; aber da kam ihm ein glückliches Paar entgegen, die Frau, die im Tanzschritt daherging und einen verlegenen jungen Arbeiter fest am Arm hielt. »Du, Hans«, sagte sie, »das is Pelle, der schuld daran is, dass wir zwei zusammengehören.« Dann lachte sie laut in ihrer Freude und Hans reichte Pelle lächelnd die Hand. »Hab Dank dafür«, sagte er.

»Ja, das war das Tanzfest«, sagte sie. »Hätte ich meine Tanzschuhe nich in Ordnung gehabt, dann wäre Hans mit 'ner anderen weggeflogen, du!« Sie packte Pelle beim Arm. Und dann gingen sie, herzlich beglückt, miteinander und in Pelle regte sich wieder ein wenig der Übermut. Er konnte doch auch allerlei Kraftkunststücke vollbringen.

Am nächsten Tag wurde Pelle an Bäcker Jörgen ausgeliehen, um Teig zu kneten – der Bäcker hatte eine große Bestellung Schiffszwieback für die »Drei Schwestern« bekommen, die in kurzer Zeit ausgeführt werden musste.

»Dass ihr euch gehörig tummelt!«, rief er jeden Augenblick den beiden Jungen zu, die die Strümpfe ausgezogen hatten und nun oben in dem großen Knettrog standen und stampften, die Hände um die Leiste, die unter den Balken festgenagelt war. Die Balkendecke war schwarz von Pilzen, Dampf und Staub und schmutziger Teig flossen als schleimige Masse an den Wänden herab. Wenn sie sich zu schwer an die Leiste hängten, rief der Bäcker zu ihnen hinauf: »Braucht mir euer ganzes Gewicht! Runter in den Teig mit euch – dann kriegt ihr Füße wie eine Jungfer! Von den Leichdörnern bleibt nich viel sitzen, wenn wir fertig sind!«

Sören ging für sich einher, gesenkten Hauptes wie immer, hin und wieder seufzte er. Dann puffte der alte Jörgen Marie in die Seite und sie lachten beide. Sie standen dicht nebeneinander; wenn sie den Teig ausrollten, begegneten sich ihre Hände, sie lachten und schäkerten in einem fort. Aber der Junge sah sie gar nicht.

»Siehst du denn nich?«, flüsterte die Mutter ihm zu und stieß ihn heftig in die Seite; sie hatte ihre wütenden Augen beständig auf die beiden gerichtet.

»Ach, lass mich in Frieden«, sagte der Sohn nur und rückte ein wenig von ihr fort. Aber sie rückte ihm nach. »Geh doch hin und fass sie um, das will sie ja! Warum meinst du, schiebt sie den Busen so vor? Fass sie um! Lass ihre Hüften deine Hände fühlen, schieb den Alten beiseite!«

»Ach, lass mich in Frieden!«, entgegnete Sören und rückte wieder von ihr fort.

»Du verlockst den Vater zur Sünde – du weißt, wie er ist! Und sie kann sich nich mehr beherrschen, jetzt, wo sie Anspruch darauf hat, in der Sache mitreden zu dürfen. Willst du all das auf dir sitzen lassen? Geh doch hin und fass sie um! Hau sie, wenn du sie nicht leiden kannst – aber lass sie fühlen, dass du ein Mann bist!«

»Na, schafft ihr was da oben?«, rief der alte Jörgen zu ihnen hinauf und wandte sein lächelndes Gesicht von Marie ab. »Tretet nur zu! Der Teig soll euch woll alle Ungesundheit aus dem Leib ziehen! Und du, Sören – so tummel dich doch!«

»Ja, so tummel dich doch, steh nich da wie ein Blödsinniger!«, fuhr die Mutter fort.

»Ach, lasst mich in Ruh! Ich hab keinem Menschen was getan, lasst mich doch in Frieden!«

»Pfui!« Die Alte spie nach ihm. »Bist du ein Mann? Lässt andre deine Frau befingern? Sie soll mit 'n gichtbrüchigen alten Kerl vorlieb nehmen? Pfui! sag ich. Aber am Ende bist du auch 'n Frauenzimmer, du? Ich hab mal 'ne Dirn zur Welt gebracht, ich wusste nich anders, als dass sie gestorben is – aber am Ende bist du das! Ja, macht ihr man lange Ohren!«, rief sie den beiden Jungen zu. »So was, was hier vorgeht, habt ihr noch nie erlebt. Das da is ein Sohn, der seinen Vater alle Arbeit allein tun lässt!«

»Na, schafft ihr was?«, rief der alte Jörgen munter. »Mutter verdreht den jungen Leuten doch woll nich den Kopf?« Marie stimmte unten ein helles Lachen an.

Jeppe kam und holte Pelle. »Nu sollst du aufs Rathaus und Prügel haben«, sagte er, als sie in die Werkstatt kamen. Pelle wurde aschgrau.

»Was hast du denn nu wieder angestellt?«, fragte Meister Andres und sah ihn betrübt an.

»Ja, und noch dazu unser Kunde!«, sagte Jeppe. »Das hast du wohl verdient.«

»Kann Vater die Strafe nich ablösen?«, fragte der junge Meister.

»Ich hab vorgeschlagen, dass Pelle 'ne tüchtige Tracht Prügel hier in der Werkstatt kriegt, in Gegenwart des Adjunkten und des Sohnes. Aber der Adjunkt sagte Nein. Er will der Gerechtigkeit ihren Lauf lassen.«

Pelle sank ganz in sich zusammen. Er wusste, was es bedeutete, wenn ein armer Junge aufs Rathaus kam und zeitlebens gebrandmarkt wurde. Sein Gehirn suchte verzweifelt nach Auswegen. Es gab nur einen – den Tod. Er konnte den Spannriemen heimlich unter die Bluse stecken, in das kleine Haus gehen und sich erhängen.

Er vernahm ein eintöniges Getöse, das war Jeppe, der eine Ermahnungsrede hielt, aber die Worte hörte er nicht; seine Seele hatte die Wanderung in den Tod bereits angetreten. Als das Getöse aufhörte, erhob er sich geräuschlos.

»Was? Wo willst du hin?«, fuhr Jeppe auf.

»Nach dem Hof«, sagte er wie ein Nachtwandler.

»Willst du den Spannriemen vielleicht mitnehmen?« Jeppe und der Meister wechselten beredte Blicke. Dann trat Meister Andres auf ihn zu. »So dumm wirst du doch nicht sein?«, sagte er und sah Pelle tief in die Augen. Dann machte er sich fertig und ging in die Stadt.

»Pelle, du Teufelsjunge«, sagte er, als er nach Hause kam, »nu bin ich von Pontius zu Pilatus gelaufen und habe es so geordnet, dass du freikommst, wenn du um Verzeihung bittest. Um eins musst du nach dem Gymnasium gehen. Überleg dir aber vorher, was du sagen willst, denn die ganze Klasse soll es mit anhören.«

»Ich will nich um Verzeihung bitten!« Es entrang sich ihm wie ein Schrei. Der Meister sah ihn zögernd an. »Das is doch keine Schande – wenn man Unrecht getan hat.«

»Ich habe nicht Unrecht getan. Sie haben angefangen und sie haben mich schon lange gehänselt.«

»Aber du hast zugeschlagen, Pelle, und die Feinen darf man nich schlagen; sie haben ein ärztliches Attest, das dir den Garaus machen kann. Verkehrt dein Vater vielleicht mit dem Amtsrichter, du? Sie können dich für den Rest deines Lebens ehrlos machen – ich meine, du solltest das geringere Übel wählen.«

Nein, Pelle konnte sich nicht entschließen. »Dann sollen sie mich lieber durchpeitschen!«, sagte er verbissen.

»Na ja, dann findet es um drei Uhr auf dem Rathaus statt«, sagte der Meister kurz, während ihm die Augen rot wurden.

Plötzlich fühlte Pelle, wie weh sein Eigensinn dem jungen Meister tun musste, der lahm und krank, wie er war, seinetwegen durch die ganze Stadt gerannt war. »Ja, ich will es tun«, sagte er, »ja, ich will es tun!«

»Ja, ja«, erwiderte Meister Andres ruhig, »tu es um deiner selbst willen. Ich glaube, dass du dich jetzt fertig machen musst.«

Pelle schlenderte davon; es war nicht seine Absicht, um Verzeihung zu bitten, also hatte er reichlich Zeit. Er ging wie im Schlaf, in ihm war alles tot. Die Gedanken fingen alles Gleichgültige auf und verweilten dabei; der verrückte Anker ging mit seinem Sandsack über dem Nacken die Straße hinab, seine dünnen Beine wackelten. Ich sollte ihm tragen helfen, dachte Pelle im Gehen, ich sollte ihm tragen helfen.

Alfred kam die Straße entlangspaziert; er ging mit seinem Renommierstock und hatte Handschuhe an, obwohl es mitten in der Arbeitszeit war. Wenn er mich sieht, biegt er beim Kohlenhändler um die Ecke, dachte Pelle bitter. Sollte ich ihn nich bitten ein gutes Wort für mich einzulegen? Er is so ansehnlich! Und er schuldet mir noch Geld für ein Paar Sohlen. Aber Alfred steuerte geradewegs auf ihn los. »Hast du Albinus nicht gesehen? Er ist verschwunden!«, sagte er; es sah aus, als rühre sich etwas in seinem glatten Gesicht. Er stand da und sog an seinem Schnurrbart, genau wie die feinen Leute, wenn sie über etwas nachgrübeln.

»Ich muss aufs Rathaus«, sagte Pelle.

»Ja, das weiß ich – du sollst durchgepeitscht werden. Aber weißt du nichts von Albinus?« Alfred hatte ihn in den Torweg des Kohlenhändlers gezogen, um nicht in seiner Gesellschaft gesehen zu werden.

»Ja, Albinus, Albinus« – es dämmerte etwas in Pelle. »Wart mal, er – er is gewiss mit dem Zirkus durchgebrannt. Das glaube ich wenigstens!« Da machte Alfred kehrt und rannte – rannte in seinen guten Kleidern!

Natürlich war Albinus durchgebrannt; Pelle verstand das sehr gut. Er hatte sich gestern Abend an Bord von Ole Hansens Jacht geschlichen, die im Lauf der Nacht die Kunstreiter nach Schweden hinüberbringen sollte – jetzt würde er ein herrliches Leben führen, das tun, wozu er Lust hatte. Ausreißen, das war der einzige Ausweg! Ehe Pelle sich's versah, stand er unten am Hafen und starrte auf ein Schiff, das abgetakelt wurde. Er folgte seiner Eingebung und erkundigte sich, ob ein Schiff ausfuhr, aber es fuhr keins.

Er saß unten auf den Helgen und spielte mit einem Span im Wasser. Er sollte einen Dreimaster vorstellen und Pelle gab ihm eine Ladung; aber jedes Mal, wenn er in See stechen wollte, kenterte er und Pelle musste von neuem mit dem Beladen beginnen. Ringsumher arbeiteten Zimmerleute und Steinhauer an den Vorbereitungen zu dem neuen Hafen; und dahinten, ein wenig für sich, stand *die Kraft* und arbeitete, während wie gewöhnlich einige Menschen in seiner Nähe herumlungerten. Sie standen da und glotzten, in unheimlicher Erwartung, dass sich etwas ereignen sollte. Pelle selbst hatte das Gefühl von etwas Verhängnisvollem, während er dasaß und im Wasser plätscherte, um sein Schiff hinauszutreiben; er hätte es als Offenbarung des heiligsten Lebensprinzips betrachtet, wenn Jörgensen angefangen hätte vor seinen Augen zu rasen.

Aber der Steinhauer legte nur den Hammer hin, um die Branntweinflasche unter dem Stein hervorzuholen und einen Schluck zu nehmen; sonst stand er so ruhig über den Granit gebeugt, als gäbe es keine anderen Mächte in der Welt als den und ihn. Er sah die Leute gar nicht, die in gaffender Erwartung dastanden, die Schuhe voll Leichtfüßigkeit, bereit, bei dem leisesten Ruck seinerseits zu verduften.

Er schlug, dass die Luft seufzte, und wenn er sich wieder aufrichtete, schweifte sein Blick an ihnen vorüber. Allmählich hatte Pelle alle seine Erwartungen auf diesen einen gerichtet, der den Hass der Stadt trug, ohne mit der Wimper zu zucken, und in aller Gemüter spukte. Für die Phantasie des Jungen war er eine Mine; hier stand man und wusste nicht, ob sie losgehen würde; im Nu konnte das Ganze in die Luft gesprengt werden. Er war ein Vulkan, kraft seiner Gnade bestand die Stadt von Tag zu Tag. Und zuweilen ließ Pelle ihn sich ein wenig schütteln – gerade so viel, dass das Ganze ins Schwanken geriet.

Aber jetzt gab es obendrein ein Geheimnis zwischen ihnen – *die Kraft* war ebenfalls bestraft worden, weil sie sich an den Feinsten vergriffen hatte! Pelle zögerte nicht die Konsequenzen zu ziehen – stand dort nicht schon ein Bürger Posten und beobachtete sein Spiel? Auch er war ein Schrecken der Bevölkerung. Vielleicht tat er sich mit *der Kraft* zusammen und dann sollte nicht viel von der Stadt übrig bleiben. Des Tages wollten sie sich oben zwischen den Klippen verborgen halten, aber des Nachts kamen sie herunter und plünderten die Stadt. Sie fielen über alle her, die sich das Ihre als Blutsauger verdient hatten; die Leute versteckten sich im Keller und auf dem Boden, wenn sie hörten, dass Pelle und *die Kraft* in Anmarsch seien. Der reiche Reeder Monsen hing am Kirchturm und baumelte dort zum Schrecken und zur Warnung für alle. Aber die Armen kamen vertrauensvoll wie Lämmer und fraßen ihnen aus der Hand. Sie bekamen alles, was sie sich wünschten, und damit war die Armut aus der Welt geschafft und Pelle konnte sich ohne das Gefühl des Verrats seinem leichten, aufwärts führenden Weg zuwenden.

Sein Blick fiel auf die Uhr an der Hafenwache, es war bald drei. Er sprang auf, sah sich unschlüssig um, starrte auf die See hinaus und auf das tiefe Wasser des Hafens. Manna und ihre Schwestern – sie würden dem entehrten Pelle verächtlich den Rücken kehren und ihn nicht mehr ansehen! Und die Leute würden mit den Fingern auf ihn zeigen und ihn auch nur ansehen und denken: Ei, da geht ja der, der auf dem Rathaus ausgepeitscht wurde! Wohin er auch in der Welt kam, immer würde es ihm wie ein Schatten folgen, dass er als Kind ausgepeitscht worden war – so etwas hing einem Menschen zeit seines Lebens an! Er kannte Knechte und Mägde und alte, einsilbige Männer, die nach dem Steinhof kamen aus Gegenden, wo kein anderer gewesen war. Kein Mensch kannte sie; gab es aber etwas in ihrer Vergangenheit, so erhob es sich trotzdem hinter ihnen und ging flüsternd von Mund zu Munde.

Er lief verzweifelt umher in seiner Hilflosigkeit und kam bei seinem Umherstreifen zu Steinhauer Jörgensen. »Na«, sagte *die Kraft* und legte den Hammer nieder, »du hast dich ja mit den Großbürgern überworfen. Glaubst du, dass du die Ohren steif halten kannst?« Dann griff er wieder nach dem Hammer. Aber Pelle fand seine Richtung und lief schwer keuchend dem Rathaus zu.

14

Die Strafe selbst hatte nichts zu sagen. Es war eigentlich lächerlich, diese paar Schläge auf die Hose mit dem Stock des alten Gefängniswärters; Pelle kannte schlimmere Prügel. Aber er war gebrandmarkt und selbst aus dem Kreise der Allerärmsten ausgestoßen; er merkte das an dem Mitleid der Leute, wenn er mit Schuhzeug kam. Herrgott, dieser elende Bengel! Is es nu so weit mit ihm gekommen!, sagten ihre Augen. Alle mussten gerade ihn ansehen, und wenn er die Straße hinabging, erschienen ihm diese Gesichter im Spion: »Da geht der Schusterjunge!« Der junge Meister war der Einzige, der ihn ganz so behandelte wie vorher, und Pelle lohnte ihm das mit einer grenzenlosen Anhänglichkeit. Er kaufte auf Kredit ein und fing die Stöße auf, wo er nur konnte. Hatte der junge Meister in seinem Leichtsinn etwas fertig zu machen versprochen und es vergessen, so saß er da und arbeitete nach Feierabend. »Was geht das uns an?«, sagte Jens. Aber Pelle wollte nicht schuld daran sein, dass die Kunden kamen und Meister Andres den Kopf wuschen, oder dass er dasaß und Mangel an dem litt, was ihn aufrechterhielt.

Er schloss sich noch enger an Jens und Morten an – sie litten ja an demselben Schaden – und begleitete sie oft nach Hause, obgleich in der ärmlichen Hütte keine Freude ihrer harrte. Sie gehörten zu den Allerärmsten, obwohl die ganze Familie arbeitete. Es verschlug alles nichts.

»Es nützt ja doch nichts«, sagte *die Kraft* selber, wenn er zum Reden aufgelegt war, »die Armut is wie ein Sieb; alles geht glatt hindurch. Verstopfen wir das eine Loch, so läuft es währenddessen durch zehn andere. Sie sagen, ich bin ein Schwein, und warum soll ich das auch nich sein? Ich kann für drei arbeiten, ja – ja, krieg ich aber Lohn für drei? Ich krieg meinen Tagelohn, der Rest fließt in die Tasche dessen, der mich anstellt. Selbst wenn ich mich ordentlich halten wollte, was würden wir dadurch erreichen – kann eine Familie eine ordentliche Wohnung, ordentliches Essen und ordentliche Kleider für neun Kronen die Woche bekommen? Erlauben es die Mittel einem Arbeiter, anderswo zu wohnen als am Müllplatz, wo sonst nur Schweine hausen? Warum sollte ich denn wie ein Schwein wohnen und leben und doch kein Schwein sein – wär da woll Sinn drin? Meine Frau und Kinder müssen mitarbeiten, wenn es einigermaßen ordentlich bei uns sein soll, und kann es ordentlich bei uns sein, wenn Frau und Kinder ausgehen und für fremde Leute Ordnung schaffen? Nein, seht hier! Ein Pegel Branntwein, der ordnet alles, und wenn er nich verschlägt, na ja, denn einen Halben!« So saß er und redete, wenn er ein bisschen angetrunken war, und sonst war er eigentlich immer stumm.

Pelle kannte ja die Geschichte *der Kraft* von all dem täglichen Gerede unter den Bürgern und seine Laufbahn erschien ihm trauriger als die aller anderen; es war, als habe das Märchen vom Glück sein Ende.

Aus dem üblichen Gerede, das stets auf Steinhauer Jörgensen herumhackte und nie aufhörte, ging hervor, dass er in seiner Jugend aus den Klippen herabgewandert war, in geflickter Leinwandhose und gesprungenen Holzschuhen, aber die Stirn in den Wolken, als gehöre ihm schon die Welt. Branntwein rührte er nicht an. Er hätte bessere Verwendung für seine Kräfte, sagte er – er hatte große Pläne mit sich selbst und wollte sich nicht mit dem Gewöhnlichen begnügen. Und gute Fähigkeiten besaß er – ganz sinnlose Anlagen für einen armen Mann. Er wollte gleich damit anfangen, alle Begriffe auf den Kopf zu stellen. Nur weil er in den Felsklippen von einem alten, von der Arbeit gekrümmten Steinhauer gezeugt war, gebärdete er sich gleich als Herr des Steines, warf alte Erfahrungen beiseite und kam mit neuen Arbeitsmethoden, die seinem eigenen Kopf entsprungen waren. Der Stein war wie verhext unter seinen Händen. Wenn man ihm nur eine Zeichnung vorlegte, haute er Teufelsköpfe, unterirdische Geister und die große Seeschlange heraus – alles, was sonst von den Künstlern drüben in der Hauptstadt ausgeführt werden musste. Alte, angesehene Steinhauer sahen sich plötzlich beiseite gesetzt und konnten gleich damit anfangen, Steine zu klopfen, ein hergelaufener Bursche setzte sich über ihre vieljährigen Erfahrungen hinweg. Da versuchten sie es mit dem ältesten aller Mittel, die Jugend Bescheidenheit zu lehren. Aber auch davon kamen sie ab. Peter Jörgensen hatte Kräfte für drei und Mut für zehn Männer. Es war nicht gut mit einem anzubinden, der Gott selbst die Fähigkeiten geraubt hatte und vielleicht im Bund mit dem Satan stand. Und da unterwarfen sie sich denn und rächten sich, indem sie ihn *die Kraft* nannten – und setzten ihr Vertrauen auf das Unglück. Seiner Bahn folgen hieß sich ins Halsbrecherische hinauswagen. Sooft die braven Bürger auch die Reise machten, stets blieb etwas von dem Schwindel zurück. Des Nachts saß er da und zeichnete und rechnete, sodass niemand begriff, woher er den Schlaf nahm; und am Sonntag, wenn ordentliche Leute zur Kirche gingen, konnte er dastehen und die drolligsten Dinge in Stein aushauen – ohne dass er einen Heller dafür bekam.

Das war damals, als der berühmte Bildhauer aus der Hauptstadt Deutschlands selber kam, um einen großen Löwen in Granit zu hauen, zu Ehren der Freiheit! Aber er konnte nichts ausrichten mit seinen Butterstecher-Gerätschaften, der Stein war zu hart für einen, der daran gewöhnt war, am Marmor zu fingern. Und wenn es ihm wirklich einmal gelang, ein Stückchen abzuschlagen, so war es doch immer an der verkehrten Stelle.

Da meldete sich *die Kraft* und übernahm es, den Löwen nach einem Tonmodell auszuhauen, das ihm der andere zusammenklatschte. Alle waren überzeugt, dass er bei dieser Arbeit zusammenbrechen würde, aber so frech war er in seiner Begabung, dass er sie zur vollsten Zufriedenheit ausführte. Er bekam eine gute Summe Geldes dafür, aber das war ihm nicht genug – er wollte auch die halbe Ehre haben und in den Blättern besprochen werden, ebenso wie der Künstler selbst; und als daraus nichts wurde, warf er das Werkzeug hin und wollte nicht mehr für andere arbeiten. »Warum soll ich die Arbeit machen und den andern die Ehre lassen?«, sagte er und meldete sich bei Versteigerungen von Steinarbeiten. In seinem unbändigen Hochmut wollte er jene zur Seite schieben, die doch durch Geburt dazu bestimmt waren, an der Spitze der Dinge zu stehen. Aber Hochmut kommt vor dem Fall, die Strafe lag schon da und lauerte auf ihn.

Er hatte das niedrigste Gebot auf die Süderbrücke gemacht und sie konnten ihn nicht übergehen. Da versuchten sie denn ihm alle möglichen Hindernisse in den Weg zu legen; lockten die Arbeiter von ihm fort und machten ihm Schwierigkeiten mit dem Material. Der Amtsrichter, der mit dabei war, forderte, dass der Kontrakt eingehalten werde, und *die Kraft* musste Tag und Nacht mit den ihm gebliebenen paar Mann arbeiten, um rechtzeitig fertig zu werden. Nun, eine schönere Brücke hatte noch niemand gesehen. Aber er musste das letzte Hemd verkaufen, um seinen Verpflichtungen nachzukommen.

Er wohnte damals in einem hübschen, kleinen Haus, das ihm gehörte. Es lag draußen an der östlichen Landstraße und hatte einen Turm auf der Mansarde – Jens und Morten hatten ihre erste Kindheit dort verbracht. Ein kleiner Garten mit zierlichen Wegen und einer Grotte, die einer ganzen Klippenpartie glich, lag davor. Jörgensen hatte das alles selbst angelegt. Es wurde ihm weggenommen und sie mussten in das Stadtviertel der armen Leute ziehen, wohin sie ja gehörten, und sich dort einmieten. Aber das knickte ihn nicht. Fröhlich war er trotzdem und noch großmächtiger im Wesen als früher. Es war nicht leicht, ihn zu treffen! Aber dann machte er ein Gebot auf die neue Schlippbettung. Man hätte ihm die Berechtigung dazu verweigern können, da er nicht über Kapital verfügte. Aber nun sollte er getroffen werden! Er bekam Kredit bei der Sparkasse, um gut in Gang zu kommen, und Material und Arbeiter standen ihm zur Verfügung. Und dann, als er mitten darin war, fing dieselbe Geschichte wieder an und diesmal *sollte* er sich den Hals brechen – Reich und Arm, die ganze Stadt war einig in dieser Sache. Nun verlangte man seine alte Sicherheit zurück; die von Gott selbst geschaffene Ordnung mit Hoch und Niedrig, Vornehm und Gering sollte aufrechterhalten werden. Die Kraft war von allergeringster Herkunft, er sollte das bleiben, wozu er geboren war!

Er brach sich den Hals. Der rechtmäßige Bauherr übernahm ein gutes Stück Arbeit für nichts und Steinhauer Jörgensen stand mit einem Paar gespaltenen Holzschuhen da und mit Schulden, die er niemals würde bezahlen können. Alle Welt freute sich zu sehen, wie er wieder in das Dasein eines Tagelöhners zurückkehrte. Aber er tat es nicht ruhig. Er legte sich aufs Trinken. Von Zeit zu Zeit fuhr er auf und raste wie ein Teufel. Los wurden sie ihn nicht; er lagerte über allen Gemütern wie ein böses Knurren; selbst wenn er ruhig seine Arbeit verrichtete, mussten sie sich mit ihm beschäftigen. In diesem Zustand vergeudete er seine letzten Habseligkeiten und sie zogen in die Hütte am Schuttplatz hinaus, wo sonst niemand wohnen wollte.

Er war ein anderer geworden, seit die Bewilligung zu dem großen Hafenprojekt durchgegangen war. Er rührte keinen Branntwein mehr an. Wenn Pelle zu ihnen hinauskam, pflegte er am Fenster zu sitzen und sich mit Zeichnungen und Zahlen zu beschäftigen. Die Frau ging umher und weinte still vor sich hin; die Alte schimpfte. Aber Jörgensen wandte ihnen seinen breiten Rücken zu und widmete sich schweigend seinen eigenen Angelegenheiten. Er war nicht aus seiner Selbstsicherheit herauszureißen.

Die Mutter nahm sie draußen in der Küche in Empfang, wenn sie sie lärmend kommen hörte. »Ich müsst ein bisschen leise gehn – Vater rechnet und rechnet, der Ärmste! Er kann keine Ruhe finden, seit es Ernst geworden is mit dem Hafen. Beständig arbeiten die Gedanken in ihm. So muss *das* sein!, sagt er – und so *das*! Wenn er sich doch beruhigen und die Großen sich um ihre Sachen bekümmern lassen wollte!«

Er saß am Fenster, mitten in der Sonntagssonne, und zählte Zahlen zusammen; er flüsterte halblaut und ließ den eingerissenen Zeigefinger, dessen äußerstes Glied weggesprengt war, an den Zahlen hinablaufen. Dann stieß er gegen den Tisch. »Ach – dass man nichts gelernt hat!«, stöhnte er. Die Sonne spielte in seinem dunklen Bart; die mühselige Arbeit hatte nicht vermocht seine Glieder steif zu machen und ihn herunterzubringen. Das Trinken hatte ihm nichts anhaben können – er saß da wie die personifizierte Stärke; die große Stirn und der Hals waren sonnengebräunt.

»Sieh mal her, Morten!«, rief er und wandte sich nach ihnen um. »Guck dir einmal die Zahlen an!«

Morten sah ihn an. »Was is das denn, Vater?«

»Was das is – unser Verdienst in der letzten Woche! Du kannst doch sehen, dass die Zahlen groß sind!«

»Nein, Vater, was is es?« Morten fasste mit seiner dünnen Hand in den Bart seines Vaters.

Die Augen *der Kraft* wurden mild bei dieser Liebkosung.

»Das is ein Änderungsvorschlag – sie wollen die Einfahrt auf der alten Stelle behalten, und das is verkehrt; wenn der Wind von der See herkommt, kann man ja nich in den Hafen hinein. Die Einfahrt muss dahinaus und die äußere Mole muss so gebogen sein«, er zeigte auf seine Zeichnungen. »Jeder Fischer und Seemann wird mir Recht geben – aber die hohen Herren Ingenieure sind ja so klug!«

»Willst du denn – wieder ein Gebot einreichen?« Morten sah ihn entsetzt an.

Der Vater nickte.

»Aber du bist ihnen ja doch nich gut genug – das weißt du doch! Sie lachen ja nur über dich.«

»Diesmal werde ich der sein, der lacht«, erwiderte Jörgensen finster, als er sich an all den Hohn erinnerte, den er hatte hinnehmen müssen.

»Freilich lachen sie über ihn«, sagte die Alte von der Ofenecke her und wandte ihren Raubvogelkopf nach ihnen um, »aber dann hat man doch etwas, womit man spielen kann. Peter muss immer den Großen spielen!«

Der Sohn antwortete ihr nicht.

»Du sollst dich ja aufs Zeichnen verstehen, Pelle?«, sagte er ruhig. »Kannst du dies hier nich ein wenig in Ordnung bringen? Das da is der Wellenbrecher, wenn wir uns das Wasser wegdenken, und dies hier das Bassin – mitten durchgeschnitten, verstehst du? Aber ich kann es nich dahin kriegen, dass es natürlich aussieht – die Maße sind ganz richtig! Hier über der Wasserlinie sollen große Kopfsteine sein und unten steht die Bruchfläche.«

Pelle machte sich an die Arbeit, er war aber zu umständlich.

»Nich so genau«, sagte Jörgensen. »Nur ein bisschen großzügig!«

»Ja, ein bisschen großzügig«, sagte die Alte.

So saß er immer, wenn sie kamen. Durch die Frau erfuhren sie, dass er trotzdem kein Gebot einreichen, sondern mit seinen Plänen zu dem, der die Arbeit übernahm, gehen und ihm seine Teilhaberschaft anbieten wollte. Sie hatte jetzt völlig den Glauben an seine Pläne verloren und lebte in ständiger Unruhe. »Er is so sonderbar, immer nur von diesem einen in Anspruch genommen«, sagte sie fröstelnd. »Trinken tut er nie – er rast auch nich so gegen alle Welt, wie er es früher getan hat.«

»Aber das is ja nur gut«, sagte Morten beruhigend.

»Ja, du hast gut reden – was verstehst du woll davon? Wenn er seiner täglichen Arbeit nachgeht, denn weiß man doch, was das is. Aber so wie jetzt – ich bin so bange vor dem Rückschlag, wenn er sich eine Niederlage geholt hat. Glaub nur nich, dass er sich verändert hat – es schlummert nur in ihm. Gegen Karen is er so wie immer; er kann es nich ertragen, ihre verwachsene Gestalt zu sehen, sie erinnert ihn immer zu sehr an alles, was nich so is, wie es sein sollte. Sie soll nich auf Arbeit gehn, sagt er, aber wie können wir ohne ihre Hilfe fertig werden! – Leben müssen wir ja doch auch! Ich mag sie ihm gar nich vor die Augen kommen lassen. Er ärgert sich ja über sich selbst, aber das Kind muss darunter leiden. Und er is der Einzige, aus dem sie sich was macht.«

Karen war in den letzten paar Jahren nicht gewachsen und noch verkrüppelter geworden; ihre Stimme war ganz trocken und scharf, als sei sie durch eisige Einöden gegangen. Sie hatte es gern, wenn Pelle da war; wenn sie glaubte, dass er am Abend kommen würde, beeilte sie sich von ihrer Arbeitsstelle nach Hause zu kommen. Aber sie mischte sich nie in die Unterhaltung und nahm auch an nichts teil. Niemand wusste, was in ihr vorging. Die Mutter konnte plötzlich zusammenzucken und in Tränen ausbrechen, wenn ihr Blick zufällig auf sie fiel.

»Sie sollte ja eigentlich von der Stelle weg«, sagte die Mutter oft. »Aber Doktors kriegen ein Kind nach dem andern und dann bitten sie sie so flehentlich, ob sie nich noch ein halbes Jahr bleiben will. Sie halten große Stücke auf sie, denn sie is so zuverlässig mit den Kindern.«

»Ja, wenn es Pelle wäre, der ließe sie gewiss fallen.« Karen lachte knarrend. Etwas anderes sagte sie nicht, sie bat nie um Freizeit, beklagte sich auch nicht. Ihr Schweigen wirkte wie eine stumme Anklage und ließ alle Behaglichkeit ersterben, wenn sie zugegen war.

Aber eines Tages kam sie nach Hause und warf etwas Kleingeld auf den Tisch. »Jetzt brauch ich nich mehr zu Doktors hin.«

»Was is denn los? Hast du etwas Unrechtes getan?«, fragte die Mutter entsetzt.

»Der Doktor hat mir eins an die Ohren gegeben, weil ich Anna nich über den Rinnstein getragen habe – sie is so schwer.«

»Du bist doch woll nich weggejagt worden, weil er dich geschlagen hat. Du hast gewiss eine Widerrede gegeben – du bist so aufsässig!«

»Nein, aber dann stieß ich aus Versehen den Kinderwagen mit dem kleinen Erik um, sodass er herausfiel. Sein Kopf is wie ein fauliger Apfel.« Sie verzog keine Miene.

Die Mutter brach in Tränen aus. »Aber wie kannst du das nur tun, Kind?« Karen stand da und sah sie herausfordernd an. Plötzlich packte die Mutter sie. »Du hast es doch nich mit Willen getan? Hast du es mit Willen getan?«

Karen wandte sich mit einem Achselzucken von ihr ab und ging auf die Bodenkammer, ohne Gute Nacht zu sagen. Die Mutter wollte ihr nachlaufen.

»Lass sie gehn«, sagte die Alte wie aus weiter Ferne, »über die hast du keine Macht! Sie is in Härte empfangen!«

15

Den ganzen Winter hatte Jens seine Oberlippe mit Hühnerdung eingeschmiert. Jetzt sprosste der Bart und er legte sich eine Braut zu; sie war Kindermädchen bei Konsuls. »Das is furchtbar lustig«, sagte er, »du solltest dir auch eine anschaffen. Wenn sie küsst, steckt sie die Zunge vor wie ein kleines Kind.«

Aber Pelle wollte keine Braut haben – erstens wollte ihn wohl niemand haben, gebrandmarkt, wie er war, und dann hatte er auch Kummer.

Wenn er den Kopf von der Arbeit hob und quer über den Dunghaufen und den Schweinekoben hinwegsah, lag grüne Halbdämmerung unter dem Apfelbaum, in die er sich hineinträumen konnte. Das war eine verzauberte Welt, mit grünen Schatten und stummen Bewegungen; unzählige gelbe Raupen hingen da und schaukelten sich hin und her, jede an ihrem dünnen Faden; Goldammern und Buchfinken schwangen sich unaufhaltsam von Zweig zu Zweig und schnappten bei jeder Schwingung eine Raupe weg, aber es wurden darum nicht weniger. Sie rollten sich ohne Unterlass von den Zweigen herab, hingen dort so verlockend gelb und wiegten sich in der weichen Luft, als warteten sie darauf, verspeist zu werden.

Und tief in dem grünen Licht – wie auf dem Boden eines Sees – gingen drei hell gekleidete Mädchen. Hin und wieder schielten die beiden jüngsten einmal herüber, wandten aber sofort den Blick ab, sobald er sie ansah; Manna ging so erwachsen und beherrscht einher, als existiere er gar nicht. Manna war schon längst konfirmiert; sie trug ein halblanges Kleid und spazierte ruhig die Straße entlang, am Arm einer Freundin. Sie spielte nicht mehr, schon lange wusste sie, dass dies sie weiß Gott nichts mehr anging. In wenigen Tagen sprang sie von Pelles Seite ins Lager der Erwachsenen hinüber. Sie wandte sich in der Werkstatt nicht mehr an ihn, und wenn er sie auf der Straße grüßte, sah sie nach der anderen Seite.

Manna kam nicht mehr wie eine Wildkatze angesprungen und riss Pelle vom Stuhl, wenn sie etwas gemacht haben wollte, sondern ging gesittet bis an den Platz des jungen Meisters, den Schuh in Papier eingewickelt. Aber im Geheimen kannte sie ihren Spielkameraden noch; wenn es niemand sah, konnte sie ihn ganz fest in den Arm kneifen und die Zähne zusammenbeißen, wenn sie vorüberging.

Aber Pelle war zu schwerfällig, um den Übergang zu begreifen, und zu sehr Kind, um den Sprung ins Licht hineinzutun. Er blieb allein zurück und grübelte verständnislos über den neuen Zustand der Dinge.

Und jetzt kannte sie ihn auch im Geheimen nicht mehr – er existierte gar nicht mehr für sie. Und Dolores und Aïna hatten die Hand von ihm abgezogen; wenn er hinaussah, wandten sie den Kopf nach der andern Seite und zuckten mit den Achseln: Huh! Sie schämten sich, dass sie sich jemals mit so einem abgegeben hatten, und er wusste wohl, weshalb.

Eine eigene Wolllust war es gewesen, von so feinen, fürsorglichen Händen versorgt zu werden – er hatte viele schöne Erinnerungen an da drüben. Es war wirklich schön gewesen, mit offenem Mund dazusitzen und von allen dreien mit Leckerbissen voll gestopft zu werden, sodass er nahe daran war, zu ersticken! Schlucken durfte er nicht, sie wollten sehen, wie viel in ihn hineinginge; dann lachten sie und umtanzten ihn und die rundlichen Mädchenhände nahmen seinen Kopf, jede von ihrer Seite, und pressten ihm den Mund zu. – Nun, Pelle war allmählich im bürgerlichen Sinn eine ganze Elle gewachsen; er wusste sehr wohl, dass er aus viel gröberem Stoff war als sie und dass dies ein Ende haben musste – auch ohne die Strafe auf dem Rathaus.

Aber weh tat es darum doch; es war, als hätte man ihn betrogen – und eigentlich sollte er gar keine Nahrung zu sich nehmen. Denn Manna – war sie nicht schließlich seine Braut? Er hatte niemals darüber nachgedacht! Dies waren Liebesschmerzen ... Und so sahen sie also aus! Ob wohl die, die sich aus unglücklicher Liebe das Leben nahmen, anders fühlten? Die Traurigkeit war allerdings nicht so sehr groß; wenn der junge Meister einen Witz machte oder auf seine drollige Weise fluchte, konnte er darüber lachen. Die Schande war das Schlimmste!

»Du solltest dir eine Braut anschaffen!«, sagte Jens. »Die is so weich wie ein junger Vogel und dann wärmt sie durch die Kleider und alles durch.«

Aber Pelle hatte was anderes vor – er wollte schwimmen lernen. Er wollte alles können, was die Stadtjungen konnten, und sich einen Platz unter ihnen zurückerobern. Von einer Führerstellung träumte er nicht mehr. So hielt er sich denn an die Schar, zog sich ein wenig zurück, wenn sie allzu arg stichelten – und kam wieder; schließlich gewöhnten sie sich an ihn.

Jeden Abend rannte er zum Hafen hinunter. Südlich von dem großen Becken, das man nun leer pumpte, wimmelte es in der Dämmerung von Lehrlingen; sie sprangen nackend zwischen den Steinen herum und schwammen schwatzend nach Westen hinaus, wo der Himmel noch vom Sonnenuntergang glühte. Weiter draußen lag eine Klippe unter dem Wasser, auf der sie gerade stehen konnten, und dort ruhten sie sich aus, ehe sie den Rückweg antraten; ihre dunklen Köpfe glitten über das rote Wasser wie schwatzende Seevögel.

Pelle schwamm mit hinaus, um sich an die Tiefe zu gewöhnen, die ihn noch immer an den Beinen herunterziehen wollte. Wenn das Meer blühte, war es, als schwimme man zwischen Rosen; der ganze schleimige Blütenflor, den die Gewächse der Tiefe an die Oberfläche geschleudert hatten, glühte im Abendschimmer und glitt lind um seine Schultern und weit da draußen im Westen lag das Glücksland, mit einem mächtigen Lichttor und goldenen Ebenen, die sich bis in die Unendlichkeit erstreckten. Es lag da, leuchtete und lockte, sodass er die Grenzen seiner Leistungsfähigkeit vergaß und weiter hinausschwamm, als es seine Kräfte gestatteten. Und wenn er dann umkehrte und mit zu heftigen Stößen die blühende Schicht beiseite schob, glotzte ihn das Wasser schwarz an und der Schrecken der Tiefe schlug über ihm zusammen.

Eines Abends waren sie feindselig gegen ihn gewesen und einer von ihnen behauptete, man könne noch die Striemen der Peitsche auf Pelles Rücken sehen. »Pelle hat niemals was mit der Peitsche bekommen!«, rief Morten empört. Pelle selbst erwiderte nichts, sondern folgte dem »Geschwader«; sein ganzes Wesen hatte etwas Verbissenes.

Es war ein wenig Seegang, der sie vielleicht aus der Richtung gebracht hatte, vielleicht war der Wasserstand auch höher als gewöhnlich – sie konnten die Ruheklippe nicht finden. Eine Weile plätscherten sie suchend herum, dann schwammen sie wieder dem Lande zu. Pelle sah ihnen mit einem merkwürdigen Ausdruck nach.

»Leg dich auf den Rücken und ruh dich aus!«, riefen sie, als sie vorüberkamen; ein klein wenig Panik war über alle gekommen. Pelle versuchte auf dem Rücken zu liegen, hatte aber keine Übung darin, die Wellen schlugen ihm übers Gesicht – dann bemühte er sich den andern zu folgen. Am Strand war große Aufregung; er dachte, was das wohl zu bedeuten habe; Morten, der niemals am Schwimmen teilgenommen hatte, war auf einen Stein gestiegen und stand da und rief.

Die Ersten waren bereits in Sicherheit. »Hier kannst du stehen!«, riefen sie und standen mit hochgestreckten Armen da; das Wasser reichte ihnen bis an den Mund. Pelle kämpfte weiter, war aber fest davon überzeugt, dass es ganz zwecklos sei. Er machte nur geringe Fortschritte und sank tiefer und tiefer. Jeden Augenblick überrumpelte ihn eine Welle und füllte ihn mit Wasser. Die Schneidigsten schwammen wieder hinaus, umkreisten ihn und suchten ihm zu helfen, das machte die Sache nur noch schlimmer. Er sah Morten schreiend mit allen Kleidern ins Wasser laufen, und das gab ihm wieder neue Kräfte. Aber dann erlahmten seine Arme plötzlich, er lag da und strampelte auf demselben Fleck herum, nur die Augen waren über dem Wasser. Pelle war im Schlaf so oft geflogen und immer war da etwas, das seine Beine festhielt und den Flug hemmte. Aber jetzt war es Wirklichkeit, er hing oben in der blauen Luft und schwebte auf ausgebreiteten Flügeln und aus der Dunkelheit vernahm er Stimmen. »Pelle«, riefen sie, »kleiner Pelle!« – »Ja, Vater Lasse«, antwortete er und faltete erleichtert seine müden Flügel zusammen; er sank in wirbelnder Eile, es kochte in seinen Ohren.

Dann empfand er plötzlich einen heftigen Schmerz in seinem Schienbein. Die Hände griffen in wuchernde Pflanzen. Er stand plötzlich kerzengerade da und Licht und Luft fluteten über ihn, wie aus einem neuen Dasein. Da draußen liefen die Jungen entsetzt herum, ein Bein in der Hose, und er stand auf einer unterseeischen Klippe, bis an die Brust im Wasser, und brach tropfweise Seewasser aus. Rings um ihn kreisten die Schwimmer und machten alle möglichen Tauchübungen, um ihn vom Meeresgrund heraufzuholen. Das Ganze war im Grunde komisch und Pelle hob die Arme hoch empor als Gruß an das Leben und nahm die See mit einem langen Kopfsprung. Ein gutes Stück weiter tauchte er wieder auf und kam, die Wellen zerteilend, wie ein Tümmler mit ausgelassenen Sprüngen daher. Aber am Strand fiel er, wie ihn Gott geschaffen hatte, in einen tiefen Schlaf – den einen Strumpf konnte er gerade noch über die eine große Zehe ziehen.

Seit jenem Tag kannten die Jungen ihn wieder. Er hatte freilich keine Heldentat vollbracht, aber das Schicksal hatte einen Augenblick auf seinem Haupt geruht – das war genug! Pelle selbst steckte in Zukunft immer den Streichstahl ein und legte ihn ans Ufer, mit der Spitze dem Lande zu; er hatte doch noch

Lust, ein wenig länger zu leben. Im Übrigen ließ er sich nicht abschrecken.

Wenn der Sturm auf das Ufer stand, sodass sie nicht hinausschwimmen konnten, legten sie sich an den Rand des Meeres und ließen sich von den Wellen herumrollen. Dann kam das ganze Meer in fegendem Flug von Westen her, um sich über sie zu stürzen, es jagte vorwärts wie Scharen von weißen Pferden, deren graue Mähnen schräg dahinstoben. Aufbäumend kommen sie, fegen die See mit dem weißen Schwanz, schlagen mit den Hufen wild in der Luft herum und gehen unter. Andere springen in geschlossener Reihe über sie hinweg. Sie liegen flach auf dem Wasser und jagen dahin. Der Sturm reißt ihnen den weißen Schaum aus den Mäulern und treibt ihn über den Strand, wo er sich an die Büsche hängt und schimmernd in nichts verschwindet. Bis an den Uferstrand spritzen sie und sinken tot zusammen. Aber es stürmen neue Scharen heran, als sollte das Land niedergerannt werden; sie erheben sich schäumend, peitschen aufeinander ein, springen schnaubend und zitternd hoch in die Luft auf und zerbersten, niemals nimmt das ein Ende. In weiter Ferne geht die Sonne in brandrotem Dunst unter. Ein Wolkenstreifen liegt darüber und breitet sich weit aus, bis in die Unendlichkeit. Gleich einem glühenden Steppenbrand klammert er den Horizont ein und jagt die Horden vor sich her in panischem Schrecken; und am Strand jauchzt die nackte Jungenschar. Hin und her springen sie mit ausgebreiteten Armen und jagen die wilden Pferde lärmend wieder ins Meer hinaus.

16

Es stand nicht gut im Hause der Jungen. Jörgensen hatte nichts mit seinen Plänen ausgerichtet. Alle anderen, nur er nicht, hatten gewusst, dass es so ausgehen würde. Die Leute wussten auch sehr gut Bescheid darüber, dass ihm der Ingenieur hundert Kronen dafür angeboten hatte und man ihn, als er die nicht annehmen wollte, sondern verlangte, an der Leitung und der Ehre teilzuhaben, zur Tür hinausgewiesen hatte.

So ruhig hatte er noch nie etwas hingenommen. Er brauste nicht auf, machte keine großen Worte, keinen Spektakel, sondern begab sich wie jeder andere Arbeiter an seine gewöhnliche Tagelöhnerarbeit im Hafen. Seine Niederlage erwähnte er nicht und erlaubte niemand daran zu rühren. Der Frau gegenüber tat er, als sei nichts geschehen.

Aber sie musste wieder sehen, wie er sich in seine Stummheit verschloss, ohne zu wissen, was in ihm vorging; sie ahnte das Schreckliche und klagte den Jungen ihre Not. Szenen machte er niemals, obwohl er hin und wieder betrunken war; er aß schweigend und ging zu Bett. Die Zeit, wo er nicht auf Arbeit war, verschlief er.

Aber als sich die Pläne so weit enthüllten, dass sie jedem bekannt wurden, war es mit seinem Arbeiten vorbei. Der Ingenieur hatte von Jörgensens Plänen genommen, was er verwenden konnte, das vermochte jeder zu sehen und da stand nun *die Kraft* mit trockenem Munde, nur weil er mehr auf den Löffel lud, als der Mund fassen konnte. Die meisten gönnten es ihm und ließen sich gründlich Zeit, es zu bereden, die Stadt war daran gewöhnt, ihre eigenen Angelegenheiten zu versäumen, um ihr ganzes Gewicht auf seinen trotzigen Nacken zu werfen. Aber nun war er doch in den Staub getreten worden, alle waren am Hafen gewesen, um zu sehen, wie *die Kraft* dort arbeitete und wie ein gemeiner Tagelöhner zu seinem eigenen großen Plan die Erde zusammenkarrte. Sie wunderten sich nur darüber, dass er es so ruhig hinnahm; es war gewissermaßen eine Enttäuschung, dass er sich nicht unter der Todeslast wand und in seiner Ohnmacht anfing zu rasen.

Er begnügte sich damit, zu trinken, aber das tat er gründlich; immer ging er wie in einem Nebel von Spiritus umher und arbeitete nur das Notwendigste, um sich Schnaps kaufen zu können. »So is er noch nie gewesen«, sagte die Frau weinend. »Er tobt und wütet nich, sondern is so gleichmäßig böse, dass es im Hause nich mehr zum Aushalten is. Alles durchsetzt er mit seiner Bosheit und schilt mit der armen Karen herum, dass es ein Jammer is. Vor keinem hat er Respekt, nur vor seiner alten Mutter, und Gott weiß, wie lange das noch währt. Er arbeitet nich, sondern trinkt nur. Mein sauer verdientes Geld stiehlt er mir aus der Kleidertasche und kauft Branntwein dafür. Er hat keine Scham mehr im Leibe, so ehrliebend er früher gewesen is. Und seinen Rausch kann er auch nich mehr tragen wie früher, er fällt und strauchelt beständig. Neulich kam er ganz blutig nach Hause und hatte sich ein Loch in den Kopf geschlagen. Was haben wir denn dem lieben Gott getan, dass er uns so heimsucht?«

Die Alte sagte nichts, sondern ließ ihren Blick von dem einen zum andern schweifen und dachte sich das Ihre.

So ging es von Woche zu Woche. Die Jungen wurden es müde, das Jammern der Mutter mit anzuhören, und hielten sich dem Hause fern.

Eines Tages, als Karen eine Besorgung für ihre Mutter machen sollte, blieb sie weg. Auch am nächsten Tag kam sie nicht. Pelle erfuhr es unten am Bootshafen, wo sie zuletzt gesehen worden war. Sie suchten mit Netzen nach ihr, aber niemand wagte es Jörgensen zu sagen. Am nächsten Nachmittag kamen sie mit ihr an der Werkstatt vorüber; Pelle wusste, was es war, als er die vielen schweren Fußtritte draußen auf der Straße hörte. Sie lag auf einer Tragbahre und zwei Männer trugen sie; vor ihr her trieb der Herbstwind die ersten fliegenden Blätter und ihre dünnen Arme hingen bis auf das Pflaster herab, als wollte sie es greifen. Das wirre Haar hing ebenfalls herab, das Wasser floss an ihr herunter. Hinter der Bahre ging *die Kraft* und war betrunken. Er hielt die Hand vor die Augen und murmelte etwas vor sich hin; jeden Augenblick hob er den Zeigefinger in die Höhe. »Sie hat Frieden gefunden«, sagte er lallend und versuchte geistreich auszusehen. »Den Frieden, der höher is denn . . . « Er konnte nicht auf das Wort kommen.

Jens und Pelle lösten die Männer an der Bahre ab und trugen sie nach Hause. Sie waren bange vor dem, was bevorstand.

Aber die Mutter stand in der Tür und nahm sie still in Empfang, als habe sie sie erwartet, und sie war nur weiß im Gesicht. »Sie hat es nicht aushalten können!«, flüsterte sie ihnen zu und kniete neben dem Kinde nieder.

Sie legte den Kopf auf den kleinen, verkrüppelten Körper und flüsterte unverständliche Worte; hin und wieder stopfte sie sich die Finger des Kindes in den Mund, um ihr Schluchzen zu ersticken. »Und du solltest eine Besorgung für Mutter machen«, sagte sie und schüttelte lächelnd den Kopf. »Du bist mir ein Mädchen, kannst nicht mal zwei Docken Garn kaufen, und das Geld, das ich dir mitgegeben hatte, das hast du wohl weggeworfen?« Ihre Worte kamen zwischen Lächeln und Weinen hervor und klangen wie leises Singen. »Hast du das Geld weggeworfen? Das macht nichts, du konntest ja nichts dafür. Liebe Kleine, liebe Kleine!« Dann versagten ihre Kräfte. Ihr zusammengepresster Mund brach auf und schloss sich wieder und so fuhr sie fort, den Kopf hin und her wiegend, während die Hände eifrig in der Tasche des Kindes wühlten. »Hast du denn die Besorgung für Mutter nich gemacht?«, jammerte sie; sie hatte das Bedürfnis, irgendetwas als Bestätigung in ihrem Schmerz zu haben, irgendetwas ganz Gleichgültiges. Und sie wühlte in dem Geldbeutel. Da lagen einige Öre und ein kleiner Papierfetzen.

Da richtete sie sich plötzlich auf. Mit fürchterlich hartem Gesicht wandte sie sich dem Mann zu, der dort an der Wand stand und hin und her schwankte. »Peter!«, schrie sie voller Angst. »Peter! Weißt du denn nicht, was du angerichtet hast? ›Verzeihung, Mutter‹, steht hier und vier Öre von den dreizehn hat sie gebraucht, um sich Zuckerkandis zu kaufen. Sieh hier, ihre Hand is noch ganz klebrig.« Sie öffnete die geballte Hand, die um ein Stück klebriges Papier geschlossen war. »Ach, das arme, verfolgte Kind! Sie hatte das Verlangen, sich ihr Dasein zu versüßen: für vier Öre Zuckerkandis und dann ins Wasser! So viel Freude is einem Kind hier im Haus beschieden. Verzeihung, Mutter, sagt sie noch, als habe sie sich versündigt. Alles, was sie tat, war ja auch verkehrt und dann musste sie ihrer Wege gehn. Karen, Karen! Ich bin ja gar nich böse auf dich, du durftest ja doch gern, was macht das wohl, die paar Öre! Ich meinte es ja gar nich so, wenn ich dir Vorwürfe darüber machte, dass du dich im Haus herumtriebst. Aber ich wusste ja nich aus noch ein: Wir hatten ja nichts zu essen. Er vertrank ja das Wenige, der da!« Sie wandte das Antlitz der Leiche dem Vater zu und zeigte auf ihn. Es war das erste Mal, dass die Frau sich anklagend gehen ihn wandte.

Aber er erfasste es nicht. »Sie hat Frieden gefunden«, murmelte er und versuchte sich ein wenig aufzurichten, »den Frieden, der ...« Aber da erhob sich die Alte in der Ecke, sie hatte sich bis dahin nicht gerührt. »Schweig, du«, sagte sie hart und setzte ihm ihren Stock auf die Brust, »oder deine alte Mutter wird den Tag verfluchen, an dem sie dich zur Welt gebracht hat!«

Dämmernd starrte er sie an; es war, als lichte sich der Nebel vor seinen Augen. Eine Weile stand er noch da und konnte den Blick nicht von der Leiche abwenden. Er sah aus, als wolle er sich neben seine Frau niederwerfen, die sich wieder über die Leiche warf und flüsterte.

Dann ging er gesenkten Kopfes nach oben und legte sich hin.

17

Es war Feierabend, als Pelle nach Hause kam; aber er hatte keine Lust, an den Strand hinunterzulaufen und zu baden. Das Bild der ertrunkenen Kleinen verfolgte ihn immerfort und zum ersten Mal trat ihm der Tod mit seinem unheimlichen Warum entgegen. Er fand keine Antwort und allmählich vergaß er es über anderen Dingen. Aber das Unheimliche selbst fuhr fort in ihm zu brüten und machte ihn bange ohne irgendwelchen Grund, sodass er sich ahnend der Dämmerung selbst erschließen musste. Die geheimen Kräfte, die von Himmel und Erde ausgehen, wenn Licht und Finsternis sich begegnen, griffen mit ihrer rätselhaften Unruhe auch nach ihm, rastlos suchte er von einem zum andern, als müsse er überall sein, um diesem Unfassbaren zu begegnen, das drohend hinter allem stand. Zum ersten Mal empfand er die Unerbittlichkeit ohne ihre Verkleidung in dies oder jenes, das er selbst verbrochen hatte, noch nie hatte sich das Leben selbst mit seiner schweren Last auf ihn gelegt.

Es war Pelle, als rufe ihn etwas, er konnte sich aber nicht darüber klar werden, woher der Ruf kam. Er kroch vom Fenster auf das Dach hinaus und von da auf den Dachfirst; vielleicht war es die Welt. Die hunderte von Ziegeldächern der Stadt lagen da und sogen Purpur vom Abendhimmel ein, es stieg ein blauer Rauch auf. Und Stimmen erhoben sich aus der heißen Dunkelheit unter den Häusern. Er hörte auch des verrückten Ankers Rufe; wie die Klage eines wilden Tieres waren diese ewigen sinnlosen Prophezeiungen! Das Meer dort unten und die schweren Tannenwälder im Norden und Süden – er hatte das alles lange gekannt.

Dann sang es ihm in den Ohren – und draußen in der Ferne; und hinter ihm stand jemand und blies heiß den Atem in seinen Nacken. Er wandte sich langsam um. Bange im Dunkeln war er nicht mehr und er wusste im Voraus, dass da nichts war. In sein tagklares Gemüt hatte sich die Dämmerung eingeschlichen mit ihrem geheimnisvollen Treiben von Wesen, die sich mit keinem Sinn feststellen ließen.

Er schlenderte auf dem Hof umher; überall herrschte tiefe Ruhe. Der Kater Peers saß auf der Regenwassertonne und miaute jämmerlich nach einem Spatz, der auf der Trockenleine saß. Der junge Meister hustete in seiner Stube, er war schon zu Bett. Pelle beugte sich über den Brunnenrand und guckte leeren Blickes über die Gärten hinweg; ihm war heiß und wirr, aber von dem Brunnen stieg erfrischende Kälte auf. Die Fledermäuse glitten wie Geister durch die Luft, kamen seinem Gesicht so nahe, dass er den Luftzug spürte, und machten dann mit einem kleinen Klatschen kehrt. Er hatte das schmerzhafte Bedürfnis, zu weinen.

Oben zwischen den hohen Johannisbeersträuchern bewegte sich etwas und Fräulein Sjermannas Kopf kam zum Vorschein. Sie ging behutsam und sah sich um. Als sie Pelle erblickte, kam sie schnell heran.

»Guten Abend!«, flüsterte sie.

»Guten Abend!«, antwortete er laut, entzückt, einen Menschen wieder zu gewinnen.

»St! Du musst nicht so schreien!«, sagte die gebieterisch.

»Aber warum denn nicht?« Pelle flüsterte jetzt auch. Er war ganz ängstlich geworden.

»Weil du es nicht sollst, du Schaf! Komm, ich will dir was ins Ohr sagen. Nein, noch näher heran!«

Pelle streckte den Kopf in den hohen Holunderbusch. Plötzlich hatte sie beide Hände um seinen Kopf gelegt, sie küsste ihn heftig und stieß ihn dann zurück. Er suchte tastend nach einem Halt, aber sie stand da und lachte. Ihr Gesicht glühte in der Finsternis.

»Du hast ja gar nichts gehört«, sagte sie flüsternd. »Komm, ich will es dir sagen!«

Diesmal lachte er über das ganze Gesicht und schob sie eifrig in den Holunderbusch hinein. Aber im selben Augenblick fühlte er ihre geballte Faust im Gesicht. Sie lachte verächtlich, er blieb in derselben Stellung stehen wie gelähmt; den Mund hielt er vorgestreckt, als warte er noch immer auf den Kuss. »Warum schlägst du mich?«, fragte er und starrte sie gebrochen an.

»Weil ich dich nicht ausstehen kann! Du bist ein richtiges Ekel, so dämlich!«

»Ich habe dir doch nie was getan!«

»So? Aber du hast es wohl verdient, was brauchst du mich zu küssen!«

Pelle stand da und stammelte hilflos. Seine ganze Erfahrungswelt brach unter ihm zusammen. »Das habe *ich* doch nicht getan!«, brachte er endlich hervor; er sah ungeheuer dumm aus.

Manna äffte seinen Tonfall nach. »Uh! Buh! Gib Acht, sonst frierst du am Erdboden fest und wirst zu einem Laternenpfahl. Hier am Zaun ist wirklich nichts, was dein Verstand irgendwie beleuchten könnte.«

Mit einem Satz war Pelle über den Zaun. Manna nahm ihn hastig bei der Hand und zog ihn zwischen den Büschen hindurch. »Aïna und Dolores kommen gleich; dann wollen wir spielen«, erklärte sie.

»Ich glaubte, sie dürften abends nicht mehr draußen sein«, sagte Pelle und ließ sich willenlos führen.

Sie erwiderte nichts, sah sich aber um, als wolle sie ihn mit etwas traktieren wie in alten Zeiten. Dann streifte sie eine Hand voll Johannisbeerblätter von den Zweigen ab und stopfte sie ihm in den Mund. »Da, nimm das und halt 's Maul!« Sie war wieder ganz die alte Manna und Pelle lachte.

Sie waren an der Laube angekommen. Manna kühlte seine geschwollene Wange mit nasser Erde, während sie warteten.

»Hat es sehr wehgetan?«, fragte sie teilnahmsvoll und legte den Arm um seine Schulter.

»Das macht gar nichts. Ach was, eine Ohrfeige«, erwiderte er männlich.

»Das meinte ich gar nicht. Du weißt wohl – hat *das* sehr wehgetan?« Pelle sah sie schwermütig an. Sie sah neugierig aus. »War es hier?«, sagte sie. Ihre Hand glitt über seinen Rücken.

Er erhob sich still, um zu gehen, aber sie packte ihn am Handgelenk. »Verzeih mir«, flüsterte sie.

»Kommen die anderen denn nich bald?«, fragte Pelle hart; er nahm sich vor sich zornig zu stellen wie in alten Zeiten.

»Nein, sie kommen überhaupt nicht! Ich habe dich angeführt. Ich wollte mit dir reden!« Manna holte tief Atem.

»Ich glaubte, du wolltest nichts mehr mit mir zu tun haben!«

»Das will ich auch nicht! Ich will ja nur . . . « Sie vollendete den Satz nicht und stampfte zornig auf die Erde. Dann sagte sie langsam und gewichtig mit dem Ernst eines Kindes: »Weißt du, was ich glaube? Ich glaube, ich liebe dich!«

»Dann können wir ja heiraten, wenn wir alt genug sind«, erwiderte Pelle erfreut.

Sie sah ihn einen Augenblick mit abwägendem Blicken an. Das Rathaus, die Prügel, dachte Pelle. Er war sich klar darüber, dass er jetzt zuschlagen würde, aber da lachte sie.

»Ach, was für ein Schafskopf du doch bist«, sagte sie und ließ wie in Gedanken die nasse Erde in seinen Rücken fallen.

Pelle dachte einen Augenblick lang an Vergeltung und steckte dann wie im Übermut die Hand in ihren Busen. Sie fiel weich, in demütig verwundertem Tasten; eine neue Erkenntnis stieg in ihm auf und veranlasste ihn das Mädchen kräftig zu umfassen.

Sie sah ihn überrascht an und wollte sanft seine Hand entfernen, aber es war zu spät. Der Junge hatte den großen Sprung zu ihr hinüber gemacht.

Als Pelle nach Hause schlich, war er überwältigt, aber nicht glücklich. Sein Herz hämmerte wild und in ihm herrschte ein Chaos. Ganz instinktiv ging er sehr leise. Lange lag er da und warf sich hin und her, ohne Schlaf finden zu können; sein Sinn hatte sich dem Rätselhaften erschlossen und nun entdeckte er das lebendige Blut in sich. Es sang ihm sein Lied ins Ohr, saugte sich im Herzen und in den Wangen fest, plauderte in unzähligen Pulsen, sodass sein Körper vibrierte. Stark und geheimnisvoll pulste es in ihm und erfüllte ihn mit warmem, tiefem Staunen – nie zuvor hatte er dies alles gewusst.

In der folgenden Zeit war sein Blut sein geheimer Mitwisser in allem; er empfand es wie eine Liebkosung, wenn es die Glieder füllte und in Hals und Handgelenk ein gespanntes Gefühl hervorrief. Er hatte jetzt sein Geheimnis und verriet mit keiner Miene, dass er jemals Sjermanna gekannt hatte. Seine hellen Tage hatten sich auf einmal in helle Nächte verwandelt. Er war noch Kind genug, um sich nach der alten Zeit mit ihren offenen Tagesspielen zu sehnen, aber irgendetwas veranlasste ihn vorwärts zu lauschen und die Seele suchend dem Geheimnisvollen entgegenzuneigen. Die Nacht hatte ihn ihrer Mysterien teilhaftig gemacht. Mit Manna sprach er nie wieder. In den Garten kam sie niemals, und begegnete er ihr, so bog sie in eine andere Straße. Über ihrem Gesicht lag beständig eine rote Flamme. Bald darauf kam sie auf ein Gehöft im Ostland, wo ein Onkel von ihr wohnte.

Pelle aber empfand nichts und war über nichts traurig. Er ging wie in einem Halbschlummer herum, alles stand unklar, verschleiert vor seiner Seele. Er war ganz verwirrt von alledem, was in ihm vorging. Da drinnen hämmerte es und arbeitete es in allen Winkeln. Vorstellungen, die zu zart waren, wurden niedergebrochen und stärkere aufgerichtet, die den Mann tragen konnten. Seine Glieder härteten sich; die Muskeln wurden gestählt; sein Rücken wurde breiter; ihn erfüllte ein Gefühl dumpfer Kraft. Zuweilen erwachte er aus dem Halbschlummer zu einem kurzen Staunen, wenn er sich in irgendeiner Hinsicht als Mann fühlte.

So, als er eines Tages seine eigene Stimme hörte. Sie hatte einen tiefen Klang bekommen, der ganz fremd in seinem Ohr tönte und ihn veranlasste zu lauschen, als sei es ein ganz anderer, der da redete.

18

Pelle kämpfte gegen den Rückgang in der Werkstatt. Es war ein neuer Lehrling gekommen, aber alles Schwierige musste nach wie vor er erledigen. Er besorgte die Leiherei und kaufte auf Kredit ein; er musste zu den ungeduldigen Kunden und versuchen sie zu beschwichtigen. Er rührte seine Glieder, lernte aber nichts Ordentliches. »Lauf gleich einmal nach dem Hafen hinunter«, pflegte der Meister zu sagen, »vielleicht is da Arbeit zu holen!« Aber der Meister interessierte sich mehr für die Neuigkeiten, die er von dort mitbrachte.

Pelle lief auch ohne Aufforderung zum Hafen hinunter. Dorthin musste jeder in der Stadt, sooft er hinauskam; er war das Herz, durch ihn kam und ging alles; das Geld und die Phantasien und ihre Befriedigung. Jeder war zur See gefahren und hatte da draußen seine besten Erinnerungen und seine härtesten Kämpfe liegen. Den Weg hinaus nahmen die Träume, das Meer lag dahinter und zog die Gedanken an sich, die der Jungen, die hinauswollten, um sich zu tummeln, und die der Alten, die in ihren Erinnerungen lebten. Es war der Sang in allen Gemütern und der Gott im Allerinnersten aller Gemüter; der Überschuss des Lebens schweifte dahinaus, all das Unerklärliche und Mystische. Das Blut von tausenden hatte das Meer getrunken, ohne seine Farbe zu ändern; das Rätsel des Lebens brütete in seinen ruhelosen Wassern.

Aus dem Boden der Tiefe stieg das Schicksal auf und zeichnete seinen Mann; er konnte sich an Land retten wie Bäcker Jörgensen, der nie mehr auf See ging, nachdem man ihn gewarnt hatte, oder im Schlaf aufstehen und gerade über die Schiffswand hinausspazieren wie Bootsmann Jensen. Die Schiffe sanken zu den Ertrunkenen hinunter, um ihnen zu bringen, was sie benötigten; die blutlosen Kinder des Meeres stiegen von Zeit zu Zeit ans Ufer, um mit Kindern zu spielen, die am Sonntag geboren waren, und ihnen Glück oder Tod zu bringen.

Über das Meer herüber kam dreimal die Woche der Dampfer und brachte Nachricht aus Kopenhagen, und es kamen Schiffe, die ganz vereist waren und andere die ein schweres Leck hatten oder Leichen an Bord führten, und große Schiffe, die zu den warmen Ländern fuhren und richtige Neger unter der Besatzung hatten.

Dort unten standen die Alten, die die See verlassen hatten und starrten den langen Tag hinaus über den Tummelplatz ihrer Mannesjahre, bis der Tod sie holte. Das Meer hatte ihnen Gicht in die Glieder geblasen, sie hatten sich krumm und schief geschlagen und in den Winternächten konnte man sie vor Schmerz brüllen hören wie wilde Tiere. Hier unten trieb sich aller Auswurf herum, Invaliden und Hinfällige und Träge; und Leute, die geschäftstüchtig waren, jagten mit flatternden Rockschößen hin und her, um dem Profit nachzuschnüffeln.

Die Jugend tummelte sich hier dauernd; es war, als komme man der Zukunft entgegen, wenn man hier am offenen Meer spielte. Viele kamen niemals weiter, aber viele ließen sich erfassen und wirbelten in die Ungewissheit hinaus – wie Nilen. Als die Schiffe aufgetakelt wurden, konnte er nicht länger widerstehen. Er opferte zwei Jahre Lehrzeit und nahm Reißaus an Bord eines Schiffes, das auf lange Fahrt ging. Jetzt war er weit draußen im Passat, mit Rotholz, auf dem Wege südlich um Amerika herum.

Und mit jedem Dampfer zogen einige aus. Die Mädchen waren die Mutigsten, wenn es sich darum handelte, sich loszureißen; sie dampften schnell von dannen und zogen junge Männer in blinder Verliebtheit nach sich. Und die Männer strebten hinaus, um etwas zu versuchen, das ihnen mehr gäbe als die Heimat.

Pelle hatte alles dies schon einmal erlebt – dies selbe Sehnen – und fühlte selbst den Drang nach der Ferne in sich. Draußen auf dem Lande war es der Traum aller Armen, sich nach der Stadt durchzukämpfen, und die Kühnsten wagten es eines Tages mit heißen Wangen, während die Alten warnend von der Verderbnis der Stadt sprachen. Und in der Stadt träumten sie von der Hauptstadt Kopenhagen, das war das Glück! Wer mutig war, hing eines Tages über der Schiffsreling und winkte Lebewohl mit einem unsichtbaren Zug über den Augen, als spiele er ein hohes Spiel; da drüben sollte man es ja mit den Tüchtigsten aufnehmen. Aber die Alten schüttelten den Kopf und sprachen viel von den Versuchungen und der Verderbnis der Hauptstadt.

Hin und wieder kam wohl einer zurück und gab ihnen Recht. Dann liefen sie zufrieden von Tür zu Tür. »Haben wir es nicht gesagt!« Aber manche kamen zu den Feiertagen nach Hause und waren so fein, dass des Verwunderns kein Ende war. Und diesem oder jenem Mädchen war es sogar sehr gut gegangen, sodass man die Ansicht des Larsen Holzbein über sie einholen musste.

Die Mädchen, die sich da drüben verheiratet hatten, ja, die waren ja versorgt. Sie kamen in Abständen von langen Jahren wieder in die Heimat zu den Eltern, reisten auf dem Deck zwischen dem Vieh und gaben der Stewardess fünfzig Öre, um in der Zeitung als Kajütpassagier genannt zu werden. Fein angezogen waren sie ja; aber die Gesichter redeten mit in ihrer Schmalheit.

»Da is sicher nich Essen genug für alle, da drüben!«, sagten die alten Frauen.

Aber Pelle interessierte sich nicht für die Heimkehrenden. Alle seine Gedanken gingen mit denen, die von dannen zogen; das Herz schmerzte ihm in der Brust, so stark war die Sehnsucht in ihm. Das Meer, mochte es kochen oder träge daliegen, füllte ständig seinen Kopf mit dem Brausen der Welt da drüben, mit einem dumpfen, heimlichen Gesang vom Glück.

Als er eines Tages auf dem Weg zum Hafen war, begegnete er dem alten Dachdecker Holm vom Steinhof. Holm ging umher und sah die Häuser von oben bis unten an, er hob die Beine ganz hoch vor lauter Verwunderung und schwatzte mit sich selber. Am Arm hatte er seinen Spankorb mit Butterbrot, Schnaps und Bier.

»Na, da is doch endlich einer!«, sagte er und gab ihm die Hand. »Ich ging hier gerade herum und wunderte mich darüber, wo sie alle bleiben, die Jahr für Jahr hinausziehen, und ob sie es zu was gebracht haben. Mutter und ich haben oft davon geredet, dass es hübsch sein würde, zu wissen, wie sich die Zukunft für diesen oder jenen gemacht hat. Und heute Morgen sagte sie, nun wäre es wohl am besten, wenn ich mal kurzen Prozess machte, ehe ich es ganz verlernte, mich hier in den Straßen zurechtzufinden. Na, nach dem, was ich bisher gesehen habe, brauchen Mutter und ich nich zu bereuen, dass wir zu Hause geblieben sind. Hier wächst nichts weiter als Laternenpfähle, und die großzuziehen, darauf versteht sich Mutter wohl nich. Strohdächer habe ich hier auch nich gesehen. Hier in der Stadt gönnen sie dem Dachdecker wohl nich das liebe Brot. – Aber den Hafen will ich doch sehen, ehe ich nach Hause gehe.«

»Dann gehen wir zusammen«, sagte Pelle. Er freute sich Leute aus der Heimat zu treffen. Das Land um den Steinhof herum war für ihn immer noch die Heimat seiner Kindheit. Er plauderte und zeigte.

»Ja, ich bin früher schon ein-, zwei-, dreimal hier am Hafen gewesen«, sagte Holm, »aber den Dampfer habe ich nie zu sehen gekriegt. Sie erzählen ja sonst große Dinge davon; sie sagen, dass alle unsere Produkte mit dem Dampfer in die Hauptstadt gebracht werden.«

»Er liegt heute hier«, sagte Pelle. »Heut Abend geht er ab.«
Holms Augen strahlten. »Dann krieg ich den Burschen ja auch zu sehen. Den Rauch habe ich ja so oft daheim von den Hügeln aus über das Meer wandern sehen, und das gab einem immer so viel zu denken. Sie sagen ja, dass er Kohlen frisst und aus Eisen is.« Er sah Pelle unsicher an.

Das große, leere Hafenbecken, in dem ein paar hundert Männer an der Arbeit waren, interessierte ihn sehr. Pelle zeigte ihm *die Kraft,* der sich dort abmühte wie ein Blödsinniger und sich die schwerste Arbeit aufpacken ließ.

»So, der is das!«, rief Holm aus. »Ich hab seinen Vater gekannt; das war ein Mann, der hoch hinauswollte, aber er hat es zu nichts gebracht. Und wie geht es denn deinem Vater? Wohl nich zum Besten, wie ich gehört hab?«

Pelle war vor kurzem zu Hause gewesen; es ging nicht gut dort, aber darüber schwieg er. »Karna kränkelt ja ein wenig«, war das Einzige, was er sagte. »Sie hat sich zu viel zugemutet und sich verhoben.«

»Sie sagen, dass es ihm schwer wird, durchzukommen. Die haben sich wohl zu viel aufgeladen«, fuhr Holm fort. Pelle erwiderte nichts; und dann nahm der Dampfer ihre ganze Aufmerksamkeit in Anspruch. Holm vergaß ganz den Mund zu gebrauchen – so redselig er sonst auch war.

Es wurde gerade Stückgut in den Dampfer eingeladen; an beiden Luken sang die Dampfwinde und fauchte jedes Mal, wenn sie nach einer anderen Richtung herumgedreht wurde. Holm wurden die Beine so leicht, er stand wie auf Nadeln; wenn der Kran über den Kai geschwungen wurde und die Ketten rasselnd herunterfuhren, floh er hinüber bis an den Speicher. Pelle wollte ihn mit an Bord nehmen, aber davon wollte Holm nichts wissen. »Der sieht ja aus wie ein boshaftes Ungetüm«, sagte er, »so wie er niest und sich anstellt.«

Auf dem Kai lag an der vorderen Luke ein Haufen armseligen

Hausrats. Ein Mann stand da und hielt einen Mahagonispiegel, den einzigen Wertgegenstand, in den Armen; seine Miene war finster. Aus der Art und Weise, wie er sich die Nase schnäuzte – mit dem Knöchel statt mit den Fingern –, konnte man sehen, dass er etwas Ungewöhnliches vorhatte. Sein Blick hing unverwandt an dem armseligen Hab und Gut und verfolgte ängstlich jedes zerbrechliche Stück auf seiner luftigen Reise in den Bauch des Schiffes. Die Frau und die Kinder saßen auf der Brustwehr und aßen aus den Vorratskörben. Sie hatten wohl schon seit Stunden hier gesessen. Die Kinder waren weinerlich und müde, die Mutter redete ihnen zu und legte sie zum Schlafen auf die Steine.

»Reisen wir noch nich bald?«, fragten sie fortwährend in jammerndem Ton.

»Ja, jetzt geht das Schiff gleich, aber dann müsst ihr sehr lieb sein, sonst will es euch nich mitnehmen. Und dann kommt ihr in die Hauptstadt, wo sie Weißbrot essen und immer in Lederstiefeln gehen. Da wohnt der König und da haben sie alles in den Läden.« Sie legte ihnen ihr Umschlagtuch unter den Kopf.

»Aber das is ja Per Ankers Sohn aus Blaaholt!«, rief Holm, als er eine Weile dagestanden und den Mann angesehen hatte. »Was, du willst das Land verlassen?«

»Ja, das habe ich mir so gedacht«, antwortete der Mann kleinlaut und fuhr sich mit der Hand übers Gesicht.

»Und ich glaubte, es ginge dir so gut. Bist du nich ins Ostland gezogen und hast da einen Gasthof übernommen?«

»Ja, sie haben mich da hingelockt und jetzt habe ich alles zugesetzt dabei.«

»Du hättest dich vorsehen sollen, das kostet nichts weiter als die Mühe.«

»Wo sie mir nun aber falsche Bücher vorgelegt haben, die einen größeren Überschuss angaben, als da wirklich war! Reeder Monsen stand hinter der ganzen Geschichte, zusammen mit einem

Bierbrauer von oben, der für ausstehende Gelder das Hotel übernommen hatte.«

»Aber wie sind die Großen nur auf dich verfallen?« Holm kraute sich den Kopf, er begriff das nicht.

»Ach, sie hatten wohl von den Zehntausend gehört, die ich von Vater geerbt hatte. Nach so was werfen sie ja ihre Netze aus. Und dann schickten sie mir eines Tages einen Kommissionär auf den Leib. Zehntausend langte gerade für die Anzahlung und nun haben sie das Hotel wieder übernommen. Aus Mitleid ließen sie mich diesen Rumpelkram hier behalten. Aber mir is das egal.« Er wandte plötzlich sein Gesicht ab und weinte; und dann kam schnell die Frau herbei.

Holm zog Pelle mit sich. »Sie wollen uns am liebsten los sein«, sagte er leise.

Er fuhr fort über das traurige Schicksal des Mannes zu reden, während sie an der Mole entlangschlenderten. Aber Pelle hörte ihm nicht zu. Er hatte einen kleinen Schoner entdeckt, der draußen kreuzte, und wurde immer unruhiger.

»Ich glaube, das is der Islandschoner«, sagte er endlich, »dann muss ich nach Hause!«

»Ja, lauf nur«, sagte Holm, »und vielen Dank für deine Führung, und grüß auch Lasse und Karna.«

Oben auf dem Hafenhügel begegnete Pelle Meister Jeppe und noch ein Stück weiter Drejer, Klausen und Blom. Der Islandfahrer hatte seit mehreren Monaten auf sich warten lassen; das Gerücht, dass er in Sicht sei, verbreitete sich schnell und alle Schuhmacher der ganzen Stadt rannten los, um zu hören, ob er ein gutes Geschäft gemacht hatte, noch ehe die Landungsbrücke angelegt war.

»Jetzt is der Islandfahrer da«, sagten die Kaufleute und Lederhändler, wenn sie sie rennen sahen. »Nun müssen wir uns beeilen die Rechnungen auszuschreiben, denn nun kommen die Schuster zu Geld.«

Aber der Schiffer hatte das meiste Schuhzeug noch im Schiff und kam mit der Schreckensbotschaft, dass auf Island kein Schuhzeug mehr abzusetzen sei. Das Wintergeschäft war den Schustern verdorben.

»Was soll das bedeuten?«, fragte Jeppe bitter. »Du hast doch lange genug dazu gebraucht. Hast du da drüben eine neue Tour versucht? Die andern Jahre hast du doch alles von vorn bis hinten verkaufen können?«

»Ich hab getan, was ich konnte«, erwiderte der Schiffer finster. »Habe es den Händlern in großen Partien angeboten und Kleinhandel vom Schiff aus getrieben. Die ganze Westküste habe ich abgegrast, aber da is nichts mehr zu machen.«

»Nanu«, sagte Jeppe entsetzt, »wollen denn die Isländer ohne Schuhzeug gehn?«

»Die Fabriken«, antwortete der Schiffer.

»Die Fabriken, die Fabriken!« Jeppe lachte höhnisch, aber mit einem Anflug von Unsicherheit. »Du willst mir am Ende einreden, dass die Schuhe auf der Maschine machen können: zuschneiden und anpflöcken und steppen und Sohlen annähen und alles? Nein, das kann verdammt und verflucht, bloß die Menschenhand, die von Menschenverstand geleitet wird. Schuhzeug machen is nur Menschenarbeit. Ich sollte durch eine Maschine ersetzt werden können, durch ein paar Räder, die sich herumdrehen? Eine Maschine ist tot, das weiß ich, die kann nich denken oder sich Umstände machen; denn so soll für den bestimmten Fuß gearbeitet werden, weil die Zehen empfindlich sind, oder hier will ich der Sohle diesen Schnitt in der Fußhöhlung geben, dass es hübsch aussieht, oder – nu muss man aufpassen, sonst schneidet man ins Oberleder!«

»Es gibt Maschinen, die Schuhe machen, und sie machen sie billiger als ihr«, sagte der Schiffer kurz angebunden.

»Das möcht ich sehen! Kannst du mir einen Schuh zeigen, der

nich von Menschenhand gemacht is?« Jeppe lachte höhnisch.
»Nein, da steckt was anderes dahinter, weiß Gott. Irgendeiner will uns einen Streich spielen.« Der Schiffer ging beleidigt seiner Wege.

Jeppe blieb dabei, dass es nicht mit rechten Dingen zugehe, aber das mit der Maschine spukte ihm doch im Kopf herum. Er kam immer wieder darauf zurück.

»Nun machen sie wohl auch bald Menschen mit der Maschine«, stieß er wütend hervor.

»Nee, da glaub ich denn doch, dass sich da die alte Methode hält«, sagte Bäcker Jörgen.

Eines Tages trat der Schiffer in die Werkstatt, schmiss ein Paar Schuhe auf den Fenstertritt und ging wieder. Sie waren in England gekauft und gehörten dem Steuermann einer Bark, die eben in den Hafen eingelaufen war. Der junge Meister betrachtete sie, drehte sie in der Hand herum und betrachtete sie von neuem. Dann rief er Jeppe. Sie waren durchgenäht, Schuhe für erwachsene Männer, und durchgenäht! Zu allem Überfluss stand der Fabrikstempel noch unter der Sohle.

Jeppe ließ ihnen nicht für zwei Schillinge Ehre. Aber über die Tatsache selbst konnte er nicht hinwegkommen.

»Dann sind wir ja überflüssig«, sagte er zitternd und seine ganze Größe war wie weggeblasen. »Denn wenn sie das eine auf der Maschine machen können, dann können sie auch das andere. Und dann is das Fach zum Tode verurteilt und wir sind alle eines schönen Tages brotlos. Na, ich habe gottlob nich mehr lange zu leben!« Es war das erste Mal, dass Jeppe eingestand, dass auch er dem lieben Gott einen Tod schuldig war.

Jedes Mal, wenn er in die Werkstatt kam, fing er von demselben Thema an und drehte den geschmähten Schuh zwischen den Händen. Dann kritisierte er: »Wir müssen uns nächsten Winter mehr Mühe geben!«

»Vater vergisst, dass es mit uns Matthäi am Letzten is!«, sagte der junge Meister müde.

Dann schwieg der Alte und humpelte hinaus. Aber nach einer Weile war er wieder da und fingerte an dem Schuh herum, um den Fehler ausfindig zu machen. Seine Gedanken kreisten ständig um das Neue; es kam kein Lobgesang über das Fach mehr von seinen Lippen. Wenn die jüngeren Meister kamen und in einem schwierigen Fall um seine Hilfe baten, sagte er Nein; er fühlte kein Bedürfnis mehr, mit den alten Kunstgriffen über die Jugend zu triumphieren, sondern schlurfte umher und fiel zusammen. »Und alles, was wir so hoch gestellt haben, was is nu damit?«, konnte er fragen. »Denn Maschinen machen doch wohl nich Meisterstücke und Medaillenarbeit? Wo bleibt da die Tüchtigkeit!«

Der junge Meister sah nicht so weit, er dachte hauptsächlich an das Geld, das ihnen jetzt fehlte. »Zum Teufel auch, wie sollen wir jetzt jedem gerecht werden, Pelle?«, fragte er trübselig.

Der kleine Nikas musste sich nach etwas anderem umsehen, ihre Mittel erlaubten ihnen jetzt nicht mehr einen Gesellen zu halten. So beschloss er denn sich zu verheiraten und sich als Meister im Norden niederzulassen. Der Schuster der Baptistengemeinde war gerade gestorben und er konnte Kunden genug bekommen, wenn er sich in die Sekte einschlich – er lief schon in ihre Versammlungen. »Sei aber vorsichtig«, sagte Jeppe, »sonst geht die Sache schief!«

Es war ein harter Schlag für sie alle. Klausen machte Bankrott und musste Arbeit am neuen Hafen annehmen. Blom nahm Reißaus und ließ Frau und Kind zurück, die mussten nach Hause zu ihren Eltern gehen. In der Werkstatt war es schon lange rückwärts gegangen. Nun kam das noch hinzu und warf ein grelles Licht auf den ganzen Rückgang. Aber der junge Meister schob es von sich. »Jetzt bin ich bald wieder gesund«, sagte er, »und dann sollt ihr nur sehen, wie ich das Geschäft in die Höhe bringen werde!« Er lag jetzt mehr zu Bett und war empfindlich gegen raue Witterung. Pelle musste alles übernehmen.

»Lauf hin und pumpe!«, sagte der Meister nur. Und wenn Pelle mit einem Nein zurückkam, sah er ihn mit seinem verwunderten großen Blick an. »Diese Krämerseelen!«, rief er aus. »Da müssen wir die Sohlen festpflöcken.«

»Bei Damenlackschuhen geht das nich!«, erwiderte Pelle sehr bestimmt.

»Verdammt und verflucht, es muss gehen! Wir putzen den Boden mit schwarzem Wachs über!«

Aber als das ganze Schwarze abgetreten war, kamen Fräulein Lund und die andern und waren böse. Sie waren nicht daran gewöhnt, mit gepflöckten Schuhen zu gehen. »Das is ein Missverständnis!«, sagte der junge Meister, dem der klare Schweiß auf der Stirn stand. Oder er versteckte sich und überließ die Erklärungen Pelle. Wenn es dann überstanden war, keuchte er vor Ermattung und langte nach dem Bord hinauf. »Kannst du mir nich was schaffen, Pelle?«, flüsterte er.

Eines Tages, als sie allein waren, fasste Pelle Mut und sagte, es sei gewiss nicht gesund mit all dem Spiritus, der Meister brauche so viel.

»Gesund?«, sagte der Meister. »Nein, weiß Gott, es ist nicht gesund! Aber die Viecher fordern es ja! Anfangs konnte ich das Gesöff nich runterkriegen, namentlich kein Bier, aber jetzt habe ich mich daran gewöhnt. Wenn ich sie nich füttere, würden sie bald über mich selber herstürzen und drauflosfressen.«

»Fressen sie denn Spiritus?«

»Na und ob! So viel, wie du nur auf sie runtergießen willst. Oder hast du mich jemals berauscht gesehen? Ich kann gar nich betrunken werden, die Tuberkeln nehmen alles auf. – Und für die is es das reine Gift. An dem Tage, wo ich wieder betrunken werden kann, will ich Gott danken, denn dann sind die Biester krepiert und der Spiritus kann wieder auf mich losgehen. Dann handelt es sich nur darum, wieder anzuhalten, sonst geht der Verstand zum Deubel!«

Die Kost wurde noch schmaler, seit der Geselle weg war. Meisters hatten im Frühling kein Geld gehabt, ein Ferkel zu kaufen. So war niemand da, der den Abfall bekommen konnte, und sie mussten alles selber aufessen. Meister Andres aß nie mit ihnen. Er nahm fast keine Nahrung mehr zu sich; ein paar Butterbrote hin und wieder, das war alles. Das Frühstück um halb acht aßen sie allein. Es bestand aus Salzheringen, Brot mit Schweineschmalz und Suppe. Die Suppe war aus allerlei Brot- und Grützresten mit einem Zusatz von Dünnbier gekocht; sie war gegoren und ungenießbar. Was von der Suppe übrig blieb, kam in eine große Kruke, die in der Küche in einer Ecke an der Erde stand, und wurde am nächsten Tage mit ein wenig frischem Bier wieder aufwärmt. So ging es das ganze Jahr. Der Inhalt wurde nur erneuert, wenn irgendeiner gegen die Kruke stieß, sodass sie zerbrach. Die Jungen hielten sich an den Hering und das Schmalz, in der Suppe fischten sie lediglich herum. Sie machten sich einen Spaß daraus, irgendeinen Gegenstand hineinzuwerfen und ihn nach einem halben Jahr wieder zu finden.

Jeppe lag noch im Alkoven und schlief, die Nachtmütze schief über das eine Auge geschoben. Im Schlaf hatte er noch immer einen Zug von Selbstgefühl. Die Stube war dick von Dünsten, der Alte holte auf eigene Weise Luft, atmete sie mit einem langen Schnarchen ein und ließ sie rummelnd durch sich hindurchlaufen. Wurde es zu arg, so machten die Jungen Lärm, dann erwachte er und schimpfte.

Heiß sehnten sie sich nach dem Mittagessen; sobald Jeppe sein »Essen!« zur Tür hereingerufen hatte, warfen sie alles hin, ordneten sich nach dem Alter und liefen hinter ihm drein. Sie hielten einander hinten an den Jacken fest und machten stumme Grimassen.

Oben am Tischende thronte Jeppe, ein Käppchen auf dem Kopf, bemüht stramme Tischsitte zu halten. Niemand durfte vor ihm anfangen oder weiteressen, wenn er aufgehört hatte. Dann griffen sie nach dem Löffel, legten ihn mit einem entsetzten Blick auf den Alten wieder hin und waren nahe daran, vor verhaltenem Lachen zu vergehen. »Ja, ich bin heute sehr hungrig, aber daran braucht ihr euch ja nich zu kehren!«, pflegte er zu warnen, wenn sie so recht im Gange waren. Pelle blinzelte den andern zu und sie fuhren fort zu essen, leerten eine Schüssel nach der andern und fuhren fort. »Es gibt keinen Respekt mehr!«, brüllte Jeppe und schlug auf den Tisch. Aber wenn er rülpste, fuhr plötzlich die Disziplin in sie und alle rülpsten der Reihe nach. Aber Meister Andres musste sich zuweilen etwas im Zimmer zu schaffen machen, wenn es zu arg wurde.

Die lange Arbeitszeit, die magere Kost und die schlechte Luft in der Werkstatt hinterließen ihre Spuren bei Pelle. Seine Ergebenheit für Meister Andres war ohne Grenzen; er könnte bis Mitternacht dasitzen und ohne Vergütung arbeiten, wenn etwas fertig gestellt werden musste. Im Übrigen aber glitt er unmerklich in den Schlendrian der andern hinein und machte sich deren Auffassung vom Tage als von etwas endlos Unangenehmen zu Eigen, über das hinwegzukommen man sich bemühen musste. Es war rein physisch notwendig, mit halber Kraft zu arbeiten, und er wurde träge in seinen Bewegungen, überhaupt weniger handlungsfreudig, mehr grüblerisch. Das Halbdunkel in der Werkstatt bleichte seine Haut und erfüllte ihn mit ungesunden Phantasien.

Für eigene Rechnung verdiente er nicht viel, aber er hatte gelernt mit wenigem hauszuhalten. Jedes Mal, wenn er ein Zehnörestück erwischen konnte, kaufte er eine Sparmarke dafür und konnte auf diese Weise die Schillinge zusammenhalten, sodass eine kleine Summe daraus wurde. Hin und wieder erhielt er auch ein wenig Unterstützung von Lasse, dem es übrigens schwerer und schwerer wurde, etwas zu entbehren. Und im Übrigen hatte er gelernt mit seiner Armut zufrieden zu sein.

19

Der verrückte Anker stieß die Werkstatttür auf. »Bjerregrav ist tot!«, sagte er feierlich. »Jetzt gibt es nur noch einen, der über das Elend trauert!« Dann ging er weiter und rief die Botschaft zu Bäcker Jörgen hinein. Sie hörten ihn von Haus zu Haus gehen, die ganze Straße entlang.

Bjerregrav tot? Noch gestern Abend hat er ja hier auf dem Stuhl am Fenstertritt gesessen und die Krücken standen in der Ecke an der Tür! Er hatte auf seine übliche naive Art allen die Hand gegeben, diese viel zu weiche Hand, bei deren Berührung sie alle ein Unbehagen empfanden, weil sie so zudringlich, fast hautlos in ihrer Wärme war, als habe man unversehens einen nackten Körperteil eines Menschen angerührt. Pelle musste immer an Vater Lasse denken, der auch nie lernte sich zu panzern, sondern allen bösen Erfahrungen zum Trotz dieselbe treuherzige, einfältige Seele blieb.

Der große Bäcker wandte sich wie gewöhnlich gegen ihn – er wurde roh bei der Berührung mit diesem kindlich Hautlosen, der das Herz ganz in einen Händedruck einfließen ließ. »Na, Bjerregrav, hast du es denn mal versucht, das, du weißt ja – seit wir uns zuletzt gesehen haben?«, fragte er und zwinkerte den andern zu.

Bjerregrav wurde dunkelrot. »Ich bin zufrieden mit der Erfahrung, die Gott mir vorbehalten hat«, antwortete er blinzelnd.

»Wollt ihr es wohl glauben, er is über siebzig und weiß nich einmal, wie ein Frauenzimmer beschaffen is!«

»Wenn ich mich nun doch am besten dabei befinde, allein zu sein; und übrigens habe ich ja auch meinen Klumpfuß.«

»Darum geht er herum und fragt nach Dingen, über die jedes Kind Bescheid weiß«, sagte Jeppe überlegen. »Bjerregrav hat nie die kindliche Unschuld abgestreift.«

Noch als er sich verabschiedet hatte und Pelle ihm über den Rinnstein hinüberhalf, blieb er in seiner ewigen Verwunderung stehen. »Was das wohl für ein Stern is?«, sagte er. »Der hat ein ganz anderes Licht als die anderen. Er sieht mir so rot aus – wenn wir nur nich einen strengen Winter kriegen, mit harter Erde und teurer Feuerung für die Armen.« Bjerregrav seufzte. »In den Mond darf man nich zu viel starren. Schiffer Andersen hat seinen Schaden bloß davon gekriegt, dass er auf dem Deck schlief und der Mond ihm gerade ins Gesicht schien; nun is er blödsinnig geworden!«

Gestern Abend noch ganz wie sonst – und jetzt tot! Und niemand hatte es gewusst oder gedacht, dass sie zu guter Letzt noch ein wenig gut gegen ihn hätten sein können. Er starb in seinem Bett mit ihrem letzten Hohn im Gemüt und jetzt konnten sie nicht mehr zu ihm schicken und sagen: »Kehr dich nich daran, Bjerregrav, wir haben es ja gar nich so böse gemeint.« Vielleicht hatte ihm das seine letzte Stunden verbittert, hier standen wenigstens Jeppe und Bruder Jörgen und konnten einander nicht in die Augen sehen ob dieses unwiderruflich Schweren, das auf ihnen lastete.

Und eine Leere mehr bedeutete es – wie wenn die Uhr in der Stube stehen bleibt. Das Klappern seiner Krücken kam nicht mehr gegen sechs Uhr auf die Werkstatt zu. Der junge Meister wurde um die Zeit unruhig, er konnte sich nicht mit Bjerregravs Tod abfinden. »Der Tod is etwas Hässliches«, sagte er dann, wenn ihm die Wirklichkeit bewusst wurde, »etwas ekelhaft Widerliches. Warum muss einer von dannen gehen, ohne das Geringste zu hinterlassen? Nun horche ich auf Bjerregravs Krücken und habe nur Leere in meinen Ohren, und wenn eine Weile vergangen is, is nich einmal das mehr da. Dann is er vergessen und vielleicht außer ihm noch einer, der nach ihm kam. Und so geht es ewig weiter. Is da wohl ein vernünftiger Sinn drin, Pelle? Zum Satan auch! Vom Himmel sprechen sie genug, aber was mache ich mir daraus, auf eine feuchte Wolke zu kommen und dazusitzen und Halleluja zu singen? Ich würde viel lieber hier herumgehen und mir einen Schwips antrinken, namentlich wenn ich ein gesundes Bein gehabt hätte!«

Die Lehrlinge der Werkstatt geleiteten ihn zu Grabe; Jeppe wollte das, um das Unrecht wieder gutzumachen. Jeppe und Bäcker Jörgen gingen dicht hinter dem Sarg, im hohen Hut. Sonst folgten nur arme Frauen und Kinder, die sich aus Neugierde anschlossen. Kutscher Due fuhr den Leichenwagen. Er hatte sich jetzt ein Paar Pferde angeschafft und dies war seine erste vornehme Fuhre.

Sonst floss das Leben träge und einförmig dahin. Der Winter war wieder da mit seiner Geschäftsstille und das Islandgeschäft war ja ruiniert. Die Schuhmacher arbeiteten nicht bei Licht, es gab nicht Arbeit genug, dass sich der Verbrauch von Petroleum gelohnt hätte. So wurde denn die Hängelampe beiseite gehängt und die alte Blechlampe wieder hervorgeholt; die war gut genug, um dazusitzen und zu schwatzen. Die Nachbarn pflegten in der Dämmerstunde zu kommen; wenn Meister Andres zu Bett gegangen war, schlichen sie wieder von dannen oder sie saßen noch müßig da, bis Jeppe sagte, dass es Schlafenszeit sei. Pelle hatte angefangen sich wieder mit Schnitzarbeiten zu beschäftigen; er hielt sich so nahe an der Lampe wie nur möglich und lauschte der Unterhaltung, während er an einem Knopf aus Knochen arbeitete, der wie ein Fünfundzwanzigörestück aussehen sollte. Morten sollte ihn als Anstecknadel haben.

Die Unterhaltung drehte sich um das Wetter und wie gut es sei, dass der Frost noch nicht da wäre und der großen Hafenarbeit ein Ende setzte. Dann glitt sie wie von selbst auf *die Kraft* über und von ihm zum verrückten Anker und weiter auf die Armut und die Unzufriedenheit. Die Sozialdemokraten da drüben hatten schon lange alle Gemüter beschäftigt. Den ganzen Sommer waren beunruhigende Mitteilungen herübergedrungen; es war ganz klar, dass es vorwärts ging mit ihnen – aber was wollten sie eigentlich? Etwas Gutes war es auf alle Fälle nicht. »Es sollen die Allerärmsten sein, die sich auflehnen«, sagte Larsen Holzbein. »Ihre Zahl muss also groß sein!« Es war, als höre man das Dröhnen von irgendetwas fern am Horizont und wisse nicht, was da vor sich ging. Ganz verzerrt gelangte das Echo von der Erhebung der unteren Klassen bis hierher; man verstand gerade so viel, dass die Untersten Gottes gesetzmäßige Ordnung auf den Kopf stellen und versuchen wollten selbst nach oben zu gelangen – man schielte unwillkürlich zu den Armen in der Stadt hin. Aber die gingen in ihrem gewöhnlichen Halbschlaf einher, arbeiteten, wenn Arbeit da war, und waren im Übrigen zufrieden. »Das fehlte auch noch«, sagte Jeppe, »hier, wo wir ein so gut geordnetes Armenwesen haben!«

Bäcker Jörgensen war der Eifrigste. Jeden Tag kam er und hatte etwas Neues zu berichten. Jetzt hatten sie das Leben des Königs selbst bedroht! – Und nun war das Militär ausgerückt.

»Das Militär!« Der junge Meister machte eine höhnische Bewegung. »Das soll wohl helfen! Wenn sie bloß eine Hand voll Dynamit zwischen die Soldaten werfen, so bleibt auch nich ein Hosenknopf heil. Nein, nun werden sie wohl die Hauptstadt erobern.« Seine Wangen glühten, er sah die Begebenheit schon im Geist vor sich.

»Ja, und was dann? Dann plündern sie wohl die königliche Münze!«

»Ja – nein – dann kommen sie hier herüber – die ganze Gesellschaft!«

»Hier herüber? Nein, zum Teufel auch! Wir bieten die ganze Bürgerwehr auf und schießen sie vom Strand aus nieder. Ich habe mein Gewehr schon in Ordnung gebracht!«

Eines Tages kam Marker angelaufen. »Jetzt hat der Konditor am

Markt einen neuen Gesellen von da drüben gekriegt – und der is Sozialist!«, rief er atemlos. »Er is gestern Abend mit dem Dampfschiff gekommen.« – Bäcker Jörgen hatte es auch schon gehört.

»Ja, nun habt ihr sie über euch!«, sagte Jeppe Unheil verkündend. »Ihr habt alle zusammen mit dem neuen Zeitgeist gespielt. – Das wäre übrigens etwas für Bjerregrav gewesen – der mit seinem Mitleid mit den Armen.«

»Lass den Schneider in Frieden in seinem Grab ruhen«, sagte Larsen Holzbein versöhnlich. »Er soll nich schuld sein an den bösen Mächten, die heute das Haupt erheben. Er wollte nur das Gute und vielleicht wollen diese hier auch das Gute!«

»Das Gute!« Jeppe war lauter Hohn. »Sie wollen Gesetz und Ordnung umstürzen und das Vaterland an den Deutschen verkaufen. Sie sagen, dass der Preis und alles schon abgemacht is.«

»Sie sollen zur nächtlichen Zeit in die Hauptstadt eingelassen werden, wenn unsere eigenen Leute schlafen«, sagte Marker.

»Ja«, sagte Meister Andres feierlich. »Sie haben ihnen verraten, dass der Schlüssel unter der Matte liegt – die Satanskerle!«

Da brach Bäcker Jörgen in lautes Gelächter aus; er füllte die ganze Werkstatt damit, wenn er erst einmal zu lachen anfing.

Sie rieten hin und her, was für ein Bursche der neue Geselle wohl sein möge. Noch hatte ihn niemand gesehen. »Er hat sicher rotes Haar und einen roten Bart«, meinte Bäcker Jörgen. »So zeichnet der liebe Gott die Leute, die sich dem Bösen verschrieben haben.«

»Gott mag wissen, was der Konditor mit ihm will«, sagte Jeppe. »Solche Art Leute können ja nich arbeiten, die stellen bloß Forderungen. Ich habe gehört, dass sie alle zusammen Freidenker wären.«

»Verteufelte Komödie!« Der junge Meister schüttelte sich vergnügt. »Der wird sicher nich alt hier in der Stadt.«

»Alt?« Der Bäcker richtete seinen schweren Körper auf. »Morgen am Tage gehe ich zu dem Konditor und verlange, dass er ihn wegjagt. Ich bin Kommandeur der Bürgerwehr und ich weiß, dass alle Bürger so denken, wie ich.«

Drejer meinte, es könnte gut sein, von der Kanzel zu beten – so wie zur Zeit der Pest und in dem harten Jahr, als die Feldmäuse so schlimm hausten.

Am nächsten Vormittag kam Jörgen Kofod auf seinem Wege zum Konditor an der Werkstatt vorbei. Er hatte den alten Bürgerwehrrock an, am Gürtel hing noch der Lederbeutel, in dem vor vielen Jahren Feuersteine für das Schloss getragen wurden. Er füllte die Kleider gut aus, kam aber unverrichteter Dinge zurück. Der Konditor lobte seinen neuen Gesellen über alle Maßen und wollte kein Wort von einer Trennung hören. Er war ganz vernarrt in ihn. »Aber dann kaufen wir da nich mehr – daran müssen wir alle festhalten und keine ordentliche Familie darf in Zukunft mit dem Landesverräter verkehren.«

»Hast du den Gesellen gesehen, Oheim Jörgen?«, fragte Meister Andres eifrig.

»Jawohl, ich habe ihn gesehen – das heißt, von weitem! Er hat ein paar ekelhaft stechende Augen; aber mich soll er nich mit seinem Schlangenblick verzaubern!«

Am Abend streiften Pelle und die anderen auf dem Markt umher, um einen Schimmer von dem neuen Gesellen zu erhaschen – es waren viele Leute da; sie gingen dort in derselben Absicht auf und nieder. Aber er hielt sich offenbar im Haus auf.

Und eines Tages gegen Abend kam der Meister hereingestürzt. »Sputet euch, zum Teufel auch!«, rief er ganz außer Atem. »Jetzt kommt er hier vorbei.« Sie warfen alles hin und stürzten durch den Gang in die Stube, die sonst nicht betreten werden durfte. Er war ein großer, kräftiger Mann mit vollen Wangen und großem, flottem Schnurrbart, ganz so wie der des Meisters, hatte geblähte Nasenlöcher und steckte stark die Brust heraus. Weste und Rock standen offen, als brauche er viel Luft. Hinter ihm drein schlichen ein paar Straßenjungen in der Hoffnung, irgendetwas zu erleben; sie hatten ihren gewöhnlichen Übermut eingebüßt und bewegten sich lautlos.

»Er geht so, als wenn die ganze Stadt schon ihm gehörte!«, sagte Jeppe höhnisch. »Aber hier soll er bald fertig werden!«

20

Draußen auf der Straße kam einer vorüber und noch einer und noch einer; es war ein ständiges Getrappel von Füßen. Der junge Meister pochte an die Wand. »Was in aller Welt is denn das, Pelle?« Er hatte nicht die Absicht, an diesem Tage aufzustehen.

Pelle lief hinaus, um Bescheid einzuholen. »Jens sein Vater hat Delirium bekommen – er hat den ganzen Hafen geräumt und droht alle totzuschlagen!«

Der Meister hob ein wenig den Kopf. »Weiß Gott, ich glaube, ich stehe auf!« Seine Augen strahlten; nach einer Weile war er in seinen Kleidern und hinkte von dannen, sie hörten ihn in der Kälte böse husten.

Der alte Jeppe steckte sein Schöffenkäppchen in die Tasche, ehe er davonrannte; vielleicht war etwas für die Obrigkeit zu tun. Die Lehrlinge saßen eine Weile da und starrten nach der Tür wie kranke Vögel, dann rannten auch sie davon.

Draußen war alles in Aufruhr. Die wildesten Gerüchte waren im Umlauf, was Steinhauer Jörgensen alles angerichtet hatte. Die Erregung hätte nicht größer sein können, wenn ein feindliches Geschwader vor Anker gegangen wäre und begonnen hätte die Stadt zu beschießen. Jeder ließ fallen, was er in der Hand hatte, und stürzte nach dem Hafen hinunter. Durch die schmalen Gassen ging ein ununterbrochener Zug von Kindern, alten Weibern und kleinen Meistern im Schurzfell. Alte, gichtschwache Seeleute erwachten aus ihrem Altersschlaf und humpelten von dannen, die Hand hinten auf der Lende, mit schmerzlich verzerrtem Gesicht.

»Futti, futti, futti, pfui!
All die pechigen Rüssel!«

Ein paar Straßenjungen erlaubten sich diese kleine Anspielung, als Pelle mit seinen Lehrkameraden gelaufen kam; sonst war alle Aufmerksamkeit nur auf das eine gerichtet: *Die Kraft* hatte wieder um sich geschlagen!

Es lag etwas Festliches über den Gesichtern der Leute, als sie dahinliefen, eine gespannte Erwartung. Es war lange still um den Steinhauer gewesen, er ging und schuftete wie ein Riesenlasttier, erloschen, wie tot, mühte er sich ab wie ein Bär und trug am Abend still zwei Kronen nach Hause. Es war beinahe peinlich, das mit anzusehen, und ein enttäuschtes Schweigen legte sich um ihn. Und nun zersprengte er plötzlich das Ganze, sodass jedermann zusammenzuckte!

Alle hatten über ihn zu reden, während sie dahineilten. Jeder hatte vorausgesehen, dass es so kommen müsse; er hatte schon lange so unheimlich ausgesehen und alles Böse aufgespeichert; es war nur ein Wunder, dass es nicht schon früher gekommen war. Solche Leute durften eigentlich nicht frei herumgehen, sie mussten auf Lebenszeit eingesperrt werden! Sie nahmen seinen Lebenslauf wohl schon zum hundertsten Male durch – von dem Tage an, als er jung und keck in seinen Lumpen dahergestapft kam und seine Kräfte geltend machen wollte, bis er schließlich das Kind in die See trieb und als Blödsinniger zur Ruhe kam.

Unten im Hafen wimmelte es von Leuten; alles, was nur kriechen und gehen konnte, hatte sich eingestellt. Es war Humor in den Leuten trotz der kalten und kargen Zeit, sie stampften und machten Witze. Die Stadt hatte mit einem Schlage den Winterschlaf abgeschüttelt, die Leute krochen auf die Felsblöcke und hingen dicht gedrängt in den zusammengeschlagenen Holzrahmen, die für die Molen vesenkt werden sollten. Sie machten lange Hälse und zuckten nervös zusammen, als könne irgendetwas unversehens kommen und ihnen den Kopf abschlagen. Jens und Morten waren auch da; sie standen ganz abseits und sprachen miteinander. Traurig sahen sie aus mit ihren scheuen, gequälten Gesichtern, und dort, wo die große Helling schräg dem Boden des Beckens zulief, standen die Arbeiter in Scharen; sie zogen, um etwas zu tun, die Hosen in die Höhe, schielten einander verlegen an und fluchten.

Aber unten auf dem Boden des großen Beckens ging *die Kraft* allein umher und regierte. Er schien von seiner Umgebung so wenig zu wissen wie ein Kind, das von seinem Spiel in Anspruch genommen ist; er hatte seine eigenen Ziele. Aber was das war, war nicht gut zu wissen. In der einen Hand hielt er ein Bündel Dynamitpatronen, mit der anderen stürzte er sich auf eine schwere eiserne Stange. Er bewegte sich langsam und gleichmäßig wie ein schwerfälliger Bär. Wenn er sich aufrichtete, riefen die Kameraden ihm gallig zu, sie würden kommen und ihn in kleine Stücke zerreißen, würden ihm den Bauch aufschneiden, sodass er seine eigenen Eingeweide riechen könne, ihn mit ihren Messern zurichten und die Wunden mit Höllenstein einreiben, wenn er nicht gleich seine Waffen niederlegte und sie an ihre Arbeit ließe.

Die Kraft würdigte sie keiner Antwort. Vielleicht hörte er sie gar nicht. Wenn er das Gesicht hob, schweifte der Blick in die Ferne mit einem wunderlichen Ausdruck, der nicht menschlich war. Das todmüde Gesicht wies in seiner Traurigkeit weiter weg, als dass ihm jemand hätte folgen können. »Er ist wahnsinnig«, flüsterten sie. »Gott hat ihm den Verstand genommen!« Da beugte er sich wieder vor; es sah aus, als bringe er die Patronen unter der großen

Mole an, zu der er selbst den Vorschlag gemacht hatte. Aus allen Taschen zog er Patronen hervor. Darum also hatten sie ihm so sonderbar vom Leibe abgestanden.

»Was zum Teufel will er denn? Die Mole in die Luft sprengen?«, fragten sie und versuchten sich hinter dem Schlipp nach unten zu schleichen, um ihm von hinten beizukommen. Aber er hatte überall Augen; bei der geringsten Bewegung, die sie machten, war er mit seiner Eisenstange da.

Da lag die ganze Arbeit! Zweihundert Mann standen Stunde um Stunde müßig da, sie knurrten und drohten mit Tod und Teufel, wagten sich aber nicht vor. Die Poliere liefen unschlüssig umher und selbst der Ingenieur hatte den Kopf verloren – alles war in Auflösung begriffen. Der Stadtvogt ging in voller Uniform auf und nieder und sah unergründlich aus; seine bloße Anwesenheit wirkte schon beruhigend, aber er unternahm nichts.

Es wurden immer wildere Vorschläge gemacht. Man wollte einen mächtigen Schirm anfertigen und ihn vor sich herschieben – oder eine gewaltige Zange aus langen Balken und ihn damit einfangen; aber niemand versuchte es, diese Vorschläge auszuführen; sie konnten sich freuen, dass er sie überhaupt da stehen ließ, wo sie standen. *Die Kraft* konnte eine Dynamitpatrone mit einer solchen Wucht schleudern, dass sie explodierte und alles rings um ihn her wegfegte.

»Die Kippwagen!«, rief einer. Das war doch endlich vernünftig – schnell wurden sie mit bewaffneten Arbeitern gefüllt. Man schlug den Pricken weg, aber die Wagen glitten nicht. *Die Kraft* mit seinem verteufelten Verstand war den andern zuvorgekommen; die Kette ohne Ende wollte nicht wandern, er hatte sie vernagelt. Und nun schlug er noch von ein paar Stützen die Unterlagen weg, damit sie die Wagen nicht mit Handkraft auf ihn loslassen könnten.

Das war kein Delirium, jedenfalls hatte noch niemand gesehen, dass sich Delirium so äußerte. Und er rührte ja keinen Spiritus an seit dem Tage, da sie ihm die Tochter ins Haus gebracht hatten. Nein, das war der ruhigste Beschluss von der Welt; als sie nach der Frühstückspause aufgestanden waren und nach der Schleppstelle hinunterschlenderten, stand er mit seiner eisernen Stange da und bat sie ruhig sich fortzuscheren – der Hafen gehöre ihm! Es brauchte mehr als eine Ohrfeige, ehe sie begriffen, dass es Ernst war; aber sonst war nichts Böses an ihm – man konnte förmlich sehen, wie weh es ihm tat, zu schlagen. Es war wohl der Teufel, der ihn ritt – gegen seinen eigenen Willen.

Aber woher es auch kommen mochte – jetzt musste es genug sein! Jetzt läutete die große Hafenglocke zu Mittag, ganz lächerlich klang es, wie ein Hohn auf ehrliche Leute, die nichts weiter wünschten, als ihre Arbeit wieder aufzunehmen. Sie hatten keine Lust, den ganzen Tag zu vergeuden, und ebenso wenig Lust, wegen der Narrenstreiche eines Verrückten Leben und Gesundheit zu wagen. Selbst der starke Bergendal hatte heute seine Todesverachtung zu Hause gelassen und begnügte sich damit, zu murren wie die anderen. »Wir müssen ein Loch in den Damm schlagen«, sagte er, »mag dann das Tier in den Wellen umkommen!«

Sie griffen sofort nach dem Werkzeug, um damit zu beginnen. Der Ingenieur bedrohte sie mit Gericht und Obrigkeit, es würde tausende kosten, den Hafen wieder zu leeren. Sie hörten nich auf ihn; was ging es sie an, wenn er nicht einmal Ruhe zum Arbeiten schaffen konnte!

Sie wanderten mit Hacken und eisernen Stangen zum Graben hinunter, um ein Loch in die Verdämmung zu schlagen; der Ingenieur und die Schutzleute wurden zur Seite geschoben. Jetzt handelte es sich nicht mehr um die Arbeit, es galt zu zeigen, wie weit sich zweihundert Mann von einem verrückten Teufel auf der Nase herumtanzen ließen. Beelzebub sollte ausgeräuchert werden und *die Kraft* sollte von da unten heraufsteigen – oder in den Wellen umkommen.

»Ihr sollt vollen Tagelohn ausgezahlt bekommen!«, rief der Ingenieur, um sie zurückzuhalten. Sie hörten nichts; aber als sie herumkamen, stand *die Kraft* unten am Fuß des Dammes und schwang seine Hacke, dass es von den Wänden des Bassins widerhallte. Er strahlte vor Befriedigung bei jedem Hieb; die schwache Stelle, wo das Wasser durchsickerte, hatte er sich ausersehen und sie sahen entsetzt, welche Wirkung seine Schläge hatten. Es war ja der reine Wahnsinn, was er da vorhatte.

»Er füllt uns den Hafen mit Wasser, der Teufel!«, riefen sie und warfen ihm einen Stein an den Kopf. »Und so eine Arbeit, wie das gekostet hat, ihn leer zu machen!«

Die Kraft suchte hinter einer Stütze Deckung und schlug weiter drauflos. Es blieb nichts weiter übrig, als ihn niederzuschießen, ehe er seinen Zweck erreichte; ein Schuss Hagal in die Beine wenigstens, dann war er jedenfalls unschädlich gemacht. Der Stadtvogt wusste weder aus noch ein, aber Larsen Holzbein war schon auf dem Weg nach Hause, um sein Gewehr zu holen. Da kam er herangehumpelt, von einer Schar Jungen umgeben. »Ich habe mit grobem Salz geladen«, sagte er, sodass der Stadtvogt es hören konnte.

»Jetzt wirst du totgeschossen!«, riefen sie hinunter. *Die Kraft* setzte als Antwort die Hacke in den Fuß des Dammes, sodass der gestampfte Lehm seufzte und die Feuchtigkeit ihnen bis unter die Füße drang; ein langes Krachen verkündete, dass die erste Plake gesprengt war.

Der Entschluss war ganz von selbst gekommen. Jeder sprach vom Niederschießen, als sei es ein längst gefälltes Urteil, und jeder sehnte sich nach der Ausführung. Sie hassten den da unten mit einem geheimen Hass, der keiner Erklärung bedurfte; er war in seinem Trotz und seiner Unbändigkeit für sie alle ein Schlag ins Gesicht, sie hätten ihn gern mit dem Absatz zertreten, wenn sie gekonnt hätten.

Sie riefen Schimpfworte zu ihm hinab, ließen ihn hören, dass er in seinem Hochmut seine Familie zu Grunde gerichtet und sein Kind in den Tod getrieben habe – und seinen rohen Überfall auf den Wohltäter der Stadt, den reichen Schiffsreeder Monsen, rieben sie ihm auch unter die Nase. Für eine Weile rafften sie sich aus ihrer Schlaffheit auf, weil sie daran beteiligt sein wollten, ihn niederzuschlagen. Und nun sollte es gründlich geschehen, man musste Ruhe haben vor diesem einen, der seine Kette nicht still tragen wollte, sondern sie hinter Armut und Unterdrückung klirren ließ.

Der Stadtvogt ging auf den Kai hinaus, um das Urteil über *die Kraft* zu verkünden – dreimal musste es verkündet werden, damit er Gelegenheit hätte, in sich zu gehen. Er war leichenblass und bei der zweiten Verkündigung zuckte er zusammen. Aber er schleuderte keine Dynamitpatrone nach dem Stadtvogt, er führte nur die Hand an den Kopf, als wolle er grüßen, und machte ein paar stoßende Bewegungen in die Luft hinein mit zwei Fingern, die von der Stirn abstanden wie zwei Hörner. Dort, wo der Apotheker in einem Kreis von feinen Damen stand, ertönte ein gedämpftes Lachen. Alle Gesichter wandten sich nach der Richtung hin, wo die Bürgermeisterin hoch und stattlich auf einem Stein stand. Sie aber starrte unverwandt auf *die Kraft* hinab, als hätte sie ihn noch niemals gesehen.

Auf den Bürgermeister wirkte die Bewegung wie eine Explosion. »Schießt ihn nieder!«, brüllte er mit blauem Gesicht und stürzte über die Mole hinweg. »Schießen Sie ihn nieder, Larsen!«

Aber niemand achtete auf sein Rufen. Alle strömten bei der Schleppstelle zusammen, wo ein altes, welkes Mütterchen im Begriff war, sich an dem Schlipp entlang nach dem Boden des Beckens hinabzutasten. »Das ist die Mutter *der Kraft*!«, ging es von Mund zu Mund. »Nein, wie alt und klein sie ist! Man kann es gar nicht fassen, dass sie einen solchen Riesen zur Welt gebracht hat!«

Gespannt folgten sie ihr, während sie über den scherbigen Boden wankte, der in seinen Sprengbrüchen an zusammengeschobenes Eis erinnerte; sie kam nur langsam vorwärts und es sah fortwährend aus, als würde sie sich die Beine brechen. Aber die alte Frau ging immer weiter, mit kurzsichtigen Augen vor sich hin starrend.

Da gewahrte sie den Sohn, der dastand und die eiserne Stange in der Hand wog. »Wirf den Stock weg, Peter!«, rief sie scharf und er ließ mechanisch die eiserne Stange sinken. Er zog sich langsam vor ihr zurück, bis sie ihn in einen Winkel gedrängt hatte und nach ihm greifen wollte; da schob er sie vorsichtig zur Seite, als geniere ihn etwas.

Ein Seufzer ging durch die Masse wie ein warnendes Schaudern. »Er schlägt seine eigene Mutter, er muss wahnsinnig sein!«, sagten sie fröstelnd.

Aber die Alte war wieder auf den Beinen. »Schlägst du deine eigene Mutter, Peter?«, rief sie mit höchster Verwunderung und langte nach seinem Ohr hinauf; sie konnte es nicht erreichen, aber *die Kraft* beugte sich nieder, als drücke ihn etwas Schweres hinab, und ließ sie das Ohr fassen. Und dann zog sie ihn mit sich von dannen, über Stock und Stein, schräg die Helling hinan, wo die Leute wie eine Mauer standen. Gebeugt ging er dahin und glich einem großen Tier in den Händen der kleinen Frau.

Oben stand die Polizei bereit sich mit Stricken auf ihn zu werfen; aber die Alte wurde wie Pfeffer und Salz, als sie ihre Absicht sah. »Macht, dass ihr wegkommt, oder ich hetze ihn wieder auf euch!«, fauchte sie. »Seht ihr denn nicht, dass er den Verstand verloren hat? Wollt ihr den anfallen, den Gott gerichtet hat?«

»Ja, er ist wahnsinnig«, sagten die Leute versöhnlich, »mag seine Mutter ihn strafen – sie ist doch die Nächste dazu.«

21

Pelle und der jüngste Lehrling mussten jetzt alles allein besorgen, denn zu November hatte Jens ausgelernt und war sogleich entlassen worden. Er hatte nicht genug Mut, nach Kopenhagen zu gehen und sein Glück zu versuchen. So mietete er denn in dem Armenviertel eine Stube und zog mit seinem Mädchen zusammen. Heiraten konnten sie nicht, er war erst neunzehn Jahre alt. Wenn Pelle im Norden der Stadt zu tun hatte, pflegte er bei ihnen einzusehen. Der Tisch stand zwischen dem Bett und dem Fenster, dort saß Jens und war mit irgendeiner Reparatur für die Armen beschäftigt. Wenn er etwas zu tun bekommen hatte, stand sie über ihn gebeugt und wartete gespannt darauf, dass er fertig würde, damit sie etwas zu essen bekämen. Dann ging sie hin und kochte etwas im Ofen und Jens saß da und sah ihr mit brennenden Augen zu, bis er wieder eine Arbeit in Händen hatte. Er war mager geworden und hatte sich einen dünnen Spitzbart zugelegt, der Mangel an Nahrung stand ihnen beiden auf dem Gesicht geschrieben. Aber sie hatten sich lieb und halfen einander bei allem, unbeholfen wie zwei Kinder, die Vater und Mutter spielen.

Es war die traurigste Gegend, die sie gewählt hatten, die Gasse, die nach der See zu steil abfiel, war voller Abfall; räudige Hunde und Katzen liefen umher, schleppten Fischeingeweide auf die Treppensteine und ließen sie dort liegen. Vor jeder Tür hockten schmutzige Kinder und wühlten in der Erde herum. Als Pelle eines Sonntagvormittags von ihnen kam, hörte er aus einer der Hütten Geschrei und das Geräusch von umfallenden Stühlen. Bestürzt blieb er stehen. »Das is bloß der einäugige Johann, der prügelt seine Frau«, sagte ein achtjähriges Mädchen; »das tut er beinahe jeden Tag.«

Vor der Tür saß ein alter Mann auf einem Stuhl und starrte unablässig einen kleinen Jungen an, der beständig im Kreise herumlief.

Plötzlich hielt das Kind in seinem Traben inne, legte die Hände auf die Knie des Greises und sagte entzückt: »Vater läuft um den Tisch herum, Mutter läuft um den Tisch herum, Vater schlägt Mutter, Mutter läuft um den Tisch herum – schreit.« Er ahmte das Schreien nach, lachte mit seinem kleinen Idiotengesicht und sabberte. »Jawoll, ja«, sagte der Greis nur. Der Junge hatte keine Augenbrauen, die Stirn fiel über den Augen hohl ein. Entzückt lief er rundherum, trampelte und ahmte den Spektakel da drinnen nach. »Jawoll, ja«, sagte der Greis unerschütterlich, »jawoll, ja!«

Hinter dem Fenster einer der Hütten saß eine Frau und starrte sinnend hinaus, die Stirn gegen das Fensterkreuz gepresst. Pelle erkannte sie und grüßte freundlich. Sie winkte ihn an die Haustür. Ihr Busen war noch immer üppig, aber ihr Gesicht war vergrämt. »Du, Hans«, rief sie unsicher, »hier is Pelle! Hier is Pelle, der schuld daran is, dass wir beide uns gefunden haben!«

Der junge Arbeiter kam in die Stube. »Dann soll er man machen, dass er wegkommt, und zwar ein bisschen rasch!«, sagte er drohend.

Meister Andres lag fast immer zu Bett, trotz des milden Winters. Pelle musste allen Bescheid entgegennehmen und den Meister vertreten, so gut er konnte. Neues wurde nicht mehr angenommen, nur Reparaturen. Jeden Augenblick pochte auch der Meister an die Wand, um ein wenig zu plaudern.

»Morgen steh ich auf«, sagte er und seine Augen blitzten, »ja, das tu ich, Pelle! Schaff mir zu morgen Sonnenschein, du Teufelsjunge – dies hier is der Wendepunkt, jetzt kehrt sich die Natur in mir um. Wenn das überstanden is, bin ich ganz gesund! Ich kann fühlen, wie es in meinem Blut rast, denn jetzt is da Krieg bis aufs Messer – aber die guten Säfte siegen! Dann sollst du mich sehen – wenn das Geschäft dann nur in Gang kommen will, denn jetzt is es Dreck damit! Du vergisst wohl nich mir die Ziehungsliste zu leihen?«

Er wollte es sich nicht eingestehen, aber es ging bergab mit ihm. Er fluchte auch nicht mehr über die Pfaffen und eines Tages schickte Jeppe in aller Stille zum Pfarrer. Als der gegangen war, klopfte Meister Andres an die Wand.

»Verteufelt schnurrig is das eigentlich«, sagte er, »denn wenn da nun doch was dran ist? Und dann is der Pfarrer so alt – er sollte wahrhaftig lieber an sich selber denken.« Er lag mit nachdenklichem Gesicht da und starrte zur Decke empor. So konnte er tagelang liegen, zum Lesen hatte er keine Lust mehr.

»Jens war eigentlich ein guter Junge«, konnte er plötzlich sagen. »Ich habe ihn nie leiden können, aber er hatte wohl ein gutes Gemüt. Glaubst du, dass ich wieder ein Mensch werde?«

»Ja, wenn die Wärme kommt«, antwortete Pelle.

Von Zeit zu Zeit kam der verrückte Anker und fragte nach Meister Andres. Dann klopfte der Meister an die Wand. »So lass ihn doch hereinkommen«, sagte er zu Pelle. »Ich langweile mich so schrecklich.«

Anker hatte die Ehe mit der ältesten Tochter des Königs völlig aufgegeben. Nun arbeitete er an einer Uhr, die die Neuzeit selbst sein und mit dem Glück des Volkes im Takt gehen sollte. Er hatte schon Räder, die Feder und das ganze Werk mitgebracht und erklärte den Mechanismus, während seine grauen Augen von einem Gegenstand zum andern hüpften. Sie waren nie bei dem, was er vorzeigte. Er hatte wie alle anderen blindes Vertrauen zu dem jungen Meister und erklärte alles umständlich. Die Uhr sollte so eingerichtet werden, dass sie nur die Zeit angab, wenn jeder im Lande hatte, wessen er bedurfte. »Dann kann man immer sehen und wissen, ob jemand Not leidet – und Ausflüchte gibt es dann nicht! Denn die Zeit geht und geht und sie bekommen kein Essen und eines Tages schlägt sie für sie und dann gehen sie hungrig ins Grab.«

In seinen Schläfen arbeitete das Ewige, das Pelle vorkam wie das Pochen einer ruhelosen Seele, die eingesperrt war; und die grauen

Augen hüpften mit einem unbeschreiblichen Ausdruck hin und her.

Der Meister konnte sich ganz mit fortreißen lassen, solange es währte, aber sobald Anker zur Tür hinaus war, schüttelte er alles von sich ab. »Das is ja nichts weiter als das Gewäsch eines Verrückten«, sagte er, erstaunt über sich selbst.

Dann kam Anker wieder und hatte etwas Neues zu zeigen. Es war ein Kuckuck; jedes zehntausendste Jahr sollte er aus der Uhr herauskommen und Kuckuck rufen. Die Zeit sollte gar nicht mehr angegeben werden, nur der lange, lange Zeitlauf, der nie ein Ende nahm – die Ewigkeit.

Der Meister sah den närrischen Anker verwirrt an. »Schaff ihn doch weg, Pelle«, flüsterte er und wischte sich den klaren Schweiß von der Stirn, »mir wird ganz schwindlig, er macht mich verrückt mit seinem Schnack!«

Pelle hatte das Weihnachtsfest eigentlich zu Hause verbringen sollen, aber der Meister wollte ihn nicht weglassen. »Wer soll denn in der Zeit mit mir plaudern und für alles sorgen?«, sagte er. Nun, Pelle war auch nicht so sehr darauf erpicht; es war kein Vergnügen, nach Hause zu kommen. Karna kränkelte und Vater Lasse hatte genug zu tun sie in guter Stimmung zu erhalten. Er selber war tapfer genug, aber es entging Pelle nicht, dass er von Mal zu Mal tiefer in Schwierigkeiten versank. Das Termingeld hatte er nicht bezahlt und aus der Winter-Steinklopferei, die ihm in den vergangenen Jahren über das Schlimmste hinweggeholfen hatte, wurde nichts Rechtes. Er hatte nicht Kräfte genug für all das, was auf ihm lastete. Aber mutig war er. »Was hat es zu bedeuten, ob ich mit ein paar hundert Kronen im Rückstand bin, wenn ich den Wert des Besitzes um mehrere tausend erhöht habe«, sagte er.

Das musste Pelle einräumen. »Nimm doch eine Anleihe auf«, sagte er.

Lasse versuchte auch das. Jedes Mal, wenn er in der Stadt war, lief er zu Rechtsanwälten und Sparkassen. Aber er konnte kein Darlehen auf das Grundstück bekommen, auf dem Papier gehörte es der Kommune, bis er nach einer gewissen Reihe von Jahren alles abbezahlt haben würde, wozu er sich verpflichtet hatte.

Fastnacht war er wieder in der Stadt und da hatte er seine gute Laune eingebüßt. »Jetzt können wir es bald ganz aufgeben«, sagte er missmutig, »denn jetzt hat Ole Jensen gespukt – du weißt, der das Gut vor mir hatte und sich aufhängte, als er seinen Verpflichtungen nich nachkommen konnte. Karna hat ihn in der Nacht gesehen.«

»Unsinn«, sagte Pelle, »glaub doch nich an so was.« Er konnte nicht umhin, auch ein wenig daran zu glauben.

»So, meinst du? Aber du siehst doch selber, dass es immer schwieriger für uns wird – und gerade jetzt, wo wir alles so weit verbessert haben und die Früchte unserer Mühe genießen sollten. Und Karna kann nich wieder gesund werden.« Lasse war ganz missmutig. »Ja, wer weiß, vielleicht is es nur Aberglaube!«, rief er auf einmal aus. Er wollte es noch einmal versuchen. –

Meister Andres hütete das Bett, aber er war munter genug. Je mehr es mit ihm bergab ging, umso übermütiger wurde er in seinen Reden. Ganz wunderlich war es, den großen Worten zu lauschen und ihn selbst abgezehrt daliegen zu sehen, bereit zur Abreise, wann immer es sein sollte.

Ende Februar war der Winter so milde, dass man schon anfing nach den ersten Frühlingsboten auszusehen; aber dann kam in einer Nacht der Winter vom Norden her auf einer mächtigen Eisflut dahergebraust. Vom Strand aus sah es so aus, als wenn die Segler der ganzen Welt neue weiße Segel bekommen hätten und sich auf dem Wege nach Bornholm befänden, um dort einen Besuch abzustatten, ehe sie sich nach der Winterruhe wieder auf lange Fahrt begaben. Aber lange sollte man sich nicht über den Eisbruch freuen; innerhalb von vierundzwanzig Stunden war die Insel nach allen Seiten hin in Eis gepackt, es war auch nicht ein Fleckchen offenes Wasser zu sehen.

Und dann begann das Schneewetter. »Wir hatten ja eigentlich schon daran gedacht, mit den Erdarbeiten zu beginnen«, sagten die Leute, aber sie nahmen es hin – es war ja noch Zeit genug. Sie schlugen sich mit dem Schnee herum und setzten ihre Schlitten in Stand – den ganzen Winter war keine Schlittenbahn gewesen. Bald lag der Schnee bis zu den Knöcheln, nun war die Bahn da und nun konnte es aufhören, zu schneien. Eine Woche oder zwei mochte der Schnee ruhig liegen bleiben, damit man ein paar ordentliche Schlittenbälle abhalten konnte. Aber der Schnee fiel weiter; er reichte bis an die Knie, bis an den Leib; als die Leute zu Bett gingen, war es nicht mehr möglich, sich hindurchzuarbeiten. Und wer nicht bei Licht aufzustehen brauchte, wäre beinahe überhaupt nicht mehr aus dem Bett gestiegen, denn in der Nacht setzte ein Schneesturm ein und am nächsten Morgen reichte der Schnee bis ans Dach und verdeckte alle Fenster. Man konnte den Sturm um den Schornstein rasen hören, unten aber war es warm genug. Die Lehrlinge mussten durch die Stube gehen, um in die Werkstatt zu gelangen. Der Schnee versperrte alle Ausgänge.

»Was zum Teufel is denn das?«, fragte Meister Andres und sah Pelle entsetzt an. »Ob wohl die Welt untergeht?«

Die Welt – die konnte schon lange untergegangen sein; sie hörten keinen Laut von da draußen und wussten nicht, ob ihre Mitmenschen noch lebten oder schon tot waren. Den ganzen Tag brannten sie Licht, aber die Kohlen gingen auf die Neige – sie mussten versuchen in den Schuppen hinauszukommen. Sie stemmten sich alle zusammen gegen die obere Halbtür der Küche und es gelang ihnen auch, sie so weit aufzuschieben, dass Pelle hindurchkriechen konnte. Aber es war nicht möglich, sich da draußen zu bewegen. Er verschwand in den Schneemassen. Es mussten

Gänge zum Brunnen und zum Holzschuppen geschaufelt werden; mit dem Essen musste es gehen, so gut es wollte.

Gegen Mittag kam die Sonne und schmolz den Schnee an der Südseite so weit, dass der obere Rand der Fenster ein wenig Tageslicht einließ. Es kam wie ein milchigfarbiger, schwacher Schimmer durch den Schnee. Aber sie spürten kein Leben von außen her.»Ich glaube, wir verhungern noch wie die Nordpolfahrer«, sagte der Meister und machte sich ganz rund vor Spannung. Seine Augen brannten wie Lichter; er war mittendrin in dem Weltenabenteuer.

Im Laufe des Abends bohrten und gruben sie sich halb bis zum Bäcker Jörgen heran: Man musste sich wenigstens die Verbindung mit dem Brot sichern. Jeppe ging mit einem Licht. »Passt auf, dass es nicht über euch zusammenstürzt«, sagte er fortwährend. Das Licht glitzerte im Schnee und die Jungen amüsierten sich. Der junge Meister lag da und rief bei jedem Geräusch, das von draußen zu ihm drang, so laut, dass der Husten ihn überwältigte. Er konnte sich nicht zügeln vor Neugier. »Ich will, weiß Gott, auch auf und den Räubergang sehen«, schrie er ein Mal über das andere. Jeppe schalt, aber er ließ nicht nach. Er setzte seinen Willen durch, bekam Hose und Pelzjacke an, eine Decke wurde um ihn geschlagen. Aber er konnte nicht auf den Beinen stehen und fiel mit einem verzweifelten Ausruf ins Bett zurück.

Pelle sah ihn an, bis es ihm in der Brust brannte. Dann nahm er den Meister auf den Arm und trug ihn vorsichtig hinaus in den Schneegang.»Du bist stark, du – Herr meines Lebens!« Der Meister hatte den einen Arm um Pelles Hals geschlungen, während er den anderen in der Luft schwenkte, herausfordernd wie der Kraftmensch im Zirkus – hipp, hipp! Er war angesteckt von Pelles Kräften. Vorsichtig wühlte er in der glitzernden Wölbung, seine Augen schimmerten wie Eiskristall. Aber in seinem mageren Körper raste der Brand; Pelle fühlte ihn wie ein verzehrendes Feuer durch alles Zeug hindurch.

Am nächsten Morgen führten sie den Gang bis an Bäcker Jörgens Treppe heran und damit war die Verbindung mit der Unterwelt hergestellt. Da drüben waren im Laufe der letzten vierundzwanzig Stunden große Dinge geschehen. Marie hatte sich bei dem Gedanken, dass der Untergang der Welt vielleicht nahe bevorstand, so erschreckt, dass sie eiligst den kleinen Jörgen in die Welt setzte. Der alte Jörgen war im siebenten Himmel; er musste gleich hinüber und es erzählen. »Ein wahrer Teufel is es, mir wie aus dem Gesicht geschnitten.«

»Das will ich glauben«, rief Meister Andres und lachte. »Nun is Onkel doch zufrieden?« Aber Jeppe nahm die Mitteilung sehr kühl auf – ihm gefielen die Verhältnisse da drüben bei dem Bruder nicht. »Freut sich Sören über den Jungen?«, fragte er vorsichtig.

»Sören!« Der Bäcker stimmte ein schallendes Gelächter an. »Der denkt nur an das Jüngste Gericht und betet zum lieben Gott, der!«

Später am Tage hörte man den Klang von Schaufeln. Die Arbeiter waren am Werk; sie säuberten den einen Bürgersteig so weit, dass man gerade hindurchkommen konnte; die Fahrstraße verlief oben, in Höhe des Daches.

Nun konnte man also wieder an den Hafen hinunter gelangen, das war ebenso, als wenn man nach einem Erstickungsanfall wieder Luft bekommen konnte. Soweit das Auge reichte, breitete sich das Eis aus: auf die hohe Kante gestellt und mit langen Schanzen da, wo die Brandung gerast hatte. Der Wind wurde zum Orkan. »Gott sei Dank«, sagten die alten Seeleute, »jetzt spaziert das Eis davon!« Aber es rührte sich nicht. Und da wusste man, dass das ganze Meer zugefroren war; da konnte kein Fleck, so groß wie eine Tischplatte, offen sein, wo der Sturm seinen Angriff hätte beginnen können. Aber ein wunderlicher Anblick war es, das Meer mitten in diesem verheerenden Sturm tot und leblos wie eine steinerne Wüste daliegen zu sehen.

Und eines Tages kam der erste Bauer zur Stadt und brachte Nachricht vom Lande. Die Gehöfte waren eingeschneit; man musste sich einen Gang ins offene Feld hinausgraben und die Pferde eins nach dem andern hindurchführen; von Unglücksfällen wusste er jedoch nichts zu berichten.

Jeglicher Betrieb stockte, niemand konnte sich zu etwas aufraffen; es musste auch gespart werden – namentlich an Kohlen und Petroleum, die beide auszugehen drohten. Die Kaufleute hatten schon zu Anfang der zweiten Woche gewarnt. Da begannen die Leute zwecklose Dinge zu tun; sie errichteten wunderliche Gebilde aus Schnee oder begaben sich über das Eis auf die Wanderung von Stadt zu Stadt. Und eines Tages rüstete sich ein Dutzend Männer, um mit dem Eisboot nach Schweden zu gehen und die Post zu holen; man konnte Nachricht aus aller Welt draußen nicht länger entbehren. Auf Christiansö hatten sie die Notflagge gehisst; man sammelte Vorräte, hier ein wenig, dort ein wenig, und bereitete sich vor eine Expedition hinüberzusenden.

Nun kam die Not dahergewandert, sie wuchs aus dem steif gefrorenen Erdboden hervor und wurde zum einzigen Gesprächsthema. Aber nur die, die ihr Schäfchen einigermaßen im Trockenen hatten, sprachen darüber; die Not leidenden schwiegen. Man rief die Wohltätigkeit an; da waren doch Bjerregravs fünftausend Kronen in der Kasse. Aber die waren nicht da. Reeder Monsen behauptete, Bjerregrav habe sie seinerzeit zurückerhalten. In Bjerregravs Nachlass fand man keinen Beweis für das Gegenteil. Nun, die Leute wussten nichts Bestimmtes, aber die Sache gab immerhin reichlich Stoff zur Unterhaltung. Wie dem auch sein mochte, Monsen war der große Mann wie immer – er spendete aus der eigenen Tasche tausend Kronen für die Bedürftigen.

Über das Meer hin gingen viele Augen, aber die Männer mit dem Eisboot kehrten nicht zurück, das mystische »Da draußen« hatte sie verschlungen. Es war, als sei die Welt ins Meer gesunken; dort hinter der holprigen Eisfläche, die bis an den Horizont reichte, lag jetzt der Abgrund.

Die Heiligen waren die Einzigen, die sich regten; sie hielten überfüllte Versammlungen ab und sprachen über den Untergang der Welt. Alles andere lag tot da; wer kümmerte sich unter diesen Verhältnissen wohl um die Zukunft? In der Werkstatt saßen sie in Mantel und Mütze und froren; der Rest Kohlen, der noch da war, musste für den Meister aufgespart werden. Pelle war jeden Augenblick bei ihm. Der Meister sprach nicht mehr viel, sondern lag da und warf sich hin und her, die Augen zur Decke emporgerichtet; aber sobald Pelle gegangen war, klopfte er wieder. »Wie mag es jetzt wohl gehen?«, fragte er müde. »Lauf nach dem Hafen und sieh, ob das Eis nicht bald bricht – es gibt so viel Kälte; die ganze Erde wird ja auf diese Weise ein Eisklumpen. – Heute Abend halten sie gewiss wieder eine Versammlung über das Jüngste Gericht ab. Lauf hin und hör, wie sie darüber denken.«

Pelle lief und kam mit dem Bescheid, aber wenn er kam, hatte der Meister seine Frage in der Regel vergessen. Von Zeit zu Zeit konnte er melden, dass das Meer als blauer Schimmer zu sehen sei, ganz weit hinter dem Eis. Dann leuchtete es in den Augen des Meisters auf. Aber bei der nächsten Meldung war alles wieder vorbei. »Das Meer frisst das Eis, das sollst du sehen«, sagte Meister Andres wie aus weiter Ferne. »Aber vielleicht kann es nicht so viel verdauen. Dann gewinnt die Kälte die Oberhand und fertig sind wir!«

Aber eines Morgens trieb die Eismasse dem Meere zu und hundert Männer machten sich daran, die Einfahrt mit Dynamit vom Eis zu befreien. Es waren drei Wochen vergangen, seit man Post von der Außenwelt erhalten hatte und der Dampfer lief nach Schweden aus, um Nachrichten einzuholen. Er wurde da draußen von dem Eis erfasst und nach Süden abgedrängt, vom Hafen aus konnten sie ihn in Abständen von Tagen in der Eistrift vorüberwandern sehen, bald nach Norden und bald nach Süden.

Endlich zersprangen die schweren Bande ganz. Aber es war schwer für die Erde und die Menschen, sich wieder aufzurichten. Alles hatte einen Knacks bekommen. Der Meister konnte den Umschlag von dem scharfen Frost zur Tauluft nicht verwinden; wenn der Husten nicht an ihm zerrte, lag er ganz still da. »Ach, ich leide so schrecklich, Pelle«, klagte er flüsternd. »Schmerzen hab ich nich – aber wie ich leide, Pelle!«

Aber dann war er eines Morgens guter Laune. »Jetzt bin ich über den Berg«, sagte er mit schwacher, aber fröhlicher Stimme, »jetzt wirst du sehen, wie ich mich erhole. Welchen Tag haben wir heute? Donnerstag? Tod und Teufel, dann muss ich ja mein Los erneuern. Mir is so leicht! Die ganze Nacht bin ich durch die Luft geschwebt, und wenn ich nur die Augen schließe, dann fliege ich wieder. Das is die Kraft in dem neuen Blut – zum Sommer bin ich ganz gesund. Dann will ich hinaus und die Welt sehen! Aber, zum Teufel auch, das Beste kriegt man ja doch nie zu sehen – den Weltenraum und die Sterne und das alles! Dann müsste man ja fliegen können. Aber über Nacht bin ich da gewesen.«

Dann übermannte ihn der Husten von neuem. Pelle musste ihn aufrichten; bei jedem Stoß klang es wie ein nasses Klatschen in ihm. Er hielt die eine Hand auf Pelles Schulter und stützte die Stirn gegen seine Brust. Plötzlich verstummte der Husten, die weiße, knochige Hand krallte sich schmerzhaft in Pelles Schulter. »Pelle, Pelle!«, stöhnte der Meister und sah ihn in schrecklicher Angst mit seinen brechenden Augen an.

Was er nun wohl sehen mag, dachte Pelle schaudernd und legte ihn in die Kissen zurück.

22

Oft genug musste Pelle es bereuen, dass er sich auf fünf Jahre als Lehrling verdungen hatte. Er hatte während seiner Lehrzeit hundert, wohl auch zweihundert Jungen in die Reihe der Gesellen aufrücken sehen, die dann sogleich auf die Straße gesetzt wurden, während neue Lehrlinge vom Lande und aus der Stadt die Zahl wieder voll machen. Da standen dann die neuen Gesellen und sollten auf eigene Faust anfangen. In den meisten Fällen hatten sie nichts Ordentliches gelernt, sondern hatten nur dagesessen und das tägliche Brot für den Meister erarbeitet; nun sollten sie plötzlich dem Fach gegenüber die Verantwortung übernehmen. Emil war vor die Hunde gegangen; Peter war Landbriefträger und verdiente eine Krone am Tag, dafür musste er fünf Meilen gehen. Wenn er nach Hause kam, konnte er sich mit Pfriem und Pechdraht hinsetzen und den Rest für den Lebensunterhalt bei Nacht verdienen. Viele hängten den Beruf ganz an den Nagel; sie hatten ihre besten Jugendjahre mit nutzloser Arbeit verbracht.

Jens war es nicht besser ergangen als den meisten. Er saß da und machte als kleiner Meister Flickarbeit; sie hungerten geradezu. Das Mädchen hatte kürzlich eine Fehlgeburt gehabt und sie hatten nichts zu beißen und zu brechen. Wenn Pelle zu ihnen herauskam, saßen sie meist da und starrten einander mit roten Augen an; über ihren bangen Köpfen hing wie eine Drohung die Polizei, weil sie ja nicht verheiratet waren. »Wenn ich mich bloß auf Erdarbeiten verstände«, sagte Jens, »dann würde ich aufs Land gehen und bei einem Bauern dienen.«

Bei all seiner Sorglosigkeit konnte Pelle nicht umhin, im Schicksal der andern sein eigenes Schicksal zu erkennen; nur seine Anhänglichkeit an Meister Andres hatte ihn gehindert Reißaus zu nehmen und etwas anderes anzufangen.

Nun löste sich das Ganze plötzlich von selber auf. Der alte Jeppe verkaufte das Geschäft mit Lehrlingen und allem – Pelle wollte sich nicht verkaufen lassen; jetzt war die Gelegenheit da, jetzt wollte er mit schnellem Entschluss diesen Abschnitt zu Ende bringen.

»Du gehst nicht«, sagte Jeppe drohend, »du hast noch ein Jahr von deiner Lehrzeit vor dir! Ich melde dich bei der Polizei – und was das heißt, das hast du ja erfahren.« Aber Pelle ging. Hinterher konnten sie zur Polizei rennen, so viel sie wollten.

Er mietete sich eine Mansardenkammer oben auf dem Hafenhügel und schaffte seine Habseligkeiten dorthin. Es war, als recke er sich nach jahrelanger Sklaverei, niemand hatte er mehr über sich, keine Last, keine Verpflichtung. Jahrelang hatte er gegen einen ständigen Niedergang gekämpft; es hatte seinen Jugendmut nicht gerade gestärkt, Tag für Tag seine Kräfte vergebens gegen den Rückgang in der Werkstatt anzustrengen; er konnte nur den Verfall ein wenig aufhalten und im Übrigen musste er mitgleiten. Ein guter Teil Resignation und ein wenig zu viel Geduld für seine achtzehn Jahre, das war die augenblickliche Ausbeute von der Fahrt den Berg hinab.

Jetzt lag alles am Fuße des Hügels und er konnte zur Seite treten und sich ein wenig aufrichten: mit reinem Gewissen und einer etwas kümmerlichen Freude über seine Freiheit. Geld zum Reisen hatte er nicht und seine Kleider waren in einer argen Verfassung, aber das kümmerte ihn vorläufig nicht. Er atmete nur tief auf und sah die Zeit an. Der Tod des Meisters hatte eine große Leere in ihm hinterlassen. Er entbehrte den ausdrucksvollen Blick, der ihm ein Gefühl eingeflößt hatte, als stehe er im Dienst einer Idee; die Welt um ihn war so wunderlich gottverlassen geworden, jetzt, wo dieser Blick nicht mehr halb klar und halb unergründlich auf ihm ruhte und diese Stimme schwieg, die ihm immer zu Herzen ging, sei sie nun zornig, milde oder ausgelassen gewesen – wo die ertönt war, herrschte nun Stille und Leere.

Er raffte sich nicht auf, etwas zu tun, sondern faulenzte. Dieser oder jener Meister war nach ihm aus; sie wussten alle, dass er ein schneller und zuverlässiger Arbeiter war, und wollten ihn gern als Lehrling haben für eine Krone die Woche und freie Kost. Aber Pelle wollte nicht. Er fühlte, dass dort seine Zukunft nicht lag. Und über das hinaus wusste er nichts, sondern wartete nur darauf, dass etwas geschähe – irgendetwas. Er war aus seinem festen Dasein herausgedrängt und hatte selber nicht das Bedürfnis, einzugreifen.

Von seinem Fenster aus konnte er in den Hafen hinabsehen; das große Unternehmen war nach dem strengen Winter wieder in vollem Gange. Da stieg ein Summen von der Arbeit zu ihm herauf; sie hauten, bohrten und sprengten; die Kippwagen wanderten in langen Reihen die Schienen hinauf, warfen ihren Inhalt am Uferrand ab und kehrten zurück. Seine Glieder sehnten sich nach schwerer Arbeit mit Hacke und Schaufel, aber seine Gedanken gingen noch nicht in diese Richtung.

Kam er auf die Straße, so wandten die strebsamen Bürger die Köpfe nach ihm um und tauschten Bemerkungen aus, laut genug, dass sein Ohr sie auffangen konnte. »Da geht Meister Jeppes Lehrling und bummelt«, sagten sie zueinander, »jung und stark ist er, aber er mag nichts tun. Er wird mit der Zeit ein Tagedieb, passt nur auf. Ja, war er es nicht auch, der auf dem Rathaus wegen seines rohen Benehmens Prügel bekam? Was ist da anderes zu erwarten?«

Und dann hielt sich Pelle zu Hause auf. Hin und wieder bekam er ein wenig Arbeit von den Kameraden und von armen Leuten, die er kannte, mühte sich ohne Werkzeug ab und ging, wenn er gar nicht anders fertig werden konnte, zu Jens hinaus, denn Jens hatte Falz und Leisten. Sonst saß er am Fenster, fror und starrte hinaus über den Hafen und die See. Er sah, wie die Schiffe aufgetakelt wurden und in See stachen, und mit jedem Schiff, das aus dem Hafen glitt und am Horizont verschwand, war es ihm, als entgleite ihm eine letzte Möglichkeit; aber dieses Gefühl rührte ihn nicht. Von Morten zog er sich ganz zurück und ging auch nicht mehr unter andere Menschen. Er schämte sich seines Müßiggangs, während alle anderen arbeiteten.

Mit dem Essen hatte er sich praktisch eingerichtet; er lebte von Milch und Brot und brauchte nur ein paar Öre am Tag. Er konnte sich gerade den ärgsten Hunger vom Leibe halten. An Feuerung war nicht zu denken. Wenn er so müßig dasaß, genoss er mit einer gewissen Beschämung seine Ruhe, im Übrigen regte sich nicht viel in ihm.

Wenn des Morgens die Sonne schien, stand er früh auf und schlich aus der Stadt hinaus. Den ganzen Tag streifte er in den großen Nadelwäldern umher oder lag auf den Strandhügeln und ließ das Murmeln des Meeres in seinen Halbschummer hineinbrausen. Er aß wie ein Hund alles, was er an Essbarem fand, ohne darüber nachzudenken, woraus es bestand. Das Glitzern der Sonne auf dem Wasser, der starke Duft der Nadelbäume und das beginnende Auftreiben der fauligen Säfte, die der Frühling mit sich führt, verwirrten ihn und füllten sein Gehirn mit halbwilden Vorstellungen. Die Tiere fürchteten sich nicht vor ihm, blieben nur einen Augenblick stehen und nahmen seinen Geruch auf, dann bewegten sie sich sorglos vor seinen Augen. Das störte ihn nicht in seinem Halbschlummer, aber wenn sich ihm menschliche Wesen näherten, schlich er davon und verbarg sich mit einem feindlichen, fast gehässigen Gefühl. Hier draußen fühlte er sich wohl. Oft stieg der Gedanke in ihm auf, seine Wohnung in der Stadt aufzugeben und sich des Nachts unter irgendeine Tanne zu verkriechen.

Erst wenn die Finsternis ihn verbarg, kehrte er nach Hause zurück, warf sich mit den Kleidern aufs Bett und fiel in Schlummer. Wie aus weiter Ferne konnte er seinen Nachbarn, den Taucher Ström, mit wackelnden Schritten über den Boden gehen und nebenan mit seinen Küchengeräten rumoren hören. Der Essensdunst, der, mit Schlafgeruch und Tabaksrauch vermengt, immer durch die dünne Bretterwand zu ihm hereindrang und erstickend über seiner Stirn hing, wurde jetzt stärker. Das Wasser lief ihm im Munde zusammen. Er schloss die Augen und zwang sich in andere Vorstellungen hinein, um den Hunger zu betäuben. Da ertönten die bekannten leichten Schritte auf der Bodentreppe, und jemand pochte an die Tür – es war Morten. »Bist du zu Hause, Pelle?«, fragte er. Aber Pelle rührte sich nicht.

Pelle konnte hören, wie Ström in das Brot hineinbiss und schmatzend kaute, und zwischen dem Kauen ertönte auf einmal ein wunderlicher Laut, ein unterdrücktes Brüllen, das jedes Mal, wenn er einen Mund voll zu sich nahm, unterbrochen wurde; es klang, als wenn ein Kind zugleich isst und heult. Dass ein anderer Mensch weinte, ließ etwas in Pelle schmelzen und erfüllte ihn mit einem schwachen Gefühl von etwas Lebendigem; er richtete sich auf den Ellbogen auf und lauschte, und während sich ein kalter Schauer nach dem andern seinen Rücken hinabschlich, lag er da und hörte, wie sich Ström mit dem Entsetzlichen herumschlug.

Man sagte, Ström sei hier, weil er in seiner Jugend in der Heimat irgendetwas begangen hatte, und Pelle vergaß seine eigene Not und lauschte starr vor Entsetzen diesem Kampf mit den bösen Mächten, der damit begann, dass Ström geduldig, mit lallender, tränenvoller Rede Worte der Bibel gegen die wimmelnden kleinen Teufel anführte. »Am Ende kann ich euch dazu bringen, dass ihr den Schwanz zwischen die Beine nehmt?«, rief er aus, wenn er ein Stück gelesen hatte. Seine Stimme verriet das Bedürfnis nach Frieden. »Ach so«, rief er nach einer Weile, »ihr wollt noch mehr, ihr verteufelten Halunken? Was sagt ihr denn hierzu? Ich, der Herr, dein Gott, der Gott Abrahams, der Gott Isaaks, der Gott Jakobs ...« Ström jagte die Worte heraus, das Böse brach sich Bahn in seiner Stimme und plötzlich verlor er die Geduld. Er nahm das Buch und schleuderte es zu Boden. »Dann soll euch der Satan holen!«, schrie er und schlug sich mit den Möbeln herum.

Pelle lag bei diesem besessenen Kampf in Schweiß gebadet da, mit einem Gefühl der Befreiung hörte er, wie Ström das Fenster öffnete und die Teufel über die Dächer hinabjagte. Der Taucher führte den letzten Teil des Kampfes mit einem gewissen Humor. Er redete lockend und schmeichelnd in die Ecke hinein: »Du kleiner süßer Teufel, was für einen weichen Pelz du doch hast! Ström darf dich doch wohl ein wenig streicheln! Nee, das hättest du doch wohl nicht erwartet! Sind wir dir zu klug gewesen, wie? Du willst noch beißen, du Teufelsjunge? Da, nun brich dir nur nicht die Augenbrauen!« Mit einem fröhlichen Glucksen schloss Ström das Fenster.

Eine Weile ging er umher und amüsierte sich. »Ström ist doch noch Mann genug, selber die Hölle zu säubern«, sagte er zufrieden.

Pelle hörte ihn zu Bett gehen und versank selbst in Schlaf. In der Nacht aber erwachte er davon, dass Ström taktfest mit dem Kopf gegen die Bretterwand schlug und weinend sang: »An den Ufern von Babylon...« Mitten im Gesang schwieg der Taucher und stand auf. Pelle hörte ihn hin und her tasten und auf den Boden gehen. Erschrocken sprang er aus dem Bett und zündete Licht an. Da draußen stand Ström und war im Begriff, eine Schlinge über den Balken zu legen. »Was willst du hier?«, sagte er grimmig. »Soll ich denn jetzt auch vor dir keine Ruhe mehr haben?«

»Warum willst du denn Hand an dich selbst legen?«, fragte Pelle ganz leise.

»Da sitzen eine Frau und ein kleines Kind und weinen mir immer und ewig die Ohren voll. Ich kann es nicht mehr aushalten«, antwortete Ström und knüpfte an seinem Strick weiter.

»Denk doch an das kleine Kind«, sagte Pelle bestimmt und riss den Strick herunter. Da ließ sich Ström willenlos in seine Stube führen und kroch ins Bett. Aber Pelle musste bei ihm bleiben; er wagte nicht das Licht auszulöschen und allein im Dunkeln zu liegen.

»Sind es die Teufel?«, fragte Pelle.

»Was für Teufel?« Ström wusste nichts von Teufeln. »Nein, es ist die Reue«, antwortete er. »Das Kind und seine Mutter klagen mich ständig wegen meiner Treulosigkeit an.« Aber im nächsten Augenblick konnte er aus dem Bett springen und pfeifen, als locke er einen Hund. Mit raschem Griff hatte er etwas im Nacken gepackt, öffnete das Fenster und warf es hinaus. »So, das war es«, sagte er befreit, »nun ist nichts mehr da von der Teufelsbrut!« Er langte nach der Branntweinflasche.

»Lass sie doch stehen«, sagte Pelle und nahm ihm die Flasche weg. Sein Wille wuchs beim Anblick von des anderen Elend.

Ström kroch wieder ins Bett und warf sich hin und her, seine Zähne klapperten. »Wenn ich nur einen Schluck kriegen könnte«, sagte er flehend, »was kann mir das wohl schaden – es ist das Einzige, was mir hilft! Warum soll man sich denn immerfort quälen und den Anständigen spielen, wenn man auf so billige Weise seiner Seele Frieden geben kann? Gib mir einen Schluck!« Dann reichte ihm Pelle die Flasche. »Du solltest selber einen nehmen, das richtet auf! Glaubst du, ich merke nicht, dass du auch Schiffbruch erlitten hast? Der arme Mann stößt leicht auf Grund, er hat so wenig Wasser unter dem Kiel. Und wer, meinst du, macht ihn wieder flott, wenn er den einzigen guten Freund verraten hat? Nimm doch einen Schluck, das belebt den Teufel in uns und gibt uns Mut fürs Leben.«

Nein, Pelle wollte zu Bett.

»Warum willst du jetzt gehen? Bleib hier, es ist doch ganz gemütlich. Wenn du mir was erzählen könntest, das mir nur für eine kurze Weile den verdammten Laut aus den Ohren vertreibt! Da sind die junge Frau und ein kleines Kind, und die tuten mir beständig die Ohren voll.«

Pelle blieb und bemühte sich den Taucher zu unterhalten. Er griff in seine eigene leere Seele hinein, obwohl er nicht wusste, was er da finden sollte; so erzählte er denn von Vater Lasse und von ihrem Leben auf dem Steinhof, bunt durcheinander, was ihm gerade einfiel. Aber die Erinnerungen kamen von selber bei der Erzählung und starrten ihn so trübselig an, dass sein gelähmtes Seelenleben erwachte. Plötzlich empfand er Schmerz über sich selber.

»Nanu«, sagte Ström und hob den Kopf, »kommt nun die Reihe an dich? Du hast am Ende auch was Niederträchtiges zu bereuen – oder was fehlt dir?«

»Ich weiß es nich.«

»Du weißt es nich. Das ist ja beinahe so, wie wenn Frauenzimmer heulen, das gehört mit zu ihrem Vergnügen. Aber Ström ist kein Kopfhänger; er würde gern die Freude in sich aufkommen lassen, wenn ihn nicht ein Paar Kinderaugen tagaus, tagein vorwurfsvoll ansähen – und die Augen einer jungen Frau! Die beiden sitzen daheim in Smaaland und ringen die Hände nach dem täglichen Brot und hier geht der Versorger und legt seinen Verdienst in Wirtshäusern an. Vielleicht sind sie auch schon tot, weil ich sie verlassen habe. Siehst du, das ist ein reeller Kummer; das ist kein Kindergesabbel um nichts! – Aber einen Schnaps sollst du darum doch haben.«

Pelle hörte nicht; er saß da und starrte blind vor sich hin. Auf einmal fing der Stuhl an, mit ihm zu segeln, er war einer Ohnmacht nahe vor Hunger. »Na, dann gib mir einen Schnaps – ich habe heute noch keinen Bissen gegessen!« Er lächelte beschämt bei dem Geständnis.

Ström war mit einem Satz aus dem Bett. »Nein, dann sollst du was zu essen haben«, sagte er eifrig und schaffte Essen herbei. »Hat man je so was gesehen? So ein desperater Teufel will Branntwein in den leeren Magen gießen! Iss du man, dann kannst du dich anderswo voll trinken! Ström hat sowieso genug auf dem Gewissen. Seinen Branntwein kann er selber trinken. Na ja, dann hast du aus Hunger geheult! War mir doch gleich, als ob es so klang wie Kinderweinen.«

Solche Nächte erlebte Pelle häufiger, sie vertieften seine Welt in

Richtung nach dem Finstern hin. Wenn er spät nach Hause kam und sich über den Boden tastete, ging er in einem geheimen Grauen, dass er Ströms entseelten Körper streifen könnte; er atmete erst auf, wenn er ihn da drinnen schnarchen oder herumhantieren hörte. Er sah zu ihm hinein, ehe er sich schlafen legte.

Ström freute sich immer über ihn und bot ihm Essen an, Branntwein wollte er aber nicht herausrücken. »Das ist nichts für einen so jungen Menschen, wie du es bist! Wirst noch früh genug Geschmack daran finden.«

»Trinkst doch selber«, sagte Pelle eigensinnig.

»Jawohl, ich trinke, um die Reue zu betäuben. Aber das hast du wohl nicht nötig.«

»Ich bin inwendig so leer«, sagte Pelle. »Vielleicht kann mich der Branntwein ein wenig aufrichten. Mir is als wäre ich gar kein Mensch, sondern ein totes Ding, ein Tisch zum Beispiel.«

»Du musst dir irgendetwas vornehmen, sonst wirst du ein Taugenichts. Ich habe so viele von unserer Art vor die Hunde gehen sehen; wir haben nicht viel Widerstandskraft!«

»Mir is es ganz egal, was aus mir wird!«, antwortete Pelle schlaff. »Ich pfeife auf alles!«

23

Es war Sonntag und Pelle hatte Verlangen nach etwas Abwechslung. Zuerst war er draußen bei Jens; aber das junge Paar hatte sich gezankt und sich in den Haaren gelegen. Das Mädchen hatte die Bratpfanne mit dem Mittagessen ins Feuer fallen lassen, und Jens hatte ihr eine Ohrfeige gegeben. Sie war noch blass und kränklich von der Fehlgeburt. Jetzt saßen sie jeder in seiner Ecke und schmollten wie zwei Kinder. Sie bereuten es beide, aber keiner wollte das Wort an den andern richten. Es gelang Pelle, sie zu versöhnen, und sie wollten, dass er zu Mittag bliebe. »Kartoffeln und Salz haben wir noch, und einen Schluck Branntwein kann ich wohl vom Nachbar leihen!« Aber Pelle ging; er konnte es nicht mit ansehen, wie sie halb flennend übereinander hingen und sich küssten und einander immer wieder um Verzeihung baten.

So ging er denn zu Dues hinauf. Sie waren in ein altes Kaufmannshaus gezogen, wo Platz für Dues Pferde war. Mit ihnen schien es gut vorwärts zu gehen. Man sagte, der alte Konsul interessiere sich für sie und helfe ihnen weiter. Pelle ging nie ins Haus, sondern suchte Due im Stall auf; er traf ihn da nicht an, so ging er wieder: bei Anna war er nicht willkommen, Due selber nahm ihn freundlich auf. Wenn Due keine Fuhre hatte, pflegte er im Stall umherzugehen und mit den Pferden zu pusseln; er mochte nicht im Hause sein. Pelle schnitt ihm Häcksel und half bei allem, was gerade vorlag und dann gingen sie zusammen in die Wohnung. Due wurde gleichsam ein anderer Mensch, wenn er Pelle hinter sich hatte – er trat dann sicherer auf. Anna gewann mehr und mehr die Übermacht im Haus.

Sie war noch ebenso sicher wie früher und hielt das Haus gut in Stand. Die kleine Marie hatte sie nicht mehr bei sich. Ihre beiden Jungen waren gut gekleidet und sie schickte sie in eine Kleinkinderschule, die Schulgeld kostete. Sie war reizend anzusehen und verstand es, sich zu kleiden, gönnte aber anderen nichts Gutes. Pelle war ihr nicht fein genug; sie rümpfte die Nase über seine gewöhnlichen Kleider, und um ihn zu verhöhnen, sprach sie immer von Alfreds feiner Verlobung mit Kaufmann Laus Tochter. »Der bummelt nicht herum und schlägt seine Zeit tot und schnüffelt an anderer Leute Türen, um einen Teller Essen zu bekommen«, sagte sie. Pelle lächelte nur, nichts machte mehr Eindruck auf ihn.

Die kleinen Jungen liefen draußen herum und langweilten sich in ihren feinen Anzügen, sie durften nicht mit den armen Kindern auf der Straße spielen und sich nicht schmutzig machen. »Ach, spiel doch ein bisschen mit uns, Onkel Pelle«, sagten sie und hängten sich an ihn. »Bist du nicht auch unser Onkel? Mutter sagt, du wärst nicht unser Onkel. Sie will immer, dass wir den Konsul Onkel nennen sollen, aber dann laufen wir bloß weg. Seine Nase ist so widerlich rot.«

»Kommt denn der Konsul zu euch?«, fragte Pelle.

»Ja, er kommt oft – jetzt ist er auch da!«

Pelle blickte in den Hof hinein, der hübsche Wagen war fort. »Vater ist nach Aakirkeby«, sagten die Jungen. Da schlich er wieder nach Hause. Er stahl von Ström, der nicht zu Hause war, einen Bissen Brot und einen Schnaps und warf sich aufs Bett.

Als die Dunkelheit kam, schlenderte er hinaus und trieb sich frierend an den Straßenecken herum. Er hatte ein dumpfes Bedürfnis, an etwas teilzuhaben. Die geputzten Leute spazierten die Straße auf und ab, viele seiner Bekannten führten ihre Bräute spazieren; er vermied es, sie zu grüßen, fing halblaute Bemerkungen auf und hörte sie lachen. So stumpf er war, er horchte doch noch nach hinten; das rührte von damals her, als er auf dem Rathaus gebrandmarkt worden war. Die Leute pflegten irgendetwas zu sagen, wenn er vorübergegangen war; ihr Lachen bewirkte noch immer, dass es ihm nervös in den Kniekehlen zu zucken begann, wie ein versteckter Anlauf zur Flucht.

Er schlich in die Seitengasse, die dünne Jacke hatte er zugeknöpft und den Kragen hochgeschlagen. Im Halbdunkel der Torwege standen Burschen und Mädchen und flüsterten vertraulich miteinander. Von den Mädchen stiegen Wärmewellen auf, ihre weißen Latzschürzen leuchteten in der Finsternis. Pelle kroch in der Kälte herum und wusste nicht, was er mit sich anfangen sollte; er träumte davon, sich auch ein Liebchen anzuschaffen.

Auf dem Markt begegnete er Alfred Arm in Arm mit Fräulein Lau, er trug Lackschuhe, braune Handschuhe und Zylinder. Der Schurke, er schuldet mir noch zweieinhalb Kronen, die kriege ich nie!, dachte Pelle und empfand einen Augenblick das Verlangen, sich auf ihn zu stürzen und ihn in all seinem Staat im Schmutz zu wälzen. Alfred wandte den Kopf nach der anderen Seite. »Der kennt mich nur, wenn er etwas gemacht haben will und kein Geld hat«, sagte Pelle bitter.

Im Trab lief er eine Straße hinein, um sich warm zu halten, die Augen auf die Fenster gerichtet. Da drinnen saßen Buchbinders und sangen fromme Lieder. Der Mann hielt auch zu Hause den Kopf schief, das konnte man deutlich hinter dem Rouleau sehen. Und beim Wollhändler saß man beim Abendbrot.

Weiter oben bei der Sau war Leben wie immer, Lärm und Rauchnebel kochten durch das offene Fenster hinaus. Sie hatte ein Lokal für ledige Seeleute und verdiente viel Geld. Pelle war oft eingeladen worden sie zu besuchen, hatte sich aber immer für zu gut dafür gehalten – er konnte auch Rud nicht ausstehen. Heute Abend aber erinnerte er sich an diese Einladung und ging hinein – vielleicht würde dort etwas Essen für ihn abfallen.

Um einen runden Tisch saßen einige benebelte Seeleute und schrien ohrenbetäubend durcheinander. Die Sau saß auf dem Knie eines jungen Burschen, sie lag halb über dem großen Tisch und spielte mit dem Finger in vergossenem Bier; von Zeit zu Zeit schrie sie denen, die am lautesten lärmten, etwas ins Gesicht. Sie war in den vergangenen Jahren nicht weniger umfangreich geworden.

»Nee, sieh an, bist du das, Pelle?«, sagte sie und stand auf, um Pelle die Hand zu geben. Sie war nicht ganz nüchtern und hatte Mühe, seine Hand zu fassen. »Das is nett von dir, dass du auch mal kommst – ich glaubte wahrhaftig, wir wären dir nich fein genug. Na, setz dich man und trink einen Schluck, es soll auch nichts kosten.« Sie nötigte ihn Platz zu nehmen.

Die Seeleute waren verstummt, sie saßen da und starrten Pelle dumpf an. Ihre schweren Köpfe bewegten sich langsam. »Das is wohl ein neuer Kunde?«, fragte einer und die andern lachten.

Die Sau lachte auch, wurde aber plötzlich ernst. »Den sollt ihr aus dem Spiel lassen, der is viel zu gut, um in irgendwas reingezogen zu werden, dass ihr das man wisst.« Sie sank neben Pelle auf einen Stuhl und sah ihn an, während sie sich über das fette Gesicht strich. »Wie groß und stattlich du geworden bist, aber mit den Kleidern is es man schlecht bestellt! Überfüttert scheinst du auch nich zu sein! Ach, ich kenne dich ja noch von damals her, als du mit deinem Vater hier ins Land kamst; ein kleiner Junge warst du und Lasse brachte mir das Gesangbuch von meiner Mutter mit!« Sie schwieg plötzlich und die Augen schwollen ihr an.

Einer der Seeleute flüsterte den andern etwas zu, sie lachten.

»Lasst das Lachen, ihr Schweine!«, rief sie wütend und ging zu ihnen hinüber. »Den da sollt ihr mir nich zuferkeln, der kommt als Erinnerung aus den Zeiten, als ich noch ein ordentlicher Mensch war. Sein Vater is der Einzige, der bezeugen kann, dass ich einmal ein schönes und unschuldiges Mädchen gewesen bin, mit dem man schlecht umgegangen is. Er hat mich auf dem Schoß gehalten, als ich klein war, und mir Kinderlieder vorgesungen.« Sie sah sich herausfordernd um, ihr rotes Gesicht bebte.

»Damals hast du wohl nich so viel gewogen wie jetzt?«, fragte einer und umschlang sie.

»Nich die Kleine foppen!«, rief eine anderer. »Siehst du denn nich, dass sie weint? Nimm sie lieber auf den Schoß und sing ihr ein Wiegenlied vor, dann glaubt sie, dass es Lasse-Basse wär!«

Sie griff rasend nach einer Flasche. »Wollt ihr still sein mit eurem Gespött!«, schrie sie. »Sonst kriegt ihr dies hier an den Kopf!« Ihre fetten Züge schienen zu zerfließen.

Sie ließen sie in Ruhe und sie saß da und schluchzte, die Hände vor dem Gesicht. »Lebt dein Vater noch, du?«, fragte sie. »Dann grüß ihn von mir – grüß ihn einfach von der Sau, du darfst mich getrost Sau nennen! – und sag ihm, dass er der Einzige auf der Welt is, dem ich etwas zu verdanken habe. Er hat gut von mir gedacht und hat mir die Todesnachricht von Mutter gebracht.«

Pelle saß mit einem leeren Lächeln da und hörte zu, wie sie redete und weinte. Er hatte Kneifen in den Gedärmen vor Leere und das Bier stieg ihm zu Kopf. Er entsann sich genau, wie er das erste Mal diese Person sah und hörte, wie Vater Lasse ihr das Heim ihrer Kindheit vorhielt. Aber er verband keine weiteren Gedanken damit; das war schon lange her. Ob sie mir nicht bald etwas zu essen gibt?, dachte er und lauschte teilnahmslos ihrem Schnauben.

Die Seeleute saßen da und starrten sie angestrengt an, ein feierliches Schweigen lag auf ihren umnebelten Gesichtern; sie glichen Betrunkenen, die um ein Grab stehen. »Lass nu mal endlich das Deckspülen sein und gib uns was zu trinken«, sagte schließlich ein alter Kerl. »Unsereins hat ja auch seinen Besuch gehabt von dieser Kindheitsunschuld und ich sage: Es is aller Ehren wert, dass sie zu so einem alten Teufelskerl durch die Tür gucken will! Aber lass das Wasser außerbords, sag ich! Je mehr man eine alte Schute scheuert, umso mehr Schäden kommen zum Vorschein! So, gib uns jetzt was zu trinken und dann die Karten, Madam!«

Sie stand auf und schenkte ihnen ein; die Gemütsbewegung hatte sich gelegt, aber die Beine waren ihr noch schwer.

»Das is recht – und dann wollen wir auch 'ne Ahnung davon haben, dass heute Sonntag is! Zeig deine Kunst, Madam!«

»Aber das kostet eine Krone, das wisst ihr ja«, antwortete sie lachend.

Sie legten das Geld zusammen und sie ging hinter den Schenktisch und zog sich aus. Im bloßen Hemd und mit einem brennenden Licht in der Hand kam sie wieder. Pelle sah stumpf, wie ihr fetter Körper unter dem schmutzigen Hemd bibberte, und hörte die heiseren Rufe und das Lachen der Seeleute; in seinem linken Ohr siedete ein endloser Laut und darunter schlug das Blut seine Kolbenschläge. Es war, als wenn ein Lärm aus einer andern Welt seinen Kopf füllte und ihn um sein Gleichgewicht brachte. Er musste sich am Tisch festhalten, um nicht umzufallen. Wie aus weiter Ferne und als ginge es ihn gar nichts an, sah er, dass die Sau auf einen Stuhl kletterte und das Hemd hinten stramm zog. Ein Seemann hielt das Licht hinter ihren Rücken, und nun zeigte sie, wie die Winde mit bläulicher Flamme brannten.

Während die andern hiervon ganz in Anspruch genommen waren, schlich Pelle hinaus. Ihm war ganz schlecht vor Hunger und Roheit und dumpfem Schamgefühl. Aufs Geratewohl schlenderte er weiter und wusste weder aus noch ein. Er wusste nur, dass ihm alles auf der Welt gleichgültig war, mochte es ihm so oder so ergehen, mochte er weiterleben in mühevoller Redlichkeit oder sich mit Trinkerei besudeln oder umkommen – ihm war das alles einerlei! Niemand kümmerte sich darum, nicht einmal er selber. Keine Menschenseele würde ihn vermissen, wenn er vor die Hunde ginge – doch: Lasse, der alte Vater Lasse! Aber jetzt nach Hause gehen und sich in seinem ganzen Elend sehen lassen, wo sie so unsinnig viel von ihm erwartet hatten – das konnte er nicht. Ein letzter Rest von Schamgefühl in ihn bäumte sich dagegen auf. Und arbeiten – wozu? Dieser Traum war vorbei. Er stand mit dem dumpfen Gefühl da, dass er bis fast auf den Grund gelangt war, der für die da unten so verhängnisvoll ist. Jahraus, jahrein hatte er sich durch ständige Anspannung und mit der wahnsinnigen Vorstellung, dass es aufwärts ginge, schwimmend erhalten. Jetzt war er dem Grunde des Daseins ganz nahe – und war müde. Warum sich nicht auch noch das letzte kleine Stück sinken lassen, warum nicht dem Schicksal seinen Lauf lassen? Es lag eine süße Ruhe darin nach diesem wahnsinnigen Kampf gegen die Übermacht.

Der Gesang geistlicher Lieder weckte ihn auf. Er war in einen Durchgang geraten und gerade vor ihm lag ein großes, breites Haus, mit dem Giebel nach der Straße zu und einem Kreuz auf der

Giebelspitze. Hunderte von Stimmen hatten im Lauf der Zeit versucht ihn hierher zu locken, aber er hatte in seinem Übermut keine Verwendung dafür gehabt – was war hier wohl zu suchen für einen schneidigen Jungen! Und nun war er doch davor gestrandet! Er hatte Verlangen nach ein klein wenig Fürsorge und hatte das Gefühl, als habe eine Hand ihn hierher geführt.

Der Saal war voll von armen Familien. Sie saßen eng zusammengedrängt auf den Bänken, jede Familie für sich; die meisten Männer schliefen, die Frauen hatten genug damit zu tun, die Kleinen zu beschwichtigen und sie zu bewegen artig dazusitzen, die Beine gerade ausgestreckt. Es waren Leute, die gekommen waren, um gratis ein wenig Licht und Wärme in ihr trübes Dasein zu bringen; am Sonntag wenigstens, meinten sie, könnten sie etwas davon verlangen. Die heruntergekommensten Armen aus der Stadt waren da und sie suchten Zuflucht hier, wo sie nicht gerichtet wurden, sondern wo ihnen die Verheißung des tausendjährigen Reiches zuteil wurde. Pelle kannte sie alle, sowohl die, die er schon früher gesehen hatte, wie auch die andern mit demselben Ausdruck des Ertrinkens. Er fand sich bald zurecht unter allen diesen zerzausten kleinen Vögeln, die sich von dem starken Wind hatten über das Meer tragen lassen und nun von den Wellen an Land geschwemmt wurden.

Ein großer Mann mit Vollbart und guten Kinderaugen stand zwischen den Bänken auf und schlug einen Gesang vor – das war der Schmied Dam. Er sang vor und knickte zum Takt in die Knie und alle sangen sie bebend, jeder mit seinem eigenen Ton, von dem, was über sie hingegangen war. Gequält zwangen sich die Töne aus den zerstörten trockenen Kehlen, sie krochen zusammen, erschreckt darüber, dass sie ans Licht gekommen waren. Zögernd entfalteten sie ein Paar zarte Florschwingen und schwangen sich von den zitternden Lippen in den Raum hinaus. Und unter der Decke trafen sie mit hunderten von Geschwistern zusammen und streiften die

Verkommenheit ab. Sie wurden zu einem Jubel, groß und herrlich, über etwas ungekannt Reiches, über das Glücksland, das nahe war. Pelle war es, als sei die Luft voll von sonnenbeschienenen Schmetterlingen.

»Ach, wie selig, selig wird es sein,
Wenn wir, von Not und Elend rein,
Mit unserem Jesus gehen ein
Zu des Himmels Herrlichkeit.«

»Mutter, ich bin hungrig«, sagte eine Kinderstimme, als der Gesang schwieg. Die Mutter, eine abgezehrte Frau, beschwichtigte das Kind und sah sich verwundert um – was war das nur für ein dummer Einfall. »Du hast ja eben erst gegessen«, sagte sie lauter als nötig. Aber das Kind weinte weiter: »Mutter, ich bin so hungrig!«

Da kam Bäcker Jörgen Sören heran und gab der Kleinen einen Wecken. Er hatte einen ganzen Korb voll Backwerk. »Sind da noch mehr Kinder, die hungrig sind?«, fragte er laut. Er sah allen frei ins Auge und war ein ganz anderer als zu Hause. Hier lachte auch niemand über ihn, weil man munkelte, dass er der Bruder seines eigenen Sohnes sei.

Ein weißbärtiger alter Mann bestieg die Rednertribüne hinten im Saal. »Das ist er selber«, flüsterten sie ringsumher und beeilten sich, auszuhusten und die Kleinen zu veranlassen, den Mund leer zu essen. Er nahm das Weinen des kleinen Kindes zum Ausgangspunkt: »Mutter, ich bin so hungrig!« Das sei die Stimme der Welt, der große, schreckliche Ruf – in den Mund eines Kindes gelegt. Er sähe nicht einen Einzigen, der sich nicht unter diesem Ruf aus dem Munde seiner Angehörigen gewundert habe, und aus Angst, ihn wieder zu hören, sich fürs ganze Leben Brot haben sichern wollen – und zurückgeschlagen worden sei. Sie sähen nur nicht Gottes Hand, wenn dieser liebevoll den nackten Hunger in einen Hunger nach Glück verwandle. Sie seien ja die Armen und die Armen seien Gottes auserwähltes Volk. Deswegen müssten sie in der Wüste wandern und blind fragen: »Wo ist das Land?« Aber der Lichtschimmer, dem sie vertrauend folgten, sei nicht das irdische Glück! Gott selber führe sie im Kreis herum, bis ihr Hunger zu dem rechten Hunger geläutert sei, zu dem Hunger der Seele nach dem ewigen Glück!

Sie verstanden nicht viel von dem, was er sagte; aber seine Worte lösten etwas in ihnen aus, sodass sie in lebhafte Unterhaltung über die alltäglichen Dinge gerieten. Plötzlich aber schwieg das heiße Summen, ein kleiner, buckliger Mann war auf eine Bank geklettert und sah mit leuchtenden Augen über sie hin. Das war Sort, der Wanderschuhmacher aus der äußersten Vorstadt.

»Wir wollen fröhlich sein«, sagte er und machte ein drolliges Gesicht. »Gottes Kinder sind immer fröhlich, mit wie viel Bösem sie auch zu kämpfen haben, und sie kann kein Unglück treffen – Gott ist die Freude!« Er fing an zu lachen, ausgelassen wie ein Kind, und alle lachten mit; der eine steckte den andern an. Sie konnten sich nicht beherrschen, es war, als sei über alle eine ungeheure Lustigkeit gekommen. Die kleinen Kinder sahen die Erwachsenen an und lachten, dass es in ihren kleinen Kehlen von Schleim und Husten kochte. »Er ist ein richtiger Clown«, sagten die Männer zu ihren Frauen, während sich ihr Gesicht zu einem breiten Lächeln verzog, »aber er hat ein gutes Herz!«

Neben Pelle saß auf der Bank eine stille Familie, Mann und Frau und drei Kinder, die wohlerzogen durch ihre wunden, kleinen Nasen atmeten. Die Eltern waren kleine Leute, still und nach innen gekehrt, als seien sie beständig bemüht sich noch kleiner zu machen. Pelle kannte sie ein wenig und kam mit der Frau ins Gespräch. Der Mann war Tonarbeiter und sie wohnten in einer der elenden Hütten draußen bei *der Kraft*.

»Ja, das ist wahr – das mit dem Glück«, sagte die Frau. »Einmal träumten wir ja auch davon, ein wenig vorwärts zu kommen, sodass wir unser Auskommen sicher hätten; wir scharrten auch ein wenig Geld zusammen, das uns gute Leute borgten, und richteten einen kleinen Laden ein, dem ich vorstand, während Vater auf Arbeit ging. Aber es wollte nicht gehen, niemand unterstützte uns, wir bekamen schlechte Waren, weil wir arm waren, und wer macht sich wohl etwas daraus, bei armen Leuten zu kaufen. Wir mussten die Sache aufgeben und saßen tief in Schulden, an denen wir noch jetzt abzahlen – fünfzig Öre jede Woche, und dabei können wir bleiben, solange wir leben, denn die Zinsen wachsen ja fortwährend an. Aber ehrliche Leute sind wir doch, gottlob!«, schloss sie. Der Mann beteiligte sich nicht an der Unterhaltung.

Ihre letzte Bemerkung wurde vielleicht durch einen Mann veranlasst, der still eintrat und sich auf eine Bank im Hintergrund drückte, denn der war kein ehrlicher Mann: Er hatte wegen Diebstahls bei Wasser und Brot gesessen. Es war Stehle-Jakob, der vor ungefähr zehn Jahren die Fensterscheibe von Meister Jeppes guter Stube eingedrückt und für seine Frau ein Paar Lackschuhe gestohlen hatte. Er hatte von einem vornehmen Mann gehört, der seiner Braut ein solches Paar geschenkt hatte, und da wollte er doch versuchen, wie es war, wenn man auch einmal ein schönes Geschenk machte, ein Geschenk, das den Verdienst von zwei Wochen kostete – das hatte er vor Gericht erklärt. »Schafskopf«, sagte Jeppe immer noch, wenn die Rede darauf kam, »da kriegt solche elende Laus plötzlich den Größenwahn und will großartige Geschenke machen. Wenn es noch für die Braut gewesen wäre – aber für seine Frau! Na, er hat seine Strafe bis auf den letzten Tag verbüßt – trotz Andres.«

Ja, die Strafe hatte er gründlich auskosten müssen – nicht einmal hier wollte jemand neben ihm sitzen! Pelle sah ihn an und wunderte sich darüber, dass er selber über die seine so ziemlich hinweggekommen war. Die lag nur noch in den Augen der Leute, wenn sie mit ihm sprachen. Aber jetzt ging Schmied Dam hin und setzte sich neben Stehle-Jakob und sie saßen Hand in Hand da und flüsterten.

Und da drüben saß eine Frau und nickte Pelle freundlich zu – das war die mit den Tanzschuhen; der junge Mann hatte sie wieder verlassen und nun war sie hier gestrandet – mit ihrem Tanz war es aus. Aber sie war Pelle dankbar, sein Anblick hatte süße Erinnerungen in ihr wachgerufen; das sah man ihrem Mund und ihren Augen an.

Pelle selbst wurde weicher zu Mute, während er hier saß. Etwas in ihm schmolz; ein stilles, verhutzeltes Glücksgefühl beschlich ihn. Da war ja doch ein Mensch, der ihm etwas schuldig zu sein glaubte, obwohl ihr alles in die Brüche gegangen war.

Als die Versammlung um halb zehn auseinander ging, stand sie draußen im Gespräch mit einer Frau. Sie kam auf Pelle zu und gab ihm die Hand. »Wollen wir nicht ein Stück zusammen gehen?«, fragte sie. Sie kannte offenbar seinen Zustand, er las Mitleid in ihrem Blick. »Komm mit zu mir«, sagte sie, als ihre Wege sich trennten. »Ich hab ein Stück Bratwurst, das gegessen werden muss – und wir sind ja beide einsam.«

Zögernd ging er mit, ein wenig feindlich diesem Neuen und Fremden gegenüber. Als er aber erst in ihrer kleinen Stube saß, fühlte er sich dort sehr wohl. Zierlich und weiß stand das Bett an der Wand, sie selber ging im Zimmer hin und her und briet die Bratwurst im Ofen, während sie unverzagten Herzens drauflosplauderte. Der geht nicht alles so leicht in die Brüche, dachte Pelle und sah sich ganz froh an ihrer Gestalt.

Sie hielten eine vergnügliche Mahlzeit und Pelle wollte sie in seiner Dankbarkeit umarmen, aber sie schob seine Hände fort. »Spar dir das auf«, sagte sie lächelnd, »ich bin eine ältliche Witwe und du bist nichts weiter als ein Kind. Willst du mir eine Freude machen, dann finde wieder zu dir selber! Es ist unrecht, dass du so herumgehst und faulenzt, so jung und nett, wie du bist! Und jetzt geh nach Hause, denn ich muss morgen früh zur Arbeit gehen.«

Pelle besuchte sie fast jeden Abend. Sie hatte die unangenehme Angewohnheit, ihn aus seiner Schlaffheit aufzurütteln, war aber dafür auch wieder stärkend durch ihre sich immer gleich bleibende schlichte Weise, alles hinzunehmen. Sie verschaffte ihm hin und wieder eine Reparatur und freute sich immer, wenn sie ihr ärmliches Essen mit ihm teilen konnte. »Eine wie ich hat das Bedürfnis, hin und wieder einmal eine Mannsperson an ihren Tisch zu haben«, sagte sie. »Aber die Hände musst du bei dir behalten – du bist mir nichts schuldig.«

Sie bemäkelte auch seine Kleidung. »Die fällt dir ja beinah vom Leibe! Warum ziehst du nicht was anderes an und lässt mich das ausbessern?«

»Ich habe nichts weiter als dies«, sagte Pelle und schämte sich wieder einmal.

Am Sonnabendabend musste er aus seinen Lumpen heraus und splitternackt ins Bett kriechen – da half kein Weigern; sie nahm das Hemd und alles andere und steckte es in einen Kübel Wasser. Die halbe Nacht brachte sie damit zu, alles zu säubern. Pelle lag im Bett, das Deckbett bis ans Kinn heraufgezogen, und sah ihr zu. Ihm war so wunderlich zu Mute; sie hängte die ganze Geschichte zum Trocknen an den Ofen und richtete sich selbst dann ein Lager auf ein paar Stühlen her. Als er mitten am Vormittag erwachte, saß sie am Fenster und flickte seine Kleider.

»Nun, wie hast du die Nacht gelegen?«, fragte Pelle ein wenig bekümmert.

»Ausgezeichnet! Weißt du, was ich mir heute Morgen ausgedacht habe? Du solltest dein Zimmer kündigen und hier bleiben, bis du dich selbst wieder gefunden hast – einmal musst du dich doch wohl ausgeruht haben«, lachte sie neckend. »Das Zimmer ist eine unnötige Ausgabe. Wie du siehst, ist hier Platz genug für zwei.«

Aber das wollte Pelle nicht. Sich von einer Frau unterhalten lassen, davon wollte er nichts wissen. »Dann glauben die Leute ja, dass da was zwischen uns los is – und nehmen Anstoß daran«, sagte er.

»Lass sie das dreist tun«, erwiderte sie mit ihrem fröhlichen Lachen. »Wenn ich ein gutes Gewissen habe, ist es mir gleichgültig, was die andern denken.«

Während sie drauflosredete, arbeitete sie fleißig an seiner Wäsche und warf ihm ein Stück nach dem andern an den Kopf. Dann bügelte sie ihm seinen Anzug auf. »Jetzt bist du wieder in Ordnung«, sagte sie, als er wieder in die Kleider gekommen war, und betrachtete ihn warm. »Es ist, als wärst du ein neuer Mensch geworden. Wäre ich zehn oder fünfzehn Jahre jünger, ginge ich gern Arm in Arm mit dir die Straße hinunter. Aber einen Kuss musst du mir geben – ich habe dich ja in Ordnung gebracht, als wenn du mein Kind wärst.« Sie küsste ihn heftig und wandte sich dann nach dem Ofen um.

»Und nun weiß ich keinen besseren Rat, als dass wir kalte Mittagsmahlzeit halten müssen, und dann geht jeder seiner Wege«, sagte sie mit abgewandtem Gesicht. »All meine Feuerung ist über Nacht beim Trocknen deiner Sachen draufgegangen und hier in der Kälte können wir nicht bleiben. Ich denke, ich kann irgendjemand besuchen, dann geht der Tag auch hin und du findest wohl auch irgendeinen Ort, wo du hingehn kannst.«

»Es is ganz einerlei, wo ich bin«, sagte Pelle gleichgültig.

Sie sah ihn mit eigentümlichem Lächeln an. »Willst du eigentlich immer bloß herumbummeln?«, fragte sie. »Ihr Männer seid merkwürdige Geschöpfe! Wenn euch irgendetwas verquer geht, müsst ihr euch gleich betrinken oder euch auf irgendeine andere Weise ins Unglück stürzen – ihr seid nicht besser als Wickelkinder! Wir Frauen müssen ruhig weiterarbeiten, ob es uns so geht oder so!«

Sie stand schon in Hut und Mantel da und zögerte noch. »Hier hast du fünfundzwanzig Öre«, sagte sie, »das reicht immerhin für eine Tasse Kaffee, dass du dich wärmen kannst.«

Pelle wollte es nicht annehmen. »Was soll ich mit deinem Geld?«, murmelte er. »Behalt es selber!«

»Ach, nimm es nur! Ich weiß ja selbst, dass es nur wenig ist, aber ich hab nicht mehr und wir beide brauchen uns doch wohl nicht voreinander zu schämen.« Sie steckte ihm das Geldstück in die Jackentasche und eilte davon.

Pelle schlenderte in den Wald hinaus. Er hatte keine Lust, nach Hause zu gehen und einen zwecklosen Kampf mit Ström aufzunehmen. Er ging die öden Pfade entlang und empfand ein schwaches Gefühl des Wohlbehagens, als er merkte, dass der Frühling sich durchsetzte. Unter den moosgrünen, alten Tannen lag noch Schnee, aber zwischen den Tannennadeln steckten schon die Pilze ihre Köpfe hervor, und wenn man auftrat, hatte man ein Gefühl, als trete man auf gärenden Teig.

Er ertappte sich dabei, dass er sich mit seinen eigenen Angelegenheiten beschäftigte; und plötzlich wachte er aus seinem Halbtraum auf. Irgendetwas hatte ihm als ganz traulich vorgeschwebt – ja, das war der Gedanke, doch zu ihr zu ziehen und sich so einzurichten wie Jens und sein Mädchen. Er konnte sich ja ein paar Leisten anschaffen und zu Hause sitzen und arbeiten – auf diese Weise könnte er sich so lange durchschlagen, bis bessere Zeiten kämen. Sie verdiente ja auch etwas und hatte einen mildtätigen Sinn.

Aber als er erst gründlicher darüber nachdachte, bekam die Sache einen bitteren Anstrich. Er hatte ihre Armut und ihr gutes Herz genug missbraucht. Ihr letztes Stück Feuerung hatte er genommen, sodass sie jetzt ausgehen musste, um etwas Wärme und ein Abendbrot zu finden. Das bedrückte ihn. Dies Gefühl der Beschämung konnte er nicht wieder loswerden. Es begleitete ihn nach Hause und ins Bett und hinter all ihrer Güte spürte er doch ihre

Verachtung, weil er sein Elend nicht wie ein ordentlicher Mensch mit Arbeit zu überwinden versuchte.

Am nächsten Morgen war er früh auf und meldete sich zur Arbeit unten am Hafen. Er sah die Notwendigkeit an und für sich nicht ein – wollte aber einer Frau nichts schuldig bleiben. Am Sonnabend sollte sie ihre Auslagen wieder zurückerhalten.

24

Pelle stand auf dem Boden des Hafenbassins und lud Steine auf die Kippwagen. Wenn ein Wagen voll war, schoben er und sein Kumpel ihn auf die Hauptspur, hingen sich dann an den leeren Wagen und rollten zurück. Hin und wieder ließen die andern das Werkzeug sinken und sahen zu ihm herüber. Er arbeitete wirklich gut für einen Schuhmacher. Er hatte einen guten Griff, wenn er den Stein aufnahm! Wollte er einen großen Brocken auf den Wagen laden, so hob er ihn erst bis ans Knie, stieß einen Fluch aus und stemmte sich dann mit dem ganzen Körper dagegen, dann trocknete er den Schweiß von der Stirn und nahm einen Schnaps oder einen Schluck Bier. Er stand hinter keinem der andern zurück.

Mit Gedanken gab er sich nicht ab, er ließ fünf gerade sein und genoss die Tätigkeit und die Müdigkeit. Die harte Arbeit zerbrach etwas in seinem Körper und erfüllte ihn mit rein tierischem Wohlbehagen. Ob mein Bier wohl heute Nachmittag noch ausreicht?, konnte er denken; darüber hinaus gab es nichts. Die Zukunft existierte nicht und auch kein peinliches Gefühl, dass sie nicht da wäre; es regte sich keine Reue in ihm über Dinge, die er verloren oder versäumt hatte; die harte Arbeit fraß alles. Da war nur dieser Stein, der fortgeschafft werden musste – und dann der nächste; dieser Wagen, der voll geladen werden musste – und dann der nächste! Wenn der Stein sich auf den ersten Ruck nicht heben wollte, knirschte er mit den Zähnen; er war wie besessen von der Arbeit. »Er ist noch jung in den Sielen«, sagten die andern, »er wird sich die Hörner schon ablaufen!« Aber Pelle wollte seine Kräfte zeigen, das war sein einziger Ehrgeiz. Sein Kumpel ließ ihn sich abschuften und strengte sich nicht weiter an. Von Zeit zu Zeit lobte er ihn, um das Feuer in ihm wach zu halten.

Es war die elendste Arbeit im Hafen, jeder konnte ohne weitere Voraussetzungen dazu gelangen. Die meisten von Pelles Kameraden waren Leute, die mit der Welt fertig waren und sich dahintreiben ließen, wohin der Strom sie trug; er fühlte sich wohl unter ihnen. Bis hier auf den Grund gelangten keine Worte, die tote Vorstellungen wieder ins Leben rufen oder auch nur in einem leeren Gehirn spuken konnten; vor der Zukunft war der eiserne Vorhang herabgelassen und das Glück lag hier auf der Hand – die Mühe des Tages ließ sich sofort in fröhliches Trinken umsetzen.

Seine freie Zeit verbrachte er mit den Gefährten. Es waren lose Existenzen, die das Gerücht, dass hier eine große Arbeit auszuführen sei, herbeigelockt hatte; die meisten waren unverheiratet, einige hatten wohl irgendwo Frau und Kinder, verschwiegen es aber oder erinnerten sich dessen selber nicht mehr. Sie hatten kein rechtes Logis, sondern hausten in Fuhrmann Köllers verlassener Scheune, die dicht beim Hafen lag. Sie kamen nie aus den Kleidern, sondern schliefen im Stroh und wuschen sich in einem Eimer Wasser, das nur selten gewechselt wurde; ihre hauptsächliche Nahrung bestand aus Brot und Spiegeleiern, die sie auf einem Feuer zwischen zwei Steinen brieten.

Pelle fand Gefallen an diesem Dasein und war gern unter ihnen. Am Sonntag aßen und tranken sie abwechselnd den ganzen Tag, lagen in der raucherfüllten Scheune, tief im Stroh vergraben, und erzählten Geschichten, tragische Geschichten von jüngsten Söhnen, die die Axt nahmen und Vater und Mutter und alle Geschwister totschlugen, weil sie sich bei der Erbschaft übervorteilt glaubten, von Kindern, die zum Einsegnungsunterricht gingen und sich liebten und Kinder haben sollten und darum geköpft wurden, und von Frauen, die nicht die Kinder zur Welt bringen wollten, die ihnen bestimmt waren, und denen zur Strafe der Schoß verschlossen wurde.

Seit er hier zu arbeiten angefangen hatte, war er nich mehr bei Marie Nielsen gewesen. »Sie hält dich zum Narren«, sagten die andern, wenn er von ihr erzählte, »sie will die Anständige spielen, damit du anbeißen sollst. Frauen haben immer Hintergedanken – da gilt es auf der Hut zu sein. Und solche jungen Witwen nehmen lieber zwei als einen, das sind die allerschlimmsten. Man muss schon ein strammer Teufel sein, wenn man denen widerstehen kann.«

Aber Pelle war ein Mann und ließ sich von keiner Frau auf der Nase herumtanzen. Entweder war man gut Freund und dann machte man kein Aufhebens – oder man war es nicht! Das wollte er ihr Sonnabend sagen und ihr zehn Kronen auf den Tisch werfen – dann waren sie wohl quitt! Und wenn sie Schwierigkeiten machte, dann konnte sie ja eine Maulschelle kriegen! Das mit der Feuerung, die ausgegangen war, und dass sie dann den Sonntag auf der Straße zubringen musste, das konnte er ihr nicht verzeihen – das saß irgendwo in ihm und brannte wie ein böser Funke. Sie machte sich auf seine Rechnung zur Märtyrerin.

Eines Mittags stand er zusammen mit den Sprengarbeitern an der Schleppstelle; Emil und er waren gerade in der Scheune gewesen und hatten ein bisschen Essen heruntergeschluckt; sie wollten auf den Mittagsschlaf verzichten, um einer großen Sprengung beizuwohnen, die in der Mittagspause, wenn der Hafen leer war, vorgenommen werden sollte. Der ganze Platz war geräumt, die Leute in den zunächst gelegenen Häusern hatten die Fenster geöffnet, damit sie nicht vom Luftdruck gesprengt würden. Die Lunte war angezündet, sie standen geschützt unter dem Steinkasten und plauderten, während sie auf die Explosion warteten. *Die Kraft* war auch da. Er hielt sich wie immer in der Nähe, stand da und glotzte dumpf, ohne an etwas teilzunehmen. Sie nahmen sich seiner nicht an, sondern ließen ihn stehen, wie er wollte. »Geh besser in Deckung, Pelle«, sagte Emil, »nun geht's gleich los!«

»Wo sind Olsen und Ström?«, fragte plötzlich einer. Sie sahen sich verwirrt an.

»Sie halten wohl ihren Mittagsschlaf«, sagte Emil, »sie haben heute Vormittag tüchtig geschnapst.«

»Wo liegen sie?«, brüllte der Vorarbeiter und sprang aus seiner Deckung hervor. Sie ahnten es alle, niemand aber wollte es sagen. Es zuckte in ihnen, als müssten sie alle irgendetwas unternehmen. Aber keiner rührte sich vom Fleck. »Herr Jesus«, sagte Bergendal und schlug mit der Hand gegen die Felsenwand, »Herr Jesus!«

Die Kraft sprang aus seiner Deckung hervor und die Schleppe hinab; er lief am Boden des Bassins entlang, in langen Sätzen von einem Steinbrocken zum andern, seine riesigen Holzschuhe klapperten. »Er will die Lunte rausreißen!«, rief Bergendal. »Er schafft es nicht mehr, sie muss ja ausgebrannt sein!« Es klang wie ein Angstruf – weit hinaus über die, die es hören sollten. Dann verfolgten sie atemlos sein Tun, sie waren ganz aus der Deckung hervorgetreten. In Pelle zuckte etwas auf. Er sprang vor, wurde im Nacken gepackt. »Einer ist genug«, sagte Bergendal und schleuderte ihn zurück.

Jetzt war *die Kraft* am Ziel, er hatte die Hand ausgestreckt, aber plötzlich wurde er von einer unsichtbaren Hand von der Lunte weggehoben, schwebte sanft hintenüber durch die Luft wie ein Ballonmensch und fiel auf den Rücken. Das Dröhnen übertönte alles.

Als die letzten Brocken gefallen waren, liefen sie hinab. *Die Kraft* lag ausgestreckt auf dem Rücken und sah ruhig zum Himmel empor. Die Mundwinkel waren ein wenig blutig und aus einem kleinen Loch hinter dem einen Ohr sickerte Blut. Die beiden Betrunkenen hatten keinerlei Schaden genommen. Sie erhoben sich ganz verwirrt ein paar Schritte hinter der Explosion.

Die Kraft wurde in die Scheune getragen, und während nach dem Arzt geschickt wurde, riss Emil einen Fetzen von seiner Bluse und goss Branntwein darauf, den legten sie ihm hinter das Ohr.

Er schlug die Augen auf und sah sie an. Sein Blick war so vernünftig, dass jeder wusste, er hatte nicht mehr lange zu leben. »Es riecht hier nach Schnaps«, sagte er, »wer spendiert einen Schluck?« Emil reichte ihm die Flasche und er leerte sie. »Es schmeckt doch gut«, sagte er leise. »Nun habe ich, ich weiß nicht wie lange, keinen Branntwein angerührt, aber was hilft das alles – der arme Mann muss Branntwein trinken, sonst taugt er zu nichts –, es ist kein Spaß, ein armer Mann zu sein! Eine andere Rettung gibt es nicht für ihn, das habt ihr bei Ström und Olsen gesehen – Betrunkene kommen nie zu Schaden. Sind sie wohl zu Schaden gekommen?« Er versuchte den Kopf zu heben. Ström trat vor. »Hier sind wir«, sagte er mit vor Bewegung erstickter Stimme. »Aber ich würde viel dafür geben, wenn wir beide in die Hölle gereist wären, statt dass dies geschehen musste. Niemand von uns hat es gut mit dir gemeint, du!« Er streckte die Hand aus.

Aber *die Kraft* konnte die seine nicht heben; er lag da und starrte zu dem durchlöcherten Strohdach empor. »Es ist zwar hart genug gewesen, zu den Armen zu gehören«, sagte er, »und gut, dass es vorbei ist. Aber ihr seid mir keinen Dank schuldig. Warum soll ich euch wohl im Stich lassen und alles für mich selber nehmen – sieht das *der Kraft* ähnlich? – Freilich war der Plan mein! Aber hätte ich ihn allein ausführen können? – Nein, behaltet nur das Geld. Ihr habt es redlich verdient. *Die Kraft* will nicht mehr haben, als irgendein anderer, wo wir doch alle gleich viel gearbeitet haben.« Mit Mühe hob er die Hand und machte eine großmütige Geste.

»Ach, er glaubt, dass er der Hafenmeister ist«, sagte Ström, »er redet irre. Ob ihm nicht ein kalter Umschlag gut tun würde?« Emil nahm den Eimer, um frisches Wasser zu holen. *Die Kraft* lag mit geschlossenen Augen und einem schwachen Lächeln da, er glich einem Blinden, der lauscht.

»Wisst ihr noch«, sagte er, ohne die Augen zu öffnen, »wie wir gearbeitet und gearbeitet haben und doch kaum das tägliche Brot schaffen konnten? Die Großen saßen da und fraßen alles auf, was wir hervorbringen konnten; wenn wir das Werkzeug niederlegten und unseren Hunger stillen wollten, war nichts da. Unsere Gedanken stahlen sie, und hatten wir eine hübsche Braut oder eine junge Tochter, so konnten sie auch die gebrauchen, selbst unsere Krüppel verschmähten sie nicht. Aber jetzt ist das vorbei und wir wollen uns freuen, dass wir es erleben; es hätte ja sehr lange dauern können. Mutter wollte es auch nicht glauben, als ich ihr erzählte, dass die bösen Tage bald vorüber wären. Aber nun seht einmal! Bekomme ich nicht ebenso viel für meine Arbeit wie der Doktor für seine? Kann ich nicht meine Frau und Tochter nett halten und Bücher haben und mir ein Klavier hinstellen, so wie er? Ist es nicht auch etwas Großes, mit den Händen Arbeit zu verrichten? Karen hat jetzt Klavierstunden, das habe ich mir immer gewünscht, denn sie ist schwach und kann keine schwere Arbeit tun. Ihr solltet mit nach Hause kommen und sie spielen hören – sie lernt so leicht! Armer Leute Kinder haben auch Talent, bloß dass es keiner beachtet!«

»Herrgott, wie er redet!«, sagte Ström weinend. »Es ist ja beinahe, als wenn er Delirium hätte.«

Pelle beugte sich über *die Kraft*. »Jetzt solltest du vernünftig sein und schweigen«, sagte er und legte ihm etwas Nasses auf die Stirn. Das Blut sickerte eilig hinter dem Ohr des Verwundeten hervor. »Lass ihn doch reden«, sagte Olsen. »Er hat jetzt seit Monaten kein Wort gesprochen und hat das Bedürfnis, sich zu reinigen. Lange macht er es wohl auch nicht mehr.«

Jetzt bewegte *die Kraft* die Lippen nur noch schwach, das Leben blutete langsam aus ihm heraus. »Bist du nass geworden, kleine Karen«, murmelte er, »ach was, das trocknet wieder! Und nun geht es dir gut, du kannst dich nicht beklagen. – Ist es fein, ein Fräulein zu sein? Sag mir nur alles, was du dir wünschst; es hat keinen Sinn, bescheiden zu sein – wir sind es lange genug gewesen! Handschuhe für die abgescheuerten Finger, ja, ja. Aber dann musst du mir auch was vorspielen. Spiel das schöne Lied von der frohen Wanderung durch das Erdenland. Das von dem tausendjährigen Reich!« Leise fing er an mitzusummen; er konnte den Kopf nicht mehr im Takt bewegen, deshalb zwinkerte er mit den Augen; hier und da wurde sein Summen zu Worten.

Irgendetwas zwang die andern unwiderstehlich mitzusingen; vielleicht war es der Umstand, dass es ein Choral war. Pelle führte mit seiner klaren Stimme an; er war auch der, der die Worte am besten auswendig wusste:

»Schön ist die Erde,
Prächtig ist Gottes Himmel,
Schön ist der Seele Pilgergang,
Durch die lieblichen
Reiche auf Erden
Gehn wir zum Paradies mit Gesang.«

Die Kraft sang immer lauter, als wolle er Pelle übertönen. Sein einer Fuß war in Gang gekommen und trat nun den Takt. Er lag mit geschlossenen Augen da, wiegte blind den Kopf zum Gesang und glich jemandem, der bei einer Sauforgie noch seinen Senf dazugeben muss, ehe er unter den Tisch gleitet. Das Blutwasser lief ihm aus den Mundwinkeln.

>»Zeiten, sie kommen, Zeiten, sie rollen,
Mensch auf Mensch geht den Erdengang,
Nimmer verstummen
Töne vom Himmel
In der Seele frohem Pilgergesang.«

Die Kraft verstummte, sein Kopf blieb auf der Seite liegen; im selben Augenblick schwiegen auch die andern.

Sie saßen im Stroh und starrten ihn an – sein letztes Wort hing noch in ihren Ohren wie ein törichter Traum, der sich wunderlich mit dem Siegesklang des Liedes vermischte. Sie fühlten alle die stumme Anklage des Toten und bezogen sie in diesem unheimlichen Augenblick auf sich selber.

»Ja, wer weiß, wozu man es hätte bringen können«, sagte ein zerlumpter Bursche und kaute grübelnd auf einem Strohhalm.

»Aus mir wird doch nie was«, sagte Emil missmutig. »Mit mir is es immer zurückgegangen. Ich war in der Lehre, und als ich Geselle wurde, gaben sie mir einen Fußtritt; ich hatte fünf Jahre meines Lebens vertrödelt und konnte nichts. Pelle, der kommt vorwärts.«

Verwundert hob Pelle den Kopf und sah ihn verständnislos an.

»Was nützt es wohl, wenn ein armer Teufel versucht in die Höhe zu kommen – er wird doch nur wieder heruntergestoßen«, sagte Olsen.

»Seht nur mal *die Kraft* an – hatte irgendjemand größere Anrechte als er? Nein, die Großen lassen nich zu, dass wir andern in die Höhe kommen!«

»Und lassen wir es denn selber zu?«, murmelte Ström. »Wir sind immer bange, dass einer von uns überflügeln könnte.«

»Ich versteh nich, dass nich alle Armen gegen die andern zusammenhalten, wir leiden doch denselben Schaden«, sagte Bergendal.

»Wenn wir uns alle zusammentäten und nichts mit denen zu tun haben wollten, die uns übel wollen, dann würde es sich schon zeigen, dass die Armut zusammengenommen is, was den Wohlstand der andern ausmacht. Damit sind die, wie ich jetzt gehört habe, anderswo beschäftigt.«

»Wir werden aber nie im Leben über irgendetwas einig«, sagte ein alter Steinhauer trübselig. »Nein, wenn uns bloß einer von den Herren ein bisschen im Nacken kraut, dann rollen wir ihm gleich vor die Füße und lassen uns auf unsere eigenen Leute hetzen. Wären wir alle wie *die Kraft*, dann sähe vielleicht alles anders aus.«

Sie saßen schweigend da und sahen den Toten an; es lag etwas wie eine Abbitte in der Haltung eines jeden. »Ja, das kommt spät!«, sagte Ström mit einem Seufzer. Dann griff er in das Stroh und holte eine Flasche hervor.

Dieser oder jener saß noch da und überlegte, was vielleicht gesagt werden sollte; aber dann kam der Doktor und sie zogen sich zurück. Sie nahmen ihre Bierflaschen und gingen wieder an die Arbeit.

Schweigend sammelte Pelle seine Habseligkeiten zusammen, ging zum Vorarbeiter und bat um die Abrechnung. »Das kommt ja plötzlich«, sagte der Vorarbeiter, »du warst ja jetzt so gut in Gang gekommen. Was willst du denn nun?«

»Ich will bloß meine Abrechnung haben«, entgegnete Pelle; was er weiter wollte, wusste er auch nicht.

Und dann ging er nach Hause und brachte sein Zimmer in Ordnung. Es glich einem Schweinekoben; er begriff nicht, wie er diese Unordnung hatte ertragen können. Währenddessen sann er verdrossen auf einen Ausweg. Es war sehr bequem gewesen, zum Ausschuss der Menschen zu gehören und zu wissen, dass man jetzt nicht tiefer sinken konnte, aber es gab vielleicht doch noch irgendeine Möglichkeit. Emil hatte die dummen Worte gesagt – was meinte er damit? »Pelle, der kommt vorwärts!« Was wusste Emil von dem Elend anderer? Er hatte bestimmt an seinem eigenen genug. –

Pelle ging hinunter, um Milch zu kaufen, dann wollte er schlafen; er hatte das Bedürfnis, alle Gedanken zu betäuben; die auf einmal wieder in seinem Kopf zu wimmeln begannen.

Unten auf der Straße lief er dem Wanderschuhmacher Sort in die Arme. »Na, da haben wir dich ja!«, rief Sort. »Ich ging hier gerade und grübelte darüber nach, wie ich dich wohl am besten zu sprechen bekäme. Ich wollte dir nämlich sagen, dass ich morgen meine Wanderschaft antrete – wenn du also mitwillst? Es ist ein herrliches Leben, jetzt zur Frühlingszeit auf den Höfen herumzuziehen – und du gehst vor die Hunde, wenn du so weitermachst! Jetzt weißt du es also und kannst dich selber entscheiden. Um sechs Uhr gehe ich! Länger schiebe ich es nicht auf!«

Sort hatte Pelle an jenem Abend im Bethaus beobachtet und ihn mehrmals angesprochen, um ihn aufzurütteln. Vierzehn Tage also hat er um meinetwillen seine Wanderung aufgeschoben, dachte Pelle mit einem Anflug von Selbstgefühl. Aber er wollte nicht wandern und von Hof zu Hof um Arbeit betteln! Pelle hatte in der Werkstatt gelernt und sah mit Verachtung auf den Wanderschuhmacher herab, der wie ein Armenhäusler von Hand zu Hand ging, der Leder und Pechdraht geliefert bekam, wo er gerade war, und mit dem Gesinde aus derselben Schüssel aß; so viel Fachstolz war denn doch in ihm. Von der Werkstatt her war er gewöhnt, Sort als jämmerliches Überbleibsel zu betrachten, ein Erbstück aus der Zeit der Leibeigenschaft.

»Du gehst vor die Hunde!«, sagte Sort. Und Marie Nielsen meinte mit allen ihren verblümten Andeutungen dasselbe. Aber wieso denn? Er war vielleicht schon vor die Hunde gegangen! Wenn es doch keinen andern Ausweg mehr gab? Aber jetzt wollte er schlafen und nicht mehr daran denken.

Er trank seine Flasche Milch und aß etwas Brot dazu, dann ging er zu Bett. Er hörte die Kirchenuhr schlagen – es war heller Nachmittag und herrliches Wetter. Aber Pelle hatte das Bedürfnis zu schlafen, nur zu schlafen! Sein Gemüt war wie Blei.

Früh am nächsten Morgen erwachte er und war mit einem Satz zum Bett hinaus; die Sonne erfüllte das Zimmer und er selber war voll von gesunden Gefühlen. Schnell schlüpfte er in die Kleider – da war noch so vieles, was er tun wollte! Dann riss er das Fenster auf und sog den Frühlingsmorgen in einem Atemzug ein. Ein Gefühl tiefer Freude erfüllte ihn. Draußen auf dem Meer hielten die Boote auf den Hafen zu; die Morgensonne schien auf die schlaffen Segel und ließ sie erglühen; jedes Boot arbeitete sich schwer mit Hilfe der Ruder vorwärts. Er hatte wie ein Stein geschlafen, seit er sich hingelegt hatte, bis jetzt. Der Schlaf war wie ein Abgrund zwischen gestern und heute. Eine Melodie vor sich hin trällernd, packte er seine Sachen und machte sich auf den Weg, ein kleines Bündel unter dem Arm. Er schlug die Richtung nach der Kirche ein, um nach der Uhr zu sehen – es war noch nicht viel über fünf. Dann steuerte er mit kräftigen Schritten dem Stadtrand zu, so froh, als ginge er seinem Glück entgegen.

25

Zwei Männer tauchten aus dem Walde auf und kreuzten die Landstraße. Der eine war klein und bucklig, er hatte einen Schustertisch fest auf den Rücken geschnallt; die Kante ruhte auf dem Buckel und ein kleines Kissen war dazwischengeschoben, damit es nicht scheuerte. Der andere war jung und stark gebaut, ein wenig mager, aber gesund und mit frischen Farben; sie wurden im Gleichgewicht gehalten von einem Kasten, den er vorn auf der Brust trug und der, nach dem Geräusch zu urteilen, Werkzeug enthielt. Am Grabenrand warf er seine Last hin und schnallte dem Buckligen den Tisch ab. Sie warfen sich selber auch ins Gras und starrten in den blauen Himmel hinein. Es war ein herrlicher Morgen, geschäftig flogen die Vögel hin und her und zwitscherten und in dem betauten Klee ging das Vieh und schleifte lange Streifen hinter sich drein.

»Und trotzdem bist du immer fröhlich?«, sagte Pelle. Sort hatte ihm die traurige Geschichte seiner Kindheit erzählt.

»Ja, siehst du, oft ärgert es mich ja auch, dass ich alles so leicht nehme – aber wenn mir nun durchaus nichts einfallen will, worüber ich traurig sein könnte! Gehe ich einmal der Sache auf den Grund, dann stoße ich immer auf irgendetwas, was mich fröhlich macht – wie zum Beispiel deine Gesellschaft. Du bist jung und die Gesundheit strahlt dir aus den Augen. Die Mädchen werden freundlich, wohin wir auch kommen und es ist, als wäre ich selbst die Ursache ihrer Freundlichkeit.«

»Woher weißt du so viel?«, fragte Pelle.

»Findest du, dass ich so viel weiß?« Sort lachte fröhlich. »Ich komme ja herum und sehe viele Häuslichkeiten – solche, wo Mann und Frau einig miteinander sind, und andere, wo sie leben wie Katz und Hund. Mit Leuten jeglicher Art komme ich in Berührung. Viel bekomme ich auch zu erfahren, weil ich nicht bin wie die anderen Menschen – mehr als ein Mädchen hat mir ihr Elend anvertraut! Und dann im Winter, wenn ich allein sitze, denke ich über all die Dinge nach – die Bibel ist auch ein gutes Buch, woraus man Weisheit schöpfen kann. Da lernt man hinter die Dinge gucken; und wenn du erst weißt, dass alles seine Kehrseite hat, dann lernst du auch deinen Verstand gebrauchen. Du kannst nehmen, was du willst, es führt alles an einen Ort – zu Gott; von ihm ist ja auch alles ausgegangen. Es ist der Zusammenhang, siehst du; und hat man den erst erfasst, dann ist man immer glücklich. Spaß würde es auch machen, den Dingen weiterhin zu folgen – dahin, wo sie sich teilen, und nachweisen, dass sie schließlich doch wieder in Gott zusammenlaufen. Aber das vermag ich nicht!«

»Wir sollten zusehen, dass wir weiterkommen.« Pelle gähnte und wollte sich aufrichten.

»Warum? Wir haben es doch gut hier – und kommen schon noch hin, wohin wir wollen! Sollten irgendwo ein Paar Stiefel liegen, die Sort und Pelle nicht besohlen vor ihrem Tod, dann erledigt das wohl ein anderer!«

Pelle warf sich wieder auf den Rücken und zog die Mütze über die Augen – er hatte keine Eile. Nun war er fast einen Monat mit Sort gewandert und war beinahe ebenso viel auf den Landstraßen gewesen, wie er auf dem Arbeitsstuhl gesessen hatte. Sort hatte keine Ruhe: Wenn er irgendwo ein paar Tage gewesen war, dann musste er weiter! Er liebte den Waldesrand und die Wegraine und konnte dort halbe Tage verbringen. Und Pelle fehlte es nicht an Anknüpfungspunkten für dieses müßige Leben in der freien Luft; er hatte seine ganze Kindheit, aus der er schöpfen konnte. Stundenlang konnte er daliegen und auf einem Grashalm kauen, geduldig wie ein Rekonvaleszent, während Sonne und Luft ihre Arbeit an ihm verrichteten.

»Warum predigst du mir nie was vor?«, sagte er plötzlich und sah schelmisch unter der Mütze hervor.

»Warum sollte ich wohl predigen – weil ich fromm bin? Das bist du ja auch; jeder, der froh und zufrieden ist, ist fromm.«

»Ich bin keineswegs zufrieden!«, entgegnete Pelle und rollte sich auf den Rücken, alle viere in der Luft. »Aber du – ich begreife nich, dass du dir nich eine Gemeinde schaffst, du hast ja das Wort in deiner Macht.«

»Ja, wenn ich so gestaltet wäre wie du – dann würde ich es schon tun. Aber ich bin ja bucklig!«

»Was tut das? Du machst dir ja doch nichts aus den Frauen.«

»Nein, aber ohne die kann man nichts ausrichten; sie ziehen die

Männer und die Kinder nach sich. Eigentlich ist es sonderbar, dass sie es gerade sein müssen – denn die Frauen, die machen sich ja eigentlich nichts aus Gott! Sie haben nicht die Fähigkeit, hinter die Dinge zu schauen. Sie wählen nur nach dem Äußeren, alles müssen sie sich auf den Leib hängen als Staat – auch die Männer, ja, und den lieben Gott am liebsten auch; sie haben Verwendung für alles.«

Pelle lag eine Weile da und kramte in seinen Erfahrungen. »Marie Nielsen war aber nich so«, sagte er sinnend. »Sie schenkte gern das Hemd vom Leibe weg und verlangte nichts für sich selber! Ich habe treulos gegen sie gehandelt! Ich habe ihr nich mal Adieu gesagt, ehe ich hinauszog.«

»Dann musst du sie aufsuchen, wenn wir in die Stadt kommen, und deinen Fehler eingestehen. Ihr hattet also keine Liebschaft miteinander?«

»Sie betrachtete mich wie ein Kind, das habe ich dir doch gesagt.«

Sort lag eine Weile schweigend da.

»Wenn du mir helfen wolltest, dann könnten wir schon eine Gemeinde gründen! Ich kann es ihren Augen ansehen, dass du Macht über sie hast, wenn du nur wolltest – wie zum Beispiel die Tochter auf dem Weidenhof. Tausende würden uns anhängen.«

Pelle erwiderte nichts. Seine Gedanken wanderten fragend zurück nach dem Weidenhof, wo Sort und er zuletzt gearbeitet hatten; er war wieder in dem nass-kalten Zimmer mit dem allzu großen Bett, in dem das bleiche Mädchengesicht fast verschwand. Sie lag da und umfasste ihre dicke Flechte mit der durchsichtigen Hand – und sah ihn an; und hinter ihm wurde leise die Tür geschlossen. »Das war ein sonderbarer Einfall«, sagte er und atmete tief auf; »einer, den sie nie zuvor gesehen hatte. Ich könnte weinen, wenn ich daran denke.«

»Die Eltern hatten ihr erzählt, dass wir da wären, und gefragt, ob sie nicht wollte, dass ich mit ihr von Gottes Wort redete. Sie sind ja fromm. Aber sie wollte lieber *dich* sehen. Der Vater war böse und wollte es nicht erlauben. Sie hätte sich in ihren Gedanken noch nie mit jungen Leuten beschäftigt, sagte er – und sie sollte ganz rein vor dem Thron Gottes und des Lammes stehen. Aber ich sagte: ›Weißt du denn so genau, dass der liebe Gott sich was aus dem macht, was du Reinheit nennst, Ole Jensen? Lass die beiden nur zusammenkommen, wenn sie Freude daran hat.‹ Dann machten wir die Tür hinter euch zu, und – wie war es dann?« Sort wandte sich um.

»Du weißt es ja«, antwortete Pelle verdrossen, »sie lag bloß da und sah mich an, als dächte sie, so sieht er also aus und war so heruntergekommen! Ich konnte es ihren Augen ansehen, dass ihr über mich gesprochen hattet und dass sie über alle meine Schweinereien Bescheid wusste.«

Sort nickte.

»Dann streckte sie die Hand nach mir aus. Wie sie schon einem Engel Gottes gleicht, dachte ich; aber ein Jammer ist es nun doch um eine, die so jung ist. Und dann ging ich hin. Und nahm ihre Hand.«

»Und was dann?« Sort drängte sich näher an Pelle heran. Seine Augen hingen erwartungsvoll an Pelles Lippen.

»Dann reichte sie mir den Mund hin und im selben Augenblick vergaß ich, was für ein Schwein ich gewesen war – ich küsste sie, du!«

»Sagte sie denn nichts zu dir – kein Wort?«

»Sie sah mich nur an mit diesen unbegreiflichen Augen. Da wusste ich nich, was ich noch weiter tun sollte – und machte, dass ich hinauskam.«

»Warst du nicht bange, dass sie den Tod auf dich übertragen könnte?«

»Nein, warum das? Daran dachte ich nich. Auf so was konnte sie ja gar nich verfallen – so kindlich, wie sie war!«

Eine Weile lagen sie beide da, ohne etwas zu sagen. »Du hast was an dir, was sie alle besiegt!«, sagte Sort dann. »Wenn du mir helfen wolltest – das Wort, das würde ich schon übernehmen.«

Pelle reckte sich träge – er empfand kein Bedürfnis, neue Religionen zu stiften. »Nein, nun will ich in die Welt hinaus«, sagte er. »Es soll ja Orte in der Welt geben, wo sie schon angefangen haben, auf die Großen loszuschlagen – da will ich hin!«

»Man erreicht nichts Gutes mit Hilfe des Bösen – bleib lieber hier! Hier weißt du, was du hast – und wenn wir zusammen gehen ...«

»Nein, hier ist nichts zu erreichen für jemand, der arm is; soll ich hier weitergehen, dann ende ich wieder im Dreck. Ich will meinen Anteil haben, selbst wenn ich einen Blutsauger darum totschlagen müsste – das kann wohl keine so große Sünde sein. – Aber wollen wir nun nich sehen, dass wir weiterkommen? Einen ganzen Monat sind wir auf den Höfen im Südland herumgetrabt und immer hast du mir versprochen, dass wir in die Heide hinübergehen. Seit mehreren Monaten habe ich nichts von Vater Lasse und Karna gehört. Als es anfing, mir schlecht zu gehen, da war es, als hätte ich sie vergessen!«

Sort erhob sich schnell. »Gut, dass du noch Gedanken für anderes hast, als die Blutsauger totzuschlagen. Wie weit ist es denn bis zum Heidehof?«

»Eine gute Meile!«

»Wir gehen gleich hin. Ich hab doch keine Lust, heute noch etwas anzufangen!«

Sie packten die Sachen auf den Nacken und trabten fröhlich plaudernd los. Sort malte sich ihre Ankunft aus. »Ich gehe dann zuerst hinein und frage, ob sie altes Schuhzeug oder Sielengeschirr haben, das wir flicken sollen; und dann kommst du, während wir mitten in der Unterhaltung sind.«

Pelle lachte. »Soll ich dir nich den Tisch tragen? Ich kann ihn sehr gut auf das andere aufbinden.«

»Du schwitzt doch nicht etwa meinetwegen?«, entgegnete Sort heiter. »Denn dann könntest du ja versuchen die Hosen auszuziehen.«

Sie hatten das Plaudern satt und trabten schweigend weiter. Pelle schritt sorglos dahin und atmete den frischen Tag ein. Er empfand seinen Kraftüberschuss als Wohlbehagen, sonst dachte er an nichts, freute sich nur ganz unbewusst auf den Besuch in der Heimat. Jeden Augenblick musste er seine Schritte verlangsamen, damit Sort nicht hinter ihm zurückblieb.

»Woran denkst du jetzt?«, fragte er plötzlich. Es ließ ihm keine Ruhe, dass Sort an irgendetwas dachte, sobald er schwieg. Man konnte nie im Voraus wissen, in welcher Gegend er wieder auftauchen würde.

»Genauso fragen die Kinder!«, erwiderte Sort lachend. »Sie wollen auch immer sehen, was inwendig ist!«

»Dann sag es mir doch – du kannst es mir doch sagen!«

»Ich dachte über das Leben nach. Hier gehst du an meiner Seite, stark und siegesgewiss wie der junge David. Und noch vor einem Monat warst du ein Abschaum der Menschheit.«

»Ja, das is eigentlich sonderbar!«, sagte Pelle nachdenklich.

»Aber wie bist du nur so in all dies hineingeraten? Du hättest dich ganz gut über Wasser halten können, wenn du nur gewollt hättest.«

»Das weiß ich wirklich nicht. Es war, will ich dir sagen, als wenn dich jemand auf den Kopf schlägt, dann rennst du herum und weißt nich, was du tust; es is auch gar nich so schlimm, wenn man nur erst so weit is. Man arbeitet und betrinkt sich und schlägt sich dann mit den Flaschen an den Kopf.«

»Das sagst du so vergnügt – du siehst nicht hinter die Dinge, das ist die Sache! Ich habe so viele Menschen zu Grunde gehen sehen; für den armen Mann ist es nur ein kleiner Schritt zur Seite, dann geht er vor die Hunde – und glaubt selber, dass er ein Teufelskerl ist. Es war aber doch ein Glück, dass du da herauskamst! Dass euch aber die Reue nicht das Dasein verbittert hat!«

»Wenn die Reue kam, hatten wir ja den Branntwein«, sagte Pelle erfahren. »Der treibt schon alles andere aus.«

»Dann hat der ja gewissermaßen auch sein Gutes – er hilft einem über die Wartezeit hinweg!«

»Glaubst du wirklich, dass ein tausendjähriges Reich kommt? Mit einer guten Zeit für alle, für die Armen und Elenden?«

Sort nickte. »Gott hat es versprochen und seine Worte müssen wir wohl glauben. Da drüben soll irgendetwas in Vorbereitung sein, ob es aber das Recht ist, weiß ich nicht!«

Sie schritten fürbass. Der Weg war steinig und uneben, nach den Seiten zu begannen die Felsklippen mit ihrer struppigen Vegetation aus den Äckern aufzuragen, vor ihnen erhob sich die bläuliche Felslandschaft der Heide. »Sobald wir jetzt zu Hause gewesen sind, reise ich; ich muss übers Meer und sehen, was sie da vorhaben!«, sagte Pelle.

»Ich habe kein Recht, dich zurückzuhalten«, erwiderte Sort still, »aber die Wanderung wird einsam für mich werden, es wird mir immer zu Mute sein, als habe mich mein Sohn verlassen. Aber du hast dann natürlich an was anderes zu denken, als an den armen Buckligen! Dir steht ja die Welt offen. Wenn du erst dein Schäflein im Trockenen hast, dann denkst du auch nicht mehr an den kleinen Sort!«

»Ich werde schon an dich denken«, erwiderte Pelle. »Und sobald es mir gut geht, komme ich zurück und sehe mich nach dir um – nicht vorher. Vater wird sich bestimmt gegen meine Reise auflehnen, er will so gern, dass ich den Heidehof von ihm übernehme – aber dann musst du mir beistehen. Ich habe keine Lust, Bauer zu werden.«

»Das will ich schon tun!«

»Sieh doch nur mal hier! Nichts als Stein auf Stein mit Heidekraut und struppigem Buschwerk dazwischen! So war der Heidehof noch vor vier Jahren – und nun is es ein ganz schönes Gehöft. Das haben die beiden geschafft – ohne fremde Hilfe.«

»Ihr seid aus gutem Holz geschnitzt«, sagte Sort. »Aber was für ein armer Kerl ist das da oben auf dem Hügel? Er hat einen großen Sack auf dem Nacken und geht, als wolle er bei jedem Schritt fallen.«

»Das is Vater Lasse! Hallo!« Pelle schwenkte die Mütze.

Lasse kam auf sie zugestolpert; er ließ den Sack fallen und gab ihnen die Hand, ohne sie anzusehen.

»Kommst du hierher?«, rief Pelle erfreut. »Wir wollten gerade hin und uns nach euch umsehen!«

»Das kannst du dir jetzt sparen! Du bist geizig mit deinen Schritten gewesen. Spare sie dir jetzt nur ganz!«, sagte Lasse tonlos.

Pelle starrte ihn an. »Was is denn das? Zieht ihr fort?«

»Ja, wir ziehen fort!« Lasse lachte hohl. »Fort – ja, ja! Wir sind fort – und dazu sind wir jeder unseren Weg gegangen. Karna is nun da, wo es keine Sorgen mehr gibt – und hier is Lasse, mit allem, was sein is!« Er stieß mit dem Fuß gegen den Sack und blieb stehen, halb von ihnen abgewandt und den Blick zu Boden gerichtet.

Alles Leben war aus Pelles Antlitz gewichen. Entsetzt starrte er den Vater an, bewegte die Lippen, konnte aber kein Wort herausbringen.

»Hier muss ich zufällig meinen eigenen Sohn antreffen, mitten auf dem öden Feld! So viel ich nach dir gesucht und gefragt habe – niemand wusste von dir. Dein eigen Fleisch und Blut hat sich von dir abgewandt, dachte ich – aber zu Karna musste ich sagen, dass du krank seist. Sie erwartete bestimmt, dich zu sehen, ehe sie von dannen ging. Dann musst du ihn grüßen, sagte sie – Gott gebe, dass es ihm gut ergehe. Sie dachte mehr an dich, als es manche Mutter getan hätte! Schlecht hast du es gelohnt! Es is Jahr und Tag her, seit du deinen Fuß in unser Haus gesetzt hast.«

Pelle sprach noch immer nicht, er stand da und schwankte; jedes Wort traf ihn wie ein Keulenschlag.

»Du musst nicht zu hart gegen ihn sein«, sagte Sort. »Er hat keine Schuld – krank wie er gewesen ist!«

»Ach so, du hast auch böse Zeiten durchgemacht und kämpfen müssen, du auch? Dann müsste ich als dein Vater doch eigentlich der Letzte sein, der über dich herfällt.« Lasse strich ihm über den Ärmel und die Liebkosung schaffte Pelle Luft. »Wein du dich nur aus, mein Sohn, das erleichtert den Sinn. In mir sind die Tränen schon lange ausgetrocknet. Ich muss sehen, wie ich mit meinem Leid fertig werde; es is eine harte Zeit für mich gewesen, das kannst du mir glauben. Manch eine Nacht habe ich bei Karna gesessen und wusste nich aus noch ein – ich konnte sie ja nich verlassen und Hilfe schaffen und da fiel alles um uns her zusammen. Da kann es denn ja sein, dass ich beinahe Böses auf dich herabgewünscht habe. Du warst doch der, der einen freundlichen Gedanken für uns hätte haben sollen, und eine Nachricht hättest du uns doch schicken können. – Aber nun hat das alles ja ein Ende!«

»Willst du den Heidehof verlassen, Vater?«, fragte Pelle still.

»Sie haben ihn mir weggenommen«, erwiderte Lasse jammernd. »Ich konnte bei allen diesen Sorgen das Termingeld nich schaffen und da hatte ihre Geduld ein Ende. Aus purer Gnade erlaubten sie mir, so lange zu bleiben, bis Karna ausgekämpft hatte und glücklich in die Erde gekommen war – jeder konnte ja sehen, dass es sich nich mehr um viele Tage handelte.«

»Wenn es nur die Zinsen sind«, sagte Sort, »ich habe ein paar hundert Kronen, die ich für meine alten Tage zusammengespart habe.«

»Jetzt is es zu spät, das Gehöft is schon auf einen anderen Mann übertragen. Und selbst wenn das nich der Fall wäre – was sollte ich da jetzt, ohne Karna? Ich bin zu nichts mehr zu gebrauchen!«

»Wir wollen zusammen hinausziehen, Vater!«, sagte Pelle und hob den Kopf.

»Nein, ich ziehe nirgends mehr hin als nach dem Kirchhof. Ich tauge zu nichts mehr. Meinen Hof haben sie mir genommen und Karna hat sich darauf totgearbeitet und ich selbst habe meine letzten Kräfte dort gelassen. Und dann haben sie ihn mir einfach weggenommen!«

»Ich will schon für uns beide arbeiten, du sollst es gut haben und deine alten Tage genießen.« Pelle sah optimistisch in die Zukunft.

Lasse schüttelte den Kopf. »Ich kann nichts mehr von mir abstreifen und es liegen lassen und weitergehen!«

»Ich mache den Vorschlag, dass wir nach der Stadt gehen«, sagte Sort. »Oben an der Kirche finden wir sicher einen Mann, der uns da hinfährt.«

Sie sammelten ihre Sachen zusammen und machten sich auf die Wanderung. Lasse ging hinter den anderen drein und redete vor sich hin; von Zeit zu Zeit brach er in eine Klage aus. Dann blieb Pelle schweigend stehen und fasste ihn bei der Hand.

»Niemand is da, der sich unser annimmt und uns gute Ratschläge gibt. Im Gegenteil, sie sehen es gern, wenn wir unser Leben und unser Glück zusetzen, wenn sie nur ein paar Schillinge daran verdienen können. Selbst die Obrigkeit nimmt sich des armen Mannes nich an. Er is nur dazu da, dass sie alle auf ihm herumhacken und jeder mit seinem Raub davonfliegen kann. Was machen sie sich daraus, dass sie Not und Unglück und Untergang über uns bringen? Wenn sie nur ihre Steuern und Zinsen bekommen! Ich könnte mit kaltem Blut jedem von ihnen das Messer in die Kehle stoßen!«

So fuhr er noch eine Weile fort – und brach dann zusammen wie ein kleines Kind.

26

Sie wohnten bei Sort, der sein eigenes kleines Haus draußen in der äußersten Vorstadt besaß; der kleine Wanderschuhmacher wusste nicht, was er ihnen alles zugute tun sollte. Lasse hockte immer untätig da. Er konnte keine Ruhe finden und sich gar nicht fassen; von Zeit zu Zeit brach er in Klagen aus. Er war ganz hinfällig geworden und konnte den Löffel nicht mehr zum Munde führen, ohne etwas zu verschütten. Wenn sie ihn ein wenig zerstreuen wollten, wurde er eigensinnig.

»Nun müssen wir doch sehen, dass wir deine Sachen holen«, sagten die beiden immer wieder. »Es hat keinen Sinn, dass du der Gemeinde dein Mobiliar schenkst.«

Aber Lasse wollte es nicht. »Haben sie mir alles andere genommen, dann können sie das auch noch kriegen«, sagte er. »Ich will auch nich wieder dahin – und mich von allen bemitleiden lassen.«

»Aber du machst dich ja selber zum Bettler«, sagte Sort.

»Das haben sie doch gewollt. Mögen sie nun ihren Willen bekommen! Sie werden wohl einmal Rechenschaft darüber ablegen müssen.«

Da verschaffte sich denn Pelle ein Fuhrwerk und fuhr selber hin, um die Sachen zu holen. Es war ein ganzes Fuder. Mutter Bengtas grüne Kiste fand er oben auf dem Boden, dort stand sie voller Garnknäule. Es war so wunderlich, sie wieder zu sehen – seit vielen Jahren hatte er seiner Mutter keinen Gedanken geschenkt. Die will ich als Reisekiste haben, dachte er und nahm sie mit.

Lasse stand vor der Tür, als er gefahren kam. »Sieh nur, was ich dir hier alles bringe, Vater!«, rief er und knallte lustig mit der Peitsche. Aber Lasse ging hinein, ohne ein Wort zu sagen. Als sie abgeladen hatten und sich nach ihm umsehen wollten, war er ins Bett gekrochen. Er lag mit dem Gesicht zur Wand und wollte nicht sprechen.

Pelle erzählte allerlei Neuigkeiten vom Heidehof, um etwas Leben in ihn hineinzubringen. »Nun hat die Gemeinde den Heidehof für fünftausend Kronen dem Hügelbauer verkauft und sie sagen, dass er ein gutes Geschäft gemacht hat. Er soll doppelt so viel wert sein. Er will selbst da wohnen und seinem Sohn den Hügelhof überlassen.«

Lasse drehte den Kopf halb herum. »Ja, jetzt wächst da was. Jetzt ernten sie tausende – und denn muss ja der Bauer drüberkommen«, sagte er verbittert. »Aber es is auch gut gedüngter Boden. Karna hat sich verhoben und starb mir weg. So gut, wie wir zusammen eingefahren waren; ihre tausend Kronen gingen auch drauf – und ich bin nun ein armes Wrack. Das alles wurde in den öden Felsboden gelegt, auf dass er zu guter und mildtätiger Erde würde. Und dann zieht der Bauer ein, nun mag er da schon wohnen – wir arme Läuse haben ihm den Weg bereitet. Sind wir vielleicht zu was anderem da? Toren sind wir, dass wir uns noch aufregen über so was. – Aber wie ich den Fleck geliebt habe!« Lasse brach plötzlich in Tränen aus.

»Nun musst du vernünftig sein und zusehn, dass du wieder fröhlich wirst«, sagte Sort. »Die schlechten Zeiten für den armen Mann sind bald vorbei. Es wird eine Zeit kommen, wo sich niemand für den andern totzuarbeiten braucht, wo jeder selber erntet, was er gesät hat. Was für einen Schaden hast du denn gelitten? Denn du bist ja auf der richtigen Seite und hast tausende von Kronen, auf die du einen Wechsel ziehen kannst. Es wäre doch schlimmer, wenn du andern was schuldig wärst!«

»Ich erlebe die Zeit wohl nich mehr«, sagte Lasse und richtete sich auf den Ellbogen auf.

»Du und ich vielleicht nicht, denn die, die sich auf der Wanderung befinden, müssen ja in der Wüste sterben! Aber darum sind wir doch Gottes auserwähltes Volk, wir Armen. Und Pelle, der wird das Gelobte Land schon noch sehen!«

»Jetzt solltest du mit hereinkommen, Vater, und sehen, wie wir es eingerichtet haben«, sagte Pelle.

Lasse stand müde auf und ging mit ihnen. Sie hatten eine von Sorts leeren Stuben mit Lasses Sachen eingerichtet. Es sah ganz gemütlich aus.

»Wir haben uns gedacht, dass du hier wohnen bleibst, bis Pelle da drüben gut in Gang gekommen ist«, sagte Sort. »Nein, zu danken brauchst du nicht! Ich freue mich, dass ich Gesellschaft habe, das kannst du doch wohl begreifen!«

»Der liebe Gott wird es dir vergelten!«, sagte Lasse mit zitternder Stimme. »Auf andere als auf ihn können wir Armen ja keine Anweisung geben.«

Pelle hatte keine Ruhe mehr; er konnte sich nicht länger zügeln, er musste hinaus. »Wenn du mir so viel geben willst, wie die Fahrkarte kostete, weil ich dir geholfen habe«, sagte er zu Sort, »dann reise ich noch heute Abend.«

Sort gab ihm dreißig Kronen.

»Das is die Hälfte von dem, was wir eingenommen haben.«

»So viel kommt mir nich zu«, sagte Pelle. »Du bist doch der Meister und hast das Werkzeug gehabt und alles.«

»Ich will nicht von anderer Hände Arbeit leben, sondern nur von meiner eigenen«, entgegnete Sort und schob ihm das Geld hin. »Willst du denn so reisen, wie du gehst und stehst?«

»Nun, ich habe ja Geld in Menge«, sagte Pelle froh. »So viel Geld habe ich noch nie auf einmal besessen! Dafür kann man manches Kleidungsstück bekommen.«

»Aber das Geld darfst du nicht anrühren. Fünf Kronen kannst du für die Reise und dergleichen gebrauchen; den Rest musst du aufheben, damit du der Zukunft ruhig entgegensehen kannst!«

»In Kopenhagen werde ich schon Geld genug verdienen!«

»Er is immer ein leichtsinniger Bursche gewesen«, sagte Lasse bekümmert. »Damals, als er hierher in die Stadt in die Lehre kam, hatte er fünf Kronen, und wofür er die ausgegeben hatte, darüber konnte er nie Rechenschaft ablegen.«

Sort lachte.

»Dann reise ich, wie ich gehe und stehe!«, sagte Pelle resolut.

Aber das war auch verkehrt. Er konnte es den beiden gar nicht recht machen, sie waren wie zwei besorgte Gluckhennen.

An Wäsche fehlte es nicht; Karna hatte gut für ihn gesorgt. »Aber es wird wohl alles reichlich kurz sein für deinen langen Leib. Es is nich mehr so wie damals, als du vom Steinhof fortzogst – da mussten wir für dich in meine Hemden einen Saum machen.«

Mit dem Schuhzeug sah es auch übel aus; es ging nicht an, dass ein Schustergesell mit solchen Trittlingen ankam, wenn er Arbeit suchte. Sort und Pelle mussten ein Paar anständige Stiefel machen. »Wir müssen uns Zeit lassen«, sagte Sort. »Bedenke, sie müssen vor dem Urteil der Hauptstadt bestehen können.« Pelle war ungeduldig und wollte die Arbeit gern schnell von der Hand haben.

Dann brauchte er nur noch einen neuen Anzug. »Den kaufst du fertig auf Kredit«, sagte Sort. »Lasse und ich werden gut genug sein als Bürgen für einen Anzug.«

Am Vorabend seiner Reise ging er mit Lasse zu Dues. Sie wählten die Zeit, wo sie sicher waren Due selber anzutreffen. Aus Anna machten sie sich beide nicht viel. Als sie an das Haus kamen, sahen sie einen fein gekleideten, alten Herrn durch die Haustür hineingehen.

»Das is der Konsul«, sagte Pelle, »der ihnen vorwärts geholfen hat. Dann is Due mit den Pferden fort und wir sind gewiss nich willkommen.«

»Steht es so mit ihnen?«, sagte Lasse und blieb stehen. »Dann tut mir Due Leid, wenn er erst den Zusammenhang erfährt. Er wird gewiss finden, dass er seine Selbstständigkeit zu teuer erkauft hat! Ach ja, der Preis is hart für den, der vorwärts will! Möge es dir da drüben gut gehen, mein Junge.«

Sie waren zur Kirche hinabgekommen. Dort hielt ein Wagen mit grünen Pflanzen; zwei Männer trugen sie in ein Wohnhaus.

»Was geht denn hier Feierliches vor?«, fragte Pelle.

»Hier soll morgen Hochzeit sein«, antwortete einer der Männer. »Kaufmann Laus Tochter heiratet diesen Wichtigtuer – Karlsson heißt er ja wohl, und ein armer Bursche is er, so wie wir. Aber glaubst du, dass er uns überhaupt ansieht? Wenn der Dreck zu Ehren kommt, dann weiß er nich mehr, was ihm frommt. Nun is er ja auch Teilhaber im Geschäft geworden.«

»Die Hochzeit will ich doch mitmachen«, sagte Lasse eifrig, während sie weiterschlenderten. »Es is doch interessant, zu sehen, wenn einer aus der Familie es zu was bringt.« Pelle fasste das ein wenig als Vorwurf auf, sagte aber nichts.

»Wollen wir uns den neuen Hafen einmal ansehen?«, fragte er.

»Nein, jetzt geht die Sonne unter und jetzt will ich nach Hause und zu Bett. Ich bin alt, aber geh du nur. Ich finde schon nach Hause zurück.«

Pelle schlenderte zum Hafen hinunter, bog dann aber ab und ging nach Norden zu – er wollte Marie Nielsen Adieu sagen. Er schuldete ihr ein freundliches Wort für all ihre Güte. Sie sollte ihn auch ausnahmsweise einmal ordentlich angezogen sehen. Sie war gerade von der Arbeit gekommen und war im Begriff, ihr Abendbrot zu machen.

»Nein, Pelle, bist du das!«, rief sie erfreut. »Und so fein wie du bist – du siehst ja aus wie ein Prinz!« Pelle musste dableiben und mit ihr essen.

»Ich bin eigentlich nur gekommen, um dir für all deine Freundlichkeit zu danken und dir Lebewohl zu sagen. Morgen reise ich nach Kopenhagen.«

Sie sah ihn ernst an. »Dann freust du dich wohl!«

Pelle musste erzählen, was er erlebt hatte, seit sie sich zuletzt gesehen hatten. Er saß da und sah sich dankbar um in der ärmlichen, sauberen Stube, wo das Bett so keusch an der Wand stand, mit einer schneeweißen Decke zugedeckt. Diesen Duft nach Seife und Reinlichkeit und ihren frischen, schlichten Sinn würde er wohl nie vergessen. Sie hatte ihn mitten in all seinem Elend aufgenommen und ihr weißes Bett nicht für zu gut gehalten, während sie den Dreck von seinen Sachen schrubbte. Wenn er in die Hauptstadt kam, wollte er sich fotografieren lassen und ihr sein Bild schicken.

»Und wie lebst du jetzt?«, fragte er weich.

»Geradeso wie damals, als du mich zuletzt gesehen hast. Nur ein wenig einsamer«, antwortete sie ernsthaft.

Und dann musste er gehen. »Leb wohl und lass es dir recht gut gehen«, sagte er und schüttelte ihr die Hand, »und vielen Dank für alles Gute!«

Sie stand nur da und sah ihn stumm an, mit einem unsicheren Lächeln. »Ach nein, ich bin ja doch auch nur ein Mensch!«, brach es plötzlich aus ihr hervor und sie schlang heftig die Arme um ihn.

Und dann brach der große Tag an! Pelle erwachte mit der Sonne und hatte die grüne Kiste schon gepackt, ehe die anderen aufstanden, und dann ging er umher und wusste nicht, was er anfangen sollte vor lauter Unruhe und Spannung. Er antwortete in den Nebel hinein, die Augen schauten in lichte Träume.

Am Vormittag trugen er und Lasse die Kiste auf den Dampfer, um am Abend freie Hand zu haben. Von dort gingen sie zur Kirche, um Alfreds Trauung beizuwohnen. Pelle wäre gern weggeblieben – er hatte genug mit sich selbst zu tun und hatte keine Teilnahme für Alfreds Treiben, aber Lasse drang in ihn.

Die Sonne stand hoch am Himmel und glühte in die schiefen Gassen hinab, dass das Fachwerk Teer schwitzte und die Rinnsteine stanken; vom Hafen her hörten sie den Trommelschläger Heringe ausrufen und eine Auktion ankündigen. Die Leute strömten zur

Kirche, in atemloser Unterhaltung über dieses Glückskind Alfred, das es so weit gebracht hatte.

Die Kirche war voll von Menschen. Sie war festlich geschmückt und um die Orgel herum standen acht weiße Jungfrauen, die singen sollten: »Es ist so lieblich, beisammen zu sein.«

Lasse hatte nie eine ähnliche Trauung erlebt. »Ich bin ganz stolz«, sagte er.

»Er is ein Windbeutel!«, antwortete Pelle. »Er nimmt sie bloß der Ehre wegen.«

Und dann trat das Brautpaar vor den Altar. »Es is doch gewaltig, wie sich Alfred den Kopf eingeschmiert hat«, flüsterte Lasse, »er sieht ja aus wie ein abgeleckter Kalbskopf. Aber sie is hübsch. Es wundert mich nur, dass sie ihr keinen Myrtenkranz aufgesetzt haben – da is doch wohl nichts passiert?«

»Sie hat ja das Kind«, antwortete Pelle flüsternd, »sonst hätte er sie doch nie im Leben gekriegt.«

»Ja, es is aber doch fix von ihm, sich solch feine Frau zu kapern.«

Jetzt sangen die Jungfrauen – es klang gerade so, als wären es Engel vom Himmel, die den Bund besiegeln sollten.

»Wir müssen uns so hinstellen, dass wir gratulieren können«, sagte Lasse und wollte sich in den Gang drängen, aber Pelle hielt ihn zurück.

»Ich fürchte, er kennt uns heute nich – aber sieh nur, da is ja Oheim Kalle.«

Kalle stand eingeklemmt in der hintersten Bank, er musste dort bleiben, bis alle hinausgegangen waren. »Ja, ich wollte ja auch gern an diesem großen Tag teilnehmen«, sagte er, »ich wollte Mutter eigentlich auch gern mitnehmen, aber sie meinte, ihr Kleid wäre nich anständig genug.« Kalle hatte einen neuen grauen Beiderwandanzug an; er war mit den Jahren noch kleiner und krummer geworden.

»Warum hast du hier ganz unten in der Ecke gestanden, wo du gar nichts sehen konntest? Als Vater des Bräutigams hättest du deinen Platz doch auf der ersten Bank haben müssen?«, sagte Lasse.

»Da hab ich auch gesessen – hast du mich nich neben Kaufmann Lau sitzen sehen? Wir haben ja aus demselben Gesangbuch gesungen. Hier bin ich ja nur im Gedränge hingeraten. Ich sollte ja nun auch mit zum Hochzeitsschmaus. Ich bin feierlich eingeladen, aber ich weiß nich recht.« Er sah an sich herunter. Plötzlich machte er eine Bewegung und lachte auf seine verzweifelte Art. »Ach, was steh ich hier und erzähle Leuten, die es doch nich glauben, Lügengeschichten. Nee, Schweine gehören nich in die Kanzlei. Ich könnte ja schlechten Geruch verbreiten, wisst ihr. Leute wie wir haben ja nich gelernt Parfüm zu schwitzen.«

»Ach so! Er is zu fein, um seinen eigenen Vater zu kennen. Pfui Deubel! Dann komm du man mit uns, damit du nich hungrig fortzugehen brauchst.«

»Nee, ich bin so überfüttert mit Braten und Wein und Kuchen, dass ich für diesmal nichts mehr runterkriegen kann. Nu muss ich nach Hause und Mutter von all der Herrlichkeit erzählen. Ich hab ja drei Meilen zu gehen.«

»Und zu Fuß bist du hierher gekommen? Sechs Meilen? Das is zu viel für deine Jahre!«

»Ich hatte auch eigentlich damit gerechnet, dass ich die Nacht hier bleiben würde, ich konnte mir ja nich vorstellen . . . Na, da hat 'ne Eule gesessen! Höher können Kinder doch woll nich kommen, als dass sie ihren eigenen Vater nich mehr kennen. Anna is nu auch auf dem besten Wege, fein zu werden. Soll mich wundern, wie lange ich mich selbst noch kenne! Pfui Deubel, Kalle Karlsson, ich bin aus guter Familie, du! Na, denn adjö!«

Müde setzte er sich in Trab, um heimzukehren. Ganz jämmerlich sah er aus in seiner Enttäuschung. »So elend hat er nie im Leben ausgesehen!«, sagte Lasse und starrte ihm nach. »Und es gehört doch was dazu, ehe Bruder Kalle die Flinte ins Korn wirft.«

Gegen Abend gingen sie durch die Stadt hinunter zum Dampfschiff. Pelle machte lange Schritte, eine eigentümlich feierliche Stimmung ließ ihn schweigen. Lasse trippelte vornübergebeugt an seiner Seite.

»Hoffentlich vergisst du deinen alten Vater nich auch!«, sagt er immer wieder kläglich.

»Das hat bestimmt keine Not«, entgegnete Sort. Pelle hörte nichts davon, seine Sinne waren auf der Wanderung.

Der Herdrauch senkte sich blau in die enge Gasse hinab. Die Alten saßen draußen auf den Treppen und besprachen die Tagesneuigkeiten; die Abendsonne fiel auf runde Brillen, sodass die runzeligen Gesichter mit großen Feueraugen vor sich hin starrten. Tiefer Abendfriede lag über der Straße. Aber in den finsteren Gassen herrschte diese ewige dumpfe Unruhe wie von einem großen Tier, das sich dreht und wendet und nicht einschlafen kann. Hin und wieder flammte es auf in einem Schrei oder Kinderweinen und begann von neuem – wie ein schwerer, ringender Atemzug. Pelle kannte es wohl, dies gespensterhafte Pusseln, das stets von dem müden Lager des armen Mannes ausging. Das waren die Sorgen der Armut, die die bösen Träume für die Nacht einsammelten. Aber er ließ diese Welt der Armen, die so unbeachtet in der Stille verbluteten, in seinen Gedanken ersterben wie ein trübseliges Lied – und starrte hinaus auf die See, die errötend am Ende der Straße sichtbar wurde. Jetzt zog er in die Welt hinaus.

Der verrückte Anker stand auf seiner hohen Treppe. »Leb wohl!«, rief Pelle; aber Anker begriff nichts. Er wandte das Gesicht zum Himmel empor und stieß seinen krankhaften Ruf aus. Pelle warf einen letzten Blick auf die Werkstatt. Da drinnen habe ich manch gute Stunde verbracht!, dachte er und erinnerte sich an den jungen Meister. Der alte Jörgen stand draußen vor dem Fenster und spielte mit dem kleinen Jörgen, der drinnen auf dem Fensterbrett saß. »Piep, piep, Kleinchen!«, rief er mit seiner hohen Stimme, versteckte sich und kam wieder zum Vorschein. Die junge Frau hielt das Kind, sie errötete vor Mutterfreude.

»Du lässt wohl von dir hören«, sagte Lasse noch einmal, als Pelle über die Reling gebeugt dastand. »Vergiss auch deinen alten Vater nich!« Er war ganz hilflos in seiner Besorgnis.

»Ich werde schon an dich schreiben, sobald es mir gut geht«, antwortete Pelle wohl zum zwanzigsten Mal. »Ängstige dich nur nich!« Siegesgewiss lächelte er dem Alten zu. Dann standen sie schweigend da und sahen einander an.

Endlich setzte sich das Dampfschiff in Bewegung. »Lass es dir gut gehn!«, rief Pelle zum letzten Mal, als sie um den Hafenkopf bogen, und solange er Lasse sehen konnte, schwenkte er die Mütze. Dann ging er nach vorn und setzte sich auf eine Rolle Tauwerk.

Was hinter ihm lag, hatte er vergessen. Er starrte hinaus, als könne die große Welt jeden Augenblick vor dem Steven auftauchen. Er machte sich keine Gedanken über das, was kommen würde und wie er es angreifen wollte – er sehnte sich nur!

Martin Andersen Nexö
Ditte Menschenkind
Roman
Mit einem Nachwort
von Tilman Spreckelsen
Aus dem Dänischen
von Hermann Kiy
731 Seiten
ISBN 3-7466-5123-9

Martin Andersen Nexö (1869–1954), der große dänische Erzähler, schuf mit »Pelle der Eroberer« und »Ditte Menschenkind« zwei grandiose Romane der Weltliteratur. Im Schicksal der jungen Ditte gestaltet er den Weg einer starken jungen Frau, die an der Unmenschlichkeit ihrer Umwelt zugrunde geht. Ihre angeborene Güte, ihre Mitmenschlichkeit und ihr Frohsinn halten der zerstörerischen Gewalt des Lebens nicht stand. Behaftet mit dem Makel des Ausgestoßenseins und der Heimatlosigkeit, erliegt sie dem Kreislauf von Armut, Erniedrigung und Hoffnungslosigkeit.

Außerdem lieferbar:
Martin Andersen Nexö, Die Küste der Kindheit. Die schönsten Erzählungen. 310 Seiten ISBN 3-7466-5122-0. Fordern Sie unser kostenloses Kundenmagazin an: Aufbau Taschenbuch Verlag, PF 193, 10105 Berlin. www.aufbau-verlag.de

Aufbau Taschenbuch Verlag

Martin Andersen Nexö
Die Küste der Kindheit
Die schönsten Erzählungen
Mit einem Nachwort
von Tilman Spreckelsen
Aus dem Dänischen
310 Seiten
ISBN 3-7466-5122-0

»*Literarische Brutplätze der Erinnerung.*« TAZ

Der große dänische Dichter hat im Laufe seines Lebens an die neunzig Geschichten geschrieben. In seiner unverwechselbaren, bildhaften Sprache erzählt er von Menschen, die „etwas von der Weltumdrehung im Blut haben" und das Glück oft finden, wo sie es nicht gesucht haben. Junge und Alte, Abenteurer und Seßhafte, Seefahrer und Dörfler kreisen um die beiden Pole dieser phantastischen Welt: die märchenhaft schöne Insel Bornholm und das nicht weniger sagenhafte Kopenhagen, das alles und jeden zu verschlingen droht und doch für viele zum letzten Ankerplatz wird.

Außerdem lieferbar:
Martin Andersen Nexö, Ditte Menschenkind, Roman. 731 Seiten. ISBN 3-7466-5123-9
Fordern Sie unser kostenloses Kundenmagazin an: Aufbau Taschenbuch Verlag, PF 193, 10105 Berlin. www.aufbau-verlag.de

Aufbau Taschenbuch Verlag

Pelle der Eroberer

Der Aufbruch

Pelle ist in Kopenhagen gelandet, der brodelnden Hauptstadt – und noch immer sieht er die Welt mit den staunenden Augen eines Kindes. Die Großstadt hält alles bereit: Heimatlosigkeit und Geborgenheit, Liebe und Hass, Feindschaft und Solidarität. Die Arbeitsbedingungen sind unvorstellbar hart – aber Pelle ist fest entschlossen, das Glück zu erobern. Das Glück, das es auch für arme Leute irgendwo geben muss.

Der zweite Band des großen Klassikers von Martin Andersen Nexö: eine beeindruckende Entwicklungsgeschichte und ein überwältigendes Gesellschaftsporträt.

688 Seiten. Gebunden. Ab 12

Arena